諸子學刊

第十三輯

「新子學」專號之二

《諸子學刊》編委會 編
方勇 主編
華東師範大學先秦諸子研究中心 主辦

上海古籍出版社

諸子學刊(第十三輯)

顧　問：
饒宗頤(香港)

名　譽　主　編：
李學勤

主　編：
方　勇

副　主　編：
陳　致(香港)

學術委員會：
王鍾陵　　　　　　　王葆玹　　　　　　　尹振環　　　　　　　池田知久[日本]
余英時[美國]　　　　李澤厚　　　　　　　李　零　　　　　　　李炳海
周鳳五(臺灣)　　　　周勳初　　　　　　　林其錟　　　　　　　卿希泰
涂光社　　　　　　　孫以昭　　　　　　　徐儒宗　　　　　　　莊錦章(香港)
陸永品　　　　　　　陳鼓應(臺灣)　　　　陳麗桂(臺灣)　　　　陳廣忠
張雙棣　　　　　　　張　覺　　　　　　　許抗生　　　　　　　曹礎基
畢來德(J. F. Billeter)[瑞士]　森秀樹[日本]　　裘錫圭　　　　　　　蜂屋邦夫[日本]
廖名春　　　　　　　鄧國光(澳門)　　　　熊鐵基　　　　　　　劉笑敢(香港)
劉楚華(香港)　　　　鍾肇鵬　　　　　　　譚家健　　　　　　　嚴壽澂[新加坡]

編輯委員會：
丁一川　　　　　　　尤　銳(Yuri Pines)[以色列]　　　　　　白　奚
史嘉柏(David Schaberg)[美國]　　　　朱淵清　　　　　　　何志華(香港)
李美燕(臺灣)　　　　尚永亮　　　　　　　胡曉明　　　　　　　姜聲調[韓國]
高華平　　　　　　　徐興無　　　　　　　耿振東　　　　　　　陳少峰
陳引馳　　　　　　　陳繼東[日本]　　　　陳志平　　　　　　　張洪興
傅　剛　　　　　　　湯漳平　　　　　　　楊國榮　　　　　　　趙平安
橋本秀美[日本]　　　簡光明(臺灣)
魏　寧(Williams Nicholas Morrow)[美國]　顧史考(Scott Cook)[美國]
(以上皆按姓氏首字筆畫排列)

執行編輯：葉蓓卿

封面題簽：集蔡元培字

扉頁題字：饒宗頤

目　錄

三論"新子學" ……………………………………………………… 方　勇（1）
"新子學"理念提出的前後脈絡 …………………………………… 方　勇（7）
論"子學思維"與"子學精神" ……………………………………… 歐明俊（11）
子學精神與"新子學"建構芻議 …………………………………… 李桂生（23）
探索前期中國的精神和觀念
　　——"新子學"芻議 …………………………………………… 劉　兵（33）
關於"新子學"的幾點淺見 ………………………………………… 郭　丹（43）
先秦諸子思想中邏輯"中心點"存在的可能性
　　——"新子學"探索的內在路徑 …………………………… 方　達（47）
先秦諸子的本源地位與"新子學"的意義 ……………………… 蔡志棟（55）
"新子學"文化源流及其價值訴求 ……………………………… 景國勁（63）
對於當代"新子學"意義的思考 ………………………………… 張　涅（69）
諸子學的揚棄與開新 ……………………………………………… 徐儒宗（79）
論諸子學的範疇、智慧及現代條件下的轉化 ………………… 劉韶軍（89）
諸子學轉型的理由追問 ………………………………………… 許建良（103）
漫談總結時代的諸子學 ………………………………………… 強中華（119）
傳統子學精神與"新子學"的責任和使命 ……………………… 唐旭東（127）
"新子學"承載回應時代問題的神聖使命
　　——以老子"天下觀"意蘊與普世價值為例 ……………… 謝清果（135）
再論"新子學"與中華文化之重構 ……………………………… 湯漳平（147）
新諸子學與中華文化復興 …………………………………［新加坡］嚴壽澂（157）
實現中華民族偉大復興的"新子學"之"關注現實"的思考 …… 耿振東（171）
"新子學"的本體建構及其對華夏文化焦慮的對治 …………… 適　南（179）

| 重建我們的信仰體系，子學何為？ | 宋洪兵（189） |
|
"新子學"理論支持社會主義核心價值觀芻議 | 楊林水（205） |
構建"新子學"時代新的女性話語體系	張勇耀（211）
"新子學"理論建構的現狀與反思	曾建華（217）
後現代語境中的知識建構	
——試論"新子學"的境遇與未來	三　莫（227）
現代學術視野下"新子學"的困境與出路	何浙丹（239）
"新子學"與跨學科多學科學術研究	孫以昭（247）
"新子學"與跨學科學術研究鳥瞰	［韓國］凌　然（255）
"新子學"學科定位與雜家精神	林其錟（269）
"新子學"與雜家	張雙棣（281）
熔經鑄子："新子學"的根與魂	李若暉（285）
"新子學"對國學的重構	
——以重新審視經、子、儒性質與關係切入	玄　華（293）
"新子學"的儒家	陳成吒（303）
儒家式與道家式："新子學"政治自由論的兩種構建路向	
——以康有為、嚴復為中心	莊　沙（311）
固本培元　革故鼎新	
——儒道學說與"新子學"的發展	張洪興（323）
"新子學"與"狂"的現代意義	［韓國］曹玟焕（329）
從"為學"與"為道"來試談21世紀新東道西器論	［韓國］金白鉉（339）
在韓國如何推廣"新子學"	［韓國］姜聲調（349）
"新子學"研究的當代指向與方法尋繹	
——兼論劉笑敢《老子古今》的"人文自然"概念	賈學鴻（359）
子學到"新子學"的內在理路轉換過程研究	
——以明清莊子學為例	（臺灣）錢奕華（367）
關於"新子學"構建的芹獻芻議	
——《〈莊子〉結構藝術研究》讀後漫筆	李炳海（381）
淺談"新子學"建設的歷史脈絡	
——從傅山到章太炎	周　鵬　賈泉林（393）
告別路徑依賴　構建大乘墨學	
——"新子學"視野下的墨學發展進路	（香港）黃蕉風（405）
"子商"再思考	鄭伯康（415）

"新子學"動態

"新子學"推動文化復興
　　——《子藏》第二批成果發佈會暨諸子學現代轉型高端研討會舉行 ········· 潘　圳（421）
"新子學"穩步推進
　　——"諸子學現代轉型高端研討會"紀實 ················· 方　達　崔志博（425）
新子學：幾種可能的路向
　　——國內外學者暢談"新子學"發展 ····················· 劉思禾　整理（431）
新媒體時代民族文化探源與經典傳播
　　——"子學精神"傳承與傳播研討會綜述 ················· 毛冬冬　劉　凱（439）
發掘諸子治國理念
　　——第二屆"新子學"國際學術研討會綜述 ·················· 劉思禾（447）
編後語 ······································· 《諸子學刊》編委會（453）

Contents

The Third Discussion on Xin Zixue ·· Fang Yong (1)
How the Term Xin Zixue Was Initially Conceived ····················· Fang Yong (7)
On the Mode of Thinking and the Spirit of Zixue ···················· Ou Mingjun (11)
Remarks on the Spirit of Zixue and the Establishment of Xin Zixue
·· Li Guisheng (23)
Investigating the Spirit and Ideas of Early China: Considerations on Xin Zixue
·· Liu Bing (33)
Several Remarks on Xin Zixue ·· Guo Dan (43)
On the Possible Existence of a Logical Focal Point in Pre-Qin Philosophical
   Thought: An Internal Path for Xin Zixue Research ···················· Fang Da (47)
On the Status of Pre-Qin Thought as the Origin for Chinese Intellectual History and
   the Meaning of Xin Zixue ··· Cai Zhidong (55)
Tracing the History of Xin Zixue for a Reexamination of Its Value
·· Jing Guojin (63)
Reflections on the Contemporary Meaning of Xin Zixue ················ Zhang Nie (69)
The Sublation and Restoration of Zixue ································ Xu Ruzong (79)
On the Scope and Insights of Zixue, and the Transformation of Zixue in Modern
   Times ··· Liu Shaojun (89)
Investigating the Causes of the Transformation of Zixue ············· Xu Jianliang (103)
A Brief Overview of State of Zixue Today ···························· Qiang Zhonghua (119)
The Spirit of Traditional Zixue, and the Responsibility and Mission of Xin Zixue
·· Tang Xudong (127)
The Sacred Mission of Xin Zixue to Respond to the Problems of the Age: The Case of
   Laozi's Concept of "All under Heaven" and Universal Values ············ Xie Qingguo (135)

Reconsidering Xin Zixue and the Restoration of Chinese Culture
　　　　　　　　　　　　　　　　　　　　　　　　　Tang Zhangping (147)
Xin Zixue and the Restoration of Chinese Culture ……… Yan Shoucheng [Singapore] (157)
Reflections on How Xin Zixue Can "Concern Itself with Reality" to Achieve the
　　Revival of Chinese Civilization ……………………………… Geng Zhendong (171)
Establishing the Essence of Xin Zixue and Resolving the Anxieties of Chinese
　　Civilization ………………………………………………………………… Shi Nan (179)
What Can Zixue Do to Restore Our Belief System? ……………… Song Hongbing (189)
Remarks on How the Theory of Xin Zixue Can Support the Central Values of
　　Socialism ………………………………………………………… Yang Linshui (205)
Developing a New Theory of Female Discourse in the Age of Xin Zixue
　　…………………………………………………………………… Zhang Yongyao (211)
On the Present Situation and Future of Xin Zixue Thought ………… Zeng Jianhua (217)
Knowledge Construction in a Postmodern Context: On the Current Condition and
　　Future Direction of Xin Zixue ……………………………………………… San Mo (227)
On the Challenges and Prospects of Xin Zixue from a Modern Academic Perspective
　　…………………………………………………………………………… He Zhedan (239)
Xin Zixue and Interdisciplinary, Multidisciplinary Research ………… Sun Yizhao (247)
A Bird's-Eye View of Xin Zixue and Interdisciplinary Research
　　…………………………………………………………………… Ling Ran [Korea] (255)
The Subject Orientation of Xin Zixue and the Syncretist Spirit ………… Lin Qitan (269)
"Xin Zixue" and the Syncretists ……………………………………… Zhang Shuangdi (281)
Molding the Classics and Forging the Philosophers: The Root and Soul of Xin Zixue
　　………………………………………………………………………… Li Ruohui (285)
Xin Zixue as Reconstruction of Guoxue: Beginning with a Reevaluation of the
　　Concepts of "Classic", "Philosopher" and "Confucian" ……………… Xuan Hua (293)
Confucian Thought from the Perspective of Xin Zixue …………… Chen Chengzha (303)
Confucian and Daoist Modes: Two Different Ways to Construct the Concept of
　　Political Freedom in the View of Xin Zixue, Centering on Kang Youwei and Yan
　　Fu ……………………………………………………………………… Zhuang Sha (311)
Solidifying the Root and Cultivating the Source, Transforming the Tradition and
　　Elevating the New: Confucian and Daoist Learning in the Development of Xin
　　Zixue ………………………………………………………………… Zhang Hongxing (323)
Xin Zixue and the Modern Significance of the Term *Kuang* …… Cao Minhuan [Korea] (329)

Using "Accomplishing Scholarship" and "Accomplishing the Way" to Discuss a New 21st-Century Theory of "Eastern Way and Western Tools"
　　………………………………………………………… Jin Baixuan［Korea］(339)
How to Promote Xin Zixue in Korea ……………… Jiang Shengdiao［Korea］(349)
Investigating the Contemporary Trends and Methodology of Xin Zixue Research: With Consideration of Liu Xiaogan's Concept of "Humanistic Nature" in *Laozi gujin* …………………………………………………………… Jia Xuehong (359)
On Zixue's Internal Transformation into Xin Zixue: The Case of Zhuangzi Studies in the Ming-Qing Era ……………………………… Qian Yihua（Taiwan）(367)
Modest Suggestions on Developing Xin Zixue: Informal Reflections after Reading *Zhuangzi jiegou yishu yanjiu* ……………………………………… Li Binghai (381)
On the Historical Background to the Establishment of Xin Zixue: From Fushan to Zhang Taiyan ……………………………………… Zhou Peng, Jia Quanlin (393)
Farewell to Relying on Old Paths, and the Creation of the new mohism like Mahayana: The Trajectory of Mohism from the Perspective of Xin Zixue
　　……………………………………………………… Huang Jiaofeng（Hong Kong）(405)
Understanding Business from the Point of View of Zixue ………… Zheng Bokang (415)

Reports on The State of *Xin Zixue*

Promoting Cultural Revival through Xin Zixue: On the Second Release of Results from the *Zizang* Project, and the Advanced Conference on the Modern Transformation of Zixue ………………………………………………… Pan Zhen (421)
The Steady Advance of Xin Zixue: A Report on the Advanced Conference on the Modern Transformation of Zixue ……………………… Fang Da, Cui Zhibo (425)
New Directions for Zixue: Scholars in China and Abroad Discuss the Development of Xin Zixue ……………………………………………………… Liu Sihe (431)
Finding the Origins of Chinese Culture and Transmitting the Classics in a New Media Age: Summary from a Conference on the Continuation and Transmission of the "Zixue Spirit" ………………………………… Mao Dongdong, Liu Kai (439)
Excavating the Political Ideas of Pre-Qin Thinkers: Summary of the Second International Conference on Xin Zixue ………………………………… Liu Sihe (447)
Editorial Postscript ………………………… *Zhuzi xuekan* Editorial Committee (453)

三論"新子學"

方　勇

　　學術創新是當今時代的重大課題,積極發掘傳統文化中的元典精神,解決當代文化發展中的矛盾衝突,越來越成為社會關注的焦點。從根本上講,"新子學"所關心的正是傳統文化研究如何創新的問題。2012 年 10 月,我們在《"新子學"構想》中全面論述了對當代諸子學發展的看法。2013 年 9 月,又通過《再論"新子學"》集中探討了"子學精神"。經過數年的思考,我們進一步認為,從"新子學"角度觀照傳統文化創新,具有其獨特的可行性與挑戰性,並關聯到當代中國學術發展的一系列重要問題。

追 溯 原 點

　　多元文明的觀念在今日已成為普遍常識,文明的衝突與對話也時常見諸媒體。與之相關的還有多元現代性的觀念,如艾森斯塔特的多元現代性討論、杜維明的東亞現代性論述等。多元現代性是對經典現代性敘事的一種反駁,旨在強調不同的文化傳統與現代社會之間存在內在關聯。著名政治學家亨廷頓在《文明的衝突》中指出,現代性對西方社會同樣是顛覆性的,只不過其內生因素起到了克服作用。借助全球史的視野,我們發現,後發現代化的國家最初都是被迫捲入現代的,都有一個急速的模仿期。當現代性深刻嵌入之後,後發國家的固有文化與現代性的協調問題就會逐漸突出。這對我們理解中國現代化與傳統之間的關係具有借鑒作用。

　　中國作為一個連續不間斷的文明體,其文化的生命力由來已久。當然,近代以來的挫折也揭示了中國文化內在的弱點。特別是近三十年來,中國社會極速現代化,經濟繁榮、社會昌盛的同時,也不可避免地引發諸多問題。一個單純發展經濟的社會是沒有前途的,社會發展必須落實為每個人的文明生活,這就需要文化的形塑力量。西方的流行觀念在當下中國影響甚大,學界對於傳統的研究也大多處於整理知識的階段,研究方法尚依賴於西方話語體系,這實際上強化了外來價值體系的影響。此前,"新子學"提出正本清源的主張,就是希望中國學術能擺脫既有模式,重視創新精神。我們認為,傳統文化研究創新首先需要回到中國思想的原點,即先秦時代的諸子學傳統。

　　對於先秦學術,傳統時代的學者大多囿於經學心態,無法客觀認識其價值。近代以來觀念更新,學者多能道破要點。章太炎評價中國學術:"唯周秦諸子,推迹古初,承受師法,各自獨立,無援引攀附之事。"後來的胡適、馮友蘭等也有類似看法。這些都加深了我們對先秦時代元典性的認識。中國學術的革新,幾乎每一次都是對先秦學術的重新發掘。漢代今文學影響最大的公羊學,是早期經學和諸子學的結合。魏晉玄學匯通三玄,是對於儒、道兩家智慧的融通。宋明理學建立四書系統,是對早期儒學的一次重構,不過其強分正統、異端,則扭曲了先秦時代的思想脈絡。在理學興起前後,道教學者也以心性論為架構,成功復興了道家。其後,宋明理學模式在明清之際陷入困局。清代學術以反省心學、理學為起點,經學考證成為主流,然其逐漸流於煩瑣,終究難當大任。清代中後期,今文學和諸子學興起,先秦學術傳統再次復活,並在形態上最接近於元典時代的原貌。今文學從莊存與、劉逢祿到龔自珍、魏源,再到廖平、康有為、梁啓超,蔚為大觀,於晚清掀起巨浪,在當代又重獲新生。諸子學則從王念孫、王引之到俞樾、陳澧,再到章太炎,漸次張大,後並借助哲學史的形式成為主流。梁啓超在回顧清代學術發展時指出,清代學術的脈絡是由宋而漢,由東漢而西漢,有一個漸次回溯的過程。當代研究清代學術史的學者也有類似的看法。以蒙文通為例,其治學接續廖平一系,由今古文而入齊學、魯學,再進至諸子學,深探古典時期的哲學與政治思想,可說是晚近學術演進的一個範例。數百年來,學術史的綫索皆在於擺脱宋明理學模型的束縛,最終指向先秦學術的原生面貌,這可看作今天古典學問的方向。

　　先秦學術並没有一個固定的圖景,漢宋明等不同時代對其有不同描述,這很大程度上取決於解釋者的問題意識和學術脈絡。近代以來,先秦哲學史對此提供了系統的知識圖景,而這些工作在今天看來猶有未及。哲學史的範式預設了諸子學研究的範本,研究的興趣多著力於形上學,諸子學本來的問題意識和思想綫索被遮蔽了,而我們實則應於原生中國意識的定位上再多下工夫。除了學術觀念的更新,考古學發現同樣重要。我們有機會認識古人完全無法想象的先秦時代,如禪讓風氣與今文學發展的關係,孔孟之間、老莊之間的學術鏈條,黄老學的展開等,這些是傳統時代無從想象的。諸子學的發展譜系,遠較司馬談《論六家要指》《漢書·藝文志》複雜,各家的共通性非常大,相互的影響極深。因而,當代實具備了回歸中國思想原點的極佳契機。更重要的是,諸子學本身所具有的多元開放的氣質,正是中國思想原創力的突出體現。身處現代語境中的當代研究者,不妨學習和繼承先秦時期"處士横議"的原創精神與恣縱氣勢,擺脱各種固有觀念的束縛,汲取元典智慧,融會當代理念,是為學術創新之關鍵所在。

重 構 典 範

　　關於中國傳統文化的結構,學者各有不同理解,或宣揚儒學道統説,或主張道家主幹説,或以經學為中心。"新子學"提出之後,也有學者主張經學、子學兼治。關於經典文本的結構,當代學者也有新的探索,如主張以《論語》《孟子》《荀子》《禮記》為"新四書",或者以儒家經典加上《老子》《莊子》為"新經學"。傳統本即複合多元,不同的主張確可相互促進。以"新子學"的角度觀之,誰是主流、誰是正統的爭論,在古代自有其理據所在,而置諸今日,卻已漸失其討論價值。全球化的時代,我們應從中華文明的整體格局看待傳統資源,因為中國思想要解決的不再是内部問題,而是如何應對現代性挑戰。將儒學視為中國思想的主流與正統,不免失於偏狹。中國社會已經深深扎進現代體系之中,文化轉型勢在必行。學術要大膽創新,要適應時代,有必要對傳統做一番大的重構。我們認為,重構的關鍵在於如何把握先秦時代思想的結構。

　　先秦是文明轉型的時代,也是構想新的天下秩序的時代。圍繞着建立一個怎樣的文明體和如何建立這個文明體,早期的思想家們既能汲取古代的資源,又能深刻觀察現實,他們獨立思考,大膽發言,形成了眾多流派。孔子和老子作為儒道思想的原點,各自發展出思想系統,同時在很多重大問題上保持共識。原始儒家溫厚活潑,開通多元,在其被體制化之前,既沒有沾染經學的氣息,也没有為維繫中樞權威而不惜一切代價。原始道家宗旨清晰,意在構建更寬鬆更有活力的小規模文明體,而不像漢代之後被過度扭曲,畸變為一統帝國的統治技巧或者身體操作的指南。墨家是儒學價值的直接挑戰者,開闢了論戰的新視野,其關注底層和技術的傾向,為其他學派所不及。孟子和莊子都提到楊、墨的風行,可見墨家對當時思想界的巨大衝擊。法家後起,代表了諸子學新興力量,指引了當時政治體的發展,其系統的治理思想在後世影響深遠。各家宗旨不一,卻能相互吸收,越到晚期,這種趨勢越明顯。至《吕氏春秋》與《淮南子》,各家思想漸被吸納並收,表達為一種中國早期文明的整體想象,最終促進了以秦漢帝國為標誌的文明體的形成,這是思想創造力與時代呼應的典範。

　　從文化内部來看,先秦諸家皆能開出思想的新路,光耀一時。如果站在世界文明的維度上,最受矚目的,則當屬以孔、老為代表的原始儒家、道家。其中深藏的歷史洞見和思想基因,也是現代文明重新理解自身、創新時代的寶貴資源。由孔、老切入元典時代,自然會在諸子學之外,注意到早期經學的價值。六經是古代典籍,其成為一個整體,則有賴於孔子。早期經學的發展,多體現為"傳",如《春秋公羊傳》《周易傳》等。漢代學者將《春秋》視為孔子思想的關鍵,而今人研究卻多限於《論語》,對孔子和《春秋傳》的關係有欠關注,不利於深入理解。同時,我們也應當注意到老子與《周易》在思想上的聯繫,特別是後世,無論王弼、陳摶抑或王夫之,易、老通治都是其學術的基礎。《周易》和《老子》相互融通,古人限於經學觀念,多不明言,今天則不妨深入加以討論。"新子學"認為,關於元典時期的研究範圍實應涵括諸子各家,旁涉早期經學,這樣就能跳出經、子二分的傳統觀念,回歸原點。我們主張以《春秋》《周易》《論語》《老子》為基礎,這可能是激發創造的新典範;再旁及《孟子》《荀子》《莊子》《墨子》和《韓非子》等其他經典,形成元文化經典的新構造。

　　儒、道異同,經、子尊卑,一直是中國思想史上備受關注的重要命題。莊子云:"自其異者視之,肝膽楚越也;自其同者視之,萬物皆一也。"在傳統語境中,固然有合同孔、老的主張,也有很多人嚴分儒、道。而從出土的郭店簡來看,早期儒、道兩家並非水火不容。唐以前,學者出入經子百家是常態;只是宋明理學興起後,理學家構造出正統和異端的界限,似乎孔子和老子完全成了正、邪之分。朱子把老子看成是陰謀家,務必除之而後快,這一態度對後來有很大的負面影響,略覽清人熊賜履《學統》即了然。直到近代以來,諸子學復興,學者才有真正改變,魏源、陳三立、高延第等都能平視孔、老,有如徐紹楨、嚴復等,甚至認為老子高於孔子。在今天多元文明的語境下,我們體認到,孔、老之間的同質性要大於差異性。約略言之,與古希臘思想比較,孔、老都是天下主義者,都能尊重不同族群,有人類一體的情懷,而不至於自困於城邦政治,甚至視奴隸為工具。與希伯來傳統比較,孔、老能發揚人文精神,"依自不依他"(章太炎語),而不以神格壓制人道。這一洞見,於各大文明之中獨樹一幟。其他諸如深思德、位、時、中,以歷史意識通觀政治社會,皆可看出中國文化的深層精神。西方學者看待老子和孔子,大概就像我們看待柏拉圖和亞里士多德,那是早期中國的主脈。古人的智慧在前,如何融通開新,參與到世界範圍的討論中,這是今天的任務。"新子學"主張,在面對西方文化的背景下,深入把握早期經典中的相通之處,熔鑄出新解,這當是學術創新的途徑。

喚醒價值

返歸元典時代,意味着學術研究方式的轉型。近代以來諸子學研究主要采取了哲學史模式,體現為"中國哲學"的知識系統,其最大的興趣則在構造形上學。站在"新子學"的角度上,"中國哲學"事實上成為現代性敘事的構件,其在知識上的貢獻遠大於價值上的。中國古典學術與西方學術存在很大差異,其價值意義大於知識意義,這一點近代以來的學者有清醒的認識。章太炎認為,中國學術在致用,西方學術在求是。柳詒徵認為,中國學術重在實行,西方學術重在知識。勞思光認為,中國哲學是引導性的,西方哲學是解釋性的。類似的講法還有很多。晚年的徐復觀為談這一問題,專門作《向孔子的思想性格回歸》一文,主張以恢復儒學的實踐品格為方向。當代的研究者也有類似的主張。我們認為,傳統文化研究的方向應該是對治現代性,而非論證現代性。從哲學史的範式中走出來,把重點從知識構造轉出,重新喚醒傳統資源的價值意義,讓經典回到生活境遇中,這是關鍵。當然,這不是說把古人的話頭直接搬到現在,也不是說不顧及現代社會的主流價值,一味復古。喚醒價值,是指在傳統價值中找到適應當代的形式,並與現代價值做有效溝通。這就需要諸子學研究模式的創新。這方面我們已做了適當的探索。其一是研究的原理化。原理化要求不再局限於儒、道、墨、法、陰陽、名六家的框架,而是以問題為中心,做一種會通的研究。要抓住核心觀念疏通古今,融入現代生活中加以討論。諸子學具有恆久的意義,在於其洞見了文明中的基本事實,其解決問題的方案可能不是唯一的,但最切近中國社會。其二是研究的社會科學化。以往的研究都偏於哲化,我們應該更多注意運用社會科學方法解釋古典文本。現代社會與傳統社會的不同在於,這是一個高度"人工化"的社會,一切現象都需要社會科學的視角才可以理解。古典時期的智慧需要結合諸如經濟學、政治學、管理學、社會學的方法來闡釋,才可能具有實際的解釋力。學界較為缺乏像費孝通《鄉土中國》一類的研究,不免阻礙了古典文本的意義開放。諸子思想的本旨在政治治理,現在的研究則多是集中於哲理方面,我們認為應該結合政治學理論的新發展做研究。

法國思想家科耶夫認為,現代性的本質是欲望,這指出了現代文化的根本弱點。一切打着主體、自我等旗幟的宣揚,最後都會一頭栽進虛無主義的深淵。如何面對現代性的挑戰,不僅是西方文化的問題,也是包括中國文化在內的多元文明的共同問題。要解決這一問題,首先需要冷靜理解現代社會和傳統資源之間的關係。現代社會中的主要特質,諸如巨大的活動力、綫性的進步觀、人的主體化,這些都是古典社會所沒有的現象。資本和技術推動下的社會突進,並非傳統文化能夠直接無轉換地嵌入。我們不能要求傳統思想全面構造現代社會,傳統文化的意義在於為社會提供價值系統,解決現代背景下的人的問題。不同的文明傳統有不同的價值體系,西方有其自身的價值體系和解決方案,諸如"解放神學"就是力圖解決現代社會困境的一種努力。西方的價值體系與其歷史文化緊密相關,並不能解決中國社會的困境。要解決現代化中的中國人的問題,無法模仿西方,只能通過對自身文化的創新來解決。誠然,先秦諸子並沒有現代生活的經驗,他們的思想也不是為了解決今天的問題。但是,諸子思想是對文明的深刻洞見,尤其是對人的深刻理解,這些具有普世和恆久的價值。假如我們把技術和資本的問題理解為物,先秦諸子要處理的就是人如何應物的問題,這是傳統文化研究創新的根本點。

以中國的價值來應對外來文化,宋儒曾經做過相應的思考。事實證明這樣的創造性改造才能解決價值問題。陳寅恪曾指出:"一方面吸收輸入外來學說,一方面不忘民族本來之地位,此二種相反而適相承之態度,乃道教之真精神,新儒家之舊途徑。"這也是創造性轉化最早的表達。今天我們做的是融克西方觀念的工作,關鍵還在如何發掘元典智慧,以應對當代挑戰。譬如原始儒家強調家庭、教育和德性生活,這對當代中國非常重要。穩定的家庭是社會的基礎,經濟發展對現代家庭衝擊巨大,城鄉二元下的家庭和教育缺失問題尤為突出。而儒家的家不僅指家庭,也可以是一種組織原則,能夠在社會組織中起到想象共同體的作用。如何把這些發展為管理學理論,值得思考。又如在政治倫理方面,儒家主張對國家行為做方向性的引導,強化行政體系的内部凝聚力,對官員的紀律約束,而道家則傾向於政治體的自我約束,放開管制,這些都可以轉化為新的社會理論,都是先秦諸子探索與思考並總結出一定方法與結論的重要話題。通觀原始儒家、道家,孔子講"和而不同",老子講"玄同",莊子講"莫若以明",都顯示了開闊而包容的文化態度,其背後的理論意涵尤其值得深入發掘,並通過精深的研究形成完整的論説。中華文明並不是一枝獨秀,中華文明也不低人一等,在差異中尋求共識,在合作中保存特質,這是諸子精神的當代意義。"新子學"認為,具有現實指向的價值重建,能够使傳統文明在國家制度、政策以及個人生活中真正落實其價值,對當代社會產生應有的貢獻。

　　只有當資本不再是自我逐利的怪獸,個人不再是虛空欲望的軀殼,中國人的文明生活才是值得期待的。傳統完全可以轉化爲現代的商業理念,也可以深入其他領域,關鍵還在於創新的魄力與能力。作爲一個有着悠久文明的國家,中國的傳統研究最終還是要提供一種身份認同,助力於文明生活的重建。"天下文明"是古人最高的理想,也是吾輩應當努力驅馳的方向。傳統中國已經深深嵌入現代世界,中國的命運和整個世界息息相關。如何把中國的思想力和創造力最大限度地開掘出來,考驗着每一個認真思考與生活的人。《莊子》云:"道術將爲天下裂。"時至今日,我們不妨將其理解爲:多元會通的中華文明,正需要通過追溯原點、重構典範、唤醒價值的一系列創新實踐,才能突破自身舊有格局,從而更深刻、更切實地屹立於風雲變幻的現代世界。

　　(原載於《光明日報》2016 年 3 月 28 日 16 版,作者單位:華東師範大學先秦諸子研究中心)

"新子學"理念提出的前後脈絡

方 勇

內容提要 "新子學"理念提出數年,早已突破單純學術範圍內的討論,並引發了社會各界的關注和討論。"新子學"意在破除"經學"思想的禁錮,為中國文化帶來重要的改變。然而新觀念的蔓延,往往未必頓現於一朝一夕,可能經過數十載乃至更長的歲月,其影響仍在延展與振作。本文旨在梳理"新子學"理念提出的前後脈絡,以期引發社會各界更為廣泛的理論探討。

關鍵詞 新子學 文化多元 "經學"觀念 造作道統

中圖分類號 B2

"新子學"理念的面世已逾二載,但其醞釀籌備的時間更長。《"新子學"構想》正式見報以前,我已同《光明日報》相關欄目主編當面詳談過多次,文章成稿以後,我又先後與該欄目主編往返修改了五輪,歷時半年左右。《光明日報》認為,"新子學"的觀點一旦推出,很可能會一石激起千層浪,因而格外慎重。從前《實踐是檢驗真理的唯一標準》一文,據說修改了十一輪;我這篇文章竟也已經五易其稿了。五輪修訂過後,正式定稿。2012年10月22日,《"新子學"構想》刊發,聲勢確實不小,許多學者與媒體都紛紛回應。這些呼應文章,如今絕大部分收錄於首部《"新子學"論集》(學苑出版社2014年2月版)中,第二部現在也已在編。"新子學"相關論文累積已達150多篇,規模不容忽視。

按我們原來的設想,"新子學"的討論可能主要在諸子學研究範圍內開展。然而它一經登出,立刻波及其他各個學科領域,而非局限於諸子學一門,在地域上,它也已經傳播至海外多個國家和地區。今年10月上旬,我到韓國首爾參加有關21世紀道家文化的國際學術研討會,主辦方已將"新子學"作為一個專門的議題來進行討論。韓國學術原以儒學為命脈基準,儒學正統的觀念根深蒂固,如今,他們同樣也面臨着思想轉型的問題。"新子學"的觀點傳播至韓國以後,不光影響到學術方面,還與其他一些社會問題整合在一起,引起了一系列的反響。

比"新子學"更早進行的《子藏》工程,是華東師範大學的超大型古籍整理項目,也是我們共同策劃並由我主持的。但没想到,目前關注"新子學"的人比關注《子藏》的還要多一些。相比較而言,可能《子藏》工程的内容較為專業化、專門化,而"新子學"卻經由各大媒體廣泛傳播至各個學科,並使各個階層都對其有所瞭解。

今年9月下旬,第五屆國際儒學聯合會在京召開,開幕式於24日上午在人民大會堂舉行,習近平總書記作了報告。我應邀參加盛會並仔細聆聽了報告,在場學者認為,總書記的報告即使單從學術角度去理解也是十分深刻而有意義的,很可能指引着以後相當一段時間内中國文化發展的根本方向。第二天,這份報告在《光明日報》第二版全文刊登。但是對於這份報告,每個人的解讀是不一樣的。24日晚上,《新聞聯播》報導就没有從根本上把握報告中的學術内涵,也没有全面領悟總書記的講話内容。報導僅僅是從恢復儒學、儒學幾近獨尊的角度來加以闡釋播報。在我看來,這顯然偏離了習近平的講話精神。習近平講話大致是説,儒學是非常重要的,是中國古代重要的學説之一,它與諸子百家等共同推進了中國文化的發展。報告中反復强調的這一觀點,絶没有獨尊儒學的意思。而且報告中還有一個新的關注點,即馬克思主義與中國文化的關係問題,這和以前的提法都不一樣。習近平指出:"馬克思主義基本原理必須同中國具體實際緊密結合起來,應該科學對待民族傳統文化,科學對待世界各國文化,用人類創造的一切優秀思想文化成果武裝自己。"馬克思主義已經深深扎根在中國固有文化的基礎上。我們認為這個觀點比較重要。後來第二天分小組討論,由我主持了其中的一場討論。我談到了"新子學",但在場學者大部分傾向於儒學突出,認為中國的文化仍然需要有一個能够代表意識形態的東西,儒學還應該經學化,保持高高在上的地位,並主張在儒學經學化的基礎上再來實現文化的多元化。我提出,"新子學"剛好是要破這個觀念,不能有一個"高高在上"的經學。儒學中當然可以整合出一些合理的内容,我們也可以從儒學中多吸收一些養分,但不能將任何一門學説絶對性地置於所有學術文化之上。我們提出"新子學"的主張,最重要的就在於發揚子學精神,這是中國傳統文化中非常寶貴的内涵,也正契合這個時代的精神。如果有人覺得我們提倡子學,只是在强調子學在學術史上如何重要,那麼顯然對"新子學"産生了誤解。諸子學在中國思想史上固然十分重要,但並不總占據着最顯著的地位。以《四庫全書》為例,子學的位置就顯然不是最突出的。而如今我們提倡子學,首要就是提倡"子學精神",這是子學背後中國文化源發時期的基本特質。簡單地説,"子學精神"就是不尚一統、主張多元並生,就是學派間要保持平等對話、相互争鳴。"新子學"反對任何獨尊,反對以權力宰制學術,反對借古聖人之言造作道統。不能理解"子學精神",也就不能理解"新子學"的關切點。我在國際儒學聯合會上表達了以上觀點,但與會者並未能充分理解。

"新子學"的理念,是要破除思想的禁錮。經學觀念已經滲透在我們每一個人的思想之中,滲透在整個中華民族的心理中,無形而又無所不在。我們提出"新子學",並不是説諸子百家作為學術研究要改變一些方法,要滲透進一些異質,這只是表層現象;更深層的理念觀照在於,中國的文化要有一個大的改變。至於它與西方學術的關係,與古代文化的關係等等,我之後幾篇"新子學"論文大致上已經表述得比較全面了。但"新子學"作為一個系統性的架構,並非幾篇文章就能涵蓋其所有内蘊,也不是短短數天數月甚至數年就能辨析清楚。"新子學"理念要充分滲透到各個領域,前路尚且漫漫。回顧歷史,任何重要的新觀念的蔓延,往往未必頓現於一朝一夕,可能經過數十載乃至更長的歲月,其影響仍在延展與振作。而理論性的問題,特別需要邀請理論研究專家,尤其是哲學思想研究者參與進來。我的主要精力還是放在諸子百家方面,因而,誠摯希望有更多的思想研究者參與"新子學"的討論,為這一創生伊始的理念能夠更為蓬勃地發展多多建言。謝謝大家!

説明:本文根據2014年11月9日上海大學舉辦的"'新子學'與現代文化:融入與對接"學術研討會上的發言録音整理而成。

[作者簡介] 方勇(1956—),男,浙江浦江人。北京大學文學博士後,現為教育部"長江學者"特聘教授、華東師範大學先秦諸子研究中心主任、博士生導師、《諸子學刊》主編、《子藏》總編纂。主要從事先秦諸子學和宋元文學研究,著作有《莊子纂要》《莊子十日談》《莊子學史》《莊學史略》《莊子書目提要》《方鳳集輯校》《存雅堂遺稿斠補》《南宋遺民詩人群體研究》《卮言録》等。

論"子學思維"與"子學精神"

歐明俊

內容提要 相對於經學思維,子學思維是創新思維、理性思維、科學思維,如辯證思維、全息思維、中和思維、抽象邏輯思維、形象思維、直覺思維、相對思維、變通思維、逆向思維、否定思維等。子學精神不同於求真求實的史學精神,最重要的是理論創造,是"大丈夫"精神、執著精神、犧牲奉獻精神、尚氣節精神、仁愛精神、謙虛好學精神、科學精神、自由精神、獨創精神、争鳴精神、叛逆精神、懷疑精神、批判精神、擔當精神、會通精神、開放精神、和諧精神、自省精神、自律精神、寬容精神等。子學精神一直鮮活地存在着,"新子學"的神聖使命,就是接續子學精神的"學脈"。

關鍵詞 新子學 子學思維 子學精神 史學精神 學脈

中圖分類號 B2

方勇先生在《"新子學"構想》中呼吁重視"子學思維"研究,認為"子學根植於中國文化土壤,其學術理念、思維方式等皆與民族文化精神、語文生態密切相關","在思維方式上,諸子百家重智慧,講徹悟,不拘泥於具象,不執著於分析"[①];又於《再論"新子學"》中强調要"從經學思維和體系的禁錮中真正解脱出來,以開放的姿態傳承歷史文化,維護學術開放多元的本性,積極構建具有時代特徵、富於活力的'新國學'",批評以"傳統經學思維與觀念"理解"新子學"。又説:"就深層意義而言,'新子學'是對'子學現象'的正視,更是對'子學精神'的提煉。學者崇尚人格獨立、精神自由,學派之間平等對話、相互争鳴。各家論説雖然不同,但都能直面現實以深究學理,不尚一統而貴多元共生,是謂'子學精神'。"[②]呼吁重視"子學精神"的提煉。筆者拜讀後,深受啓發,兹就這一問題略抒淺見,求教於方勇先生和學界方家。

---

① 方勇《"新子學"構想》,《光明日報》2012 年 10 月 22 日。
② 方勇《再論"新子學"》,《光明日報》2013 年 9 月 9 日。

一、子 學 思 維

此處所説"思維",並不是指思維科學所研究的思維機制和實驗,而是指思維方式,即如何思考問題,是思維科學的應用問題。所謂"思維方式",是指人們通過思維活動,為了實現特定思維目的所憑藉的途徑或方法,亦即思維過程中所運用的手段。子學思維特色明顯,大體上是學術思維,是創新思維,是理性思維、科學思維,即按一定的邏輯和道理來思考問題。

辯證思維　辯證思維強調事物的變化是量變與質變的統一,量變是質變的前提和必要準備,量變達到一定程度,必然引起質變,質變是量變的必然結果。《荀子·勸學》曰:"不積跬步,無以至千里;不積小流,無以成江海。"①事物自身包含着既對立又統一的關係,矛盾就是對立統一,矛盾雙方相互排斥、相互分離,又相互吸引、相互聯結,在一定條件下相互依存,又依一定的條件相互轉化。《老子》曰:"禍兮福之所倚,福兮禍之所伏。"②要善於從福中看到禍,從禍中看到福,看問題不能静態化、絶對化。《荀子·不苟》曰:"凡人之患,偏傷之也。見其可欲也,則不慮其可惡也者;見其可利也,則不顧其可害也者。是以動則心陷,為則必辱,是偏傷之患也。"要防止片面性。矛盾存在特殊性,矛盾的事物及其每一個側面各有其特點。《莊子·駢拇》曰:"鳧脛雖短,續之則憂,鶴脛雖長,斷之則悲。"③事物各有自己的本性,不能以統一標準强求一律。

辯證思維是一分為二思維,堅持兩分法看問題。但是很多時候,一分為二思維容易走向極端,絶對化、簡單化、片面化,二元對立,兩極思維,極端肯定或否定,非此即彼。如孟子言性善,荀子則言性惡,《荀子·性惡》曰:"人之性惡,其善者偽也。"儒家重禮治,法家重法治,水火不相容,尖鋭對立,儒家強調"隆禮",斥法家為"無教化,去仁愛",而法家斥儒家為"以文亂法",為不通世務之腐儒,二者各執一端,自以為是,都是極端思維。

全息思維　所謂"全息",指部分是整體的縮影,個體是全體的縮影。全息思維,即強調由一點見全體,通過一個表徵來看到事物的全貌。《韓非子·説林上》曰:"聖人見微以知萌,見端以知末,故見象箸而怖,知天下不足也。"④窺一斑而知全豹,從一點推出全部,舉一而反三。《淮南子·説山訓》曰:"以小見大,見一葉落而知歲之將暮。"⑤《華嚴經》認為,一即一切,一中知一切,小世界即是大世界,知一世界即知無量無邊世界。我們見燕子歸,而知春天來了,又

---

① 方勇、李波譯注《荀子》,中華書局2011年版,第5頁。本文所引《荀子》原文,皆據此本。
② 羅義俊《老子譯注》,上海古籍出版社2012年版,第129頁。本文所引《老子》原文,皆據此本。
③ 方勇譯注《莊子》,中華書局2010年版,第135~136頁。本文所引《莊子》原文,皆據此本。
④ 高華平、王齊洲、張三夕譯注《韓非子》,中華書局2010年版,第258頁。
⑤ 張雙棣《淮南子校釋》,北京大學出版社1997年版,第1714頁。

説牽一髮而動全身。西醫分科，頭痛醫頭，腳痛醫腳；而中醫僅僅通過號脈，通過一個表徵，便可知道全身疾病，即是一種全息思維。

中和思維　《論語·先進》曰："子貢問：'師與商也孰賢？'子曰：'師也過，商也不及。'曰：'然則師愈與？'子曰：'過猶不及。'""過猶不及"，就是恰如其分，就是《尚書》説的"允執厥中"，不偏不倚，"中庸"之道，兩極間取其中。《孔子家語》卷四曰："中人之情也，有餘則侈，不足則儉，無禁則淫，無度則逸，縱欲則敗。"①強調凡事不要過分，應把握一個"度"。梁漱溟在《東西文化及其哲學》中，根據"意欲所向"將人類文化分為西方、中國、印度三種類型，他認為，所有人類的生活大約不出這三條路徑樣法：西方文化是以意欲向前要求為根本精神的，中國文化是以意欲自為、調和、持中為其根本精神的，印度文化是以意欲反身向後要求為其根本精神的。中和、持中，就是"一分為三"思維，如此看問題更合理，可參看龐樸《一分為三論》。

抽象邏輯思維　抽象邏輯思維是以抽象概念為形式的思維，是思維的核心形態，主要依靠概念、判斷和推理進行邏輯思辨，是反映事物本質屬性和規律性聯繫的思維，是高級的思維方式。如墨家、名家，重視概念辨析，邏輯思辨。墨子善於推理，如"為善者福之，為暴者禍之"②，善於歸謬法的運用，懂得矛盾律和排中律。名家惠施的"合同異"，公孫龍的"離堅白""白馬非馬"等命題，取象類比，皆是運用抽象邏輯思維的典型。

形象思維　形象思維重感覺、知覺，是具體、可感的，人們通過形象可以抽象出事物内部的本質，可表達抽象思維的内容。《莊子》《吕氏春秋》《淮南子》《列子》中，皆多寓言故事，即是用形象思維論證問題、説明問題。《莊子·逍遥遊》描述了鯤鵬形體碩大無比，變化莫測，氣勢壯美；描述了蜩與鳩因身輕翼小、飛不高、行不遠，卻自以為得到逍遥，從而嘲笑鵬鳥的行徑；又通過朝菌、蟪蛄、冥靈、大椿等例子，用卮言得出結論：它們都是有所待的，只有"乘天地之正，而御六氣之辯"的"至人""神人""聖人"才能達到無所待；又用四個寓言形象説明，使人對其結論加深理解，自然接受。莊子在"遊"中做到主觀精神與"道"的合一，進入《齊物論》所説的"天地與我並生，而萬物與我為一"的"獨與天地精神往來"的境界。神與物遊，思與境諧，莊子"遊"的過程，想象與形象緊密結合，有強烈的感情活動，生動的物象，豐沛的情感，奇異的想象，不拘泥於形式，超越時空，進入自由境界。學術研究，並不排斥形象思維。

直覺思維　直覺思維就是採用非分析、非邏輯的方法，通過知覺、感悟、内省等方式思考問題。柏格森《形而上學導言》説："所謂直覺，就是一種理智的交融，這種交融使人們自己置身於對象之内，以便與其中獨特的、從而是無法表達的東西相符合。"③《莊子》説其書中"寓言十九，重言十七，卮言日出，和以天倪"，又説"以天下為沉濁，不可與莊語，以卮言為曼衍，以重言為真，以寓言為廣"。莊子"寓言"是借人、借物、借事所説的話，"重言"是讓人信服的耆艾之

---

① 王國軒、王秀梅譯注《孔子家語》，中華書局2011年版，第201頁。
② 孫詒讓《墨子閒詁》，中華書局2001年版，第463頁。本文所引《墨子》原文，皆據此本。
③ 柏格森著、劉放桐譯《形而上學導言》，商務印書館1963年版，第34頁。

言,卮言是如酒一般的合道之言,"三言"即是直覺思維。莊子對道的體認,是憑直覺來領悟,是自主性思維,以一(道)統萬,以有顯無,以物觀物,以外托内,正反互見,模糊性,而不求精確性。莊子講徹悟,不拘泥於具象,不執著於分析,是感知,是整體觀照。

相對思維 相對思維承認並重視相對性,不絕對化。如莊子覺察到認識的相對性,指出物質的不確定性,所謂"逍遥遊"的"遊",便是"遊心",指遊於觀念世界,特別指不受對立範疇的邏輯限制,打破自我與非我、非我與非我、自我與自我的絕對分界,即是不是、然不然、可不可的非此即彼的思維方式。

其他還有如變通思維,根據現實的變化而採取靈活變通的方式來分析問題、解決問題,兵家的代表人物孫武、吳起等,其思維核心是兵無常勢,水無常態。逆向思維,如孟子提出"性善論",荀子則提出"性惡論"。否定思維,批判思維,老子、墨子、莊子皆多否定思維,甚至懷疑一切,否定一切,批判一切,導致歷史虛無主義和文化虛無主義。理性思維,如荀子"天人相分"的天道觀,《荀子·天論》曰:"天行有常,不為堯存,不為桀亡……故明於天人之分,則可謂至人矣。"比較思維,求同比較或求異比較,等等。

子學思維可以經學思維為參照。經學思維,是指由儒家對"六經"和孔孟經典的傳習、注解和闡釋所彰顯或表徵的一種模式化的思維習慣或認識價值取向,持續不斷地"依經演繹"和"返本求真"。熊十力《論六經》説:"六經為中國文化與學術思想之根源,晚周諸子百家皆出於是,中國人作人與立國之特殊精神實在六經。"[①]饒宗頤先生認為"經"講"常道","樹立起真理標準,去衡量行事的正確與否,取古典的精華,用篤實的科學理解,使人的文化生活與自然相協調,人與人之間的聯繫取得和諧的境界。經的内容,不講空頭支票式的人類學,而是實際受用有長遠教育意義的人智學(anthroposophy)"[②]。經學思維,講常道,平實無奇,是穩定性思維、模式化思維。儒家嚴格規定高低貴賤社會等級行為規範,形成了固定模式。其理想狀態是:聖王、賢臣、義士、順民。儒家的思想邏輯是:天下都是安分之人,於是天下無紛爭,無紛爭則天下太平,也就達到了社會治理的極致。

經學思維大體上是守舊思維、守成思維,依傍前人,如董仲舒依傍孔子,宋明理學家依傍孔、孟。經學時代,儒家定為一尊,儒家的典籍成為"經",為全國人的思想樹立標準,限制規範,人們的思想都只能活動於"經"的範圍之内,即使有一點新的見解,也只能用注疏的形式發表出來,習慣於依傍古人的才能思想。教條化,只以權威的思想為自己思想,故無大變化,無大進步。"罷黜百家,獨尊儒術"導致儒家思想在中國社會中長期處於獨尊的地位。以思想上的大一統,維護政治上的大一統,一切不符合自己思想的皆視為"異端"。如此,重在創新的"子學思維"便被窒息。經學思維不容忍不同的聲音存在,以正統思想姿態討伐"異端"並阻滯其發展和進步。經學思維是唯一思維、排他思維、專制思維,專斷、霸道,我就是真理,我就是

[①] 熊十力《論六經·中國歷史講話》,中國人民大學出版社2006年版,第104頁。
[②] 饒宗頤《饒宗頤二十世紀學術文集》卷四,新文豐出版公司2003年版,第10頁。

唯一，求人與己同，排斥異己，凡是不符合我的統統都應被拋棄。學術思想，本應該是百家爭鳴、百花齊放，卻變成了一花獨放、一家獨語。

經學思維是線性思維，如《大學》曰："物格而後知至，知至而後意誠，意誠而後心正，心正而後身修，身修而後家齊，家齊而後國治，國治而後天下平。自天子以至於庶人，壹是皆以修身為本。"邏輯推理簡單化，實際上，事物前後環環相扣，聯繫並非那麼絕對，即便一個環節的成功並不意味下一個環節的必然成功，如果條件不許可，齊家者未必能治國，需要機會，還要看個人的能力是否真的可以治國，能齊家的人，未必就能治國，能治國的人，也未必能平天下。

經學思維是後視思維，就是一切向後看。孔子"述而不作，信而好古，竊比於我老彭"。"信而好古"，是說對於古代思想文化深信不疑，老彭是商時的賢大夫，做了許多傳述的事，"竊比於我老彭"，就是私下把自己比為老彭，以老彭為榜樣，述而不作，就是傳述而不創作，主觀上不打算自創新學。退化論，今不如古，一代不如一代。孔子曰："鬱鬱乎文哉，吾從周。"他認為所處的時代不如西周，人心不古。後視思維，消極中有積極的一面，承認自己智力和能力的局限性，重視歷史積累，尊重古人智慧，不陷入歷史虛無主義。不輕易否定古人，強調繼承歷代以來的智慧。後視思維，論證問題，選擇證據，以古為尚，以漢、唐證據難宋、明，不以宋、明證據難漢、唐；據先秦、西漢可以難東漢。以經證經，可以難一切傳記。

經學思維是肯定思維，遵從，不願懷疑，不敢懷疑，無能懷疑，只說好，不說不好，肯定古代一切，對缺點視而不見，避而不談。封閉，固化，缺乏活力。尊古、托古、泥古，迷信過去，不敢創新，如"疏不破注"。經學思維是絕對思維，以正統、正宗、主流自居，話語霸權，文化控制，權威主義，排斥邊緣、異端，甚至禁毀消滅。經學思維是壟斷思維、一元化思維，而子學思維是多元化思維。

子學思維與經學思維的差異只是相對而言，不是絕對的，決不能將兩者對立起來。其實，兩者有相同、相通處，如皆重視整體思維。整體思維講"天人合一""天人感應"，追求不同質的事物之間的聯繫、影響、滲透和整合，明顯有別於西方分析、局部、以形式邏輯見長的思維方式。《周易》重整體、系統的思維方式，對國人的整體思維方式產生深遠的影響，造就了中國人善於採用整體、全息、系統的思維方法，而不是局部、解剖、分析來考慮問題。學科與學科之間的融合與貫通，對事物的整體把握和感悟，有可能進入事物的本源，掌握事物與事物之間的內在聯繫。"文史哲不分家"，文學和史學、哲學相互滲透，相互關聯，它們之間有着天然的不可分割的聯繫，如果將其人為地分割開來，就不可能取得正確認識。《荀子·解蔽》開宗明義地指出："凡人之患，蔽於一曲，而暗於大理。"即人之大患在囿於一己之見，而不通達於大理。他批評慎子"蔽於法而不知賢"，莊子"蔽於天而不知人"，而主張通識事物的"大理"，即"合二而一"的整體思維，不囿於一孔之見、一得之識。荀子主張治國安邦，要"隆禮重法"並舉，《荀子·君道》曰："至道大形，隆禮至法，則國有常。"認為禮教與法治是一個政體有效機制的兩個方面，二者對立統一，相輔相成，缺一不可。中醫就是整體思維方式最典型的代表。整體思維是全面思維，全方位思維，避免片面；是多元思維，或多維型思維，避免單一、一元；是系統思維，避免孤立。整體思維重共性、整體、宏觀,不肢解研究對象,不支離破碎,有別於西方分析思維,這是東西思維方式的最大差異。"西學東漸",嚴格的西學學科分類,明快的邏輯和清晰的條理,研究方法趨於簡潔,便於運用,中國特色的整體研究被遺棄,甚至被當作落後的思維方式而受到批評,應破除西方學術霸權對中國學術的束縛。整體思維是"一"思維,一種從根本上把握,從大局把握,超越細枝末節的高級思維,如《老子》説:"昔之得一者:天得一以清,地得一以寧,神得一以靈,穀得一以盈,萬物得一以生,侯王得一以為天下貞。"劉宗周《讀〈大學〉》曰:"夫道,一而已矣;學,亦一而已矣。"①當然,整體思維有時是模糊思維,不清楚,不够科學。

　　子學思維本質上是一種創造性思維,敢於創新,並善於創新,有思想,敢於並善於表達自己的思想,且充分表達自己的思想。

　　子學思維亦有弊端,容易遊談無根,空言"義理",一偏之見,以自逞胸臆。"新子學"思維上要創新,要時刻警惕經學思維的專制獨斷,同時也要有自我反省、反思能力,警惕新的專制思維。

二、子　學　精　神

　　學術精神是學者追求的學術之"道",是本,它對應"術","術"是末。"子學精神"造就了中華民族精神文化,應注意提煉升華,承繼發展。林其錟先生《略論先秦諸子傳統與"新子學"學科建設》一文中總結了五方面的"諸子精神",即:入道見志、自開户牖的原創精神;述道言治、拯世救俗的求實精神;飛辯馳術、百家飆駭的爭鳴精神;百慮一致、殊途同歸的會通精神;與時競馳、通變無方的開放精神②。

　　"子學精神"可與"史學精神"比較看。史學最重要的是求真求實精神,班固《漢書·司馬遷傳》曰:"自劉向、揚雄博極群書,皆稱遷有良史之材,服其善序事理,辯而不華,質而不俚,其文直,其事核,不虛美,不隱惡,故謂之實録。"③史學要求如實表達事實真相,真實、可靠,尊重事實,求是,求真,實録,紀實。史學求真傳統,如實揭示人類活動的基本軌跡,注重史實,不空言義理。錢大昕《廿二史考異·自序》明確指出:"史非一家之書,實千載之書,袪其疑,乃能堅其信,指其瑕,益以見其美。"④史學研究具有超越時代的價值,必須堅持實事求是,去偽存真,

---

① 劉宗周《劉子全書》卷二十五《雜著》,清道光刻本。
② 林其錟《略論先秦諸子傳統與"新子學"學科建設》,《諸子學刊》第九輯,上海古籍出版社2013年版,第48～51頁。
③ 班固《漢書》,中華書局2007年版,第622頁。
④ 錢大昕《廿二史考異》,上海古籍出版社2004年版,第1頁。

尊重事實，講究實證。史學之弊，繁瑣考證，堆砌資料，疊床架屋，襲陳言，以偏概全，見小遺大。

子學精神不同於史學精神，最重要的是創新，是理論創造。

"大丈夫"精神 "大丈夫"人格，獨立不懼。《孟子·滕文公下》曰："富貴不能淫，貧賤不能移，威武不能屈，此之謂大丈夫。"又《滕文公下》曰："居天下之廣居，立天下之正位，行天下之大道。"孟子說"吾善養吾浩然之氣"，並說這種氣"至大至剛"，"塞於天地之間"。"大丈夫"追求高尚人格，陸象山曰："若某則不識一個字，亦須還我堂堂地做個人。"①又曰："人須是閒時大綱思量：宇宙之間，如此廣闊，吾身立於其中，須大做一個人。"②顧炎武《與友人論學書》曰："愚所謂聖人之道如之何，曰'博學於文'，曰'行己有恥'。自一身以至於天下國家，皆學之事也；自子臣、弟友以至於出入往來、辭受取與之間，皆有恥之事也。恥之於人大矣，不恥惡衣惡食，而恥匹夫匹婦之不被其澤。"③

執著精神 執著精神近乎一種宗教性的情感，熱愛學術，執著理想，就像熱愛生命一樣。孔子一生以追求真理為己任，說"朝聞道，夕死可也"。他生於亂世，積極入世，道不得行，纍然不得志，明知自己所追求的理想政治秩序很難在現實中建立，依然不屈不撓地為之奮鬥，"知其不可而為之"，意志堅決。他周遊列國，"纍纍如喪家之犬"，而精神不改，晚年退居講學，以禮樂文化為核心內容，推行"仁道"，正如曾子所說："仁以為己任，不亦重乎？死而後已，不亦遠乎？"

犧牲奉獻精神 墨家以為萬民興利除害為自己使命，並為之孜孜奮鬥，遊說諸侯，謀求制止戰爭，安定社會，"席不暖""衣不黔"，"摩頂放踵"以利天下。魯迅《中國人失掉自信力了嗎？》說："我們從古以來，就有埋頭苦幹的人，有拼命硬幹的人，有為民請命的人，有捨身求法的人。"④並稱之為"中國的脊梁"。魯迅列舉的四類人中，至少有三類與墨家相符。

尚氣節精神 講求操守，保持人格尊嚴和民族尊嚴，是中華民族生存、繁衍、發展的內在生命源泉和動力。孔子提倡"殺身以成仁"，孟子主張"捨身以取義"，為了追求成仁、取義，不惜犧牲個人生命。這種精神熏陶感染了無數堅持真理，不怕犧牲的志士仁人。

仁愛精神 儒家講"仁政"，《孟子·盡心上》曰："君子之於物也，愛之而弗仁，於民也，仁之而弗親，親親而仁民，仁民而愛物。"要求人們從愛親人到愛百姓，然後將愛擴展至萬物。墨家講"兼愛""非攻""兼相愛，交相利"，視人如己，愛人如己，"天下兼相愛"，就可達到"交相利"的目的。富有同情心，悲憫情懷。

謙虛好學精神 重學習，重智慧，願意學，樂意學，善於學。孔子曰："三人行，必有我師

---

① 陸九淵《陸九淵集》，中華書局1980年版，第447頁。
② 同上書，第439頁。
③ 顧炎武《亭林文集》卷三，清康熙刻本。
④ 魯迅《魯迅全集》第六卷，人民文學出版社2005年版，第122頁。

焉。"他"入太廟,每事問",强調"知之爲知之,不知爲不知,是知也"。朱熹曰:"爲學須是切實爲己,則安静篤實,承載得許多道理。若輕揚淺露,如何探討得道理?縱使探討得,説得去,也承載不住。"①虚懷若谷,從善如流,博採衆家之長,"海納百川,有容乃大"。敢於承認自己的不足,樂意承認别人的優點,不自滿,不自傲。謙虚不僅僅是一種美德,更是一種學術精神。孔子看到知識對人的德行的重要作用,《論語·陽貨》曰:"好仁不好學,其蔽也愚;好知不好學,其蔽也蕩;好信不好學,其蔽也賊;好直不好學,其蔽也絞;好勇不好學,其蔽也亂;好剛不好學,其蔽也狂。"提倡勤奮、認真、嚴謹。

科學精神　墨家道、技統一,爲天下興利除害。《墨經》中涉及數學、力學、光學、几何學等,又涉及邏輯學、生理學、心理學各個領域。講求實證,重事實,重歸納,《墨子·小取》"摹略萬物之然",即反映事物本來面目,是對人類認知活動目的和宗旨的概括,實事求是。實證,即從客觀存在的事實出發,如實認識事物本來面目,不附加以任何外來成分,不摻雜主觀、神秘或信仰因素。《墨子·非命上》中,墨子提出"立言三法",即論證論點的三個標準:"上本之於古者聖王之事",根據歷史事實;"下原察百姓耳目之實",根據人民群衆的現實經驗;"發以爲刑政,觀其中國家百姓人民之利",在應用中觀察符合人民利益的程度。墨子認爲"察實"、"取實"重於"命名",《墨子·非攻下》批評"今天下之諸侯將猶多皆免攻伐併兼,則是有譽義之名,而不察其實也。此譬猶盲者之與人同命白黑之名,而不能分其物也"。科學精神求真,重實驗,《孔子家語》中《困誓》曰:"不觀高崖,何以知顛墜之患;不臨深泉,何以知没溺之患;不觀巨海,何以知風波之患。"②孔子注重親身經歷與體驗即實踐。《荀子·勸學》曰:"不登高山,不知天之高也;不臨深溪,不知地之厚也。"《荀子·儒效》曰:"不聞不若聞之,聞之不若見之,見之不若知之,知之不若行之。"學以致用,學習有不同的境界,聞、見、知層層遞進,但最高境界是"行"。嚴謹求真,朱熹强調"格物致知",要在人世間與自然界的一切事物上窮理:"上而無極太極,下而至於一草一木一昆蟲之微,亦各有理。一書不讀,則闕了一書道理;一事不窮,則闕了一事道理;一物不格,則闕了一物道理。須著逐一件與他理會過。"③反對照搬書本,主張獨立思考。

自由精神　思想自由,言論自由。諸子各家各派盡量發表各自的見解,以平等資格相互辯論争鳴。不承認有所謂"一尊",也没有"一尊"。各學派雖從不同的社會集團的利益出發,紛紛著書立説,議論時事,闡述哲理,但是並非政治附庸,依附於某個政治權勢集團,而是合則留,不合則去。不依傍,不苟且,不盲從,不迂腐,精神上獨立自由。

獨創精神　創立新義,諸子述道言治,自開户牖,不滿足,重原創性、學術個性,成一家之言。如老子貴柔,孔子貴仁,墨子貴廉,關尹貴清,列子貴虚,陳駢貴齊,陽生貴己,孫臏貴勢,

---

① 黎靖德編、王星賢校點《朱子語類》卷八,中華書局1986年版。
② 王國軒、王秀梅譯注《孔子家語》,第282頁。
③ 黎靖德編、王星賢校點《朱子語類》卷十五。

王廖貴先，兒良貴後；又如老子法自然，莊子法天，孟子事天，荀子參於天地。獨立思考，創造性探索。

争鳴精神 諸子百家相互辯駁，共同提高，在爭鳴過程中進一步激發各家原創思維的生命力，使各種學說的獨特性得到了呈現。面對異己，確立自家學說，孟軻正是在與楊朱、墨子等人的思想交鋒過程中，才確立為子學的孟子；荀况是在與"十二子"的思想對話中才確立為子學的荀子。

叛逆精神 墨子初受孔子影響，"學儒者之業，受孔子之術"，後逐漸成了孔子和儒家叛逆，創建了與儒家相對立的墨家學派。東漢時代，儒家思想占支配地位，但與春秋、戰國時期所不同的是儒家學說打上了神秘主義的色彩，摻進了讖緯學說，使儒學變成了"儒術"。王充《論衡》針對這種儒術和神秘主義的讖緯說進行批判，以"實"為根據，"疾虛妄"之言，《論衡·對作》目的是"冀悟迷惑之心，使知虛實之分"①。《論衡》一書"訕訾孔子"，"厚辱其先"，反叛漢代儒家正統思想，故遭到當時以及後來歷代封建統治階級的冷遇、攻擊和禁錮，將它視為"異書"。王充對正宗儒學的叛逆，是學術史上的一種寶貴精神。異端思想，解構正統、偶像和經典，以異端、另類的姿態反傳統、反正統，思想解放。

懷疑精神 不迷信權威，不迷信傳統，不迷信定論。宋代諸子"疑古""疑經"。張載《大學·原下》曰："可疑而不疑者，不曾學，學則須疑。"②呂祖謙曰："讀書無疑，但是不曾理會……小疑必小進，大疑必大進。"③《朱子讀書法》曰："讀書無疑者，須教有疑；有疑者卻要無疑，到這裏方是長進。"又曰："書始漸未知有疑，其次漸有疑，再其次節節有疑，過此一番之後，疑漸讀釋，以至融會貫通，都無可疑，方始是學。"④陸九淵曰："為學患無疑，疑則有進……小疑則小進，大疑則大進。"⑤陳獻章說："前輩謂學貴知疑，小疑則小進，大疑則大進。疑者，覺悟之機也。"⑥李贄《答僧心如》曰："學者但恨不能疑耳，疑即無有不破者。"⑦王夫之《詩廣傳》卷四曰："由不疑至於疑，為學日長，由疑至於不疑，為學日固。疑者，非疑道也，疑言道者之不與道相當也。不疑者，非聞道在是而堅持之也，審之微、履之安，至於臨事而勿容再疑也。"⑧

批判精神 孟子批判"獨夫"暴君，荀子敢於非議前賢。《荀子·非十二子》不但非議墨家、道家、刑名之學，而且膽敢非議子思與孟子，斥之為"聞見雜博""僻違無類""幽隱無説""閉

---

① 王充《論衡》，上海古籍出版社1990年版，第276頁。
② 張載《張載集》，中華書局1978年版，第286頁。
③ 呂祖謙《呂東萊文集》卷二十《雜説》，《叢書集成初編》本。
④ 永瑢、紀昀等總纂《景印文淵閣四庫全書》第709册，臺灣商務印書館1983年版，第370頁。
⑤ 陸九淵《陸九淵集》，第449頁。
⑥ 陳獻章《白沙子全集》，臺灣商務印書館1973年版，第49頁。
⑦ 李贄《焚書·續焚書》，中華書局2011年版，第381頁。
⑧ 王夫之《詩廣傳》，中華書局1981年版，第114頁。

約無解""子思唱之,孟軻和之……是則子思、孟軻之罪也"。他非十二子的主旨,就是因為其"學理"有不當之處,包括子思、孟子。荀子不是在故意標新立異,如《不苟》篇曰:"君子行不貴苟難,説不貴苟察,名不貴苟傳,唯其當之為貴。""當"就是恰當、適當,恰如其分,實事求是。批判精神是一種可貴的學術精神,没有這種精神,學術就不能發展,社會就不能進步。《非相》篇曰:"相人,古之人無有也,學者不道也。"特别强調人的吉凶禍福與相貌無關。唐甄《室語》曰:"治天下者唯君,亂天下者唯君。""自秦以來,凡為帝王者皆賊也。"①大膽批判。從某種程度上説,子學就是一種批評、批判的理論,而不是"頌贊"的理論。懷疑、批評、否定,不盲從,如果不敢懷疑,就不可能創新。

擔當精神 以天下安危為己任,就是對現實、社會、民族、國家有高度的責任感,有人間情懷,入世、濟世、救世,充滿現實關懷、當下關懷。歐陽發《先公事蹟》載,歐陽修説孔子作《春秋》,是"因亂世而立治法"②。《孟子·滕文公下》曰:"世道衰微,邪説暴行有作……聖王不作,諸侯放恣,處士横議。"班固《漢書·藝文志》曰:"道家者流,蓋出於史官,歷記成敗存亡禍福古今之道,然後知秉要執本,清虚以自守,卑弱以自持,此君人南面之術也。"所謂"君人南面之術",即治國之術,政治哲學。老、莊不是以德來治國,是以"道",也就是自然而然地治國,以人的天性來治國,無為而治,"治大國若烹小鮮。以道蒞天下,其鬼不神"③,順應天道。莊子與老子一樣,主張無為治國,任其自然,認為"絶聖棄知而天下大治"④,君主要"順物自然而無容私焉,而天下治矣"⑤。"無為",看似消極,亦是在探尋社會矛盾的解決之道,以退為進,是在為解決社會矛盾開出一劑良方,"無為"不是"無用"。他們追求學問的目的,基本是為了應對現實社會提出的問題,為了探討家國天下的"經濟之道"。他們不做純而又純的學術,有强烈的憂患意識、責任意識、承擔意識、使命意識,關注世道治亂,以其所學影響君主,進而改造社會,是"入世之學",是"經世致用"之學,道與術、學與術統一,不僅僅是"獨善其身",更"兼濟天下"。這種擔當精神也是現在一些學者缺乏的,有一種觀念,只要把純而又純的學問做好了,外面的世界我是不管的,物欲横流,道德淪喪,民生疾苦,皆與我無關。佛教小乘佛是自我修煉,自我完善,大乘佛不僅拯救自己,更拯救他人,普度衆生,是一種大境界。

會通精神 《易傳》曰:"天下一致而百慮,同歸而殊途。"《莊子·天下》《吕氏春秋·不二》直至《淮南子·要略》,都表達了這種追求,追求會通的多元性。《管子》内容博大精深,涵蓋了中國古代的政治、經濟、教育、法律、倫理、軍事、自然科學等方面,書中所包含的思想流派涉及儒家、法家、道家、陰陽家、兵家、農家等。諸子百家有共用概念、範疇,"道"並不屬於道家的專

---

① 唐甄《潛書》,中華書局 1963 年版,第 196 頁。
② 李逸安點校《歐陽修全集》附録卷二,中華書局 2001 年版,第 2628 頁。
③ 羅義俊《老子譯注》,第 133 頁。
④ 同上書,第 163 頁。
⑤ 同上書,第 125 頁。

利,先秦諸子對"道"的闡釋各有不同,但它作為反映事物發生和發展的依據或原則卻被共同確認,並成為學術最高範疇。"新子學"應注重宏觀研究、綜合研究、會通研究,而不能滿足於就老子論老子、就墨子論墨子。

開放精神　包容,開放,各個學派之間、同一學派内部各家之間,既相互爭鳴又相互學習和借鑒。宋明理學吸取了佛、道兩家的某些思想和思維方式,把人的自我完善放在首要位置,對人與人、人與自然、人與社會之間的相互關係作了深入研究,構建了一整套具有嚴密思辨結構的思想體系,視野宏闊。陸象山曰:"宇宙便是吾心,吾心即是宇宙。東海有聖人出焉,此心同也,此理同也。西海有聖人出焉,此心同也,此理同也。南海北海有聖人出焉,此心同也,此理同也。千百世之上至千百世之下,有聖人出焉,此心此理,亦莫不同也。"①譚嗣同《與唐紱丞書》曰:"何謂大義?明乎學術、治術之當然,合乎地球萬國之公理,可永遠行之而無弊。""何謂公理,放之東海而凖,放之西海而凖,放之南海而凖,放之北海而凖。東海有聖人,西海有聖人,此心同、此理同也。猶萬國公法,不知創於何人,而萬國遵而守之。"②

和諧精神　老、莊重視人與自然、人與人、人與社會的和諧,特別重視人與自己的和諧,即内在精神和諧,批評物質主義、機械文明的泛濫對人類和諧生活的破壞,是對人生終極意義的理性思考,是對幸福觀、快樂觀的理性理解。人生不能太"充實",没有一點空白,太重功名利禄,太重物質金錢,那是人性的異化,是缺乏理性的偏激行為。

自省精神　季文子"三思而後行",曾子曰:"吾日三省吾身,為人謀而不忠乎?與朋友交而不信乎?傳不習乎?"不斷反省自己,看到自己的短處,承認自己的局限,不斷調整自己、改變自己,提醒自己與時俱進。不斷吸收新知識、新思想,不拘泥舊學。

自律精神　約束自己,孔子認為"克己"是實行"忠恕之道"的先決條件,也是愛人的先決條件,要克制凡事專從自己利益出發的行為,而應該考慮别人的利益。只要嚴格遵循"禮"所規定的標準,約束自己的言行,使之一一合乎禮的規範,通過這樣,就可以達到"仁"最高的倫理道德境界。同時,孔子還把"克己"作為"復禮"的條件,《論語·顏淵》曰:"克己復禮為仁,一日克己復禮,天下歸仁焉,為仁由己,而由人乎哉!"

還有如寬容精神,孔子講"己所不欲,勿施於人"的"恕道",不專斷,不霸道。民主精神,《孟子·盡心下》曰:"民為貴,社稷次之,君為輕。"

歷代以來,"子學精神"一直都鮮活地存在着,"新子學"的神聖學術使命,就是接續"子學精神"的"學脈"。"子學精神"對當下學術研究的啟示,不是為了研究而研究,為了學問而學問。我們有義務和責任發揚光大"子學精神",不斷開拓,不斷創新,不斷超越,尤其要超越自己。要做有思想的學問,有深度的學問,進入學術史的學問,傳世的學問,對當下、未來有益的學問,而不是視學術生產為一次性消費品。一代有一代之學術,當代也應該有屬於自己時代

---

① 陸九淵《陸九淵集》,第483頁。
② 譚嗣同《譚嗣同全集》,中華書局1981年版,第263~264頁。

的諸子學,即"新子學",要有大氣魄,創立學派,胸懷學術理想,追求真理。研究"子學精神",對當下學者的人格建設,對學者學術精神的培養,對學界的學風建設,優化學術生態,皆極有借鑒意義。

[作者簡介] 歐明俊(1962—),男,安徽五河人。福建師範大學文學院教授、文學博士、博士生導師。兼任中國古代散文學會常務理事、中國詞學研究會常務理事、中國古代文學理論學會理事、中國歐陽修研究會副會長、中國陸游研究會副會長等。著有《古代文體學思辨錄》《詞學思辨錄》《古代散文史論》《宋代文學四大家研究》等。

子學精神與"新子學"建構芻議

李桂生

内容提要 "新子學"的建構有賴於對子學精神的承繼,子學精神主要表現在獨立人格、思想原創、批判思維、入道見志、保持張力、和而不同、實踐理性等。建構"新子學",首先應該釐清諸子與諸子學、諸子學者與諸子、"新子學"與舊子學、新的子學與新子之學等重要概念的基本内涵,其次應該明確"新子學"體系的基本内容,"新子學"體系包括"新的子學"和"新子之學",還包括世界諸子及世界諸子學。諸子不僅有古代諸子、近現代諸子,而且有當今諸子;不僅有中國諸子,而且有世界諸子。因是之故,"新子學"的創建,應該具有國際視野,突破諸子及諸子學的中國本土觀念,從思想學派着眼,把外國諸子涵括其中。

關鍵詞 諸子學 新子學 中國諸子 世界諸子 中國思想史

中圖分類號 B2

自子學大家方勇先生創建"新子學"概念及提出"新子學"基本内涵之後,學術界對此積極呼應,或發表文章,或舉辦論壇,掀起了"新子學"討論的熱潮。"新子學"是建立在"舊子學"基礎上的,但不管新舊,其核心概念都是"子學"。我們弘揚國學,自然要弘揚子學,但我們弘揚的不是子學的"軀體",而是其"精神"。唯有如此,才不至於買櫝還珠,南轅北轍,而失其"真精"。所以,我們在揚棄"舊子學",創建"新子學"之時,必須先弄清貫穿"子學"的精神和靈魂是什麽,這樣才知道究竟要弘揚什麽,抛棄什麽。諸子百家,形態各異,學說殊途,然百慮一致。這個"一",就是"子學精神"。

一、子學精神

(一) 獨立人格

諸子誕生於禮崩樂壞、風起雲湧之際的春秋戰國,他們是當時士人階層中最傑出的代表。儒家多文士,道家多隱士,墨家多武士,法家多權士,兵家多謀士,名家多辯士,縱橫家多策士,陰陽家多算士,雜家多通士,農家多耕士。這些士人或出身没落貴族,或起於平民之家,挾説競進,奔走各國,孜孜矻矻,均志在實現個人抱負,匡正時弊。對士人而言,勢位富貴固然重要,然而推行自己的政治主張及治國思想乃其人生第一要義,故所到之國,其政見與君王合則留之,異則去之。故孔子不受陽貨饋豚,禮遇於齊燕而不留,並讚美蘧伯玉"邦有道則仕,邦無道則卷而懷之"(《論語·衛靈公》)。楚威王聞莊子賢,派人送去黄金百鎰、文錦千段,以安車駟馬相迎,許以相位,但莊子以神龜為喻,寧願曳尾塗中,也不接受聘請,依舊過着清貧而自由的生活。墨家廣收豪俠之士,組建墨家軍,週旋於列國之間,倡導尚賢兼愛,反對不義之戰,推行節用節葬,既不依附强權,又不凌壓弱寡,摩頂放踵,以苦為樂。商鞅以其幹練之材,受聘於秦,踐行"法治"主張,秦國由此强大,但商鞅也為此付出了生命的代價。孫武以《十三篇》受吳王闔閭重用,得以施展其軍事天才,"西破强楚,北威齊晉,南服越人"(《史記·孫子吳起列傳》),最後功成身退,隱居鄉野。名家在政治上主張"去尊偃兵",與墨家"兼愛非攻"相近。春秋戰國,君臣之位無常居,貧富窮達無常態,鄧析順應歷史變化趨勢,主張"循理正名","按實定名",表現了他進步的歷史觀。公孫龍曾為平原君門客,頗受平原君厚待,遊於燕、趙等國,勸説燕昭王、趙惠文王偃兵,又助趙救魏以抗秦,出入諸侯之門,沉浮宦海之波。惠施曾相於魏,提出魏、楚、齊合縱以抗秦,是合縱論的首倡者,且與莊子觀點相左而友情篤厚,可謂和而不同,其死後,莊子過其墓而嘆曰:"自夫子之死也,吾無以為質矣,吾無與言之矣。"(《莊子·徐無鬼》)

其餘諸子,雖思想不同,然其行為超卓,人格獨立,大抵類此。此種秉性,究其根源,乃由孟子所言之蕩漾於心胸、充塞於天地的"浩然之氣"所養成。此氣實為人的精氣神。孟子云:"其為氣也,至大至剛,以直養而無害,則塞於天地之間;其為氣也,配義與道;無是,餒也。"(《孟子·公孫丑上》)以孟子之言,其浩然之氣,是"配義與道"之氣,若離於"道義",則"氣餒"。孟子所謂"道義",當是心懷天下之正義正道。

諸子獨立人格的前提是身心自由。他們以天下為己任,哪裏能夠推行自己的思想主張,就到哪裏去,所以諸子不是某一地的諸子,而是"天下"的諸子。他們所關注的事不是一地一時的事,而是"天下"之事,古今之事。戰國時期齊國孟嘗君、魏國信陵君、楚國春申君、趙國平原君,各自門下都養着衆多的士。這些士很受禮遇,即使"雞鳴狗盗"、"引車賣漿"之流,只要有出類拔萃的才幹,就都能受到與其他士同等的禮遇,這不僅反映了"四君子"有愛才之德、容人之量,而且反映了所養之士有不可辱的風骨和心存道義的志趣。在追求身心自由方面,道家莊子最有代表性,他所描畫的"肌膚若冰雪,綽約若處子,不食五穀,吸風飲露,乘雲氣,御飛龍,而遊乎四海之外"(《莊子·逍遥遊》)的藐姑射山之神人形象,就是其追求人格獨立和精神自由的形象化表述。

(二) 思 想 原 創

春秋戰國是我國思想文化的"軸心時代",先秦諸子就誕生於這個時代,而且正因為諸子的誕生,使這個時代得以成為"軸心時代"。可以說,是先秦造就了諸子,又是諸子造就了先秦。先秦諸子的思想是那個時代前所未有的創造,他們雖然繼承了商周時期的思想文化,但是其思想的原創性、獨創性無有可以取代者。儒家之"仁"、"禮"、"中庸"、"忠恕",道家之"道"、"樸"、"自然"、"無為",墨家之"兼愛"、"非攻"、"尚賢"、"非禮"、"非樂"、"節用"、"節葬",法家之"法"、"術"、"勢",名家之"去尊"、"偃兵"、"按實定名",兵家之"權謀"、"形勢"、"技巧",縱橫家之"合縱"、"連橫",農家之"君民並耕而食",陰陽家之"深觀陰陽消息",雜家之"融會百家",都是無有依傍的原創思想,而且諸子在實踐上身體力行。不同的諸子流派代表了不同社會階層或社會團體的理想訴求,故其原創性,從根本上說,來自於社會,植根於社會,是當時社會現實在思想上的直接反映。儒家看到當時禮崩樂壞的社會現實,故追慕周朝的禮樂制度,對"克己復禮"孜孜以求;道家看到當時社會對權勢金錢的瘋狂追求而迷失自我,故主張返璞歸真,清靜無為,自然葆真,遊於大道;墨家看到當時諸侯爭霸、列國相侵,故主張兼愛非兵;法家看到當時不變法則亡、變法則興的形勢,故主張獎勵耕戰,富國強兵,實行法治,輔以"勢"、"術",以固君權;兵家看到當時戰爭頻仍,民不聊生,故主張"以戰止戰";陰陽家由星曆天象的變化,推演到社會的變化,提出"陰陽消息"、"五行生克"理論;縱橫家看到了列國之間利害相連的關係,故運用聯合與分化的策略,提出"合縱"與"連橫"的主張;農家看到當時社會貴族階層不勞而獲,故提出"君民並耕而食"、"饔飧而治"的思想。對以上情況,《莊子·天下》有深刻論述,認為天下學術有"道術"和"方術"之別,"道術"是關於普遍規律的學問,無時無處不在,只有天人、聖人、神人、至人才能掌握。然而春秋戰國,天下大亂,賢聖不明,道德不一,天下之士得一孔之見以自譽,雖各有所明,各有所長,然不能相通,不該不遍,皆為"道術"之一曲,故名之曰"方術"。

(三) 批 判 思 維

有生命力的學術總是閃爍着批判的光芒,沒有批判,就沒有學術。諸子學說從它產生起,就挾帶着批判思維的内核。其批判思維主要表現為對社會治理結構的創造性構想,不管是儒家的"禮治"、"仁治",還是法家的"法治"、"術治"、"勢治",抑或道家的"無為之治",都是對當時社會治理結構的實踐否定和理論重建。雖然諸子之學沒有能夠更多地在實踐中加以應用,但是在思想和理論層面開啓了民智,繁榮了學術,發展了思想,為社會治理及其結構的改革提供了有價值的參考,並影響着後世諸子及施政者。雖說"諸子出於王官",但就其思想及主張而言,更多的是因為針砭春秋戰國之亂象而產生,是當時紛繁複雜的社會現實、思想意識、社會訴求在學術上的反映,而所謂"出於王官",乃謂部分原始諸子之出身而已。因是之故,諸子的批判思維,一是批判前代思想,二是諸子之間的相互辯難和批判,三是對當時社會現象及社會治理的批判,四是新理念、新思想、新理論、新學說的提出與創建。諸子的批判精神使之具有反思傳統、超越傳統、創立新說的品格。即便追慕西周政治制度和文化制度的儒家創始者孔子,也是如此。

（四）入道見志

諸子之術乃"道術"，常常關注天人之道。譬如，儒家關注倫理之道，道家關注自然之道，兵家關注兵勝之道，墨家關注和平之道，農家關注君民平等之道，法家關注以法、術、勢為内涵的霸治之道，雜家關注王治之道，名家關注名實之道，縱横家關注安民擇交的進取之道。《文心雕龍·諸子》云："諸子者，入道見志之書。"又云："博明萬事為子，適辯一理為論。"諸子之道，雖各有所指，但其志相同，即志在天下，志在蒼生，志在通古今之變，究天人之際，所以它的思想涵蓋了政治、軍事、民生、社會、經濟等各個方面。由於其說宏闊漫漶，綜括萬物，無所不包，故幾於大道。以劉勰之意，商周以前便有諸子，如風后、力牧、伊尹，只是"諸子"之名始於戰國，而諸子之"入道見志"，多表現為對"名德"的追求。《文心雕龍·諸子》又云："君子之處世，疾名德之不章。唯英才特達，則炳曜垂文，騰其姓氏，懸諸日月焉。昔風后、力牧、伊尹，咸其流也。篇述者，蓋上古遺語，而戰代所記者也。至鬻熊知道，而文王諮詢，餘文遺事，録為《鬻子》。子目肇始，莫先於兹。"秦漢以降，儒家諸子具有比其他諸子更加通暢的"入道見志"途徑，他們以"格致誠正，修齊治平"作為立身揚名之道，漢代董仲舒提出"諸子"之"道志"乃"正其義不謀其利，明其道不計其功"。及至"北宋五子"之一的張横渠，則明確闡釋了"諸子"的偉大使命和抱負："為天地立心，為生民立命，為往聖繼絶學，為萬世開太平。"明清之際的顧炎武則從"匹夫之責"的角度提出諸子應負的天下之責，云："保天下者，匹夫之賤，與有責焉耳矣。"（《日知録·正始》）近現代諸子開眼看世界，倡導學習西方科學和民主。譬如，魏源提出"以夷攻夷"、"以夷款夷"、"師夷之長技以制夷"（《海國圖志·敘》）；梁啟超論述愛國及國政云："國者何？積民而成也。國政者何？民自治其事也。愛國者何？民自愛其身也。故民權興則國權立，民權滅則國權亡。"（《愛國論》）嚴復提出"諸子"應該自覺擔當起興繼國家和民族的大任，云："夫計學者，切而言之，則關於中國之貧富，遠而論之，則係乎黄種之盛衰。"（《原富·譯事例言》）可見，從先秦到近現代，諸子懷思抱術、心繫天下的精神一脈相承，不絶如縷。

（五）保 持 張 力

諸子學說，殊途同歸，而其最重要的價值在於"殊途"。諸子學術體系，同構而異質。他們論述的天人之道、治國之術、修身之法、物我之情、先天之性、後天之習、道心人心等諸問題，答案各不相同，主張各有千秋。諸子文化之張力，恰如自古以來的農耕文化和遊牧文化，不斷衝突，而又不斷融合，亦如各具特色的地域文化，氣質咸異而和諧共處。在歷史長河中，燕趙文化、中原文化、三晉文化、秦隴文化、巴蜀文化、荆楚文化、吳越文化、苗蠻文化各有源頭，各有傳流，但是互相借鑒，取長補短，其特色反而更加鮮明，從而形成了蔚為壯觀、博大精深的中華文化。諸子學術，因為"殊途"，所以有"張力"。唯有適度的張力，方可保持諸子活力，保持良好的文化生態。"一種良好文化生態的形成，取決於多元文化結構形態之間的内部張力。這種張力,就是一種思想價值取向上的對峙狀態或緊張關係。"①春秋戰國,諸子各有其生發和伸展的土壤和空間,但其互相詰難、批判及衝突又注入新的發展元素。然而此後,秦朝奉行法家學説,漢代以至明清奉行儒學或理學,其餘諸子或隱或滅,諸子文化失去了張力,其生態再也難以保持自動制衡和自主創新的活力,從而進入了漫長的文化專制時代,誠爲中華文化之不幸也。故諸子學術在其發展歷程中給我們留下了深刻的警示:一個社會與一個時代的思想學説,必須是保持適度張力的多元文化共存共生、相擊相摩,這樣才能夠如春秋戰國時代一樣造就"百家爭鳴,百花齊放"的生生不息的文化景象。

(六) 和 而 不 同

諸子學説由於保持了適度的張力,所以儘管相互批評甚至攻擊,卻能共生共處,形成"和而不同"的學術生態。《國語·鄭語》云:"夫和實生物,同則不繼。以他平他謂之和,故能豐長而物歸之;若以同裨同,盡乃棄矣。"孔子亦云:"君子和而不同,小人同而不和。"可見,"和"是有差別甚至對立的和諧與統一,而"同"是無差別的等同,這也是"陰陽消長"、"五行生克"學説的理論基礎。諸子之間,互相辯駁。譬如,儒家批評墨家的"兼愛"是"無君無父",是"禽獸";墨家批評儒家的"親親"、"尊尊"、"禮樂"、"厚葬"、"順命",而主張"兼愛"、"非樂"、"節葬"、"非命";儒家主張"仁治"、"禮治",法家則主張"法治";儒家不主張以武力相向,兵家則主張"以戰止戰";兵家主張"進攻",墨家則主張"防守";楊朱主張"利己",墨家主張"兼愛";儒家主張"勞心者治人",農家主張"君民並耕",人人自養;名家主張"循實正名",儒家主張"君君臣臣";道家主張"自然"、"無爲",儒家則講"修齊治平"、"知其不可爲而爲之"。其實,諸子不同的思想主張,正體現了不同的社會狀況及人生態度。故諸子之學來自社會,來自人心,是不同社會群體、不同社會階層的訴求和理想,這也正説明了社會是不同力量互相制衡和生克的共同體。從這個角度説,也正好説明了這個世界"和而不同"的辯證構造方式。正因爲彼此的不同,才會產生碰撞和激盪,才能在相互的排斥、衝突中體現彼此的存在價值。諸子之間是競爭及鬥爭的關係,但他們不是同質競争及鬥爭,而是異質競争及鬥爭,所以諸子是通過對立來達到統一,而這裏所講的"統一",絶不是思想主張的相同及彼此異質的消除,而是對立中的統一,而其"對立"也是統一中的對立,不是絶對的對立。我們講諸子,如果忽視彼此之間存在相通的質素,就會夸大諸子之間的對立,使之走向"絶對主義";而如果忽視彼此之間存在的異質對立,只看到它們的相通質素,就會使之走向"相對主義"。諸子均具救人濟世情懷、安邦治國之志,不僅目標指向一致,而且在實現的路徑與方法上也不無相通之處。譬如,道家的"無爲"恰恰是最好的"有爲"(儒),道家的"避世"實際是最好的入世(儒、墨、兵、縱橫、名等);道家的退守,正是最好的進取(儒、墨、兵等);兵家的"進攻",有時又恰好是最有效的"防守"(墨);楊朱的愛己自利而不利他,既不侵人之利,也不與人以利,從某種意義來説,恰好是最能落實的"兼

---

① 李有亮《重返中國傳統文化最佳生態現場》,《諸子學刊》第八輯,上海古籍出版社 2013 年版。

愛"（墨）。凡此種種，均為相通之處。故以筆者愚見，觀諸子之書，為諸子之學，須從多面看，不可一面觀；既要看其表，又要觀其裏，不同的角度有不同的意蘊。如此，方能體味諸子真意，所謂"橫看成嶺側成峰"是也。

（七）實 踐 理 性

先秦諸子提出的主張、闡釋的思想具有鮮明的實踐理性精神，"所謂實踐理性，是說把理性引導貫徹在日常現實世間生活、倫常感情和政治觀念中，而不作抽象的玄思。"[1]諸子學說是理性的產物。理性是人對自身及外部世界的一種認識機能，是控制和改造外部世界的一種能力，是世界的一種有序結構。理性與感性、本能相對，具有鮮明的社會特徵，它不是源於自然，而是源於意志，但意志的表達不是強制性，而是説服性。實踐理性強調實踐的效果和結果的公正，注重其價值的普遍性和可行性，然而又區別於工具理性，工具理性強調的是為了實現某個特定目標而採用的最有效手段，不注重手段的正義性和公平性。故實踐理性是介於本然和應然之間的一種理性認識。諸子學術對理論的建構，不是為了純粹地獲得知識，不是為了認識而認識，不是為了理論而理論，而是具有很強的實踐功能。即使是消極避世、注重修身的道家，其學説也具有一定的實踐理性精神。譬如楊朱學派，雖然主張"為我"，既不"損一毫而利天下"，也不"悉天下奉一身"，但其實踐指向也是"天下之治"，認為若如此，則"天下治矣"（《列子·楊朱》）。楊朱學派的繼承者子華子則進一步提出"全生為上，虧生次之，死次之，迫生為下"（《吕氏春秋·貴生》）的"貴生"思想，試圖通過"全性保真"來實現"無為而治"的政治理想。又如莊子學派，莊子雖然主張追求絕對的"逍遥"，做到"無己"、"無名"、"無功"，以"墮肢體，黜聰明，離形去知，同於大通"（《莊子·大宗師》）的"坐忘"之法，來實現其"物我兩忘"的"齊物"境界。然而，"治身"不是最終目標，"治國"才是其終極理想，也就是要達到《莊子·天道》所言"帝王無為而天下功"的目標。

諸子學術來自實踐，是體認人生、自然、社會及宇宙萬物的經驗性認識，但又高於經驗，具有實踐理性的特徵。譬如孔子，不僅在魯國實行過其"仁政"與"禮治"主張，而且周遊列國，希望能夠推行其政治主張；墨家諸子衣緇衣，履芒屨，尚俠義，摩頂放踵，為了制止戰爭，推行兼愛，而奔走於險途，週旋於列國；法家順應時勢，懷法術之思，干位於人主，推行變法，富國強兵；孫吳諸子，追求和平，運籌帷幄，馳騁疆場，以殺止殺，以戰止戰。又譬如列子，"師老商氏，友伯高子，進二子之道，乘風而歸"（《列子·黃帝》）。其"進道"的結果是"心凝形釋，骨肉都融，不覺形之所倚，足之所履，隨風東西，猶木葉幹殼，竟不知風乘我邪？我乘風乎？"（《列子·黃帝》）莊子所云列子"御風而行，泠然善也"（《莊子·逍遥遊》），即此之謂也。而從對"實踐"的理論探討看，歷代諸子都研討過"實踐"與"認識"的關係。雖然孔子認為聖人"生而知之"，但其後繼者孟子、荀子等人卻認為"行高於知，知明而行"；墨子重視"耳目之實"；董仲舒主張

---

[1] 李澤厚《美的歷程》，生活·讀書·新知三聯書店2009年版，第52頁。

"法天之行";王充主張"學貴能用";程朱主張"知先行後"、"理會踐行";王陽明主張"知行合一";王夫之則認為"知"亦是"行","行"亦是"知","知行合一"。不管哪一種主張,都反映了諸子對"實踐"的理論認同和實踐體悟。

二、"新子學"建構

(一) 釐清幾個重要概念

1. 諸子與諸子學。諸子即指歷代創立或闡揚某一學術流派的思想家,有先秦諸子、秦漢諸子、魏晉南北朝諸子、隋唐諸子、宋元諸子、明清諸子、近現代諸子及當代諸子。"子"是古代對有道德、有名望的男子的尊稱,相當於"先生"。"諸子"就是"諸位先生"的意思。先秦諸子之餘緒在秦漢之後,有些學派,如墨家、名家、農家、縱橫家,漸趨衰絕,而法家、道家、兵家、陰陽家的學説雖流行於世,其學脈綿延不絶,但又畢竟不是官方推許的學術。漢魏兩晉之時,諸子遺風猶在,尚多有稱"子"者,如賈子(西漢賈誼)、揚子(西漢揚雄)、桓子(東漢桓譚)、魏子(東漢魏朗)、牟子(東漢牟融)、淮南子(淮南王劉安)、王子(三國王肅)、譙子(三國譙周)、顧子(三國顧譚)、任子(三國任嘏)、袁子(西晉袁準)、傅子(西晉傅玄)、符子(東晉符朗)、抱朴子(東晉葛洪),及至隋唐之後,諸子之學,很少稱"子"了。儘管隋唐以降,諸子之名不顯,但是諸子及諸子學卻代有生發。諸子學,是指對諸子及其學術進行研究的學問。中國學術,尤其是國學,諸子學是其重要內容。

2. 諸子學者與諸子。諸子學者是指研究諸子或諸子學的學者,是諸子研究領域的專家,但稱得上"諸子"的並不多。在諸子學者中,只有那些在前代諸子成就的基礎上有重大創發的,獨樹一幟的,才算是諸子。而諸子,則可以突破先秦諸子的流派,自創新派或新學,不囿於"九流十家"的限制。譬如漢代之陸賈、揚雄、桓譚、董仲舒、司馬遷、王充,魏晉之王弼、何晏、裴頠、向秀、郭象、嵇康,隋之王通,唐之韓愈、柳宗元、劉禹錫、林慎思,宋代之周敦頤、邵雍、張載、程顥、程頤、朱熹、吕祖謙、張栻、陸九淵、陳亮、葉適,元代理學家許衡、劉因、吴澄,明代的王陽明、王廷相、李贄、王畿、王艮、楊慎、顏山農、何心隱、陸楫、焦竑、劉宗周,清代之黄宗羲、王夫之、顧炎武、唐甄、方以智、戴震、龔自珍,近現代之魏源、王韜、陳熾、嚴復、譚嗣同、康有為、梁啓超、章炳麟、李大釗、陳獨秀、胡適、陳寅恪、魯迅,當代之孫中山、毛澤東、馮友蘭、梁漱溟、熊十力、殷海光、牟宗三、張君勱、徐復觀、錢穆、杜維明等,都可稱為"諸子"。秦漢以後的學術,多有創新和發展,建立了新的學術體系,提出了新的思想主張,所以這些人也是諸子。後代諸子相對於前代諸子,就是新諸子,今日之新則為明日之舊,今日之舊恰為昨日之新。故諸子是指那些思想獨創或繼承前代諸子學脈且有創新的思想家。"諸子"的外延在秦漢之後有變化,魏晉玄學家、宋明理學家、現當代的新儒家,甚至中國化了的佛學家,生長於中國本土的道教家,都應該劃入廣義的"諸子"範圍。

3. "新子學"與舊子學。新舊是相對而言,所謂"新子學",乃相對於前代子學而言。而所謂舊子學,也是相對於後世"新子學"而言。没有絶對的新,也没有絶對的舊。

4. 新的子學與新子之學。"新子學"一詞,應該包含兩方面的含義:一是新的子學,二是新子之學。若僅指其中一個方面,則有失偏頗。

(二)"新子學"體系

"新子學"體系應該包括"新的子學"和"新子之學"。"新的子學"是指對歷代諸子及諸子學的研究,也包含兩個方面:一是今人對舊子之學的研究,即對歷代諸子及其學説進行研究,並賦予其新義;二是今人對舊的子學的研究,即對歷代諸子學進行研究,並賦予其新義。必須注意的是,其研究應該"賦予其新義"。若無"新義",即使是今人所研究的諸子及諸子之學,也不可稱為"新的子學",只能稱為"今人的子學研究"。"新子之學"是指當今新子及其所創作的新子書。當今新諸子的產生,其實已現端倪。近幾十年來,有新儒家、新墨家、新法家和新道家的興起,這些也是"新子"。只是這些"新子",對於當下來説,又成"舊子"了。故當今之"新子"實際上是"新新子"。當下"新子學"發軔,表明當今"新子"即將破土而出。至於哪些學人是新子,筆者不敢妄議,但新子的產生必然帶來新子書的迭興和繁榮,這點卻是可以預見。只有"新子"和"新子書"的湧現,"新子之學"才算形成。

(三)"新子學"體系還應該包括"世界諸子"及"世界諸子學"

以上的文字,筆者都是從中國傳統的"諸子"概念來理解,但是當今學術對話愈來愈頻繁,學術交流愈來愈平常,世界各國不同學派的學者需要面對世界社會的共性問題,比如環境問題、人口問題、資源問題、戰爭問題、貧富問題、恐怖主義問題等等,國際合作更加密切,國家之間的相互依存性、依賴性更加明顯和重要。所以,"諸子"不僅有"九流十家"之諸子,也有"九流十家"以外之"諸子",如中國之玄學、理學、心學、禪宗、事功之學、質測之學,外國之人本主義、唯意志主義、黑格爾學派、實證主義、馬克思主義、弗洛伊德主義、分析哲學、存在主義、結構主義、解構主義、後現代主義、重商主義、重農學派、倫敦學派、瑞典學派、芝加哥學派、公共選擇學派等,這些外國諸子的"主義"和"學派"對世界思想和歷史進程均有廣泛而深遠的影響,故筆者把它們與中國諸子一起,稱為"世界諸子"。

綜上,諸子不僅有古代諸子、近現代諸子,而且有當今諸子;不僅有"中國諸子",而且有"世界諸子"。因是之故,"新子學"的創建,應該具有國際視野,突破"諸子"及"諸子學"的中國本土觀念,從思想學派着眼,把"外國諸子"涵括其中,比如蘇格拉底、德謨克利特、柏拉圖、亞里士多德、釋迦牟尼、伏爾泰、康德、達爾文等都是"諸子"。凡是世界各國之"諸子"及其學術,都是"新子學"應該囊括的內容。

當前,從中國本土看,經濟高度發展,文化繁榮,社會穩定,綜合國力增強,大國地位逐漸提升;從國際社會看,當今世界呈現政治多極化、經濟全球化、文化多元化、價值多樣化、對話全球化的特點,與中國先秦之春秋戰國的"天下大勢"非常相似,正呈現"當今春秋戰國"的態勢。這些為"新子學"的興起與發展提供了千載難逢的機遇。但是,幾千年來存在的政治集權、文化專制、思想僵化、遍設禁區等問題,難以在短時期内得到根本解決,這又必然限制和影響"新子學"的發展,故"新子學"的形成還有很長的路要走。

[**作者簡介**]李桂生(1967—),男,江西寧都人。文學博士、歷史學博士後、廣西民族師範學院教授,主要從事兵家與諸子學、中國文化史的研究,主要著作有《諸子文化與先秦兵家》《兵家管理哲學》《多元文化視域中的李贄軍事思想》等,發表學術論文50餘篇。

探索前期中國的精神和觀念
——"新子學"芻議

劉 兵

内容提要 "新子學"是方勇先生提出的學術理念,旨在推進諸子學的現代發展。自倡議以來,學術界針對"新子學"的概念、範圍、研究方法等進行了頗為熱烈的討論。每個大變革時代都需要對傳統做一番重構的工作,今天更是如此。如何發掘古代思想資源,適應時代要求,做一番脱胎换骨的點化,這是艱巨而又令人興奮的工作。"新子學"在學者的共同探討下已經初現輪廓,並且顯示出勃勃生機。筆者閱讀了已有的研究成果,對子學的基本定位、現代學術界對子學理解的偏差和經子關係三個問題做了一點思考,略加說明,希望能夠促進"新子學"的發展。

關鍵詞 早期中國　新子學　經子關係

中圖分類號 B2

一、子學是以先秦子學為中心的中國前期思想

學者對子學的界定有狹義和廣義兩種。狹義指先秦諸子,晚清以來的學者如章太炎、梁啓超等均如此認為①,這是現代學界對諸子學最基本的理解。廣義的子學大多源於當代學者,如陳鼓應、方勇、楊國榮②,他們把先秦、秦漢直至清代的注重思想性的子部文獻稱作子學,並

---

① 章太炎認為:"所謂諸子學者,非專限於周秦,後代諸家亦得列入,而必以周秦為主。"(《諸子學略説》,《國粹學報》1906年,第8號、第9號)梁啓超則以諸子學與儒學一統相對立(《論中國學術思想變遷之大勢》第三、第四章,《梁啓超文選》下集,上海遠東出版社2011年版,第219頁)。吕思勉《經子解題》:"然則子者,春秋戰國一時之物也。"(華東師範大學出版社1996年版,第88頁)
② 陳鼓應《子學興替關乎中國思想變革——〈"新子學"論集〉序》;方勇《"新子學"構想》;楊國榮《諸子學略論》,以上皆見《"新子學"論集》,學苑出版社2013年版。

且梳理出一條通貫性的子學線索①。後一種主張是和諸子學的當代發展緊密聯繫在一起的。重新界定子學在傳統學術中的位置,能夠更好地構想諸子學的當代展開。後一種思路無疑給了我們更多有關諸子學的想象空間,拓展了諸子學的内涵。

不過,我們應該看到,廣義的子學描述過於含混,缺乏清晰的内涵。廣義的子學概念,把子學等同於子學、玄學、理學、清代諸子考據學的集合,等於是去掉經學和佛學的思想通史、學術通史、哲學通史。這是否過於龐大? 是否順暢? 諸子學這一範疇是否有這樣大的涵容力? 其中最大的問題還是理學如何處理。我們注意到,諸位先生在討論後期思想時對理學是否屬於子學用語謹慎,或者語焉不詳。把理學納入子學範疇,在我們看來過於彆扭,有用同級概念來闡釋的困難,畢竟理學作為歷史和現實的存在,規模宏大,難以用另外一個術語加以規範。如果我們問:子學的範式下的理學研究是怎麽回事呢? 比如説,如何説朱子研究是一種子學研究呢? 這事實上也不可行。而去掉了理學,子學研究在元明清這一階段就沒有了研究對象,那麽這幾百年子學在哪裏呢? 有學者舉傅山為例,説傅山倡導經子平等,這是事實,沒有人否定。明末也的確出現了理學的衰微,可是這並不是當時思想界的主流,清初思想的發展也沒有人沿着傅山的路走,其基本格局還是在理學與考據學的轉型中。傅山無論如何沒有顧、黄、王三大家重要,其反理學倡導子學恐怕只是個案,無法説服我們相信子學在當時有真正的復興。

那麽,如何在思想史中定位子學呢? 我認為在上述學者們的兩種敘述之間還可能有一條道路,即子學是前期中國思想的重要部分,它以先秦諸子為中心,以漢魏六朝隋唐為展開,而以宋明以後為隱伏,以現代為發展新契機。這種理解的核心是對早期中國和晚期中國的區分,關節點是唐宋之變。

子學之前有王官學,子學繼之而生,並在春秋戰國四百年間發展,於是有所謂的百家之學。百家之學區别於後世學問的就在於其毫無畏懼的議政精神,即孟子所謂"處士橫議"②。這裏具有中國學問的基本特徵。這是子學的第一期發展,也是子學的元典時期。

兩漢期間子學遭到經學的阻擊,然而仍有《論衡》等著作出現。魏晉之後復興,一直綿延到唐代。在立説不拘一格的意義上,出現了大批準子學著作,如王弼《老子注》、郭象《莊子注》、劉勰《文心雕龍》、王通《文中子》等。這些著作不依傍儒學經典,兼採各派,自成一家,這是早期中國背景下的子學第二期發展。唐宋之間有巨大的歷史變革,史學界稱作唐宋變革或

---

① 方勇《"新子學"構想》(《光明日報》2012 年 10 月 22 日"國學"版)談到理學為子學著作:魏晉以後,諸子學不斷汲取外來學説,又陸續産生了以何晏、王弼、周敦頤、二程、朱熹、陸九淵、王守仁等人學説為代表的諸代子學(或準子學)著作。

② 《孟子·滕文公》:"聖王不作,諸侯放恣,處士橫議。"這裏的關鍵是聖王不作,所以無位者亦可高鳴。潛臺詞是:一旦聖王出現,處士橫議就無此必要了。以今天的話説,一個良好的社會秩序下,不擔任公職的人沒有議政的必要性。

者宋代近世說①。子學可以作為一個明證。宋之後理學興起,道統說風行,儒、道、佛三教並立的格局形成,這之後子學進入一個潛伏時期,雖然有書籍的傳播,有學者研究,但是作為一種重大的思想資源,在晚期中國思想發展的地圖中,子學喪失了自己的位置。

我們可以把春秋戰國直至隋唐稱為早期中國,把唐宋之後稱作晚期中國,中國學術在這兩個時期是有不同面貌的。前期可以說是中國思想的自身發展時期,基本衝突在經子之間,經學和子學共用着基本的共識,其區別於晚期的在於以社會控制為思考面向,注重於公共秩序。而晚期中國思想的基本衝突在儒佛之間,儒家和佛教分享着基本共識,其思考的焦點在於心理控制,因而心性、理氣是其問題焦點②。早期思想可以看作是中國源生系統,經子之間有衝突,但是能夠共存,即使是班固也不曾把子學稱作異端。而晚期思想的根本在於本土與外來的對抗,所以宋儒的正統異端意識特別強烈。後來所謂的三教一致,也只是釋道向儒教傾斜,而正統的理學家從來都對異端保持警惕。早期和晚期思想之別,我們舉一個簡單的例子:以聖人觀念來說,前期的主張是聖人天縱說,聖人總是作為王出現的(所以孔子是素王);而晚期中國的主張是聖人皆可為,聖人是德行純粹意義上說的,所以當程頤寫作《顏子所好何學論》,胡瑗大為驚詫,因為自古以來的傳統都是聖人不可至③。儒家所以有這樣的發展,當然受到了佛教的影響。道生的一闡提皆有佛性說就是聖人可至的先聲④。晚期中國的學者對於早期中國的學者總是以駁雜來批評⑤,殊不知這是他們自身受佛教影響注重於內在而偏於狹隘的表現。以今天的立場來看,我們更同情早期中國外向開通的經子傳統,而對晚期中國內斂狹隘的儒佛傳統報以警覺。朱子批評漢唐儒者不知道⑥,我們今天要說,宋儒之道不過是"平時袖手談心性"的門戶之見罷了。今天應該回到早期中國的語脈中去,重要的不是成聖悟道,而是建立良好的文明秩序⑦。

隨着中國被迫進入現代世界,子學迎來了新的發展機遇。晚清諸子學的復興只是一個開

---

① 唐宋轉型,呂思勉、錢穆都指出過,不過以內藤湖南說影響最大,見內藤湖南《中國史通論》(上冊),社會科學文獻出版社 2004 年版,第 315 頁。
② 明清以來的《洪武寶訓》《聖諭廣訓》及現代的紅寶書可以作為鮮活的例證。
③ 程頤、胡瑗事跡見《宋史》卷四百二十七。又可參湯用彤《魏晉玄學論稿》第四章,上海古籍出版社 1998 年版。又,牟宗三《心體與性體》,上海古籍出版社 2002 年版,第 233 頁。
④ 道生事跡見《佛祖統記》卷二十六、三十六。
⑤ 略舉一例,清人稱姚信《士緯》:"書中推尊孟子亦識仁義為中正之途,而其論清高之士則以老莊為上,君平、子貢為下,儗非其倫,此其所以不能醇乎儒術乎?"老莊為上,早期中國多有此論,後世不解,故作此論。
⑥ 《朱子語類》卷九十三:"孟子後數千載,乃始得程先生兄弟發明此理。今看來漢唐以下諸儒說道理見在史策者,便直是說夢!只有個韓文公依稀說得略似耳。"
⑦ 現代新儒家就有過於內斂的傾向,而缺乏早期儒學的實踐熱情,身處其中的徐復觀就有深刻的反省。參徐復觀《向孔子的思想性格回歸》,《中國思想史論集續編》,上海書店 2004 年版,第 282 頁。依我們的看法,儒學過於純粹化是道統意識所致,也是晚期中國思想與早期思想的重要區別。

端,學者們還囿於經學和傳統觀念,子學本身的意義沒有被真正發掘出來。而隨着現代學科體系的建立,諸子學作為一個獨立的學術範疇消失了,而是作為中國哲學研究的一個部類納入了現代學術話語中①。不過,隨着中國意識的覺醒,諸子學作為一個獨立的學術領域的觀念慢慢在生長。方勇先生倡導的"新子學"第一次正式標舉出學術獨立意義上的諸子學,這是諸子學在現代發展的一個重要信號。在現代學術語境下,諸子學是有第四期發展空間的。

由此,我們有了對子學的基本理解:應該把子學集中於先秦子學,這符合歷來研究的事實,也是民國以來學界的共識;同時,應該關注子學的第二期發展,以早期中國思想為子學的第二期,重視子學和經學的互動關係;對於宋明時期的子學,同樣可以研究,比如朱子對先秦子學的研究,但是這畢竟不是重點;而如何展開新時代下的子學研究,這是子學研究的重點。蕭萐父、馮契都談到回顧傳統和關注西方並行不悖②,子學研究也是如此,在發掘古典中國的精神的同時關注當下,參考西方,既不盲從,也不閉守。這裏面有一番艱苦的工作要做。

二、剥去子學的自由主義外衣

在現代敘述中,諸子時代一直是作為學術和思想的黃金時代來渲染的,這已經成為固定的印象。胡適《中國哲學史大綱》平視諸子,蔡元培大為讚賞,稱其為劃時代之功。馮友蘭在《中國哲學史》中把子學之後完全劃為經學時代,而極力鼓吹子學的自由時代。學者們在研究諸子時,諸如自由、平等、多元等是最常用的辭彙。百家爭鳴成了思想自由的代表,似乎諸子就是中國的黃金時代。而後來雅斯貝斯的軸心時代學說傳進來,更加深了人們這種印象。但是,事實真的如此嗎?這裏面恐怕有很多現代的扭曲。

人們用得最多的是多元,這是百家爭鳴的另一個說法。多元二字在古代文獻中還沒有組成一個辭彙。"五四"之後多元或者多元主義在漢語中開始使用,如魯迅《書信集·致曹聚仁》:"四,先建設多元的大衆語文。"還不清楚最初的翻譯是否借用了日語的翻譯,不過可能性很高。

多元一詞來源於歐洲語彙,在英語中為 Pluralism。大英百科全書和維基百科的解釋是:意味着不同的部分如何共處,包括政治多元、宗教多元、文化多元。西方多元方案的早期版本大概是宗教多元主義(威斯特伐利亞條約)和政治多元主義(三權分立和聯邦制)。作為一種主流的理解框架則是 20 世紀 60 年代之後,主要借助後現代主義對現代性的批判而流行起來的。多元是對一元而言,都是針對一個系統的結構而言。一元則有剛性的一元和柔性的一

---

① 子學和哲學之間的關係是近代學者討論的一個話題,劉咸炘、柳詒徵、胡適等都有反省,當代學者也有類似的思考。民國時期的情況,參陳志平《諸子學的現代轉型》,《"新子學"論集》,第700頁。
② 吳根友《淺談蕭萐父先生的子學思想》,參《諸子學現代轉型高端研討會會議論文集》,第563頁。

元。現代的極權體制是剛性的一元,傳統的皇權則是柔性的一元。後者能夠容忍必要的差異性,如所謂三教一致論。但是在要求保持一個中樞、一個主流上,一元主義是一致的。相對而言,一元主義是一個簡潔的結構,它的問題是需要壓制其他的訴求,因而總保持内部的緊張。多元的用意在於不承認一個中樞,而是充分釋放差異性,它的問題是不同的差異者之間如何保持合作而不是互相否定。多元的實質是衝突的合法化,因而需要一種中立的或者虛的構架來提供低烈度衝突的平臺。在政治上憲政是這樣的設計,在文化上言論自由是這樣的設計。這裏的關鍵是,多元或者多元主義作為一個有效的術語,意味着差異性主體合法共存。合法共存,即觀念上和制度上都保障差異性主體的合法共存,這意味着制度上能夠容納差異性(無論是政治力量還是思想傾向),思想具備容忍性,政治和價值系統適度分立,即所謂的價值中立。這是西方現代才可能出現的想象①。

　　子學與此根本不同。子學是國際競爭與轉型時代的產物,諸子學派和諸侯的支持密切相關,如西河學、稷下學和呂氏學派、淮南學派。諸侯通過學官制度、養士制度、饋贈等方式籠絡諸子②。思想家則與諸侯保持密切的交往,得到財政的支持,這不是純粹的私人立説。子學客觀上也是支撐諸侯的,最明顯的例如作為晚期主流的黄老思潮,因而子學並非所謂獨立自由。諸子學派都追求天下一統,有強烈的正統、異端意識。墨子、孟子、荀子、韓非都是這樣。墨子説最大的問題是十人十義,要回到天下一義中去,他的"尚同"就是政治秩序和思想秩序的高度統一。孟子以辟異端為己任,不遺餘力,直接斥責楊墨為禽獸。荀子與孟子爭正統,排斥異己,以儒家的嫡系自居,有所謂《非十二子》篇。韓非更是杜絕一切非官方言論,力斥儒者為蠹蟲,把以吏為師作為政教原則,嚴格限制民間學術。老莊弱一些,但至少都有一個一統的意識。老子對各種名言都表示拒斥。其他《吕覽》《淮南》《易傳》也是這樣。諸子都不反對尊尊(這是周人最基本的原則)③,都渴望王者統一學術,這怎麼是思想自由呢? 都崇尚聖人,要以

---

① 這裏涉及所謂自由主義價值中立的觀念。蔣慶先生以為,在政教關係上,自由主義的價值中立性是一種虛偽的説法。宗教力量在歐美是重要的政治要素。英國的聖公會成員直接就是上議院議員,這就是政治權力。還有,英國教會得到國家資助,而其他宗教比如佛教、伊斯蘭教則沒有國家資助。美國號稱政教分離,這種與政治分離的教是教派,而不是宗教(主要是基督新教)。新教教派林立,互不相容,沒有哪個是國家宗教,但是共同構成國家的宗教基礎。所謂價值中立、信仰自由,是保持基督教宗教主體地位之下的中立,只是一種法律的規定而已。自由主義的政教制度安排,根本上説是基督教文化内部的制度安排。對於此文化系統外的資源而言,是形式的和虛偽的。亨廷頓的"我們是誰的"憂慮就是明例。這是筆者拜訪蔣慶先生時所聞。康有為就以為中國的儒教是人文教、人道教,不是西方式的宗教,不需要按照西方的政教分離的方式處理。這是很重要的一種看法。康說見《康有為政論集》(下),中華書局1981年版,第842、729、676頁。
② 稷下學宫是最明顯的例子,學者不治事,但是有大夫的待遇。孟子從者數十人就是一個代表。
③ 尊尊親親是周人的基本原則,孔子講君君臣臣父父子子就是繼承於此,莊子説無所逃於天地之間的也是君臣父子關係。詳見王國維《殷周制度論》,《觀堂集林》,中華書局2002年版,第125頁。

聖王來治世,這怎麽是思想平等呢? 都渴望自己的方案成為主流,這怎麽是思想多元呢? 可以説,諸子是一種事實上的多樣,其根子卻是一致的。天下大亂了,衆生喧嘩,如此而已。諸子不是多元,而是一統不了。如果説諸子是多元精神,那麽近代以來最具多元精神的莫過於北洋政府時的北大和抗戰時的西南聯大了。北大言論自由,那是因為北洋政府本來就軟弱,也不瞭解現代大學。西南聯大自由,那是因為當時在龍雲庇護下。一旦政府强大起來,控制了全局,這些所謂的言論自由一下子全没有了。這並不是所謂打壓言論可以簡單解釋的,中國的政治和文化本來就有自己的邏輯,政教關係的一致性是無法閉眼不看的。

在中國文化中,大概除了莊子和郭象,没有人真正考慮過多元主義的方案。所有人的中心還放在如何建構一個合理的一元結構上,儒家是文化一元論,法家是權力一元論,墨家接近法家,甚至老子也可以稱作道一元論,因為這是一個很順理成章的思路。多元主義的方案對於一個古典時期龐大的帝國來説未免太過反常。百家争鳴並不具備現代意義上的多元精神。諸子學只是過渡時代的學問。長時段來看,諸子學並不特出,與其前的王官學,其後的兩漢經學,在根本訴求上並無區别,都在探討一統的秩序和方法(莊子也許是唯一的例外)。如果説經學是帝國的自我意識,那麽諸子是諸侯的自我意識,二者在政教關係上也没有本質的差别。諸子學是一套中國的古典學問,背後有自己的預設,不適當的語詞會妨礙理解。

諸子時代的結束不是黄金時代一去不復返,只是歷史的淘汰。墨子的學問無根,楊朱只是一種態度,法家凝聚為制度,黄老無法支撐一個龐大的帝國。他們最後都邊緣化或者消失了。兩漢經學是王官學在子學洗禮後的復興,這是一件正面的事情,顯示了中國文化頑强的一致性。我們該承認這個事實。剥去自由主義的外衣,諸子學並不是暗淡無光,而是回到了其自身。子學的確和自由主義的一些觀念很相近,可根本上還是兩回事。説子學和自由主義近,還不如説子學和經學近。真正理解子學,還是要回到中國語境中來。

三、從經學子學貫通的一面來把握子學

如果我們放棄對子學的自由主義式的印象,那麽如何進入子學的内部呢? 對子學的理解有兩個範式,一個是班固的(或者叫經學的),一個是胡適的(或者叫哲學的或者現代的)。班固之前有劉向、劉歆父子,但是他是一個代表性的人物。胡適前有章太炎、梁啓超,後有陳獨秀、馮友蘭、郭沫若、侯外廬,但是他是一個標誌性人物。班固和胡適二者思考的根本都是經子關係。經學和子學在他們那裏都是絶對對立的,班固以經學來排擠子學,胡適以子學來排擠經學。班固排斥諸子,贊述六經,退諸子於六藝後。胡適平視諸子,以儒學為一家,這是反班固的標誌。今天來看,要反省胡適模式,要同情地理解班固,同時對二者都要批判。無論班固還是胡適,都是在做一種話語建構,背後都有一種核心理據。歷史真是如班固、胡適所説的那樣嗎? 經學與子學是對立的嗎? 從早期經學和子學發生來看,並非如此。而把經學和子學

對立起來,忽略了背後更根本的政教關係問題。我們就這兩個問題加以說明。

首先應該回到早期經學和子學同構並生的時代,瞭解他們之間的關係。經子關係不是從漢代開始的,而是從孔子開始相伴而生,七十子就有不同的趨向。後來學派紛出,遂形成儒家和反儒兩大分野。在諸子時代,儒學不得勢,但呈現出顯隱兩條線。從七十子的思想流脈來看,子思和子弓都有代表(孟荀),但是子夏(還有子張子遊)的代表一直不顯。從戴宏敘述的公羊傳承來看①,這些傳孔子微言大義的儒生與諸子並行,但默默無聞。傳其他經的恐怕也如此。莊子說的一若龍一若虎的鄒魯縉紳先生,荀子所罵的賤儒,稷下學宮中看不到的,叔孫通看不起的,《王制》《周禮》的作者②,實際就是《史》《漢》儒林傳中的傳經諸老,他們是孔子之教的原教旨主義者(這和宋儒的看法恰好相反)。這條隱秘的線索終點就是董仲舒。直到劉向和班固才表彰他們,稱為保存正統的有功之臣,而把孟荀等人列為次等。

這些是早期經學的人物。其中公羊一支在漢代崛起,徹底扭轉了子學塑造的思想格局。他們和諸子的最大區別是講大一統③。在他們眼中,恐怕孟子和荀子都是儒家的叛徒,違背了孔子的大義。據說歐陽修回故鄉,鄉下老儒問:孟子時天子還在,他為什麼去見梁惠王,歐陽修無話可說,因為這的確彆扭。宋代類似的議論很多。何休說《公羊》是非常可怪之言,因為大一統在諸侯時代是沒辦法講的,只能口耳相傳,等待機會。由此能看出子學和經學的確有根本的差異,漢人看低子學是有他們的道理的。平心靜氣來看,經學是支撐中國文化的基石,儒家是這塊基石最主要的繼承者和維護者,而儒家的確有正統與非正統之別,這大概沒有問題。子學和早期經學的相互影響是實際存在的,其中的問題非常複雜。梳理其中的原委,有助於我們重新理解經子關係,進而重新理解"子學時代"。

如上面所討論的,早期經子是複雜共生的,這是經子的一種歷史關係。而漢帝國之後經子處於一個政教語境下,於是就有了完全不同的關係。這是經學子學的政治關係。

所謂政教關係,是指政治系統和思想系統之間建立的一種協作的關係體。二者相互影響、相互作用。任何一個政治系統都需要合法性證明,需要一套解釋系統。而有生命力的思想體系,最初是思想家個人的結果,最終都會進入政治領域,轉化為操作性的方案,產生實際的影響。而一個政治系統選用了一套思想系統,二者共同運作,這就是一套完整的政教體系。政教關係古人用內聖外王來表達④,聖代表價值系統或者規範,王代表政治系統或者傳統。宋

---

① 《公羊傳正義》,十三經注疏本。
② 《王制》《周禮》的作者,這裏采戰國說。
③ 關於大一統,何休注說:"統者,始也。撫繫之辭。夫王者始受命,改制布政,施教於天下,自公侯至於庶人,自山川至於草木昆蟲,莫不一一繫於正月,故云政教之始。"《春秋公羊經傳解詁》卷一。現代解釋,參蔣慶《公羊學引論》,遼寧教育出版社 1985 年版,第 220 頁。
④ 內聖外王最早見於《莊子·天下》,後來成為描述古代政教關係的流行術語,宋人大量使用,如《雲龍集》卷二十七,《攻媿集》卷十七,《淮海集》卷三十二,《西山文集》卷三十六。

儒之後講的道統政統也是這樣的意思①。

在早期中國,至少試驗了三種不同的政教體系:一是法家的方案,由李斯、韓非提供思想和政策思路,由秦始皇來實踐。後世諸葛亮等也有類似的政治運作;二是道家提供的方案,由老莊、黃老提供思想主張,由漢初政治人物、魏晉時代政治人物(如王導)來實踐②;另外一種影響最大的就是由儒家提供思路,由漢武帝以來的歷代君主來實踐。中國主流的政教關係,大致有這樣幾類。這些都是早期中國思想與政治實踐的顯例,後世不出其外。

從政教關係來看,法家政治和儒家政治都排除異端,以吏為師是如此,獨尊儒術也是如此③。只有道家政治能夠包容,不過道家是以否定性的方式包容,以寡言為中心,也就是放棄對思想領域的強力干涉,而不是對思想自由的正面肯定。但是無論是哪一種政教形態,都是一家之説成為治國理政的指導原則,而其他學説則退居社會,只是一種空談而已。這是實際情況。

那麼我們回到經子關係。在一般人的印象中,儒家式的政教關係是唯一的。於是經子關係成了分析子學的入口,似乎經學不斷吞噬壓制子學,儒學也成了和其他學説對立的話語霸權。這種印象是符合一般史實的,但是並不全面。如前面所說,道家和法家作為主流,同樣有籠罩性的影響。法家主導時,有政府的法令作為重要的經典,而道家也有自己的經典傳統,唐代不就把道家五子作為經典?④ 經不是儒家的專利,而是主流文本的稱呼而已。不是經學或者儒學壓制了子學,而是總會有一種主流學説,不管是什麼學說,而這一主流學説總會與政治系統結合,維繫基本的文明秩序和社會秩序。儒家之所以最後成為主流,就在於其具備其他各家不具備的適應性。是歷史選擇了經學和儒家,而不是帝王。如果説儒家具有壓制人性的歷史,那麼也並非僅有儒家如此,任何一種學説都會壓制人的某些方面欲求,這是文明自身的問題。對此道家早就説得很清楚了,只是它開出的方案在古典背景下無法長時段實現。

有主流話語就有壓迫,這是福柯所指出的一個事實⑤。正如他所判斷的,這種狀況是文明自身所帶來的,無法從文明內部去除。假如我們接受這一點,那麼一切關於經學和儒學對子學的壓制就沒有什麼可以抱怨的了,這只是一個必須接受的事實而已。即使以自由主義作為

---

① 如《大學衍義》中對政統和道統關係的描述,這實際是理學的基本原則。

② 王導的政治運作參陳寅恪《述東晉王導之功業》,《金明館叢稿初編》,上海古籍出版社1980年版。又陳明《儒學的歷史文化功能——士族:特殊形態的知識分子研究》,學林出版社1997年版。

③ 以吏為師,見《韓非子·五蠹》,後來成為秦國國策:"欲有學法令,以吏為師。制曰可。"(《史記》卷六)罷黜百家,見董仲舒天人三對(《漢書》本傳),後來成為國家政策:"孝武初立,卓然罷黜百家。"顏師古曰:"百家謂諸子雜說。"(《漢書》卷六)

④ 《舊唐書》卷二十四:丙申,詔:《古今人表》,玄元皇帝升入上聖,莊子號南華真人,文子號通玄真人,列子號沖虛真人,庚桑子號洞虛真人。改《莊子》為《南華真經》,《文子》為《通玄真經》,《列子》為《沖虛真經》,《庚桑子》為《洞虛真經》。

⑤ 福柯的話語理論,參莫偉民《莫偉民講福柯》,北京大學出版社2005年版,第120頁。

政教系統的主流,同樣會有這樣的問題。後現代學者指出的還不夠嗎? 在英美有所謂政治正確一說,很少有人會直接對抗這些言論禁忌①。主流和非主流之間的緊張在政教關係意義上同樣在西方存在。子學,作為一個在野的學術存在,它的意義不在於推翻主流,而在於給予主流不停息的攻擊,從而緩解其可能的僵化。但是政教系統本來就是要維繫秩序,要順從現實邏輯,因而這種鬥爭從來都是無法停息的。

那麼,回顧了早期經學子學的關係,以及政教關係下的經子關係,我們回到最初的問題:什麼是子學呢? 就是脫離開政教系統之外又無時不在其中的精神和思考而已。先秦諸子是如此,後世的諸子也是如此。如果其中有一家進入了政治系統,那也沒有什麼不好。經學和子學實際就是在朝和在野的區別罷了,不一定就是儒學和其他各家,任何一種學問都可能成為官學,只要這種學問具備了適應時代的內涵。今天進行諸子學的思考,也是如此。

我們不必過分強調經子之間的衝突,而應該在更大的視野中看到子學和經學的共通處,探索早期中國的精神和觀念,以應對西學的挑戰。今天也是一個諸子百家的時代,每一個學派都在努力。至於最後哪一家為官學,這是歷史的選擇。真正繼承諸子學精神的,倒是要關注自己學說的品質。是否成為真正的思想成果,這需要學者的努力。

[作者簡介] 劉兵(1973—),男,遼寧凌源人。文學博士,華東師範大學先秦文學博士後,現為東北師範大學古籍所講師。主要研究先秦兩漢文學,已發表相關論文多篇。

---

① 比如種族問題在西方社會是不可觸及的,妖魔化中國也是一個明顯的例子。

關於"新子學"的幾點淺見

郭 丹

內容提要 文章認為,"新子學"與傳統子學在精神上應有延續性和繼承性,可以儒學為參照,"新子學"應該延續和弘揚從先秦時期肇始的子學精神。"新子之學"側重於"立說"之學;"新之子學"則包含詮釋之子學。二者都應該包含在"新子學"的範圍之內。"新子學"首先應該是內容之新。"新子學"是繼承從先秦諸子之學所延續下來的具有傳統文化意義的新學說,這是"新子學"內涵的基本定位。"新子學"要處理好雜與多的關係。還要處理好通與變的關係。"新子學"既要有繼承性,又要有開放性。
關鍵詞 新子學 精神內核 立說與詮釋 雜與多 通與變
中圖分類號 B2

方勇先生提出"新子學"的概念,在學術界引起很大的反響。在復興"國學"的熱潮中,這是一個頗具建設性的倡導,對於傳統文化的復興有重要意義。對於這一倡導,筆者以為,應有更多的學人來提出問題,補苴罅漏,集思廣益,對"新子學"的概念加以完善。有鑒於此,筆者提出幾點淺見,以供參考。

一、"新子學"的精神內核

"新子學",當然是相對於傳統"子學"而形成的概念。"子學"即諸子之學,其最早的含義,是指先秦諸子之學。《文心雕龍·諸子》說:"諸子者,入道見志之書。""入道見志",不論是入哪家的"道",抒發的是什麼"志",諸子之學是闡發自己思想學說之學,是"欲以一己之思想學說以廣播於天下者",是針對當時的社會進行思考而提出的治理社會、有關人性的各種主張,是堅持"立原創之見,倡導精神上的獨立與自由"。這就是諸子之學的精神內核。我們提出"新子學"的概念時,應清楚先秦諸子之學的精神內核是什麼;相對於傳統子學,"新子學"的精神內核又是什麼?如何定位"新子學"的精神特質?對先秦諸子之學的精神特質如何繼承,如何延續？這都是應該考慮到的。關於這點，是否可以拿儒家作為參照。有人反對以儒家作為參照，筆者以為恰可以作為"新子學"建設的借鑒。儒家從先秦的原儒→漢儒→程朱理學（新儒家）→現代新儒家，雖然各個不同的時代有各自的特點，但總是有一貫穿終始的儒家精神的基本內核。如宋代理學，又可稱為道學、新儒學。稱為理學，是因為兩宋諸子所創立的思想體系以"理"為宇宙最高本體，以"理"為哲學思辨的最高範疇；稱為"道學"，是因為理學諸子自認為已繼承堯、舜、禹、湯、文、武、周、孔的道統（這正是儒學歷代變化中的不變精神），並宣稱他們的學問路徑以"明道"為目標；稱為新儒學，是因為理學雖以儒家禮法、倫理思想為核心，但其張揚的孔孟傳統已在融合佛、道思想中被加以改造，具有煥然一新的面貌。20世紀20年代產生的現代新儒家，服膺宋明理學，以接續儒學"道統"為己任，面對着西方工業文明的挑戰，試圖通過吸納西方文明而重建儒家道統。以儒家道統為核心，是現代新儒家的精神內核。同樣的道理，"新子學"與傳統子學在精神上應有延續性和繼承性，而不是割斷的。愚意以為，就宏觀的層面來說，統領"新子學"的精神內核，從先秦時期肇始的子學精神是"新子學"應該延續和弘揚的。就微觀的層面，或者說各個"子"學的具體內容來說，可以各有各的特色。

二、"立說"之學與"詮釋"之學

先秦諸子學說，指的是春秋戰國百家爭鳴時期諸子各家的學說。依劉勰《文心雕龍·諸子》所列，除了儒家學說之外，道家的《老》《莊》《列子》《鶡冠子》《文子》，墨家的《墨子》《隨巢子》，名家的《尹文子》，農家的《野老》，陰陽家的《騶子》，法家的《管子》《申子》《慎子》《韓非子》，縱橫家的《鬼谷子》，雜家的《尸子》《尉繚子》《呂氏春秋》《淮南子》，小說家的《青史子》，都是"入道見志"之書，可歸為諸子。《四庫全書總目提要·子部總敘》說："自六經以外立說者，皆子書也。"但是按照"四庫全書"中"子部"收錄的範圍，確也過於寬泛。不過，立足於"立說者"，應是題中之義。宋代的程頤、程顥、朱熹等人，其為"程子"、"朱子"，是為宋代的"新子學"也。他們既符合劉勰的"或敘經典，或明政術"、"博明萬事"、"適辨一理"的"立說者"的標準，也符合《四庫提要》"研理於經，可以正天下之是非；征事於史，可以明古今之成敗"的要求。其可謂宋代子學的代表。

再者，上海世界書局編輯《諸子集成》，"印行漢人之注疏，並宋人之章句集注"（《刊行旨趣》），說明已經把子學著作的注疏類文獻歸入"諸子之學"中了。就現在《子藏》第一批第二批所收著作來看，既包括先秦諸子研究之學，也包括歷代的諸子詮釋、研究著作。本來，經學研究也好，子學研究也好，歷來有訓詁和義理兩個層面，也就是說包括訓詁之學和義理之學，有的則是把訓詁和義理融合在一起。拿"莊子學"來說，《莊子》外篇和雜篇是對內篇思想的闡釋，郭象和成玄英則是對《莊子》的詮釋，一直到郭慶藩、王先謙，既包含訓詁，也包含義理，其他莊學著作，多是如此。同樣的，朱熹的朱子學之後，也有不少對朱子學的注疏、闡釋之作。

對於"新子學",方勇先生已經注意到了"新之子學"與"新子之學"的區別。是否可以這樣來理解,"新子之學"側重於"立説"之學;"新之子學"則包含詮釋之子學(但不是全部)。以這樣的理解,愚意以為"新之子學"與"新子之學",都是"新子學"所應包括的範圍。此外,還應注意到"立説"之諸子學與"詮釋"之諸子學的區別,二者在概念上有所不同。雖如此,"立説"之諸子學與"詮釋"之諸子學,也應該包括在"新子學"的範圍之內。

　　新與舊是相對的。舊即指傳統諸子學,那麼新的概念包括哪些?有論者提出所謂新思維、新方法、新觀念等等,這些當然是"新子學"之"新"的體現。但筆者以為,這些都不是主要的,最重要的是内容。一個學説和概念的提出,是先有概念口號,還是先有内容,然後從内容中提煉出學説概念呢?當然應該是先有其内容,然後才能總結其精神和觀念,猶如劉勰的論"諸子",從先秦以至兩漢,列敘諸子之産生和演變,從中總結概括出諸子之學的精神實質與特點。傳統諸子學,還不是由九流十家的諸家著述的思想内容中形成了"諸子精神"嗎?其思維方式、學術方法、時代觀念等等,都是從他們著書立説的具體内容中産生的。"新子學"的提出也要考慮這一點。"新子學"的内容是什麼?正如方勇先生所説:"'新子學'概念的提出,根植於我們正在運作的《子藏》項目,是其轉向子學義理研究領域合乎邏輯的自然延伸。"因此,"新子學"首先應該是内容之新;精神之新是從内容之新來的。形而上的精神層面和形而下的文獻編撰層面,雖不可分割,但又有區別。所以,這就涉及,如果要編一部《"新子學"文獻》,如何編?如何收?依據《子藏》的編撰體例,"立説"之諸子學與"詮釋"之諸子學都收錄,其下限到清末民國前。有論者認為諸子之學的"新",從清末已經開始,其實如前所説,朱子也是"新子學",並非僅從清末始。不過此説啓發一個問題,即如果以時間劃線,"新子學"的上限在哪,下限在哪?就文獻編撰來説,《"新子學"文獻》的上限在哪?下限在哪?

三、雜與多的關係

　　如上所述,"新子學"可以包括"新之子學"和"新子之學",也包括"立説"之諸子學與"詮釋"之諸子學。但在學術的界定上,"新子學"又不能太雜,不能變成國學或傳統文化的代稱,或是中國文化的代稱。誠然,把國學只理解為經學,是過於狹隘。對於國學的理解,可以有不同的看法。章太炎認為,國學是中國固有的學術文化的總稱,它包括"經學、史學、哲學、文學"。季羨林説,國學就是傳統文化,它包涵中國古代的文、史、哲以及與此相關的學科。他們雖未點明"子學"這一名稱,但所論無疑包括了子學。國學有自己的内涵,雖然它將隨着時代的變化而發生變化。子學也一樣,子學也好,"新子學"也好,都有自己特定的内涵。方勇先生提出"新子學,將應勢成為國學新主體",這是無疑義的,但不可能是替代國學。有論者認為近代的許多學者可歸入"新諸子",甚至孫中山也是"新諸子",經濟之學也是"新子學"。誠如是,那麼,與孫中山同時代以及其後的諸多大家,甚至後來出現的現當代人的各種文集選集,是否也屬於"新諸子"呢？法學、政治學、社會學是否都屬"新子學"呢？誠然，新的時代有新的"立說者"，也必然有新的各家之說出現。但"新子學"是繼承從先秦諸子之學所延續下來的具有傳統文化意義的新學說，這是"新子學"内涵的基本定位。對於這一點，愚意以為應該謹慎，不能讓"新子學"成為包羅萬象的雜燴。

四、通與變的關係

"新子學"應該把握好"通"與"變"的關係。劉勰説："變則可久，通則不乏。""通"是指"新子學"應該繼承傳統子學的精神。"變"則指"新子學"雖然不能成為雜燴，但"新子學"應該具有開放性和創新性。這是毋庸置疑的。就"變"的方面來説，如劉勰認為，像陸賈《新語》、賈誼《新書》、揚雄《法言》、劉向《説苑》、王符《潛夫論》、崔寔《政論》、仲長統《昌言》、杜夷《幽求》等，"或敍經典，或明證術，雖標'論'名，歸乎諸子"。因為從確定的標準來説，"博明萬事為子，適辨一理為論"，"子"與"論"雖略有區别，但"彼皆蔓延雜說，故入諸子之流"亦為合適（《文心雕龍·諸子》）。劉勰這樣的劃分是合理的，因為漢代以後，"諸子之學"的外延已經擴大。經學以儒家經典為其核心内容，確實具有排他性。但是，經學也是開放的，鄭玄的經學吸收了今文經學和古文經學的内容而形成了"鄭學"。漢代經學的今古文之争曾經形同水火，主要是利禄之争、政治之争。而"鄭學"能够融合今古文經學二者，説明經學本身、經學各派在學術上具有包容性和相容性。再説五經的發展，從五經到九經到十三經，經書把子學的《論語》《孟子》也收進去。清人編"經解""續經解"，收録了後代衆多的解經之作。應該看到，經學本身並非封閉而一成不變的。後人要"還經於子"，那是重建新體系的問題。不過，"還經於子"是否必要，還是值得考慮的。從經學的發展歷史來看，無論是紙質流傳的先秦文獻，還是出土簡帛文獻，都可以證明先秦時期《詩》《書》《禮》《樂》《易》《春秋》作為經典的觀念已經形成。後來收"子"入經，即把《論語》《孟子》歸入十三經，是漢代獨尊儒術以後的事，《論語》在東漢時被列入"七經"，《孟子》在宋代被列入"十三經"，就這兩個時期的背景來看，就知道其目的在於以孔孟思想强化儒學的道統。特别是元代延祐中恢復科舉，《論語》《孟子》被定為科舉的教科書之後，其地位遠遠超出了一般的子書。今天如果提出要"還經於子"，是希望恢復二者子書的本來面目。但無論是"收子入經"還是"還經於子"，都説明儒學本身亦非一成不變。所以，"新子學"也一樣，"博收而慎取之"，既不能太雜，又不能是封閉的，應該處理好"通"與"變"的關係。

[作者簡介] 郭丹（1949—　），男，福建龍巖人。現為福建師範大學文學院教授、博士生導師。代表著作有《左傳國策研究》《先秦兩漢史傳文學史論》等。

先秦諸子思想中邏輯"中心點"存在的可能性

——"新子學"探索的内在路徑

方 達

內容提要 "新子學"的提出,是對中國"軸心時代"即先秦諸子思想的回歸。雅斯貝斯所謂的"軸心時代"並非僅僅是對歷史時間節點的界定,更是一種基於歷史發展邏輯的哲學反思。因此在"軸心時代"理論的對照下,"新子學"更為迫切的目標,應是尋求中國傳統文化發展的邏輯思維源點,如此方能正視傳統,突破困境。本文試圖通過對先秦儒家發展脈絡的探索,論證荀子思想無限接近源點的可能性,並以此闡明這一理論提出的合法性,最終為"新子學"提供有益的借鑒。

關鍵詞 新子學 軸心時代 中心點 源點 先秦儒學 荀子

中圖分類號 B2

"新子學"概念的提出已有二年多,其間通過兩次大型的"新子學"國際學術研討會,在眾多學者深入討論的基礎上,這一概念的哲學理論前提漸漸鮮活起來。簡言之,先秦諸子的思想是中國思想史上整體規模最為廣博、內部機制最具生命力的哲學載體。然而在西漢至清末間以儒學為主體意識形態的漫長歷史過程中,這一思想載體長期處於弱勢地位,並逐漸失去了其內在的生命動力,乃至淪為單一的歷史文獻對象。當下信息時代最需要的是多元化的思想、文化以及學術,因此在回顧、研究先秦諸子學時,我們應該以一種新的角度、心態來關注它,並從中汲取養分。如此不僅可以得到精神上的信仰,更能創造出新的學術天地。基於以上認識,學界同仁普遍認為:"新子學"的根本指向性是繼承先秦諸子的思想形態,即方勇教授《"新子學"構想》《再論"新子學"》等文章中多次提及的"現代向軸心時代的突破"。既然要向軸心時代突破,首先就需要對中國是否具有"軸心時代"作出界定,並在此基礎上進一步探索"突破"的路徑。

一、對於中國"軸心時代"的内涵定義

"軸心時代"(Axial Age)理論是由德國存在主義哲學家雅斯貝斯(Jaspers Karl Theodor)所提出,形式上他以時間節點為界,將人類歷史劃分為史前文明、古代文明、軸心時代和科技時代四個基本階段,其中軸心時代文明的共同特點是人類向自身尋求正義、趨善的内在動因,並由此相應產生了多元化的哲學、思想理論派系。但實質上,雅斯貝斯所謂"軸心時代"更多的是指一種知識體系發展過程中,邏輯順序上的一個"原點",這個"原點"是呈現後世知識體系的源頭,無所不包。因此若要判斷中國是否也同樣存在"軸心時代",我們不妨以春秋時期肇始的諸子百家為時間節點,與之前的"殷商文明"作番比較。

中國歷史中真正能作為"古代文明"階段而被客觀討論的思想意識形態,實際上只能限於殷商自盤庚遷殷之後到西周中晚期這一歷史階段。如此劃分的依據是,迄今可見最早的甲骨文為第一期的盤庚、小辛、小乙、武丁四組卜辭,而下限定於西周中晚期的依據則是《詩經·國風》中大部分以個人視角來反思、勸諫統治階級的作品最早產生於這個階段。相對於"軸心時代"各個地域的人類向自身尋求内在的正義、趨善性可能性的特點,"古代文明"階段所呈現的特質應該是人類尚未具備完整意義的自我認知能力,用先秦哲學的話語對其所作的定義就是,人類在此時不僅沒有形成"天人相合"、"天人之分"的思想形態,甚至連什麼是後代意義上的"天"和"人"都不具備清楚的認知。以甲骨文為例,其中大部分内容是殷商王室對於漁撈、征伐、農業所進行占卜的記錄。通過釋讀可以發現,雖然每片甲骨所記錄的具體時間、地點、對象以及最後的結果不盡相同,但它們無一例外地具備兩個共同的特點,就是事件行為者與對象之間的"相對整體性"和"關係單向性"。"相對整體性"是指,這些"事件行為者"和"事件對象"雖然分別具備以"王"、"帝"、"天"和部落指稱為代表的個體稱謂,但實質上卻都指代一個族群或者同一類泛化的事物,其中"王"、"帝"指代部落以及佑護部落的先祖們,"天"指代整個不可預知的自然界及自然現象。"關係單向性"是指,"事件行為者"與"事件對象"的行為關係是單向性的,具體表現為部落對祖先、上天採取何種祭祀方式,從而得到相應的庇護,或者部落卜問自然界的變化對於農事、戰事的影響,從而預期相應的收成和戰果,這意味著兩者之間基本沒有再次的回饋,即占卜的結果對於行為主體沒有任何反向作用。除了甲骨文,在"古代文明"階段中最具思想特質的歷史文獻便是"五經"(《詩》《書》《禮》《易》《樂》),而"五經"中大部分内容實質可以界定為一種以行為規範為主體的權威官方文化。正如《周禮·保氏》載:"養國子以道,乃教之六藝:一曰五禮,二曰六樂,三曰五射,四曰五馭,五曰六書,六曰九數。"我們知道,時至東周早期,受限於生產力的低下,這些所謂的"國人"、"野人"只能全力投入物質生產中,至於形而上的文化、教育就只能局限於"國子"之中。因此可以說,"國子"所學的"六藝"基本上涵蓋了當時所有的知識體系以及意識形態。具體到内容,"五禮"指"吉、凶、賓、

軍、嘉"，"六樂"指"雲門、大咸、大韶、大夏、大鑊、大武"，"五射"指"白矢、參連、剡注、襄尺、井儀"，"五馭"指"鳴和鸞、逐水車、過君表、舞交衢、逐禽左"，從中我們可以看出，"六藝"不僅涵蓋了《書》《禮》《易》《樂》這"四經"中的大部分內容，其實際內容應當還要廣泛很多。此處唯一需要進一步商榷的是《詩經》，正如前文所述，《詩經》中除《頌》部分全為殷商及西周初年頌歌之外，在《國風》和《雅》中都存有所謂"變風變雅"的作品，這些作品大致都出現於西周中晚期以後，並恰恰可以視之為民衆個體對統治階級某些行為產生不滿情緒後所作的善意批評。因此剔除"變風"、"變雅"這一部分的內容後，《詩經》在整體上就和其他"四經"以及甲骨文獻具備了相同的性質，即行為主體和客體的"相對整體性"和"關係單向性"。而這種"變風變雅"的出現，正可視為隨後東周階段開始湧現出以孔子為開端的先秦諸子思想的變革先鋒。他們打破之前思想形態的束縛，創造了多元化的，向人類自身意識反思的思維格局，並且決定了後世長達幾千年的意識形態及發展方向。而這與"軸心時代"人類向自身個體尋找正義、趨善性的內在動因思維特點的定義是一致的。因此從這個層面來說，雅斯貝斯的"軸心時代"理論同樣可以概括中國的客觀歷史發展進程。

二、對於中國"軸心時代"的思想"中心點"概念的定義

既已確定中國具備"軸心時代"的理論前提，我們便需要進一步論證"新子學"的創新實際上是對"軸心時代"回溯、突破的唯一可能性。正如上文所說，春秋戰國時代是一個思想多元化探索取代集權小衆王室文化的歷史階段，是人類開始注重自我獨立、自我反思，開始探索試圖將自身完全剝離社會屬性甚至自然屬性可能性的特殊時期。因此，我們絕對不能將這個時代產生的思想僅僅局限於當時。相反地，甚至可以說，秦漢以後的所有思想流變都源於諸子百家的時代，抑或說諸子百家時代所產生的思想形態提供了後世所有思想理論創新的可能性和理論依據。衆所周知，秦漢至今，中原思想、文化發生過幾次重要變革：西漢時的"罷黜百家，獨尊儒術"，魏晉時期玄學興起後儒、道的融合，南北朝至唐代對佛教的解釋、消融，宋明理學、心學的興盛以及清末開始的西學東漸。但從總體上來說，我們可以將其分為兩類情況，一是儒學不斷地發展並最終成為中華民族的思想正統，一是中原本土文化對外來文化的消融與吸收，如佛教、歐洲哲學。先以佛教為例，古印度佛教於西漢傳入中原的伊始，完全保持了原本的教義，但在魏晉南北朝到唐代這一歷史階段，經過中國主體文化的不斷消解、融合，最終成為以禪宗為代表的中原主體文化的一部分。這種情況與清末的西學東漸何其相似，而我們至今還處於中西文化融合的迷茫和陣痛之中。在這兩段歷史表象下真正值得注意的是，其消融過程中，真正起到主導作用的還是中國的本土文化，這種消融的原始動力其實就蘊含在我們自己的"軸心時代"之中，即以儒家學術為主體輔以其他先秦諸子理論的思想形態。但是這

種思想形態是如何形成的,又是以怎樣的姿態進行演變的？我認爲,在先秦諸子的某一特定時期,由思想源點分化而出的各個流派思想應當又無限回歸接近這個源點。就如人類曾經認爲分子是物質的最小顆粒,卻又發現了離子、質子、電子等等。這個中心點便是分子,它是構成宏觀物體(歷史)的最基本元素和原點。而各種各樣的先秦學術便像這些離子、質子、電子,是構成分子(中心點)的最基本元素和原點,同時它們自身還可以進一步分解、變化。因此,無論在任何歷史階段進行思想創新、變革,實際上都是在這個"中心點"内部進行的,即我們身處傳統之内並突破傳統發端思想,而最終的目標應當是認識並找尋到這個凌駕於現有傳統的辯證統一的"中心點",從而真正達到思想、思維的創新和升華。基於此,目前提倡的"新子學"創新方法,只能是先在傳統中回溯"軸心時代"的"傳統源頭",然後再來尋找"軸心時代"的"中心點"。

三、基於思維"中心點"的定義探討"新子學"的路徑

　　毋庸置疑,中國現有意識形態的主體是由儒學一手創造、發展而來的。以當下視角來看,古代儒學發展的巔峰應該是以"四書五經"爲代表形式的宋明理學心學系統。然而,"四書五經"這個名稱本身就涵蓋了兩種思想系統,一種是以"四書"爲代表的以修身之道爲特徵的社會主流思潮,一種是以"五經"爲代表的以行爲規範爲主體的權威官方文化。關於"五經"系統的成因、面貌以及内在性質,已在前文論述,此處需要探求"四書"系統的形成。

　　東周時,由於王室不斷衰弱以及生產力的發展,一部分官方文化流入民間,並逐漸開啓以諸子百家爲代表的後世傳統文化,而在文化由官方向民間逐漸滲透的過程中,孔子無疑是最重要的樞紐,孔子思想的重要載體無外乎《論語》一書。在我看來,《論語》不僅是民間主流思潮真正的源頭所在,而且還決定了這種主流思潮的内在性質。孔子一生致力於恢復周代的"禮",然而在他的思想架構中卻並未對"禮"的内涵做出過明確界定,因此孔子或多或少留給後人一種只是志在恢復禮儀形式的瑣碎感。如首篇《學而》中,有子所説"禮之用,和爲貴。先王之道,斯爲美,小大由之"、"恭近於禮,遠恥辱也",實際上正反應出孔子對於"禮"的作用的認同,卻又未能告訴弟子們有關"禮"的具體内涵是什麽。在這種基本背景下,後學很容易將孔子學説的重點界定爲在"禮"的範圍内如何修養自身道德素質的問題。"吾日三省吾身"所反省的對象是"忠"、"信","弟子入則孝,出則弟,謹而信"的目的是"親仁",而將"忠"、"信"、"孝"、"弟"這四者聯繫起來便是"仁之本"。又,有子謂:"其爲人也孝弟,而好犯上者,鮮矣;不好犯上,而好作亂者,未之有也。君子務本,本立而道生。孝弟也者,其爲仁之本與。"這兩段話往往被理解爲孔子對君子修身要求的邏輯線索:爲人最基本的出發點是"孝弟","父在,觀

其志；父沒，觀其行,三年無改於父之道,可謂孝矣"。其後是對君主的"忠","為人謀而不忠乎"、"事君,能致其身"。而最終的目標是"信","道千乘之國,敬事而信"、"與朋友交而不信乎",這"信"上足以治理國家,下足以結交摯友。孔子這種將人自身的道德素質修養視為學習的最基本也是最終的目標特質,顯然被思孟學派完全繼承下來。孟子認為,實行仁政的根本動力來源於君子天生具備的良知、良能,而要達到對此兩者"操之所存,舍之所亡"的認知,則必須依靠於心性的修養,即孟子所謂的"我善養吾浩然之氣"。時至儒學發展的巔峰,宋明理學、心學的出現,更是將這種向人心深處尋求宇宙萬物規律的思維特徵發揮得淋漓盡致。

通過以上對形成當下傳統形態模式的主導動因,以及儒學發展與流變歷程的簡略梳理,我們可以清晰地認識到,不僅當下的傳統源頭在"軸心時代"就已確定,而且傳統本身的自我走向也早就在伊始被決定了。這便意味著,身處傳統之中的時人根本不可能徹底拋棄早已固化的視角,去直接看待先秦諸子的思想。對於歷史的認知是在傳統之中形成的,如果否定傳統,即等於否定了歷史本體,自然也就沒有了反思的路徑。因而,我們只能以儒學為線索,回歸到"軸心時代"並尋找出與當下傳統有一致性但根本指向卻又不同的思想理論。相對於繼承孔子"內在性質"思想的思孟學派而言,繼承孔子"外在思想形式"的荀子便可以直接作為對比材料。

荀子的歷史地位一直比較尷尬,不僅後世學者經常評價其為"儒不儒,法不法",就連荀子的門生都評價老師的一生"名聲不白,徒與不衆,光輝不博"。但這種定位本身卻說明,荀子在繼承孔子部分思想的同時,在根本指向性上卻與當時的儒學主流有着天壤之別。相對思孟學派繼承"修身"、"修德"、"修心"方法的不同,荀子在孔子恢復"周禮"的影響之下,創造出了一套更注重社會實際需要的意識形態與思想理論。首先,荀子在天人關係上做出了明確的判斷。先秦時期,人類在進行思想探討時不可迴避的一個基本出發點就是人與天的關係,儒家認為"天"是有意志、有精神的宇宙萬物的主宰,"死生有命,富貴在天"(《論語·顏淵》),它決定了人的命運;道家雖然根本指向性與儒家不同,但是也認為"人法地,地法天,天法道,道法自然"(《老子》二十五章),"天"是宇宙萬物的最高法則。在這種思想背景下,荀子吸收了墨家"非命"觀的部分理論,提出了"明於天人之分"(《天論》)的觀點。他認為,"天行有常,不為堯存,不為桀亡。應之以治則吉,應之以亂則凶"(同上),天是沒有主觀意志的客觀存在的自然對象,它有自己的運行規律,不以個人意志為轉移。在此基礎之上,荀子進一步提出"制天命而用之"(同上)的口號,"大天而思之,孰與物畜而制之？從天而頌之,孰與制天命而用之？望時而待之,孰與應時而使之"(同上),要求人們發揮主觀意志參與到大自然的運行之中,並相應地改造、利用它。其次,在剝離人性或人格中天賦部分的基礎上,荀子將思想的起點放置於對人性本質的探討之上。荀子在《性惡》篇中批判了孟子天賦道德的"性善論",並在"天人之分"的基礎上提出了"人之性惡,其善者偽也"的觀點。他認為,人"固無禮義","生而有好利"、"生而有疾惡"、"生而有耳目之欲",在天性中充斥着貪婪、自私的欲望,並且這種惡的欲望是不能自發地向善轉變的,"性也者,吾所不能為也,然而可化也",只有通過後天對"禮義"的學習才能有所改變,實現"性偽合"(《禮論》)。基於這一認識,荀子繼而提出"塗之人可以為禹"的觀點,肯定了每個人通過學習之後都可以成為聖人的可能性。因此通過對"天性"和"人性"這兩大本質的界定,荀子拋棄了神秘內心探索的方式並開始重新闡釋儒家思想。

荀子反對孟子"良知"、"良能"、"萬物皆備於我"的説法,而繼承了孔子"學而知之"的觀點,他首先肯定了人具備認知事物的能力,而事物相應地具有被認知性,"凡以知,人之性也;可以知,物之理也"(《解蔽》)。他認為,人的認知過程要經過"天官意物"和"心有征知"(《正名》)這兩個階段,"天官"指人的感官系統,即人首先利用自身的感官與外界事物進行廣泛地接觸,然後再經過心的"征知",即對各種現象進行分析、綜合後,才能得到全面的認識。為了達成這一目的,荀子提出了"行"的重要作用,強調人的主觀認知要通過"行"的實踐檢驗,認為"行"才是認識的歸宿和終點,"知之不若行之"、"學至於行之而止"(《儒效》)。而荀子這種"天人相分"、"知行合一"的理論正是有別於思孟學派的最大特點。

此外,荀子較孟子更為高明的便是他試圖建立一套完善的政治制度。荀子的政治理想是建立一個"四海之内若一家"(《王制》)、"天下為一"(《王霸》)的中央集權制國家,"隆禮"、"重法"是其政治理論的核心内容。荀子認為,禮可以制約人們的情欲,自覺約束人們的行為,它不僅是一種使"貴賤有等,長幼有差,貧富輕重皆有稱"(《富國》)的倫理道德等級制度,更是治國之根本,是一種最高的政治綱領。"禮者,治辨之極也;強國之本也,威行之道也"(《議兵》)、"人之命在天,國之命在禮"(《強國》),禮的作用重大,關係到國家的存亡,只有隆禮,才能治國。"禮義生而製法度"(《性惡》),禮是治國治民之本,而法則是必不可少的手段,"隆禮至法而國有常"(《君道》)。同時,基於當時客觀的歷史背景,荀子還提出了"群分"説。其時,靠血緣關係維持的宗主制社會關係已逐漸瓦解,取而代之的是生産力發展後帶來的階級社會,這就意味着"群"的概念早已默默地深入了每一個人的内心之中,所以要想取得社會安定、國家強大的唯一方法就是"明分",而"分"的標準正是"禮"。這個"禮"實際上就是貫穿荀子思想核心觀念的"法治"和"人治"相結合後的一種意識形態。荀子認為,有了"法治",社會才能"貴賤有等,長幼有差,貧富輕重皆有稱者",這樣物質才會豐足,人民才會各安其職。這也説明,"禮治"的基準始終貫穿着荀子對於制度層面的構想,而這種模式恰恰是超越了以個人為中心的封建君主制,具備了十分超前的眼光。

從荀子這套融合了思想、制度的思想來看,他很好地規避了儒學注重個人修養方向中神秘論的傾向,反而更注重對於"周禮"的形式和内涵的繼承,將思想探索置於一種開明的、規範化的社會體制之下,最大程度地繼承了"軸心時代"理性思潮的傳統。同時,鑒於其與思孟學派同源異流,荀子的思想形式給我們沿傳統内部向上回溯後提供了一種更容易接受的思辨方式,而這種方式恰恰是"新子學"創新時可以實際踐履的路徑。至於荀學是否可以成為"軸心時代"思想彙集的"中心點"還有待商榷,但至少這種在傳統之中回溯、突破的方法是必要的。

只有盡可能真切地置身於"軸心時代"思想原始形態之下，我們才有創造出思想大突破、大創新的可能性。

[作者簡介] 方達(1987—　)，男，浙江浦江縣人。現為華東師範大學哲學系博士研究生，主要從事先秦諸子哲學研究，已發表學術論文數篇。

先秦諸子的本源地位與"新子學"的意義

蔡志棟

內容提要 在考慮傳統與現代的關係時,必須充分重視先秦諸子的重要性。原因在於,這是具體的討論傳統與現代的關係的切入點;中華民族的復興離不開先秦諸子,這是不同學派思想家的共識;同時,討論先秦諸子也是對目前學界將國學儒學化的偏向的糾正,又與"新子學"的倡導相呼應。

關鍵詞 先秦諸子 現代性 新子學 國學

中圖分類號 B2

話題還要從我所關心的課題"先秦諸子與中國現代自由觀的誕生"開始。對於自由,我們形成了自己的理解,分為認識自由、政治自由和人格自由三種。毋庸置疑,對於這種新自由觀可以有很多種研究方式加以探討。比如,直接討論,深入闡發其內在的各個環節和相互之間的關係;也可以採取間接討論的方式,比如探討它和西方自由觀的關係,從古到今各個思想家、思潮、派別對於這種自由觀的認識和貢獻等等。從這個角度看,以先秦諸子和中國現代自由的關係作為研究對象具有某種偶然性,但這種偶然性並不能抹殺其重要性。根本言之,之所以選擇先秦諸子,是因為他們具有本源地位,而方勇教授首倡的"新子學"則是對這種本源地位的肯定與發揚,且具有糾偏學界風氣的積極意義。

第一,之所以選擇先秦諸子,因為我們意在具體地討論傳統與現代的關係問題。

按照熊十力的說法,現代中國是一個新故交替的時代,"凡新故替代之際,新者必一面檢

---

* 本文是國家社科基金青年項目"先秦諸子與中國現代自由研究"(批准號:10CZX029)、上海哲社一般課題"新世紀以來中國社會思潮跟蹤研究"(批准號:2015BZX003)、國家社科重點項目"社會主義核心價值觀的傳統文化根基研究"(批准號:14AZ005)、國家社科重大項目"馮契哲學文獻整理和思想研究"(批准號:15ZDB012)以及上海市高峰高原計劃資助的階段性成果。

過去之短而舍棄之，一面又必因過去之長而發揮廣大之。新者利用過去之長而憑藉自厚，力量益大，過去之長經新生力融化，其質與量皆不月以往，自不待言"①。請注意熊十力的措辭。他認為在這種時期，新者並非完全摒棄舊者而得發展，而是"必"與過去處於連續性和斷裂性的糾葛之中。

從某種角度看，"先秦諸子與中國現代自由觀"當然涉及傳統與現代的關係問題，這是一個老生常談、但歷久彌新的話題。然而，何謂傳統？何謂現代？討論至今，這些基本的範疇突然成為問題②。顯然，它們不僅僅是一對時間範疇，而且也涉及內在的基本性質之規定。問題的嚴峻性在於，說現代是起源於現代的某個時間點，並不意味着否定傳統在其中所發揮的各種作用，由此，傳統和現代便"剪不斷，理還亂"。

我們無意於在此抽象地討論這個問題。事實上，抽象的判定傳統具有某種特色，比如它是靜的，而現代是動的③，這樣的做法越發值得懷疑。這倒不僅僅是說我們在現代思想家裏發現了大量的將傳統詮釋為動的之類的言論，而是說，就其直接表達而言，當代不少人將"靜"也作為重要的精神來加以主張。比如2013年8月28日《文匯報》有文《蛙眼閱世》，內說：

> 當代人普遍地失"閑"少"靜"，缺的就是一雙"靜觀自得"的蛙眼。倘以蛙眼閱世，少些盲動，少些浮躁，這個世界定會安靜得多。如今傳媒過剩，攪得周天煩躁，上百頻道爭搶一雙眼球，媒體人要想在喧囂嘈雜中"搏出位"，就得"搞怪"、"尖叫"、"浪罵"、"大聲說"。為了"收視率"甚至不惜在形象上惡搞自己，要麽亮個大光頭—"絲"不掛，要麽一頭亂髮染成個紅黃藍綠的鳳頭鸚鵡，要麽製造點緋聞故意聳動視聽。更有膽大如斗之徒，深諳"竊鈎者誅，竊國者侯"之秘籍：你若是抄襲一篇小文，被人逮着必是聲討一片；乾脆你大張旗鼓地抄莎士比亞，抄得滿城風雨，抄得家喻戶曉——把莎翁的一只"大蚊子"，塗上中國特色，丹麥國王改扮成中國皇帝，再加點庸俗作料，換個華文劇名，開動一切宣傳機器狂轟濫炸，大肆炒作——必定賺得盆滿缽

---

① 熊十力《論六經》，《熊十力全集》（第五卷），湖北教育出版社2001年版，第773頁。
② 高瑞泉先生認為，傳統一方面是對現代而言，指的是古典；另一方面對異域文明而言，指的是自己的。在後者的意義上，傳統既可以是古典的，也可以是現代的。所謂現代的傳統不是一個語詞矛盾，而是在現代的背景下形成的具有影響力的資源。參高瑞泉《中國現弋精神傳統》，東方出版社1998年版。另外，甘陽等人也在主張新的"通三統"。所謂"三統"，指的是儒家傳統、毛澤東傳統和鄧小平傳統。顯然，後兩種傳統具有強烈的現代色彩。參甘陽《通三統》，生活·讀書·新知三聯書店2007年版。
③ 比如，李大釗認為："東方文明之特質，全為靜的；西方文玥之特質，全為動的。"（李大釗《動的生活與靜的生活》，《李大釗全集》（第二卷），人民出版社2006年版，第96頁。）雖然東西之別並非就是古今之別，但是，李大釗在某種意義上認為東方的傳統就是靜的，西方的傳統是否為動的尚不可知，不過，他認為進入現代之後，西方文明突入東方文明，所以也要建立動的文明。從這個角度看，他認為東方之現代"應該"是動的。

滿,外加罵聲一片。其實罵也是"福"。"罵",繁體為"駡",四馬也。春秋時代四馬牽一車謂之一"乘"("百乘之家"即為卿大夫),如今君得"四馬"已有一乘,正好載金裝銀。

一個靜不下來的民族是沒有希望的!①

雖然這僅僅是報紙上一篇散文,似乎很難進入嚴肅的哲學探討的視野②,但是報刊文章某種意義上具有思想史的意義,反映着時代中某些更具一般性的特徵。作者嚴肅地寫道:"一個靜不下來的民族是沒有希望的!"③讓我們似乎看到了歷史的弔詭。因為就在剛剛過去的20世紀,我們民族的主流還在呼吁:"一個動不起來的民族是沒有希望的!"

還比如,新世紀以來在民間頗為熱鬧的于丹所寫的《論語心得》,主張現代人"在聖賢的光芒下學習成長"④。然而,眾所周知,"聖賢"這一古典理想人格在"五四"新文化運動之後其實飽受批判,現代所提倡的是平民化的理想人格⑤。然而,這些說法不能一律化,其間難免有某些特例。毛澤東也曾以未必全然是揶揄的口吻說:"要說是聖人嘛,聖人就多得很;要說不是聖人嘛,我看聖人也就一個沒有。"⑥他還認為魯迅"是現代中國的聖人"⑦。而且,在廣義的思想史的視野中,于丹對"聖賢"的提倡也是一個具有思想史意義的話題:它表明,在現代,對古典傳統的模仿、複製也是一種現代現象。

這些瑣碎的事例意在表明抽象地討論傳統和現代之間的關係是不可靠的。不過,這裏要說的重點是,傳統内部也是分成多個時間段的。有先秦時期的傳統,也有秦漢時期的傳統,還有唐宋元明清時期的傳統。我們所選擇的是先秦時期的傳統與現代的關係。這是具體化的一個含義。

第二,先秦諸子具有極端的重要性。

之所以選擇這個階段,自然因為先秦時期具有極端的重要性。雅斯貝爾斯(Karl Theodor Jaspers)將這個時期列為"軸心時代",已經從某個角度為我們做出了論證。本文從其他角度再略作述說。

---

① 詹克明《蛙眼閱世》,載《文匯報》2013年8月28日。
② 不過,報刊文章為何不是哲學研究的對象? 這當中或許存在着根深蒂固的偏見。我們以為,平凡的資料也可以是哲學研究的好材料。這是另外的問題,此處不予展開。
③ 詹克明《蛙眼閱世》,載《文匯報》2013年8月28日。
④ 于丹《論語心得》,中華書局2006年版,扉頁。對於于丹的批評參見陳衛平《寬容、批評、反思——我讀于丹〈論語心得〉》,載《上海市社會科學界第五屆學術年會文集(2007年度)(哲學·歷史·人文學科卷)》,上海人民出版社2007年版。
⑤ 馮契《中國近代哲學的革命進程》,上海人民出版社1989年版,第580頁。
⑥ 毛澤東《關於辛亥革命的評價》,中共中央文獻研究室編《毛澤東文集》(第六卷),人民出版社1993年版,第346頁。
⑦ 毛澤東《論魯迅》,中共中央文獻研究室編《毛澤東文集》(第二卷),第43頁。

這種重要性首先表現在現代思想家們的自我認識之上。梁啓超認爲，清代學術思想史是前此二千多年的學術史的"倒影而繹演之"。他將清代學術史分爲四個時期：第一期（順治、康熙年間）復興的是程朱陸王問題；第二期（雍正、乾隆、嘉慶年間），復興的是漢宋問題；第三期（道光、咸豐、同治年間），復興的是今古文問題；第四期（光緒年間）復興的是孟荀、孔老墨等問題①。他又説："綜觀二百餘年之學史，其影響及於全思想界者，一言蔽之，曰'以復古爲解放'。第一步，復宋之古，對於王學而得解放。第二步，復漢唐之古，對於程朱而得解放。第三步，復西漢之古，對於許鄭而得解放。第四步，復先秦之古，對於一切傳注而得解放。夫既已復先秦之古，則非至對於孔孟而得解放焉不止矣。"②

這種描述當然如梁啓超本人所説是"勉分時代"，不可"劃若鴻溝"③。而且，也不能因此而推論晚清之後，進入民國時期，中國學術思想史完全是先秦思想史的翻版，並且越追越遠。然而，梁啓超所揭示的晚清以來先秦諸子學的復興則是一個不爭的事實。從這角度看，先秦諸子之所以重要，因爲它們在現代中國得到了復興。這構成了我們進行討論的歷史基礎：正是因爲有大量的思想家大量地涉及先秦諸子，我們以之爲研究對象才是可能的。

其次，先秦諸子的重要性還表現在中國要復興就離不開先秦諸子之思。對此有清晰認識的還是梁啓超，他指出，"我中國於周、秦之間，諸子並起，實爲東洋思想之淵海，視西方之希臘，有過之無不及，政治上之思想，社會上之思想，藝術上之思想，皆有亭毒六合，包羅萬象之觀。中世以還，國勢統一，無外國之比較，加以歷代君相，以愚民爲術，阻思想之自由，故學風頓衰息，誠有如歐洲之所謂黑暗時代者。夫歐洲所以有今日之文明者，因十字軍以後，外之則責來埃及、印度、遠東之學術，内之則發明希臘固有之學術，古學復興，新學繼起，因蒸蒸而日上耳。中國今日之時局，正有類於是，外之，則受歐洲輸入之種種新學，内之則因國民所固有歷史所習慣的周、秦古學，而更加發明。"④他還説："欲通中學者，必導源於三代古籍，周秦諸子也。"⑤

梁啓超認爲，先秦時期"思想極自由活潑，孔子、老子、墨子、莊子、孟子、荀子、韓非子等大思想家相繼出生，實爲古代思想界最有光輝的時代"⑥。他指出，"經唐、虞、三代以來一千多年文化的蓄積，根柢已很深厚，到這時候盡情發泄，加以傳播思想的工具日益利便，國民交換智識的機會甚多，言論又極自由。合以上種種原因，所以，當時思想界異常活潑，異常燦爛。不

---

① 梁啓超《論中國學術思想變遷之大勢》，吴松等點校《飲冰室文集點校》（第一集），雲南教育出版社2001年版，第282頁。
② 梁啓超《清代學術概論》，上海古籍出版社1998年版，第7頁。
③ 梁啓超《論中國學術思想變遷之大勢》，吴松等點校《飲冰室文集點校》（第一集），第282頁。
④ 梁啓超《論中國人種之將來》，吴松等點校《飲冰室文集點校》（第二集），第707～708頁。
⑤ 梁啓超《變法通議》，吴松等點校《飲冰室文集點校》（第一集），第64頁。
⑥ 梁啓超《明清之交中國思想界及其代表人物》，吴松等點校《飲冰室文集點校》（第五集），第3105頁。

唯政治,各方面都是如此。"①

同樣,被徐復觀、牟宗三、唐君毅等人奉為宗師的熊十力指出現代中國需要文藝復興,其起點則是先秦諸子:

> 余以為辛亥光復,帝制告終,中國早應有一番文藝復興之績,唯所謂復興者,決非於舊學不辨短長,一切重演之謂。唯當秉毛公評判接受之明示,先從孔子六經清理本源,此則晚周諸子猶未絕者(如老莊孟荀管墨之類),或殘篇僅存(如《公孫龍子》之類),及有片言碎義見於他籍者,皆當詳其本義,而後平章得失。②

在這段論述中我們還能發現毛澤東的思想的影子。毛澤東便說過:"從孔夫子到孫中山,我們應當給以總結,承繼這一份珍貴的遺產。"③

而且,熊十力甚至認為中國先秦時代本來已有科學和民主思想,但進入秦漢專制時期之後,這個傳統卻被抹殺了。這個思想他在《原儒》一書中反復加以申發。從這個角度看,回到先秦諸子也就是回到中國固有的科學和民主的傳統,而按照我所關注的自由主題來說,科學和民主分別和自由的認識論維度以及政治自由的實現方式密切相關。

以馬克思主義立場創造了"智慧說"的馮契先生也指出:

> 近代思想家大多嚮往着先秦儒、道、墨諸子蜂起,百家並作的局面。先秦是民族文化的"童年時代",它揭開了中國哲學史的光輝燦爛的一頁,近代中國人又一次回顧了這個具有"永久的魅力"的時代,從中吸取了豐富的營養。④

可見,先秦諸子在中國現代思想史上的存在及其重要性既是一個事實,又為眾多不同派別的思想家所認識到。

最後,先秦諸子的重要性表現在他們和現代人一樣,面對的是社會的永恒問題。這個觀點來自中國思想史研究名家本傑明·史華茲(Benjamin I. Schwartz)的啓發。他說:

> 讓人感興趣的是,明治初期的日本與20世紀初期的中國,在經常引用孟子與盧梭方面呈現出許多類似之處。在18世紀政治哲學家和中國古代聖賢之間作意味深長的比較,事實上是可能的嗎?大多數主流歷史學家和社會科學理論將對這種可能

---

① 梁啓超《先秦政治思想》,吳松等點校《飲冰室文集點校》(第五集),第3086頁。
② 熊十力《論六經》,《熊十力全集》(第五卷),第763頁。
③ 毛澤東《中國共產黨在民族戰爭中的地位》,中共中央文獻研究室編《毛澤東選集》(第二卷),第534頁。
④ 馮契《中國近代哲學的革命進程·緒言》,上海人民出版社1989年版,第8頁。

性持排斥態度。但在我看來，對這二者進行比較是可能的。探討這種比較為什麼是可能的，將會把我們帶入更為深遠的領域。附帶說一句，古代周朝的思想家與18世紀的哲學家竟從同一個視角面對着人類的處境，這足以讓人感到驚奇。這是政治家們對於作為一個整體的社會所做的多角度描述。①

這段話意蘊豐厚。它至少指出了孟子在現代中國的復活。不過這裏重要的是，將文中所說"18世紀的西方政治學家"置換為"19世紀末、20世紀初以來的中國思想家"，以上話語照樣成立。根本原因在於，先秦諸子和中國現代思想家面對的是人類的永恒處境。

第三，它是對近年來傳統文化復興思潮的一個回應和糾偏，與"新子學"的提倡不期而遇。

無疑，在現代新儒家那裏，傳統與現代之間的關係從來都得到高度的關注和肯定。從他們發表於1950年代的《為中國文化敬告世界人士宣言——我們對中國學術研究及中國文化與世界文化前途之共同認識》來看，他們的復興涉及傳統和現代的各個方面，對於我們所說的認識自由、政治自由和人格自由也是再三致意。不過顯然，他們是以儒學為主加以展開。

既然他們自稱現代新儒家，那麼這種做法無可厚非。然而，在學術界一時出現某種值得討論的現象：即，將中國傳統文化縮減為儒家文化。21世紀前十年，我們見證了一場"國學熱"的興起。不過，如果我們現在回顧這場文化熱之起初，可以發現，在相當一部分研究者那裏，"國學"和儒學竟然是等同的②。雖然關於"國學"之概念是否能夠成立尚處於爭論之中，不過，如果我們將國學看作傳統文化的代名詞，那麼，這種將之等同於儒學的做法顯然有待商榷。

2012年10月，華東師範大學中文系方勇教授明確提出了"新子學"的構想。其要點是：

> 子學產生於文明勃興的"軸心時代"，是以老子、孔子等為代表的諸子百家汲取王官之學精華，結合時代新因素創造出來的新學術。自誕生以來，子學便如同鮮活的生命體，在與社會現實的不斷交互中自我發展。當下，它正再一次與社會現實強力交融，呈現出全新的生命形態——"新子學"。"新子學"是子學自身發展的必然產物，也是我們在把握其發展規律與時機後，對其做的進一步開掘。它將堅實地扎根於傳統文化的沃土，建立起屬於自己的概念與學術體系，以更加獨立的姿態坦然面

---

① 〔美〕史華茲著、陳瑋譯《中國的共產主義與毛澤東的崛起》，人民大學出版社2006年版，第203頁。
② 參劉澤華《關於倡導國學幾個問題的質疑》，載《歷史教學（高教版）》2009年第5期。本文被《新華文摘》2009年第15期全文轉載。值得注意的是，劉澤華先生在本文中指出國學有時候被某些研究者理解為儒學，但同時，劉先生在措辭中也出現過"如果國學、儒學指的是傳統之學……"這樣的字樣，其間的頓號（"、"）富有深意。它表明，某種意義上劉先生也姑且接受了將國學和儒學等同起來的說法，因為頓號具有並列的含義。當然，從全文來看，劉先生認為國學在廣義上指的是"古代的學問"。

對西學。同時,它也將成為促進"國學"進一步發展的主導力量,加快傳統思想資源的創造性轉化,實現民族文化的新變革、新發展,為中國之崛起貢獻出應有的力量。①

從歷史實際來看,儒學在其誕生之初也只是諸子百家之一。而在新時代,復興傳統文化當然不能僅僅復興儒學。從這個角度看,"新子學"的提法比"新儒學"似乎更具包容性:雖然在現實的展開中,現代新儒學由於源遠流長,旗幟鮮明,發展近百年來,已經產生了不可忽視的影響。相對而言,"新子學"內部所包含的"新道家"、"新法家"、"新墨家"之類,影響微小,不成氣候②。但這並不影響先秦諸子之為百家的事實,並不影響現代思想家吞吐先秦諸子而開出新局面的事實。簡而言之,先秦思想並非只有儒家一脈,還有諸子存在。"新子學"一方面正視這個歷史事實;另一方面,又主張充分挖掘子學的創造性精神③,以多種資源回應時代的要求,實現中華民族的復興。從這個角度看,聯繫上文,我們可以發現"新子學"是對現代中國高度重視先秦諸子的本源地位的做法的延續,而在提法上更加醒目。

以上所說,目的在於揭示以往對傳統文化理解上的某些偏差,以及思想界新近發展對這些偏差的糾正。而我們的研究正和思想界的新動態不期然相耦合。從歷史的角度看,或許這就是所謂時代的"風氣"?

章學誠說:"君子之學,貴辟風氣,而不貴趨風氣也。"他同時又提醒我們:"天下事凡風氣所趨,雖善必有其弊。"④正如上文所言,現代新儒家所形成的學術風氣一時使得人們錯以為儒家就是先秦以來傳統文化的全部。"新子學"所蘊含的學術生命力是否也會使人一葉障目?不過,目前考慮這個問題還為時過早;目前,從先秦諸子着眼,闡發其與現代思想之間的關係,尚是一個有待展開的課題。

[作者簡介] 蔡志棟(1978—   ),男,上海人。中國哲學博士。上海師範大學中國傳統思想研究所暨哲學學院副教授。目前研究方向為中國近現代哲學史,已發表學術論文數十篇。

---

① 方勇《"新子學"構想》,載《光明日報》2012年10月22日。
② 注意,"新子學"的明確提出可以歸功於方勇教授的那篇文章,不過,"新道家"、"新法家"、"新墨家"之類的提出在時間上要早很多(參周山主編《近現代的先秦諸子研究叢書》,遼寧教育出版社1997年版)。所以,從自覺性上講,"新子學"絕非與它們形成上下級關係,而只能看作是學術思想上某種比較一致的傾向。
③ 方勇教授認為,"子學精神"包含兩個內涵:原創性和多元性(《"新子學"構想》)。其實,"子學精神"除了這兩項之外,還有什麼?這是一個值得深入討論的問題。個人認為,與"經學思維"、"經學精神"相比,它應該還具有高度的民間性和個體性;而每一個精神都會使"新子學"具有與眾不同的特徵。這些想法存此備忘,有待來日展開。
④ 章學誠《淮南子洪保辨》,《章學誠遺書》,文物出版社1985年版,第62頁。

"新子學"文化源流及其價值訴求

景國勁

內容提要 "新子學"的文化本源應是《易經》,其流向則是"五四"新文化及中國現當代文化。"新子學"作為適切新時代的學術文化理念,應在文化學術有機整體觀基礎上體現其創生精神、參與精神和對話精神的價值訴求,並以此參與生態文明時代的學術文化建構,實現中華文化的復興。

關鍵詞 新子學 文化源流 文化生態 價值訴求
中圖分類號 B2

近年來,自方勇教授在《光明日報》發表《"新子學"構想》和《再論"新子學"》等文章以來,在學術界引起較大反響和討論,討論雖集中於"新子學"這一學術焦點,但具體觀點卻是各有不同。"新子學"作為中國文化轉型進程中的一個學術文化話語,本身又形成文化轉型的一種學術文化現象,人們不再滿足於一家一派之學術文化,而意欲在中國傳統文化的整體性中尋找中國文化復興的價值追求和路徑,以實現中華文化復興之夢。因此,在討論"新子學"文化學術理念時,必然會涉及中國文化的源流關係,以及由此引申的文化價值訴求等問題。

一、"新子學"與中國文化之源

一般來說,人們容易將諸子百家的"子學"視為中國文化的源頭,但"新子學"應以更開放和宏闊的視野來尋找自己的文化源頭,如果說,中國文化的源頭是"子學"的話,"子學"的源頭則是"易經"。《易經》從傳說中伏羲的先天八卦到周文王的後天八卦,再到解釋《易經》的《易傳》,前後經歷了三千年之久,這在世界文化史上是獨一無二的文化經典現象。中國的文字、哲學、數學、科學(天文)、曆法、文學、軍事、中醫學等均源於《易經》,《易經》成為中國傳統文化的活水源頭。同時,《易經》也是中國傳統文化經典的首典,居於"六經之首",自然也是中國傳統文化經典的原典,人類智慧的第一寶典,正如瑞士哲學家榮格在《易經》英文版再版序言中所説:"談到世界人類唯一的智慧寶典,首推中國的《易經》。在科學方面,我們所得出的定律,常常是短命的,或被後來的事實所推翻,唯獨中國的《易經》亙古長新,相距六千年之久依然具有價值,而與最新的原子物理學頗多相同的地方。"①

"子學"主體構成中的儒道均以《易經》為經典,且逐漸成為儒家"五經"和道家"三玄"之首,作為中國傳統文化的源頭,也作為"子學"的文化源頭,《易經》既不歸屬於儒家也不歸屬於道家,而是成為以儒道為主體的"子學"的文化總根源。"春秋戰國之際,學術蜂起,不少家數雖然言不及《易》,但以陰陽標榜的易道對於諸家的影響則是無可置疑的。"②從哲學的角度看,"由'陰陽'而構成的中國哲學原型具有一種先天的二元論傾向","外傾的、一元的、西方式的哲學原型容易導致相互排斥的哲學派别和體系,像中世紀的唯名論與實在論、近代的英國經驗派和大陸理性派、現代的科學思潮與人本主義都是如此;而内傾的、二元的、中國式的哲學原型則容易産生相互補充的哲學派别和體系,如儒、道兩系便是如此"③。20世紀末在中國大陸有關《周易》的國際學術研討會上,一些知名學者如陳鼓應等提出《易傳》非儒家典籍而是道家系統之作,《周易》是道家典籍的觀點,這一觀點既得到一些學者的支援,也引起了激烈的争論。這種學術争論從"學術研究"的層面客觀上透露出一個重要的信息,即《周易》是儒、道等"子學"的文化源頭,儒道的發展都源於對《周易》的闡發。因此,《易傳》作為儒家解易之作,既有儒家思想,也有道家的思想,其根本原因在於易文本是儒道兩家思想産生的重要文本。由陰陽符號而闡發的天人合一之説真正實現了儒道互補和會通。④

《易經》或《周易》文化的本源性為我們對中國傳統文化尋根提供了根源性的典範。"《周易》所表達的人生智慧和思維方式對於當今人類把握現實與面向未來仍然具有極為重要的啓示和借鑒意義。"⑤《周易》為"新子學"注入了根源性的活水,使其成為"有源之水",在中國文化的歷史長河中源遠流長。如果"子學"或"新子學"將諸子之學視為中國文化的源頭,不僅不符合中國文化的實際,還會限制自己的文化學術視野,影響人們對中國傳統文化的認知。《周易》的抽象與具象思維方式,特別是其宇宙觀及其天人合一的觀念,對當今人類社會認識自然,認識人與自然的關係,認識和把握人生與社會,有着永恒性的意義和價值。同樣,"新子學"可以在《周易》中得到諸多啓示,《周易》對理解和闡釋諸子學説,建構新的"子學"理論,對接當代生態美學、存在論美學、後現代主義以及"建設性的後現代主義",從而建構中國性的民族話語,有着不可替代的獨特價值。

---

① 轉引自鄧永武《〈易經〉是人類智慧的第一寶典》,《山西社會主義學院學報》,2013年第3期。
② 羅熾《〈易〉文化與中國民族精神》,《湖北大學學報(哲學社會科學版)》,1993年第1期。
③ 陳炎《多維視野中的儒家文化》,中國人民大學出版社1997年版。
④ 曾凡朝、曾玉粉《從〈周易〉視角看儒道會通》,《山東教育學院學報》,2011年第1期。
⑤ 歐陽康、孟筱康《試論〈周易〉的原始意義與現代意義》,《周易研究》,2002年第4期。

二、"新子學"與新文化之流

"新子學"不僅要尋根問祖,尋找其文化的本源性或本源性文化之根,還要以開放的視野和胸懷審視其與現代文化的關聯流向,也就是說,"新子學"不僅有母胎母體,還有兒子和孫子,中國現代以來的新文化無疑是諸子中重要的一"子",這也是"新子學"的"新"意所在。

在談到"新子學"的文化之流時,最有必要談論的是"五四"新文化這一最"新"之"流";而談及"五四"新文化時,最讓人擔憂的是新文化的"反傳統"特質與"新子學"的傳統文化特質間是間離還是關聯的問題。這些問題不僅是"新子學"所關注的問題,也是新世紀以來中國現代學術界所關切的問題。有的學者從文化的"內發性"視角研究"五四"新文化的內發性,認為"中國文化傳統的學理系統到近代已經開拓到了盡頭,如果不發生一場文化變革,它就不足以克服內在的文化生命力趨於衰竭的問題","中國文化傳統所蘊涵的內在生命力為其現代開展奠定了堅實的基礎","在五四新文化運動時期,正是剛健有力、自強不息的民族文化精神為面對新的歷史時期,將中國文化的發展推進到一個新的歷史階段提供了內在的驅動力,成為以儒學為代表的中國文化傳統之內在生命力的重要體現,同時也成為理解五四新文化運動之內發性的一個重要方面"。既然"五四"新文化的"反傳統"有着歷史的內在的合理性和必然性,那麼,批判僅僅以儒學為中心的"傳統"對文化的統治也就勢在必行。

"五四"新文化總體上呈現為文化轉型與文化變革的內發性因緣,在具體實踐中還展開了與"學衡派"等文化保守主義的批判,也就是說,外在地看,"五四"文化運動確實與文化保守主義是對立的,但它們在文化精神上又都是在"現代性"這一語境中表達其文化價值觀念的,保守主義文化仍屬新文化的範疇。從文化建構角度看,"五四"新文化之"破"與文化保守主義之"立"正好構成文化變革格局應有的常態結構,形成對新文化建構的互補關係。因此,"在中國文化由常態走向現代的整體背景之下,現代新儒家對於中國文化的現代重建正可以說是接續了五四新文化運動的歷史任務,在五四新文化運動較為徹底地完成了解構傳統文化中腐朽成分的任務並彰顯了建設中國現代文化的歷史使命之後,以'文化保守主義'的方式嘗試着進行中國文化的現代重建。在這個意義上,我們可以說20世紀儒家思想的新開展與五四新文化運動一起,共同構成了中國文化近現代化的發展鏈條之中具有緊密聯繫的有機環節"[①]。王富仁先生認為,"假若我們從整體上看待'五四'新文化運動之後形成的中國現代學院文化,我們就會看到,西化派和新儒家學派實際上是構成中國學院文化的兩個主要派別。這兩個派別的具體學術成果都被涵蓋在'國學'這個統一的學術概念之中,但在具體學術傾向上都處在對立

---

① 李翔海《五四新文化一定與民族文化傳統關係問題再探討——以20世紀儒家思想的新開展為例》,《教學與研究》,2003年第10期。

的兩極","中國傳統文化在現代學院内部的創造性轉化,基本是通過這兩個學派的互動關係而逐漸實現的"①。即使像"五四"前後出現的以胡適這樣一個新文化陣營主要成員身份所提倡的"整理國故"運動,確實和"五四"新文化運動所倡導的"反傳統"是相悖的,但從深層來看,前者恰好是在後者文化精神啓示下發生的,是以"五四"文化精神對中國傳統文化的重新審視和評判,許多現代學者都認識到"整理國故"是"五四"新文化的延續和深化,比如,它的科學的民主的方法和價值觀,對非儒學派的重視和對民俗文化的發掘等,無疑又與"五四"新文化精神相吻合,推動了中國現代學術的轉型。

總之,"五四"新文化的"反傳統"並未造成中國傳統文化的"斷裂",它與中國傳統文化之間存在着千絲萬縷的豐富複雜的關聯性。對此,王富仁不無感慨地說:"直至現在,在中國的學者中仍然存在着對'五四'新文化運動的隔膜乃至對立情緒,實際上,中國現當代學術的價值和意義,以及從事學術研究的絕大多數中國現當代知識分子的存在價值和意義,都是在五四新文化運動的基礎上得到確立的。没有五四新文化運動,就没有中國現當代學術存在的根據,也没有我們這些從事學術研究的中國知識分子的存在根據。"②因此,五四新文化及中國現代文化是"新子學"具有現代性之流,理應成為"新子學"的重要組成部分。

三、"新子學"的價值訴求

"新子學"不是一個學派的概念,也不是一個嚴密的學術理論體系,更不是一種解讀"子學"的具體方法,它是一種具有"策略性"的學術文化理念,顯然有着當代性的文化價值訴求。"新子學"的文化價值訴求主要體現在三個方面,即有機整體觀與創生精神、參與精神和對話精神等。

"新子學"的文化内涵及其價值訴求,從字面上看,集中體現在"新"和"子"兩個字上,將"子學"前冠以"新"字,不是話語遊戲,而是有着價值追尋意義的,以開放的視野建構一種具有有機整體性的"新子學"。

對"新子學"可以做多種理解。"子學"的所指是比較明確的,它是"諸子"時代之"子"和研究"諸子"之"子";而新的"子學"則是以"諸子"為原典的具有當代性和創新性的"子"之"學"。從這樣的角度理解"新子學",其時限性就不僅是"中國古代"、"中國近代"乃至"中國現代"的"子學",還應包括從古至今仍然在發生和發展着的中國文化研究。其中,有兩個關節點需要特别強調出來,這就是上文中提到的"易經"是"子學"乃至中國文化的源頭,而"五四"新文化及當代文化則是"新子學"的"新"流,這樣,中國文化的上源和下流同時也成為"新子學"的重

---

① 王富仁《"新國學"論綱》(上),《社會科學戰線》,2005 年第 2 期。
② 同上。

要源流,從而彙聚成中國文化奔騰不息的文化長河。由此可以看出,"新子學"的構成方式既不全是縱向式也不全是橫向式,而是縱橫交織的立體式,它不僅以高雅文化爲主體,同時還包括了民俗文化;不僅以中國內地子學爲主體,同時還包括了海外乃至世界範圍內的中國文化研究。王富仁先生的"新國學"理念對我們理解"新子學"同樣具有啓示性和適用性,比如他認爲:"通過民族語言和國家這兩個構成性因素,我們所說的國學就與原來所說的國學有了不同的內涵和外延,但它又絕對不是一個無法界定的學術整體,而是有着明確的邊際感的。從民族語言的角度,包括中國內地學者、海外華人、臺、港、澳等地區的中國學者在內的所有歷史上流傳下來的和現在剛剛出版的用漢語文字寫成的學術研究成果,都應該包含在我們的國學範圍之內。"①

當代的生態美學、存在主義美學和"建設性後現代主義"在人與自然、人與社會及其人與人的關係問題上,大體都堅守有機整體觀,這與中國傳統文化的天人合一思想有着大體相似的觀念。在懷特海整體有機哲學思想基礎上發展的"建設性後現代主義",是"一種建立在有機聯繫基礎之上的推重多元和諧的整體性的思維方式,它是傳統、現代、後現代的有機結合,是對現代世界觀和現代思維方式的超越"②。中西這些"生態性"的思維方式及其價值觀念對"新子學"不無啓示和借鑒意義,儒家與諸子、古典與現代的文化學術思想構成中國文化的有機整體,具有多元共存的"間性"關係,是一種開放的文化學術共同體,是生態文明時代所追尋的當代文化學術生態。在有機整體觀基礎上,"新子學"還應體現創生精神、參與精神和對話精神。

《周易》中"生生之謂易"的"生生"思想,講的是天人的有機整體關係及其生命生長活力,天與人的這種不斷變化運動是和人的創造性聯繫在一起的。"新子學"的"新"正是中國自強不息、剛健有力的民族精神的體現,"新子學"的"新"也是中國文化創生性精神特質的表徵,創新不是"全盤西化",而是在尊重中國文化原典基礎上的會通,實現中西會通、古今會通、人文會通、高雅文化與民俗文化會通、學科會通,在會通基礎上以求創造性的發展,"系統整合古今文化精華,構建出符合時代發展的開放性、多元化學術,推動中華民族文化的健康發展"③。

王富仁先生認爲:"學術首先是一種參與。'參與什麼'以及'怎樣參與'實際上是所有研究活動不能不面對的兩個重要問題。"④而"用民族語言的力量參與民族語言的交流,用民族知識的力量參與民族知識的交流,用民族思想的力量參與民族思想的交流,我認爲,這是每一個

---

① [美]柯布、樊美筠《現代經濟理論的失敗:建設性後現代思想家看全球金融危機——柯布博士訪談錄》,《文史哲》,2009年第2期。
② 同上。
③ 方勇《再論"新子學"》,《光明日報》2013年9月9日。
④ 王富仁《"新國學"論綱(下)》,《社會科學戰線》,2005年第3期。

個體知識分子參與我們稱之為'新國學'這個民族學術整體的唯一途徑和方式"①。"參與"的動力來自知識分子對自己所處時代語境的感悟,來自對中國文化的覺解,來自對人與自然、人與社會、人與人等重要社會文化實踐的關切。"學術是對現實實踐關係的一種超越,但這種超越也是建立在對它的關切之上的。沒有關切,就不需超越,有了關切,才有超越的願望和要求。"②知識分子正是在這種對現實的關切與超越中建構起了自己的獨立人格,"就是在這種對民族現實實踐關係的關切中自然形成的,就是對自我獨立思想和見解的意義和價值的明確意識中自然生成的"③。"新子學"正是對中國現實實踐或符號實踐的關切和超越,其目標應該是在傳承與創新中國文化學術實踐中,追求中華民族的偉大復興。

"新子學"不僅追求創生精神和參與精神,它還追求一種多元對話精神,"在'新國學'的結構中,各種學術之間多元、平等、互為主體,沒有誰統攝誰,誰依附誰的問題。在這種體系之下,經學和儒學並不占據壟斷地位,不再是其他學術確立自我和位置的依據與標準,只是符合多元、動態構成的學術生態中的一個重要但又普通的組成部分而已。因此,今後的'國學'不再是一枝獨秀的孤景,而將上演百家爭鳴的交響。"④"新子學"的這種多元對話精神,正是我們這個時代所需要或適切於時代需要的文化精神。追求生態文明是時代的應然主題,哲學中的"主體間性"理論及其"對話"精神,正好契合了"新子學"的精神訴求。在開放的文化視野、有機整體性的文化學術構成中,"新子學"的創生精神、參與精神被統攝於"生態性"和"主體間性"的有機對話中,並在與時代的現實實踐互動中多元共生,"多元、開放、創新、務實本是諸子百家之學先天具有的精神特徵,是富於生命力的思想資源,經過整合提升轉化,必能為民族文化復興提供助力,成為'新國學'的主導!"⑤"新子學"的對話精神是一種"間性"的批判性思維方式,是生態文明時代的人文精神,它在中國古今與中西文化學術的多重複雜關係的對話過程中,建構具有民族主體性的文化學術話語。

[作者簡介] 景國勁(1958—),男,山西嵐縣人。現為集美大學教師教育學院教授、院長。主要研究方向為中國現代文藝理論批評、美學與美育學,已發表學術論文數十篇。

---

① 王富仁《"新國學"論綱(下)》,《社會科學戰線》,2005 年第 3 期。
② 同上。
③ 同上。
④ 方勇《再論"新子學"》。
⑤ 同上。

對於當代"新子學"意義的思考

張　涅

内容提要　"先秦子學"具有政治實踐性的品質,"子學研究"則是關於先秦諸子著作以及其社會政治思想的考釋和理論認識,兩者指向不同。所謂"新子學",既指晚清以來對於社會政治的再思考和實踐,也包括該階段吸收了西方學術思想和方法的諸子學研究。當代"新子學",着重指的是"新子學研究",其賡續晚清民國時期的研究方向和範式方法,是現階段社會政治思想和文化建設的必然要求。這樣的發展,自然應該重視其中的個體性、多元性、形而上性等問題。

關鍵詞　新子學　政治認識　個體意義　多元價值　形而上思維

中圖分類號　B2

近年來,在方勇教授和華東師範大學諸子研究中心的倡導下,"新子學"的研究為學界所矚目。這是賡續晚清民國子學思潮的自覺認識,是當代社會政治思想和文化建設的必然要求,兼具學術和社會兩方面的意義。當然,因為問題的複雜性和深刻性,需要多方面、多層次的討論。筆者以為,認識先秦諸子思想產生和晚清民國時期子學復興的歷史原因,或有助於研究的深入,故而據此談一點思考。偏陋之處,敬請批評!

一、"子學"源於東周時期士人的政治認識

關於"子學"有不同的界定,一般指春秋末至漢初期間諸子百家的思想學說,是士人在大一統體制建立之前對於社會政治的思考。後來有一些學人把漢以後"入道見志"(劉勰《文心雕龍·諸子》)的著作歸入"子學",已遊離了早期"子學"政治實踐性的本旨。至於把歷代注疏批判諸子著作的成果也稱為"子學",則是泛稱了,這個泛稱其實可用"子學研究"一詞來表達。"子學"和"子學研究"是兩個概念,"子學研究"着重於學術,而"子學"更多地具有社會實踐性的品質。所謂"新子學",嚴格地説,是指在新的歷史階段對於社會政治的再思考和實踐。與

此相應的"新子學研究",即晚清民國以來的吸收了西方學術思想和範式方法後的諸子學研究。"子學"與"子學研究"的關係,一方面前者是核心,"子學研究"圍繞着"子學"展開;另一方面,後者也不斷地賦予前者以時代意義,使之呈現經典的價值。

有關"子學"產生的原因,《漢書·藝文志》和《淮南子·要略》已經説得明白。《漢書·藝文志》説:"皆起於王道既微,諸侯力政,時君世主,好惡殊方,是以九家之説蜂出並作,各引一端,崇其所善,以此馳説,取合諸侯。"即指出其為"時君世主"所需要,是"王道既微"以後的政治認識。《淮南子·要略》還具體闡述了諸子"救時之弊"的思想目的。其具體所述或可異議,但是諸子思想與該時代的社會政治密不可分是不争的事實。

這樣的認識顯然合乎歷史的客觀。今天我們細讀諸子著作,考證其生平事蹟,依然能認識到他們的社會政治實踐性的本旨,如司馬談所言:"此務為治者也。"(《論六家要指》)

例如孔子,現代學人大多强調其為思想家、教育家;或者從道德文化的層面予以評價,如牟宗三説:"孔子通體是一文化生命,滿腔是文化理想。"①但是究其一生追求,核心顯然在於政治事業。從《史記·孔子世家》的記載可知,孔子年輕時就有明確的從政志向,中年後曾經施展了政治才能,有"苟有用我者,期月而已可也,三年有成"(《論語·子路》)的自信。故而其弟子記道:"夫子之至於是邦也,必聞其政。"(《論語·學而》)在當時社會,"禮"或被略棄,或流於虚文,因此孔子闡發"仁"的思想,從"禮"中凸顯出"内聖"意義。這種凸顯,在我們現在看來是思想特質所在,但在孔子本願中,主要還是為政治實踐作理論準備,提供思想基礎。一些學人認為,孔子周遊列國後專心做文獻整理的工作。從客觀的成就上講確是如此,其中當然有傳承文化的自覺意識,但是,這只是現實政治下的無奈之舉,並非意味着孔子放棄了政治活動的信念。《論語·憲問》記:"陳成子弑簡公。孔子沐浴而朝,告於哀公曰:'陳恒弑其君,請討之。'公曰:'告夫三子。'孔子曰:'以吾從大夫之後,不敢不告也。君曰"告夫三子"者。'之三子告,不可。孔子曰:'以吾從大夫之後,不敢不告也。'"《左傳》哀公十四年也有相同的記載。當時孔子已經七十一歲了,聽到齊國的陳桓弑齊簡公這樣犯上作亂的事,自知不可能改變什麽,依然莊嚴上朝,請求魯哀公出兵討伐,此足以證明政治是孔子一生的信念。電影《孔子》讓銀幕上的孔子在返回魯國前説"不再過問政事",顯然是編導的無知。

孔子志在政治,從他屢屢稱慕周公的語録中也可以清楚認識到。周公"屏成王而及武王以屬天下"(《荀子·儒效》),封土建國,制訂禮樂文化,完成宗法制度,提出"明德慎罰"與"刑兹無赦"(《尚書·康誥》)相結合的政治思想,奠定了封建政治文化的基礎。這些繼往開來的政治成就顯然是孔子仰慕周公的原因,故而孔子説:"久矣!吾不復夢見周公。"(《論語·述而》)歷代多認識到孔子和周公的這種本質聯繫,如《淮南子·要略》説:"孔子修成康之道,述周公之訓。"朱熹《四書集注·述而》注:"孔子盛時,志欲行周公之道。"漢唐時期"周孔"並稱,顯然也是把孔子作為政治思想家來認識。

---

① 牟宗三《歷史哲學》,學生書局 2000 年版,第 89 頁。

再如《莊子》，現代學人特別重視其中的人生論意義，強調其"逍遥遊"的精神追求和"齊物論"的認識自覺。這没有錯誤，因為這樣的研究有當代意義。但是，我們只要細讀《莊子》這部著作，當不會忽略其中大量的政治論。《應帝王》篇的無治主義思想即是，"外雜篇"的諸多篇章又是對於《應帝王》無治主義思想的闡釋發展①。而且，我們還應該認識到，莊子的人生論也是對於現實社會政治無奈以後的逃避，故而在其超越性的背後，有着對於儒家、法家這些有為政治的批判，滲透着生命的大悲苦。脱離了社會政治這一層面，恐難以把握莊子人生論的真諦。

再如《公孫龍子》，自從梁啓超用西方邏輯理論予以解讀，提出"名即概念"說後，學界對它的認識大多落實在邏輯學範疇内。但是，透視其背後意義，我們也能認識到，這樣"名"的表達是政治形式規範化的要求。故而顧實為張懷民《公孫龍子斠釋》所作的"序"說："名家之於政治，其關係尤至密切重大乎，然則《公孫龍子》一書，於先秦政治思想，有重大之價值。"②胡適也說："古代本没有什麽'名家'，無論那一家的哲學，都有一種為學的根本方法。這種方法，便是那一家的名學。"③

其他諸子的政治意圖更不必言。諸子並非純粹學院派的，在象牙塔内，即使如稷下學宫，也"不任職而論國事"（《鹽鐵論·論儒》），"咸作書刺世"（《風俗通義·窮通》）。因此可以說，社會政治的實踐性是"子學"的根本所在，其內在的理論只是有關於實踐的闡釋。後學假如局限在理論範疇内分析討論，恐怕不能獲得本質性的領會。

唐宋以來，學界以為先秦有個旨在道德修養的思孟學派，給予特別的重視。其實，這只是那個時代的解釋而已，並非子思、孟子的本旨。孟子為帝王師的精神和指示學人皆知，不必贅言；即使被學界普遍認為講修養之道的郭店竹簡《五行》，也強調"和則樂，樂則有德，有德則邦家興"，社會政治的目的顯而可見。與荀子相比，子思、孟子確實更強調心性修養的重要性，但是其言語針對的是政治人物，故而所強調的也是政治參與者的心性修養，本旨没有遊離過社會政治領域。《荀子·非十二子》斥其"略法先王而不知統"，也着重指其政治思想的錯誤。衆所周知，唐宋時期已不存在政治思想的方向性問題，當時需要考慮的是政治措施的修補、落實和在該制度下如何使個人生命具有意義的問題，因此倡導思孟學派是那個時代的需要。現時代的歷史任務和文化需要已經與宋明時代不同，我們自然不應該再像宋明理學那樣來解釋思孟學派。

顯然，"子學"的起源與東周時期劇烈變革的歷史環境有關，諸子的思想本旨指向社會政治領域，這些已經是中國思想史的常識。諸子的思想無疑已經拓展到了哲學、倫理、教育、經

---

① 參見拙作《〈莊子〉"外雜篇"對於〈應帝王〉篇的思想發展》，載《國學研究》第16卷，北京大學出版社2005年版。
② 張懷民《公孫龍子斠釋》，商務印書館1937年版，第1頁。
③ 胡適《惠施公孫龍之哲學》，載《名學稽古》，商務印書館1923年版，第19頁。

濟、軍事等領域,有形而上的企圖,諸子可稱為思想家、倫理學家、教育家、軍事家等,但這些都是其社會政治認識廣泛化和深入化的結果。離開這一根本點來討論"子學"問題,不免遊離了其本旨。思想史發展的規律告訴我們,一個新的時代需要思想資源並企圖從中獲得啓益時,必須追溯到它的源頭,如卡爾·雅斯貝爾斯的"軸心時代"説所言①。漢以後的思想發展都是通過對諸子思想的創造性闡述建立起來的,我們現時代也不例外。因為前一個時代的解釋是出於前一個時代的需要,而新的時代有新的需要,回到源頭上,才可能獲得真正的思想啓迪。因此,當代政治和新文化的建設不宜接着宋明理學講,而應當回到先秦諸子中去,從中去覓取思想資源。

二、新子學的興起基於近現代政治變革的要求

在漢武帝以後,諸子的思想爭鳴畫上了句號,經學走上了社會政治思想的主舞臺。這種轉變是歷史的合理選擇,因為漢武帝"獨尊儒術"的方針符合小農業經濟時代的需要。那個時代,家庭為社會經濟文化的基本單位,儒家的血緣親愛原則和禮樂制度最適宜家族社會的長治久安。於是,接下去的問題主要是政治制度的落實和開展。其中當然有具體的問題需要討論和修補,但那不是屬於方向性的。因此從這個角度説,到漢武帝時,諸子思想完成了自身的歷史使命。隨後的魏晉玄學、宋明理學則着重於解決這種社會形態下的生命意義的問題,其對於諸子思想的解讀,都是基於該時代需要的誤讀和發展,遊離了政治領域。例如關於老子,漢初一般與黃帝合稱為"黃老"。"黃老"是一種"治術",一種政治理念。到了東漢,其開始蜕變為個人品性與人生的修養,如《後漢書·光武帝紀》:"黃老養性之福。"到魏晉以後,老子更多地與莊子合稱為"老莊","老莊"取代"黃老",即衍化成了個人的性命修養之學。故而陶希聖説:"老子在西漢初期與黃帝的傳説相結為'黃老'而為經世的思想。東漢末年以後,莊學才盛大起來,老子在此時乃莊學化而為'老莊',為魏晉以後士大夫間的避世思想。"②儒家學説也是如此,從"周孔"到"孔孟"的轉折即是明證。在"周孔"中,孔子是政治思想家;而在"孔孟"中,孔子則主要以道德聖人的形象出現。

到明末清初,面對淪喪於文化思想比自己落後的民族的事實,士人才又開始重視政治建設的問題。其中一個重要的認識是:宋明以來單純重視心性修養,忽略了政治方面的問題;

---

① 卡爾·雅斯貝爾斯認為在公元前500年前後,中國、西方和印度等地區同時出現文化突破現象:"在中國,孔子和老子非常活躍,中國所有的哲學流派,包括墨子、莊子、列子和諸子百家,都出現了。""這個時代產生了直至今天仍是我們思考範圍的基本範疇。"(《歷史的起源與目標》,魏楚雄、俞新天譯,華夏出版社1989年版,第8、9頁)

② 陶希聖《中國政治思想史》,上海書店1996年版,第122頁。

正是政治的腐朽,導致了國家的淪亡。基於這樣的認識,傅山開始重視荀學,並開啓了諸子學研究的思潮①。

　　清中葉以後,因為西學的衝擊,諸子學更普遍受到關注,這也是出於政治變革的需要。其中荀子和墨子尤甚。這兩家在經學時代基本上被忽略,但是因為其可以提供現代政治所需要的思想元素,清末以後越來越受到重視。關於荀子,或認為其是專制主義的罪魁禍首,封建政治的崩壞與之有關;或認為其"性惡"説能開拓出現代民主政治和法制模式,中國要成為民主、法制的國家,建立在"性惡"論基礎上較之建立在"性善"論基礎上要堅實得多。關於墨子,一方面認為它可以接引西方的科技文明,如俞樾《墨子閒詁序》説的:"近世西學中,光學、重學,或言皆出於墨子。然則其'備梯'、'備突'、'備穴'諸法,或即泰西機器之權輿乎。嗟乎,今天下一大戰國也,以孟子'反本'一言為主,而以墨子之書輔之,儻足以安内而攘外乎!"另一方面,也是認為墨家的"兼愛"、"尚賢"、"非攻"、"節用"等觀點,體現着博愛、平等、民主、和平的思想,更合乎現代公民社會的需要,具有走向現代性的可能。例如梁啓超曾説:"楊學遂亡中國,今欲救之,厥惟墨學,惟無學别墨而學真墨。"②20世紀末,張斌峰、張曉芒的《新墨學如何可能》還宣稱:"無論是從中國傳統文化的人文精神的重構和科學理性精神的確立,還是從社會經濟、文化的現代化的現實價值層上,抑或是從世界的角度來看墨學,墨家學説在建立新的全球社會時,將會比儒學和道家之學可能提供得更多。"③

　　現代以來影響甚大的新儒家、新墨家、新法家等學派,從先秦諸子中尋覓思想資源,目的也無不在於現代社會政治的轉型問題。故而賀麟説:"儒家思想的命運,是與民族的前途命運、盛衰消長同一而不可分的。"④陳啓天説:"近百年來,我國既已入新戰國時代之大變局中,將何恃以為國際競爭之具乎? 思之,重思之,亦惟有參考近代學説,酌採法家思想,以應時代之需求而已。"⑤這些學派的政治思想和設計都不免有簡單化、理想化甚至迂腐的問題。例如傳統儒學的核心觀念"禮"和"仁"具有等差性的特質,難以成為現代社會的普遍價值觀念,更有違現代政治的基本準則。新法家的全部設計,寄託於一個絶對遵循法律的國家領袖或領導團隊之上,要求他們都具有崇高的道德覺悟和歷史使命感,能力卓越,顯然没有普遍的可能性。但是,這些學派重視子學的志趣所在則是顯而可見的。

　　這裏,我們還應該注意到,近代以來的士人在重視子學研究的同時還積極參與社會政治

―――――――――――
① 荀學被重視始於傅山。傅山著《荀子評注》與《荀子校改》,指出荀學具有刺取諸説、兼收並蓄的特點:"其精摯處即與儒遠,而近於法家,近於刑名家;非墨,而又有近於墨家者言。""申、商、管、韓之書,細讀之,誠洗東漢、唐、宋以後之粘,一條好皂角也。"
② 梁啓超《子墨子學説》,載《飲冰室合集》專集第十册,中華書局1936年版,第1頁。
③ 張斌峰、張曉芒《新墨學如何可能》,刊《哲學動態》1997年第12期。
④ 賀麟《儒家思想的新開展》,載賀麟等《儒家思想新論》,正中書局1948年版,第2頁。
⑤ 陳啓天《韓非子校釋》,中華書局1940年版,"自序"第2頁。

的實踐活動,這顯然與先秦諸子的生命形態相一致。例如新儒家人物梁漱溟,創辦山東鄉村建設研究院,推行鄉村建設運動,發起組織"統一建國同志會",參加組織"中國民主同盟",參加重慶政治協商會議,參與國共兩黨的和談,一生事業重在踐行上。即使如馬一浮這樣的純粹學者,曾謝絕北京大學的任教邀請、蔣介石的許以官職,在抗戰時也出山創辦復性書院,參與民族復興的事業。再如蔣百里,我們講現代新子學時往往只注意到其《孫子新釋》是第一部系統地運用西方近代軍事理論的著述,具有現代軍事科學精神。其實,他還是現代的兵家,1937年出版的《國防論》提出全民性、持久性的抗日總戰略、總方針,與毛澤東《論持久戰》的精神相一致。他還是縱橫家,1937年9月,他以蔣介石特使身份出訪意、德等國,贏得了諸多國際人士對中國抗戰的同情。這更是與先秦諸子一樣的實踐,從某種角度講,這正是"新子學",即"新子"之"學"。

當然,現代的子學思想和新子學研究也開拓到了哲學、倫理、教育、經濟、軍事等領域;尤其新子學的研究,在西方哲學思潮的影響下重視形而上思想體系的建構①。張岱年曾說:"先秦時所謂'學',其意義可以說與希臘所謂哲學約略相當。《韓非子·顯學篇》:'世之顯學,儒墨也。'其所謂學,可以說即大致相當於今日所謂哲學。先秦時講思想的書都稱為某子,漢代劉歆輯《七略》,將所有的子書歸為《諸子略》,於是後來所謂'諸子之學',成為與今所謂哲學意謂大致相當的名詞。"②但是,他們對於新子學的基本點在於社會政治領域的認識也是普遍的。陳柱尊的話可謂代表:"吾以謂今日欲復興中國,莫急於復興儒家之立誠主義,道家之知足主義,法家之法治主義,墨家之節用主義。"③無疑,歷史轉折時期的政治轉型需要是新子學興起的根源,新子學的研究成果也主要落實在這一個領域。

---

① 此類著述甚多。例如:郎擎霄《墨子哲學》(1924),陳顧遠《孟子政治哲學》(泰東書局1924),陳顧遠《墨子政治哲學》(泰東圖書局1925),熊夢《墨子經濟思想》(志學社1925),王治心《孔子哲學》(國學社1925),欒調甫《墨辯討論》(1926),蔣維喬《墨子哲學》(1928),陳登元《荀子哲學》(商務印書館1928),蔡尚思《孔子哲學之真面目》(啟智書局1930),楊大膺《孔子哲學研究》(中華書局1931),顧實《楊朱哲學》(東方醫藥書局1931),汪震《孔子哲學》(百城書局1931),孫思昉《老子政治思想概論》(商務印書館1931),貝琪《老莊哲學研究》(1932),公羊壽《孫子兵法哲理研究》(國光印書局1933),余家菊《孔子教育學說》(中華書局1934),侯外廬《中國古代社會與老子》(山西國際學社1934),胡哲敷《老莊哲學》(中華書局1935),余家菊《荀子教育學說》(中華書局1935),黃漢《管子經濟思想》(商務印書館1936),蔣錫昌《莊子哲學》(商務印書館1937),劉子靜《荀子哲學綱要》(商務印書館1938),陳啓天《韓非及其政治學》(獨立出版社1940),陳啓天《韓非子校釋》(中華書局1940),馬璧《孔子思想的研究》(世界書局1940),洪嘉仁《韓非的政治哲學》(正中書局1941),楊寬《墨經哲學》(正中書局1942),馬雲聲《孔子和老子的政治思想》(海風出版社1946),徐贗陶《孔子的民主精神》(南賓印刷公司1947),杜任之《孔子論語新體系》(復興圖書雜誌出版社1948),趙紀彬《古代儒家哲學批判》(中華書局1948)。
② 張岱年《中國哲學大綱》,中國社會科學出版社1982年版,第1頁。
③ 陳柱尊《中國復興與諸子學說》,《復興月刊》第一卷第十期(1932)。

三、當代"新子學"研究的發展思考

疏理清諸子思想產生和晚清民國時期子學復興的歷史原因,就可以認識到:當代新子學研究是晚清民國時期子學復興的接續,而核心在於政治思想和制度的建設上;有關文化的、形而上思想體系的建構,實質上都有當代政治需要的背景。

衆所周知,現時代與産生諸子思想的春秋戰國時期有很相似的一點,即都處於舊文化規範崩壞、新文化規範尚未建立的歷史轉折期。在春秋戰國時期,戰亂不靖,禮崩樂壞,面對這樣的形勢,先秦諸子提出各自的政治方向和處世策略。而現代以來,佔據了二千多年歷史統治地位的政治文化制度被摧毀了,傳統倫理也失去了絕對的控制力,現時代知識分子所面臨的,是與先秦諸子相似的歷史使命。因爲新的合乎時代需要的社會政治制度建設的問題在當前依然存在,因此當代的"新子學"和"新子學研究"有着巨大的意義。

由此看,當代的"新子學"和"新子學研究"必然接踵近現代而來,對於晚清民國時期的士人思想和子學研究成果應給予充分的重視。不但入世參政的精神應該繼承,研究的成果應該批判接受,其中的欠缺也宜有充分的認識。如此,才可能繼往開來,真正實現子學的復興,完成我們這一時代的歷史使命。

晚清民國時期子學復興的表現主要有二:一是關注政治思想和制度文化的變革,投身於這一歷史轉折階段的社會活動;二是以科學的精神和邏輯的方法整理研究諸子典籍。前者可謂"新子學",後者則是"新子學研究",這些已經被學界所公認。當然,因爲這一時期太短,又處於戰爭的環境中,不免有諸多缺略。比如研究時斷章取義、簡單比附、割裂原有血脈等問題,已爲學界所普遍認識。這裏,另外談三個比較深層次的問題。筆者以爲,其是"新子學研究"中的問題,也與當代"新子學"的發展方向有關。

一是對於個體意義重視不夠。強調個體意義是現代文化的基本理念。愛因斯坦曾說過:"讓每一個人都作爲個人而受到尊重。"①哈威爾也說:"個人自由所構成的價值高於國家主權。"②從人類的發展歷程看,"人"的發展有兩個關節點:一個是群體的"人"從"天"中獨立出來,不再在"天"、"神"的管轄下,具有自存自爲的意義;另一個是個體的"人"的普遍自覺,個體作爲國家社會的基本單位成爲常識。在中國歷史上,前者約在殷周時期,後者則在民國以後。由此可知,先秦諸子的思想必然基於群體的"人"的範式,其是"天人之分"(《荀子·天論》)後"人道"的具體展開;而民國以來的新子學研究有現時代的特定要求,宜以個體的"人"的自覺

---

① [美]愛因斯坦著,許良英譯《我的世界觀》,載《愛因斯坦文集》第三卷,商務印書館1979年版,第44頁。
② [捷]哈威爾著,張鈺譯《論國家及其未來地位》,轉引自《大學人文讀本:人與世界》,廣西師範大學出版社2002年版,第61頁。

為基礎,其思想範式、思維形式當與舊子學研究有質的不同。衆所周知,民國時期是新文化得以宣傳廣大的時代,反對封建禮教,倡導個性解放,正是那個時代激動人心的口號和實踐。其中的新子學研究,自然宜以此為基本點之一。不過,從實際的情形看,其尚未有如此的普遍自覺。學界更多地重視諸子思想對於現代社會建設的作用,没有去探究其中藴含的個體性因素的現代意義。他們或者以整體統攝個體,或者以個體逃避整體,而未曾去闡述個體本位基礎上的社會意義。

　　毫無疑義,諸子思想的本旨指向社會整體。即使如莊子的"逍遥遊",也並非只是自我個體的意願,而是對於一般的人的生命意義的思考和描述。但是,這不是說諸子的思想形式也是一般性的;相反,其形式往往是個别和特殊的,與内容指向構成不統一性。這種不統一性,一方面影響了思想内容的邏輯系統性,以至現代學人認為其存在概念不明確、邏輯不嚴密的問題;另一方面,其也構成了思想的張力,給予我們從形式的個别性入手闡述意義的可能性。例如關於《論語》,其語録意義的豐富性和多向性即與形式有關。《論語》的許多語録即人即事而言,屬於個體片斷經驗的記録,孔子及其弟子等人的感情和思想表達往往以個體自我或個體對個體的形式出現,其原始意義只有與語録存在的具體語境和涉及的特定對象結合起來才能被客觀地認識。這種個體不是典型創造、寓言寄託的人物,而是具體實在的、經驗的,是特定時空的實踐存在。這樣的語録所包含的意義,原旨落實於特定的個體,隨後因為指向的類别化、一般化而由個别擴展至社會一般。現代以來的學界普遍重視《論語》的一般性意義構成,據此建構孔子的思想體系,這自然是極有價值的工作。但是,其形式特徵也指示我們另外的路向:即從個體性的需要出發,認識語録的特定性意義,並加以生命實踐的體驗。後者顯然具有當代性意義,但是没有得到學界足够的重視。

　　二是對於多元價值缺乏普遍認同。以個體為本位,必然表現出價值的多元性,意味着多元選擇的可能性。毫無疑義,多元性也是文化現代性的基本準則。東周時期百家争鳴,對於社會政治和人生活動提出了各種認識,客觀上是一個多元選擇的時代。漢武以後罷黜百家,獨尊儒術,把孔子學説提升為"經",造成了統治階級的一統價值觀。縱然,其不乏歷史的合理性,但是在歷史的行程中導致民族思想萎縮、文化活力衰弱也是不争的事實。由此推知,"新子學"的研究應該抛棄一統的價值觀,倡導多元性。但是民國時期的新子學研究在介紹各家時能客觀列述,在價值意義的闡述時則往往繼承某一派而排斥其他各家,對於多元性缺乏足够的重視。現代新儒家、新墨家、新法家這些學派莫不如此。例如,以發揚儒學"道統"、接續宋明理學為己任的現代新儒家學派認為,只有走以"内聖外王"為本、由内聖開出新外王的道路,才可以實現中國政治文化的現代化。新墨家學派則認為,"兼愛"、"尚賢"、"非攻"、"節用"等觀點體現着平等、博愛、和平的思想,更合乎現代公民社會的需要,具有走向現代性的可能。新法家學派則以為20世紀的世界相當於"新戰國"時代,戰國時代法家的實踐卓有成效,因此中華民族的復興只要採納新法家的策略就可實現。這三種思潮各有思想角度,各有價值,但是假如以自我爲唯一正確的選擇,不吸納其他各家的合理因素,顯然不適應現代社會發展的需要。

有關個人的生活理念也是如此,社會不同成員有多元的選擇是自然的現象。因爲無論孔子、楊朱,還是莊子的生活觀都有價值,任何適合某一個體的本性和生活形態的都是合理的。這三種觀念(也包括其他觀念),在現代社會中當可並存,但是民國時期的學人大多從社會整體的需要出發,倡導某一種觀念而不及其他。

三是對於形而上思維的考慮不周。形而上思維指的是超越現實層面的具體事物的理性認識。其以概念爲基礎,通過判斷、推理等邏輯方式構成系統思想。這些基於概念的認識與現實世界有聯繫,但是已經擺脱了特殊性和偶然性。具有這樣的思維形式,無疑可以對現實層面有更客觀、全面、透徹的認識,避免那些落實於社會政治領域的形而下思維所不免有的局限性。顯然,在中國傳統文化中,没有純粹的形而上思維。中國古代缺乏西方意義上的宗教和科學,正是這種缺乏的典型表現。現代新文化的發展,需要開拓出形而上思維;而這項工作,最有可能的是通過對諸子思想的再闡釋來完成。民國時期的新子學研究已經有這樣的認識,例如李相顯《先秦諸子哲學》説:"我作此書,完全抱客觀的態度,用邏輯及解析的方法,以研究各哲學大師底哲學理論,而敍述其哲學系統。"①後來馮友蘭也曾經説過:"把過去哲學史中的一些命題從兩方面講,分别其具體意義和抽象意義。"②他的抽象繼承法即是形而上思維的自覺。但是,從整體上看,其尚未被充分地認識到③。

如前所述,先秦諸子的思想確實基於社會政治和人生意義的認識,他們的思想價值更多地表現在現實層面。但是,在他們的背後,還是有"天"、"道"這些形而上的存在。有了"天"、"道",現實的政治和人生活動就有了神聖性和長遠的意義,有了合理性和絶對性。故而老子講"道可道,非常道",墨子有"天志",孔孟把道德修養與"天"聯繫起來。郭店竹簡的"性自命出,命自天降"(《性自命出》),可謂人倫社會與天道契合的明確表述。"天"、"道"這些形而上的存在,即是建構形而上思維體系的基礎,這方面的工作顯然還有很大的空間。

顯然,先秦諸子的思考以天才個體的形式出現,可以與現代的個體本位意識相連接。諸子的争鳴,是基於對社會政治形態和個人生命意義的不同思考,其在那個時代的並存及由此產生的思想活力以及對中國歷史文化的深遠影響,都足以啓示現代多元觀念存在的合理性和必要性。而且,先秦時代有"天"的信仰,諸子以"天"爲價值的根本所在和判斷的根據所在,由此發展,也有創發形而上思維的路徑。從這一點看,個體本位意識、多元價值觀念、形上思維

---

① 李相顯《先秦諸子哲學·自序》,北平世界科學社1946年版,第1頁。
② 馮友蘭《中國哲學遺産的繼承問題》,載趙修義等編《守道1957—1957年中國哲學史座談會實録與反思》,上海人民出版社2012年版,第264頁。
③ 參見拙作《略述民國時期的新子學研究》,《諸子學刊》第九輯,上海古籍出版社2013年版。

形式等方面的問題顯然是當代"新子學"研究可以作爲的方向。當代"新子學"的發展當然與政治體制的改革相呼應;"新子學"研究的方向,則應該不排除上述的三個重點。

[**作者簡介**] 張涅(1963—),本名張嵎,男,浙江岱山縣人。現爲浙江科技學院人文與國際教育學院中文系教授。著有《莊子解讀——流變開放的思想形式》《先秦諸子思想論集》等。

諸子學的揚棄與開新

徐儒宗

內容提要 本文首先對經學與子學的關係加以梳理，使之各處於適當的位置；其次主張還諸子以原貌，通過對其原典的研究，辨別其精華與糟粕而加以揚棄；然後將所得的精華進行融會貫通的綜合提升，建立起一整套具有中華民族特色的思想體系以指導實踐。這樣才能開創諸子學研究的新局面。

關鍵詞 諸子學　經學　揚棄　開新

中圖分類號 B2

一、經學與子學的關係

以弘揚國學爲宗旨而提出的"新子學"構想，自然引發了關於"國學"所包涵的範圍以及"經學"與"子學"的關係等問題的爭議。對此，較爲流行的傳統説法一般主張以經學爲主導復興國學，但對國學應包涵的範圍則有多種不同的説法。有學者將國學等同於經學，這固然是囿於一種偏見，把國學的範圍定得過於狹窄了，因爲國學除了經學之外，自然還應包括諸子百家、傳統史學和詩文等在內。

然而，目前又有一種新的説法，認爲"先有儒學，後有經學，經學是儒學的核心，儒學比經學的範疇要大；儒學原在'子學'之內，常被排在前列；'新子學'較之傳統子學內容包孕更廣，儒學也自然屬於'新子學'之範疇，經學也相應地位於'新子學'之列"①。這種觀點的論證邏輯是：因爲儒學的範疇大於經學，而子學的範疇大於儒學，"新子學"的範疇又大於傳統子學，所以，"新子學"的範疇必然更大於經學，從而得出結論："'經學'也相應地位於'新子學'之列。"對於這種觀點，鄙意竊謂，除了"儒學原在'子學'之內，常被排在前列"和"儒學也自然屬於'新子學'之範疇"等觀點基本上可以認同而外，其餘論證實不敢苟同。

---

① 見《光明日報》2013 年 5 月 13 日《"新子學"大觀——上海"'新子學'國際學術研討會"側記》。

第一，究竟是否"先有儒學，後有經學"？若從"經學"之名而言，確實是後於儒學才出現，但"經學"之名後於儒學出現不等於"經"之内容後於儒學。論其先後，當然不惟其名而惟其實。今從六經的内容看，無不在孔子創建儒學之前就已存在。以《易》而言，八卦、六十四卦及其卦辭和爻辭究竟是否分别為伏羲、文王、周公所作姑置勿論，但在孔子之前早已存在則毋庸置疑；以《詩》《書》而言，是否經孔子所删姑置勿論，但都是孔子以前的作品也是古今學者之共識（古文《尚書》中有争議者除外）；以《禮》《樂》而言，雖係孔門後學甚或漢儒所記，其中難免雜有後儒的思想，但基本上是記録由周公所制、由孔子所傳的内容則是可信的；以《春秋》而言，其内容是孔子所記的春秋時代之史，其觀點當然可以作為純粹的儒家思想，但至遲也是與儒學同時産生，怎麽會在儒學之後？

第二，"'經學'也相應地位於'新子學'之列"的觀點不能成立。因為"六經"的内容早在春秋以前就已存在，而諸子之學是在春秋戰國之交才出現的。所以，只能説子學是六經的繼承或發展，而不能説經學包括在子學之内。如果説，主張傳統經學中的《論語》《孟子》"離經還子"尚有一定道理的話，那麽主張把《易》《書》《詩》《禮》《樂》《春秋》之六經統統"離經還子"就毫無道理了。

所以，關於經與子的先後關係問題，我基本上同意方勇教授的觀點。方教授説："商周以來的傳統知識系統，實可分為兩大部分：一為王官之學，它是以周公為代表的西周文化精英，承上古知識系統並加以創造發明的禮樂祭祀文化，經後人加工整理所形成的譜系較為完備的'六經'系統；一為諸子之學，它是以老子、孔子等為代表的諸子百家汲取王官之學的思想精華，並結合新的時代因素獨立創造出來的子學系統。"① 由此可見，方教授雖然極力倡導"新子學"，但並未把經學納入子學乃至"新子學"之内。這是較為客觀的概括。

關於對經學與子學的評價，有學者認為，經學的特點是封閉、僵化、停滯而具有保守性，而子學的特點則是開放、活躍、發展而富有創造力。對於這種觀點，鄙人未敢苟同。誠然，如果以只知株守六經教條而不知變通者與諸子的開創者兩相比較，則這種評價似乎是對的；但所謂"不齊其本而齊其末，方寸之木可使高於岑樓"，所得結論未免有失公允。因為現在研究經學，也有"新"的趨勢，早已不是重述漢學抑或宋學的時代（當然漢學和宋學中的有益成果仍應吸取），而是把六經放到它所産生的時代背景中去研究其内容本身之價值，從中吸取精華以為今用。因此，若必欲將經學與子學進行比較，就應從六經和諸子的内容本身進行評價；判斷其創造力之大小，也應就六經與諸子的創作者進行比較，而不是以六經教條之株守者與諸子之開創者進行比較。如果將六經與諸子的内容本身之間以及兩者的創作者之間進行評價，必將得出兩者都具有巨大創造力的結論，甚至可以説，六經的創造力更為偉大。以《易》而言，伏羲始畫八卦，開創了中華民族的文化傳統，其創造力是無與倫比的；文王、周公發展為六十四卦並作卦、爻辭以賦予各卦具體含義，孔子又把零散的卦爻義融會貯通而發展為體系嚴密的易

---

① 方勇《"新子學"構想》，《光明日報》2012 年 10 月 22 日國學版。

理,無不體現其巨大的創造力;更何況,《易》之本身即以"變易"為義,而有"窮則變,變則通,通則久"之訓,因而《易》之為"經",不愧為最具創造力之書。以《書》而言,如果把《虞書》《夏書》《商書》《周書》分別看作記述虞、夏、商、周的治國資料,則每篇都有其創造性。《詩》為歷代詩歌詞曲之源,《樂》為藝術之源,《春秋》為史學之源,其創造性皆不言而喻。而《禮記·禮器》則有"禮,時為大"之訓,因而商代不能全盤套用夏禮,周代不能完全搬用商禮,其間的"損益",即包含了既有繼承又有創新之意,故孔子的一句"吾從周",即說明了所謂"守禮",並非要求株守古代之禮,而是要求遵守當代之禮。由是觀之,在全部國學之中,六經是最具開創性的,因而也最具有開放、包容、變通、發展等特點而富有創造的活力。

因此鄙意竊謂,六經記述了遠古至三代的文化精華,為中華文化之源,因而最具開創性;諸子則自春秋末期開始,"是個體智慧創造性地吸收六經的思想精華後,對宇宙、社會、人生的深邃思考和睿智回答,是在諸多領域多維度、多層次的深入展開"①。其中孔子雖自稱"述而不作"而沒有標新立異,惟將遠古至三代的大量文化資料進行整理並加以融會貫通,從而創建了體系完整的儒家學說,然而若非具有非凡的創造力,安能擔此重任? 故其成就與影響較之其他另闢蹊徑的諸子更為巨大。而從事於標新立異、在六經以外另闢蹊徑,"欲以一己之思想學說以廣播於天下"的其他諸子,自然就成為六經的羽翼了。

其實,六經和諸子都是中華傳統文化取之不盡的寶庫,其間並非對立的關係,而是相濟相成的互補關係,大可不必揚此而抑彼。所以,我主張六經和諸子之間乃至子與子之間,都應將其置於平等的地位進行研究,就像人格平等那樣。然而人格平等並不等於人與人之間毫無賢愚的差距和能力、貢獻大小之差別。因為諸子之間的價值高下之差別也是客觀存在的。對此,學者固然可以從不同角度甚至全方位進行評價,但也難免雜有某種個人偏見。所以現在學者的當務之急,主要還應致力於從諸子這座寶庫中挖掘精華,以供現實之用。至於價值如何,有待未來實踐中去檢驗吧。

二、諸子學的揚棄

在諸子中挹取精華,就涉及如何揚棄和取捨的問題。對此,有兩步工作是必須做的:其一是還諸子以原貌;其二是在諸子的原典中辨別其精華與糟粕而加以揚棄。茲就二者簡述如下。

(一) 還諸子以原貌

在"還諸子以原貌"這項工作中,儒家的情況是最為複雜的,其次則是道家。以儒家而言,

---

① 方勇《"新子學"構想》,《光明日報》2012年10月22日國學版。

因為漢代以後,儒術在名義上雖受到"獨尊",但已不是先秦時代的原儒,而是包羅了其他各家思想的大雜燴。若要從中把取精華,首先必須把這些混入儒學中的各家思想加以辨別並遣歸其本家,把儒學還原為先秦之原儒,然後在其本身中辨清其精華和糟粕而加以揚棄,這就是當前研究儒學的學者義不容辭的任務。

今考漢代"獨尊"以後之儒學,其中混入最多者大概要數法家思想了。舉例而言,人們往往把"五倫"與"三綱"相提並論,都當作儒家思想加以論述,這實在是一種誤解。其實,五倫才是正宗的儒家思想,而三綱則源自法家思想,由漢儒吸收到儒學之内,才冒充了儒家思想。兩者思想體系不同,涇渭分明,毫無共同之處,兹試作辨析。

孔子以"仁"為宗旨考察社會倫理,區分了夫婦、父子、兄弟、君臣、朋友五類具有典型性的人際關係,謂之"五倫"。對於"夫婦"關係,孔子主張"夫婦和"(《禮記·禮運》),還提出"夫婦之道,不可以不久也"(《易傳·序卦》),並進而提出丈夫應該尊敬妻子:"昔三代明王之政,必敬其妻也有道。"(《禮記·哀公問》)孔子這種以相愛和相敬並應保持長久穩定作為夫妻關係的理論,為後世進步的婚姻觀奠定了基礎。

關於"父子"關係,具體而言就是父母和子女之間的血緣關係。孔子把"父子"雙方相互的義務規定為"父慈而子孝"。但他又看到,在現實社會中,父母對子女一般都能盡到"慈"的責任,而子女對父母則比較難於盡到"孝"的義務。針對這種偏向,所以他平時談"孝"的言論就比較多。再則,孔子對年輕的學生設教,自然應多談孝道。

關於"兄弟"關係,乃稟同氣而生,應以互相團結友愛為原則,即所謂"兄愛,弟敬"(《左傳》隱公三年)。弟恭敬兄的道德,孔子稱之為"悌"。"孝"和"悌"都是通向"仁"的起點,所以説"孝悌為仁之本"。

關於"君臣"關係,孔子提倡"君使臣以禮,臣事君以忠"(《論語·八佾》)。後來孟子則強調"君之視臣如手足,則臣視君如腹心;君之視臣如犬馬,則臣視君如國人;君之視臣如土芥,則臣之視君如寇讎"(《孟子·離婁下》)。並認為貴戚之卿應該"君有大過則諫,反覆之而不聽,則易位";異姓之卿則應該"君有過則諫,反覆之而不聽,則去"(《孟子·萬章下》)。荀子亦言為臣應該"從道不從君"(《荀子·大略》)。而且,孟、荀都極力讚頌湯、武"弔民伐罪"以推翻桀、紂為正義之舉。據此,孔、孟、荀所提倡的君臣關係,乃是互相尊重的關係,也是頗含民主成分的較為開明的上下級關係,絶無後世之所謂"君令臣死,不得不死","臣罪當誅,天王聖明"那種絶對服從的愚忠思想。而關於君民關係,孔子説:"民以君為心,君以民為體";"君以民存,亦以民亡"(《禮記·緇衣》)。孟子説:"民為貴,社稷次之,君為輕。"(《孟子·盡心下》)荀子説:"天之生民,非為君也;天之立君,以為民也。"(《荀子·大略》)這些都充分體現了儒家進步的君民觀。

"朋友"是一種既突破了血緣關係,又不受政治所限制,而又有别於"衆人"的完全建立在道義基礎之上的人際關係,所以其間的關係是互相信任,互相學習和規勸。

由此可見,孔子給這五類典型的社會關係所規定的不同的權利和義務,都是根據其不同性質而有所區別，並從人之本性出發而深合人之正常心理的。

　　法家的集大成者韓非，為了迎合當時君主集權的專制統治日益發展，制定了一整套極端專制主義的法家統治學說。他把人與人之間的關係，無論是君臣、父子、夫婦之間的關係，統統看成是互相利用的利害關係。

　　在君臣關係上，韓子主張"尊主卑臣"，集一切權力在君主一人之手以實現其專制統治，用權勢法術手段以馭臣。他認為君臣關係完全是"官爵"與"死力"的買賣關係。其《難一》篇云："臣盡死力以與君市，君垂爵祿以與臣市。"他還把人的利欲看成動物的本能。正如其《內儲說上》所謂君視臣"猶獸鹿也，惟薦草而就"。這是何等露骨的獸欲論！在《主道》篇提出了"明君無為於上，群臣竦懼乎下"，"有功則君有其賢，有過則臣任其罪"的極端獨裁的權謀統治。這顯然是後世"天王聖明，臣罪當誅"說法之所自出。

　　在家庭關係中，韓子徹底否定儒家所提倡的夫婦互相敬愛和父慈子孝等道德，而看成是純粹的利害關係。其《備內》篇云："夫妻者，非有骨肉之恩也，愛則親，不愛則疏。……丈夫年五十而好色未解也，婦人年三十而美色衰矣。以衰美之婦人事好色之丈夫，則身死見疏賤，而子疑不為後，此后妃夫人之所以冀其君之死者也。"《六反》篇云："父母之於子也，產男則相賀，產女則殺之。此俱出父母之懷衽，然男子受賀，女子殺之者，慮其後便，計之長利也。故父母之於子也，猶用計算之心以相待也，而況無父子之澤乎！"在韓子看來，即使是丈夫與妻妾、父母與子女之間，都是"用計算之心以相待"的關係。

　　基於以上的看法，韓子在人倫方面提出："臣事君，子事父，妻事夫，三者順則天下治，三者逆則天下亂。此天下之常道也。"(《韓非子·忠孝》)這完全是從專制主義立場出發，否定儒家關於夫婦、父子、君臣等雙方之間基本對等的關係，而從理論上斷定了君、父、夫對於臣、子、妻的絕對統治權利，顯然是漢儒"三綱"說之所自出。

　　漢繼秦制，大儒董仲舒為了適應漢代大一統專制統治的需要而提出了"獨尊儒術，罷黜百家"的口號，但是他對先秦儒學卻作了重大的改造。他吸取先秦百家中凡屬有利於專制統治的觀點使之融合於儒學之中，而對先秦儒學中原本具有的民主精神則加以淡化。在人倫方面，他直接繼承法家韓非之說而提出了"三綱"的概念。到班固《白虎通義·三綱六紀》又提出了"三綱"的具體內容："三綱者，何謂也？謂君臣、父子、夫婦也。……君為臣綱，父為子綱，夫為婦綱。"這就正式建立了"三綱"說。同書《五行》又說："臣順君，子順父，妻順夫何法？法地順天也。"這顯然是直接從韓子"臣事君，子事父，妻事夫，三者順則天下治"脫胎而來。所以在"三綱"中，片面強調下對上的義務，上對下具有絕對權威，而無所謂責任。這樣，漢儒對原始儒家的"五倫"從理論上進行了重大的改造，把本來具有合理性的內容改造成為服務於專制統治的工具。

　　若將"五倫"與"三綱"加以比較，就可以看出兩者之間的明顯區別。先秦儒家的"五倫"，是建立在仁學的人性論基礎之上的，因而每"倫"的雙方基本上是互相對應的對等關係。其中夫婦關係是互相"愛與敬"，或"夫婦有義"；父子關係是"父慈子孝"或"父子有親"；兄弟關係是

"兄愛弟敬"或"兄友弟恭";君臣關係是"君使臣以禮,臣事君以忠";朋友關係為"朋友有信"。從中可以看出:無論哪一倫,雙方都有應盡的義務,從而也相應地保證了對方所應得的權利;而且,雙方都有獨立的人格,互相尊重,毫無一方對於另一方的絕對服從之意,基本上都是合乎中道和"忠恕"之旨的對等關係,在人格上基本上是平等的。然而漢儒吸取韓非之說所提出的"三綱",是以法家的絕對專制統治思想作為理論指導的,因而每"綱"的雙方變成為上下從屬、下對上無條件服從的關係;其中君、父、夫對於臣、子、妻完全是違背中道的極端專制主義的絕對統治關係。

而且,先秦儒家的"五倫"說,還鼓勵為子要做"爭子",為臣要做"爭臣"。孔子主張"事父母幾諫";孟子則提出"君之視臣如土芥,則臣之視君如寇讎";"君有大過則諫,反復之而不聽,則易位";甚至還可以興"弔民伐罪"之師將其推翻;荀子亦言為臣應該"從道不從君"。其中所蘊含的民主精神是很明顯的。然而在"三綱"說的影響之下,就開始竭力提倡那種片面要求臣、子、妻的所謂"君令臣死,臣不得不死;父令子亡,子不得不亡";"餓死事小,失節事大"的愚忠、愚孝、愚節思想,誤導了整個專制時代,流毒非常深遠。由此可見,"五倫"與"三綱"有其本質的區別。

"三綱"之說,可謂是法家思想混入儒學之中影響最大的内容,故詳為辨析,以見一斑。其餘内容尚多,未暇一一論述。故學術界素有把漢代以來的儒學視為"外儒内法"之學,是有一定道理的。

在漢代以後的儒學中,除了法家思想而外,還雜有其他各家的思想,諸如道家的君人南面之術,陰陽家的五德終始、天人感應之說等等,不一而足。因限於篇幅,姑從略。

道家的情況之所以複雜,主要在於兩點:其一是戰國至漢初時期的黄老之學,吸收了道、法兩家之說加以合流;其二是漢末道教出現後,在道家的清虛無為、養生貴己的宗旨下,混入了長生不老、白日飛升之類神仙方術之說。對於前者,在於將其演變的脈絡加以梳理;對於後者,其中神仙方術之說已不屬學術思想的範圍,應將其從"子學"之中剔除出去,以保持道家的原貌。

(二) 研究諸子的原典而加以揚棄

在諸子的原典中,都是精華與糟粕並存的。若要進行辨别和揚棄,無疑是一項極其複雜而繁重的工作。兹試舉《墨子》為例略作說明。

墨子創建以"利他"為宗旨的墨家學說,其積極入世的態度與欲救民於水火的懷抱,較之儒家實有過之而無不及;其所主張的尚賢、兼愛、非攻、節用、節葬、非命等學說以及《墨經》中所包含的邏輯思想和科學知識等,確有許多值得吸取的精華,但也雜有很多有害的糟粕。鄙意竊謂,其中危害最大者莫過於《尚同》篇中的"尚同其上"的思想。《墨子·尚同中》云:

> 凡里之萬民,皆尚同乎鄉長,而不敢下比。鄉長之所是,必亦是之;鄉長之所非,

必亦非之。……凡鄉之萬民，皆上同乎國君，而不敢下比。國君之所是，必亦是之；國君之所非，必亦非之。……凡國之萬民，上同乎天子，而不敢下比。天子之所是，必亦是之；天子之所非，必亦非之。去而不善言，學天子之善言；去而不善行，學天子之善行。天子者，固天下之仁人也。舉天下之萬民以法天子，夫天下何說而不治哉！

墨子主張，在一鄉之內要先立一個絕對正確之鄉長，而使一鄉之民皆以鄉長之是非為是非；在一國之內要先立一個絕對正確之國君，而使一國之民皆以國君之是非為是非；在全天下則應先立一個絕對正確之天子，而使天下之民皆以天子之是非為是非。這樣，天下就會沒有不同的意見，思想完全歸於統一，天下也就大治了！且不說這完全是一種脫離實際的過於天真的空想，即從其思維方法而言，就犯了根本性的大錯誤。儒家正因為認識到君或天子不可能都絕對正確，故而孔、孟、荀等大儒皆主張"從道不從君"的觀點；而在方法上，又能從"異"與"同"的兩端着眼，主張用和而不同的方法來實現天下大同。而墨子妄想用一人之思想來統一天下之思想，這樣求"同"的後果，其終必將違背墨學為民立言的初衷，反而變成專為專制獨裁統治服務的理論了。

又如墨子主張兼愛，不分人我、彼此，將普天下之人等量齊觀，主張用"以兼易別"來取消社會上存在的等級差別及各種客觀矛盾。其陳義雖高，然而罔顧人情之常，實際上是一種抹煞現實階級、等級差別的幻想，所以一落入實際人群社會，就遭遇窒礙而無法推行，以致不旋踵即告衰微。再據此而檢視現代的許多思想，其理念固然高超，口號也很響亮，可是都未能衡量人情事理，因此一旦勉強付諸實行，不但無法解決現有的難題，反而將大家導入另一種困境之中。這種貌似高尚實則脫離實際的理論，尤應加以辨別才能排除其消極因素。

以上僅略舉其例而已。在諸子這座寶庫中，雖有取之不盡的精華，但其糟粕亦復不少，必須細加辨別，才能剔除其糟粕而提取其中真正的精華。

三、諸子學的開新

對諸子進行研究而提取其精華，固然是一項重大的工程，但未足以言開新。所謂開新，還必須把從各家學說中提取出來的大量精華在更高的水平上加以綜合，從而形成一個具有中華民族特色的思想體系，用以指導實踐，這才是為研究諸子學開創新局面。這固然有賴於學術界的共同努力，但畢竟還有待於能夠擔此重任的偉大思想家的大手筆來最後完成。在古代思想史上，有不少思想家曾經做過這項工作，茲略作回顧，可以作為從事這項工作的參考。

最早從事這項工作的，當數春秋末期的偉大思想家孔子。孔子把遠古至夏商周三代保存下來的大量文化資料進行收集研究，廣泛吸收其中積極進步的思想因素，並加以融會貫通，從中提取以人爲本的"仁"（仁者人也）作爲宗旨，提取大中至正的"中庸"作爲方法和準則，而把"大同"作爲實行大道的最高目標，從而創建一整套自成體系的儒家學説。孔子所做的綜合工作，不僅是中國思想史上最早的一次，而且也是做得最爲成功的一次。他不僅創建了影響最爲巨大的儒家學説，而且還開創了百家爭鳴的局面，推動了各家思想的蓬勃發展，從而形成了"諸子之學"這一富有創造力的文化系統。而在他所創建的儒學本身，由於他主張以人爲本的"仁"作爲宗旨，使得全部儒學都體現了濃厚的民本思想。其後繼者孟子和荀子先後提出了"民貴君輕"和"立君爲民"等進步思想。這種頗含民主意義的民本思想雖不同於現代的民主思想，但兩者之間並非對立的，而是同一方向上的程度之差。所以在推進現代化民主政治的進程中，起有積極進步的作用。而在當時，也樂爲廣大士民所接受，故在諸子中常被排在最前列，而對後世的影響也最爲巨大。

　　經過戰國時代二百餘年的學術爭鳴，已積累了極其豐富的思想資料。隨着列國的逐漸趨向統一，按理也應出現偉大的思想家來把這些豐富的思想資料加以綜合提升，以使學術思想也能趨向統一。秦國的丞相吕不韋大概有志於此，然而他畢竟只是投機大商人出身而非思想家，所以他聚集各家學派的人作爲"賓客"所共同著成的《吕氏春秋》只是一部"雜家"著作。因爲其著書的方法不是對各家學説在更高水平上加以綜合，而是用一種拼凑式的方法加以羅列。其《用衆》篇云："天下無粹白之狐，而有粹白之裘，取之衆白也。"由於自己並無獨立的立場和見解，企圖只靠"兼容並包"地採集衆家之説，把各家的許多觀點羅列在一起，編制一套"粹白之裘"，於是乃成爲典型的"雜家"。《漢志》云："雜家者流，蓋出於議官。兼儒、墨，合名、法，知國體之有此，見王治之無不貫，此其所長也；及蕩者爲之，則漫羨而無所歸心。"所謂"無所歸心"，就是没有一個自己的中心思想。所以，《吕氏春秋》並算不上一次真正的綜合。

　　秦國獨尊法家，及併六國後，堅持"以法爲教，以吏爲師"，實行"偶語《詩》《書》者棄市，以古非今者族"的文化高壓政策，而將民間所藏的"《詩》《書》百家語"皆燒之。於是，二百餘年以來的百家爭鳴之局闃然而息，亦無人敢作學術總結之事，一直到漢代董仲舒才做了這項工作。

　　董仲舒爲了適應漢代大一統的中央集權專制主義的政治需要，提出了"罷黜百家，獨尊儒術"的主張。但是他的"獨尊儒術"與秦代的"獨尊法家"不同。秦代確實是堅持"獨尊法家"而徹底燒毁了"百家語"的，而董仲舒則是從"百家語"中挹取有利於專制統治所需要的内容納入儒家學説之内。他把這些内容在儒家的名義下加以融會貫通的綜合，創建了一整套有别於先秦原儒的所謂儒家思想體系。他的這番綜合工作，從政治上説基本上是成功的，因而它能支撑了二千年之久的專制主義統治；然而從學術上説則又不無可議之處，因爲他的取捨標準，並非以學術上的標準吸取百家之精華，而是以當時的政治需要爲標準，吸取百家之學中有利於專制統治的思想納入儒學之内，而把儒學中原有的諸如"民貴君輕"和"大同"思想之類進步思想相對地淡化了，因而在一定程度上禁錮了學術思想的正常發展。

　　漢唐時期，儒釋道三教並存，互相爭論，互有黜陟，曾一度使統治者無所適從。及至宋代，三教漸有合流之勢，統治者也有此需要，故再次出現學術思想的綜合之局已屬勢所必然。宋明時期的程朱理學和陸王心學正是做了此項工作。兩派都以儒家為主體，適當吸收釋道兩教的營養而加以融會貫通的綜合，從而形成自己的思想體系。從學術上說，兩派都做得較為深入而細緻，但也未免皆有其不足之處。其一，兩派仍然出於專制統治的需要，未能完全從學術出發，將諸子中的一些進步思想加以重視和發揮；其二，兩派在理論上都有重內輕外、重心性而輕事功的傾向，因而他們所建立的思想體系難免有失全面和合理。

清代初期，滿清統治者實行閉關自守政策，與國際失去文化交流的通道，致使原本領先於世界的中華文化從此陷於停滯和落後。鴉片戰爭後，西方文化乘虛而入，乃成中西文化激烈衝突之局，至民國時期達到爭鳴的高峰，並漸顯交相融合之勢。按理，將各種學術思想加以總結和綜合的時機業已漸趨成熟，但因建國以後一段時期的指導思想照搬了蘇俄模式，到"文革"達到頂峰。其間除了法家思想因出於政治需要曾一度受到不適當的宣傳之外，其餘各家思想乃至西方思想都在批判之列，以致學術研究長期處於萬馬齊喑之境。

改革開放重新迎來了百家爭鳴的春天，學術上的交流討論蓬勃發展，對於諸子的研究成果也已大批湧現。因此，除了繼續研究挖掘之外，把已有的精華部分進行融會貫通的綜合工作，乃是開創"諸子學"研究的新局面的應有之義。

現在的綜合工作，當然不是運用《呂氏春秋》那樣拼湊的方式，也不應像董仲舒那樣完全受當時政治所左右，也不應像宋明理學那樣偏重道德心性而諱言事功；而應效法孔子總結遠古至三代文化那樣的成功經驗，並將視野放到更為高遠而開闊的境界，對宇宙、社會、人生乃至既往、現在、未來進行全方位的通盤觀照，然後加以融會貫通，從而創建一整套具有中華民族特色的思想體系，用以指導中華民族的正常發展。

鄙意竊謂，從"諸子學"的立場看，"六經之學"好比是先天賦予的元氣，"諸子之學"則是後天培養而成的元氣，兩者共同形成人的本身所具有的元氣；而外來的各種思想，則好像是人所需要補充的營養或治病的藥物，可以根據需要加以吸收消化，但決不可取本身的元氣而代之。所以，現在創建具有中華民族特色的思想體系，還應克服現代的某種"獨尊"現象。

創建具有中華民族特色的思想體系，並非意味着開創諸子學研究的新局面的終結，而是作為中華民族學術思想發展進程中的一項階段性成就，在新的征途上，用以指導中華民族的實踐和學術思想的繼續發展。

[作者簡介] 徐儒宗（1946— ），男，浙江浦江人。自幼從父攻讀經子詩文，現為浙江省社科院哲學所研究員。著有《中庸論》《人和論》《大學中庸全注全譯》《婺學通論》《江右王學通論》《呂祖謙傳》等，整理古籍多種，發表學術論文近百篇。

論諸子學的範疇、智慧及現代條件下的轉化

劉韶軍

內容提要 諸子學從歷史發展到今天,已有脫胎換骨的根本變化,已經不能用傳統的子部之學來涵蓋之,因此需要從現代學術的角度重新界定諸子學的範疇。其目的是利用現代學術的理念與方法對傳統子部之學留存下來的豐富文獻資料進行全新的認識與闡釋,從中挖掘可為現在社會發展利用的有益智慧。在此基礎上,更要重視利用現代科技條件與手段來對歷史上傳承下來的子學進行轉化性加工、整理和研究。這應該是當代諸子學的重要任務之一。

關鍵詞 諸子學 子部 子部文獻 現代轉化

中圖分類號 B2

中國的諸子學來源於古代,發展於今天,自中國悠久的歷史過程和燦爛輝煌的文化土壤中形成、發展、傳承而來。它本身隨着時代的發展變化而不斷發展變化,這是今天思考諸子學現代轉型問題時應該承認的歷史事實。以往的發展變化,到了今天就需要更好地總結和前瞻性思考,使諸子學的現代轉型能夠具有自覺性和科學性,滿足它自身的自然性適應與變化。這是諸子學面對現代轉型時所要考慮的又一重要問題。為此,需要立足於現代學術條件下重新思考諸子學的範疇,重新認識諸子學中的中國智慧,重新研究如何使之在現代轉型時能夠做到自覺和科學,從而使現代中國得以從諸子學得到最大化的利用與效益。這是研究諸子學現代轉型時的根本點。

筆者認為,所謂諸子學這一概念或範疇,應該重新加以確認,不能局限於古代經、史、子、集分類體系對於子部和子學的劃定與認識。只有重新認定了諸子學的真正範疇,才能確認歷代傳承下來的學術資源可列入諸子學的研究範圍,然後才能在這個範圍內發掘諸子學的各種智慧,按照現代中國的需要加以自覺和科學的轉化,使之最有效地被現代中國從各個方面加以利用。這樣才可以說完成了現代研究諸子學的根本任務,才可以說現代研究諸子學的學者

為中國的現代化建設做出了應有的貢獻。

一、諸子學的範疇要重新認定

　　為什麼説對於諸子學的範疇要重新認定？因為諸子學這個概念本身是歷史的產物，它在過去受到古代經、史、子、集四部分類體系的影響，而被劃定了一個特定的範圍。到了現代，這個在古代社會條件下劃定的範圍已不能適應現代社會條件下研究諸子學的需要，不再合乎諸子學的真正意涵了。所以要根據現代的社會和學術的實際情況對諸子學的範疇重新認定。

　　在歷史上最早被稱為子的人，在今天看來，都是能創立一種獨到的思想學說的思想家式的學者，如孔子、老子、墨子等。具體的一名這樣的學者可以稱為某子，而諸子就必須是至少兩個以上的子的集合。古代學術界把春秋戰國時期出現的一大批思想家和學術家分成若干家派，其代表人物都稱為子，如儒家的孔子、孟子、荀子，道家的老子、莊子，法家的韓非子、商子，墨家的墨子等。而對於一個時期内大量出現的子，則統稱為諸子，把他們視為同一類型的學者。在春秋戰國時期乃至漢代的史書與學術著作中，對這個時期出現的為數衆多的諸家之子，已有各種記載、論説和評價，後代學者就把這批諸子與他們的時代關聯起來，稱之為先秦諸子。這是諸子的最初形態與概念所指，反映了一個特定歷史時期内的諸子的情況。之後時代不斷發展進化，每個特定的時代都會不斷出現諸子式的學者及其學術著作。後來的學者也就按照他們各自的時代，而以不同的時代之名稱之為漢魏諸子、宋明諸子等。這種在不同時代出現的諸子，早已不是先秦諸子的概念所能包涵的，可知諸子的概念隨着時代的發展而有了不斷增添的新内容。如果僅限於先秦諸子的理解來看待諸子的概念，明顯是不合乎歷史事實的。據此可以説明，對於諸子概念的理解，應該具有時代性，使之包涵各個時代的諸子及其學術著作或思想學説。

　　古代的經、史、子、集四部分類，定型是比較晚的，如《漢書·藝文志》就與後來這種經、史、子、集四部分類有相似處，那時還有一類稱為諸子略，但在諸子略之外又有兵書略、術數略、方技略，而兵書、術數、方技在後來的經、史、子、集四部體系中都已歸屬子部。《漢書·藝文志》共分七略，而屬於後世子部的就占了四略，由此也可看出當時的諸子學是何等地興盛，同時也説明漢代對於諸子的理解與後代不同，其範圍是比較小的，所包涵是比較少的。如果根據歷代正史所載的諸子或子部的内容來看，就可看出諸子在歷代的變化情況以及當時學術界對於諸子範疇的認定情況。從這個角度説，處於現代社會條件下的學術界對於諸子的認定，也應該與歷代一樣，拿出自己認定的範疇和分類體系。這樣才會使諸子的概念具有特定的時代性，才能反映出現代學術界對諸子及諸子學有了自己的符合時代現狀與學術科學性的認識。

　　至少可以肯定的一點是，現代條件下的諸子與諸子學的認定不能固守歷史上的某一個特定的認識，而使諸子的認定不夠完整與科學。但同時也要尊重歷史上的有關記載及相關資料，以此為基礎，根據現代學術觀念對這些舊的記載與資料加以新的認識與分析，從而確定現代學術條件下的諸子概念的範疇。這就是筆者所説的對於諸子和諸子學重新認定其範疇的意思所在。

基於這種認識，來看中國古代定型了經、史、子、集四部中的子部的範疇是什麼情況。就《四庫全書》中的子部而言，其分類如下：儒家、兵家、法家、農家、醫家、天文算法、術數、藝術、譜録、雜家、類書、小説家、釋家、道家，共 14 類。如果按照《四庫全書》編纂時的概念，這樣的子部中的内容都應列入諸子的範疇之中。但是如果仔細分辨起來，就會産生不少問題，説明不能簡單地按照這種分類體系的子部來認定諸子的範疇。

上列 14 類中只有儒家、兵家、法家、農家、道家是最早認定的諸子，釋家在漢代還未出現，但據它與道家並列的情況看，釋家也可以没有疑問地列入諸子範疇之中。

術數中下分數學、占候、占卜、命書相書、陰陽五行、相宅相墓等，《漢書·藝文志》的諸子略中有陰陽家，所以術數類中的陰陽五行，可以列入諸子的範疇。

雜家類下分雜學、雜纂、雜編、雜品、雜説、雜考等小類，其中雜考中的《白虎通義》應該列為儒家類，雜學中的《鶡子》《墨子》《慎子》《鶡冠子》《公孫龍子》《吕氏春秋》《淮南鴻烈》等都可列入諸子的範疇，但所屬的類别已與《漢書·藝文志》有所不同，如《漢志》有名家，名家中有《公孫龍子》，在《四庫全書》時就没有名家一類了，而把《公孫龍子》列入雜學之中。《墨子》《慎子》等也與此類似。説明後代的子部分類體系與漢代已有很大不同。

《漢書·藝文志》將天文、曆算、五行、蓍龜、雜占、形法等列入數術略中，這些在《四庫全書》的子部中仍然存在，但天文曆算已從數術中分了出來，單獨成類。

《漢書·藝文志》把醫經、經方、房中、神仙歸為一類，稱為方技，相關内容在《四庫全書》中獨立成醫家，但神仙一類則從醫家分離出去了。

以上這些類别都可列入諸子的範疇。但《四庫全書》的子部中還有不少内容是不能列入諸子範疇。如子部的類書，不能列入諸子的範疇。小説家之下又有雜事、異聞、瑣記三小類，也不能列入諸子的範疇。子部雜家類的雜纂、雜編、雜品、雜説、雜考、雜學等小類中也有不少内容不能列入諸子的範疇，如《元明事類鈔》《玉芝堂談薈》《説郛》《仕學規範》《古今説海》《鈍吟雜録》《雲煙過眼録》《韻石齋筆談》《硯山齋雜記》《王氏雜録》《文昌雜録》《仇池筆記》《師友談記》《冷齋夜話》《曲洧舊聞》《近事會元》《能改齋漫録》《雲谷雜記》《芥隱筆記》《經外雜鈔》《愛日齋叢鈔》《潛邱札記》《湛園札記》等，大多屬於筆記雜記一類，可以列入史部，卻不宜列入諸子的範疇。而《潛邱札記》《湛園札記》，《皇清經解》都已收入，可知也不宜列入諸子，可以列入經部。

《四庫全書》子部還有藝術和譜録兩類，藝術之下又分書畫、琴譜、篆刻、雜技，雜技之下有《棋經》《棋訣》《樂府雜録》等，譜録之下又分器物、飲饌、草木禽魚等，對這些内容也要根據具體情況加以分辨。

這説明《四庫全書》的子部不能一視同仁地劃入諸子之列，其中不少内容都應該仔細區分辨別，從諸子的範疇中剔除出去。但在《四庫全書》的經部、史部和集部中，卻有一些内容可以列入諸子的範疇。

如經部的《周易》類中有《易學象數論》《春秋占筮書》《易圖明辨》一類著作，從内容上看，已經不是對《周易》原書内容的闡釋與研究，而是借題發揮，作者由此闡發出一種與《周易》不同的新學説或思想，在内容和性質上與《周易參同契》《皇極經世書》《太極圖説》類似，因此被統稱為象數學，其中有不少思想性的内容，也有不少屬於術數性質的内容，所以是可以列入諸子範疇的。

經部《尚書》中有關於古代天文曆算的内容，不僅《堯典》中有這樣的内容，《尚書》的其他篇中都多有與古代天文曆算有關的内容，如王國維、陳久金關於《尚書》中所説的生霸、死霸的考證，就是純粹屬於古代天文曆算性質的内容，當然應該列入諸子範疇。《尚書·洪範》是一篇重要的古代政治學的作品，從諸子學的角度來看，其内容與諸子作品相同，所以像《洪範》篇這樣的經部著作中的内容也完全可以列入諸子範疇。與之類似的情況還有《禮記》中的《大學》《中庸》兩篇，此二篇在宋代之所以被理學家重新提出來加以重點闡發，如《程氏經説》《融堂四書管見》《朱子五經語類》《四書章句集注》《四書或問》，都表明經部《禮記》中的《大學》《中庸》已成為宋明理學諸子所要研究和闡發的主要内容，這一歷史事實也充分證明它們完全可以列入諸子範疇。《尚書·洪範》與之相比，也完全有理由予以同等對待。

經部《詩經》中有不少關於植物、動物的專門研究，如《毛詩草木鳥獸蟲魚疏》一類的著作以及經部的《爾雅》中都有此類内容，具有這種内容的著作，完全可以與子部譜録類著作同等看待。《詩經》中還有不少關於天文的内容，也可列入諸子的範疇。

經部《周禮·考工記》，是關於古代各種建築與器物的專門製造的作品，《儀禮》中也有這種内容，如《儀禮釋宫》《宫室考》《釋宫增注》等。三《禮》中還有關於古代服飾的不少著作，如《内外服制通釋》《深衣考》。《禮記·月令》也有不少相關的著作，如《月令解》《月令明義》等。《禮記·夏小正》又與天文曆法相關，三《禮》總義類中的《三禮圖》《三禮圖集注》，這一類内容都是關於古代專門技術與製作工藝等的專門之學，也應列入諸子範疇。

經部《春秋》與三《傳》中有與天文曆算、占筮有關的内容，如《春秋長曆》《三正考》等，還有《春秋世族譜》一類的著作，也可列入諸子範疇。經部《春秋》類中還有董仲舒的《春秋繁露》，明顯地更應放在諸子類中。

經部樂類有《樂書》《律吕新書》《瑟譜》《律吕成書》《鐘律通考》《樂律全書》《律吕正義》《琴旨》等，在内容上都與子部藝術類著作相關，也應列入諸子類中。

經部的《論語》《孟子》，直接就可以看作記載了子部儒家代表人物孔子、孟子各種思想觀點和言論的著作，在最初的六經或五經體系中，二者並不屬於經部，後來才納入經部，所以二書完全應該視為諸子。而《周易》中的《繫辭》，也不是《周易》本身的内容，而是儒家學者對《周易》的闡釋，類似的内容在《禮記》中也有不少。這都應該列入諸子的範疇。

可知在四部所分的經部中有不少篇章或相關著作，都可視為諸子學的内容。在史部也不例外,如正史或類似正史的著作(如《通志》)中的天文志、天象志、五行志、靈征志、律曆志、樂志、釋老志、氏族略等,都可列入諸子的範疇。

史部還有時令類,其中有關於月令的著作,如《月令輯要》;史部政書類有考工之屬,其中的著作與內容與《考工記》類似,也都可以列入諸子範疇。

史部還有史評類,其中有些著作是思想家的作品,如王夫之的《讀通鑒論》《宋論》,這種著作中含有思想家反思歷史的重要思想與學說,如果王夫之可以列為諸子之一的話,那麼他的這兩部史評類著作當然不能劃到諸子學範疇之外。

就集部而言,其中的別集類收載了歷代學者的個人文集,在這些學者中有不少屬於歷代的諸子,因此他們的文集也應列入諸子的範疇。這樣的學者及其文集非常多,如賈誼、揚雄、張衡、嵇康、陶潛、劉勰、魏徵、韓愈、柳宗元、劉禹錫、王安石、司馬光、蘇軾、程頤、程顥、周敦頤、張載、邵雍、朱熹、陸象山、宋濂、劉基、王陽明、顧炎武、黃宗羲、王夫之等,為數眾多,難以一一列舉,但應該具有這種意識,即歷代思想家或眾多學者的作品雖然被傳統的四部分類法歸入了集部,但從諸子學角度來看,學者在進行研究時不應忘記這類學者的文集,也應當屬於諸子範疇。還有一些屬於合集的著作,如《弘明集》《廣弘明集》等也應這樣來看待,推而廣之,在《四庫全書》之外,如《道藏》《大藏經》中還有不少學者及其著作也應列入諸子範疇。民國以來編纂的《叢書集成》《新編叢書集成》等已對古代的文獻資料作了新的分類,這在今天思考諸子學的問題時,也有參考價值。

總之,對於諸子和諸子學,應該在現代學術體系背景下重新認定其範疇,分清歷史存留下來的諸多文獻與史料中的具體內容究竟哪些可以列入諸子範疇,哪些不可列入。這是一項繁重的工作,但必須在研究諸子學之前先行做好,然後才能順利地開展諸子學研究。

二、全面整理諸子學說中的各種智慧

在重新認定了諸子包括哪些學者以及哪些相關著作之後,就要確定一個最重要的任務,即發掘研究其中的各種智慧,以便為現代中國的各項建設服務,使中國歷代思想家和學者的思想結晶能夠古為今用,這也是現代學者進行學術研究時所要承擔的學術和思想的傳承的最大責任和歷史使命。

諸子類別繁多,從共性上講,凡是具有獨到思想或某種專門技藝的學者就可列為諸子,其著作中所包含的思想和專門之學的內容,就是諸子學所要研究的對象。

這樣的理解就使諸子的範疇比較大,所包含的學者與學術內容就比較多,因此其中所包含的中國古代學者的智慧就比較豐富。今天研究古代的諸子及其思想和學術成果結晶,要有一個重點,這就是研究、分析、理解、總結、轉化其中的思想與學術的智慧,而不要像漢代經師那樣,皓首窮經,只知繁瑣的考證與注釋,而不能站在思想與文化發展進步的高度,認識和總結其中最可寶貴、最具科學性的智慧。

　　從以上立場認識諸子及諸子學,就能看到諸子學具有極其豐富的内容。現代學者研究諸子,不能把它簡單化或單一化,而應該具備承認這種豐富性及複雜性的意識。對諸子學具備這種意識,就是承認中國歷史的悠久以及歷代學者思想與學說的博大精深與深沉豐厚,這也可以從一個側面證實中國歷史文化的光輝燦爛。同時也要意識到,這種複雜而豐厚的學說結晶之中的智慧對於今天的中國以及中國將來的發展具有非常重要的意義,不可因為它們已經成為過去而輕視和忽視。由此也可以證明今天重視研究諸子學具有極其重大的學術價值與文化價值,對於當今的中國來說,是一項不可替代的工作。還要意識到學術界在這方面的研究還非常不夠,還有許多課題需要深入和專門的研究,為此要由眾多的學者來做大量的工作。從國家到地方的政府以及諸多部門以及整個學術界,都應該對此具有足夠的認識。

　　一方面要認識到歷代諸子學者傳留下來的著作中並不是所有的話語和思想觀點以及相關技術方法都可以作為與現代中國的需求相適應的智慧來看待和使用的;另一方面,也有不少話語内容在表面看來不是什麼智慧,但運用現代各種學科知識與理論觀念加以深入闡釋後,卻能從中發現深睿的智慧。這兩種情況都需要現代學者運用現代的知識、理論、觀念以及方法、手段等對歷代諸子學者傳留下來的全部著作及其思想學說等進行全面深入的研究闡釋並且融會貫通,才能將其中符合現代社會學術標準的各種智慧總結出來。

　　諸子著作包含的智慧,從深和廣兩個角度來說,是極其豐富和深睿的,不是簡單的注釋或者介紹就能將其中的智慧展現出來的。

　　從諸子思想流派的角度看,有儒家、法家、墨家、道家、雜家、兵家、陰陽家等,從技術、技藝上看,涉及許多不同的學科知識與技術,如天文曆算、建築、音樂、製造、農業、醫藥、數學等,這裏面有許多不同的思想學說與技術方法,反映了不同學者對於各種社會與自然現象的深刻思考。在這種思考中,就有許多内容可以總結為中國人特有的智慧。對於這些思想智慧的内容,在現代學術條件下,應該給予全面而深入的分析,然後加以評定,而不僅僅是簡單定性。

　　如儒家、法家、墨家、道家、雜家關於社會政治問題的分析與認識,都有自己獨到的見解與思想觀念,相互之間也存在着不少差異、分歧甚至是批判。對於這種情況不能簡單地說哪一家的思想學說是對的,哪一家的思想學說是錯的。在這樣的問題上,沒有簡單的對錯,應該說都有一定的合理成分,且合理到什麼程度,也都是需要認真分析的。這就需要在現代學科的理論和觀念指導下加以重新研究。

　　還有一些不能簡單定性為哪一家的諸子的著作,則需要更精細的分別,不能籠統地或片面地指稱這一類諸子的著作中的學說和思想觀念是怎樣的。如《管子》一書,其内容就非常複雜,不能簡單地定為哪一家。

　　今天所看到的《管子》,本來並不是由一個學者完成的專著,而是多種資料整理後的合編,據《漢書·藝文志·諸子略》記載,《筦子》經劉向整理後定為 86 篇,但在整理定稿之前,有《筦子》389 篇、《大中大夫卜圭書》27 篇、《臣富參書》41 篇、《射聲校尉立書》11 篇、《太史書》96

篇,把這幾種不同名稱的書對照之後,除去其中重複的內容共 484 篇,最後確定為 86 篇。可知是據幾種書整理合編而成的。在其後的流傳過程中也有不同的記載,據《史記·管晏列傳》"正義",說《管子》18 篇,與《漢書·藝文志》所說的 86 篇相差太多,這種記載也令人懷疑,不敢相信。到宋代《郡齋讀書志》就說 86 篇中已亡佚了 10 篇,即《謀失》《正言》《封禪》《言昭》《修身》《問霸》《牧民解》《問乘馬》《輕重丙》《輕重庚》等,宋以後又亡佚《王言》一篇,後來這 11 篇在流傳的《管子》書中就只保留了目錄而沒有原本文字了,實存的僅有 75 篇。從以上情況看,《管子》可以列入諸子,但要說是諸子學派中的哪一家,就不是那麼簡單了。《四庫全書》把《管子》歸為子部法家,但近代以來不少學者研究《管子》,發現其中《心術》等 4 篇明顯屬於道家,而其他篇卻不能說也是道家的。就其書的實際內容看,有的篇目可屬於法家、道家、兵家、儒家、陰陽家、名家、農家,有的篇目內容則屬於理財,在今天屬於經濟,還有記事記言的內容,則屬於史家,可知一書內容涉及多種學派。

　　正因為如此,《管子》書中的思想內容就非常豐富,有不少時至今日仍然需要總結的獨到智慧,以下簡單列舉一些。如《牧民》篇說:"不偷取一世,則民無怨心;不欺其民,則下親其上。"這是說治國的人不能采取短視的政策,只求目前的利益而不顧長遠,也提示治國者凡事都要考慮長遠和周到,不要盲目決定某項政策或制度,更不要有欺民之意,這樣才能讓民無怨心而親其上。同篇又說:"城郭溝渠不足以固守,兵甲強力不足以應敵,博地多財不足以有眾。唯有道者,能備患於未形也,故禍不萌。故知時者可立以為長,無私者可置以為政,審於時而察於用而能備官者,可奉以為君也。"這是說治國者不要單純追求具體的物質效益,而應從根本規律上掌握治國的關鍵,即所謂的有道,要把患禍消滅在無形之中,根本不讓患禍產生,而不是被動地等患禍出現之後再頭痛醫頭、腳痛醫腳地應對。從根本規律的層面掌握和控制形勢,這就是所謂的知時。只有有道才能知時,二者相輔相成,也是治國高明與否的分水嶺。後面說到的無私,也是一個重要條件,否則不能有道和知時,不能審時察用,這樣的人就不可以為官和為君。《管子》中此類政治智慧非常多,如《權修》篇說:"貨財上流,賞罰不信,民無廉恥,而求百姓之安難,兵士之死節,不可得也。"貨財上流,可以理解為貨財都流到國家的上層手中了,會讓民覺得國家只知聚財,因而他們也要想盡辦法聚財,這就會使民變得無廉恥。如果國家上層與民眾都這樣無廉恥,就根本無法讓國家的民眾獲得安寧,更不能讓由民眾組成的士兵和軍隊為國拼死作戰。所以治國者應該是:"凡牧民者,使士無邪行,女無淫事。士無邪行,教也。女無淫事,訓也。教訓成俗,而刑罰省,數也。凡牧民者,欲民之正也;欲民之正,則微邪不可不禁也;微邪者,大邪之所生也;微邪不禁,而求大邪之無傷國,不可得也。""凡牧民者,欲民之有廉也;欲民之有廉,則小廉不可不修也;小廉不修於國,而求百姓之行大廉,不可得也。凡牧民者,欲民之有恥也,欲民之有恥,則小恥不可不飾也。小恥不飾於國,而求百姓之行大恥,不可得也。凡牧民者,欲民之修小禮、行小義、飾小廉、謹小恥、禁微邪,此厲民之道也。民之修小禮、行小義、飾小廉、謹小恥、禁微邪,治之本也。"這是說如何教育國民,使他們有廉恥,除了國家不要只知由自己來聚財而使貨財上流外,更要注意從微小處開展國民廉恥教育，在這中間，士（男子）要無邪行，女要無淫事，即男女都不要做出傷風害俗的事來，這樣才能教訓成俗。所謂"成俗"非常重要，即要讓人們知廉恥而不做任何無廉恥的事，並讓這成為社會風氣，而不是只有個別人能做到這一點，並且還要由國家來表揚褒獎，那樣的話就稱不上成俗。治國的人都希望民眾都是正直的，知廉恥的，為此就要從制止微小的廉恥之事做起，對於微邪就要禁止，對於小廉就要修養，不要等到邪惡的事情成了風氣再來制止或批評，那樣就晚了，根本難以糾正。要從禁微邪、修小廉、修小禮、行小義、飾小廉、謹小恥做起，這才是厲民之道和治國之本。這樣的問題不是哪一個時代特有的現象，而是在任何時期都會出現的問題，所以是有普遍性的，應該好好總結《管子》中此類智慧，用於今天的治國和社會管理。

在吏治方面，《管子》也有不少內容顯示出特有的智慧，可引為今天的借鑒，如《立政》篇說："故國有德義未明於朝者，則不可加以尊位；功力未見於國者，則不可授與重祿；臨事不信於民者，則不可使任大官；是故國有德義未明於朝而處尊位者，則良臣不進；有功力未見於國而有重祿者，則勞臣不勸；有臨事不信於民而任大官者，則材臣不用。"又說："金玉貨財之說勝，則爵服下流；觀樂玩好之說勝，則奸民在上位；請謁任舉之說勝，則繩墨不正；諂諛飾過之說勝，則巧佞者用。"從這些說法可以看出，對於官員的任用，對於治國來說是一個非常重要的問題，不能掉以輕心。一個人德義有沒有明顯的表現，得未得到證實，這是任用他為國家官員時必須考察的。為此需要一整套考察人們德義的辦法與制度，不能簡單地確認此人有德義或無德義。一個人有沒有實際的功勞和能力，也要得到明確的證實，一個人對於民眾有沒有信用，有沒有過欺騙行為，也要明確考實。在德、功、能、信四個方面都沒有確切證實之前，是不能任為大官、加以尊位、授與重祿的，否則就會造成良臣不進、勞臣不勸、材臣不用的局面，這對於國家治理是重大損失。另一方面，也要考察人們提出的主張，如果在治國方面主張以金玉貨財為先，主張觀樂玩好，讓官員任用上的請謁之風盛行，在官員的使用之中讓諂諛飾過成風，都會造成於治國不利的局面，如爵服下流、奸民在上位、繩墨不正、巧佞者用等。用這樣的官員隊伍來治理民眾，這個國家恐怕沒有什麼希望，只會貪腐猖獗，民不聊生。

在社會風氣方面，管子也強調不要奢侈縱欲享受，如《重令》篇說："國雖富，不侈泰，不縱欲。"這與上面所說的不要讓"觀樂玩好之說勝"是一致的。

《重令》篇又說："德不加於弱小，威不信於強大，征伐不能服天下，而求霸諸侯，不可得也。"這一說法可以作為外交方面的參考，對弱小施德，對強大樹威，軍事行動一定要讓天下服，只有這樣才能建立真正的威勢。

《法法》篇說："不法法則事毋常，法不法則令不行，令而不行，則令不法也。法而不行，則修令者不審也。""故人主不可以不慎其令；令者，人主之大寶也，令而不行，謂之障。禁而不止，謂之逆。"國家管理當中有時高層感到令不行，禁不止，這就要在法律制度以及執行方面找原因，制定了法律卻沒有堅決執行，這就是法不法。法不法是一種客觀情況，而不法法則是一種主觀情況，二者都造成法律雖有而沒有權威的局面，於是就會形成令不行禁不止的局面，而這是國家管理者的大忌。表面上看什麼法律都有，其實法律沒有任何權威，等於虛設。如此，又怎樣治理國家呢？

《問》篇説：“事先大功，政自小始。”這是説治理國家首先要確定大的目標，即所謂事先大功，但確立了大的目標之後，卻要從具體的事務開始，即所謂政自小始。不能從小始，則大功根本不可能實現。

《小稱》篇説：“我有過為，而民毋過命。民之觀也察矣，不可遁逃。故先王畏民。”這裏以我與民相對而言，表明我是治理國家的人，他們必須懂得一個基本規則：只有治國者管理者會有錯誤，而民衆是不會有過度的要求或意見的。民對治國者的觀察是治國者逃脱不了的，不要想象能瞞過民衆。總結這一規則，就是畏民，即害怕民衆的監視監督。治國者如果不具備這種思想，就會把問題推到民衆身上，而不檢查自己的錯誤，這樣治國，是不會有好結果的。所以説：“善罪身者，民不得罪也。不能罪身者，民罪之。”罪身是對治國者而言的，遇事要在自己身上找原因，才能得到民衆的信任，才能把國家治理好。

《任法》篇説：“聖君任法而不任智，任數而不任説，任公而不任私，任大道而不任小物，然後身佚而天下治。”任法就是相信法律，使用法律，任智就是只相信自己的小聰明小智謀，任數就是相信規律，按照規律來辦事，任説就是只相信自己的説教或説辭，希望憑藉口頭上的説辭來蒙混問題，推卸責任，任公就是一切出於公心，任私則與任公剛好相反，任大道是説按照事物的根本道理來辦事，與任數類似，但道比數更高，數可以説是符合道的具體規律，道是總和一切數的根本道理。任小物是説只就細小的事來認識問題，這樣就看不到大道是什麽，就會在根本上犯錯誤。能任法、任數、任公、任大道，這樣治國才是最正確的，不會產生錯誤，不會造成難局，不會引起麻煩和動盪，當然就是身佚而天下治。若天天忙於應對各種意想不到的麻煩動盪和難局，這樣的治國者只能説是比較低能、無能的。“舍法而任智，故民舍事而好譽。舍數而任説，故民舍實而好言。舍公而好私，故民離法而妄行。舍大道而任小物，故上勞煩，百姓迷惑，而國家不治。”這正好補充説明前面的道理，如果不如前述的那樣任法、任數、任公、任大道，民衆就會有相應的反應。反過來説，觀察民衆有無這些反應，也可以説明治國者是不是做到了任法、任數、任公、任大道。

《治國》篇説：“凡治國之道，必先富民，民富則易治也，民貧則難治也，故治國常富，而亂國常貧，是以善為國者，必先富民，然後治之。”富民這個道理比較容易想到，但能不能、是不是完全把國家的制度、政策與措施等按照富民的準則來制定和抉擇，則不那麽容易想到或做到了。有時候富民只是一種説辭，一種口號，而不能切實地讓民衆富裕起來，這就是治國者的最大失誤。前面所説的任法、任數、任公、任大道等，也要與這裏的富民結合起來，或者説要以是否富民為基準來衡量之，否則也會變成空洞的説辭，民衆也會看得非常清楚而採取符合他們利益的舉措來應對治國者。那樣的話，國家就會難治了。

《入國》篇説：“入國五行九惠之教，一曰老老、二曰慈幼、三曰恤孤、四曰養疾、五曰合獨、六曰問病、七曰通窮、八曰振困、九曰接絶。”這九條都應該與富民結合起來。富民不僅僅是讓民手中的錢多一點，而是讓他們在各方面都得到國家的關愛，得到應有的福利，各種困難都能得到國家的幫助而解決,使民衆的生活不至於走到困窮絶望的地步。

　　以上僅據《管子》一書中的有限資料説明了古代諸子傳留下來的著作中有豐富的思想智慧,值得現代中國參考借鑒。舉一反三,推而廣之,就會知道衆多的諸子及其著作中,還會有多少哲學、政治、軍事、外交、經濟、教育、文化、科技、藝術、宗教等諸多方面的思想智慧,完全可以想象到在數量上是不可估量的,是極為豐富的,在深度上是非常睿智的。今天的"新子學"應該放寬眼界,拓廣視野,深化思維,認真挖掘,耐心整理,細心研究,對歷代諸子傳留下來的著作資料加以全面而完整的整理研究,通過現代化轉型,使之成為現代中國所需要的寶貴精神財富。

三、總結整理諸子學的方法要科學、創新

　　中國歷代諸子學的豐富内容和各種智慧,在現代中國條件下,必須由研究者運用科學的觀念、方法、手段來進行全面而深入的總結、轉化後加以利用。所謂創新,是指一定要有科學性,使之符合客觀真實,而不是經不起驗證的結論與説法。所謂現代轉型,是指一定要以科學性為最高原則,在此基礎上的創新才有意義。否則單純只求創新,反而會引起混亂,造成謬誤。

　　在談到現代轉型時一定要認識到,歷代諸子學的内容,與現代的教育與學術研究之間存在着不小的隔閡:一是雙方使用了古今不同的語言,這會影響今天的學者理解古代的諸子著作、話語及其所要表達的思想觀念;二是古代諸子論述問題的方式與現代學者不同,在現代學者看來,古代諸子的論述方式是分散的,甚至是散亂的,很多時候是隨感式的,没有系統,没有體系,没有專題,不分學科,没有上升到理論,没有徹底研究和論述清楚。這對於問題的徹底研究和系統廓清都是極為不利的。因此現代學者研究古代諸子,一定先要解決這兩個問題。對於古代漢語,要徹底理解,並對古代學者喜歡採用的書不盡言、言不盡意的表述方式,要能透徹理解,然後加以細緻認真的思索分析,運用闡釋學的理念與方法從中詮釋出豐富的題中之義。其次是對古代諸子分散的、隨感的、不分學科的、未採取理論形式的、没有形成專題的、没有形成系統體系的種種論述中所隱涵的思想内容,要能根據和應用現代學術的各種學科的理論與方法等加以研究和詮釋。

　　此外,還應注意到,對於古代諸子學的研究,還要有更廣更高的視野,即諸子學的思想觀念與智慧,不是與國家、社會、個人的實踐相脱離或相隔絶的,而是緊密相關的。古代學者早已認識到諸子的思想學說與國家政治的緊密關係及内在關聯。如司馬談《論六家要指》説:"《易大傳》:'天下一致而百慮,同歸而殊途。'夫陰陽、儒、墨、名、法、道德,此務為治者也,直所從言之異路,有省不省耳。"雖然諸子的思想主張有所不同而分為多家,但從根本上説,都是"務為治"的,即都是為了國家治理而進行思考和提出各種方案的,所以説是百慮而一致,殊途而同歸。這也是中國古代諸子的基本特點,與古希臘的思想家們有所不同,如亞里士多德就

把自己的學術分為多科而不相混淆，這在中國古代諸子中是從來沒有的情況。正因為如此，今天研究古代諸子也不能忽略這一特點，因為這本身就是歷史上的真實情況。

但關於國家治理的問題，按今天的學科分類體系來說，也不僅僅是政治學一門學科的事，也會牽涉到更多的學科，如經濟學、社會學、管理學、法學、軍事學、外交學、領導學等，甚至是地理學、海洋學、電腦與網絡、信息學以及更多的科技學科也是不能忽略的。這說明諸子本身的內容豐富，涉及學科眾多，從不同學科的角度出發，分別或合作地進行研究，也是一種必然。所以現代學者研究諸子學的時候，必須具有現代多學科意識，在此基礎上形成多學科交叉和融會貫通的研究平臺或群體，這是在現代學術條件下研究諸子學與以往任何時代都絕不相同之處，也是其優勢所在。如果真能在這方面形成理想的研究態勢，相信對於諸子學的研究必會產生史無前例的影響與效果，這對於諸子學的現代轉型也必將產生難以想象的重大影響。

以上所說的三個方面，是現代研究諸子學時不可偏廢的，應該作為整體而結合起來，這就需要從國家到各級政府再到學術界眾多學者的通力配合與自覺參與，不能再滿足於個體經營式的研究以及舊時那種注釋或單學科闡釋的方式。這對於國家及政府和學術界、學者來說，都是一個新的課題，是需要認真思考與通盤研究的。

具體說到諸子學的現代轉型，還有一點也需要注意，即要能夠跳出古代諸子思考的命題範疇或範式，建立一套符合現代學科理念的研究範疇與範式，把有關問題整理成符合現代學科理念與命題的形式，不能仍舊用古代諸子所用的命題與論題。這也是一種非常重要的轉型工作。這一工作也是為了上述的各種整合所需要的基礎，同時也能使現代學者研究古代諸子的思想內容時形成共同的話語與概念，否則仍會是各學科的不同命題與論題以及相關概念，無法形成對話，無法作為整體而結合，也無法構成統一的研究平臺與系統。

在諸子學現代轉型過程中，還需要建立一套正確解讀古代諸子思想學說及其觀念的科學思維模型。這個問題的實質是要對古代諸子所提出和論述的各種學說見解按照科學思維的規律加以思考、分析和解釋，既不受古人思維模式的束縛，也不受現代學術中的某一家學派或理論的束縛。如古代諸子在反覆討論人性問題時，提出了性善論、性惡論、性善惡混等不同的見解，分別反映了不同學者在這個問題上的不同思維與論證。到現代就有不少學者從多學科角度，根據不同學派的學說與理論，對這些關於人性問題的認識加以分析，予以一定的評價與定性。所謂科學思維，就是不能固守某一學派的認識來對它們進行評價和定性，不能做出簡單的肯定與否定，而應根據不同說法的具體內容進行科學分析，梳理其中合理與不合理的成分，由此形成關於人性的科學認識。諸子學中還有許多問題的見解不同，各有各的論證與分析，如何對這些複雜而不同的學說以及論證加以科學的分析，是諸子學現代轉型中不可忽視的重要問題之一。建立一套科學思維模式，目的是避免對古代諸子的思想學說和見解做出簡單的定性和評價，而是應當全面清理其中的見解、主張、論證，把其中真正的智慧整理論定，才能提供給現代中國各方面人士作為有益而正確的參考。

最後一個問題是，如何整合龐大眾多的歷代諸子著作及其文獻中的複雜內容與資料？這也是現代轉型問題中的一環,不可忽視。所謂現代轉型,這一命題中包含一個意義,即能夠使古代諸子學的思想與學術成果為現代中國所利用。從反推的方法來講,為達到這一目的,需要提供對於古代諸子學各種思想學術成果的具有科學性的研究成果;而形成這樣的成果,需要研究者在掌握現代學科理論與知識方法的同時,對古代諸子的相關文獻資料全面掌握而沒有遺漏,這是任何科學研究必不可少的前提條件之一;而要完整掌握相關文獻資料,根據現代的技術條件與手段,應該利用資料庫技術與方法把歷代諸子文獻資料電子化,使之成為可以通過各種角度檢索出來的電子化資料,這樣就可大大節省研究者翻查海量文獻資料的時間,使他們可以集中精力分析研究這些文獻資料中的思想和學術內容。

現代電腦和網絡技術已經提出了大數據(big data)的觀念,科學界已經提出了大數據時代或大數據智慧時代的觀念。大數據即巨量資料,指所涉及的資料量規模巨大到無法通過目前的軟體工具在合理時間內進行擷取、管理、處理、並整理成為幫助經營者或研究者達到其他目的的信息。因此大數據具有四 V 特點:Volume(大量)、Velocity(高速)、Variety(多樣)、Value(價值)。研究大數據的專家已經發現,通過大數據方法提供的全新的信息處理模式,能夠為使用者提供更強的加工能力和關於特定目標的決策力、洞察發現力,從而形成多樣化的信息成果。因此人們相信在大數據時代,誰能具備更好地掌控資料的力量,誰就能看到更多的真相,從而做出最明智的決策,從而對已有的關於世界的認識提升到全新的層次。

這樣的理念在諸子學現代轉型中也具有現實價值。諸子學研究所要面對的資料是巨量的,但在研究中又需要從巨量的資料中實現高速的檢索與擷取,收集到必要的且是複雜多樣性的全部資料,由此通過研究分析形成重要的研究新成果,實現新的價值。所以大數據的方法就是幫助諸子學現代式研究迅速、完整掌握必要的複雜資料信息,大數據方法應該成為學術研究者手中的必要工具之一。在諸子學的現代轉型之中,掌握這種方法與工具將有巨大意義。

如果按照大數據的觀念來對歷代諸子的文獻資料加以整合、整理,就要把分散的文本中的字句、話語及相關的豐富複雜的信息內容進行加工,把巨量的歷代諸子的原始資料加工為可以通過現代電腦網絡處理的資料,讓研究諸子學的學者或政府機構等各類使用者根據特定需要迅速檢索出所需的全部原始資料,而且這時檢索出來的資料在保持其原始形態的同時,也因為已經做了資料化的加工而具有了更多的學術信息。它們已經不再是原始的分散的無系統狀態,而是已被加工成具有一定系統性的資料信息。這就會為研究者或利用者提供更為方便和有用的信息,幫助他們在分析時形成更有科學性的結論與認識。

根據以上分析可以看出,這本身是一項龐大的工程,不是哪一個人或單位就能勝任的,應該由國家統籌規劃和部署,從經費、組織、人員、管理等各方面加以整合來從事這項工作。這樣可以節省人力、物力等各種資源,避免分散低效重複和遺漏,大大提高工作效率,增強工作和研究的目的性,最大程度上符合國家利益,這也是諸子學現代轉型中的重要問題,是保證現代轉型得以成功的條件之一。

總之,關於諸子學的現代轉型問題,是一個涉及廣泛的重大問題,需要各學科學者以及國家與各級政府共同關心,協同思考,緊密合作,不能認為只是某些學者的事情而置之不顧,這種意識對於諸子學的研究及其現代轉型是不利的。這一點筆者也想借本文提出,請專家學者思考。

　　[**作者簡介**] 劉韶軍(1954—　),男,山東掖縣人。現為華中師範大學歷史文獻研究所教授,著作有《太玄集注》《日本現代老子研究》《儒家學習思想研究》《楚地精魂——楚國哲學》等。

諸子學轉型的理由追問*

許建良

内容提要 現實生活中西方化的現象,並沒有使我們在整體上重視西方人對道家、道教重視的價值和意義,而總體上,文化的建設仍然在儒家一統的框架裏演繹。客觀的事實是,儒家僅僅是諸子百家中的一個因素。偏重儒家的現實,迫使我們不得不聯繫同受其思想影響的海外地區和國家而進行實質的思考,諸如日本的近代化發展是拋棄儒家思想的結果。經濟建設的現實,呼喚文化助力的援助,諸子學轉型迫在眉睫。

關鍵詞 諸子學　儒家　學術轉型

中圖分類號 B2

任何研究都是時代的研究,離開時代的軌道就無實際價值而言。當然,對此會有爭議,在中國古代思想的平臺上,有人會認為古代思想有其自身的價值,這是毋庸置疑的,這與我認為是時代的研究並不存在絲毫的矛盾。換言之,思想自身的價值,是學理上在同一時代諸多思想的坐標系裏衡量的結果。就某一思想而言,這個層面的價值可以說是永恒的。

但是,在人類文明史的長河裏,特定時代的思想在不同時代的研究正是文明史長河演繹的具體故事,在這個意義上,不同時代對具體特定時代思想的研究要在不同時代找到連接點,只有立足在與具體時代切實對接的切入口上才有價值可言,舍此,其具體研究的意義將無法附麗。

一

在思考諸子學轉型的現實途徑時,必須明確何謂轉型的問題。一般而言,所謂諸子學轉型,是對諸子學研究定式、評價標準、價值追求、興趣情節、主觀心理、研究方法等研究現狀、運

---

* 本文為 2014 年國家社科基金重大項目"文化強國視域下的傳承和弘揚中華傳統美德研究"(批准號:14ZDA010)系列成果之一。

轉模型和相關觀念的根本性轉變；這是一個動態的過程，具有持續長久性的特點；它是主動求新求變的過程，是一個創新的實踐過程。

為什麼要轉型？這是不得不思考的一個現實問題，如果沒有這一問題的明確答案，轉型無疑成為空話。諸子學研究在世界漢學舞臺上可謂源遠流長，詳細梳理不是這裏的主旨。簡單而言，轉型已是一個無法回避的客觀問題。前一段時間，學界已經提出需要確立新的十三經，這無疑是對原有《十三經》反思的結果。衆所周知，《十三經》不過 65 萬字，對此的注解達三億字左右，為原文的四五百倍。《十三經》的形成有一個過程。"經"在古代文獻中突出位置的形成，當始於《禮記·經解》，而不在先秦。《詩》《書》《禮》《樂》《易》《春秋》最早確立為"六經"（俗稱為六藝），六藝中的《樂經》很早就亡佚了，《漢書·藝文志》中已無此書的記載。漢代以《詩》《書》《禮》《易》《春秋》為"五經"，立於學官。後來經書的内涵不斷擴大。在《後漢書·趙典傳》和《三國志·秦宓傳》中可以找到"七經"的表述，但内容不詳。宋代晁公武說唐文宗開成年間，在國子學刻石，將五經中的《春秋》改為春秋三傳，再加上《周禮》《禮記》《論語》《孝經》《爾雅》為"十二經"。南宋理學家朱熹提倡《孟子》《論語》和《禮記》中的《中庸》《大學》合為"四書"，於是本為子部書的《孟子》也升格為經書的一部分，合稱"十三經"。明代李元陽刻十三經注疏，十三經之名完全確定。清朝乾隆鐫刻《十三經》經文於石，1815 年學者阮元刻《十三經注疏》，從此，《十三經》在儒學典籍中的地位更加鞏固。

顯然，《十三經》是十三部儒家經書的合稱，是儒學的核心文獻，十三經的觀念濫觴於南宋（1127—1279）中後期，《十三經》的整體性概念成熟於明朝（1368—1644），以萬曆十二年（1584）神宗頒佈詔令欽定《十三經注疏》為完全確立的標誌；是從漢武帝（前 156—前 87 在位）確立五經博士開始，學術潮流與政治權力聯結，不斷調整儒家經書名目。學術上的標準取決於某一時代主流學術思潮對典籍的偏好；政治上的標準則與帝王朝廷的尊奉、博士官制度、科舉制度有着不可分割的聯繫。儒學是中國從漢武帝到清朝（1644—1911）結束的官方意識形態、主流學術思想，其提倡的價值觀念、道德倫理是千百年來華人社會日常生活的普遍指導原則。《十三經》是儒學的核心經學，它們不僅成為研究的直接對象，也是不同時代各派儒學理論與相應的社會、人生主張及實踐得以成立的根基所在。自西漢以來，經書被確立為國家經典，宋代以來又被定為科舉用書，成為讀書人之必讀書目。故其地位崇高，影響巨大①。

先秦是諸子百家同時登臺合唱的時代，是百花齊放而活力無限的黃金年代，對此司馬談《論六家要指》有總結：

---

① 參考《四庫全書總目》卷一《經部總敘》："經稟聖裁，垂型萬世，刪定之旨，如日中天。無所容其贊述，所論次者，詁經之說而已。自漢京以後垂二千年，儒者沿波，學凡六變。其初專門授受，遞稟師承，非唯詁訓相傳，莫敢同異，即篇章字句，亦恪守所聞，其學篤實謹嚴，及其弊也拘。……要其歸宿，則不過漢學宋學兩家互為勝負。夫漢學具有根柢，講學者以淺陋輕之，不足服漢儒也。宋學具有精微，讀書者以空疏薄之，亦不足服宋儒也。消融門户之見而各取所長，則私心袪而公理出，公理出而經義明矣。蓋經者非他，即天下之公理而已。"

> 夫陰陽、儒、墨、名、法、道德，此務為治者也，直所從言之異路，有省不省耳。嘗竊觀陰陽之術，大祥而眾忌諱，使人拘而多所畏；然其序四時之大順，不可失也。儒者博而寡要，勞而少功，是以其事難盡從；然其序君臣父子之禮，列夫婦長幼之別，不可易也。墨者儉而難遵，是以其事不可遍循；然其彊本節用，不可廢也。法家嚴而少恩；然其正君臣上下之分，不可改矣。名家使人儉而善失真；然其正名實，不可不察也。道家使人精神專一，動合無形，贍足萬物。其為術也，因陰陽之大順，采儒墨之善，撮名法之要，與時遷移，應物變化，立俗施事，無所不宜，指約而易操，事少而功多。儒者則不然。以為人主天下之儀錶也，主倡而臣和，主先而臣隨。如此則主勞而臣逸。至於大道之要，去健羨，絀聰明，釋此而任術。①

審視歷史，《十三經》對中國思想、社會的影響之大不言而喻。但它局限於儒家思想的集結，無視於其他諸子思想客觀存在的事實，這與西漢王朝"罷黜百家，獨尊儒術"②的學術與政治合一的實際選擇分不開。在中國歷史上，這樣結果的出現，不是偶然的，而是經過實踐的選擇。漢朝建立後，由於廢除了秦的禁書政策，戰國各學派的思想逐漸恢復，尤以儒家及道家兩派為要。漢初實行的是"與民休息，無為而治"的道家思想，在七國之亂平定後，漢朝中央政府空前強大，為了鞏固自己的地位，急切需要大一統的思想標準；漢武帝即位後，權臣衛綰、田蚡和竇嬰等主張尊崇儒術，貶抑法家，同主張道家思想的竇太后展開政治鬥爭，建元二年(前139)，竇太后一度得勝；建元六年(前135)，竇太后去世，支持儒家的官員重新得勢。在這樣的情況下，漢武帝於元光元年(前134)徵召天下儒生入長安策問。其中董仲舒提出"《春秋》大一統者，天地之常經，古今之通誼也。今師異道，人異論，百家殊方，指意不同，是以上亡以持一統；法制數變，下不知所守。臣愚以為諸不在六藝之科孔子之術者，皆絕其道，勿使並進。邪辟之說滅息，然後統紀可一而法度可明，民知所從矣"(《漢書·董仲舒傳》)，這當是班固"罷黜百家，表章《六經》"的依據③。董仲舒的這一建議，得到漢武帝的默認，因而在全國的思想及仕進上採用儒家的觀點，並大量任用儒生為官④。

毋庸置疑，漢代的舉措是在先秦諸子百家中偏愛儒家而確定儒家為一統的思想標準。此

---

① 司馬遷《史記》，北京中華書局1982年版，第3288～3289頁。
② 《漢書·武帝紀》："贊曰：漢承百王之弊，高祖撥亂反正，文景務在養民，至於稽古禮文之事，猶多闕焉。孝武初立，卓然罷黜百家，表章《六經》。"班固《漢書》，北京中華書局1962年版，第212頁。"表章《六經》"實際是"獨尊儒術"，因為《六經》以外沒有得到"表章"；應該可以做出這樣的推測。
③ 《漢書·董仲舒傳》："及董仲舒封冊，推明孔氏，抑黜百家。"
④ 李全華在《史記疑案》(湖南大學出版社2011年版)中提出："儒術獨尊，百家罷絀，始於元帝"，而不是漢武帝，這與《漢書·元帝紀》"贊曰……少而好儒，及即位，征用儒生，委之以政，貢、薛、韋、匡迭為宰相。而上牽制文義，優遊不斷，孝宣之業衰焉"的記載相一致。

時的儒家思想已與先秦原始的儒家思想存在一定的差距,因為它吸收了道家、法家、名家等其他諸子的思想①,不過,在形式上僅推重儒家,無疑是極為偏頗的。其他思想即使存在,也無法獲得自己的名分。這無疑是諸子學研究轉型的重大理由和依據之一。

二

儒家思想是中國古代文化的驕傲,但中國古代文化不僅僅是儒家,儒家不過是諸子百家衆多繁星中的一個星座,這是以上分析的諸子學轉型的理由之一。

在世界文明史的長河裏,中國思想對海外的影響是有目共睹的事實,所以,中國古代思想不僅是中國文明的財富,同時也必然是世界文明寶庫中的當然財產。在這個意義上,中國古代思想研究是世界文明史研究的組成部分。在世界文明史的長河中,中國古代思想作為研究的對象是共同的,但研究主體是隨着民族的界限而分限的。換言之,每個民族具有自己獨特的中國思想的研究,中國也不例外,這種研究只能在獨特中找到位置,而永遠也不可能是唯一的。在這樣的思維層面,就要求每個民族的中國古代思想研究必須依歸世界文明史研究這個舞臺來加以審視和衡量,這是針對同一研究主題而進行具體研究之必須。要特別引為重視的是,在這一點上中國同樣沒有例外。也就是說,中國知識人在對中國古代思想進行研究時,必須及時瞭解世界漢學研究的現狀,從而進行反思,這樣才利於推進古代思想研究本身的深入。正是在這個維度上,我們的研究迄今未能找到科學而合理的準星,或者說處於夜郎自大、孤芳自賞的境地,這是致命的。

具體而言,可以日本漢學研究為例。必須承認,日本的漢學研究水準是非常值得我們重視的,尤其是它的實證研究,就是西方也無法與之媲美。

(一) 對義利的認識

儒家對義利的看法,在歷史上一直占有絕對支配的位置。説起儒家的義利,最先使人想到的就是孔子的"君子喻於義,小人喻於利"(《論語·里仁》)。對孔子的君子和小人,雖然存在從人格上還是從社會地位上進行理解的分歧,但我認為恐怕不能僅僅從道德上來理解它們,而當從社會分層上來加以理解。換言之,孔子的君子和小人代表的是兩個社會階層的人,

---

① 參考"所謂'儒學的法家化',其意義不是單純地指日益肯定刑法在維持社會秩序方面的作用。遠在先秦時代,荀子在《王制》和《正論》兩篇已給刑法在儒家的政治系統中安排了相當重要的位置。漢初儒學的法家化,其最具特色的表現乃在於君臣觀念的根本改變。漢儒拋棄了孟子的'君輕'論、荀子的'從道不從君'論,而代之以法家的'尊君輕臣'論。"《反智論與中國政治傳統》,余英時《中國思想傳統的現代詮釋》,江蘇人民出版社1995年版,第92頁。

他們具有不同的社會地位。君子持有高的社會地位,它們可以用"義"來進行表述;小人居於較低的社會地位,對它們只能用"利"來加以概括。在這個表述中,孔子的立場無疑站在君子這邊,這是非常明顯的,他推重的是"義",這符合他的整體思想。在《論語》裏,記載孔子談利益的論述非常少,"子罕言利"(《論語·子罕》)。孔子認為"放於利而行,多怨"(《論語·里仁》),順從利益的欲望而行為的話,必然招來怨恨;所以,孔子不僅把"見利思義"(《論語·憲問》)作為"成人"①的條件之一,而且把"見得思義"(《論語·季氏》)作為君子"九思"②的因素之一;成人、君子顯然不是一般階層的人,他們在利益、獲得面前,共同的行為選擇是"思義";其實,這裏的"利"和"得"所要表達的意思無疑是相同的,利益在一定的意義上也是一種獲得。

以上是孔子關於利益的整體運思,不得不說的是,孔子無疑對立了義利即道德與利益的關係,把道德專屬於君子即統治階級,而把利益專屬於小人即勞動階級。其實,小人並不是利益的享受者,而是利益的生產者;統治者才是利益真正的享受者,他們絕對不是不食人間煙火的神。所以,在形式上,君子是道德的代表;實質上,他們才是利益的獲取者和享受者。小人在形式上是利益的代表,實質上卻成為利益的剝奪者。這一現象的產生在於儒家思想的本質是"官本位"的學說,並非平民的學說。這一現象西方學者的表述非常經典,即"在法家與儒家學說的衝突中,人們非常清楚地看到,儒家作為由家庭向外遞減的道德義務的概念,實際上成為有權有勢的家族的集體自私的辯護"③,換言之,儒家的仁義是真正實現利益的工具,具有迷人性。孔子迷人的表述,到孟子的時候得以真正的揭露,這就是:"然則治天下獨可耕且為與?有大人之事,有小人之事。且一人之身而百工之所為備,如必自為而後用之,是率天下而路也。故曰或勞心,或勞力。勞心者治人,勞力者治於人;治於人者食人,治人者食於人:天下之通義也。"(《孟子·滕文公上》)

其實,儒家思想的本質在孔子那裏就有明顯的線索,關鍵是我們沒有本着文獻去做客觀的思考,而是臆想先行來為儒家思想辯護。儒家思想的形式和實質上存在矛盾,這就使其脫離生活而無法成為人們實用的指南,日本實業家澀澤榮一對此的揭示值得我們重視:

> 朱子派的儒教主義,被在維新之前掌握着文教大權的林家一派的學說賦予了濃厚的色彩。他們把被統治階級的農工商階層人置於道德的規範之外,同時農工商階級也覺得自己沒有去受道義約束的必要。林家學派的宗師朱子,只是一個大學者,是口說實踐躬行仁義道德,而並不躬親履行的人物。因此,林家的學風也產生了說

---

① 《論語·憲問》:"今之成人者何必然?見利思義,見危授命,久要不忘平生之言,亦可以為成人矣。"
② 《論語·季氏》:"君子有九思:視思明,聽思聰,色思溫,貌思恭,言思忠,事思敬,疑思問,忿思難,見得思義。"
③ [英]葛瑞漢著、張海晏譯《論道者:中國古代哲學論辯》,《天人分途》,中國社會科學出版社2003年版,第335頁。

和行的區别,即儒者是講述聖人學説的,而俗人則是應實地履行者,其結果是,孔孟所説的民,即被統治階級者,只是奉命而行,馴致成了只要不懈怠一村一區課役的慣例就足够了的卑屈劣根性,仁義道德是統治者的事,百姓只要耕種政府所給與的田地,商人只要能撥動算盤珠,就是盡到了責任,這種結果成了習慣,自然就缺乏愛國家、重道德的觀念。①

由於形式的表達與實際相背離,從强調道德開始的結果卻是道德的缺乏,而統治者僅是民衆創造的利益的占有者和享受者,而不是國家利益的代表者,而最後缺乏國家的真正積澱。可見,儒家的"官本位"思想僅僅是給統治者貼標籤,而不是告訴統治者如何才是統治者的道理。

日本在吸收儒家思想的過程中,就避免了這種虚假的對立利益與道德的做法,美國學者的總結可以參考:

> 在日本人的哲學中,肉體不是罪惡。享受可能的肉體快樂不是犯罪。精神與肉體不是宇宙中對立的兩大勢力,這種信條邏輯上導致一個結論,即世界並非善與惡的戰場……事實上,日本人始終拒絕把惡的問題看作人生觀。他們相信人有兩種靈魂,但卻不是善的衝動與惡的衝動之間的鬥争,而是"温和的"靈魂和"粗暴的"靈魂(即"和魂"與"荒魂"),每個人、每個民族的生涯中都既有"温和"的時候,也有必須"粗暴"的時候。並没有注定一個靈魂要進地獄,另一個則要上天堂。這兩個靈魂都是必須的,並且在不同場合都是善的。②

(二) 關於仁的理解

其實仁義是聯繫的,這裏把它們分開來例證,只是爲了强調它們在儒家思想中的重要性,並没有要細分仁義概念的意思。"仁"的概念雖然不是孔子首創,但仁學的建立無疑是孔子的功勞。仁的内容是愛人,但最主要的内容是孝悌,"君子務本,本立而道生。孝弟也者,其爲仁之本與"(《論語·學而》)、"弟子,入則孝,出則弟,謹而信,泛愛衆,而親仁"(《論語·學而》),就是具體的佐證。孝悌都是基於血緣層面的規範要求,可見儒家仁學的本質所在。而仁實現的途徑,在孔子那裏也是通過君子的楷模行爲來帶動民衆,從而使整個社會充滿仁德,即"君子篤於親,則民興於仁"(《論語·泰伯》);對此的可能性問題,我們一般的研究很少花時間來進行質疑,而是把它作爲君子的一個品行來加以肯定性的量定。在孔子看來,對有志向而具備仁德的人而言,爲了成就仁德,犧牲自己的生命在所不辭,"志士仁人,無求生以害仁,有殺

---

① [日]澀澤榮一著、王中江譯《論語與算盤——人生·道德·財富》,《實業與士道》,中國青年出版社1996年版,第173~174頁。
② [美]露絲·本尼迪克特著、吕萬和等譯《菊與刀·人情的世界》,北京商務印書館1990年版,第131頁。

身以成仁"(《論語·衛靈公》),就是最好的説明。孔子的這一運思為後來的孟子所堅持,即為人所熟知的"魚,我所欲也。熊掌,亦我所欲也。二者不可得兼,舍魚而取熊掌者也。生,亦我所欲也。義,亦我所欲也。二者不可得兼,舍生而取義者也。生亦我所欲,所欲有甚於生者,故不為苟得也。死亦我所惡,所惡有甚於死者,故患有所不辟也。如使人之所欲莫甚於生,則凡可以得生者,何不用也!使人之所惡莫甚於死者,則凡可以辟患者,何不為也!"(《孟子·告子上》)

  日本的文化和文字都是從中國引進的,但是,他們没有照搬中國的模式。美國思想家露絲·本尼迪克特的研究值得重視:

> 七世紀以來,日本一再從中國引進倫理體系,"忠"、"孝"原來都是漢文。但是,中國人並没有把這些道德看成是無條件的。在中國,忠孝是有條件的,忠孝之上還有更高的道德,那就是"仁"……中國的倫理學把"仁"作為檢驗一切人際關係的試金石。中國倫理學的這一前提,日本從未接受。偉大的日本學者朝河貫一在論及中世紀兩國的這種差異時寫到:"在日本,這些觀點顯然與天皇制不相容,所以,即使作為學術理論,也從未全盤接受過。"事實上,"仁"在日本是被排斥在倫理體系之外的德目,喪失了它在中國倫理體系中所具有的崇高地位。在日本,"仁"被讀成"jin"(仍用中文的漢字)。"行仁"或"行仁義",即使身居高位也不是必須具備的道德了。由於"仁"被徹底排斥在日本人倫理體系之外,致使"仁"形成具有"法律範圍以外之事"的含意。比如提倡為慈善事業捐款、對犯人施以赦免等等。但它顯然是分外的事,不是必需如此。①

在日本人的視野裏,"仁"是不切合實際的,"在中國的學問中,尤其是一千年左右以前時,宋代的學者也經歷了像現在這樣的情形。但由於他們倡導仁義道德的時候,没有考慮按照這種順序去發展,完全陷入了空論,認為利欲之心是可以去掉的。可是發展到頂點,就使個人消沉,國家也因而衰弱。結果到宋末年受到元的進攻,禍亂不斷,最終被元所取代,這是宋的悲劇。由此可知,僅僅空理空論的仁義,也挫傷了國家元氣,减弱了物質生産力,最後走向了亡國。因此,必須認識到,仁義道德搞不好也會導致亡國。"②

  也就是説,日本人認為中國人把一切道德歸之於出自仁愛之心的做法完全是不切合實際的。因此,"日本人……先確立義務準則,最後才要求人們全心全意,為履行義務而傾注全部心靈和精力"③。這正是仁的愛人的不明確性,或者説模糊性,這模糊性就無法使仁對人産生有效的實際觸動,故日本選擇"孝"作為人際關係的紐結,"孝道在日本就成了必須履行的義

---

① 《菊與刀·報恩於萬一》,第82~83頁。
② [日]澀澤榮一著、王中江譯《論語與算盤——人生·道德·財富》,《仁義與富貴》,第75~76頁。
③ 《菊與刀·道德的困境》,第148~149頁。

務,甚至包括寬宥父母的惡行或無德。只有在與天皇的義務衝突時可以廢除孝道,此外,無論父母是否值得尊敬,是否破壞自己的幸福,都不能不奉行孝道"①;孝不像仁那樣具有虛無性,它有明確的規定,"日本的'孝道'只是局限在直接接觸的家庭内部。充其量只包括父親、祖父,以及伯父、伯祖父及其後裔,其含意就是在這個集團中,每個人應當確定與自己的輩分、性别、年齡相適應的地位"②,這種"相適應的地位"事務的訓練和培育,養成了厚實的角色意識,這是支撑日本等級社會的各種職分得到完美履行的基礎。

三

以上是在世界漢學研究視野上的諸子學轉型的理由訴諸。顯然,止步於此是於事無補的。今天的諸子學研究,一個不得不思考和審察的問題是,聯繫海外受過中國思想影響地區的現實,來衡量和評價中國古代具體思想的價值,没有這個視野,再多的中國古代思想研究也是閉門造車式的研究,中國的現代化建設無法在這樣的研究中及時吸收到古代文化的營養,這就是這裏要解决的問題。

在世界漢學研究的舞臺上,日本的漢學界在20世紀20年代左右出現的一批研究專家,以重視實證而著名,諸如武内義雄作爲新實證主義研究的代表,其中國思想研究開創了從文獻概念出發來加以比較從而推定文獻的真僞並進行價值量定的研究,在日本漢學界産生了深遠的影響;他的研究不僅是方法上的創新,而且大量利用一手資料。他先後來中國10數次,進行古代文化古迹的實地考察和走訪調查,收集掌握了豐富的一手資料,有些資料顯然是我們自己没有的;而一些有價值的絶好的古本,我們自己没有,在日本一些資料庫諸如大阪大學的懷德堂裏卻保存了古本,今天《儒藏》中的《論語》專集,其中日本正平版(1364)何晏《論語集解》是傳世《論語》中最早、最完整的單集解本,也是漢魏古注的集成之作,就是採用懷德堂裏的古本。

日本在唐代從中國引進文字和古代文獻,經朝鮮半島到日本,他們引進的中國古代文獻,並不限於儒家思想,也有《莊子》等道家的;他們對中國思想的瞭解和研究是從學習中國文字開始的,現代日語裏,使用的漢字還有近3 000個;雖然是漢字,但日語的讀音不是漢字的讀音,他們賦予其假名;他們在聽到日語假名時,最先進入腦海的是相應的漢字;假名是按日語規則在文字中起作用的,這是日語的規則,是他們的邏輯思維,他們學習中國古代思想也是這麽進行的。因此,這種非常扎實的學風在日本的京都大學、東北大學保持至今,他們今天訓練學生仍採用這種扎實的方法。從一開始起,他們對中國思想的接受没有任何的偏見和偏愛,至於相應的思想學派在中國的待遇他們雖然清楚,但從來没有照搬到日本成爲日本接受中國

---

① 《菊與刀·報恩於萬一》,第84頁。
② 《菊與刀·各得其所,各安其分》,第37頁。

思想的當然的規則。可以說,他們是在綜合思想研究中,吸收他們認為對日本有用的東西,諸如上面分析的拋棄"仁"而選擇"孝道"為最為重要的原則的實踐,就是最好的說明。可以說,日本採用中國的文字和引進中國古代文獻,自然是出於對中國文化的愛好,以及在地理位置上便利優勢的助成,這是日本情感選擇的結果。

日本受中國文化的影響是客觀的,但對此的評價顯然是比較困難的事情,尤其是量化的考量。不過,我們可以通過一些資料進行一定程度上的思考。現在都時興用人均收入來排定國家的具體位置,從而說明具體的問題。這裏也想從這俗套的路徑切入。例如在聯合國公佈的 2012 年人均 GDP 排名中,日本排 15 位,人均 GDP 是 46 838 美元,每小時的平均收入是 43 美元;中國排 92 位,人均 GDP 是 6 070 美元,每小時的平均收入沒有資料。以前的一些儒家思想研究,往往會拿亞洲四小龍即臺灣、韓國、香港、新加坡來說話,認為它們都是受儒家文化的影響,從而強調儒家思想在現代化實踐中的價值。我認為這顯然是站不住腳的,因為它們接受中國的思想不僅僅是儒家,當然,我沒有詳細的研究,故這裏也不想以此為對象來說明問題,而以日本為對象來解釋。

日本現在成為世界經濟強國是否與中國儒家思想存在必然的聯繫?這是需要仔細分析的問題。日本文化與中國文化的聯繫是必然的,但我們無法說儒家對日本人有什麼特別的意義。這是一。日本近代的飛速發展,可以說是日本理性選擇的結果,這次他們選擇的不是中國文化,而是西方文明。在日本近代化的過程中,日本思想巨擘福澤諭吉(1835—1901)是舉足輕重的人物。他所處的時代,外國列強已在日本口岸通商,日本產生雇傭外國人的現象。當時,"日本往何處去"是一些知識人始終思考的一個問題,福澤也不例外,他的答案是:"日本人當前的唯一義務就是保衛國體。保衛國體就是不喪失國家的政權。要不喪失政權,就不得不提高人民的智力,其具體的方法固然很多,但是,在智力發生的道路上,首先在於擺脫古習的迷惑,吸取西洋的文明精神。"①他這裏的"古習",實際上就是儒家人倫道德在時代發展中表現出來的軟弱無力②,因為他認為道德的最大作用在個人德性的提高,其影響在耳濡目染,無

---

① [日]福澤諭吉《文明論之概略·以西方文明為目的》,東京岩波書店 1985 年版,第 48 頁。
② 參考福澤諭吉的總結來擱筆:"說起來,我的教育主張是着重於自然原則,而以數、理兩方面為其根本,人間萬事凡是具體的經營都擬從這數、理二字推斷之……自古以來東方和西方彼此相對,而察其進步之先後快慢,兩者的確有很大的差別。不論東方或是西方,都有道德方面的教育,也有經濟方面的議論,文化武備各有短長。但從國事總體來看,說道富國強兵、絕大多數人享有最大幸福的情況,則東方國家必居於西方國家之下。國勢如何果真取決於國民教育,則東西兩方的教育法必然有所差別。因此拿東方的儒教主義和西方的文明主義相比,那麼東方所缺少的有兩點:即有形的數理學和無形的獨立心……往近處說,只要有今天所謂的立國;往遠處想,只要有人類,那麼可以說人間萬事絕不能離開數理,也不能撇開獨立。然而,這種極其重要的道理在我們日本國內卻遭到輕視。這樣下去,當前不會使我國做到真正開放而與西方列強並駕齊驅。我深信這完全是漢學教育之過。"[日]福澤諭吉著、馬斌譯《福澤諭吉自傳》,北京商務印書館 1980 年版,第 179～180 頁。

論是影響的範圍還是其力度都是非常有限的。所以,要在世界舞臺上立住腳,日本就得學習西方文明精神。值得注意的是,這裏不是簡單的"文明",而是"文明精神",也就是内在的文明;他認爲:"半開化的國家在汲取外國文明時,當然要取舍適宜,但文明有見之於外的事物和存之於内的精神的兩個區别。外在的文明易取,内在的文明難求。謀求一國的文明,應該先難後易……所謂見之於外的文明的事物,是指衣服、飲食、器械、居室以至於政令、法律等耳所能聞見的事物……那麽,究竟文明的精神是什麽呢? 這就是人民的氣質……現在雖暫且把它稱作國民的氣質,但就時而言,又可稱作時勢;就人而言,則可稱作人心;就國家而言,可稱作國俗或國論,這就是所謂文明的精神。使歐亞兩洲的趨向相差懸殊的就是這個文明的精神。因此,文明的精神,也可以稱爲一國的人心風俗……現在我們所主張的以歐洲文明爲目的,意思也是爲了涵育這種文明的精神。"①

在福澤的心目中,"國體"是一個國家的生命,所以,建設國體就是育成一個國家的生命,但國體營養的源泉是"西方文明精神",他認爲這是使歐亞兩洲相差懸殊的根源,無疑,他拋棄了中國古代文化在近代化道路上的積極作用,而適時地引進了西方文明,可以説這是文化的轉型。導致日本這樣選擇自然不是毫無依據的,因爲他們認爲中國儒家的思想過於強調個人的修養,爲學問而學問,學問與實際脱節,日本學者澀澤榮一的總結非常精當。他説:"修養必須達到什麽程度,這是没有界限的,但必須注意的是切勿陷入空理空論。修養不是理論,應在實際中去做,所以必須同實際保持密切的聯繫……理論與實際、學問與事業如果不同時發展,國家就不能真正興盛。不管一方如何發達,而另一方如果不與之相結合,這個國家就不能進入世界強國之林。不能只滿足於事實,也不能唯理論是從,必須是兩者能結合,密切聯繫,在這種情況下,作爲國家即是文明富強,作爲人則成爲完全的人格者。上述情形的例證很多,就漢學來説,孔孟的儒教在中國最受尊重,稱之爲經學或者實學,這和詩人墨客用以遊戲人間的文學,則完全是另外一件事。對儒學研究最深,而且使之發展的是中國宋末的朱子。當然,朱子非常博學,而且熱心講學。不過他所處的時代,即宋朝末期,政治頹廢,兵力微弱,絲毫没有實學的效力。也就是説,學問儘管非常發達,但政務極爲混亂。换言之,即學問與實際完全隔絶了。總之,儒家的經學到了宋代儘管有了大大的振興,但並没有把它運用到實際中。"②日本的成功就在於克服了這一弊端,"然而在日本卻利用了被弄成空理空文死學的宋朝的儒教,而發揮了實學的效驗。最善於利用的是德川家康。元龜、天正之際,日本號稱二十八天下,國事亂如麻,諸侯都只熱心軍備。可是家康卻十分明智,瞭解到只靠武備是不能作爲治國平天下之策的。他以大力灌注於文事方面,採用了在中國作爲死學空文的朱子儒學。首先聘請了藤

---

① [日] 福澤諭吉著、馬斌譯《福澤諭吉自傳》,北京商務印書館1980年版,第29~32頁。
② [日] 澀澤榮一著、王中江譯《論語與算盤——人生・道德・財富》,《人格與修養》,第128~129頁。

原惺窩①,繼之又任用了林羅山②,完全把學問運用到實際中,也就是說,使理論同實際相配合、相接近。"③正是在這個點上,我們必須思考,在儒家文化一統的中國,在研究古代思想時,不得不與世界舞臺上同受中國古代文化影響的海外國家和地區的現實情況相比。這是轉型的又一理由。

四

現在想把注意的視角轉向西方,看看西方對中國古代文化的反映和評價。

眾所周知,現在是西方價值中心,中國的英語教育、量化的評定機制全部西方化。我們現在一切行為追求實際上都以西方為標準,包括前幾年出現的中國有無哲學的討論,實際上也是以西方為標準而形成的問題。另一方面,我們的教育也呈現西方化的特色,比如我們的英語教育從學前就開始了,大學畢業後的碩士、博士生入學考試,英語是必考的科目,入學後自然也是必學的課程。可是對中國語教育的重視程度,遠遠無法與英語相比。現在中國語課程的開設沒有成為全部本科院校的必修要求,更不要說研究生階段了。不學習漢語就無法保證漢語的水準,有的 985 高校的碩士研究生不會書寫大寫的數字。為什麼重視英語而輕視自己國語的學習？而在美國,英語考試是一切入學考試(不分專業,就是醫學院的考試,寫作也是必考的內容)的必然內容,包括研究生的入學考試。這說明什麼,難道不值得我們思考嗎？西方人重視我們道家的思想,但為什麼西方人重視道家哲學這一點沒有引起我們足夠的重視,而始終行進在儒家思想一統的軌道上,在地球村的境遇中,沒有感覺到我們的文化研究需要變革的急迫性。

20 世紀 80 年代末聯合國教科文組織公佈,老子《道德經》的外文翻譯本已達 250 多種,僅次於《聖經》而居第二位,顯然,道家思想在西方世界的影響要遠遠超過儒家思想,因此,有學者稱此現象是"牆內開花牆外香"。在 20 世紀末、21 世紀初,西方人就提出了"21 世紀將是道家哲學的世紀"的警世性預言,完全可以說,西方人重視道家的程度遠遠超過我們自己。英國漢學家 J. J. Clarke 在最新的《西方之道：道家思想的西方轉型》中認為,"迹象顯示,在西方,我們最終已開始從那些帶有偏見的空想中蘇醒過來。一個明顯的態度的變化已在最近數十年占有了位置,它不僅影響對道家的態度,而且影響對整個中國的態度,以及影響對亞洲其他偉大文明和信念體系的態度。在廣義上,在過去的世紀,我們已經見證了一個轉型,它是從歐洲中心的態度和價值享有世界統治地位的一個帝國時代、向對西方強力和理念存有深遠挑戰

---

① 藤原惺窩(1561—1619),日本安土、桃山至江戶前期的儒學家,日本近古朱子學之祖。
② 林羅山(1583—1657)日本江戶初期的儒學家,致力於朱子學的普及。
③ [日]澀澤榮一著、王中江譯《論語與算盤——人生·道德·財富》,《人格與修養》,第 129 頁。

之一的轉型。"①道家思想對西方人的影響不是局部的、微觀的,而是廣域的,宇宙學、政治學、煉金術、倫理學、教育學等方面,他們認爲道教是世界性的宗教;這種影響不僅僅限制在學術的層面,而且滲透到人們日常的生活之中,諸如瑜伽、風水等,受到他們的極大重視,"在不同的視點上,在跨越大衆和學術關心的聚焦的中心,我們也能確認一個跨越學術和知識的全範圍的興趣,這已經在奇妙的途徑上嚴肅地思考道家,它與早期由對佛教和印度教熱情而來的許多尊敬相媲美,在此得到驅動的不是太多的歷史學的要求,而是東方理念作爲面對和説明某個關鍵當代問題方法的開發"②。這裏直接把道家、道教的影響與佛教、印度教相提並論。

我們雖以西方價值爲中心,但在對自己文化的認同度上就偏偏無視西方的動向,這顯然是互相矛盾的。正如上面揭示的那樣,西方人對道家思想的濃厚興趣不在於歷史方面,而是將道家思想與現實世界的問題緊密聯繫,諸如三大危機都能在道家思想中找到答案。换言之,道家思想本身具有的内在魅力,吸引了西方人。再看我們儒家思想一統的現實,一切研究都偏於儒家,近年來雖然對道家思想研究顯示相當的重視,但仍然是不够的。這樣的結果,一方面是道家思想本有的問題没有得到重視,其相應的思想資源也没有得到總結,諸如司馬談在《論六家要指》中總結的"道家無爲,又曰無不爲……其術以虚無爲本,以因循爲用"的"因循"的思想,這是在實踐哲學視野裏道家之所以爲道家的標誌性概念之一,可是,這一概念至今仍未得到應有的重視③,這無疑對古代文化資源的激活是一種犯罪。

五

古代思想研究的現實檢點,也迫切呼吁諸子學研究的轉型。

上面談的道家的"因循"的問題,長期以來没有得到重視的結果,實際上給古代文化資源的有效利用形成了實際的阻障,造成了資源的浪費,也斷送了"因循"爲現代化建設服務的諸多機會,我們目前居民規範意識薄弱的現實,不能不説與忽視"因循"的古代資源的總結和分析,以及割裂創新與因循的關係這一做法存在關聯,也與《辭海》《辭源》臆想地把"因循"與"守舊"相連接的武斷做法分不開。

以上僅是問題的一個方面,就是在儒家思想的研究中,也嚴重存在一葉障目的情況。這裏就拿"憂患"來做例子。憂患是個老話題,可以説它與中國知識人存在特殊的關係,往往把

---

① J. J. Clarke: *The Tao of the West: Western Transformations of Taoist Thought*. Routledge 11 New Fetter Laane, London EC4P 4EE, 2000, p. 2.

② Ibid., p. 4.

③ 參照許建良《爲"因循"翻案》,《新世紀的哲學與中國——中國哲學大會(2004)文集》上卷《傳統與現代》,中國社會科學出版社 2005 年版,第 575~585 頁。

具有憂患意識作為知識人的優良品德之一,本文對此不做評論。這裏想強調的是我們特別重視憂患,就是迄今的一些研究選題仍有關於憂患的內容,認為這是優良的傳統。問題是儒家重視的不僅僅是憂患,還有與此相連的危機意識,而危機意識迄今都沒有成為我們聚焦的問題,仍在文化因素的圈外,這是非常遺憾的事情,也是我們的問題所在。

我國古代的憂患意識,最早可以在《詩經》裏找到。"憂"在《詩經》裏出現75次左右,其中"憂心"約25次,"心之憂"約24次,"我心憂傷"約4次,"心憂"約3次,"心憂傷"4次,"無思百憂"約3次。一個不可否認的事實是,《詩經》對"憂"的解釋側重在"心",這說明"憂"是一種心的活動;《詩經》裏沒有出現"患",實際上,"憂"與"患"在字形上都與心聯繫,說明都是心理活動,《說文解字》的"患,憂也",就是這樣來解釋的,它們往往可以互釋。在動詞的層面上,表示擔憂、憂慮;在名詞的意義上,則表示憂患、禍患。憂患意識就是由對憂患、禍患認識而積澱起來的心理情感,往往表現為憂愁之感。對《詩經》中的憂患意識,先哲都有深刻感悟,《漢書·藝文志》認為"大儒孫卿及楚臣屈原,離讒憂國,皆作賦以風,咸有惻隱古詩之義";清劉熙載《藝概·詩概》也認為"大雅之變,具憂世之懷,小雅之變,多憂生之意"①。這些就是有力的佐證。

憂患的運思在孔子那裏也能找到,"不患人之不己知,患不知人也"(《論語·學而》)、"人無遠慮,必有近憂"(《論語·衛靈公》),"憂"和"患"是分開的,這裏沒有成為一個概念。就孔子而言,"憂"和"患"的意思就是憂慮。對孔子而言,"丘也聞有國有家者,不患貧而患不均,不患寡而患不安。蓋均無貧,和無寡,安無傾"(《論語·季氏》)最為主要。換言之,貧窮和寡少是不用擔心的,關鍵是在貧窮和寡少的境遇裏作到均平,這樣大家就能和安。也就是說,孔子明顯表現出不關心發展生產的傾向,而運思如何在貧寡的境遇下快樂生活,"賢哉,回也!一簞食,一瓢飲,在陋巷,人不堪其憂,回也不改其樂。賢哉,回也!"(《論語·雍也》)就是具體說明。在貧寡的境遇裏能保持快樂心態的話,就能忘卻憂愁和憂慮,即"葉公問孔子於子路,子路不對。子曰:'女奚不曰,其為人也,發憤忘食,樂以忘憂,不知老之將至云爾。'"(《論語·述而》)所以,對儒家孔子而言,貧寡等關聯物質生活方面的東西是不擔憂的,"君子謀道不謀食。耕也,餒在其中矣;學也,祿在其中矣。君子憂道不憂貧"(《論語·衛靈公》)、"德之不修,學之不講,聞義不能徙,不善不能改,是吾憂也"(《論語·述而》),道義是他唯一擔憂的內容。

憂患作為一個概念,在孟子②、荀子那裏就能找到。總的說來,孟子把憂患作為人生命活力的根源③,荀子則把憂患與國家的安危緊密相連,國家安定不僅君主快樂,而且沒有憂民,國

---

① 劉熙載著、薛正興點校《劉熙載文集》,《藝概》卷二《詩概》,江蘇古籍出版社2000年版,第93頁。
② 《孟子》有1個用例,《荀子》有4個相同意義上的用例。
③ 《孟子·告子下》:"舜發於畎畝之中,傅說舉於版築之間,膠鬲舉於魚鹽之中,管夷吾舉於士,孫叔敖舉於海,百里奚舉於市。故天將降大任於斯人也,必先苦其心志,勞其筋骨,餓其體膚,空乏其身,行拂亂其所為,所以動心忍性,曾益其所不能。人恒過,然後能改;困於心,衡於慮,而後作;徵於色,發於聲,而後喻。入則無法家拂士、出則無敵國外患者,國恒亡。然後知生於憂患,而死於安樂也。"

家危險就没有快樂的君主;這樣的話,社會治理就成為首要的任務,在實行社會的治理中遠離憂愁、獲得快樂①。《易大傳》中憂患有兩個用例,諸如《繫辭下》"易之為書也不可遠,為道也屢遷。變動不居,周流六虚。上下無常,剛柔相易,不可為典要,唯變所適。其出入以度,外内使知懼,又明於憂患與故"②。可以説,《周易》本身就是憂患意識的寫照。不僅如此,在憂患的行程裏,《易大傳》强調"君子以思患而預防之"(《象傳下·既濟》),這可以説就是我們習慣認定的並引以為傲的"憂患"情節,孔穎達的總結也非常精彩:"若無憂患,何思何慮,不須營作。今既作《周易》,故知有憂患也。身既患憂,須垂法以示後,以防憂患之事。"③對《易大傳》的憂患意識,徐復觀也認為,周在取代殷以後,表現出來的不是趾高氣揚的氣象,而是憂患意識④。

儒家重視憂患的運思可以説是前後一貫的,這在新出土的文獻中也可得到證明,即"凡憂患之事欲任,樂事欲後"⑤,體現出對積極擔當憂患事務、盡力謙讓快樂事務的强調。這與《易大傳》體現的精神是一致的,與《詩經·小雅·無將大車》的"無思百憂,祇自疧兮"所體現的思想本質存在相異的一面,這也是需要引起注意的。

歷來對儒家憂患的研究基本都停止於此,其實,這是淺嘗輒止的行為。具體理由是,儒家思想家在强調憂患的同時,推重與此相連的危機意識的培育。"危"在詞語學上,小篆字形上面是人,中間是山崖,下面是腿骨節形。表示人站在很高的山崖上,本義是在高處而畏懼;在動詞的層面,是恐懼、憂懼的意義;在名詞的角度,是危機、危亡、危險等困境及其根源的意思。

---

① 《荀子·王霸》:"國危則無樂君,國安則無憂民。亂則國危,治則國安。今君人者急逐樂而緩治國,豈不過甚矣哉! 譬之是由好聲色而恬無耳目也,豈不哀哉! 夫人之情,目欲綦色,耳欲綦聲,口欲綦味,鼻欲綦臭,心欲綦佚。此五綦者,人情之所必不免也。養五綦者有具,無其具則五綦者不可得而致也。萬乘之國,可謂廣大、富厚矣,加有治辨、强固之道焉,若是,則恬愉無患難矣,然後養五綦之具具也。故百樂者生於治國者也,憂患者生於亂國者也,急逐樂而緩治國者,非知樂者也。故明君者必將先治其國,然後百樂得其中;闇君必將急逐樂而緩治國,故憂患不可勝校也,必至於身死國亡然後止也,豈不哀哉!"王先謙《荀子集解》,北京中華書局 1988 年版,第 210~211 頁。
② 樓宇烈校釋《王弼集校釋》,北京中華書局 1980 年版,第 569~570 頁。
③ 《周易正義》,阮元校刻《十三經注疏》,北京中華書局 1980 年版,第 89 頁中。
④ 徐復觀對憂患意識是這樣界定的:"憂患意識,不同於作為原始宗教動機的恐怖、絶望。一般人常常是在恐怖絶望中感到自己過分地渺小,而放棄自己的責任,一憑外在的神為自己作決定。在憑外在的神為自己作決定後的行動,對人的自身來説,是脱離了自己的意志主動、理智引導的行動;這種行動是没有道德評價可言,因而這實際是在觀念的幽暗世界中的行動。由卜辭所描繪的'殷人尚鬼'的生活,正是這種生活。'憂患'與恐怖、絶望的最大不同之點,在於憂患心理的形成,乃是從當事者對吉凶成敗的深思熟考而來的遠見;在這種遠見中,主要發現了吉凶成敗與當事者行為的密切關係,及當事者在行為上所應負的責任。憂患正是由這種責任感來的要以己力突破困難而尚未突破時的心理狀態。所以憂患意識,乃人類精神開始直接對事物發生責任感的表現,也即是精神上開始有了人的自覺的表現。"《周初宗教中人文精神的躍動》,徐復觀《中國人性論史》,生活·讀書·新知三聯書店 2001 年版,第 18~19 頁。
⑤ 李零《郭店楚簡校讀記·性》,中國人民大學出版社 2007 年版,第 139 頁。

必須注意的是,反映"危"的動詞層面意思的概念還有"懼"①,《說文解字》曰:"危,在高而懼也。"對危機、危亡、危險等困境及其根源等的認識,以及憂懼危機來臨和避免、應對危機的心理和能力的綜合整合,就是我們所說的危機意識;在危機侵襲來臨時,危機意識可以驅動人們採取立即行動以避免造成災難,脫離危險境地;對人而言,它是一種真實的力量。

在孔子那裏,雖然"危"在動詞層面的用例沒有典型的表現,但他對"懼"顯示出相當的重視,諸如"必也臨事而懼,好謀而成者也"(《論語·述而》),就是佐證。不僅如此,而且"憂"、"懼"對應使用,"知者不惑,仁者不憂,勇者不懼"(《論語·子罕》)、"司馬牛問君子。子曰:'君子不憂不懼。'曰:'不憂不懼,斯謂之君子已乎?'子曰:'內省不疚,夫何憂何懼?'"(《論語·顏淵》)"懼"有懼怕、危懼的意思。孔子的這一運思,為荀子所繼承和發展,"若馭朴馬,若養赤子,若食餧人,故因其懼也,而改其過;因其憂也,而辨其故;因其喜也,而入其道;因其怒也,而除其怨:曲得所謂焉"(《荀子·臣道》),這裏懼、憂對應而用;不僅如此,荀子還直接使用了"恐懼"這一概念,諸如"身不能,知恐懼而求能者,如是者強;身不能,不知恐懼而求能者,安唯便僻左右親比己者之用,如是者危削,綦之而亡"(《荀子·王霸》)。

荀子的最大貢獻是懼、危連用,"魯哀公問於孔子曰:寡人生於深宮之中,長於婦人之手,寡人未嘗知哀也,未嘗知憂也,未嘗知勞也,未嘗知懼也,未嘗知危也……孔子曰:君入廟門而右,登自阼階,仰視榱棟,俯見几筵,其器存,其人亡,君以此思哀,則哀將焉而不至矣!君昧爽而櫛冠,平明而聽朝,一物不應,亂之端也,君以此思憂,則憂將焉而不至矣!君平明而聽朝,日昃而退,諸侯之子孫必有在君之末庭者,君以思勞,則勞將焉而不至矣!君出魯之四門以望魯四郊,亡國之虛則必有數蓋焉,君以此思懼,則懼將焉而不至矣!且丘聞之:君者舟也,庶人者水也。水則載舟,水則覆舟;君以此思危,則危將焉而不至矣。"(《荀子·哀公》)在危機意識方面,荀子推重的是居安思危,即"知者之舉事也,滿則慮嗛,平則慮險,安則慮危,曲重其豫,猶恐及其禍,是以百舉而不陷也"(《荀子·仲尼》),就是說明。在危的具體對象方面,荀子主要關注國家社稷的安危,"不利而利之,不如利而後利之之利也;不愛而用之,不如愛而後用之之功也。利而後利之,不如利而不利者之利也;愛而後用之,不如愛而不用者之功也。利而不利也,愛而不用也者,取天下矣。利而後利之,愛而後用之者,保社稷也。不利而利之,不愛而用之者,危國家也"(《荀子·富國》);"國者,天下之制利用也;人主者,天下之利埶也。得道以持之,則大安也,大榮也,積美之源也。不得道以持之,則大危也,大累也,有之不如無之,及其綦也,索為匹夫不可得也,齊湣、宋獻是也。故人主,天下之利埶也,然而不能自安也,安之者必將道也"(《荀子·王霸》),就是具體的佐證。荀子的運思為後來的《易大傳》所繼承,

---

① 《周易·繫辭下》:"易之興也,其當殷之末世,周之盛德邪?當文王與紂之事邪?是故,其辭危。危者使平,易者使傾。其道甚大,百物不廢,懼以終始,其要無咎,此之謂易之道也。"這裏的"危"和"懼"就是在相同的意義上使用的。樓宇烈校釋《王弼集校釋》,第573頁。

綜觀《周易》，"危"字大約出現13次，"懼"約出現6次；動名詞的用法都有①，顯示的也是居安思危的傾向，"君子安而不忘危，存而不忘亡，治而不忘亂，是以身安而國家可保也。易曰：其亡其亡，系於苞桑"（《繫辭下》），身處安逸的境遇，但不忘危險的來臨；現實雖持有許多，卻不忘失去它們的可能；生活秩序雖整治井然，卻不忘禍亂的降臨；正因為始終能夠保持這樣的心境和行為之方，所以，始終能夠處在安穩、安逸的境遇之中，如果人人都能這樣，國家的繁榮也就沒有問題。此外，還強調修煉適應危懼境遇的心理，如"洊雷，震。君子以恐懼修省"（《象傳下·震》），經常給自己設置恐懼、危險的境遇，來進行實際的反省和修煉。這是值得肯定的。

反觀世界文明以及21世紀的現實，可以清楚地看到，民族的強大和持續繁榮與一個民族危機意識的有無存在緊密聯繫，西方、日本等一般都不強調憂患意識，但強調危機意識，與我們形成正相反的狀態。由於我們在古代文化資源的開發利用上，迄今以具有豐富的憂患意識而驕傲，而無視憂患後面的根本性的文化因素——危機意識在民族性格培育中的巨大作用，而這樣的憂患，僅僅是一種苦惱，這在《廣雅》"患，苦也"的界定中就可以得到解答，而對民族的奮發毫無積極的價值而言，也不能真正形成對國家的憂患、擔憂，因為局限在個人的心理活動。這可以作為澀澤榮一"在中國，儘管有上流社會，有下層社會，但卻不存在成為社會中堅的中流社會。識見、人格都非常卓越的人物雖然不能說少，但從國民整體來觀察時，個人主義、利己主義卻很突出，缺乏國家觀念。由於缺乏真正的憂國之心，一個國家而不存在中流社會，國民全體缺乏國家觀念，可以說這是中國現今最大的缺點"②評價的原因。這就是儒家研究現實促使轉型的理由。

總之，從上面切入的儒家古典經學地位的確立、日本在借鑒儒家思想中巧妙地避免了利益與道德對立和重視孝而不認可仁的實際、日本現代化的發展是選擇"西方文明精神"而有效克服儒家思想中理論與實際脫離現象的結果、西方對道家重視與我們對道家相對輕視而導致的對因循文化資源的浪費、儒家思想研究本身的淺嘗輒止而導致的重視憂患而無視與此緊密相連的危機意識思想的總結，可以清楚地看到，我們要在世界舞臺上有效占有我們的份額，必須儘快轉型，這不是形式的轉變，而是思想認識的革命。

[作者簡介] 許建良（1957— ），男，江蘇宜興人。文學博士，現為東南大學哲學系教授、博士生導師。主要從事中國哲學、道德哲學、中外道德文化比較等研究，專著有《先秦道家的道德世界》《先秦儒家的道德世界》《現代化視野裏的經營倫理——日本文化的背景》等。

---

① 也存在名詞動用的情況。《周易·文言·乾》："君子進德修業。忠信，所以進德也。修辭立其誠，所以居業也。知至至之可與幾也，知終終之可與存義也。是故居上位而不驕，在下位而不憂。故乾乾，因其時而惕，雖危而無咎矣。"這裏是身處危險的意思。樓宇烈校釋《王弼集校釋》，第214~215頁。
② [日]澀澤榮一著、王中江譯《論語與算盤——人生·道德·財富》，《算盤與權利》，第164頁。

漫談總結時代的諸子學

强中華

内容提要 何謂"新子學"？學界目前仍無定論。學界在深入探討"新子學"的内涵、外延等相關問題時，諸子研究工作可以同時進行。當今世界，諸子研究已經進入總結時代。總結時代的諸子學至少應該包括以下内容：第一，研究資料的匯總；第二，學術史的梳理；第三，諸子元典研究的深化；第四，諸子思想的現代轉化；第五，諸子學的普及。

關鍵詞 新子學 諸子學 學術史 元典研究 現代轉化 普及

中圖分類號 B2

自華東師範大學方勇先生提出"新子學"後，學界展開了廣泛而深入的探討，有的學者極力讚賞之，有的學者則提出了一些疑問。其中，最主要的爭論有兩點：

第一，"子學"之"子"的内涵和外延如何界定？方先生提出，"新子學"之"子"與經、史、子、集四類分科之"子"並不等同，而主要指先秦漢魏六朝時代的諸子，"子學"則是有關先秦漢魏六朝諸子的學問。有的學者指出，"子"的範圍還應該進一步擴展至後代的諸子。從學理上來講，"子"的範圍確實很廣泛，漢魏六朝以後的諸子似乎都應該包括在當今子學研究範圍之内。不過，就研究工作的實際展開來看，如果研究對象過於寬泛，其操作性似乎又顯得不够强。另外，先秦漢魏諸子特別是先秦諸子，無疑是後代子學的源頭活水。因此，姑且把"新子學"之"子"界定在先秦漢魏六朝諸子範圍之内，不失為一個可以讓學界接受的權宜選擇。

其次，"新子學"之"新"究竟新在何處？學者們已經提出，如果"新子學"之"新"是一個時間概念，指新時代的子學，那麼這個時代的上限和下限又在何處？如果"新子學"之"新"指的是學術性質之新，那麼它與傳統的舊子學又存在哪些區別？其"新"表現在哪些方面？

以上問題，要在短時間内討論出一個學界普遍認同的結論恐非易事。面臨這樣的理論困境，關於"新子學"的相關問題固然需要學界繼續深入討論下去，但這並不影響諸子研究工作的同時展開。為了減少理解上的分歧，本文選取了一個較為模糊的表述，即總結時代的子學。為什麼稱為總結時代的子學？第一，正如方勇先生所言，"新子學"本來就是舊子學的邏輯延伸，當今子學必須站在前人肩膀上才能取得更大成就。而從整體上來說，以前的子學確實已經取得了較爲豐碩的成果,因此,對前代子學做出全面總結,並在此基礎上進一步深化發展子學的時機已經成熟。第二,從本質上講,人類社會的發展最終取決於人類智慧的發展,而人類智慧的發展乃是一個綿延不斷的歷史進程。當今世界,人類智慧要得到進一步提高,就必須繼承自有人類文明以來業已形成的優秀思維成果。不過,隨着時代的變遷,人類本衣已經取得的某些思維成果完全有可能塵封於歷史之中,不爲今人所知。在這些被遺忘的智慧中,諸子的智慧無疑乃是其中非常重要的內容。因此,爲了人類自身更好的發展,我們有必要重拾那些塵封多年的諸子智慧。第三,當今世界已經形成一大批從事諸子學研究的專業或業餘人才。上至博導教授,下至博士、碩士,乃至一般的研究者,從事諸子研究的學者、學生可謂濟濟天下,這正爲子學總結時代的到來提供了人才保障。第四,當今世界,特別是當今中國,社會穩定、國泰民安、信息暢通、思想開放,這無疑爲諸子學的總結式研究提供了前所未有的便利條件。總之,全面、深入研究子學、總結子學的條件已經成熟。

總結時代的子學如何展開?它包括哪些方面的研究工作?

一、研究資料的匯總

研究資料的整理無疑是任何學術研究最爲基礎、最爲重要的工作。就諸子學研究資料而言,前人已經取得了較大成就。總結時代的諸子學如何匯總研究資料?從時代上講,新中國成立以來的研究資料相對容易收集整理,而民國及民國以前的研究資料的匯總工作難度要大得多。因此,當前諸子學資料的匯總應該如方勇先生所說,主要集中於民國及民國以前的資料。就研究資料的內容而言,既包括每個子的各種版本、各個時代有關諸子的研究著作,又包括研究、評點文章。在諸子學資料的匯總整理方面,中華書局《新編諸子集成》《新編諸子集成續編》,四川人民出版社《諸子集成補編》《諸子集成新編》《諸子集成續編》等叢書,收集歷代諸子著作非常豐富。臺灣嚴靈峰先生《無求備齋諸子集成》系列,相繼影印海內外所藏諸子著作千餘種。目前,方勇先生又設計了《子藏》這一網羅古今諸子著作的宏偉工程。該工程預計整理收錄歷代子學著作 5 000 部,打造出一座取之不盡、用之不竭的子學研究資料寶庫。其中,《子藏·莊子卷》已經於 2011 年出版,它是目前收錄有關《莊子》文獻最全最精的一部高文大典。2014 年上半年,以方先生爲核心的研究團隊又彙聚出版了《列子》《鬻子》《關尹子》《文子》《鶡冠子》《子華子》《慎子》《韓非子》等十一位元諸子的豐富資料,可謂功勞卓著。《子藏》工作的最終完成,必將爲今後的子學研究提供空前便利的條件。

需要特別注意的是,在子學資料匯總整理方面,除了關注古往今來的諸子版本、研究著作外,還必須關注那些散見於別集、總集、筆記、叢書、類書等各種類型圖書中的單篇文章,甚至隻言片語。因爲古人在評點歷史人物或著作時,並不一定像我們今人,動輒長篇大論、皇皇巨著,相反,他們的評點有時非常簡潔,但同時又可能非常經典,因此在學術史上具有非常重要的價值。如果這些資料不被收錄，或者收錄不周，整理匯總出來的諸子學資料恐怕就存在許多遺憾。

二、學術史的研究

每一部諸子元典形成之後，它就必然成為一部開放的文本，後人在闡釋、接受它時，不僅使元典獲得了新生命，而且後人的闡釋與接受本身就是一個再思想的過程，因此，研究諸子學術史乃是諸子學的必有之義。在研究資料匯總工作已經取得巨大成就的前提下，研究學術史就必然更加具有底氣。這方面，方勇先生的《莊子學史》可謂學界典範。該著洋洋灑灑近二百萬字，對先秦至民國的莊子學術史進行了詳盡而深入的梳理與總結。有關其他諸子的學術史也已經或正在被學界關注，如熊鐵基先生等的《中國莊學史》及《中國老學史》、鄭傑文先生的《中國墨學通史》、唐明貴先生的《論語學史》、王其俊先生主編的《中國孟學史》、周淑萍女士的《兩宋孟學研究》、劉瑾輝先生的《清代孟子學研究》、李峻岫先生的《漢唐孟子學述論》、耿正東先生的《管子研究史》(戰國至宋代)、臺灣學人陳秋虹的《清代荀學研究》以及田富美的《清代荀子學研究》等都是其中的代表。

需要注意的是，學術通史或者學術斷代史固然非常重要，但限於體例，學術通史甚至學術斷代史完全有可能難以對歷史上的研究成果都做到全面、細緻、深入的研究，因而學術通史或學術斷代史有時不免在某些方面表現出大而全、全而空的弱點。所以，總結時代的諸子學又必須同時關注學術史中的個案。目前，學術史中的個案研究也正在成為學術界的研究熱點，並取得了一些成就。比如，楊立華先生的《郭象〈莊子注〉研究》、張量先生的《趙岐〈孟子章句〉研究》、葛萊博士的《焦循〈孟子正義〉研究》(博士論文)等論著都對個案做出了較為深入的研究。當然，由於學術史中的個案相對孤立，如果只研究個案，又不可能對諸子在歷史長河的影響做出系統考察，因此，個案研究又必須與學術通史或學術斷代史配合進行。

三、對元典本身的研究

學術發展至今，對諸子元典，特別是元典思想的研究無疑取得了一系列重大成就，但這並絕不意味所有的問題業已解決。總結時代的諸子學仍然呼喚對諸子元典進行全面、客觀、深入的研究。

比如，關於孟子和荀子人性論的研究，一般認為，性善說與性惡說水火不容，但如果仔細分析，就會發現事實並非如此。

試看孟子,他明明白白地告訴人們,"人之所以異於禽獸者幾希"(《孟子·離婁下》),"口之於味也,目之於色也,耳之於聲也,鼻之於臭也,四肢之於安佚也,性也,有命焉,君子不謂性也。仁之於父子也,義之於君臣也,禮之於賓主也,知之於賢者也,聖人之於天道也,命也,有性焉,君子不謂命也"(《孟子·盡心下》)。"惻隱之心,仁之端也;羞惡之心,義之端也;辭讓之心,禮之端也;是非之心,智之端也。人之有是四端也,猶其有四體也。"(《孟子·公孫丑上》)可見孟子認識到,人類與動物在很多方面都是類似的,不同的地方其實很少。而且人類身上這種強大的、類似於動物的感官欲求,亦如"惻隱之心"、"是非之心"、"羞惡之心"、"辭讓之心"這些微弱的端倪一樣,都是與生俱來的屬性。只不過孟子並不把與生俱來的感官欲求稱為人性,而是僅僅把人之天生屬性中異於禽獸的那一部分微弱端倪稱為人性。可見,就人之天生屬性而言,孟子也承認感性欲望強於善端,這顯然與荀子是一致的。我們常常強調,孟子的人性論主張人自成其善,這當然是正確的,可是如果過於強調這一點,這又與孟子的實際思想並不吻合。孟子不也説過嗎:"人之有道也,飽食、暖衣、逸居而無教,則近於禽獸。"(《孟子·滕文公上》)顯然,孟子清醒地認識到,人要成就現實的善心善行,必須同時接受來自外部的教化與規訓;反之,若無後天教化與規訓,人雖然先天具有善的端倪,這些端倪也不會自然而然得到彰顯與擴充。這些認識顯然又與荀子極為一致,只不過荀子強調得多些罷了。

至於荀子,他説:"凡禹之所以為禹者,以其為仁義法正也。然則仁義法正有可知可能之理,然而塗之人也,皆有可以知仁義法正之質,皆有可以能仁義法正之具,然則其可以為禹明矣。今以仁義法正為固無可知可能之理邪?然則唯禹不知仁義法正,不能仁義法正也。將使塗之人固無可以知仁義法正之質,而固無可以能仁義法正之具邪?然則塗之人也,且內不可以知父子之義,外不可以知君臣之正。不然。今塗之人者,皆內可以知父子之義,外可以知君臣之正,然則其可以知之質,可以能之具,其在塗之人明矣。今使塗之人者以其可以知之質,可以能之具,本夫仁義法正之可知之理,可能之具,然則其可以為禹明矣。今使塗之人伏術為學,專心一志,思索孰察,加日縣久,積善而不息,則通於神明,參於天地矣。故聖人者,人之所積而致矣。曰:'聖可積而致,然而皆不可積,何也?'曰:可以而不可使也。故小人可以為君子而不肯為君子,君子可以為小人而不肯為小人。小人、君子者,未嘗不可以相為也,然而不相為者,可以而不可使也。故塗之人可以為禹則然,塗之人能為禹,未必然也。雖不能為禹,無害可以為禹。"(《荀子·性惡》)荀子承認每個人都具有"皆有可以知仁義法正之質,皆有可以能仁義法正之具",這"質"這"具"通過"伏術為學,專心一志,思索孰察,加日縣久,積善而不息"則可成就現實之善。根據荀子的表述不難看出,"皆有可以知仁義法正之質,皆有可以能仁義法正之具"乃是人天生具有的潛質。按照荀子"生之所以然者謂之性"的界定,"皆有可以知仁義法正之質,皆有可以能仁義法正之具"理應納入"性"的範疇,可是以上這段文字自始至終沒有出現一個"性"字,可見,荀子雖然承認人天生具有"皆有可以知仁義法正之質,皆有可以能仁義法正之具"的潛質,但他並不把這種潛質納入"性"的範疇,這就與其對"性"的定義發生了衝突①。同時,"皆有可以知仁義法正之質,皆有可以能仁義法正之具"與孟子所謂人人都具有可以成為堯舜之善端有何區別?荀子在《王制》篇中也説:"水火有氣而無生,草木有生而無知,禽獸有知而無義,人有氣、有生、有知,亦且有義,故最為天下貴也。力不若牛,走不若馬,而牛馬為用,何也?曰:人能群,彼不能群也。人何以能群?曰:分。分何以能行?曰:義。"人之"有義"、"能群"、能"分",是否意味着荀子實際上承認了人具有成善的潛質?馮友蘭先生認為,荀子所謂"皆有可以知仁義法正之質,皆有可以能仁義法正之具","乃就人之聰明才力方面説,非謂人原有道德的性質也","孟子言之人異於禽獸者,在人有是非之心等善端。荀子則以為人之所以異於禽獸者,在於人之有優秀的聰明才力"②。馮先生的解釋似乎道出了荀子與孟子的區別,可是,《性惡》篇明明説:"夫人雖有性質美而心辯知,必將求賢師而事之,擇良友而友之。"細細體味"雖有性質美而心辯知"這一表述,可以推測出荀子的心態,面臨對手的步步駁難,他似乎對自己的性惡説也有了某種程度的修正,不得不對人天然具有向善潛質的説法表示部分認同。如果事實如此,荀子"皆有可以知仁義法正之質,皆有可以能仁義法正之具"的説法則正是孟子所謂善端。

在成就現實之善的過程中,荀子比孟子更強調來自外部的教化,這是學界早已達成的共識。不過,如果我們過度強調這一點,而否認荀子同時也特別強調行為主體必須充分發揮主觀能動性,爭取實現自我向善,這與荀子的原初思想並不吻合。其實荀子如同孟子一樣,非常重視自我克制、自我反省、自我積累。略舉《荀子》書中數例:"君子博學而日參省乎已,則知明而行無過矣。"(《勸學》)"今使塗之人伏術為學,專心一志,思索孰察,加日縣久,積善而不息,則通於神明,參於天地矣。"(《性惡》)"故人知謹注錯,慎習俗,大積靡,則為君子矣;縱性情而不足問學,則為小人矣。"(《儒效》)"心慮而能為之動謂之偽。慮積焉、能習焉而後成謂之偽。""欲雖不可盡,可以近盡也;欲雖不可去,求可節也。所欲雖不可盡,求者猶近盡;欲雖不可去,所求不得,慮者欲節求也。"(《正名》)"欲惡取舍之權:見其可欲也,則必前後慮其可惡也者;見其可利也,則必前後慮其可害也者;而兼權之,孰計之,然後定其欲惡取舍。"(《不苟》)

通過上文分析可見,孟荀二人對人之潛能的理解幾乎相同:都認識到人天生具有趨善與趨惡兩種潛質,且後者強於前者;都認識到人要成就現實之善,就必須既接受來自外部的教化與規訓,同時又必須充分發揮行為主體自身的能動性。此二者之大同。孟荀人性論的區別僅

---

① 張岱年先生説:"不以一偏的概念範疇統賅總全"乃是"哲學之圓滿的系統"必備的特徵之一。"如果一全體包括若干相異之部分,則不可以其中某一部分之特性為全體之本性。亦即,如兩類現象相異甚為顯著,則不當將一類消歸於另一類,亦即不以適用於一部分經驗之概念範疇為解釋一切經驗之根本範疇。"(李存山編《張岱年選集》,吉林人民出版社 2005 年版,第 60 頁。)根據這一標準,孟子不把人天生具有的感官欲望納入"性"的範疇,荀子不把人天生具有的"皆有可以知仁義法正之質,皆有可以能仁義法正之具"納入"性"的範疇,顯然都不符合"不以一偏的概念範疇統賅總全"的原則。
② 馮友蘭《中國哲學史》(上册),華東師範大學出版社 2000 年版,第 50 頁。

僅在於兩點：一是對"人性"的定義不同，孟子把天生具有的趨善潛質定義爲人性，而荀子認爲天生具有的趨惡潛質才是"人之性"，人之所以爲人，不在"人之性"，而在人之"僞"。二是二者對主觀能動性與外在教化的強調程度不一樣，孟子對前者強調得相對多些，荀子對後者強調得相對多些。

四、諸子學的現代轉化

無論時代如何變化，不管是社會還是個人，都需要以一定的思想作爲指路明燈。前人的思維成果往往成爲後人思維的起點或行動的指南。對於一般的閲讀者乃至一些社會組織而言，要對前代諸子的思維成果做出全面而深入的研究，幾乎是不可能的。因此，從事專業研究的學者有必要在深入研究元典思想基礎之上，提煉出一系列簡潔而精要，且符合時代需求的諸子智慧，甚至應該根據目前的時代需要，對諸子元典做出既符合元典應有之義，又適合當下需求的創造性闡釋①。只有如此，諸子的智慧才不會淪爲一種恍若隔世的歷史知識，而是在古今對話中成長爲推動當今時代進步的新智慧、新能量。

五、諸子學的普及

歷史上的諸子都具有强烈的現實關懷精神，總結時代的諸子學無疑也應繼承和發揚這種精神。現實關懷的表現之一是要關注普通民衆的精神需要，故此，總結時代的諸子學必須注意諸子學的普及工作。當今，有關諸子學的普及讀本可謂汗牛充棟，但其中泥沙俱下，魚目混珠，真正由精熟諸子學的專家學者親自執筆的普及讀物並非主流。如果諸子學的普及讀物謬種流傳，必然禍及民衆，影響他們對諸子真實面貌的瞭解，不利於他們的精神重構。因此，我們呼籲諸子學的行家裏手要接地氣，及時編寫出一系列經得起考驗的諸子普及讀物。在編寫這些讀物時，必須注意以下幾個問題：第一要兼顧全本與選本、原文與翻譯的關係。作爲一般接受者，由於時間、地點、精力、文化水準等限制，那種高文大典式的案頭讀物往往讓他們望而生畏，不願親近、無力接近。因此，在編寫普及讀物時，一方面要照顧到元典的完整性，編寫

---

① 關於如何實現古代思想的現代轉化，學界多有討論，筆者最爲認同的是傅偉勳先生的"創造的解釋學"。傅先生的創造的解釋學分爲五個層次：第一，"原作者(或思想家)實際上説了什麽？"第二，"原作者真正意味什麽？"第三，"原作者可能説什麽？"第四，"原作者本來應該説什麽？"第五，"作爲創造的解釋家，我應該説什麽？"傅偉勳《從西方哲學到禪佛教》，生活·讀書·新知三聯書社1989年版，第51~52頁。潘德榮《文字·詮釋·傳統——中國詮釋傳統的現代轉化》，上海譯文出版社2003年版，第138~156頁。

一些通俗易懂的全本全譯；另一方面又要編寫一些反映諸子思想精華的選本選譯，以供不同層次的閱讀者根據自身情況自由選擇。第二，諸子學的普及一定要注意形式靈活多樣。比如，除了傳統的紙質讀物外，有必要開發一些音像製品，通過 MP3、MP4、電視、网絡、電影等各種傳播媒介，實現諸子學的廣泛傳播，以便普通民眾更加方便地瞭解諸子、接受諸子。

總之，總結諸子學的時代已經來臨，但這一總結重任仍在途中，它正呼吁着更多有識之士參與到這一宏偉而又艱巨的文化工程之中。

［**作者簡介**］强中華（1978—　），男，四川南江人。文學博士、哲學博士後，現為西華師範大學副教授、碩士生導師。已在《中國哲學史》《孔子研究》《現代哲學》《倫理學研究》等刊物上發表學術論文 20 多篇。

傳統子學精神與"新子學"的責任和使命

唐旭東

内容提要 從根本上說,傳統諸子尤其先秦諸子皆經濟之士,其精神品格是傲然不群的獨立人格、深切的憂國憫世情懷、強烈的責任感和義無反顧的踐行精神。當代"新子學"要繼承傳統子學的精神品格,以學術為根本,以經國濟世為目的,在強國復興的大業中發揮應有的歷史作用。

關鍵詞 傳統子學　經國濟世　新子學

中圖分類號 B2

"新子學",顧名思義,其稱"子學",表明其與傳統子學的繼承性;其"新",表明其當代性和創新性。作為一種新的學術和思想行為體系,它應是對傳統子學的揚棄和發展。故而,"新子學"應以學術為基礎,以經世致用為目的,以踐行精神為支柱,為強國復興大業貢獻自己的才智和力量。

一、傳統子學的經濟之志

從根本上說,傳統諸子尤其先秦諸子皆經濟之士。劉勰《文心雕龍·諸子》:"諸子者,入道見志之書。"方銘認為:"諸子著作,是以表現諸子各自不同的'志',即諸子個人或其學派對自然、社會、人生的觀點為其目的的著作。"① 諸子百家都是從經世致用的目的出發,著書立說,

---

* 本文為本人所參與上海大學邵炳軍教授主持的上海市本級學科建設項目"先秦文繫年注析與傳統文化流變研究"(項目編號:A.13-0102-12-001)的階段性成果。

① 方銘《中國文學史(先秦秦漢卷)》,長春出版社 2013 年版,第 145~146 頁。

甚至奔波於各國之間,宣傳其主張,並藉以實現個人建功立業的理想。

傳統儒家的經國濟世之志及其在漫長的專制社會歷史過程中發揮的作用是衆所周知的。墨家、法家、農家、縱横家等就治國理念、治國之術提出各自的理論和主張,其經世致用的目的是顯而易見的。包括兵家以儒家的一些理念為基礎,針對戰爭的現實需要提出的關於戰爭的理論、原則和戰術方法,其目的也不是為了窮兵黷武,而主要是戰勝敵人、保國安民,自然也屬於經世濟用範疇。

道家是否為經世之學或許尚有爭議,其實道家之學亦為經世致用之學,這一點班固《漢書·藝文志》早已明確指出:"道家者流,蓋出於史官。歷記成敗存亡禍福古今之道,然後知秉要執本,清虛以自守,卑弱以自持,此君人南面之術也。"一般來說,"道家可以分為黄老道家與莊子道家兩派,這兩派的觀點既有聯繫,又互相區別。概括而言,黄老之學,是所謂'南面之術',站在君主本位,重法術,是強調君主以道德方式去統治人民。"①黄老道家的典型代表著作是《黄帝四經》和《老子》。"《黄帝四經》四篇,其主要内容是出於為君主統治術總結經驗的目的,因此,其思想以致治術為中心。……倡導文武並用,刑德兼行的道法、法術思想。"②可知《黄帝四經》為經世致用之作。《老子》編排雜亂無章③,導致很多人不識廬山真面目,將其視為言道德之書,同時亦將老子視為隱逸之士。其實且不説歷史和現實中許多人將《老子》中闡述的思想原則和方法用於治國用兵等現實政治軍事等領域,就《老子》文本内容本身而言,《老子》言道德,講修身,論治國,顯然不只是一場夢囈式的自言自語,而是為了經世致用。董京泉教授《老子道德經新編》將傳世《老子》按思想内容重新分編為道論、德論、修身論、治國論四部分④,基本釐清了老子的思想體系:治國才是其根本目的,談論治國理論方法和主張的内容是其核心内容。修身——修養真純質樸的道德是以道治國的前提和基礎。道論和德論是修身論和治國論的理論論證。正如余三定指出的:"道論、德論、修身論、治國論是構成老子哲學思想體系的基本内容","老子的整個思想體系可以説是以'道'為形而上的根本依據,以自然無為為綱紀,以依道修身為中介,以治國安民為歸宿的理論大廈。"⑤所論精當地點明了《老子》一書各方面内容之間的相互關係,突顯了《老子》道家思想經世致用的本質。其他像《文子》《鶡冠子》《管子》皆為發揚黄老大意之作⑥。

---

① 方銘《中國文學史(先秦秦漢卷)》,長春出版社 2013 年版,第 117 頁。
② 同上,第 119 頁。
③ 至於其原因,董京泉教授認為可能的原因有二:1. 老子在出關的時候本没想寫書流傳,被關令尹喜強要求寫書,隨想隨寫,成一雜亂無章的急就章。2. 傳世竹簡散亂以後重新編排的結果。信息來自 2013 年 10 月 16 日董京泉教授於周口師範學院所做的學術報告。
④ 董京泉《老子道德經新編》,中國人民大學出版社 2012 年版。
⑤ 余三定《經典詮釋的新嘗試——評〈老子道德經新編〉》,《光明日報》2009 年 3 月 17 日第 9 版。
⑥ 方銘《中國文學史(先秦秦漢卷)》,第 122~123 頁。

至於莊子,一生貧苦傲岸,苦苦保持精神和人格的獨立,使之不被現實社會所玷污扭曲。似非經濟之學。但莊子之學實際上也可以分為道德論、修心養生論、處世論和治國論幾個方面。方銘認為:"莊子學說,其中心在於教導人們認識社會現實的醜惡,學會在現實中保護自己。"①莊子以道的本真和自然論證人的精神人格自由的天經地義和萬物的齊一和平等,從而教人們在亂世中修心、養生保命,保持精神和人格的獨立,避免社會給人帶來的扭曲和戕害。為了達到這一點,也需要帝王能夠實行無為之治。所以,莊子的思想包含了天道、修身、處世和治國諸多方面。但"與黃老之立足於君主不同,莊子的出發點在於普通的個人,是教導普通民眾如何處世,如何躲避君主政治的迫害","其思想深處,包含着對現實社會的深刻批判,對民眾的受奴役、受迫害地位的深刻同情;倡導絕對自由,一切平等,自然無為,正是莊子對抗'有為'社會罪惡的方式"②。可見,莊子正是一位具有高度悲憫情懷的思想家。他著書立說,開門授徒,奔走各地,無非也是想兜售自己的主張,實現教導民眾躲避社會的扭曲和戕害的用世目的。可見莊子並非一位真正的出世者,而是一位具有悲世憫人情懷的智者。而楊朱、莊子和列子的思想正是一脈相承的思想體系,表現出很多共性和繼承性③。

　　總的來說,傳統子學尤其先秦諸子百家,雖然在用世入世的程度上有差別,但在入世用世、經世致用的目的上卻是一致的。他們懷著強烈的使命感和責任感,對天下、社會、人生、民生等諸多問題進行了廣泛深入的思考,然後著書立說,開門授徒,甚至不辭辛勞,奔走於各國各地之間,期望自己的思想能夠為國計民生發揮積極的作用。這些學說無一例外,皆為經世致用之學。

二、傳統諸子的文化精神

　　傳統諸子之所以普遍具有經世致用的目的性,主要是因為他們普遍具有悲世憫人的情

---

① 方銘《中國文學史(先秦秦漢卷)》,第 125 頁。
② 同上書,第 127 頁。
③ 同上書,第 123~129 頁。實際上根據"拔一毛而利天下而不為"把楊朱的思想理解為極端自私自利的觀點是片面的。正如方銘所言:楊朱的真正意思是:"有人損一毫利天下,則有人以天下奉一身。如果人人不損一毫,則人人不得以天下為利。每個人都有權力發揮自己的智慧,保護自己的利益不受侵犯,所謂'智之所貴,存我為貴'。人人存我,則君主不能侵犯人民,人民有與君主相平等的捍衛自己利益的權力。"(第 123 頁)楊朱想要表達的正是對君主和權力侵害民眾利益的不合理現象的不滿,並提出自己構想的解決方案,他提出這些主張並著書立說宣傳這些主張,其目的正是為天下人出主意,而不是"拔一毛而利天下而不為",他這話是對民眾說的,而不是說他自己。由此可見,楊朱並非自私自利者,而是一位具有獨立自由的人格和悲世憫人情懷的學者,從這個角度上說,他本人還是要積極入世的,他提出並宣揚這些思想主張,正是經世濟用精神的表現。

懷,卓然不群的人格精神和建功垂世的價值觀。為了使自己的思想和主張能夠真正實現經世致用的社會價值而具有現實意義,他們普遍具有義無反顧的踐行精神。

(一) 悲世憫人的情懷

傳統諸子尤其先秦諸子對現實社會和國計民生有着普遍的關注。他們具有敏鋭的眼光,發現當下國内國際政治、經濟、軍事等涉及國計民生各個方面的重大問題,縱覽歷史的經驗教訓,全面思考天道人事的關係,以"究天人之際,通古今之變,成一家之言"的勇氣、魄力、才識和氣度提出自己認爲切實可行的理論和主張。雖然他們對待天與鬼神的態度有所不同,但其現實針對性是非常明顯的。儒家看到禮崩樂壞、天下動亂的現實,悲憫於禮制的崩壞和政治秩序的混亂,提出恢復周禮的主張和再造"東周"的理想。法家也痛感於社會的失序,只不過他們開出的藥方不是温柔敦厚、雍容和諧的禮樂教化,而是靠嚴刑峻法和暴力來維護社會的秩序。而黄老道家則痛心於苛政、虐政擾民、害民的社會現實提出君主應該行無爲之政。墨家則痛感於社會的自私和爲了私利而相互攻伐的現實,提出"兼愛"、"非攻"等理論主張。兵家則痛感於春秋以來列國相互攻伐而且"春秋無義戰"的現實,悲憫於軍人的慘重傷亡和百姓遭受塗炭的災難,提出了戰爭的一系列原則和戰略戰術,以圖制止非正義的戰爭,並在抗擊外敵的戰爭中克敵制勝,保國安民。

相對於各家的"上層"路線,楊朱、莊子一派則痛感於在昏上亂相的統治下,列國相互攻伐,民不聊生,人格和精神被扭曲戕害的現實,提出了一系列關於加強道德人格修養,超脱名韁利鎖,在亂世中苟全性命、保持精神人格的獨立和自由等爲人、處世的策略和方法,並對這些策略和方法進行了哲理的探討和論證。他們的思想、理論和方法表現爲對中下層人的現實痛苦的關注,彰顯的仍是一種熱切的悲世憫人情懷。

(二) 強烈的責任感

傳統諸子尤其先秦諸子,就其身份而言,大都是有一定身份的衣食無憂的士人。在政權的庇佑之下,他們如果抛開世事,完全可以過着飽食終日、怡然自樂的逍遥閒静生活。但他們視國計民生爲己任,想方設法,或者奔走遊説,或者開門辦學,著書立説,勞心勞力,百折不悔,爲自己選擇一條艱難曲折的荆棘之路而且義無反顧、頑強不息地走下去。即使最終在有限生命的盡頭,他們還著書立説,流傳後世,希望自己的思想和主張在將來的社會有所作用,至少對後人有所教育和啓迪。面對相同的社會和民生現實,相對於長沮桀溺之流的躬耕避世、聊自逍遥的退隱之士,他們是一群有着強烈的責任感、使命意識和事業心的勇敢者和擔當者。

(三) 義無反顧的踐行精神

傳統諸子不但以悲世憫人的情懷關注社會和人生的現實,關注社會和人生的生活苦難和精神困境,從各自不同的角度提出了"突圍"的方法,而且他們都以自己的實際行動踐行自己的主張,雖遭艱難困苦,甚至殺身成仁,而百折不回,義無反顧。這種踐行精神足令百代景仰。孔子周遊列國,干謁七十二君,且不說被圍於匡、厄於陳蔡這樣的嚴重困境,亦不說那屢遭挫折,對理想的憧憬、懷疑、堅持,這種精神的磨礪,就當時舟車之勞頓,路途之顛簸,風餐露宿,饑啼號寒,這樣的艱辛自非常人所能忍受與堅持。商鞅變法,不可能不知道得罪太子的後果,但為了新法的貫徹執行,他選擇了堅持。吳起在楚國變法,得罪了當權的貴族和官僚,他對此並非不知,但並沒有退縮避讓。法家人士的悲劇結局,首先是死於對理想和事業的堅持和踐行。農家學者放棄自身的優越生活條件,寧願親執耒耜,胼手胝足,耕而後食,服小人之勞。墨家學者同樣如此,墨子不但提出兼愛、非攻的主張,而且親身踐行,並曾不遠千里,歷盡奔波之苦到楚國阻止楚王伐宋。莊子則安貧樂道,在艱難困苦中堅守那份自由與逍遙。而且先秦諸子大都有開門授徒、遊歷干謁、推廣自己的思想主張的經歷。他們的主張是否合於時宜且不說,就他們那種身歷百艱而不悔的精神足令後人聞而動容。

(四)卓犖不群的人格精神

人要有所成就,必然或多或少要有點個性和人格精神。沒有個性的人物,勢難有所建樹。傳統諸子都是個性鮮明的人物,他們不但在思想上繼承傳統而與時俱進,表現出鮮明的特色,就是在人格精神方面也表現得卓犖不群。他們不會在意世俗,不會因為世俗的眼光和評價而改變。他們瞭解自己的思想價值,對於君上,他們也敢於"說大人則藐之",自信能夠以自己的思想主張和人格征服那些高高在上的王公貴族。就是寧願遠離政治,遠離統治者,寧願"曳尾於塗中"的莊子,在王公貴族面前也表現出強烈的自信,鮮明的傲氣和捍衛人格和精神獨立與自由的錚錚傲骨。

應該說,這些方面是傳統諸子文化精神的主要方面,是他們留給後人的寶貴精神財富,值得後人深入學習繼承,發揚光大。

三、"新子學"的責任和使命

當代"新子學"既稱"子學",則必然要繼承傳統子學的思想和精神品格,既稱"新",則必然要在繼承的基礎上創新,要體現出適應當代需要的新變。因而,當代"新子學"應以學術為根本,以經國濟世為目的,在強國復興的大業中發揮應有的歷史作用。

(一)傳統子學文獻的搜集整理。這是學習和繼承傳統子學思想和文化精神的最重要的基礎和前提。這項工作已經受到學界和國家相關部門的高度重視,《子藏》具有里程碑的重要意義。方勇老師正率領他的科研團隊為此浩繁的巨大工程勤懇工作,做着兢兢業業的努力,並已取得了階段性的成果。全國從事子學學習與研究的學者應該共襄盛舉,各盡已能以助成此千秋大業。

（二）傳統諸子學術思想和文學之美的繼續深入學習和研究。傳統諸子學術思想的學習和研究工作實際上遠未完成。以《子藏》的宏大工程為契機，充分利用《子藏》的成果，在盡可能全面擁有文獻資料的基礎上深入研讀文獻。要以元典文獻為根本，準確理解和繼承傳統諸子的思想和文化精神，防止舊說的誤導，糾正已有成說中的錯誤或者片面認識，我們還有很多工作要做。

（三）整理傳統子學思想和文化精神中適應當代需要的內容，為當代政治、經濟、軍事、文化等各方面的建設工作建言獻策。傳統子學的文化精神最根本的就是其悲世憫人的情懷、心懷國計民生的責任感和義無反顧的踐行精神。這是"新子學"和當代子學學者最應該學習、繼承和發揚的。"新子學"不能也不應該僅僅是案頭的學術和學者們茶餘飯後的聊資，而應該是深入實踐到國計民生中，為建立和諧、富強的社會發揮重要作用的實際行動和偉大力量。先秦諸子留給我們的絕不僅僅是他們的著作，還有他們為了實現自己的思想方略所進行的艱苦實踐以及在這個過程中體現出來的百折不撓甚至殺身成仁的精神。

（四）"新子學"應該成為學術創新的領軍和楷模。傳統子學一直以創新學術為鮮明特色。傳統子學學者一般學識廣泛，在廣泛學習繼承的基礎上，着眼於當代社會政治、經濟、軍事、文化和社會生活的需要和緊迫問題進行廣泛而深入的思考，為當時的國計民生提出建設性的意見、主張和方略。"新子學"也應該學習傳統子學的這種文化精神，圍繞當代社會政治、經濟、軍事、文化和社會生活的需要和緊迫問題進行廣泛而深入的思考，為當代的國計民生提出建設性的意見和方略，並義無反顧地踐行之。

（五）"新子學"應該發揮播種機、宣傳隊的作用。傳統諸子大都開門授徒，甚至到處遊說，宣傳自己的思想和主張。受此啟發，"新子學"應該而且可以做如下方面的工作：

1. 推動"新子學"學科的建設，以期在高校乃至中小學以專門學科的方式和途徑實行和加強傳統子學與"新子學"思想文化的教育。

2. 充分利用當代各種傳媒管道和體系，以老百姓喜聞樂見的節目形式擴大和加強傳統子學和"新子學"思想文化在民眾中的宣傳教育。

3. 與地方的學術和文化團體的合作，這是一條重要途徑。如周口市國學促進會定期舉辦的傳統文化講壇就是一個專門針對社會民眾進行宣講教育的社會團體。宣講者往往是對傳統文化有着深切愛好並且樂於志願工作的學者。通過跟這樣的文化團體合作，很容易將傳統子學和"新子學"的思想文化精神成果傳遞和融入普通百姓心中。他們又會以自己的方式把自己的體會和心得在日常交流中傳遞到家人、親戚和朋友當中去。這對當代文明社會建設的意義是非常重大的。

總的來說，我的主張是"新子學"應以學術為基礎，以經世致用為目的，以踐行精神為支柱，以強烈的使命感和責任感繼承和創新學術，建言獻策，教化民眾，為強國復興大業貢獻自己的才智和力量。

[**作者簡介**] 唐旭東(1970—),男,山東煙臺棲霞市人。文學博士,現為河南周口師範學院文學院教師、老子文化研究院專職研究員。主要從事先秦兩漢魏晉南北朝文學與文化的教學與研究,已發表學術論文二十多篇。

"新子學"承載回應時代問題的神聖使命*

——以老子"天下觀"意蘊與普世價值為例

謝清果

內容提要 "新子學"之新,在於它能繼承子學對"禮崩樂壞"時代問題的回應意識,既回應了當代中國社會治理現代化進程中的提升文化自信的需要,又回應了中國向世界貢獻建構"和諧世界"思想資源的使命。天下觀是中國從古至今力圖建構的世界文明秩序。抽象繼承這一觀念,是重構中國傳統文化價值,提升中華民族的文化自信、文化自覺的内在要求,更標誌着中國文化走向世界,以契合普世價值的形式,獲得世界的擁抱。本文嘗試以《道德經》中的"天下觀"為例,探索中國天下觀的當代價值,復興民族的文化自信,推動中華文化的國際傳播。

關鍵詞 新子學　老子　天下觀　天下王　普世價值

中圖分類號 B2

引言　"天下有道"的深切尋思

"新子學"之新,其實就是繼承創新之意。具體説來,就是繼承了先秦子學的時代意識,積極探索"禮崩樂壞"時代下的社會出路問題。究其實質,諸子百家都是力求回歸於正道,只不過實現目標的路徑設計各異。當代的中國社會和世界都面臨着完善社會治理和世界治理的一系列問題,而解決問題的根本還得從舊觀念中超脱出來,以新的思想觀點和方法來處理發展過程中的問題。而新思想觀念的推出並不是憑空產生的,它一定是繼承傳統,因應時代問題而開拓創新的結晶。當代中國社會發展越發讓我們意識到,中華優秀傳統文化是中華偉

---

* 本文為廈門大學哲學社會科學繁榮計劃項目"中國話語權研究"之子課題"提升中國文化話語權的路徑研究"(項目號:0101-Y07200)階段成果之一。

復興的重要基石，也是擴大文化軟實力的重要資源。以"天下觀"為例，它是中華文明秩序原理所在，雖然曾在近代西方文明的衝擊下衰弱了，但其合理内核在當代，尤其是當人類走向後現代的時候，就越發顯得其内藴的"天下一家"觀念的寶貴。繼承和創新天下觀當是世界走向和諧有序的不可或缺的思想資源，也是中國對世界最大的貢獻。本文着重以老子《道德經》中的"天下"觀為例，探索天下觀指導下的社會治理及其世界治理的系統智慧，以期推動像"新子學"思潮一樣的"中國再造"運動，以復興我們的文化自信。

《辭源》："天下，舊說地在天之下，故稱大地為天下。古籍中以家、國、天下連稱，指積家成國，積國成天下，故三代統一諸國，稱有天下；由統一分裂，稱失天下。所説天下，指全中國。統一天下，即統一全中國。《書·大禹謨》：'奄有四海，為天下君。'"[①]《漢語大詞典》"天下"一則稱古時多指中國範圍内的全部土地；全國。二則指全世界[②]。

"天下"觀念在中國古籍中據有重要地位，保有"天下"的情懷成為中國傳統士人的獨特精神氣質和高尚情操。"天下"自古至今既有中心與邊緣的國家想象，又有推己及人的超越國家之上的責任擔當，因此在當代揚棄"天下"觀的意涵，發揚我中華大國"天下一家"的理念，將"和諧社會"、"和諧世界"向全球傳播，這不但是我國增強文化軟實力的必然要求，也是世界走向文明和諧的時代呼喚。正是在這樣的時代背景下，我們重新審思中國古典文獻中的"天下"觀念，以期高揚中華文化的世界話語權，促進世界更開放，更自由，更民主，更公平，更和平，更發展，更和諧……"'天下觀'既是中國古代的地理觀、世界觀，也是中國古代的文化觀、價值觀。從中華'天下觀'的形成及其内容來看，崇尚禮、德、仁等價值觀念是其文化核心。它體現了在高度發達的農業文明薰陶下的中國先人對自己文化所產生的高度自信。由高度發達的農業文明孕育的中華倫理政治文化，注重倫理道德的社會規範，主張君主推行德治仁政的王道理想。由於中國傳統倫理政治文化特質的規範，幾千年來中國追求的是文化立國、建設禮儀之邦的政治文化理念。'觀乎人文，以化成天下'，歷代統治者都把文化的化育作用擺到突出位置，文化成為建立和維護天下秩序的重要支柱。"[③]

學界認為"天下觀"中國在商周之際就已經成形了[④]，並由以自我為中心的直觀"天下"觀，逐漸轉化到以"普天之下"為中心的大一統觀念這一具有政治倫理意藴的"天下"觀。天下觀具有德及天下的追求，但在實踐過程中卻有專制主義之虞。因此，中國歷代有"天下為天下人之天下"與"天下為帝王一家之天下"的民主與專制之争。當然這也説明中華文化中存有普世價值的因素，只是這種因素在封建專制體制下没有得到充分的闡揚，而大多停留在精英士人的理想中，最多是希望能够有時制約帝王以天下為念，進行以民為本的施政。不過，"天下觀"

[①]《辭源》合訂本，商務印書館1988年版，第370頁。
[②]《漢語大詞典》縮印本，漢語大詞典出版社1997年版，第1333頁。
[③] 杜永吉《"天下觀"視野中的中國戰略文化傳統》，《淮陰師範學院學報》，2006年第1期。
[④] 李憲堂《"天下觀"的邏輯起點與歷史生成》，《學術月刊》，2012年第10期。

内涵着"天下一家"和"王者無外"的思想,並蘊藏了"天下大同"的理想旨趣,是毋庸置疑的。

當今天下依然混亂,"阿拉伯之春"成為"阿拉伯之冬",以美國為首的西方世界為謀求國家利益而無情地製造了伊拉克等多國內亂。我們越來越清楚地看到,西方的世界秩序觀念的狹隘與偏見,正日益成為世界動盪的觀念之源。對中西兩種文化都有深刻反思的杜維明教授指出:"現代西方文化一方面創造了很多價值,但同時也把人類帶到了不僅是自我毀滅,而且可能把經過億萬年才逐漸發展出來的有利於人類生存的生化環境亦同歸於盡。"又說:"現代西方文明完全以動力決蕩天下,以達爾文的進化論和浮士德精神的無限的擴張、無限的發展、無限的爭奪這種心態作為主導,必須重新反思。"[①]

觀念的問題,還需要觀念去糾正。有鑒於此,探索中國在秦專制體制形成之前的春秋戰國時期士人對"天下"的想象與設想,有助於在當代闡發中國"天下"觀優越於西方"國家"觀的普世價值。道家在先秦具有舉足輕重的地位,且其"天下"具有優超於儒家等其他諸子百家的超越人類中心主義的普世價值,這一點在《道德經》尤為突出。《道德經》(王弼本)中有 31 章共 61 次提到"天下",這在僅五千餘言的文本中所占的分量不可謂不重。

在《道德經》中,"天下"包涵有"萬物"、"百姓"、"國家"、"世界""天地之間"、"人世間、社會上"等語義群,大多泛指一切事物。且英語世界常將它翻譯成"the World""the Empire""Under heaven"[②]。

《道德經》的"天下",相當部分是在談論"天下"與"道"的關係。既然天、地、人三才俱是道的兒女,那麼人世間所在即是"天下"。從發生學角度而言,是道之所生,亦受道所支配。老子曰:"有物混成,先天地生。寂兮寥兮,獨立不改,周行而不殆,可以為天下母。"(《道德經》二十五章,以下僅列章名)他強調了道先於天地所存在,並擔任"天下母"的角度。正因如此,道"不可得而親,不可得而疏,不可得而利,不可得而害,不可得而貴,不可得而賤,故為天下貴"(五十六章);同時,道又是天下萬物所必須,"萬物莫不尊道而貴德"(五十一章),正是因為"古之所以貴此道者何?不曰:求以得,有罪以免邪?故為天下貴"(六十二章)。

只不過,天有天道,地有地道,人有人道。而人道則應法天,法地,進而法道之自然。老子期盼"天下王"能夠知道,用道,守道,如此天下方可太平。他警告世人:"天下有道,卻走馬以糞。天下無道,戎馬生於郊。"(四十六章)人世的歡笑與失意從根本上講,在於是否順"道"而行。

一、"天下王"與"王天下"的政治理想

道在老子的視域中,既在歷時性上是天下之母(始),又在共時性是天下萬物內在的推動

---

① 《杜維明學術文化隨筆》,中國青年出版社 1999 年版,第 133 頁。
② 肖志兵《亞瑟·韋利英譯〈道德經〉的文化解讀以"天下"一詞為例》,《湖南第一師範學報》,2008 年第 1 期。

者,因此它無所不在,無時不有。换句話説,道的呈現是以"天下"爲空間,即無以弗届的一切地方,都"唯道是從",都是"天網恢恢,疏而不失"。那麽在這樣的空間裏,老子看來也應當有個有道的主宰者來帶領天下百姓"尊道貴德",從而社會進入"太上,下知有之"的和諧理想的治理狀態。這個人老子稱爲"天下王"。"天下王"以安天下爲己任,遵循"清静爲天下正"(四十五章)的行事法則,堅持"以道蒞天下,其鬼不神"(六十章)的"以正治邦"的治理之法。在處理國與國之間的關係時,奉行"大國者下流,天下之交,天下之牝"(六十一章)。老子在肯定國有大小强弱之别的現實基礎上,認爲大小國的責任和姿態也有所不同,即"大國以下小國,則取小國。小國以下大國,則取大國"(六十一章),就是説,大國謙下對待小國,則小國歸附,小國謙卑對待大國,則得到大國的庇護,這只就國自身而言,不過,大小國問題,老子鮮明地强調"大者宜爲下",就是説大國負有更大的責任,更應主動謙下待小國,如此才是國際和諧之源。小國如其不然,忘乎所以來擾亂秩序,則老子也鮮明地認爲"爲奇者,吾得執而殺之,孰敢"(七十四章)。只不過,即便在此情境下,老子依然强調不用輕易用兵,因爲用兵"稀有不傷其手",就是殺一萬,自損八千,是件悲哀的事。

(一) 天下王的作派

道是整體性,因此道治社會(天下)自然也是"大制不割"的,亦即天下一家,天下一體,無內無外,共用天下太平的福利。老子作爲史官,深知治理一個國家尚且如此艱難,何况是治天下。不過,道(理)之所在,勢當爲之。因此,他也爲能够帶領全天下百姓過上幸福美滿的生活,設想了一位具有特别素養的"天下王",以擔此重任。《道德經》有云:"弱之勝强,柔之勝剛,天下莫不知,莫能行。是以聖人云,受國之垢,是謂社稷主;受國不祥,是爲天下王。"(七十八章)老子於此强調"社稷主"、"天下王"當具有非凡的品格,那就是能够行常人所不能行的,持守能够勝剛强的柔弱,因爲在老子看來,"守柔曰强"。"天下王"一定是個能够自知知人、自勝勝人,且能强行並富有遠大理想目標的强者。這樣的强者即有着最柔弱的心,那就是保有巨大的自我犧牲精神,即"受國之垢"、"受國不祥",無論是天災還是人禍,他都能擔當。因爲"聖人無常心,以百姓心爲心。……聖人在天下歙歙,爲天下渾其心。聖人皆孩之。"(四十九章)聖人無己故而心系天下百姓,且無分别地對待百姓,如同對待自己的孩子一般,即具有"慈"的秉性。

或許正是老子意識到作爲"天下王"的難處,才千方百計地多角度塑造"天下王"當具有這些品格修養。

(二) 貴身愛身的作爲與寄托天下的擔當

老子稱:"貴以身爲天下,若可寄天下。愛以身爲天下,若可托天下。"(十三章)寄托天下之人當是"天下王",那麽天下王要有什麽樣的品格呢?老子明確提出"貴以身爲天下"、"愛以身爲天下"的要求。問題是這兩句話是要表達將自身奉獻給天下,還是將自身的重要性置於天下之上？似乎兩層意義都有,那是不是矛盾而不可調和呢？對此,馮友蘭先生認為:"'貴以身為天下'者,即以身為貴於天下,即'不以天下大利,易其脛一毛','輕物重生'之義也。"①在重要性上而言,似乎身比天下重,因為"修之於身,其德乃真",而"真"又是老子的核心價值,非修身之真,自然無以"為天下"之真。高亨則認為:"'貴'者,意所尚也,'愛'者,情所屬也。'以身為天下'者,視其身為天下人也……是無身矣,是無我矣,是無私矣;方可以天下寄托之。"②其中,貴身是貴真,而無身是無私,貴真方可無私,貴身方可無身。愛自身之身,可愛天下之身。這一點與孔子"己欲立而立人,己欲達而達人"思想是一致的。所以說,寄托天下的人一定是珍愛生命且能為天下奉獻生命的人,一定能將有限的生命與無限的大道統一起來,將個人與社會統一起來。

(三)"為天下式"以安天下

聖人既然成為寄托天下的人,那麼自然賦有安頓天下的責任。安天下自然得有通行的模式或標準。於是,老子提出"聖人抱一,為天下式"(二十二章)的思想。也就是說,老子認為最根本的就是聖人責無旁貸地充當天下的楷模。傅奕本《老子》有言"聖人之在天下,……百姓皆注其耳目",聖人君臨天下,成為百姓矚目的人。聖人的一言一行都被百姓視為效法的對象。正因如此,老子強調"聖人處無為之事,行不言之教"(二章),"不言之教,無為之益,天下希及之"(四十三章)。聖人謹言慎行,就是擔心自己沒有做到眾人表率,有負百姓的期望。

《老子》書中二十二、二十八、六十五章共五處提到"式"。據考證,"式"即"栻",是一種通過天時來判斷吉凶的工具,有時也稱"天時"。《周禮》曰:"太史抱天時,與太師同車。"鄭司家云:"大出師,則太史主抱式以知天時,主吉凶。"《漢書·王莽傳》曰:"天文朗案栻於前。"《史記·日者列傳》亦言:"今夫卜者,必法天地,象四時……分策定卦,旋式正棋,然後言天地之利害,事之成敗。"《索隱》云:"按式即栻也,旋,轉也。栻之形,上圓象天,下方法地,用之則轉天綱,加地之辰,故云旋式。"任繼愈認為《老子》二十八章"為天下式"說的是:甘當太史用的"式",才可以"常德不離";而二十二章中的"聖人抱一為天下式"是說,如果有了"道"作為標準("抱一",一即道),就可以像史官抱式"定日月,分衡度"那樣明確地處理世界上許多複雜紛亂的現象而不致迷失方向③。

何謂"天下式"？在老子看來就是"抱一"(帛書本為"執一")。王弼注:"一,少之極也。"④當有"大道至簡"之意。執政當以簡單而不繁瑣為要義,"少則得,多則惑"。"抱一",通常理解為"抱道"。道是聖人一切言行舉止的終極依據,正是模範地遵循了道,聖人才成為"天下王"。

---

① 馮友蘭《中國哲學史》,商務印書館1934年版,第177頁。
② 高亨《重訂老子正詁》,北京古籍出版社1957年版,第30~31頁。
③ 轉引自謝清果《先秦兩漢道家科技思想研究》,東方出版社2007年版,第354頁。
④ 樓宇烈校釋《王弼集校釋》,中華書局1980年版,第56頁。

不過,"抱一"之説過於抽象。於是該章接着説,"不自見故明;不自是故彰;不自伐故有功;不自矜故長;夫唯不爭,故天下莫能與之爭。"有道的天下王能够做到如上"四不"。正是通過"四不"的調適,體現出聖人"行於大道,唯施是畏"(五十三章)的行爲方式,如此,他才成爲無以匹敵的天下王。否則,如果陷於"四自",則爲道所棄:"自見者不明,自是者不彰,自伐者無功,自矜者不長。其在道也,曰:餘食贅形。物或惡之,故有道者不處。"(二十四章)

其實,"抱一"的精神要旨當在於道是一體的,不可分割,無以分别,無以名狀,不可强求。因此,老子對聖人治世提出"楷式"一説:"古之善爲道者,非以明民,將以愚之。民之難治,以其智多。故以智治國,國之賊。不以智治國,國之福。知此兩者,亦稽式。常知稽式,是謂玄德。玄德深矣,遠矣,與物反矣,然後乃至大順。"(六十五章)本章鮮明地提出,治世不可任智,智有所窮,力有所窮。以智治國,必有所蔽。因此,老子認爲當以"愚"(愚樸,混沌)處之。他苦心孤詣地提出,當把握"以智治國"與"以愚治國"的分野,這就是施政者的"楷式"(法式,準則),因爲如此作爲,正是玄德的體現,而玄德是契合於道的,如此天下大順,百姓康樂。

當然,我們深知,要抱一,當知"二",於二中求一。在二中求得平衡,便是通向"一"的道路。於是老子説:"知其雄,守其雌,爲天下溪。爲天下溪,常德不離,復歸於嬰兒。知其白,守其黑,爲天下式。爲天下式,常德不忒,復歸於無極。知其榮,守其辱,爲天下谷。爲天下谷,常德乃足,復歸於樸。樸散則爲器,聖人用之則爲官長。故大制不割。"(二十八章)知雄守雌、知白守黑、知榮守辱,其實都是"天下式",是陰陽兩方面在不同情況下的呈現,其共同的策略都是知與守,即理論與實踐的統一。聖人正是在抱一即形象——嬰兒、無極、樸的狀態下"知器而守樸"而成爲官長的。要言之,聖人把握住"大制不割"即"執大象,天下往。往而不害,安平泰"(三十五章)這一原則,最終功成名就。正是如此,《道德經》三十五章有言"侯王得一以爲天下貞"。貞者,正也。得一,即獲得"道"的正當性,亦即"以正治國"之謂。從本質上講,得一也好,抱一也罷,乃是人法天,法地,法道,法自然的結果,從根本上"懲忿制欲",以定於道。如此"不欲以静,天下將自定"(三十七章)。

(四)"天下王"的殷鑒

比照儒家的忠恕之道,抱一即"唯道是從"是"忠",而"不敢"即"唯施是畏"則是"恕"。上文談了"忠"的方面,這裏着重探討"恕"道。

老子語重心長地説道:"重爲輕根,静爲躁君。是以聖人終日行不離輕重。雖有榮觀,燕處超然。奈何萬乘之主,而以身輕天下?輕則失本,躁則失君。"(二十六章)這裏,老子警示侯王們當持守"重"與"静",以克服動摇國本,失去行動的理性主宰,而使自己陷於危險之境。爲了做到這一點,老子强調要終日約束自己,不要讓自己的言行落於輕浮之中,尤其不要爲身處的優勢環境所困,當以"超然"之心境處之,不爲有國所累。韓非注:"制在己曰重,重則能使輕。"老子十分關注"欲"的問題,認爲做到嬰兒般無知無欲是高境界,但在實踐中,時有"欲"的引誘,必當以靜制之。韓非注:"躁者多欲,唯靜足以制之。"這也正是老子強調真修及身的意義所在,避免因擁有天下而失去了身。有天下者,奉獻於天下者,老子曰:"孰能有餘以奉天下,唯有道者。"(七十七章)

老子所以強調作為"聖人"、"天下王"之類的領導者要有"畏"的修為,乃是深知世人常會犯的錯誤就在於"樂與餌,過客止"(三十五章)。音樂與美食之類的外在誘惑常常使英雄氣短,於是老子提出了如下要求:"使我介然有知,行於大道,唯施是畏。"有道的聖人行事,要本着介然之知,實指"明白四達"的智慧,以慎獨的要求來行大道,亦即對施(行為,一說邪,違道)保有敬畏之心。老子進而從反面批判無道的君王:"大道甚夷,而人好徑。朝甚除,田甚蕪,倉甚虛。服文采,帶利劍,厭飲食,財貨有餘。是謂盜誇。非道也哉!"(五十三章)那些只懂得自我享樂,而不顧百姓死活的君王,好比"盜誇"(強盜頭子),是害道敗德,也是必然要失敗的。

"畏"的另一個表述就是"不敢"。老子思想中的"不敢"與世人心中的"不敢"有本質的區別。世人的不敢是基於欲望與對懲罰的恐懼;而聖人的不敢是基於"自然"。老子在談治國時說:"常使民無知無欲,使夫智者不敢為也。為無為,則無不治。"(三章)認為治國的關鍵在於治理"智者",即那些妄圖取天下而為的人,他們尚智取巧,有時甚至淪落為"不得其死"的"強梁者"。那些妄圖擾亂社會的"智者"被治理,就沒有"有為",從而得以進入無為而治之境。因此,無為之治其實是在治理"膽大妄為"中實現的。這裏的"不敢為"是"智者"為社會規範所震懾而不敢胡作非為。而聖人所不然,"聖人欲不欲,不貴難得之貨。學不學,復衆人之所過,以輔萬物之自然而不敢為"(六十四章)。聖人的"不敢為"是自覺自動地"輔萬物之自然",他以自然為最高指標,把自己的作為調適到與萬物和諧相處的境地。甚至,老子以"不敢為天下先"(六十七章)為行動指南。聖人以天下為念,服務於天下,但"聖人處無為之事,行不言之教,萬物作焉而不辭,生而不有,為而不恃,功成而弗居。夫唯弗居,是以不去"。聖人的作為是無為,教化是"不言",對待責任是"不辭",對待功勞是"不有"、"不恃"、"弗居",這正是"不敢為天下先"的精神內涵所在。正因為聖人秉持"不敢為天下先"的精神,才永遠"聖人處上而民不重,處前而民不害,是以天下樂推而不厭。以其不爭,故天下莫能與之爭"(六十六章)。既然無人可與之爭,那他就成為天下之先了。"不敢為天下先,故能成器長。"(六十七章)可見,在老子看來,"不敢為"才是真正的作為;不敢先,才最終成為"天下先"。

值得注意的是,"不敢為"精神也貫徹在軍事領域。老子說:"用兵有言,吾不敢為主而為客,不敢進寸而退尺。……禍莫大於輕敵。輕敵幾喪吾寶,故抗兵相加,哀者勝矣。"(六十九章)軍事鬥爭也應當以靜制動,不可大意冒進,並胸懷天下百姓疾苦,始終不"為主"發動不義之戰,更不會"進寸"侵占別人。正因如此,老子總結出一個法則"勇於敢則殺,勇於不敢則活"(七十三章)。在老子看來,"勇於不敢"比"勇於敢"要難得多,也重要得多。"勇於不敢"體現的正是"敬畏"的心態,即"唯施是畏",才有可能"活"。否則,將使自身陷於不利之境。

二、"取天下"與"天下往"的辯證法

"天下"既是地理觀念,也是文化觀念,世界觀念。人,尤其是有社會擔當意識的君子、聖人,乃至天下王,他們作為個體與"天下"是什麽樣的關係?説到底無非是兩種:一種是天下為我所用,天下是"我"的天下,故其行為範式是"取天下";另一種是"我"為天下服務,天下是天下人的天下,"我"不過是為天下服務。老子説:"譬道之在天下,猶川谷之於江海。"(三十二章)道藏於天下,當然也在人身上,人只有自覺地歸於道,才能因道性永恒,"死而不亡",而獲得人生價值的永恒。

(一) 天下神器,不可為也

老子敬告世人:"將欲取天下而為之,吾見其不得已。天下神器,不可為也,為者敗之,執者失之。"(二十九章)在老子心中,天下是神聖的,其奧秘非人力可窺,如果人類想憑一己之智妄圖取之,妄圖為之,那只能以失敗告終。本章和四十八章中的"取"字,劉笑敢經考證認為:"'取'特指非常容易,無須動用武力而強奪硬取的情況。"① 那為何二十九章中老子對"取天下"是持"弗得已"(帛書本),即得不到之意;而在四十八章中又提出"取天下常以無事,及其有事,不足以取天下"的觀點?表面上前者是天下不可取,後者則説天下可取;其實,前者是以"為"(即有事)來"取天下",而後者是以"無為"即"無事"來"取天下"。如此便明瞭。蘇轍注:"聖人之有天下,非取之也,萬物歸之,不得已而受之,其治天下,非為之也,因萬物之自然,非除其害爾。若欲取而為之,則不可得矣。"

對待天下,當懷有敬畏之心、慈悲之心。因此,天下王才以"無事"蒞臨天下。有事則擾民,無事則民自富。故老子説"以道佐人主者,不以兵強天下,其事好還"(三十章)。人主以"道"為最高準則,道無為,人無事。事之極當是兵,因此,無事當不可窮兵黷武。不恃兵,因為兵是不祥之器,且用兵無法達到心服口服,往往是今天已施於人,明天人施於己,故曰"好還",永不安寧。老子提出:"以無事取天下。"(五十七章)接著舉例闡述了在"有事"的情況下社會的混亂狀況:"天下多忌諱,而民彌貧;民多利器,國家滋昏;人多伎巧,奇物滋起;法令滋彰,盗賊多有。"其一,忌諱者,乃是君王以一己之私,給百姓的生活帶來滋擾,例如黄色的服飾百姓不可用,等等;其二,百姓崇尚武力,妄動干戈,國家昏亂;其三,人們崇尚投機取巧,則各類怪物層出不窮;其三,國家徒賴嚴刑峻法,非但社會不能安定,反而盗賊越多,所謂上有政策,下有對策。這也是老子為什麽反對以智治國,而追求以愚治國的道理所在。

---

① 劉笑敢《老子古今》,中國社會科學出版社2006年版,第485頁。

（二）執大象，天下往

老子在三十五章提出"執大象，天下往"的論點。天下在有道之主的心，並且貫徹於"愛民治國"（十章）的無為實踐中，故而"往而不害，安平太"（三十五章）。換言之，在"道"光輝形象的指引下，聖人身道合一，贏得天下百姓歸往，在聖人的庇護下平安泰知。河上公注曰："聖人守大道，則天下萬民移心歸往之也。"這種思想與中國一貫推行"修文德以來之"的處理國際關係的原則相一致。當然，"天下往"也可如林希逸所理解的那樣："大象者，無象之象也。天下往者，執此以往，行之天下也。"人能弘道，非道弘人。聖人作為傳道者，有責任走天下，將道傳遞給天下百姓。在當代，以天下為懷的世界主義精神也需要傳播，也要努力取得世界的認同。中國歷來將維護世界和平發展作為自身三大任務之一，而實現這個任務則需要向世界說明中國，向世界光明正大地輸出具有世界主義的天下觀，這也是世界人民的根本需要所在。

老子所期盼的世界是和平安寧的，是遠離戰爭的。不過，他所處的時代卻恰恰是戰爭頻發的時代，因此他也不回避戰爭，而是批判戰爭的罪惡："師之所處，荆棘生焉。大軍之後，必有凶年"（三十章）；"夫佳兵者，不祥之器"（三十一章）。並且奉行積極防禦性戰略，例如他實事求是地強調"國之利器不可以示人"（三十六章），追求"雖有甲兵無所陳之"的"小國寡民"（八十一章）社會理想。老子還從反面直言以武力征服天下的企圖必將失敗："夫樂殺人者，則不可得志於天下矣。"（三十一章）對於違背"道"的最極端的情況——"樂殺人"，老子從歷史教訓中得出"不可得志於天下"的結論。"天下王"是得志於天下之人，他奉行"聖人不積，既以為人，己愈有；既以與人，己愈多"（八十一章）的作派，而不是"以兵強天下"。

因此，天下的和平安寧，不是通過戰爭實現的。秦二世而亡便是明證。天下的幸福快樂，一定是世界人民懷有廣泛深沉的"天下一家親"觀念，將慈、儉、不敢為天下先三寶奉為行為圭臬。老子自白："我有三寶，持而保之：一曰慈，二曰儉，三曰不敢為天下先。慈，故能勇；儉，故能廣；不敢為天下先，故能成器長。"慈是天下王固有的品格，因為"夫慈以戰則勝，以守則固。天將救之以慈衛之"（六十七章）；慈是天下王克服一切困難作有益於天下之事的精神原動力，此正所謂"得道多助"；"儉"是一種自治力，擴而言之，"曲則全，枉則直，窪則盈，敝則新，少則得，多則惑"（二十二章）。曲、枉、窪、敝、少與"儉"在精神實質上是共通的，那就是面對一切挑戰，能夠以處下、謙虛、不爭、柔弱的姿態，以"笑到最後"的勇氣揮灑自我的定力。"不敢為天下先"可指當成功的時候，受萬衆擁戴的時候，如何不得意忘形，所具有的精神修養。對此，老子明確提出"功遂身退"的勸告，始終把"功成事遂，百姓皆謂：我自然"作為最高境界。《道德經》七十七章有言："是以聖人為而不恃，功成而不處，其不欲見賢。"聖人秉承"天之道，利而不害"（八十一章）的精神，做到"為而不爭"。

三、以天下觀天下：對待"天下"的基本方式

"天下"的觀念是優越於"國家"的觀念，這一方面是因為超出國家的尺度問題就需要在天下尺度中去理解，另一方面，是因為國家不能以國家尺度對自身的合法性進行充分的辯護，而必須在天下尺度中獲得合法性。西方常以國家來衡量世界，於是國家利益至上，就常常會侵害他國利益。而中國的天下觀念則是以世界來衡量世界，是站在世界的角度來等待自己的國家，是世界利益至上。老子所倡導的"以天下觀天下"，其實質就是"以世界衡量世界"。如此，以人類的公共利益來觀察每個國家或地區的利益，這樣全人類都將獲得利益最大化[1]。

中國文化精神的内核在於修身與治國，然而，此二者又是放在"天下"觀念之下，也就是説修身不是為一己之身，而是為天下蒼生；治國不為一國之國，而是為天下之國。因此，中國文化内涵着自我超越的空間，以此處理人與人的關係，國與國的關係，人與自然的關係，人與社會的關係，都可以迎刃而解。下面以《道德經》五十四章為核心來闡述老子"天下觀"：

> 善建者不拔，善抱者不脱，子孫以祭祀不輟。修之於身，其德乃真；修之於家，其德乃餘；修之於鄉，其德乃長。修之於國，其德乃豐。修之於天下，其德乃普。故以身觀身，以家觀家，以鄉觀鄉，以國觀國，以天下觀天下。吾何以知天下然哉？以此。

本章的核心思想還在於第一句，明確天下要和平安寧，要永續發展，關鍵在於"善建不拔"、"善抱不脱"，而"建"的對象是"德"，老子有"建德若偷"（四十一章）一説；"抱"的對象是"樸"，老子曰："見素抱樸。"（十九章）樸者，本來面目，喻無私利染污之境。從兩次世界大戰的人類空前浩劫，我們不難明白，正是有些國家以一己之私欲，將自己國家（某些利益集團）的私欲強加於他國，從而給世界帶來毀滅性打擊。人類要想"子孫以祭祀不輟"，亦即和平共處，就必須有共同的理念，那就是"出於公心而為公而思的思想"。基於此，"老子的'以身觀身……以邦觀邦，以天下觀天下'的思想原則是最高明的博弈論思維，也是最好的知識論。……追求自己的利益是正常的，而以自己的利益為尺度去思考問題是不負責任的。……思想就是為別人去想，為所有人去思，這樣才能够説是思想。……由於思想無外，永遠把他人的利益考慮在内"[2]。

老子既是理想主義者，又是現實主義者。他以天下為懷，同時也以個人為基，將兩者美妙地統一起來。許嘯天注曰："修是實行的意思。人不但是能明白天道便算了，一定要先在自己身上實行出來。自身一舉一動，能够體貼天理人情做去，這才是真的能够明白天道。所以説

---

[1] 趙汀陽《天下體系——世界制度哲學導論》，江蘇教育出版社 2005 年版，第 46～49 頁。
[2] 同上文，第 29～30 頁。

其德乃真。"①德是心中的格局,老子認為德當不斷地推而廣之,由身而家,而鄉,而邦,而天下,如此德性乃餘、長、豐、普。不過值得注意的是,老子的五修說,雖與儒家的"修齊治平"有共同之處,但其理趣有別。老子以修身為本,而以"治天下"為"餘事",是無心而自然地效用而已;儒家也以修身為本,而以"平天下"為"極致",是積極為之的結果。河上公注:"以修身之身觀不修道之身,……以修道之家觀不修道之家;以修道之鄉觀不修道之鄉也;……以修道之主觀不修道之主也。"②儒家修身以齊家、治國、平天下為己任,克己為人,因此更多體現為"教化"。道家則更多認為修身至無為,天下乃大治,這是因為道家認為,當以身作則為重,而他人則可在"觀"的情況下,自覺主動去修身,如此,天下之身可修。換句話說,他人看到有道之人因修身而真,保身全真,於是自覺去仿效,而不是由他人去教化。天下之安定,乃是天下人共為之的結果;而以一人去"為天下",則必然"為者敗之,執者失之"(二十九章)。這本身正是"天德"的力量。王淮解曰:"言由一人之言行,可以觀(知)其人之德;由一家之家風,可以觀(知)其家長之德;由一鄉之鄉俗,可以觀(知)其鄉正之德;由一國之國情,可以觀(知)其國君之德;同理,由天下之民風物情即可觀(知)天下之德。"③

劉笑敢認同高亨引《管子·牧民》"以家為鄉,鄉不可為也。以鄉為邦,邦不可為也。以邦為天下,天下不可為也"來解《老》。他認為,"老子這裏批評的可能也是以下觀上,即以局部的情況觀察、理解全局的形勢,或從局部的利益出發管理、操縱大局等等。用哲學的語言來說,老子所主張的可能就是以特定的範圍觀察、解決特定範圍內的問題,反對混淆問題的範圍而造成混亂。"④誠然如斯。老子提醒世人不以自己的看法與觀點去代替他人的看法與觀點,更不能以一己之身來觀(範圍)一家、一鄉、一邦以至天下。身、鄉、邦、天下都有其自身的法則,當重視其差異性。

宋常星曰:"聖人觀天下眾人之身,如自己之一身……唯知天下之身,不知自有其身……觀天下之家,不異於自己之家……不敢以天下為己有,觀天下於大公也。"⑤於是,有學者解曰:"言以無私為治,其義是也。"⑥其實,如果以天下來觀邦(國)、鄉、家、身,則有可能忽視邦鄉家身的特殊性。因此,關鍵還是在於把握"天下為公"這一根本原則。既不以上觀下,也不以下觀上,而是同類相觀,如此可同氣相求。當然,老子也提示世人,"觀"當是以道觀之,方可超越貴賤、大小、貧富等一切差異。王蒙注"以天下觀天下"曰:"我能夠習養大道於天下,乃可以觀

---

① 許嘯天《老子》,中國書店1988年版,第272頁。
② 王卡點校《老子道德經河上公章句》,中華書局1993年版,第208頁。
③ 王淮《老子探義》,臺灣商務印書館1969年版,第218頁。
④ 劉笑敢《老子古今》,第534頁。
⑤ 宋常星《道德經講義》,《老子集成》(第九卷),宗教文化出版社2011年版,第238頁。
⑥ 《老子白話句解》,香港文光出版社1991年版,第315頁。

察與判斷天下。"①不同境界和德性的人看到的是不同的東西。胸懷天下的人,德性博及世界,如此方可談"天下"。牟鐘鑒注此句曰:"以天下的面目認識天下。"②這與莊子"有真人而有真知"的意義是共通的,真知能真行,真行有真知。

總而言之,"以天下觀天下"強調的是天下公理人心。王弼注曰:"以天下百姓心,觀天下之道也。"③老子的天下觀是建構"和諧社會"和"和諧世界"不容回避的思想資源,是中國傳統思想中可以作為普世價值貢獻給世界的重要內容。我們當抱以不妄自菲薄的心態去傳播我們的普世價值,如此才能增強中華文化在國際上的話語權。

[作者簡介] 謝清果(1975—　),男,福建莆田人。哲學博士、歷史學博士後,現為廈門大學新聞傳播學院教授、廈門大學傳播研究所所長、博士生導師。主編《中華文化與傳播研究》,著作有《中國視域下的新聞傳播研究》《中國近代科技傳播史》《中國科學文化與科學傳播研究》《和老子學傳播——老子的溝通智慧》《和老子學養生——老子的健康傳播智慧》《和老子學管理——老子的組織傳播智慧》《中國道家之精神》《生命道教指要》《老子大道思想指要》《先秦兩漢道家科技思想研究》等。

---

① 王蒙《老子的幫助》,華夏出版社 2009 年版,第 224 頁。
② 牟鍾鑒《老子新說》,金城出版社 2009 年版,第 172 頁。
③ 樓宇烈校釋《王弼集校釋》,第 144 頁。

再論"新子學"與中華文化之重構

湯漳平

内容摘要　"新子學"是當代中國一種重要的學術思潮。我國正處於社會大轉型的時代,這樣的時代需要有科學的理論來引導和進行闡釋,"新子學"正是在這樣的歷史背景下所作出的一種思考和回答,我寄希望於它能夠在當今中華文化的重構中起到重要的作用。"子學"復興是時代的必然抉擇,它在提升我國文化軟實力方面具有重要意義,應以"新子學"推動和促進中華文化的偉大復興。

關鍵詞　新子學　文化軟實力　中華文化重構

中圖分類號　B2

僅僅時隔兩年,海内外學者再度齊聚浦江之濱,共同探討有關"新子學"研究中的學術理論問題,反映出自"新子學"這一概念提出後,在學術界所引發的強烈反響。我以為,"新子學"不僅僅是一種口號,或是一種學術觀點,"新子學"應當是當代中國一種重要的學術思潮。我國正處於社會大轉型的時代,這樣的時代需要有科學的理論來引導和進行闡釋,這特別需要學術理論界對相關問題、對社會現狀進行深入的探討與研究,從而提出切實可行的思路來引領社會發展的進程。"新子學"正是在這樣的歷史背景下所作出的一種思考和回答,我寄希望於它能夠在當今中華文化的重構中起到特別重要的作用。

在上一屆學術研討會上,筆者提交了《論"新子學"與中華文化之重構》一文,側重談了經歷百年來社會大變遷之後,目前中華文化需要進行重構。而本文則希望借此機會,探討如何通過復興"新子學",重新建構中華文化,提升中華文化軟實力的問題。

一、"子學"復興是時代的必然抉擇

關於"子學"復興的重要性,在《"新子學"論集》一書中,有許多學者都發表了很好的意見。林其錟先生從"子學"的原創精神、求實精神、爭鳴精神、會通精神、開創精神等諸方面,提出應當承繼諸子的優良傳統來構建"新子學"學科。陳鼓應先生則在爲該書所作序言中明確提出"子學興替關乎中國思想變革",並從中國兩千多年的社會發展歷程,聯繫今日兩岸的社會狀況,指出了弘揚先秦諸子百家思想中的人文精神在當今時代所具有的特别重要的意義。當然,方勇先生的系列論述,更是從其内涵上深入闡述了"新子學"構想與全面復興諸子學的現實意義與歷史必然性。時代的巨變要求有新的思想、新的學術理論來引領社會向正常健康的方向發展。"新子學"正是在這樣的歷史背景下提出並引起了大家共同的關注。

那麽,爲什麽説"子學"復興是時代的必然選擇呢?我們有必要一起回顧一下歷史。雖然今天人們一致承認,兩千多年前的"子學"時代是中華文化史上最光輝的時期。然而,在漫長的歷史進程中,"子學"卻經歷了十分坎坷的發展道路。秦王朝雖然是因法家理論而興盛的,但它統一六國後卻下了一道嚴厲的"焚書令":"天下敢有藏《詩》、《書》、百家語者,悉詣守尉雜燒之。"並上演了"焚書坑儒"的醜劇。漢興,黄老之學一度勃起。但至西漢中期,武帝聽從董仲舒的意見而"罷黜百家,獨尊儒術",使諸子百家之學從此成爲異端。即使到魏晉時期,玄學曾一度爲士人所喜愛,但官方提倡的依舊是經學和儒學。其後兩千年間,歷經了衆多王朝的興替,經學、儒學一直是欽定的"官學"内容,儒家學説也由子學上升到經學的尊位。尤其是宋明理學興起至清的近千年間,歷代王朝更以經學爲正道,以之作爲科舉取士的依據,而以諸子學爲異端,這是子學最受排斥的時期。

儒家也是先秦諸子中的一家,它對於中華文化傳承的作用是不可磨滅的,孔孟學説中有許多民主性的精華,對於今天的中華文化重構仍有其重要價值。但因其以官學的正統自居,故自孟、荀始,儒家學者便將其餘諸子各家斥爲異端邪説。《孟子·滕文公下》大罵楊、墨學派"無父無君",《荀子·非十二子》則罵遍先秦諸子各學派,連儒學中的子思、孟軻、子張、子夏、子遊也難以倖免。在文化專制的壓力下,諸子之學由是式微,如最早的三家顯學之一的墨學,漢以後就逐漸湮滅無聞。道家一則因道教興起,將老莊作爲其經典而得以保存;二則因歷代文人大多出仕爲儒,歸隱則道,因此相對而言,無論在宗教還是社會生活裏,道家還是有其一定的社會影響力,只是人們所關注的已經不是老子思想中最爲重要的有關社會治理方面的内容。法家則因歷代統治者實行陽儒陰法的統治術,其香火倒也不曾中斷過。

當然,專制思想的壓制是不可能持久的。明代中後期,隨着社會經濟的空前發展,市民階層逐漸興起,社會思潮開始發生變化,"思想解放"之風漸漸萌發,那時的士人已經敢於議論朝政,表達不同意見,在學術領域中標新立異者也大有人在。李卓吾遺世獨立,以異端自居,公開反對"以孔子之是非爲是非"。他所撰《焚書》《續焚書》,直斥封建禮教,倡導個性解放與思想自由。他的許多觀點來自對子學的傳承,如謂"庶人非下,侯王非高",是"致一之理"(《李氏叢書·老子解下篇》)。這種倡導人類平等的思想,是對封建等級制的批判,而他的"至道無爲、至治無聲、至教無言"的説法,顯然也是源於道家學説。汪本鈳在《續藏書》序中謂:"先生一生無書不讀。"李贄著作中有《老子解》一卷、《莊子解》三卷、《墨子批選》二卷,皆爲儒學之外的子書。李贄有衆多弟子,他在南京時,南都士人"靡然向之。登壇説法,傾動大江南北";至北通州,"燕冀人士望風禮拜尤甚"(沈鐵《李卓吾傳》)。姚瓚在《近事叢殘》中也說,李贄學説深受時人擁戴,"儒釋從之者幾千萬人。其學以解脱直截爲宗,少年高曠豪舉之士,多樂慕之。後學如狂,不但儒教潰防,即釋宗繩檢,亦多所清棄"。筆者所讀明人筆記小説,其中即多有追求個性解放,遺世獨立者在。

至晚明,士人批評時政,集會結社,東林、復社、幾社,皆爲文士集會之處。他們相互間既切磋學問,又評議朝政,且與在朝的官員及市井民衆相互關聯,形成朝野互動的格局。上述種種,均顯示出社會政治局面的新變。也正是在這種氣氛中,士人的思想觀點開始發生變化,他們對經學、理學產生懷疑,而對諸子之學發生很大興趣。尤其是在經歷了明清鼎革、國破家亡的慘劇之後,痛定思痛,得以存留下來的一批學者對傳統的學術進行反思和批判,黄宗羲作《明儒學案》《宋元學案》等學術史著作,並注重研究歷史上的成敗得失,嚴厲批判封建時代的君權思想,成爲我國最早的啓蒙思想家。顧炎武倡導經世致用,批判宋明理學和陸王心學的空疏學風,開創有清一代樸學的根基。王夫之在《周易外傳》等著作中,批判宋明理學的"存天理,滅人欲",作有《老子衍》《莊子通》《莊子解》等子學著作。他博覽群書,以爲經子平等,倡導革新。而傅山則力倡諸子之學,開清代諸子學研究之先河。到清中期,學人繼清初學者之緒,樸學大興,學人以子證經,在一定程度上衝破清王朝以子學爲異端的枷鎖。

晚清至民國時期,隨着西學東漸,經學難以與西方思潮相對接,於是有識之士想到了子學的傳統,開始探索以子學應對西學之路,從而有了晚清諸子學的復興。其後,"五四"新文化運動的興起和反孔思潮的傳播,舊有的"以經學爲中心"的學術體系土崩瓦解,子學順勢而起,成爲士人研究的熱點和傳播創新思想的理論依據。嚴復、胡適、章太炎等,均致力於倡導子學的復興,胡適在《中國哲學史》中就認爲:"非儒學派的恢復是絕對需要的,因爲在這些學派中可望找到移植西方哲學和科學最佳成果的合適土壤。"①章太炎從清末始便大力倡導復興諸子學,他著有多部研究諸子的著作,並到處宣傳、演講。嚴復特別關注《老》《莊》學説,並以西方的自由平等思想來比較老莊學説中所追求的自由。章太炎尤其關注荀子、老子、莊子之學,尊子而貶孔,並大倡國學,著有《國學概論》《國故論衡》等。他所著《老子評語》中,便聯繫西方的進化論,認爲老莊學説與西方的達爾文、孟德斯鳩、斯賓塞相通。他認爲,老子無爲論具有民主的内涵,而莊子内篇的思想則包含有現代自由主義的"聽民自由"的觀念。這是章氏以西方思想對中國傳統文化所作的現代闡析。

由於傳統的經學獨尊觀念在新文化運動中受到强烈衝擊,幾近破滅,由此迎來了民國時期子學的復興。有人將這一時期也稱爲"新子學"復興的時期,這也是有道理的,因爲自 20 世紀初起,子學已經堂而皇之地成爲學者們熱心研究的對象。民國時期,經子地位平等,不分軒

---

① 《胡適學術文集·中國哲學史》,中華書局 1991 年版。

輕地均在學者們的關注研究之列，並由此取得數量可觀的研究成果①。民國時期的子學研究熱潮，是我國學術界對諸子學現代轉型所作的初步嘗試。

歷觀我國長達數千年的文化史，學界一致認同，先秦的子學時代和20世紀的民國時期是中華文化最活躍、最有創造力的時代。相對寬鬆自由的社會環境，是形成文化繁榮的客觀條件。歷史已經證明，在經學獨尊，子學遭受排擠，甚至被視為異端的時代，社會思想文化便陷於僵化乃至倒退；而在社會環境相對寬鬆，子學思潮較為活躍的時期（如春秋戰國、西漢前期、魏晉時期），文化創造力便得到弘揚與發展。即使在一些文化學術領域，情況也是如此。中唐時期，韓愈和柳宗元發起"古文運動"，雖其鋒芒指向形式主義的駢文和佛道思想的盛行，以恢復儒學道統為己任，但他們也都得益於吸取諸子學說的精華和異彩紛呈的表達手法。韓派學者就認為聖人的《六經》以及諸子百家之文，皆為"創意造言，皆不相師"（李翱《答朱載言書》）。韓愈在《送孟東野序》中，提到"凡物不得其平則鳴"時，列舉了伊、周、孔、孟，同時也列舉了楊、墨、老、莊等不同流派的諸子學人。至於柳宗元，其"議論證古今，出入經史百家"（韓愈《柳子厚墓誌銘》）。當然，由文體革新所引發的"古文運動"，其後也形成那一時代的一種社會思潮。

我們今日倡導"新子學"，正是從中華文化發展的歷史進行思考和選擇的。毫無疑義，優秀的文化傳統應當由一代代人認真加以繼承，這也是中國思想史和哲學史經常提到的"接着講"。我在上一篇文章中曾經談到，當今確有許多人是真心關注中華文化的命運的，提出了重構中華文化的種種思路，是一種新時期的文化自覺。但正確的道路選擇是第一位的。如有的學者提出要恢復經學和儒學，作為中華文化的核心，以為這才是弘揚傳統文化，然而歷史教訓已經表明，此路不通。把已經被歷史證明是錯誤的路讓今人接着走，這種做法只能讓多數人遠離傳統文化。

令人欣慰的是在"新子學"提出之後的兩年多來，我們的國家、社會對復興中華優秀傳統文化的認識，已經和幾年前有了很大的變化。這種變化表現在兩個方面：

一是作為國家層面，大力推動對於中華優秀傳統文化的弘揚與傳承。雖然在十七屆六中全會的決議中已經明確提出了這個問題並形成決議，但當時的整個社會狀況令人深感憂慮，大家更多關心的是會不會再出現意料不到的問題，對於決議能否得到實行，社會能否健康發展深感憂心。然而，僅僅過了三年多時間，我國的社會生活便發生了令人矚目的明顯變化：反腐的深入開展，各種改革方案的強力推出和實施，都令人深感欣慰。也許再過幾十年，當我們回顧這段歷史時，才會更加深刻地理解十八大以來所發生和正在進行的這一場變革所具有的重大意義和歷史作用。也只有在這樣的時代背景下，弘揚中華優秀傳統文化才具備了可能性。

二是目前中國確實處於思想最活躍的時期。打開網絡、博客、微信，不同學派、各種思想

---

① 可參閲張涅《略述民國時期的新子學研究》、陳志平《諸子學的現代轉型——民國諸子學的啓示》，《新子學論集》，學苑出版社2014年版，第667~692、693~714頁。

都在激烈地交鋒,甚至一些偶發的事件也會在這些媒體上引發陣陣漣漪。這是社會的進步,因為各種聲音的發出,評判事件的是非善惡,執政當局也正可藉此瞭解民意、民情,從而為科學決策提供參考。然而我們是否可因此說,真正的百家爭鳴局面已經形成了呢?回答是否定的。因為,上述種種不過是潛在於民間的一些議論表達方式,類似於古代民眾聚集於"鄉校"以議國政一樣(《左傳》襄公三十一年),它和真正的戰國時代的處士橫議、百家爭鳴相去甚遠。

我很贊同大家對於戰國時代出現"百家爭鳴"局面所作的分析,所謂子學應當具有"鮮明的思想性,獨立之人格和思想,自由的批評與爭鳴以及具有深度的創造性"[1]。大家總是說"五四"時期是繼戰國時代之後的又一次"百家爭鳴",其特點也同樣在於此。當時的各種不同學派代表人物,也是希望能夠在推翻帝制、建立共和國之後,為國家"再造文明"出謀劃策。

當代中國經過新時期以來的改革開放,正以嶄新的面貌屹立於世界之林。然而在思想文化領域做得好不好,直接影響到國家形象與軟實力的提升。因此,如何進一步繁榮哲學社會科學,充分調動從事文化思想領域各方面人士的積極性,是一個非常重要的問題。

二、子學復興在提升我國軟實力方面具有重要意義

這些年來,隨着中國經濟實力的增強,提升中華文化軟實力的問題成了大家議論的焦點。

何謂國家軟實力,簡單地說就是一個國家的文化實力及其影響力。數千年來古代中國有着很強的軟實力,對內具有強烈的民族認同,它以共同的中華文化為基礎,有完整的制度文化、教育體制;對外則具有很強的影響力和輻射力,東方文化圈的形成便是以中華文化對周邊國家的輻射而形成的。

然而近代以來,隨着"天朝"的衰落,西方崛起,其在資本主義文明基礎上形成的制度、理念、價值觀,成為各國爭相效仿的對象,而反觀我國,舊有的觀念被衝垮,新的理念未形成,經濟上又長期處於貧困落後的狀況,自然形不成文化的軟實力。

改革開放以來,我國衝破了一系列束縛社會經濟發展的條條框框,以驚人的速度崛起,這才逐漸引發世界的關注。然而在發展經濟的同時,文化建設方面並沒有很好地跟進,出現了信仰危機、人心渙散、道德淪喪、腐敗盛行等不良的品行與惡行。它表明社會文明的控制力出現了問題,如果不重視文化軟實力的建設,所取得的經濟成果也難以保持,社會也將再度遭遇困境與危機。

為什麼一個有五千年文明的古國,在現代經濟騰飛之時,卻出現了文明的危機?這是值得世人共同關注的問題。有鑒於此,筆者這些年來一直呼籲要儘快重構中華文化,以避免出

---

[1] 張永祥《反者道之動》,《"新子學"論集》,第82頁。

現更嚴重的危機局面。拿什麼來重構？最關鍵的要從弘揚優秀傳統文化做起，因為它是中華民族之根、之魂。過去對中華傳統文化的全盤否定，一次次的過激行動，已經使中華文化這棵參天大樹傷筋動骨，因此我們必須從頭做起，鞏固其根基，繁榮其枝幹，由此才能開出絢爛之花。

"新子學"構想，適時提供了重構中華文化的新思路。重構中華文化，也就是把中華文化在歷史長河中所積澱的優秀傳統加以弘揚。這其中需要鑒別和整理，何為優秀文化，何為糟粕？要經過認真梳理，將中華文化中的精華融入當代社會。

人們常驚訝於古代先賢的博大精深，他們能用最簡短、最凝煉的語言，將深刻的道理明白揭示於人。《老子》一書，不過五千言，然而書中所闡述的深刻哲理，影響了人類二千多年的文明史，對於中華民族的深層次的人格構建，更是難以用幾句話來完全概括。柳宗元《送薛存義序》，聊聊二百餘字，把官民關係講得一清二楚，可成為所有當權者的必讀教材。他指出官吏是"民之役"，即民眾的僕役，而不可以"役民"，即奴役民眾。他抨擊當時的官吏們"受其值，怠其事，天下皆然。豈唯怠之，又從而盜之"的腐敗之風。然而，現實中，"民莫敢肆其怒與黜罰者，何哉？勢不同也。勢不同而理同，如吾民何！"他站在民眾的立場上指斥貪官庸吏，文章的深刻程度抵得上厚厚的一本《行政學》。而且他把"勢"這一概念提出來，指出問題的根源是"勢不同也"，即當權者掌握生殺大權而民眾居於下位，沒有罷黜官員的權力，由是而引發人們的深刻思考。柳宗元所處的時代固然無法解決這個難題，而當代社會是否能建立起有效的監督與約束機制，讓權力真正被關進籠子裏呢？這至今依然是擺在我們面前的重大課題。一宗宗觸目驚心的貪腐大案，說明這個制度還很不健全。當然現在的反腐，是執政者的重頭戲，深得人心，但我更期待的是能否儘快地建立起讓官員不能腐、不敢腐、不想腐的機制。一位老學者曾直言導致國民黨最終潰敗的原因，主要是官場腐敗，而現在的問題更麻煩，上行下效的腐敗之風已經漫延全社會，我們面臨的重大問題是如何改變全社會的腐敗之風。

我們的國家怎麼了？一面是高速增長的經濟實力，一面又是層出不窮的亂象叢生。直觀我們的教育、法律環境、制度建設、管理能力、國民心態、國民形象等，這些軟實力範疇的文化力、對外影響力、對外形象，是否與文明大國的形象相匹配？中華民族精神和凝聚力以及來自文化傳統持久的一種對國民的影響力是否強大？都是我們亟待探討和解決的課題。

作為從事學術理論工作多年的老者，我的最大願望，就是在有生之年能夠看到中國學術出現蓬勃發展的嶄新局面。王國維在《宋元戲曲考序》中，曾這樣指出："凡一代有一代之文學，楚之騷、漢之賦、六代之駢語、唐之詩、宋之詞、元之曲，皆所謂一代之文學，而後世莫能繼焉者也。"中國學術史又何嘗不是如此。從先秦時代的經子之學到漢代儒學、魏晉玄學、宋明理學、清代樸學，如果沒有這一代一代的學術傳承與發展創新，中華學術傳統早就不復存在了。

然而，今日之所以出現中國人的信仰危機，出現文化軟實力方面的底氣不足，究其原因有二：一是將所謂信仰神化為對領袖的個人崇拜，文革中的"三忠於"、"四無限"是其頂點。文革結束之後,當領袖走下神壇,人們發現,信仰已經消亡。二是將信仰等同於政治信念,當一種政治理念在現實中遭遇挫折,人們便以為再無可以信仰的東西,於是信仰危機隨之產生,不知所從。社會產生無序現象,人們的行為失去約束的依據,道德底線似乎也不復存在。當今社會的種種弊端,莫不與此相關。

一個民族之所以能够自立於世界民族之林,並不僅僅因為實力强大,更重要的是它所具有的持久的文化延續,有民族文化的共同認同,也即價值觀的存在,這應當是民族信仰的最深層的内容。中華民族五千年的文明史,形成了本民族世代傳承的價值觀,這應當是民族精神的集中表現,例如古代的"忠、孝、仁、義、禮、智、信","四維"(禮、義、廉、恥),"八德"(忠、孝、仁、愛、信、義、和、平)等,這些雖被認為是儒家所提倡的理念,然而儒家學説也是承繼着古代王道之學,長期代表中華傳統文化的價值觀念。即使它曾經被封建統治者作了利於其統治的解釋,但其中也有大量是涉及民衆間的人際關係的内容。過去將其完全與腐朽没落的封建思想聯繫在一起加以批判,其實是過激的行為,因為它集中代表的是人之所以為人需要遵守的道德準則。我們可以批評封建統治者的言行不一,可以批評封建統治者對相關内容的曲解,但不應認為這些就是封建道德,因為其中就藴含着深刻的内涵,如"恥,乃人禽之別也"。儒家的一些道德觀,至今仍在海外華人中被奉為信條。道家和墨家的理論體系中,也都有大量的人文精神、道德及倫理的闡述。中華傳統文化的許多思想理念,過去一個時期在研究中總會被貼上階級的標籤,而只要貼上"封建地主階級"的標籤,便自然對其進行嚴厲批判,於是乎作為古代思想智慧的結晶也一併被拋棄,這才是造成今日信仰空白、道德淪喪的根源。2012年十八大報告中,首次以十二個詞二十四個字來概括今日社會主義核心價值觀,其中就吸取了中華傳統文化的精華與當今世界公認的現代文明的因素,因而更能為民衆所接受。

"新子學"之所以自提倡之日起馬上受到學術界的好評與關注,正是因其根植於中華傳統文化的沃土之中,而又坦然面向當今世界,與西方的學術思想交流與對話,這種不固守一隅的開放精神正適應了當今社會發展的需要,因而可以成為今日學術界理論研究的一面旗幟,也是學術理論創新的一個典範。而在我們的學術理論報刊上,能有多少這樣有分量的文章呢?報刊不能説少,改革開放以來,期刊由文革中的20份發展到目前的上萬份了,其中社會科學類期刊以一半計算,應也有五千種,數量不可謂少,然而千刊一面的現象,讓人不能不深感遺憾。坦率地講,許多發表的文章不過是文化垃圾。為什麽會形成這種狀況,確實應當思考。難道中國人缺乏智慧了嗎? 思想解放的口號喊了三十年,但在思想意識形態的研究中卻有着許多不可逾越的禁區,限制着作者和編者的創造性,形成了被稱為犬儒主義的學術風氣,寧左勿右、闡釋學依然是今日的顯學,這種狀況如果得不到改變,所謂創造精神就只是一句空話。只有當這些雜誌和報紙都成為學術理論創新管道的時候,我們才能説出現了真正的百家争鳴的局面。只有管道暢通,人人暢所欲言,民族精神、民族創造力才能得到充分發揚。當然,這裏還有一點是極其重要的,即如何調整相關政策,使大家敢於創新,敢於發表真實的意見。

還有一個問題,就是文風的問題,早在唐代,韓愈就主張文章寫作"唯陳言之務去"(《與李翊書》),我黨在延安整風時期也曾嚴厲批評了教條主義、党八股的文風,然而這些年來此風大長,甚至動輒以勢壓人,這實在是惡劣風氣。為什麼一些主管道的重要理論報刊的文章,不見學理,只有説教,越來越被人詬病。馬克思主義原是一種科學的理論,然而為什麼在一些人口中就成為教條,成為打擊別的不同見解的棍子?中央一直要求主流媒體應當貼近民生,反映民衆的心聲和訴求,唯其如此,政通人和,生動活潑的局面才會真正形成。

三、以"新子學"推動和促進中華文化的偉大復興

子學時代所產生的各種學説,是我們祖先精神智慧的結晶,也是世界文化軸心時代中華民族對人類社會所作的傑出貢獻。以子學時代為起點,吸收二千多年中華文化傳統的精華,在新的歷史條件下,構建"新子學"的學術理論體系,是一項宏偉的系統工程,如同許杭生先生所説的,是一項十分艱巨的工作。

我十分欽佩方勇先生和他的團隊所具有的勇氣和擔當。雖然在項目啓動時,我曾經有着不少顧慮和擔心。但是,經過他們幾年來的努力,我看到基礎工程的建設已經扎實地在推進,以先秦諸子為主的古代典籍整理和成果已一批批地完成並呈現在我們的面前,而相關義理的闡釋也在同步地進行中。有這樣好的內外條件和基礎,加上海內外衆多學者的共同關注,我相信這項宏偉的工程將能順利完成,並為中華文化的復興提供有益的理論創新成果。

當然,如何科學、準確地對歷代的傳世作品做出評價和新的闡釋,是一項十分重要但又是很不容易做好的工作。例如對法家的評價問題,毫無疑義,作為先秦諸子中的一家,法家也具有特別重要的地位,它對中國歷史和文化作出過重大貢獻,並產生了一批傑出的人物,但對其集大成者韓非子如何評價,我覺得要反思。我很贊同郭沫若在《十批判書》中所説,韓非是一位"極權主義者"(《韓非子的批判》),"完全是一種法西斯式的理論"(《後記》),而二千多年前的司馬遷在《史記》中也用"韓子引繩墨、切事情、明是非,其極慘礉少恩"加以評論。我以為從對待民衆的角度而言,韓非的理論根本不把人當人,只是當成"可使由之"、與牲畜毫無二致、供任意驅使的農奴而已,一切權力都要高度集中於帝王一人身上。而對文化方面,他更是走極端,還是秦始皇文化專制政策理論的製定者。韓非的理論雖為秦國的統一立下大功,卻在兩千多年中國封建集權社會中起到十分惡劣的作用和影響。然而我所見到的國內評論者,多對其所謂歷史進步意義大談特談,而對封建集權理論和文化專制主義在中國歷史上的危害或鮮有提及,或輕描淡寫。郭沫若對韓非、秦始皇的批判,對儒家的讚揚,其後果是被"百代都行秦政法,《十批》不是好文章"的一句詩給徹底否定。郭氏尤其在此後的批林批孔中被整得惶惶不可終日。今日的評論者至今依然沿襲過去的觀點是不應該的,我們應當站在人民的立場上,而不是站在封建獨裁者的一邊。建國初,我們的文學史中對歷代文學作品的評論以"人民

性"作為褒貶的標準,然而後來"人民性"、"人道主義"受到批判,而代之以階級性為標準,於是動輒對古代作家劃階級成分,亂貼標籤。直到新時期以來才重新用"人民性"作為對古代文學的評價標準。在哲學界,對傳統思想的階級屬性、歷代思想家的階級劃分也莫不如此。因此,今天我們特別要防止對所評論的人物及其作品褒貶任聲、抑揚過實的情況。這些問題我想也許是多餘的話,大家都應該是注意得到的。

　　三百多年前,參加抗清鬥爭失敗的王夫之擔心中華傳統文脈中斷,在深山中整理古代文化經典,寫下"六經責我開生面,七尺從天乞活埋"的對聯,表達他對這一信念的堅守不移。我們這一代學人,一定能夠不負時代的厚望,在弘揚傳統文化中不斷創新,開拓出中華學術的新生面。

[作者簡介] 湯漳平(1946—　),男,福建雲霄人。曾任河南省社會科學院研究員、《中州學刊》副主編、社長,現為閩南師範學院中文系教授、鄭州大學兼職教授。著作有《楚辭論析》(合著)《屈原傳》《出土文獻與〈楚辭·九歌〉》《楚辭》(译注本)等 10 餘部,曾在《文學評論》《文學遺產》《中州學刊》等刊物發表學術論文數十篇。

新諸子學與中華文化復興

[新加坡] 嚴壽澂

内容提要 泰西學術重在求知萬物,而中華學術之所重,則在應對萬物。既重應對萬物,故中國固有思想大都通達而不執一,是為其長處,然於純粹求知不免忽視。近世之落後於西方,太過實用之態度當為主因之一。今日欲求文化復興,求知萬物之精神必須提倡。依自不依他,求是致用相資,是為章太炎畢生之所主張,實乃中華文化復興必由之道。今日而倡"新子學",當於此取法。

關鍵詞 中國學術 求知萬物 應對萬物 章太炎 依自不依他 求是致用相資

中圖分類號 B2

一、中國學術淵源與經子之別

餘杭章太炎先生曰:"老聃、仲尼而上,學皆在官。老聃、仲尼而下,學皆在家人。"[①]可謂一語道破中國學術演進的關鍵。龐俊闡釋道:"古代學術擅之貴族,編户齊民固無得而奸焉。自仲尼受業於老聃,徵藏之策得以下布。退而設教,遂有三千之化,則學術自此興。故曰'老聃、仲尼而下,學皆在家人'也。"[②]按:所謂仲尼受業於老聃,是否果真如此,兹姑不論。而孔子將古代貴族所獨擅的學術傳布於民間,則是不爭的事實。

上古中國,乃是一個貴族封建的社會,上層是各級貴族,下層是編户齊民,二者界限分明,不可逾越。學術則為貴族國家所壟斷,平民不得與焉,此即古代的王官學。其内容大致可分

---

① 《國故論衡·原經》,龐俊、郭誠永疏證《國故論衡疏證》下册,北京中華書局2011年版,第397頁。按:此書分三卷,中、下二卷《疏證》為龐俊所作,上卷則為郭誠永續作。
② 同上。

六類：詩、書、禮、樂、易、春秋，是乃所謂六藝。後世孔門以此設教，稱其書為六經①。

東周以降，此貴族封建之制逐漸坏崩，官學亦因而衰替。孔子創辦私家學校，將古代王官之學傳授於任何願學者（"有教無類"），民間私學於是代興。自此以後，如章太炎所謂，"竹帛下庶人"，"民以昭蘇，不為徒役。九流自此作，世卿自此墮，朝命不擅成於肉食，國史不聚殲於故府"。孔子之所以"賢於堯舜"者，以此②。易言之，原為貴族所獨擅的古代學術，經孔子之手而下降於民間，社會因而丕變，貴族專權終結，編户齊民知識大開，從奴役中得解放，國史亦因流傳於民間而不致湮滅，牖民保種，功莫大焉。

百家言興起，原有的王官學並未歇絕。如錢賓四所指出，戰國時期，王官學與百家言並立於學官，一掌於史官，一掌於博士官③。博士官戰國時始設，史官則源遠流長，可謂起於華夏文化的黎明期。中國文字起源甚早，故文獻記載亦甚早。輔佐部落酋長、掌管文件檔案之人，便是所謂史官。如柳翼謀所謂，"史之初興，由文字以記載，故世稱初造文字之倉頡、沮誦為黃帝之史"；"凡民衆之需要，皆恃部落酋長左右疏附者之聰明睿智以啓之，而後凡百事為，乃有所率循而不紊，民之所仰，職有所專。由是官必有史，而吾國之有史官，乃特殊於他族"。因此，"經籍論文字歷數之用，皆重在施政教民"④。按：此點甚為重要，欲瞭解中國學術淵源及文化特質，必須於此留意。

《周禮·釋史》有曰："史掌官書以贊治。"柳翼謀即此指出："此為吾史專有之義。由贊治而有官書，由官書而有國史，視他國之史起於詩人學者，得之傳聞、述其軼事者不同。世謂吾民族富於政治性，觀吾史之特詳政治及史之起原，可以知其故矣。"⑤政治組織諸部門各有其史，"職有所專"，其所執掌者即是"徵藏之策"（按：章實齋所謂六經皆史，當以此意會之）。此類徵藏之策，經由孔子而下布於民間，促進了民間學術的發展。至戰國之世，便形成了諸子百家爭鳴之局。昔人所謂諸子出於王官，其着眼處正在於此⑥。

---

① 參看呂思勉《先秦學術概論》，雲南人民出版社 2005 年版，第 54～55 頁。
② 章太炎《檢論·訂孔上》，《章太炎全集》（三），上海人民出版社 1984 年版，第 424 頁。
③ 錢穆《兩漢博士家法考》，載《兩漢經學今古文平議》，臺北東大圖書公司 1989 年版，第 168 頁。
④ 柳詒徵《國史要義》，臺灣中華書局 1984 年版，影印正中書局原刊本，第 1～2 頁。
⑤ 柳詒徵《國史要義》，第 2 頁。
⑥ 按：《漢書·藝文志》謂諸子皆出於王官，《淮南子·要略》則以為起於救時之弊。胡適之作《諸子不出於王官論》（列入所著《中國哲學史大綱（上）》附錄），力詆《漢志》之非，張舜徽亦贊同其說（見所著《漢書藝文志通釋》，《張舜徽集·廣校讎略　漢書藝文志通釋》，華中師範大學出版社 2004 年版，第 346～347 頁）。呂誠之對此則有甚為通達之論，曰："章太炎謂'九流皆出王官，及其發舒，王官所弗能與；官人守要，而九流究宣其義'，其說實最持平。《荀子》云：'父子相傳，以持王公，是故三代雖亡，治法猶存，是官人百吏之所以取祿秩也。'此即所謂守要。究宣其義者，遭直世變，本其所學，以求其病原，擬立方劑，見聞既較前人為恢廓，心思自較前人為發皇，故其所據之原理雖同，而其旁通發揮，則非前人所能望見也。"《先秦學術概論》，第 16 頁。劉咸炘《推十書·中書》有《本官》一篇，亦闡發此義，有云："本官，言其所從出也；救弊，言其所由成也。"見黃曙輝編校《劉咸炘學術論集·哲學編》上册，廣西師範大學出版社 2010 年版，第 53 頁。

至於所謂經,如黃壽祺所指出,"其初並非明指六藝,蓋謂織之從絲。……故章太炎先生《國故論衡・中卷・文學總略》云:'經者,編絲綴屬之稱,異於百名以下用版者,亦猶浮屠書稱修多羅。修多羅者,直譯為綫,譯義為經。蓋彼以貝葉成書,故用綫連貫也;此以竹簡成書,亦編絲綴屬也。'"如章實齋《文史通義・內篇・解經上》所謂,經之名雖昉於此,其意不過是"經緯、經紀云爾,未嘗明指《詩》《書》六藝為經也"。孔子之時,"猶不名經",迨至孔門弟子始有"六經之名"①。

以王官學之六藝為常道,自孔門始。然而如呂誠之所謂,"孔子因以設教。則又別有其義"。"孔子所傳之義,不必盡與古義合,而不能謂其物不本之於古。其物雖本之於古,而孔子自別有其義。儒家所重者,孔子之義,非自古相傳之義也。此兩義各不相妨。"②蒙文通亦持類似見解,以為"六經為古代之文獻,為後賢之教典。周秦間學術思想最為發達,謂之胚胎孕育於此古文獻則可,謂之悉萃於此古文獻則非也。孔子、孟、荀之思想可謂於此古文獻有關,而孔子、孟、荀之所成就則非此古文獻所能包羅含攝。"③按:二先生之論最為明通。《漢書・藝文志》不以儒家入"六藝"類,厥因當即在此。

就此意義而言,儒家之經學與其他諸子之學,並無本質上的不同,皆為"就現象加以研求,發明公理者"。然而"經之與子,亦自有其不同之處"。孔子自謂"述而不作",其所傳之經書,"雖亦發揮己見,顧皆以舊書為藍本。故在諸家中,儒家之六經,與前此之古書,關係最大"。章太炎云:"經多陳事實,諸子多明義理(此就大略言之,經中《周易》亦明義理,諸子中管、荀亦陳事實,然諸子專言事實,不及義理者絕少)。……故賈、馬不能理諸子,郭象、張湛不能治經。"實為的論④。

此義既明,便可知:強以諸子與經學截然兩分,甚或矛戟相向,實乃謬見。今日倡"新子學"者,宜祛除此弊。

二、中華固有思想與文化之特點

六經乃古代文獻,為史官所傳承,而史官則是"王佐"(部落酋長的輔佐或顧問),故經籍所重,在施政教民。中國上古時代,亦重神教;儒家重禮,重禮則必重祭祀(《左傳》成公十三年三

---

① 黃壽祺《群經要略》,華東師範大學出版社 2000 年版,第 1～2 頁。
② 呂思勉《先秦學術概論》,第 54～55、71 頁。
③ 蒙文通《論經學遺稿三篇・丙篇》,載《經史抉原》,巴蜀書社 1995 年版,第 150 頁。
④ 呂思勉《經子解題》,華東師範大學出版社 1995 年版,第 1～2 頁。按:太炎此語,見於《與章行嚴論墨學》第二書,原載《華國月刊》第四期,今收入馬勇編《章太炎書信集》,河北人民出版社 2003 年版,第 787 頁,可參看。

月劉康公曰:"國之大事,在祀與戎")。然而據《尚書·呂刑》,西周時穆王即有"乃命重黎絕地天通,罔有降格"之語①;《國語·楚語》所載觀射父語,更是對此大加發揮②。《尚書·皋陶謨》有曰:"天聰明自我民聰明,天明威自我民明威";孔子甚重禮,但"不語怪力亂神"(《論語·述而》)。故柳翼謀曰:"最古之禮,專重祭祀。歷世演進,則兼括凡百事為。宗、史合一之時已然,至周而益重人事。"又謂:"古史起於神話,吾國何獨不然。惟禮官兼通天人,而又總攝國政,知神話之無裨人事,乃有史例以定範圍。""搜神述異"之事,雖"周宣王時之《春秋》",以及"左丘明之所傳,《山海經》之所載","往往而有","而魯之《春秋》不此之務,惟禮為歸"。原為"司天之官"的宗與史,遂演進為"治人之官"③。

中國古代學術,正是奠定於此等"治人之官",可稱之為"史官文化"。所重在人事,不在神教(因此上古神話保存極少,《史記·五帝本紀·贊》所謂"百家言黃帝,其文不雅馴,薦紳先生難言之",正是指此而言。故此類神話,《史記》大都剔除);而其所重的人事,不在個人的得救或解脫,而在"施政教民",亦即在百姓的福祉(所謂百姓,即指社會大群,乃由諸多個人所構成,並非抽象的"人民"、"國家"、"群眾"之類),此即所謂王道。王道的根本則是孟子所謂"養生喪死無憾"④,而養生喪死無憾,必須落實到具體之人人。可見此固有文化絕不反對個人福祉⑤,同時因注重社會大群,也不主張"個人主義"。

"養生送死"(亦即"養生喪死"),實為人生必不可少者。呂誠之對此有透徹的説明:"人之生,不能無以為養;又生者不能無死,死者長已矣,而生者不可無以送之;故養生送死四字,為人所不能免,餘皆可有可無,視時與地而異有用與否焉者也。然則維養生送死無憾六字,為真實不欺有益之語,其他皆聊以治一時之病者耳。"以此為準繩,便可說"若以全社會之文化論,中國確有較歐洲、印度為高者"。因為"歐、印先哲之論,非不精深微妙,然太玄遠而不切於人生",亦即不少是可有可無之物,並非真實不欺而不可或缺者⑥。

中華固有思想所注重的,是當前的世界,現實的人生。玄遠的哲思,微妙的理論,歷史上並非全無,然而不數傳之後,即告後繼乏人,先秦名家、佛教唯識宗即為其例。劉鑒泉對此深有理解,認為以"中國哲學"說諸子,並不妥當。"'哲學'二字傳自日本,西方本義原為愛智,其

---

① 曾運乾《尚書正讀》釋曰:"格,格人。降格,言天降格人也。……此欲懲苗民家為巫史之風,故言'罔有降格'也。"華東師範大學出版社2011年版,第294頁。
② 觀射父曰:"古者民神不雜。……民是以能有忠信,神是以能有明德。……及少皞之衰也,九黎亂德,民神雜糅,不可方物。……顓頊受之,乃命南正重司天以屬神,命火正黎司地以屬民,使復舊常,無相侵瀆,是謂絕地天通。"
③ 柳詒徵《國史要義》,第6、7~8頁。
④ 孟子曰:"養生喪死無憾,王道之始也。"見《孟子·梁惠王上》。
⑤ 若做不到"數口之家可以無飢"、"頒白者不負戴於道路"、"七十者衣帛食肉"等等(見《孟子·梁惠王上》),又豈有"王道"之可言?
⑥ 呂思勉《中國政治思想史十講》,《呂思勉遺文集》下冊,華東師範大學出版社1997年版,第78頁。

内容原理之學,今其境界益狹,止以宇宙本體論及認識論為主,……華夏之學雖亦論究宇宙而不追問其本體之實在,遠則古道家、儒家,近則宋、明儒者,其論宇宙,皆歸之自然一元,自西人觀之,不過素樸之實在論耳。""近於西人之追問宇宙原動"者,惟有《莊子·則陽》所謂"季真之莫為,接子之或使","而莊子則以為兩偏無當"。至於"認識之原","更為中人所未究,雖傳佛教,亦不深求於此"。但是"中人於人生社會之原理則講之甚詳,精透之言多為西人所不及"。差異之故,"在於態度之根本不同,西之學重於求知萬物,中人則重於應對萬物"。"中學以人為中心,故多渾合,每一宗旨貫於人生及政治生計一切問題,……西人非不究人生,然其於人生亦視為一物而欲知其究竟,故其問題為人生何為,人從何處來,人從何處去,皆在人外求之,中國則承認宇宙自然,故亦承生為自然,不復逆追以問生何為,而但順下以講何以生,何以善生"(按:如此剖析,頗為有見。以"應對萬物"與"求知萬物"論中西學術之異,最為切當)。正因重於應對萬物,故中國固有思想大都通達而不執一。其言宇宙,"皆主一元,無主多元者"。因此,"凡唯心、唯物、自由、定命諸說在西方視為不可調和者,中人皆無所爭執"。鑒泉於是將中國學術分為二大類:"一曰人道,二曰群理。人道論為人之術而究及宇宙,群理則止及治群之術而泛及政事。"①

華夏之學,所重既在於人道與群理,所以華人社會不執著於宗教。如呂誠之所指出:"中國社會,迷信宗教,是不甚深的。此由孔教盛行,我人之所祈求,都在人間而不在別一世界之故。因此,教會之在中國,不能有很大的威權。因此,我們不以宗教問題和異族異國,起無謂的爭執。此實中國文化的一個優點。"而且"宗教因其性質固定之故,往往成為進化的障礙。若與之爭鬥,則又招致無謂的犧牲,歐洲的已事,即其殷鑒"②。誠之先生更指出:古代中國的宗教,皆為地域性,"祖先不必說了,就是其餘的神,也是限於一個很小的範圍內"。諸部落所崇拜的神,各別而不相干。而且在一個社會之內,"似乎貴族平民各有其所崇拜的對象,彼此各不相干。因此在上者要想借宗教之力以感化人民甚難,卻也沒有干涉人民的信仰,以致激變之事"。宗教既是地方性,故列國間"彼此互不相干涉,亦沒有爭教的事"。須知"宗教信仰多包含在生活習慣之中,君子行禮不求變俗,就是不干涉信仰的自由"。各地生活習慣不同,

---

① 劉咸炘《子疏定本·子疏先講·附錄》,收入黃曙輝編校《劉咸炘學術論集·子學編》上册,第15~16頁。
② 呂思勉《呂著中國通史》,華東師範大學出版社1992年版,第306頁。按:英國哲學家A. C. Grayling認為,宗教一詞,包羅甚廣,就其根本性質而言,其顯例乃是猶太教、基督教、伊斯蘭教,以及所謂印度教(19世紀英國殖民當局以此共名給予印度固有宗教)的種種面相。所謂宗教,不同於哲學,亦不同於迷信。孔教或儒家,其要旨不在信仰與崇拜神衹,不在遵信神諭,因此不是宗教,而是哲學。又,中國人不是宗教性的民族,但頗為迷信。不篤信宗教的華人為地球上人數最多之族群,可見所謂對上帝的信仰乃是植入人腦之硬件云云,全屬瞽説。見所著 *The God Argument: The Case Against Religion and for Humanism* (New York: Bloomburg, 2013), pp. 16~17。

宗教自然也不同,為何"硬要統一"?"這實在是中國最合理的一件事"①。而對於如此合理的一件事,今日不少無多知識的所謂知識分子,卻視為中國文化之不足,因而大力鼓吹需要一神論宗教(即中國之耶教化)以作矯正。殊不知此乃肇亂之道,近日非洲各地的慘劇,可為明鑒②。

以誠之之見,中國文化"真實不欺,切實可行,勝於他國文化之處",在於以"人對人之關係為首要","人對物之關係次之","以養生送死無憾六字為言治最高之境,而不以天國净土等無可證驗之説誑惑人"。就"解決人生問題之方法"而言,則以"解決社會問題"為主,"而不偏重於個人之修養"③。然而誠之先生亦深知,"文化不能無偏弊",既有所偏,時節因緣不同,便有宜有不宜④。西方工業革命以來,百餘年間,中國文化的弊端漸次顯現。

中華文化重在應對萬物,對世界各種事物的態度,往往是只問其用,而不深入探求所以然之故。先秦惠施,對於"天地所以不陷不墜,風雨雷霆之故"之類問題,興趣盎然。而莊子以為,"由天地之道觀惠施之能,其猶一蚊一虻之勞者也,其於物也何庸",此乃"窮響以聲,形與影競走也。悲夫"(見《莊子·天下》)。現代西方的强盛,始於工業革命,而工藝技術的長足進步,則出自不問實用的純科學探究。這一"求知萬物"的傳統,源遠流長,肇端於古希臘哲人。"歷物之意"、"遍為萬物説"如惠施者,在中國乃異數,在古希臘則為常態。莊、惠二人見解之異,正可見中、西二傳統根本態度之别。

1919年12月,陳寅恪在哈佛大學與摯友吴雨僧(宓)縱論中、西、印文化異同,以為中國古人所擅長者乃"政治及實踐倫理學"(按:此即前述劉鑒泉所謂重於應對萬物),"惟重實用,不究虛理,其長處短處均在此"。"長處即修齊治平之旨;短處即實事之利害得失,觀察過明,而乏精深遠大之思"。故當時留學生,"皆學工程實業","其希慕富貴,不肯用力學問",與昔日"士子群習八股,以得功名富貴",用意並無不同。殊"不知實業以科學為根本,不揣其本,而治其末,充其極,只成下等之工匠。境遇學理,略有變遷,則其技不復能用。所謂最實用者,乃適成為最不實用"⑤(按:今日中國留學生之聰穎者,群趨於金融一途,仍是此一路數)。中國近世經濟、技術諸方面大為落後於西方,偏重"應對萬物"的態度,當為主因之一。今日欲求文化

---

① 吕思勉《中國政治思想史十講》,第63頁。
② 近例之一:中非共和國成千上萬的穆斯林為逃避基督教民兵的燒殺劫掠而湧入鄰近諸國,造成人道危機。見2014年2月7日《華盛頓郵報》。按:此類情景從不見於中國歷史。美國基督新教徒、宗教學家 Judith A. Berling 根據其在臺灣的生活經驗撰成一書,題為 *A Pilgrim in Chinese Culture: Negotiating Religious Diversity* (Eugene, Oregon: Wipf and Stock Publishers, 1997),認為中國文化具有宗教寬容性,神祇衆多,不以真理為單一形式,故各教各派能並行不悖,相安無事,足為宗教多元和諧的典型。
③ 吕思勉《中國政治思想史十講》,第79頁。
④ 吕思勉《柳樹人〈中韓文化〉叙》,《吕思勉遺文集》上册,第454頁。
⑤ 《吴宓日記》所載,引自吴學昭《吴宓與陳寅恪》,清華大學出版社1992年版,第9頁。

復興，"求知萬物"的精神必須提倡。

三、"新子學"典範
——基於"後設於哲學"之立場的章太炎

　　呂誠之以爲，先秦以來，中國學術之發展，可分七期：先秦諸子百家之學，兩漢儒學，魏晉玄學，南北朝、隋、唐之佛學，宋明理學，清代漢學，近代新學。其中惟先秦學術純爲自創，其餘或承襲古人，或受諸域外①。所言頗當。

　　先秦諸子以後，宋代開啓的新儒學成就最大。如陳寅恪所謂，"中國自秦以後，訖於今日，其思想之演變歷程，至繁至久。要之，祇爲一大事因緣，即新儒學之產生，及其傳衍而已。"宋代新儒家之所以多有思想上的創獲，原因在於"一方面吸收輸入外來之學說，一方面不忘本來民族之地位"②。清末以降，西方流行的思想、學說，大都輸入中國，信者甚衆，且不少篤信者思以其道易天下，鼓吹不遺餘力。然而就思想創獲而言，難以望先秦諸子項背。黃山谷有句云："隨人作計終後人，自成一家始逼真。"③近代西學輸入，國人眼界大開，學術環境丕變，理應有文化復興之盛。然而新學著作雖夥頤沉沉，真有價值者畢竟寥寥。其根本原因，正在於隨人作計而不知自立。拾人唾餘，認賊作父，自然難以自成一家。

　　近代學者中，章太炎汎濫衆流，出入百家，同時又堅持本民族地位，依自不依他④，絕不攀附援引，逐隊隨人。其早年所作《諸子學略説》，推崇先秦諸子，有云："推迹古初，承受師法，各爲獨立，無援引攀附之事。雖同在一家，猶且矜己自貴，不相通融。"⑤其一生講學立說，雖時有變化，但"依自不依他"的立場，則終身以之，不稍動搖。最所反對者，乃在入主出奴，不知自立。作於辛亥革命前二年(1909)的《與人書》說道，當時留學東洋、西洋的學生分別結黨，"常相競争"；遊學歐美者，較之遊學日本者，"其智識弗如遠甚"，因其"排東過甚"，乃"遠西臺隸之學"也。至於日本人之短，則在處處"規仿泰西，無一語能自建立，不得爲著作"。然而不得爲著作，不等於不得爲師(按：太炎意謂：日本乃東亞現代化的先驅，了解西方較中國先行一步，足可爲師。然而這只是初步，更進一步，則必須能自建立)。今日中國，"處處規仿泰西，無一

---

① 呂思勉《先秦學術概論》，第2頁。
② 陳寅恪《馮友蘭中國哲學史下冊審查報告》，《金明館叢稿二編》，上海古籍出版社1982年版，第250~252頁。
③ 黃庭堅《以右軍書數種贈丘十四》，《山谷詩外集補》卷二。
④ 其《答鐵錚》書謂"支那德教，雖各殊途，而根原所在，悉歸於一，曰依自不依他耳"。原載《太炎文錄初編·別錄》，卷二，引自傅傑編校《章太炎學術史論集》，雲南人民出版社2008年版，第111頁。
⑤ 引自上書，第216頁。

語能自建立",與日本人同病。中國"九流之學","秦漢晉宋之文",既精既美,原因在於"由古人所已建立者,遞精之至於無倫,遞美之至於無上",此即所謂"能自建立"。又申述說:

> 蓋宇宙文化之國,能自建立者有三:中國、印度、希臘而已。羅馬、日耳曼人雖有所建立,而不能無藉於他。其餘皆竊取他人故物,而剪裁顛倒之者也。今希臘已在沉滯之境,印度於六七年中,始能自省。中國文化衰微,非如希臘、印度前日之甚也。勉自靖獻,則光輝日新。若徒慕他人,由此已矣。僕所以鄙夷日本者,欲使人無蹈日本之過耳。

當時世界語流行於上海學界,太炎對此大加譏諷:所謂世界語,"但以歐洲爲世界耳"。五十年前,國人稱中國爲天下,今人皆知其可笑。"彼歐洲人以歐洲爲世界,與此何異?"此乃"知吾黨之非,而不悟他人之妄",是謂"不知類"①。

傳統中國以儒家聖人爲"凡有血氣者,莫不尊親"(見《中庸》),今人多不以爲然,甚或覺其可笑。六十年前,以蘇聯所信奉之教條爲"放之四海而皆準";今日則以美國主流觀念爲"普世價值";可謂厥妄惟均。致誤之由,乃在混淆總相與別相。太炎以嚴復、沈曾植爲例,説道:"嚴復既譯《名學》,道出上海,敷座講演,好以《論》《孟》諸書證成其説。"沈曾植聞而笑之,以爲嚴復所言,乃"《四書題鏡》之流"。"嚴復又譯《社會通詮》",此書雖名"通詮","實乃遠西一往之論",對於中國的歷史與習慣本有隔閡,而嚴氏多引此書以"裁斷事情"。故曰:"知別相而不知總相者,沈曾植也;知總相而不知別相者,嚴復也。"②陸象山有言:東海西海聖人,此心同,此理同。太炎以爲,此乃僅就總相而言,其實不過三項:"以直心正趨真如,以深心樂集善行,以大悲心拔一切衆生苦。"(以今語言之,即是探求真理,實踐道德,救助社會;惟此三項爲"普世"之價值)其餘皆爲"別願",各各不同③。

太炎心目中的中華文化復興,在思想方面,是發揚先秦諸子之學,"遞精之至於無倫";在文學方面,則是發揚秦漢晉宋之文,"遞美之至於無上"。然而須知,太炎對於西方學説,現代知識,絶不是深閉固拒,一概不取。如其弟子龐石帚(俊)所指出,太炎除經史、諸子、樸學等以外,又治佛藏,"涉獵《華嚴》《法華》《涅槃》諸經,及囚繫上海,乃專修相宗諸書";"既而亡命日本,因得廣覽希臘、德意志哲人之書,又從印度學士躬習梵文,咨問印土諸宗學説,于是歐陸哲理,梵方絶業,並得曆而飫之。蓋至是而新知舊學,融合無間,左右逢源,灼然見文化之根本,知聖哲之憂患,返觀九流,而閎意眇指,覿於一旦"④。細讀太炎相關著作,可見此處所言的是

---

① 章太炎《與人書》,引自《章太炎書信集》,第266～267頁。
② 章太炎《菿漢微言》,《章氏叢書》本,第50頁上。
③ 章太炎《菿漢微言》,《章氏叢書》本,第42頁下、49頁上。
④ 龐俊《章先生學術述略》,收入《章太炎學術史論集》,《附錄三》,第490頁。

太炎先生特立獨行，一空依傍，其學術之最得力處，端在"依自不依他"五字。太炎以為："孔氏而前，或有尊天敬鬼之說（墨子雖生孔子後，其所守乃古道德）。孔氏而後，儒、道、名、法，變易萬端，原其根極，惟依自不依他一語。"所謂依自不依他，簡而言之，便是："自貴其心，不以鬼神為奧主。"①鬼神尚且不可為"奧主"，更何況政治或意識形態的權威了。因此，對於任何思想、學說，不論出自何人，皆須予以評判。其所以去取者，正如戴景賢教授所指出："全由智解，而非立根於'信'。"智解則來自"智證"，釋氏於此最擅勝場，其義"最全"。唯識之學所以多可取者，厥因在此。總之，太炎之抉擇立場，"係以'通識'為主"；其通識，則是"以人類心性之所能與所趨"為基礎。雖有"五無"、"四惑"諸論②，但絕不是虛無主義者。其立論背後，"實有一核心之價值傾向；此一傾向，仍有其近儒之處"。如其《建立宗教論》所說，"大乘有斷法執而不盡斷我執，以度脫眾生之念，即我執中一事，特不執一己為我，而以眾生為我"。戴教授解釋說："簡擇以'度脫眾生之念'即為'不盡斷我執'，而不復深辨釋氏之義中是否尚有更上之層次，即是依此所自取之觀點而為說。"總之，"凡其所欲建構之論，要點皆在於'辨旨而去、取'，而非'立旨以設教'"；其議論乃基於"'後設於哲學'之立場"，"而非一特殊之'哲學立場'"。至於其"論斷之主軸"，"則依然以'全性、命之理'為依歸"③。按：戴教授之論，至為精闢，遠勝近日以研治太炎思想而知名者。

自立一宗，固須依自不依他，然而絕不可執著。太炎有曰："中土渾天之說，起於漢時，尚知地如卵黃。大智如佛，而說華藏世界各有形相，其於四洲，亦不說地為大圓。"而一類"篤信沙門"，卻說佛遍知一切，其所以"不說地圓者"，乃因"地本非圓"也。這類沙門"執箸之見"，竟至於此，不由令人感歎④。中國人有一大優點，即"徇通而少執箸，學術、宗教，善斯受之，故終無涉血之爭"。惟獨墨子，"主兼愛、尚同、尊天、明鬼"；若不從教令，拒絕"尚同"，一人持一義，則"在所必誅"。其所謂非攻，也只是對遵從"天志"（"同義"）者而言。"苟與天志異者，必伐之，大戡之。"普通的戰事，起因不外是爭奪土地、財貨之類，"勝負既決，禍亦不延"。"而為宗教戰爭者，或亘數百年而不已。"主張"天志"、"尚同"的墨學，"實與天方、基督同科"，幸而不用於世，否則"十字軍之禍，夙見於禹域矣"⑤。

太炎以為，秉鈞者對於學術，應讓各家各派往復辯論，自由競爭，切不可以國家權力定於一尊（"不排異己"），若"不知其說而提倡一類之學，鼓舞泰甚，雖善道亦以滋敗"。理由是：任何學說，一旦"鼓舞泰甚"，必致"偽托者多"。即便無多偽托者，而"琴瑟專一，失其調均，亦未

---

① 章太炎《諸子學略說》，引自傅傑編校《章太炎學術史論集》，雲南人民出版社2008年版，第111、114頁。
② 按：太炎有《五無論》《四惑論》諸篇，收入《太炎文錄初編·別錄》卷三。
③ 戴景賢《明清學術思想史論集》，香港中文大學出版社2012年版，第294～295頁。
④ 章太炎《菿漢微言》，《章氏叢書》本，第13頁上。
⑤ 章太炎《菿漢微言》，《章氏叢書》本，第42頁上。

有不立弊者"(以今日習用語言之,"無學術市場之競爭"也)。以世人所稱"黃老致治"而言,若標榜號召,必使"保身持祿,無所短長之人,亦連彙而至",豈有不敗之理? 至於漢初曹參、文帝"用黃老致治者,以其未嘗題名號召也"①。又指出:"中國學術,自下倡之則益善,自上建之則日衰。凡朝廷所鬮置,足以干祿,學之則皮傅而止。"原因是"不研精窮根本者",乃人之常情。"故科舉行千年,中間典章盛於唐,理學起於宋,天元、四元興宋、元間,小學、經訓昉於清世",凡此皆非朝廷所建,豈有官吏之督獎? 正因"惡朝廷所建益深,故其自為益進也"②。

太炎更主張,應當為學術本身而治學,諸科平等,無有高下。其言曰:

> 學術無大小,所貴在成條貫。制割大理,不過二途:一曰求是,再曰致用。下譣動物植物,上至求證真如,皆求是耳。人心好真,制器在理,此則求是致用互相為矣。生有涯而知無涯,是以不求徧物,立其大者,立其小者,皆可也。此如四民分業,不必兼務,而亦不可相非。若以其所好,訾議其所不知,是為中德,乃凶德之首矣。精力過人,自可兼業。
>
> 不學稼者,仲尼之職業也;因是欲求人人不為稼,可乎? 勤四體,分五穀,荷蓧丈人之職業也;因是欲人人為稼,可乎? 吏、農、商、冶,展轉相資,必欲一人萬能,執所不可。自政俗觀之,九兩六職,平等平等;自學術觀之,諸科博士,平等平等,但於一科之中,則有高下耳。③

這兩段話,可歸納為五點:

1. 天下學術,大致不過求是與致用二類,二者無有高下,"雖致用不足尚,雖無用不足卑"④。

2. 諸種職業,皆為社會所需,一體平等,不可驅人人於一途;諸科學術亦然。即以求是而言,研究動植物與所謂求證真如,亦為平等。

3. 人生有涯,知識無涯。無人能遍知萬物,兼營百業。立其大者與立其小者,各有價值,不可相非。

4. 然而一科之中,則有高下之殊。判別標準有二:一為"條貫",即綜核名實;二為"制割",即自作裁斷,不依傍外在權威。

5. "人心好真,制器在理。"亦即求真求是本是出於心性之自然,而欲求致用之精,必須講求純科學之理;同時致用之需亦能促進純理之追求;二者互相為用。

---

① 章太炎《菿漢微言》,《章氏叢書》本,第70頁下~71頁上。
② 章太炎《與王鶴鳴書》,《章氏叢書》本《太炎文錄初編》,卷二,第8頁。
③ 章太炎《菿漢微言》,《章氏叢書》本,第45頁。
④ 章太炎《與王鶴鳴書》,第7頁上。

综上所述,可见太炎思想超卓,一方面堅持本民族之立場,依自不依他;一方面則以人類心性之能力與趨勢為基礎,強調求是之可貴,以補救中華文化固有之不足,允為"新子學"楷模。

結語:中華文化復興之道
——依自不依他,求是致用相資

今日欲復興中華學術與文化,必須上接先秦,重開百家爭鳴之新局。依鄙見,其要點有二項,即依自不依他,求是致用相資。請試釋之於下。

所謂依自不依他,其含義有兩個層次。一是立足於本民族的歷史文化,切忌將鑿枘不入的外來思想學說視為無上正等正法,加諸本國文化之上。其弊小則郢書燕說,以理限事,妨礙學術發展①;大則以本國為外來學說試驗場,禍害不可勝言,一部中國近代史,足為見證。二是前述章太炎所謂"自貴其心,不以鬼神為奧主";亦即牟宗三所謂"主體性"與"內在道德性"②。

太炎先生去世前三年,昭告其弟子曰:"夫國於天地,必有與立,所不與他國同者,歷史也,語言文字也。二者國之特性,不可失墜者也。……尊信國史,保全中國語言文字,此余之志也。弟輩能承余志,斯無愧矣。"③這段話正是"依自不依他"第一個層次的極好概括(按:國史是否須一概尊信,不稍懷疑,大可商榷。然而就大體言,國史自當尊信,其原因在於中國史官文化之源遠流長)。而今日不少所謂學者,論及中國歷史文化、思想學術時,喜以西方學說及成例作比附,更有甚者,於中國語言文字造詣本淺,理解文言的能力亦頗有限,卻滿口流沫,大發宏論。試問:此等煌煌大著,足信乎?抑不足信乎?余英時教授因此聲言:"我可以負責地說一句:20世紀以來,中國學人有關中國學術的著作,其最有價值的都是最少以西方觀念作比附的。如果治中國史者先有外國框框,則勢必不能體會中國史籍的'本意'而是把它當作報紙一樣的翻檢,從字面上找自己所需要的東西(你們千萬不要誤信有些淺人的話,以為'本意'

---

① 胡適《說儒》一文,正是以理限事的例證。胡氏以為,儒乃殷民族的"教士",奉"殷禮"為宗教,具有"亡國遺民的柔遜的人生觀",並有"五百年必王者興"的預言,孔子則被當時人看作應此而生。孔子的大貢獻,在於化柔懦之儒為剛毅之儒。見《胡適文存》四集,臺北遠東圖書公司1953年重印本,第82頁。按:胡氏此說的依據,在希伯來民族的彌賽亞(Messiah)觀念。然而問題是:猶太民族有此觀念,為何殷民族一定亦有,證據何在?"五百年必有王者興"一語,出自《孟子》,又如何得知,孔子以前即有此預言?而且亡國遺民為何必定柔遜,而不能志在復仇?(飽受挫折者鋌而走險之例,史不絕書)形成此等謬誤的原因,正在於將西人學說視為無上正等正法,強行加於本國史之上。
② 牟宗三《中國哲學的特質》,臺灣學生書局1994年版,第5頁。
③ 諸祖耿《記本師章公自述治學之功夫及志向》,引自《章太炎學術史論集》,《附錄二》,第487頁。

是找不到的,理由在此無法詳説)。……其實今天中文世界裏的有些'新見解',戳穿了不過是撿來一兩個外國新名詞在那裏亂翻花樣,不但在中國書中缺乏根據,而且也不合西方原文的脈絡。"①按:快人快語,所言極是。果欲學術文化之復興,此弊必須袪除。

例證之一:所謂幽暗意識與民主傳統。美國張灝教授以為,西方受到基督教對人性幽暗面(所謂原罪)觀照的影響,故而有分權、制衡等觀念。儒家強調性善(故幽暗意識不強),期盼道德卓越者擔任政治領袖,故而無民主傳統。此一見解是否合於西方原文的脈絡,茲姑不論(在此須指出:民主起原於希臘,而不是原罪意識強烈的希伯來;基督教在西方盛行二千年,為何千數百年間,歐洲並未有民主制度,而且除西北歐一隅之外,歐洲大部分篤信耶教的地區,直至20世紀前半期,尚排斥民主制度②? 張教授對此,未作解釋)。須知所謂民主制度,其成形本是一個複雜的歷史過程,其中一個重要因素是始於小國寡民。而中國自秦始皇統一,摶成如此龐大的帝國,統治如此衆多的人民,試問在當時的交通與技術條件下,即使人人秉持"原罪"觀念,有可能實行全國性投票,建立民主制度嗎? 更須知帝制時代的官僚制度,創始於秦,主要設計者為主張性惡的法家,其背後的理念正是分權、制衡等觀念。治中國政治制度史者,可謂盡人皆知。而張氏不知也,嗚呼!

例證之二:所謂憲政需要"國父"。近有某學界聞人,鼓吹此説,甚囂塵上。世上行憲之國多矣,大多似未曾有所謂國父;而尊崇"國父"之地,亦未必行憲政。二者為何有必然之關係? 此君議論滔滔,對此卻語焉不詳。柳翼謀有云:"中國之有政黨,殆自宋神宗時之新舊兩黨始。其後兩黨反復互争政權,迄北宋被滅於金始已。"又曰:"上下數千年,惟北宋卓然有政黨。"③吕誠之對此説道:"要形成政黨,宋朝是最好不過的時代。因為新舊兩黨,一個是代表國家所要求於人民的,一個是代表人民所要求於國家的。倘使當時的新舊黨,能互相承認敵黨的主張,使有發表政見的餘地;加以相當的採納,以節制自己舉動的過度;憲政的規模,早已確立起來了。現代人議論宋朝史事的很多,連這都沒有見到,還算能引用學理,以批評史實麼?"④按:所論甚為精湛。那位學界聞人,自詡深通西學,其見識與此相較,瞠乎後矣。

近八十年前,誠之先生"頗致慨於現代的論政者,更無梁啓超、嚴復、章炳麟其人",説道:

  現代的政治學家,對於書本上的知識,是比前人進步了。單是譯譯書,介紹介紹新學説,那原無所不可。然而他們偏要議論實際的政治,朝聞一説,夕即欲見諸施

---

① 余英時《怎樣讀中國書》,《余英時文集》第八卷《文化評論與中國情懷(下)》,廣西師範大學出版社2006年版,第326頁。
② 20世紀前半期,大多數歐洲國家拋棄自由民主制度,擁抱威權甚或極端主義的國家形態。見Mark Mazower, *Dark Continent: Europe's Twentieth Century* (New York: Vintage Books, 1998), pp. 3～40。
③ 柳詒徵《中國文化史》,上海古籍出版社2001年版,第582～583、591頁。
④ 吕思勉《中國政治思想史十講》,第92頁。

行。真有"子路有聞,未之能行,惟恐有聞"的氣概。然而天下事,有如此容易的麼?聽見一種辦法,書本上説得如何如何好,施行起來,可以有如何如何的效驗,我們照樣施行,就一定可以得這效驗的麼?人不是鐵;學到了打鐵的方法來打鐵,只要你真正學過,是没有不見效的,因鐵是無生命的,根本上無甚變化;駕馭那一塊鐵的手段,決不至於不能駕馭這一塊鐵。一種樹就難説些了,養馬更難説了,何況治人呢?且如民治主義,豈不是很好的,然而在中國,要推行民治主義,到底目前的急務,在於限制政府的權力,還在於摧抑豪强,用民政策,從前難道没人説過,没人試行過,為什麽不能見效?我們現在要行,我們所行的,和昔人同異如何?聯邦的組織,怎麽不想施之於蒙藏,反想施之於内地?①

按:百年一彈指間,今日所謂公共知識分子,其論治論學,大都依然如此。究其原因,在於依他起見,以理限事。對治之方,則在發揚先秦諸子精神,如太炎所謂,矜己自貴,不為援引攀附之事。

"依自不依他"的第二層次則是自力道德,不以鬼神為依歸,與耶、回等一神教大異其趣。此乃二三千年歷史使然。無殘酷的宗教戰争,諸教諸神各有其功能,百姓各取所需,彼此相安無事,是為宗教寬容和諧之極致。陳寅恪近百年前即已指出:中國人重實用,不拘泥於宗教之末節,"任諸教之並行,而大度寬容(tolerance),不加束縛,不事排擠,故從無有如歐洲以宗教牽入政治。千年來,虐殺教徒,殘毒傾擠,甚至血戰百年不息,塗炭生靈。至於今日,各教各派,仍互相仇視,幾欲盡鏟除異己而後快。此與中國人之素習相反。今夫耶教不祀祖,又諸多行事,均與中國之禮俗文化相悖。耶教若專行於中國,則中國之精神亡。且他教盡可容耶教,而耶教(尤以基督新教為甚)決不能容他教(謂佛、回、道及儒[儒雖非教,然此處之意,謂不入教之人,耶教皆不容之,不問其信教與否耳。])。必至牽入政治,則中國之統一愈難,而召亡益速。"②按:所論至為精闢,將"召亡"易為"肇亂",則絶對適用於今日。其中"中國之精神亡"一語,最須留意。一國之精神亡,則必至隨人腳跟,仰人鼻息,所成就者,不過是太炎所謂"遠西臺隸之學",永不能自立於天壤間。"依自不依他"之所以必須提倡者,以此。

中華文化有一重大缺陷,即太過實用,以致妨礙了純科學的發展。有識之士,如章太炎、陳寅恪,皆對此有深切認識。太炎對於所謂通經致用,絶不贊同,以為漢代所謂經術致用,顯然"不如法吏";"學者將以實事求是,有用與否,固不暇計";經術"誠欲致用,不如掾史識形名者多矣"。又曰:"學者在辨名實,知情偽,雖致用不足尚,雖無用不足卑。古之學者,學為君也;今之學者,學為匠也。為君者,南面之術,觀世文質而已矣;為匠者,必有規矩繩墨,模形惟肖。審諦如帝,用彌天地,而不求是,則絶之。韓非説:'炳燭尚賢,治則治矣,非其書意。'僕謂

---

① 吕思勉《中國政治思想史十講》,第91～92頁。
② 《吴宓日記》所載,引自《吴宓與陳寅恪》,第12頁。

學者宜以自省。"①

太炎這段話,大可玩味,有至理存焉。所謂學為君,正是依自不依他;學為匠,則是隨人腳跟,依樣畫葫蘆,亦即前述陳寅恪所説"不揣其本,而治其末,充其極,只成下等之工匠"。所引韓非"炳燭尚賢"云云②,更是一絶佳比喻,以見求是之學,本不以致用為鵠的,若因此而有大用,則是不期之遇,非其本意。純科學研究之真諦,可謂盡於此數語中了。故曰:依自不依他,求是致用相資,乃中華文化復興必由之道;而太炎先生者,實為前驅。今日提倡"新子學",當於此取法。

[作者簡介]嚴壽澂(1946—),男,上海人。華東師範大學碩士,美國印第安納大學博士。上海社會科學院歷史研究所及美國克萊蒙研究生大學(Claremont Graduate University)宗教學院經典詮解研究所(Institute for Signifying Scriptures)特約研究員,於新加坡南洋理工大學兼任數門課程。治學領域為中國學術思想史與古典文學,旁涉政治思想及宗教學。近年刊有專著《百年中國學術表微: 經學編》《詩道與文心》《近世中國學術思想抉隱》《近世中國學術通變論叢》及期刊論文多篇。

---

① 章太炎《與王鶴鳴書》,第7頁。
② 《韓非子·外儲説左上》載:"郢人有遺燕相國書者,夜書,火不明,因謂持燭者曰'舉燭',而誤書'舉燭'。舉燭,非書意也,燕相國受書而説之,曰:'舉燭者,尚明也;尚明也者,舉賢而任之。'燕相白王,王大悦,國以治。治則治矣,非書意也。今世學者,多似此類。"

實現中華民族偉大復興的"新子學"之"關注現實"的思考

耿振東

內容提要 推動社會主義文化大發展大繁榮,提高國家文化軟實力,是實現中華民族偉大復興的重要內容。方勇教授提出的新時期要推動"新子學"發展的學術構想無疑將為我國的文化繁榮與民族復興推波助力。本文從文化傳播普及、實現傳統文化與現代文化對接兩個角度,對內涵豐富的"新子學"之"關注現實"的子學精神的實踐提出個人的看法。

關鍵詞 新子學　關注現實　文化普及　文化對接

中圖分類號 B2

實現中華民族偉大復興是近代以來億萬中國人共同的理想追求,也是凝聚億萬中國人建設有中國特色社會主義的精神動力。民族復興夢想的實現,需要政治、經濟、科技、軍事、教育、文化等各方面力量的提升。其中,文化的作用尤其不能忽視。黨的十八大報告指出:"文化是民族的血脈,是人民的精神家園。全面建成小康社會,實現中華民族偉大復興,必須推動社會主義文化大發展大繁榮,興起社會主義文化建設新高潮,提高國家文化軟實力,發揮文化引領風尚、教育人民、服務社會、推動發展的作用。"它深刻地揭示了在實現中華民族偉大復興的過程中,文化建設所占據的重要地位和可能發揮的巨大作用。正是在這個意義上,我們看到以方勇教授為領銜的旨在"為民族文化復興提供助力"(《再論"新子學"》)的"新子學"及他這幾年不辭勞苦的學術實踐,具有重大的理論價值和較強的現實意義。它是倡導者內心深沉的民族關懷的體現,是高度的民族文化自覺、民族文化自信的表徵。

方勇教授在《光明日報》先後發表的《"新子學"構想》(2012年10月22日)、《再論"新子學"》(2013年9月9日)兩篇文章,對"新子學"的產生、"新子學"的內涵、"新子學"面對西學如何建立自己的學術體系、"新子學"是國學發展的歷史必然、"新子學"發展的時代應對策略五個方面問題作了深入細緻的分析論述。他提出"新子學"是對"多元、開放、關注現實"的"子學精神"的"提煉"(《再論"新子學"》),"新子學""是在揚棄經學一元思維和大力高揚子學多元思維的前提下,對世界和人的本質的重新理解","'新子學'將承載'國學'真脈,促進傳統思想資源的創造性轉化"(《"新子學"構想》),筆者認爲,可以作爲"新子學"發展的綱領性指導思想;"今後'國學'不再是一枝獨秀的孤景,而將上演百家合鳴的交響"(《再論"新子學"》),筆者認爲,它爲中國傳統學術的健康發展指明了方向。

在這裏,僅就"新子學"如何"關注現實""爲民族文化復興提供助力"這個問題談幾點個人的思考。

"夫陰陽、儒、墨、名、法、道德,此務爲治者也。"(司馬談《論六家要指》)司馬談的這句話指出了學術與現實治道之間密不可分的聯繫。先秦諸子百家,没有爲學術而學術的純粹學術研究者。陰陽家"序四時之大順",儒家"序君臣父子之禮,列夫婦長幼之别",墨家"强本節用",法家"尊主卑臣,明分職不得相踰越",名家"控名責實,參伍不失",道家"與時遷移,應物變化,立俗施事",皆是緣拯救時弊有感而發,皆是積極參與謀劃國家治道之術的表現(司馬談《論六家要指》)。孔子"知其不可而爲之",周遊列國宣傳"爲政以德";墨子赴火蹈刃、死不旋踵,力倡"兼愛""非攻";老子韜光養晦,建議"治大國若烹小鮮";韓非甘冒"吴起支解而商君車裂"的亡身之禍,堅持"立法術,設度數,所以利民萌便衆庶之道"。他們"關注現實"的學術品格被之後歷代學術研究者繼承、發揚。董仲舒研究《春秋公羊傳》,從中闡發出"大一統"思想,幫助漢武帝實施"罷黜百家,獨尊儒術"的文化政策,爲自西漢以來的歷代封建王朝奠定了思想統治的理論基礎。王安石研究《周禮》,從中闡發出"政事所以理財,理財乃所謂義"、"一部《周禮》,理財居其半"的思想,幫助神宗進行變法革新,緩解了神宗朝政積貧積弱的緊張局面。康有爲研究今古文經學,從中闡發出古文經爲劉歆爲王莽篡漢而僞造的新學的思想觀點,同時以"通三統"、"張三世"的今文學説爲基礎,形成其變法維新的理論學説,開始了轟轟烈烈的戊戌變法運動。可以説,一部子學史就是學術與現實治道互爲基礎、互爲動因、相互促進、相互服務的歷史。

春秋以前,學術掌握在貴族"王官"手中。無論是記史、祭祀、卜筮,製定法令、曆法,還是製禮作樂等一系列治道活動,都是由身在統治者階層、體現統治者意志的"王官"們完成的。這一系列治道活動,實際上就是當時的學術活動。春秋以降,王官失位,學術下移,王官學術一變爲士學術。從表面上看,它們是兩種不同的學術,而從實質上講,王官學術與士學術並没有本質的區别。從産生淵源上看,王官學術孕育了以諸子百家爲代表的士學術。這正如《漢書·藝文志》所言:"儒家者流,蓋出於司徒之官","道家者流,蓋出於史官","陰陽家者流,蓋出於羲和之官","法家者流,蓋出於理官","名家者流,蓋出於禮官","墨家者流,蓋出於清廟之守","縱橫家者流,蓋出於行人之官","雜家者流,蓋出於議官","農家者流,蓋出於農稷之官","小説家者流,蓋出於稗官"。從最終的服務對象上看,無論是王官學術,還是士學術,都毫無例外地服務於現實統治。戰國時齊國稷下學宫,可以説是戰國諸子百家争鳴的縮影。郭沫若認爲:"齊國在威、宣兩代,還承繼着春秋末年養士的風習,曾成爲一時學者薈萃的中心,周、秦諸子的盛況是在這兒(注：指稷下學宮)形成了一個最高峰的。"(《十批判書》)據《史記》，當時稷下學宮養士"數百千人"(《田敬仲完世家》)，他們"期會於稷下"(《史記集解·田敬仲完世家》引劉向《別錄》)，相互切磋思想，開展辯論爭鳴，其學術活動絲毫没有離開治道這個中心。關於這一點，司馬遷説得很清楚："自騶衍與齊之稷下先生，如淳於髡、慎到、環淵、接子、田駢、騶奭之徒，各著書言治亂之事，以干世主，豈可勝道哉！"

自漢武帝實施"罷黜百家，獨尊儒術"的文化政策，儒家思想成為歷代封建統治的主宰思想，儒家學術成為衆多學術流派中獨領風騷的顯學。在這種政治背景下，在朝為官的上上下下各級官吏，多是深諳儒家學術的學者。由於儒家學術為中國封建社會提供了一套完整的信仰體系、價值標準，整個封建社會的各種活動便圍繞儒家立身處世的原則展開。這樣，以儒家為代表的學術思想與以專制君權為中心的封建體制開始相互支撑、相互促進。這一政治、學術合二為一的格局隨着隋唐以來開科取士，儒家經典在科舉考試中所占地位加重而越來越明顯。它所導致的結果是，精諳儒學的學者多是官員，官員又大多精通儒學；學者的學術主張不離治道應用，官員的治道主張又多是對自身學術研究的實踐。

1905年科舉制度廢除，斬斷了以儒學為業的學者的晉身之階；1915年新文化運動興起，以儒學為主體的傳統子學已不再具有神聖不可動摇的地位。人們深感子學不足以救國救民，於是仰慕並學習西方的政治學説、經濟理論、軍事技術、教育體制，並開始為在中國實現西方自由、平等、民主、科學的社會理想而拼搏奮鬥。傳統的子學，由於失去了作為治道的用武之地，當然也就失去了昔日對其矻矻以求的多數學者的信賴與擁護。此時，很少有人再回到中國的子學中尋求治國平天下的思想武器，即便有，也難以抵擋西方學術狂飈突進式的沖决和立竿見影的治道實效性的誘惑。從這個時候到新中國建立的三十多年裏，儘管報刊創辦、著作出版如雨後春笋，數量多得驚人，也不乏真知灼見，而且關心民瘼、關注社會發展，甚至借助子學思想為當時統治者獻計獻策的作品多如牛毛，但真正被執政者採用的東西卻很少很少。中華民族歷史發展中突然的社會巨變，使現實治道主動和傳統子學分道揚鑣，傳統子學無奈地與現實治道告别。

新中國成立特别是改革開放以後，隨着中國工業化建設速度的加快和中西交流對話的不斷展開，人們愈加認識到民族文化的重大價值。"當今世界正處在大發展大變革大調整時期……文化在綜合國力競爭中的地位和作用更加凸顯，……文化越來越成為民族凝聚力和創造力的重要源泉、越來越成為綜合國力競爭的重要因素、越來越成為經濟社會發展的重要支撑，豐富精神文化生活越來越成為我國人民的熱切願望。"(《中共中央關於深化文化體制改革推動社會主義文化大發展大繁榮若干重大問題的决定》)固然，傳統子學不可能再像過去那樣作為"帝王師"、"社稷圖"出現，但作為億萬中國人的精神之根，它卻是"中華文化最具創造力的部分，是個體智慧創造性地吸收王官之學的思想精華後，對宇宙、社會、人生的深邃思考和睿智回答，是在哲學、美學、政治、經濟、軍事、教育、技術等諸多領域多維度、多層次的深入展開。"(方勇《"新子學"構想》)它在凝聚民族力量、增强民族自信方面卻發揮着無可替代的作用。

方勇教授説:"諸子學作爲中華傳統思想文化的主體,必然是未來思想文化的重要組成部分,是促進中國重新崛起成爲世界中堅的有生力量之一。中國學派構建之際,'新子學'正應運而生!"(《"新子學"構想》)他從傳統的子學現象中提煉出"多元、開放、關注現實"的"新子學"精神,並將以此"推動中華民族文化的健康發展"(《再論"新子學"》),這種以民族復興爲己任的自覺的文化擔當意識令人敬佩。那麽,"新子學"應怎樣發展才能體現其"關注現實"的精神最終"爲民族文化復興提供助力"呢? 在這裏,我僅就想到的兩點作以下陳述。

一、"新子學"研究者在專業領域發展繁榮"新子學"的同時,應將"新子學"納入大衆文化普及的範圍,也就是説,他們應自覺擔負起文化普及的重任。

"新子學"研究者多是學院化的知識分子,他們在自己研究領域内創造的知識是前人無法相比的。但是,他們創造的這些知識僅僅是一種專業化的、技術化的知識,而不是一種公共性的知識。他們掌握着大量的知識資源,多數情況下是將其變成了自己私有的文化資産,而没有與大衆共享。如果"新子學"完全朝着專業化、技術化的方向發展下去,不將它"對宇宙、社會、人生的深邃思考和睿智回答"融入大衆的知識視野,化爲大衆的公共文化生活,圍繞"新子學"的一系列學術活動便不能真正體現"新子學""關注現實"的精神宗旨,從子學中提煉出來的"關注現實"的"新子學"精神也將成爲空洞的口號。

從文化學的角度講,凡是稱之爲文化的東西都有一個受衆域大小的問題,越是受衆域大、越是被大衆接受掌握了的文化,就越能體現文化的普世價值,越容易發揮其教育認知功能、凝聚功能,因而也就越能够發揮文化的軟實力,從而轉化爲民族偉大復興的堅强動力。所以,爲了順利實現"新子學""爲民族文化復興提供助力",必須將"新子學"納入大衆公共文化普及的範圍。也就是説,"新子學"研究者在身爲專業知識分子的同時,要身體力行地扮演公共知識分子的角色,將自己的研究成果轉化爲大衆可以接受消化的文化形式,積極向大衆傳播。事實上,"新子學"文化普及的重任,也只能由"新子學"研究領域的專家來擔當,因爲這一領域的專家占據着"新子學"方面最雄厚的文化資本,是其他專業的任何人無法相比的;他們代表着"新子學"研究領域的權威,因而也就更容易牢牢把握"新子學"傳播的話語權。

然而,一方面由於現代知識體制建構的愈趨細膩、學科之間越來越壁壘森嚴,大衆文化的公共空間日益萎縮;另一方面由於大衆公共閒暇時間的增加和大衆文化消費能力的提高,大衆文化消費的市場卻在漸次擴大。二者的矛盾運動,使社會上出現了大量以出版業、報業、休閒雜誌、影視業、演藝業、網絡爲載體的文化消費産品。這樣一個文化消費急劇擴張的時代,滋生出一批借助於媒體頻頻亮相的知識分子。媒體知識分子雖然也是在傳播大衆公共文化,但他們遵循的是市場邏輯,走的是市場化道路。一旦"新子學"文化傳播路徑被媒體知識分子把持,他們很快會被大衆誤認爲掌握了"新子學"精義的權威、專家,"新子學"將在"一個煽情的演員手勢、一種矯揉造作的舞臺造型、一連串博取掌聲的誇張修辭"①中扭曲、變形、異化。在商品化、市場化的動機操縱下,"新子學"極有可能會喪失"對宇宙、社會、人生的深邃思考和睿智回答"(《"新子學"構想》)的文化功用。

二、"新子學"研究者要整理那些代表人類文明發展大勢的古典精義,讓現代文化建立在自己民族文化的基礎之上。

經濟全球化、信息網絡化,各國政治性對話的經常開展,帶來不同地域、不同民族、不同國家之間文化的交流與碰撞。改革開放不僅帶給中華民族發展壯大的大好時機,也使中華民族固有的文化遭受外來文化的挑戰與踐踏。改革開放使中國文化無論在物質層面還是在精神層面,都亦步亦趨西方現代文化。失去了民族文化,一個國家就失去了生存的靈魂。怎樣對待這場不可避免的文化衝突,怎樣在這場中西文化的交鋒中,使中華民族對自己的文化充滿自信,這是旨在"爲民族文化復興提供助力"的"新子學"必須嚴肅面對的一個問題。

要解決這一問題,必須做好"新子學"與西方現代文化的對接。所謂對接,就是在子學爲代表的中國文化中充分挖掘具有西方現代文化意識的思想,對其加以闡釋、傳播,引導中華文化自覺、自然地朝着現代文化的方向發展,糾正國人以爲一切現代文化皆非國人自造的錯覺,力避讓西方文化取代中國文化。具體來説,"新子學"研究者要挖掘、闡釋、傳播中國傳統文化中體現西方現代文化傾向的科學、民主、法治、市場這些核心觀念。中國的傳統文化不乏科學的思維與科技的創新。早在兩千多年前,《周髀算經》《黃帝内經》中的數學與醫學,《墨經》中的幾何學、光學,《山海經》中的地理學,《左傳》《淮南子》中的天文曆法,就已達到相當高的水準。東漢張衡創造候風地動儀,用以測定地震方位。魏晉劉徽首創割圓求周法,對圓周率進行測算。唐代僧一行運用"複矩圖"測定北極高度。宋代則有指南針、火藥的發明。明代出現了四位科學家:李時珍、徐光啓、宋應星、徐弘祖,其著作《本草綱目》《農政全書》《天工開物》《徐霞客遊記》所取得的科技成就,在當時均領先於世界。現代的民主制度以民有、民享、民治爲内容,其精義在於人民享有參政議政的權利。中國封建專制的政治架構,使民主體制没有發展起來,但"新子學"中卻不乏民本的思想。先秦時期的《管子》説:"霸王之所始也,以人爲本。"(《管子·霸言》)《孟子》説:"樂民之樂"、"憂民之憂。"(《孟子·梁惠王下》)《荀子》説:"君者,舟也;庶人者,水也。水則載舟,水則覆舟。"(《荀子·王制》)漢代賈誼説:"夫民,萬古之本也,不可欺。"(《新書·大政上》)唐太宗説:"若百姓所不欲,必能順其情也。"(《貞觀政要·儉約》)北宋的程顥、程頤説:"爲政之道,以順民心爲本,以厚民生爲本,以安而不擾爲本。"(《二程文集》卷五)明末清初的黄宗羲説:"天下爲主,君爲客。"(《明夷待訪録·原君》)王夫之説:"君以民爲基……無民而君不立。"(《周易外傳》卷二)這些豐富的民本思想已表現出民主的萌芽,只要適當地對它們加以引導,就能實現民本與民主的對接。中國的法治思想產生很早。兩千多年前,《管子》第一個提出"以法治國"的理念(《管子·明法》)。戰國時期的商鞅、申不

---

① 許紀霖《中國知識分子十論》,復旦大學出版社2011年版,第54頁。

害、慎到也都強調以法治國,韓非則集法家思想之大成,並提出法、術、勢相結合的法治理論。中華民族歷史上產生了多部法典,如戰國的《法經》、漢代的《九章律》、隋代的《開皇律》、唐代的《永徽律疏》、宋代的《宋刑統》、明代的《大明律》、清代的《大清律》。雖然現代化法治體制由於受到人治思想的影響在古代没有建立起來,但傳統文化中的法治理論還是很豐富的。現代化的經濟體制是市場經濟,它主張通過自由價格機制實現對市場資源的配置。而有關市場及市場經濟的論述,在我國古代早就出現了。《管子》一書曾明確提出"市者,貨之準也"的命題(《管子·乘馬》)。這説明兩千多年前,我們的祖先已認識到了商品的價格由市場决定並通過貨幣來表現的市場規律。明代丘浚也認爲,商品的價格是在市場交换中自然形成的,"市者,商賈之事。""民自爲市,則物之良惡,錢之多少,易以通融準折取舍。"如果政府對市場强行干涉,就會阻礙經濟的正常運行,最終有弊而無利,"官與民爲市,物必以其良,價必有定數,又有私心詭計百出其間,而欲行之有利而無弊,難矣。"(《大學衍義補·山澤之利上》)由此可見,古代的中國已有了市場經濟的有關論述。鑒於中國文化博大精深的現實,只要"新子學"研究者充分挖掘其中的現代觀念,並加以合理的引導,在自己文化基礎上建立一種與西方文化頡頏的現代文化是完全可能的。

然而,建築在工業文明基礎上的現代文化有其致命的缺陷。人類對能源的無限制開採,使自然資源面臨枯竭、環境污染日益嚴重,導致國與國之間衝突加劇、矛盾加深,由之引起世界的動盪不安。交通、網絡的飛速發展,使世界日益變成地球村,而人與人之間的情感卻日益疏遠。對人生價值意義的衡量,一變爲對金錢攫取的多少,除了金錢,在價值的天平上再也看不到其他的砝碼。面對現代文化的不足,"新子學"研究者要積極挖掘、闡釋、傳播傳統文化中可彌補現代文化缺失的思想要素,借此建立起引導現代文化健康發展的思想體系。這不僅僅是"新子學""關注現實"的表現,更重要的,它是只有"新子學"研究者才能擔當勝任。中國傳統文化中,有哪些可以彌補現代文化的缺失呢? 在這裏,試舉兩個例子。比如,在人與外在世界的關係上,中國文化重視"天人合一"。《孟子》説:"盡其心者,知其性也,知其性則知天也。"(《孟子·盡心上》)認爲人性天賦,性、天相通。《莊子》説:"天地與我並生,而萬物與我爲一。"(《莊子·齊物論》)漢代董仲舒説:"以類合之,天人一也。"(《春秋繁露·陰陽義》)"天人合一"强調人與自然一體,强調人與自然協調。自然界可以被認識,可以被利用,但人只有在遵循自然規律的前提下才能創造自己幸福的生存空間。任何違背規律的征服自然、開採自然,只能破壞人與自然這個共同生存的空間,最終因對方的殘缺而使自身受到傷害。貴和尚中,也是中國文化的優良傳統。早在西周時期,周太史史伯就提出"和實生物,同則不繼"的觀點(《國語·鄭語》)。《荀子》也説:"萬物各得其和以生。"(《荀子·天論》)"和",不是盲從附和,不是不分是非,而是求同存異,共生共長。"中",指事物的度,即不偏不倚,既不過度,又非不及。《中庸》説:"中也者,天下之大本也;和也者,天下之達道也。"(《中庸》)如果從政治學的高度分析、傳播貴和尚中的思想,對於維護世界和平意義重大。由此可見,傳播、弘揚子學固有的文化優勢,彌補、醫治現代文化的痼疾,是"關注現實"、"爲民族文化復興提供助力"的"新子學"

研究者義不容辭的責任。

[**作者簡介**]耿振東(1973—),男,山東淄博人。文學博士,現為山西省社會科學院文學研究所副研究員,主要從事先秦諸子與中國思想文化研究。著作有《管子研究史》,並已發表學術論文數十篇。

"新子學"的本體建構及其對華夏文化焦慮的對治

適 南

內容提要 "新子學"理念的提出,解決了當代中國哲學從何處登場的問題①,但諸子學在歷史上過於分散的現狀制約了"新子學"的發展。本文試圖從先秦諸子的文本中為"新子學"提煉出三位一體的複合本體論,以解決"新子學"理論體系的本體建構問題,並為"新子學"對治當下中國的文化焦慮提供一些選項。

關鍵詞 新子學 複合本體論 對治焦慮 消化西學
中圖分類號 B2

一、中國哲學從何處登場

中國哲學登場,其實有一個從何處登場的問題。這個問題上新儒家是先行者。1958年元旦,牟宗三、張君勱、徐復觀、唐君毅四位先生聯名發表了《為中國文化敬告世界人士宣言》,認為中國文化的真脈在孔、孟、程、朱、陸、王一路傳下來的心性學中,復興傳統,亦即復興這種包涵聖賢骨血的心性學。這一路學術,在海外與港臺的學壇很快占據了主導地位,在大陸的國學熱未興起之前,新儒家對國學的傳承與弘揚,起到了存亡繼絕的作用。

到了21世紀,我們往回看卻發現,以新儒家(包括現在大陸的新經學學派)來擔任國學復興的先鋒,似乎有某種先天不足:首先,歷代儒家無論如何兼容並包,其立論的出發點與落腳點始終是政治性,在古代的一元社會,政治性或許可以籠罩群言,但在當代,生活的豐富複雜絕非單一的政治性可以囊括;其次,由於封建帝制與小農村社的社會運行機制的制約,與之長

---

① 李澤厚《該中國哲學登場了?——李澤厚2010年談話錄》:"海德格爾之後,該是中國哲學出手的時候了。"上海譯文出版社2011年版。

期掛鈎的儒學不免帶上了極大的保守性，這一點與當代社會的開放氛圍不相符合，且並非短期內可以根本轉變；第三，儒家學說旨在安邦濟民，此岸性極強的理論張力很難滿足現代人探索"六合之外"的強烈願望。因此我認爲，新儒家學說經過發展，可以成爲當代中國政治建設的指南、穩定社會倫理的基石，但若論及全面回應時代提出的各種理論難題，對治當今華夏的多重文化焦慮，就未免力不從心了。要完成這個任務，傳統國學必須雙水分流。

2012年4月，在上海召開的由華東師範大學先秦諸子研究中心舉辦的"先秦諸子暨《子藏》學術研討會"上，方勇教授提出了"全面復興諸子學"的口號。不久，方先生在《光明日報》國學版連續發表《"新子學"構想》與《再論"新子學"》兩篇文章，又於《探索與爭鳴》發表《"新子學"申論》一文。在這"'新子學'三論"中，方先生回顧了子學的歷史，梳理了子學的現狀，並指出，要在新的歷史條件下回應時代的新課題，就必須以整個諸子百家，而不是儒學一家來作爲國學的主軸。他認爲，到了今天，"經學時代重回到了子學時代，儒學又復歸爲子學之一"(《再論"新子學"》)，所以，"'新子學'的發展亦是我們時代的要求和選擇"(同上)。關於什麼是"新子學"，方先生提出，"新子學"的概念，具有一般意義和深層意義兩個不同的層面：從一般意義上說，"'新子學'主要是相對於'舊子學'而言的。它一是要結合歷史經驗與當下學術理念，在正確界定'子學'範疇的前提下，對諸子學資料進行全面的收集和整理，將無規則散見於各類序跋、筆記、劄記、史籍、文集之中的有關資料，予以辨別整合，聚沙成丘；二是要依據現代學術規範，對原有的諸子文本進行更爲深入的輯佚、鈎沉、輯評、校勘、整合、注釋和研究；三是要在上述基礎上，闡發出諸子各家各派的精義，梳理出清晰的諸子學發展脈絡，從而更好地推動'百家爭鳴'學術局面的出現。"(《再論"新子學"》)而就深層意義而言，"'新子學'是對'子學現象'的正視，更是對'子學精神'的提煉。所謂'子學現象'，就是指從晚周'諸子百家'到清末民初'新文化運動'時期，其間每有出現的多元性、整體性的學術文化發展現象。這種現象的生命力，主要表現爲學者崇尚人格獨立、精神自由，學派之間平等對話、相互爭鳴。各家論說雖然不同，但都能直面現實以深究學理，不尚一統而貴多元共生，是謂'子學精神'。"(同上)從以上論述，我們可以看出，"新子學"與"新儒學"的主要價值分歧，是在國學到底是一家獨大，還是百家爭鳴，是單向封閉的金字塔結構，還是交互動態的多元開放結構。方先生認爲，"在'新國學'的結構中，各種學術之間多元、平等、互爲主體，没有誰統攝誰，誰要依附誰的問題。……今後的'國學'不再是一枝獨秀的孤景，而將上演百家合鳴的交響。"(同上)

至於如何面對西學，方先生也給出了自己的看法，他說："近代以來，中國的學術發展一直在追求世界性。在這過程中，中國性的要求是隱退的，我們在别人的理論和語言中討論自己，學術常常成了凌空的浮辭。必須看到，西化是現代中國學術的特殊命運，是不得不套上的魔咒。要進入現代世界，就必須先要把這個魔咒捆在自己身上，直到最後解開它。所謂中國性的訴求，就是思考怎麼解開這個魔咒，也就是如何找到中國學術的問題和話語方式。"(同上)所以，"我們寧願對學界一向所呼吁的中西結合保持冷靜態度。中西結合雖則是一個良好的願望，其結果卻往往導致不中不西的囫圇之學。……我們的工作重心還在中國性的探索上，

在中國學術的正本清源上。'新子學'並未限定某一種最終結果,但是我們的方向在這裏,逐級地深入,慢慢地積累。"(同上)

應該說,方先生這一系列看法與展望是精彩的、睿智的,體現了一位多年從事本土學問研究的學者的功底與大氣。中國哲學,終於在當代找到了它最適合登場的平臺。

二、"新子學"的"理一分殊"

但是,仔細分析"新子學"理念,卻發現這個傑出的構想裏有一個細微的疏忽。我們知道,除了先秦和西漢初期之外,歷代子學都是附翼在經學的旗幟下而發展的。正如方先生所説:"進入帝制時代後,子學傳統綿延不斷,這種精神在正統觀念的壓制下仍然不絶如縷。"(《再論"新子學"》)這種"不絶如縷"的學術現狀就造成整個諸子學兩千年來一直處於一種散兵游勇的狀態,而不是一個具有成熟理論體系的系統。在方先生看來,"新子學"應該是一部百家合鳴的交響,但我們知道,任何一個交響樂隊都有一名樂隊指揮,指揮雖不參與樂隊的演奏,卻對樂隊的演奏起着整體協調的作用,如果沒有指揮,吹萬不同就會變成各自為政。"新子學"相對於"新儒學"的優長,在於其能像流水一樣隨物賦形的多元性,但這股子學之水如果沒有一線貫穿的理念為引導,依舊如戰國時代那樣恣縱不羈,"新子學"就很難像它展望的那樣成為國學之主流、承載國學之真脈了。我們無法想象,一群在學術觀點上相互拆臺、互不認賬的學者,能夠在面對西學時百川共到海,激出自己的巨浪來。

南宋大儒朱熹有一個"理一分殊"的提法。"理一"是體,"分殊"是用,"理一"與"分殊"亦即"體用一源、顯微無間"的關係。我認為,以"分殊"取勝的"新子學"亦必須儘快建立自己的"理一"之"體",才能在強手如林的當代中國學壇站穩腳跟,也就是説,"新子學"必須盡快建立自己獨立的本體論。

關於如何建立"新子學"的本體論,目前學界已有學者提供了寶貴的意見。復旦大學李若暉先生在《熔經鑄子:"新子學"的根與魂》[①]一文中認為,應該回到自由經學,並以此為基礎重構子學,當代新子學的建立,必須與經學相結合,並引司馬遷的先例,認為"太史公正是熔經鑄子,才能'拾遺補藝,成一家之言,厥協六經異傳,整齊百家雜語'"。這誠然是一條不錯的建議,正如李先生所説,"先秦至漢初之經說本與子學一體,也是活潑潑的自由思想",今日"熔經鑄子",正是子學發展的題中之義。不過,在"熔經鑄子"之前,首先在諸子學內部,我們是不是也能找到類似經學義理的"根與魂"呢? 如果能將此"根與魂"充分提煉出來,以此指導"新子學"的發展,於"新子學"是不是更具有原汁原味的理論兼容性呢?

《莊子·天下》云:"天下之治方術者多矣,皆以其有為不可加矣。古之所謂道術者,果惡

---

① 《諸子學現代轉型高端研討會會議論文集》,華東師範大學先秦諸子研究中心,2014年4月。

乎在?曰:無乎不在。曰:神何由降?明何由出?聖有所生,王有所成,皆原於一。"此為莊子之學,以大道之"一"為體。

《荀子·解蔽》云:"凡人之患,蔽於一曲,而闇於大理。治則復經,兩疑則惑矣。天下無二道,聖人無兩心。……故為蔽:欲為蔽,惡為蔽,始為蔽,終為蔽,遠為蔽,近為蔽,博為蔽,淺為蔽,古為蔽,今為蔽。凡萬物異則莫不相為蔽,此心術之公患也。"此為荀子之學,以"心術"之廓然無蔽為體。

《呂氏春秋·序意》云:"蓋聞古之清世,是法天地。凡十二紀者,所以紀治亂存亡也,所以知壽夭吉凶也。上揆之天,下驗之地,中審之人,若此則是非可不可無所遁矣。"此為呂不韋之雜學,以天地運行之常經大法為體。

《漢書·藝文志·諸子總序》云:"諸子十家,其可觀者九家而已。……方今去聖久遠,道術缺廢,無所更索,彼九家者,不猶瘉於野乎?若能修六藝之術,而觀此九家之言,舍短取長,則可以通萬方之略矣。"此為後漢班孟堅之史學,諸子皆以儒家之六藝為體矣。

由此可見,諸子學的本體論正如諸子學本身一樣,是複合多元的,我們不能期望從諸子學文本中隨意拈出一兩個範疇,以此來統攝整個諸子學,但是,是不是可以試着分析不同的諸子學本體論之間的關係,在此基礎上建構一個多維度、多層次的諸子學本體論呢?這正如聯合國,雖不對各個主權國家的內部事務做實質性的干涉,卻是各個主權國家磋商共同事務的國際平臺。今日建構"新子學"的複合本體論,其意義正有類於此。

三、三位一體的"新子學"本體論

諸子學雖然多元共生,但諸子立論所據之本體卻有限,概括起來,不出以下三類:

首先是以《莊子》為代表的道家本體論。眾所周知,莊周學派是一個極端重視個體內在生命之圓滿的群體,這個學派將本來最需要付諸對象化實踐的天下大治視為自己一身之內能量流通順暢的結果。《應帝王》篇云:"汝遊心於淡,合氣於漠,順物自然而無容私焉,而天下治矣。"又云:"明王之治:功蓋天下而似不自己,化貸萬物而民弗恃;有莫舉名,使物自喜;立乎不測,而遊於無有者也。"《在宥》篇云:"我為汝遂於大明之上矣,至彼至陽之原也;為汝入於窈冥之門矣,至彼至陰之原也。天地有官,陰陽有藏,慎守汝身,物將自壯。我守其一以處其和,故我修身千二百歲矣,吾形未常衰。"又云:"汝徒處無為而物自化。墮爾形體,黜爾聰明;倫與物忘,大同乎涬溟;解心釋神,莫然無魂;萬物云云,各復其根;各復其根而不知,渾渾沌沌,終身不離;若彼知之,乃是離之,無問其名,無闚其情,物固自生。"類似的說法在《莊子》及整個道家思想中比比皆是,《淮南子》對此表現得更明顯:

泰古二皇,得道之柄,立於中央。神與化遊,以撫四方。是故能天運地滯,轉輪而無廢,水流而不止,與萬物終始。風興雲蒸,事無不應;雷聲雨降,並應無窮。鬼出電入,龍興鸞集,鈞旋轂轉,周而復匝,已雕已琢,還反於樸。無為為之而合於道,無為言之而通乎德,恬愉無矜而得於和,有萬不同而便於性。神托於秋豪之末,而大宇宙之總。其德優天地而和陰陽,節四時而調五行。呴諭覆育,萬物群生,潤於草木,浸於金石。禽獸碩大,豪毛潤澤,羽翼奮也,角觡生也。獸胎不䐈,鳥卵不毈。父無喪子之憂,兄無哭弟之哀。童子不孤,婦人不孀,虹蜺不出,賊星不行。含德之所致也。(《原道訓》)

蓋道家將人生之道與天地之道視為不可分割的整體,牽一髮而動全身,我只需理順在自己身內運行的天地之道,亦即在實時參與天下的治理。這種思維是否偏頗此處不論,但因為這種思路的存在,道家的本體論必然直接根植於宇宙生命系統的源頭,正如《莊子·天下》所說:"聖有所生,王有所成,皆原於一。"這種源於"道(一)"的本體論,發掘出了子學的源頭活水。"新子學"建立了"道(一)本論",就可以隨時對任何學術資源做正本清源的工作,從而長久保持鮮活的生命力。

再看以《孟子》《荀子》為代表的儒家本體論。《四書章句集注》收錄了宋人楊時論《孟子》的話,云:

> 《孟子》一書,只是要正人心,教人存心養性,收其放心。至論仁、義、禮、智,則以惻隱、善惡、辭讓、是非之心為之端。論邪說之害,則曰:"生於其心,害於其政。"論事君,則曰:"格君心之非","一正君而國定"。千變萬化,只說從心上來。人能正心,則事無足為者矣。《大學》之修身、齊家、治國、平天下,其本只是正心、誠意而已。心得其正,然後知性之善。故孟子遇人便道性善。歐陽永叔卻言"聖人之教人,性非所先",可謂誤矣。人性上不可添一物,堯舜所以為萬世法,亦是率性而已。所謂率性,循天理是也。外邊用計用數,假饒立得功業,只是人欲之私。與聖賢作處,天地懸隔。(《孟子序說》)

可見,在儒家學者看來,孟子之學,以"心"為本,後世陸王以佛道推盛心學,亦莫不奉孟子為不祧之宗。《荀子》與《孟子》類似,立說亦本"心",觀其《解蔽》篇可見,只是荀子極重後天之"禮"對先天之"心"的規範作用,《修身》篇云:"凡用血氣、志意、知慮,由禮則治通,不由禮則勃亂提僈;食飲、衣服、居處、動靜,由禮則和節,不由禮則觸陷生疾;容貌、態度、進退、趨行,由禮則雅,不由禮則夷固、僻違、庸衆而野。"這種對外在之"禮"極端重視的態度,引起後世儒者相當程度的不滿。王陽明曰:"荀子性惡之說,是從流弊上說來,也未可盡說他不是,只是見得未精耳。"(《傳習錄》)馬一浮亦批評荀子乃"執修而廢性"。正因為荀子這種"以外正內"的思想傾向,建國後的論荀者便徑直將荀子當成"唯物主義者"了。要之,原始儒家無論孟子還是荀子,皆主心知而立本體。"新子學"建立了"心(知)本論",就可以對人的主體性做深入的發掘,開啓人對宇宙生命的覺悟意識,並以此為出發點,接通禪宗及大乘佛學,從而做到傳說中的"徹上徹下"。

諸子學中還有另外一派,它們不追求形而上的超越感,也不對自家心性做窮微極妙的探究,既不悟"道",亦不明"心",徑直師法天地運行之常經,我們將這種本體論稱之為"天本論"。鍾泰先生云:"載籍之舊,無過《尚書》。……舜之命九官十二牧也,曰:'欽哉,惟時亮天工。'皋陶之陳謨也,曰:'無曠庶官。天工人其代之。天敘有典,敕我五典五惇哉。天秩有禮,自我五禮有庸哉。'又曰:'天命有德,五服五章哉。天討有罪,五刑五用哉。'(並《皋陶謨》)工曰天工,而典禮命討,一推其源於天。此後世法天、畏天諸説之由來也。"①可見"天本論"主要來自經學系統。正如方勇先生所説:"商周以來的傳統知識系統,實可分為兩大部分:一為王官之學,它是以周公為代表的西周文化精英,承上古知識系統並加以創造發明的禮樂祭祀文化,經後人加工整理所形成的譜系較為完備的'六經'系統;一為諸子之學,它是以老子、孔子等為代表的諸子百家汲取王官之學的思想精華,並結合新的時代因素獨立創造出來的子學系統。"(《"新子學"構想》)子學系統既受了六經系統的思想浸潤,六經中的"天本論"亦不能不滲入子學。在這方面最典型的是《墨子》。《墨子·天志上》云:"我有天志,譬若輪人之有規,匠人之有矩,輪匠執其規矩,以度天下之方圓,曰:'中者是也,不中者非也。'今天下之士君子之書,不可勝載,言語不可盡計,上説諸侯,下説列士,其於仁義則大相遠也。何以知之? 曰我得天下之明法以度之。"《天志下》篇云:"故子墨子置天志,以為儀法。非獨子墨子以天之志為法也,於先王之書大夏之道之然:'帝謂文王,予懷而明德,毋大聲以色,毋長夏以革,不識不知,順帝之則。'此誥文王之以天志為法也,而順帝之則也。且今天下之士君子,中實將欲為仁義,求為上士,上欲中聖王之道,下欲中國家百姓之利者,當天之志,而不可不察也。天之志者,義之經也。"按,在子學系統的其他著述中,這種視"天"為人格神的純粹的"天本論"已是被摒棄了的。《荀子·天論》云:"天行有常,不為堯存,不為桀亡。應之以治則吉,應之以亂則凶。"視天為純粹物理之存在。《莊子·天運》云:"天其運乎? 地其處乎? 日月其爭於所乎? 孰主張是? 孰維綱是? 孰居無事而推行是? 意者其有機緘而不得已邪? 意者其運轉而不能自止邪? 雲者為雨乎? 雨者為雲乎? 孰隆施是? 孰居無事淫樂而勸是?"對"天"持以一種富有藝術情懷的懷疑態度。更不必説在《老子》中,"天"只是"四大"之一(《老子》六十九章),必須去"法道",做了"道"的下位概念。在子學系統中,天地運行的具體節律也已逐漸被認識。《莊子·天運》云:"天有六極五常,帝王順之則治,逆之則凶。九洛之事,治成德備,監照下土,天下戴之,此謂上皇。"《吕氏春秋·圜道》云:"天道圜,地道方,聖王法之,所以立上下。何以説天道之圜也? 精氣一上一下,圜周複雜,無所稽留,故曰天道圜。何以説地道之方也? 萬物殊類殊形,皆有分職,不能相為,故曰地道方。主執圜,臣處方,方圜不易,其國乃昌。"《管子·宙合》云:

---

① 鍾泰《中國哲學史·上古之思想·本天》,東方出版社2008年版。

"夫天地一險一易,若鼓之有桴摘,擋則擊,言苟有唱之,必有和之,和之不差,因以盡天地之道。"要之,子學系統中,除《墨子》外,無一不把"天"原本的人格神地位作了虛化的處理。這種虛化了的"天本論",產生於子學,後滲透到國學(尤其是儒學)的方方面面,經過歷史積澱,又成為中華民族根深蒂固的集體無意識;它與"道(一)本論"、"心(知)本論"論一起,構成中華學術本體的三個側面,對建構"新子學"的"歷史意識"、"全息思維",將起到不可替代的作用。

綜上,我們可以對"新子學"的本體建構做這樣的概括:以流通性而言,謂之"道(一)本論",以認知性而言,謂之"心(知)本論",以全息性而言,謂之"天本論",一個本體,三重功能,這就是"新子學"三位一體的複合本體論。

其實,類似的對學術本體的建構,中國學術史上一直在進行,尤其到了宋明時期,理(心)學家們以不同的思致,對中華的學術本體做過不同的整合,只是在儒家獨尊的壓力下,許多想法不得不遭到扭曲。比如,"心(知)本論"是儒家本有的資源,後經佛教刺激,在宋明時期被充分發掘出來,但宋儒為尊道統故,生怕與禪宗和佛教有什麼牽連,在處理這一問題時不得不小心翼翼、欲言又止。這一現狀在晚明時期才得到徹底的改觀,僅從會通本體的意義上,我們完全可以認為,晚明思想達到了歷代思想的最高峰。"新子學"既以整齊百家思想、引領國學潮流為己任,就不應該將視野僅僅局限在先秦諸子的原典上,而是要充分利用歷代學者尤其是宋明理學家對中華學術的綜合成果。正如方勇先生所提倡的那樣,"'新子學'要努力以新的視野去審視古代傳統,重新定位子學之為學術主流,去尋覓經學觀念籠罩下被遮蔽的東西。"(《再論"新子學"》)這的確是"新子學"研究當下最值得努力的方向,這種工作可以清理出國學史的真實面貌,能"發潛德之幽光"。

四、"新子學"本體論對華夏文化焦慮的對治

"新子學"三位一體的本體論亦必須對西學做出回應。方勇先生在《再論"新子學"》中説:"西化是現代中國學術的特殊命運,是不得不套上的魔咒。要進入現代世界,就必須先要把這個魔咒捆在自己身上,直到最後解開它。所謂中國性的訴求,就是思考怎麼解開這個魔咒,也就是如何找到中國學術的問題和話語方式。……'新子學'不提倡所謂中西融合的隨意性研究,'新子學'希望以家族相似的原則處理傳統學術與其他學術體系的關係。……所謂家族相似,就是在中國複合多元的學術中找到與其近似的資源,嘗試引入其視角,從而開闊自身的理解。"這種對待西學的審慎態度無疑是相當明智的。李若暉先生亦指出:"在重構中國古代哲學的進程中,我們要有耐心,要細緻地推敲揣摩古代哲人的言説,尋繹與復活其固有方法論,並以之建構顯性的中國哲學邏輯方法論體系。……西方哲學在此僅僅只是方法論的參照,而不能直接進入中國哲學體系,其邏輯方法不能,其具體知識內容更不能——於是西方哲學便僅為助產士,而非造物主。"(《"新子學"與中華文明之未來》)的確,由於主客二分與主客一如

的基本思維方式的不同,西方哲學的許多提法不能直接套用在對國學的闡釋上,整個西方哲學對於國學的研究只能起到一種思想體系的輔助作用。不過,如果我們換一個角度來看,是不是可以讓"新子學"在立足自己獨立的本體論的前提下,主動地去消化和改造西方思想呢?

近代以來,由於東方文明的沉淪,延續世界文明史的重任,主要是由以古希臘文明為底蘊的西方文明來承擔的。在天人對立、主客二分的思維的趨動下,一方面,這個文明無所顧忌地開拓着人類認識世界的視野,豐富着人類改造世界的工具本體,改善着人類整體的生活質量,另一方面,這個兒童氣質的文明又造成了整個世界自然與人文環境的雙重破壞,正如馬克思所説:"一切堅固的東西都煙消雲散了。"當這個文明完成自己的原始積纍之後,便立即開始了其向東侵伐的征程。

西方文明向東方傳播,走了南北兩條不同的道路①。

南方一路源於地中海北岸、阿爾卑斯山南麓,其核心是古希臘崇尚肉體享受(科學技術無非是在延伸肉體享受的範圍)、人性自由的酒神精神(尼采語)。這一路文明從明末開始東傳,經過清朝三百年的停滯,到晚清方得通過海上霸權而大舉入侵。這一路文明的東傳,首先是科技,其次是政體,最後是裹挾了前二者的文化。我們可以仿"南傳佛教"、"北傳佛教"的説法,將這一路西方文化稱為"南傳西學"。

北邊一路由德意志發端,途經俄國的十月革命,在 20 世紀初從中國北部的陸路繞行進來,這是理性而理想的、至今在華夏大地仍居主流意識形態地位的共產主義、社會主義。這一路文明,明顯帶有尼采所説的"日神精神"的特徵。我們將這路西方文明稱為"北傳西學"②。

中國人對這兩路西學有着截然不同的接受過程。"南傳西學"發展得早、根底深厚,從 19 世紀下半葉到現在,一直是自由知識分子的一個夢。"北傳西學"產生得晚,實際效用只限於俄國,但傳播快、影響廣,最終在 20 世紀中葉,占據了除港澳臺之外的整個華夏大地。而"南傳西學"的餘威,只能暫時到中國東南隅的一個小島上去發揚了。

近現代以來的種種人文爭論與黨派矛盾,一個層面,是我們接不接受西學的問題,另一層面,就是接受"南傳西學"還是"北傳西學"的問題。

最早的西學引進者往往認為,"南傳西學"是最佳選擇,既能富國強兵,又能政治民主,還能人性解放,何樂而不為呢?但這條充滿酒神精神的南方之路並沒有太早地在華夏全面展開,我們首先踏上的,是一條充滿日神精神的北方之路。從今天看來,這條北方之路也只是一個過渡,從 1949 年算起,三十年後,進入 80 年代,"南傳西學"的大潮重新衝到中國的海岸,我們像是《莊子·秋水》中的河伯,望洋驚歎,不知所從。這時,"北傳西學"的日神精神尚没有失去制衡作用,南邊的酒神精神僅僅停留在文本層面,其表現是學術界與文藝界對西方自由主

---

① 西學東漸,嚴格來説,還有第三條路線,亦即由日本輾轉傳入華夏的"東傳西學"。"東傳西學"本文暫且不論。

② 北傳西學,就其本質來説,是一種揚棄了人格神崇拜的基督精神,本文對此亦暫不展開。

義思潮的趨之若鶩，一般民衆並没受太大觸動；而80年代末的政治頓挫，更使這風情萬種的酒神精神放慢其入侵的腳步，只在90年代的流行樂、好萊塢大片中，不安地躁動着。

進入21世紀，隨着全面加入WTO，徹底融入喧囂的世界已經勢在必行，等待了三百多年的南傳西學，終於從表層滲入了靈魂。於是華夏大地，聲色大開，充滿誘惑的世相撲面而來，保守而躁動的國人應接不暇，從百姓到官員都忙得不亦樂乎。

在這個時候，從德意志經俄國傳來的那點日神精神，就顯得捉襟見肘了。酒神精神在西方受基督教傳統的制約，故能陰平陽泌，兩得其宜。但在没有宗教傳統，准宗教的儒學又已被久廢的華夏大地，單靠一種業已僵硬的日神精神，真的能維持社會情緒的動態平衡嗎？今日的社會亂相背後，其實是難以釋懷的文化焦慮。

我認為，中國社會之所以出現當前這樣的文化焦慮，就其根本來説，是東西方文化兩種完全不同的思維方式導致的。無論是"南傳西學"還是"北傳西學"，無論是酒神精神還是日神精神，都是天人對立、主客二分的思維體系下的產物，而中國人的集體無意識經歷了幾千年天人合一、心物一體的思維的浸潤，兩者很難融合為一個完整的文化心理結構，這恐怕就是當下社會文化亂相最深層、最根本的原因。

但我們並不悲觀。對於"南傳西學"中的自然人性論（酒神精神），中華傳統並非没有對治的良方。屈子的楚騷精神，莊子的逍遥精神，李白的狂者氣象，不是比西方現代派更加自由奔放、瀟灑空靈嗎？為什麽要走西方人的老路，沉溺在肉體私欲的泥潭中，久久不願出離呢？至於業已僵化的"北傳西學"，其中也有可以滋養"新子學"的源頭活水。馬克思主義"人的本質力量的對象化"、"自然的人化"、"人化的自然"的種種提法，"新子學"的"道本論"系統完全可以吸納進來，作為中西溝通的一座橋樑（馬克思主義能落户華夏大地，長期居於主流意識形態地位，其歷史因緣也許正在此）。而曾經紅極一時的唯物史觀，我們未嘗不能用"新子學"的"天本論"，創造性地把它轉換成本土傳統的"天道史觀"；其社會實踐論，亦可以"新子學"的"心（知）本論"，為其注入"知行合一"的精微內涵，反過來，亦為傳統的"知行合一"觀注入宏闊的歷史感。

除了馬克思主義，西方現代派的哲學也是"新子學"的天然同盟。胡塞爾的内時間意識、柏格森的綿延論、海德格爾的"Dasein"，我們是不是都可以用"新子學""道（一）本論"中的"體用一源，顯微無間"來"執古之道，以御今之有"，讓這種西方思維變得更加渾灝流轉呢？這樣一來，中華的古道也就被賦予了鮮明的現代性。擴大點説，不局限於子學，黑格爾的絶對精神、尼采的永恒輪回、叔本華的生命意志，我們能不能啓用很少涉入學壇的大乘佛學來改造之，讓它們更加氣象博大呢？

當然，這種東西學術資源的混搭，不能違背"新子學"處理異質學術資源時的"家族相似"原則。不過，這些西學資源在使用過程中一旦找到了與本土資源的契合點，就一定能夠成為"新子學"豐富肌體的一部分。今天的日常語言中，不是時常滲透着豐富的印度佛學思想嗎？只是百姓早已對此"日用而不知"了。

與一千多年前消化佛學一樣,今天的"新子學"也必將漸漸消化西學、改造西學,使之成爲中華文明發展的强大助力。這將是一個長期的歷史過程,要付出好幾代人艱辛卓絶的努力。在這個不斷衝突與整合的過程中,華夏學人必將漸漸消釋其面對西學時的文化焦慮,從被動地接受,到理性地揀擇,再到主動去改造之,直到中西二學完美合璧。

　　一方面整齊世傳,一方面消化西學,左提右挈,這是天道賦予"新子學"的神聖使命。莊子云:"是之謂兩行。"(《齊物論》)

　　[作者簡介] 適南(1985—　),本名周鵬,男,安徽淮南人。華東師範大學中文系先秦文學博士研究生,主要研究方向爲老莊學説及周易、佛學,已發表學術論文數篇。

重建我們的信仰體系，子學何為？*

宋洪兵

內容提要 信仰與理性不必二元對立。所謂"信仰"，並不意味着交出自己的理性，而是對某種價值或境界擁有深切而執著的情感灌注。信仰具有三個層次：宗教信仰，境界信仰和包括法律信仰在内的規則信仰。三種信仰構成了一個完整的信仰體系。三者之間，前二者事關幸福，後者事關公正。公正應以幸福為目的，但真正全社會幸福感的提升，離不開公正的制度及和諧的社會氛圍。真正良好的社會，必須在守法傳統及規則意識的基礎之上，形成普遍的規則信仰，唯有如此，宗教及境界，方能最大限度地發揮其正面功能。國學領域的道教、佛教組成宗教信仰，儒家與道家構成境界信仰，法家則專注於規則信仰。三者互動，對於當代中國信仰體系的重建，具有不可忽視的價值和意義。

關鍵詞 國學　宗教信仰　境界信仰　規則信仰

中圖分類號 B2

當前中國盛行"國學熱"，傳統文化呈現復興趨勢。究其原委，當然因為其對於今日之社會仍具價值。由此，探討傳統思想文化的當代價值成為中國學界關注的一個焦點話題。細繹各種研究傳統文化當代價值的文章及著作，所論"當代價值"的思路不外乎幾種：其一，對接型。這種思路着力於梳理傳統思想與當代社會正在提倡的現代理念不相衝突，完全可以實現傳統與現代的對接。其二，現實需求型。這種思路突出強調傳統思想對於解決當代社會面臨的諸多現實難題所具有的現實功能。其三，互補型。這種思路主張西方的現代性是未完成的現代性，而現代性危機的出現使得中國的傳統思想獲得了新的價值。應該說，上述三種思路在當今學界具有很大的代表性，同時他們的觀點在一定程度上亦有相當的合理性。本文擬在反思上述研究思路的基礎上，探討當代中國重建信仰體系的過程中，作為國學重要組成部分的子學所具有的理論價值與現實功能。

---

* 本文係中國人民大學科學研究基金"明德青年學者計劃"資助項目"韓非子思想的當代價值研究"（編號：13XNJ012）階段性成果。

一、國學當代價值研究的三種思路

20世紀二三十年代,中國思想界曾有一股反孔、反儒學、反傳統的思潮。在盛行國學熱的今天,前賢激烈反孔、反儒學已經顯得不合時宜,與傳統和解,實現中華民族傳統文化的偉大復興,成為當下知識界的主流話語。儘管如此,在動輒言傳統思想、儒家思想當代價值之今日,陳獨秀、陳序經當年的鏗鏘追問仍然值得我們重視,因為他們曾經的追問至今仍未得到提倡儒家思想當代價值的學者的正面回應。

1919年5月4日,陳獨秀針對北京《順天時報》在此前發表的《孔教研究之必要》一文,在《每週評論》發表署名"只眼"的文章,以為商榷。他認為,"我們反對孔教,並不是反對孔子個人,也不是說他在古代社會無價值。不過因他不能支配現代人心,適合現代潮流,還有一班人硬要拿他出來壓迫現代人心,抵抗現代潮流,成了我們社會進化的最大障礙。《順天》記者既然承認孔教在法律上、政治上、經濟上都和現代社會人心不合,不知道我們還要尊崇孔教的理由在那裏?"又説:"除了君臣父子夫婦之道及其他關於一般道德之説明,孔子的精神真相真意究竟是什麽?"①

陳獨秀的追問被梁漱溟譽為"鋒利逼問",他在解讀陳獨秀此篇文章時進一步將其清晰化、明瞭化:"孔子的話不外一種當時社會打算而説的,和一種泛常講道德的話;前一種只適用於當時社會,不合於現代社會,既不必提;而後一種如教人信實、教人仁愛、教人勤儉之類,則無論那地方的道德家誰都會説,何必孔子?於此之外孔子的真精神,特別價值究竟在那點?"梁漱溟還稱讚陳獨秀將舊派先生逼問得張口結舌,"實在説不上話來"②。

20世紀30年代,深受陳獨秀、胡適等人思想影響的陳序經進而提倡"全盤西化論"。1933年12月29日晚,陳序經在中山大學禮堂發表題為《中國文化之出路》的學術演講,主張"全盤西化",而其致思理由,則與陳獨秀的追問邏輯一脈相承,他説:"從理論方面説來,西洋文化,是現代的一種趨勢。在西洋文化裏面,也可以找到中國的好處;反之,在中國的文化裏未能找出西洋的好處。精神方面,孔子所説的仁義道德,未必高過柏拉圖的正義公道。"又謂:"從比較上看來,中國的道德,不及西洋;為的是中國的道德家本身不好。中國人無論公德私德都不好。教育亦的確落後。法律的觀念薄弱。一國之本的憲法,素來也不很講究。哲學也不及西洋的思想,如柏拉圖哲學之有系統。"③

現在暫時撇開陳獨秀、陳序經具體的學術觀點諸如激烈的反孔、反儒學以及"全盤西化"

---

① 陳獨秀《孔教研究》,《每週評論》1919年5月4日。
② 梁漱溟《東西方文化及其哲學》,商務印書館2005年版,第208頁。
③ 陳序經《中國文化之出路》,《民國日報》(廣州)1934年1月15日。

等言論不談,單就二人對儒學當代價值的追問做一些方法論的反思。依據二人的思路,欲探討某種古代觀念的當代價值,必須與現代社會的諸種觀念價值相比較,尤其與西方民主科學等觀念相比較,如果相對於西方的民主科學觀念,古代觀念具有某種無可替代的特殊價值,那麼我們就可以說這種古代觀念在現代社會具有當代價值,相反,則不能輕易標榜所謂當代價值。這種思路對於我們今日探討國學的當代價值仍有很大的啓發性。

今日要談國學包括儒家、道家甚至法家的當代價值,必須首先在邏輯上回答幾個基本問題:(1)當代社會的價值觀念領域缺不缺國學提倡的價值觀念?如果我們現代社會根本不缺諸如此類的觀念,那麼國學的特別價值何在?這也正是梁漱溟根據陳獨秀的言論所總結出來的基本邏輯:"教人信實、教人仁愛、教人勤儉之類,則無論那地方的道德家誰都會說,何必孔子?於此之外孔子的真精神,特別價值究竟在那點?"(2)當代社會的種種現實問題,是否能夠從某種觀念也可以具體為國學的提倡就能得以解決?譬如,當代社會出現的公德意識缺失、政治腐敗等現實問題,是否可以從儒家的"以德治國"的觀念提倡得以解決?對上述兩個問題的回答,是論證國學"當代價值"究竟何在的基本前提。

就第一個問題而言,國學的很多觀念其實已經廣泛盛行於當代社會。譬如,就儒家而言,當代社會的各個領域所盛行的,恰恰不是儒家式道德觀念的缺乏,而是諸如拾金不昧、見義勇為、勤儉節約、助人為樂、廉潔奉公等道德說教的氾濫!如此一來,有關儒家思想當代價值的"對接型"思路就會存在很大漏洞。在"對接型"思路中,學者們誤將"輔助性歷史資源"或來自歷史理念的"支援意識"作為一種"當代價值"。姑且不論儒家的民本觀念是否與現代民主相衝突的問題,學界仍莫衷一是,難有定論;即便假定儒家的民本思想與現代民主理念是根本一致的(有學者稱之為"準現代性"),那麼依照陳獨秀、陳序經的有關當代價值的邏輯思路分析,儒家的民本觀念也頂多能為現代中國的民主化進程提供歷史記憶而已,其與源自西方的民主理念相比,無論在理論完善性與制度可行性層面,均無法呈現優越的獨特價值。由此,我們勢必會問:在民主理念昌明之今日,儒家民本觀念的當代價值何在?畢竟,"準現代性"終究是參照"現代性"而言的,在"現代性"已經不再陌生的當今中國,儒家民本觀念除卻"輔助性的歷史資源"這一價值之外,是否具有"當代價值"就很成問題。就法家而言,也有不少學者堅持這樣的觀點:當代中國追求"以法治國",欲實現"法治",故本着"古為今用"的原則,法家的"法治"可以提供思想借鑒。這是一種空洞、膚淺的觀點。道理很簡單,因為在民主法治觀念已經深入人心的當代中國,如果單從"法律"的角度來理解韓非子之"法"同時又無法說清其"法治"思想到底能夠為現代"法治"提供什麼智慧,那就缺乏說服力。這正如在已經熟練掌握如何製造輕便、高效的電腦技術的當代社會,人們還非常矯情地說20世紀五六十年代的電腦製造技術能為當代電腦製造技術的發展提供思想資源一樣,無法令人接受。

承繼第一個問題的邏輯,回答第二個問題時人們應該理智地意識到,當代社會出現的種種現實問題,迫切需要的是各種現實措施的落實,而非某種觀念的簡單提倡。那種以為提倡某種觀念就能很好解決現實問題的思路,實則具有"文化決定論"的傾向,也即林毓生所批評的"借思想、文化以解決問題的方法"①。觀念層面所期待的對現實問題的解决途徑,與真正面對現實問題所需要的有效途徑之間,實際存在着巨大的差異。以儒家"以德治國"觀念為例,有學者提出儒家的德治有助於解决當代中國的腐敗問題。其實,瞭解中國現實的人們都清楚,高尚道德的提倡,在當代中國並不缺乏。當代中國意識形態的正當性肇始於共產黨人的光明磊落與無私奉獻,奠基於鮮明的人民性。但是,我們正是在這樣的社會條件下出現了現實問題。由此,我們勢必會問:依照社會主義意識形態及共產黨人的高尚倫理都無法徹底解决的現實問題,儒家的政治理念到底對於解决當代的諸多困境又有多大作為呢?説到底,當代社會之所以公德缺失、政治腐敗,關鍵不在於教育領域的價值提倡,不在於個人内在的道德修養,而在於現實社會中各種利益與權力之間盤根錯節的關係。如何理清這種關係,必須依靠制度建設與外部監督。就此而論,依照現實問題而"對症治病"開出的"需求型"思路,是無法解决現實問題的,儒家思想的"當代價值"在此也不合邏輯。

　　互補型思路,立足於中西文化各自優長之比較,通過發掘中國學術固有之文化特徵,旨在確立起文化自信。若能證成中國固有文化確乎存有優於西方文化之長處,當今加以大力提倡,則不僅於當今國人之生活有當代價值,而且於整個人類文明之進步與發展亦有助益。應該説,這種研究思路值得充分肯定,但是實施難度實在太大。原因在於,一方面,對於研究者的學識要求很高,不僅需要中西貫通,而且更需超越主觀的價值偏好,真正尋出中國文化的精華而非糟粕貢獻給人類;另一方面,面對中國文化對西方文化所具有的"糾偏"或"補充"特質,現代的西方文明是否願意接受和承認,也是一個大難題。當然,這種思路的要點最終還是着眼於中國現實本身,西方文明承認與否倒是一個次要的問題。如果真能在國學中發掘出真正有益於當代中國的思想資源,倒不失為一種值得嘗試的研究方法和思路。不過,這種思路還可能存在一個致命的弱點,即:完成現代性的現代西方社會對於前現代思想資源的"稀缺"和"好奇",並不能簡單視為中國文化的優點,尤其不能簡單將之視為當代中國在完成現代性過程中需要保留的東西(也可能是當代中國需要克服的弊端,比如儒家意義上的倫理關係導向的處事方式)。

　　鄙意以為,若論"當代價值",或許當年費孝通的社會調查思路更有啓發性,從瞭解"中國社會究竟是什麽"的問題意識出發,做更多實證性的調查研究②。從社會學、政治學及心理學的角度詳細考察中國社會的實際情況,探討近代以來中國的民主化進程為何如此曲折坎坷的觀念背景及社會土壤,在洞悉阻礙中國民主化的諸種癥結基礎上進而推動中國歷史的發展,或許才是真正的"當代價值"。然而,在現代學科體制之下,這種學術訴求已然超越了人文學科所能承載的研究功能。鑒此,將國學的當代價值重點放在人文素養和思想觀念層面,盡量與現實的具體問題保持一定距離,也即余英時所説的"下行路綫",或許是一個有益的嘗試。

---

① 林毓生《中國傳統的創造性轉化》,三聯書店1988年版,第174頁。
② 費孝通《個人・群體・社會》,《鄉土中國・生育制度》,北京大學出版社1998年版,第326～327頁。

本文即在信仰重建層面以及觀念價值層面,超越信仰與理性二元對立的思路,探討國學尤其子學的當代價值。

二、中國信仰體系的三重面相

在西方哲學史上,信仰往往與非理性聯結在一起。從柏拉圖對理性與非理性的區分並將信仰歸結為非理性領域開始,以至康德"理性不能證明信仰"的命題,都將信仰與理性對立起來。真正理性的人,首先應該意識到,理性並非萬能,理性與信仰的邊界由此形成。當理性不及時,信仰的功能就得以呈現,尤其關涉人類終極關懷及人生意義時,信仰之作用,理性無法替代。世界總是充滿了偶然性及不確定性,如何在這樣的世界上尋求一整套可以說服自己從而讓自己淡定從容生活的理論體系,這是人類不可或缺的本能需求。信仰之突出特質,就在於熱切而深層的情感灌注,在於深信不疑,甚至甘於為此而獻出自己寶貴的生命。一個擁有信仰的人,往往懷着一種純潔的信念,虔誠地躬行實踐,一方面在身心層面獲得人生意義之滿足而不再盲目與茫然,尤其在關涉生死問題時能夠平靜對待而不致惶恐甚至呼天搶地;另一方面在人際層面又會秉持信仰而實現自律,從而能夠在社會和諧方面實現他律所不能及的功能。

理性與信仰之二元對立思路及各有畛域之劃分,使得人們在生活場域多將信仰歸結為放棄理性反思的宗教信仰。例如,《簡明不列顛大百科全書》(第八卷)就將信仰定義為:"在無充分的理智認識足以保證一個命題為真實的情況下,就對它予以接受或同意的一種心理狀態。"①伴隨科學的進步以及工具理性的高度發達,信仰的領地逐漸被理性所侵蝕,這就是馬克斯·韋伯所說的"持續千年的世界除魅"。理智化及理性化的增進,使得人們擁有這樣的一種認識:"只要人們想知道,他任何時候都能夠知道;從原則上說,再也沒有什麼神秘莫測、無法計算的力量在起作用,人們可以通過計算掌握一切。"同時,韋伯也滿懷悲情地意識到,這種伴隨科技不斷"進步"的生活觀念,已經使得人生的內在意義處於不斷"前進"與"攀登"之中。進步無限,人生的意義又在何處? 人生艱難為一死,當死亡來臨時,現代人如何消解死亡帶來的恐懼與不安? "亞伯拉罕或古代的農人'年壽已高,有享盡天年之感',這是因為他處在生命的有機循環之中,在他臨終之時,他的生命由自身的性質所定,已為他提供了所能提供的一切,也因為他再沒有更多的困惑希望去解答,所以他能感到此生足矣。而一個文明人,置身於被知識、思想和問題不斷豐富的文明之中,只會感到'活得累',卻不可能'有享盡天年之感'。對於精神生活無休止生產出的一切,他只能捕捉到最細微的一點,而且都是些臨時貨色,並非終極產品。所以在他看來,死亡便成了沒有意義的現象。既然死亡沒有意義,這樣的文明生活

---

① 《簡明不列顛大百科全書》,中國大百科全書出版社 1986 年版,第 659 頁。

也就没了意義,因爲正是文明的生活,通過它的無意義的'進步性',宣告了死亡的無意義。這些思想在托爾斯泰的晚期小説中隨處可見,形成了他的藝術基調。"①生命意義之惑因真誠信仰缺失而成爲現代人的宿命。

如何讓充分理性化的現代人重新尋回信仰,不乏學者懷着悲憫之情開始艱難的理論探索。繼韋伯之後,在20世紀70年代的北美大陸,一位精研法哲學的美國學者在人類理性的園地裏辛勤地挖掘信仰的種子,他就是伯爾曼(Berman, Harold J.)。他於1971年在美國波士頓大學做了一系列的公開學術演講,最後結集出版,即著名的《法律與宗教》。該書的一句名言,對於關注法治的人士來説已是耳熟能詳:"法律必須被信仰,否則它將形同虚設。"②法律,在法律世俗主義及法實證主義者眼裏,往往被視爲一種維持秩序的工具,歸結爲工具理性的範疇,即使自然法理論體系,實則也是古希臘哲學理性思維的結果,並不藴涵深切的情感及非理性因素。伯爾曼的理論思路,即是要超越理性與信仰、主觀與客觀的對立二分,從而恢復法律所固有的信仰特質。他提出信仰包涵宗教信仰與法律信仰兩個層面,法律欲獲得完整的神聖性與權威性,僅僅依靠賞罰無法實現,必須關照並真正契合人們追求公平、公正、正義的法律情感:"權利與義務的觀念,公正審判的要求,對適用法律前後矛盾的反感,受平等對待的願望,忠實於法律及其相關事物的强烈情感,對於非法行爲的痛恨,等等。這種對於任何法律秩序都是必不可少的情感,不可能由純粹的功利主義倫理學中得到充分的滋養。這類情感的存在,有賴於人們對它們自身所固有的終極正義性的信仰。"③唯有具備上述法律情感,才可能真正形成一種守法傳統。他説:"正如心理學研究現在已經證明的那樣,確保遵從規則的因素如信任、公正、可靠性和歸屬感,遠較强制力更爲重要。法律只在受到信任,並且因而並不要求强力制裁的時候,才是有效的;依法統治者無須處處都仰賴員警。……真正能阻止犯罪的乃是守法的傳統。這種傳統又植根於一種深切而熱烈的信念之中。那就是,法律不僅是世俗政策的工具,而且還是生活終極目的和意義的一部分。"④顯然,在伯爾曼看來,信仰,並不僅僅局限在宗教領域,亦不完全排斥人之理性。凡是人類對於某種價值或境界傾注深切而執著之情感,並在實際生活中矢志不渝地加以踐行,此種狀態亦可視爲一種信仰。

按照上述對信仰關涉深切而執著之情感的理解,結合中國文化的特質,不難看出,信仰除了宗教信仰、法律信仰之外,其實還具有另外一個層次的信仰,即:境界信仰。所謂境界信仰,就是對於某種至高境界傾注無限情感,並藉此來克服人生之不確定感,從而確立起人生之意義與方向。馮友蘭曾將人生境界分爲四個層次:自然境界(本着習慣與本能之生活)、功利境界(動機利己之生活)、道德境界(動機利他之生活)與天地境界(不僅關注人類社會且更多

---

① 馬克斯·韋伯《學術與政治》,三聯書店1998年版,第29~30頁。
② 伯爾曼《法律與宗教》,梁治平譯,三聯書店1991年版,第28頁。
③ 同上書,第39頁。
④ 同上書,第43頁。

關注宇宙且具有超道德價值之生活)①。四種境界,均不排除人之理性(正如韋伯所說,遵循習慣與本能生活的野蠻人對自己工具的瞭解是現代人無法相比的),但在最高境界即天地境界層面,又往往超越理性,具有某種信仰之特質。與法律信仰一樣,境界信仰,並不排斥理性,甚至必須仰賴理性推理。儒家之成仁成德的聖人境界與道家虛靜無為的真人境界,其實均離不開人的理性。孔子之"七十隨心所欲不逾矩"依賴人生閱歷、孟子之盡心知性知天離不開惻隱之心的經驗感知及推己及人的說理,老子之"致虛極、守靜篤"亦是史官對人類歷史長視距的反思結果,莊子之"心齋"與在生死面前"安時處順"的灑脫更不脫理性反思之特質。

表面上看,中國文化的境界言說,似乎與古希臘將宗教變為哲學的思路具有相似之處,將道德奠基於人類自身之理性分析,而非彼岸之神祇,從而導致一種超越生死之神秘體驗,確立起淡定從容的生活態度。柏拉圖曾認為哲學家能夠在這個世界上幸福生活,即使當死亡來臨時,也會平靜對待,因為他相信"在另一個世界上也能得到同樣的幸福生活"②。顯然,作為古希臘的理性主義者,柏拉圖的"另一個世界"只能是一種境界層面的世界,而非宗教意義上的天國或來世。

問題在於,理性對待人生及生死問題,如果缺乏一種持久的信念及執著的情感灌注,就很難維持一種穩定性。對此,伯爾曼曾以批評古希臘的世俗化過程而對完全理性化的人生表示質疑,他說:"柏拉圖之後,我們已不需要神祇們來告訴我們什麼是德行;我們可以憑藉自己的智力去發現它。所以至少,我們說,希臘哲學世俗化同時也是理性的神化。"他進而指出這種對道德的純粹理智的或純粹哲學的分析所面臨的困境:"這種探求本身由於僅僅依靠理性,因此它不可避免地會阻礙它所倡導的德行的實現。理智獲得了滿足,但是情感則被有意地置於一邊,而這種情感卻是我們採取任何決定性行動的根基。"(《法律與宗教》,第53~54頁)道理固然如此,但如果無法真誠地踐行,缺乏情感投入,單純的理性分析就會演變為智力遊戲,並不能真正決定人們的實際行動,亦不能在終極層面及人生意義維度給予人們安身立命之感。理性反思,不能取代情感認同與真切投入,此種情感認同與投入,往往帶有非理性之色彩,構成人類信仰不可或缺之一部分。畢竟人類不僅僅是理性之靈,而且更是情感之所寓。

中國文化之主流面相,在於關注現世生活。這一特徵,也曾經在一種理性化的思路之下被加以審視,李澤厚曾以基於經驗論的"實用理性"來定性。例如,他在分析孔子的"禮"時認為:"既把整套'禮'的血緣實質規定為'孝悌',又把'孝悌'建築在日常親子之愛上,這就把'禮'以及'儀'從外在的規範約束解說成人心的內在要求,把原來的僵硬的強制規定,提升為生活的自覺理念,把一種宗教性神秘性的東西變而為人情日用之常,從而使倫理規範與心理欲求溶為一體。'禮'由於取得這種心理學的內在依據而人性化,因為上述心理原則正是具體化了的人性意識。由'神'的準繩命令變而為人的內在欲求和自覺意識,由服從於神變而為服

---

① 馮友蘭《新原人》,《三松堂全集》第4卷,河南人民出版社2001年版,第551~554頁。
② 柏拉圖《理想國》中譯本,商務印書館1986年版,第250頁。

從於人、服從於自己,這一轉變在中國古代思想史上具有劃時代的意義。"①

對照伯爾曼對古希臘將宗教哲學化、道德理性化的批評,李澤厚對孔子思想的"理性化"處理,也受到了汪暉的批評。一方面,汪暉認爲孔子之"禮是從原始祭祀和軍事征伐等儀式中發展起來的,它所包含的人情物理與天帝、鬼神的觀念並不相悖",另一方面,他也如伯爾曼一樣,强調了作爲規則的禮所應該蘊涵的情感:"在周制衰敗的過程中,孔子力圖闡明周制的規範和神聖性的内在根源,並以'仁'爲中心力圖恢復能夠促成大人溝通的品質和信念:德、誠、敬、仁、義等等。在孔子的道德世界中,唯有獲得這些品質、情感和信念,禮樂才真正構成禮樂。這些在孔子這裏被歸納在禮樂論範疇中的概念與巫之傳統有着緊密的關聯。"②

這裏提出了一個事關中國文化特徵的理論問題,即向來被視爲理性化的中國文化主流(儒家、道家)裏面是否亦蘊涵着深切而執著的情感?孔子踐行禮樂時的全身心投入已難以用純理性的思維來對待,自不必論。孟子難以言説之"浩然之氣"所蘊涵的神秘色彩,面對生死時能夠做到"舍生取義,殺身成仁",亦非無限情感灌注所能做到。老子之"道"只可意會不可言傳的特質,無不具有玄妙神秘之傾向:"上士聞道,勤而行之;中士聞道,若存若亡;下士聞道,大笑之。不笑不足以爲道。"莊子思想中隨處可見之巫術遺留,《養生主》篇記載庖丁解牛,技近於道之巔峰狀態時,腳踏"桑林之舞",實則上古巫師之舞。上述特質均超越理性,帶有某種非理性的色彩,只有從情感層面的深切服膺及個人愉悦體驗,才能得到合理説明。中國文化之至高境界,之所以能夠上升爲"信仰"層面,與其介於理性與非理性之間的特質密切相關,也正是對至高境界帶有某種非理性色彩的情感,才引領無數仁人志士超越生死以及古代士大夫階層的從容生活。理性與情感,共同構建了境界的内在文化基因。

至此,當把"信仰"定義爲對某種價值或境界擁有深切而執著的情感灌注時,就可以區分出三個層次的信仰:宗教信仰、境界信仰和法律信仰。宗教信仰通過外在的神靈譜系確立神聖性及權威性,以此來尋求安身立命;境界信仰通過一套理念及境界的闡釋來獲得内心的寧静,確立起安身立命的根基;法律信仰對法律所蘊涵的公平、公正及正義懷有深切而熱烈的情感。上述三種信仰構成了一個完整的信仰體系。在宗教信仰、境界信仰及法律信仰三者之間,前二者事關幸福,後者事關公正。公正應以幸福爲目的,但真正全社會幸福感的提升,離不開公正的制度及和諧的社會氛圍。缺乏公正氛圍的社會,宗教信仰及境界信仰固然可以給特定的社會個體帶來幸福感,然而這種幸福感亦是以逃避現實爲代價的自我麻醉。真正良好的社會,必須在守法傳統及規則意識的基礎之上,形成普遍的法律信仰,唯有如此,宗教及境界方能最大限度地發揮其正面功能,從而實現三種信仰的良性共振,人們也才可能真正過上幸福滿足、寧静淡定的生活。宗教信仰及境界信仰,均是特定人群在特定人生階段面臨人生意義及生死問題時可以提供的理論體系,在其未遇到人生困惑及面臨生死困境時,未必爲人

---

① 李澤厚《中國古代思想史》,人民出版社 1985 年版,第 20~21 頁。
② 汪暉《現代中國思想的興起》第一部上卷,三聯書店 2004 年版,第 126~129 頁。

生所必須。法律信仰,事關無往而不在的生存環境及日常生活,當為人生不可或缺之一部分。

古代中國,我們的先輩曾擁有宗教信仰和境界信仰。隸屬於當今"國學"("國學"是近代相對於西學提出的概念,意為中國固有之學,包括經史子集及"小學")範疇的佛教、道教為古人提供了宗教信仰,包括閻羅天子、城隍廟王、土地菩薩的陰間系統及由玉皇上帝等各種神怪構成的神仙系統;境界信仰則更多源自儒家及道家學說。然而中國古代自秦漢以降,並未形成一個守法傳統。這與崇尚境界、強調教化的儒家思想存在某種內在關聯。無論是孔子的"道之以政,齊之以刑,民免而無恥",抑或陸賈的"法愈滋而奸愈熾",還是賈誼的"夫禮者禁於將然之前,而法者禁於已然之後",都強調禮樂教化之優位性,總是期待通過柔性教化來培養完善人格,而對"法"懷有深刻的戒心乃至偏見。故而,中國古代,教化思想高度發達,法治觀念相對淡薄,並未形成一個"守法"傳統,更談不上所謂"法律信仰"。

追求大道而不屑於刑政之觀念,深刻影響着古代中國的政治文化。王充在《論衡·程材》中將通曉經、史的儒生喻為"牛刀",而將熟悉法律的文吏比作"雞刀"。他說:"牛刀可以割雞,雞刀難以屠牛。刺繡之師能縫帷裳,納縷之工不能織錦。儒生能為文吏之事,文吏不能立儒生之學。文吏之能,誠劣不及;儒生之不習實優而不為。"雖然儒生能做文吏之事,但因儒生有更高追求,因此不屑於去探討低水準的律令規則。宋代司馬光認為:"夫天下之事有難決者,以先王之道揆之。若權衡之於輕重,規矩之於方圓,錙銖毫忽不可欺矣。是以人君務明先王之道而不習律令,知本根既植,則枝葉必茂故也。"(《司馬文正公集》卷二十七《上體要疏》)在古代士大夫階層看來,只要把握住了高階的先王之道,低階的律令規則問題自然迎刃而解。由此,中國文化形成了如下特質:一方面,格外強調高標準的道德境界;另一方面,對於專注於道德底線的律令規則體系又存有輕視之意,不屑為之。重道德輕規則的文化後果,直接導致中國人陶醉於道德高調的同時總是忽略作為道德底線的規則體系的建設。道德高調彌漫之時,久假不歸,掩蓋的卻是沒有道德底線的尷尬現實。"守法"傳統的缺失,直接導致規則意識的淡薄,這或多或少可以解釋當代中國引進西方法律體系之後法律體系與社會生活相脫節的現象,因為我們自古以來就缺乏對法律的深切而執著的情感。當然,此專就儒家思想占據主流意識形態的漢代以降的中國歷史而言,如果把眼光放在戰國及秦代的政治實踐之中,其實不難發現,彼時之中國實亦存在以法家為主導的法治傳統,其間並不缺乏規則意識以及法律信仰。古代法家與法律信仰之間的內在關聯,值得關注(後文將詳細論及)。如何移風易俗着力培養"守法"傳統,最終確立起"法律信仰",實為當前中國面臨的嚴峻而緊迫的時代問題。

三、國學在重建信仰體系中的角色和功能

當代中國多少人擁有信仰?官方給出的模糊資料約為一億。然而,根據 2007 年 2 月 7

日《中國日報》英文版的統計,當代中國大約有三億人有宗教信仰,是官方統計的三倍(《宗教信仰者三倍於估計》Religious believers thrice the estimate)。也就是說,尚有十億人没有宗教信仰。中國文化崇尚境界的特質決定了中國很難形成一種類似西方社會普遍信仰基督教那樣統一的宗教信仰。在唯物論的教育體系之中,宗教往往被視爲馬克思意義上的"精神鴉片"而加以批判。問題在於,當理性到了極致之時,我們如何面對那些理性所不能及的事情? 同時,近代以來對傳統儒家及道家文化的不斷批判,人們對於國學的認同感日益疏離,境界信仰也逐漸淡出人們的生活場域。而形成鮮明對比的是,政治領域大力弘揚的高尚道德,因無法真正具備打動人心的情感特質,勢必陷入空洞說教的尷尬境地。絶大多數人缺乏宗教信仰,導致人們無所敬畏;境界信仰日益萎縮,導致人們無所追求而活在當下,忙碌、盲目而又茫然;政治領域的道德教化淪爲空洞口號,導致人格分裂的同時又呈現出普遍的道德冷感。這幅當代中國的真實文化圖景,藴涵着媚權與拜金現象的必然邏輯,主導人們生存利益的例外規則("潛規則")大行其道,國民亦逐漸呈現暴戾、焦慮與浮躁的心態,而在此心態背後,又飽含着人們渴望並實現公平、公正以及有尊嚴的生活的深切情感。尤其步入老齡化社會,無數秉持唯物與無神的老人們,如何平静地對待即將來臨的死亡從而真正安享晚年,而不是戰戰兢兢、充滿焦慮與恐懼地接近人生終點,越來越成爲一個普遍性的社會問題。某種程度上可以説,上述問題都與信仰體系之建構有關。那麽,當此之時,國學何爲? 鄙意以爲,國學可以在宗教信仰、境界信仰、法律信仰層面給出諸多有益的啓迪,可以爲當代信仰體系的重構做出貢獻。

首先,國學可以在宗教信仰層面有所作爲。道教追求長生不死、羽化成仙之信仰,實則藴涵豐富的養生觀念,例如當代中國一些群體嘗試道教之"辟谷",逐漸成爲一種養生時尚;道教之神仙譜系及陰間譜系,能夠使虔誠信徒産生敬畏之心,自律自戒。佛教雖源自印度,然在中國得到了長足發展並實現了本土化,其善惡福報觀念、輪回觀念、解除貪嗔癡之欲念而尋求"大自在"之極樂境界等觀念,對於真誠信奉者來説,人生意義及終極關懷問題都可以得到很好的解決。當代中國,諸多明星皈依佛門,有錢有閒階層手戴佛珠,遼寧海城大悲寺嚴格按照佛陀戒律修行之事成爲新聞關注熱點,也在印證一個基本事實:佛教對於中國的特定人群具有相當吸引力。一個虔誠的道教或佛教信仰者,會生活在自己的信仰世界,體會到宗教信仰帶來的寧静與歡喜,人生之煩惱及茫然隨之消遁。即使是死亡,亦可以坦然面對。然而,由於宗教信仰需要將自我完全付諸一個外在的神聖權威,而外在神聖權威是否真實存在的問題,勢必困擾很多徘徊在宗教信仰大門之外的人,尤其對於長期生活在崇尚境界文化的中國人而言,更是難於接受。因此,道教也好,佛教也罷,或者其他外來宗教如基督教、伊斯蘭教等,都無法成爲當代中國人的全民宗教,只有少數群體會選擇宗教信仰,也只有少數群體選擇道教、佛教。佛教在當代傳播存在一個饒有趣味的現象,在某些寺院安養院爲居士提供臨終關懷服務,在"南無阿彌陀佛"的佛號助念聲中,不斷有往生領導小組負責人利用溫度計測試將亡者幾個身體部位的溫度,藉此確定其靈魂往生輪回的位置①。科學儀器及現代傳媒正在日益介入宗教傳播，亦算與時俱進，增強說服力，影響更多受衆。最近頗為流行的日本作家江本勝的《水知道答案》，通過高倍顯微鏡拍攝122張水在不同語境下的結晶照片，當在正能量的意念及環境中時，水結晶呈現規則美感；相反，則水結晶照片非常難看。這種萬物有靈論的思路難免啓人遐思，所以有篤信中國文化的學者據此"科學實驗"來論證佛教"相由心生，境隨心轉"的理念。

其次，國學可以在境界信仰層面有所作為。正如前文所說，絕大多數中國人其實都具有無神論的傾向，尤其那些受過高等教育的知識階層和白領，更是理性得難以把自己交給虛無的宗教權威。一個缺乏宗教信仰的群體，並不等於沒有信仰的需求，因為人生意義以及事關生死之終極關懷，是每一個人在其一生之中的某個特定時段都會或多或少遇到的問題。如此，儒家及道家依靠講道理來提升人生境界，並且尋找到一種自我說服的理論體系從而確立起安身立命的信仰，成為一個非常重要的選項。

儒家思想體系本質上關注社會治理或現代意義上的"政治思想"範疇，然而這並不排斥人生智慧之思考，甚至其社會治理之理想，恰好立足於人格之完善。所以，儒家之政治理想與人格修養乃是一體之兩面，不可分割。近代以來，儒學脱離制度依托而成為"遊魂"，但其人生境界之理論闡釋卻可以通過"下行路線"進入人倫日用，為那些缺乏宗教信仰的人群提供信仰資源。

譬如，在生死問題層面，儒家就能使某一部分人群安身立命，淡定面對死亡的來臨。儒家認為，人生應該是有信念的有意義的人生，在充滿不確定性的實際生活中（"命"），要確立起自己的價值體系從而堅定地以此指導生活，通過不斷修身，最終完美踐行自己的人生信念，此即所謂"立命"（《孟子·盡心上》）。儒家從應然的角度提出了人應該如何活着、怎樣的人生才有意義的問題。如果一個人篤信儒家境界，真的就能做到孟子所說的"殺身成仁"、"舍生取義"。之所以能夠做到這樣，那就是内心充滿着更高的價值期待及境界追求，並且願意以生命為代價來加以成全。對於這部分群體來說，生理意義的生死問題已不再是困擾，倫理層面或境界層面的價值問題才是最為重要的。如此，即使面對死亡，也會坦然接受，而不會充滿恐懼與不安。傅偉勳曾以黑澤明的電影《活下去》主人翁渡邊為例，說明崇高的信念對於超越死亡空間獲得人生意義的重要性。渡邊自知患有絶症（胃癌），只有四個月時間的生命，剛開始他聽從一位作家的話，認為"人的責任就是享受人生"，於是到處尋歡作樂，花天酒地。然而縱情享樂給他帶來的除了空虛之外，並未解決他所面臨的生死問題。最後，他在一位活潑開朗的女同事的啓發下，立志要把一塊荒廢之地變為一個全新的兒童公園。在公園落成剪綵那天，他坐在觀衆席上，並在那裏平靜安詳地離開人世②。懷著一種崇高信念，造福社會，積極行善，確乎

---

① 參閱中國人民大學哲學院本科生吕中正2011年的"大學生創新實驗計劃"報告《佛教參與社會服務新機制的調查研究——以佛教安養院為中心》。
② 傅偉勳《死亡的尊嚴與生命的尊嚴》，北京大學出版社2006年版，第44～49頁。

能够克服生死大限的焦慮與恐懼。這也正是儒家所極力倡導的人生價值觀。

儒家的境界信仰還體現在"孔顏樂處"。《論語·述而》載:"子曰:'飯疏食,飲水,曲肱而枕之,樂亦在其中矣。不義而富且貴,於我如浮雲。'"《論語·雍也》載孔子稱讚顏回說:"賢哉,回也! 一簞食,一瓢飲,在陋巷。人不堪其憂,回也不改其樂。賢哉,回也!"如果有人願意秉持儒家安貧樂道、達觀自信的處世態度與人生境界,現實生活中的煩惱、痛苦與怨恨都會因此而減少甚至消失。當然,這樣的人生,未必能夠讓絕大多數人去踐行,只能由一少部分人自主選擇。畢竟懷着深切而執著的情感認同儒家並切身實踐的君子或賢人,確乎鳳毛麟角,放眼中國歷史,看到的更多是汲汲於功名利祿的"偽儒"、"陋儒"或"假道學"。

道家的境界信仰可能最適合缺乏宗教信仰的當代中國人,因為道家對於人之自然生命及生活品質思考最為深入。眾所周知,道家始終關注政治之清静無為與人生境界之超然淡泊。道家強調"貴身",尊重自然生命,主張生命的本質在於幸福地走完生命歷程。在道家看來,由生而死,是一個自然過程,面對生死,應像對待春夏秋冬演變一樣自然,不管喜歡不喜歡,願意不願意,人終有一死這個基本事實都不會因為個人情感而有所改變,"死生,命也"(《莊子·大宗師》)。死亡,作為自然生命的有機組成部分,並非恐懼、痛苦的代名詞,而是一種自由、休息,"大塊載我以形,勞我以生,佚我以老,息我以死"(同上);人們只有勘破生死,自然生活,不為欲望所主宰,不被名利所誘惑,才真正符合生命的本質,快樂欣然地生活,"死生亦大矣,而不得與之變"(《莊子·德充符》)。人有死生,天地有覆墜,人力無法控制。然而,人能盡量避免與死生、覆墜一起浮沉變化,更不能因為死生、覆墜而喪失內心的寧靜。心沒有湮沒於各種變化與分別,變得恬靜而平和。真正體道、得道之人,不僅不會對終將到來的死亡心懷畏懼,而且超越生死界限而達至"道"的境界(不以心捐道),將生命完全視為一種自然而然的過程,一切都坦然對待,真正實現了境界的自由:"古之真人,不知說生,不知惡死。"(《莊子·大宗師》)道家賦予死亡以自然意義,在於告訴世人,如果一個人面對死亡時都能淡定,他的當下生活還會因名利而產生痛苦、糾結、煩惱、焦慮、憎恨、嫉妒等負面情緒嗎?試想,當一個人糾結於名利場時,忽然得知自己身患絕症即將離開人世,他當前追求的名利還有什麼意義呢?! 唯有知死,方能知生。這是道家尤其莊子告訴我們的人生智慧。

秉持道家理念,真的可以給人帶來生活的安寧和幸福嗎?真的能夠超越死亡的恐懼嗎?傅偉勳曾經給人們介紹過一對美國夫婦斯各特·聶爾玲(Scott Nearing)和海倫·聶爾玲(Helen Nearing)的傳奇故事。夫婦二人不信仰宗教,篤信中國道家自然無為的人生理念。他們過着一種回歸自然的世外桃源生活,為了健康和長壽,始終積極樂觀地思考,保持一顆善良之心,堅持户外體操和深呼吸,不吸煙,不喝酒,不吸毒,不飲茶或咖啡,吃簡樸的食物,如吃素、無糖無鹽又少肥,55%不炒不煮,避免醫藥、醫生以及醫院。斯各特由此活到了一百歲。在他一百歲生日之前一個月,他決定自主選擇絕食,最後有尊嚴地離開了人世,平静安詳,甚至帶有一種深沉的幸福感覺。他們相信:"死亡只是一個過渡,不是生命的終結,它是兩個生命領域之間的出口和入口。"①很自然地,這種觀念,讓人想起莊子對待死亡的態度:"察其始而本無生,非徒無生也而本無形,非徒無形也而本無氣。雜乎芒芴之間,變而有氣,氣變而有形,形變而有生,今又變而之死,是相與為春秋冬夏四時行也。"(《莊子·至樂》)當然,斯各特自主選擇結束自己生命的做法,雖然有所謂"讓生命成熟,然後讓它落下"的道家智慧,但是與道家"可以保身,可以全生,可以養親,可以盡年"(《莊子·養生主》)的"盡年"(過滿自己的自然生命)觀念還是有所出入的。

道家還原了人生最本質的狀態,那就是人應該快樂幸福地生活,深刻把握了人們渴望過一種無憂無慮、輕鬆自在生活的心理,直至今日,依然能夠打動人心。因為,道家理論以客觀事實為依據,以冷靜說理的方式,把當代中國人長期忽略(生活方式層面)而又充滿渴望(主觀動機層面)的生命關懷問題,揭示了出來。接受道家理論,不需要交出自己的理性,只需想明白人生道理,然後不斷堅持、不斷強化這個正確的生活態度,最終形成一種習慣和信仰,從而可以淡定從容地面對人生各種困惑,包括對死亡的恐懼。對於知識分子群體、白領階層、政府公務員等相對高知的群體而言,道家的境界信仰是一種最佳的信仰模式。

最後,國學可以在法律信仰層面有所貢獻。毋庸置疑,作為先秦時期的一個重要思想流派,法家同樣也是國學的有機組成部分。可以毫不誇張地講,中國固有文化的復興,儒釋道固然重要,法家亦不能缺席。問題在於,自古及今,名聲極壞的法家如何對當代建構"法律信仰"有所貢獻呢?這就需要正本清源,重新認識法家,發掘法家之真精神。法家之精神,一言以蔽之曰:"規則信仰"或"制度信仰"。

眾所周知,自漢儒將法家與秦朝二世而亡之興亡教訓連為一體始,古人斥責法家"嚴而少恩"、"可用於一時之計而不可長用也",將其定性為暴政工具,今人更在延續古人暴政工具基礎上又批判法家提倡"君主專制統治",認定其"法治"並非近代民主"法治",前者為君主專制統治的工具,後者乃是憲政框架下對政府公權力之限制以及對人民權利、自由之保障。鄙意以為,上述兩種思路,要麼帶有儒家意識形態的道德傲慢,要麼帶有現代民主政體的進步偏執,都沒有真正觸及法家思想的真正精神。換言之,儒法對立或基於線性社會進化論的政體思路,都無法客觀理性地評價法家。從學理上講,法家並不主張君主可以任意行使權力之"專制",同時亦不排斥權利,甚至規則之內的自由,亦為法家題中應有之意。如果超越上述兩種明顯帶有偏見或成見的評價,就會發現,法家之"法治"乃是一套社會規則體系及其實現方法,涉及規則屬性、規則製訂、規則執行以及規則運行環境等諸多方面的探討。所謂"規則體系",體現在社會治理層面,就成為"制度"或"規則",體現在日常生活領域,就成為林林總總的行為規範及交往禮儀②。法家之"法"並非單純現代西方意義上的"law",其蘊涵的規則意識,遠比現代意義的"法"更為寬泛。法家諸子是政治學家而非現代意義上的法學家。因此,與其說法

---

① 傅偉勳《死亡的尊嚴與生命的尊嚴》,第 54 頁。
② 宋洪兵《論法家"法治"學說的定性問題》,《哲學研究》,2012 年第 11 期。

家主張"法律信仰",莫若説其强調"規則信仰"或"制度信仰"更爲貼切。事實上,法家之"規則信仰"或"制度信仰"並不排斥伯爾曼意義上的"法律信仰",因爲二者均强調公平、正義,並且都對這些價值懷有深切而執著的情感。

法家對於"法"的執著超乎想象,已然上升爲信仰層面。《韓非子·内儲説上》記載衛嗣君以左氏一座城池换一個胥靡的故事:"衛嗣君之時,有胥靡逃之魏,因爲襄王之後治病,衛嗣君聞之,使人請以五十金(銅)買之,五反而魏王不予,乃以左氏易之。群臣左右諫曰:'夫以一都買胥靡可乎?'王曰:'非子之所知也。夫治無小而亂無大,法不立而誅不必,雖有十左氏無益也。法立而誅必,雖失十左氏無害也。'"胥靡本爲地位低賤的勞役之人,如果以工具理性來衡量,其與左氏一座城池之間的價值評估,懸殊實在太大,根本没有可比性。絶大多數崇尚工具理性的人,都不會做出衛嗣君那樣的非理性行爲。然而,衛嗣君之所以做出這個決定,就在於他心中對"法"及其治國價值的信仰,深信只有言出必踐,才能真正確立公信力,治國根基才有保障。這裏貌似只有維持君主統治的實際需求,殊不知作爲法家之理想代言人,衛嗣君的所作所爲,正體現了法家對於公平、正義的執著追求。

《韓非子·外儲説左下》記載一個"以罪受罰,下不怨上"的事例:孔子相衛時,弟子子皋作爲獄吏,曾經懲罰過一個人,施以刖刑(砍去腳)。後來,有人譭謗孔子欲犯上作亂,衛君欲將孔子抓起來。孔子及子皋衆弟子紛紛避難,緊急之時,曾遭受子皋施以刖刑的看門人將他們引到地下室,從而逃過追捕。子皋不解,詢問受刑之人爲何危難之時施以援手而不趁機報復,受刑之人回答大意是:我之所以遭受斷足懲罰,那是咎由自取,理應受罰。您宅心仁厚,在判決之時,數次不忍,雖最終秉公執法,然我心悦誠服,甘願受罰。可以想象,如果受刑之人内心缺乏對於公平、公正、正義規則的真心敬畏與情感認同,就很難理解他解救"仇人"的舉動。類似案例,在先秦法家的著作中俯拾皆是,不勝枚舉。《韓非子·外儲説左下》闡述"外舉不避仇"的案例,同樣也在彰顯法家對於公正的信仰:"解狐薦其讎於簡主以爲相,其讎以爲且幸釋己也,乃因往拜謝,狐乃引弓送而射之,曰:'夫薦汝公也,以汝能當之也。夫讎汝,吾私怨也,不以私怨汝之故擁汝於吾君。故私怨不入公門。'"解狐不計前嫌,推薦自己的仇人給趙簡主爲相國。其仇人感激之餘,欲前往拜謝,不料卻被解狐用箭給射跑了。理由就在於:舉薦你不是因爲我和你之間的私怨不復存在,而是因爲你有能力,我有責任與義務向國君推薦有能力之人,不能因爲私怨而影響公家之事。如此大公無私之舉,只能從"信仰"及情感層面來解釋。

人們對於法家思想之認識,往往停留於充分趨利避害之人性而定賞罰,認定法家思想體系中人們之所以遵守規矩,其原因在於一種利害權衡,而非心悦誠服的認同。其實,這是一種片面的認識。法家强調人們"守法",實則始於懲罰之利益權衡,終於公正情感之確立。"以刑去刑"的法家理想,必然伴隨"守法"傳統之形成,以及"規則信仰"之確立。

法家給今人帶來的啓迪,在於如何確立守法傳統及規則信仰的問題。欲在一個規則意識缺乏的社會環境裏規則主導的制度體系確立並切實運轉,其難度可想而知。規則體系的創立實則為移風易俗的過程,意味着對此前各種行為的約束與限制,必然給某些群體帶來不便,甚至利益損失。同時,其阻力不僅來自既得利益集團的抵制,更來自民眾因不理解而產生的排斥情緒。《韓非子·奸劫弒臣》曾描述商鞅變法之前秦國的社會狀態:"民習故俗之有罪可以得免、無功可以得尊顯也",顯然,有罪不罰,無功受賞,這是缺乏規則意識。如何克服這種現狀?"商君說秦孝公以變法易俗而明公道,賞告奸,困末作而利本事。"如果去掉賞告奸、重農抑商等具有特定時代語境的措施,單純從邏輯上講,由上而下主導的變法易俗或移風易俗,是一個缺乏規則意識的社會環境形成"守法"傳統的必然邏輯起點。如何解決在此過程中既得利益集團的抵觸與民眾的不合作?法家認為一旦確立起一個正確的目標,就要有足夠的政治勇氣加以推行,此時不必太在意社會的不適應。"於是犯之者其誅重而必,告之者其賞厚而信,故奸莫不得而被刑者眾,民疾怨而眾過日聞。孝公不聽,遂行商君之法,民後知有罪之必誅,而私奸者眾也,故民莫犯,其刑無所加。是以國治而兵強,地廣而主尊。"這就需要執政者的決心與毅力,即使遇到阻力,也要加以推行,在此過程中切實讓百姓感受到移風易俗所帶來的利益和好處。久而久之,原有強制推行的措施在民眾那裏產生的不適感逐漸消失,一種新的社會風俗由此形成。《韓非子·忠孝》記載禹決江河、子產開畝樹桑,其執行過程中民眾皆不理解,亦不合作:"昔禹決江浚河而民聚瓦石,子產開畝樹桑鄭人謗訾。"但最終結果證明這些措施都是對百姓有利的。當然,法家如此主張的前提在於:執政者所倡導的價值必須真正有利於民眾而非假民眾之名而行私利之實。規則意識的確立以及"守法"傳統的形成,關鍵還在於什麼樣的"法",這個"法"應切實觀照民眾福祉而非一家一姓一黨一派的利益。

如何彰顯執政者移風易俗的決心與毅力?按照法家的思路,就在於鐵面無私、剛正不阿,即使親人犯法違規,亦不姑息。韓非子及其前輩之所以給漢儒留下一個"殘害至親,傷恩薄厚"的"殘暴"印象,根源就在於他們極端重視規則的權威性,其目的在於通過規則的引導實現天下大治,最終有利於民眾。《韓非子·外儲說右上》借晉文公與狐偃的對話表達法家為何"嚴而少恩"的深層緣由,晉文公問:"刑罰之極安至?"狐偃對曰:"不辟親貴,法行所愛。"施行刑罰的最高境界,就是在自己最親近的人違法犯規時鐵面無私、依法辦事,其目的就在於"明法之信"。如果一個人就連自己最親近的人犯法都不徇私枉法,那麼誰還能懷疑他維持公正的決心和信念呢?人們自然真正從內心相信規則體現的是非、善惡觀念。

法家認為,整個社會規則意識確立起來的充分條件,執政者還必須設計一個制度給正直清廉一個機會。在法家思想體系之中,例外規則或潛規則破壞既有正當規則之公平性,從而導致人們為了自己切身利益不敢清白與不願清白。欲使人們自覺遵守規則,必須打擊潛規則,防範例外規則的蔓延和氾濫,其突破口在於政治領域,在於執政官員之貪腐行為得到有效抑制。倘若政治氛圍為之清明,官員敢於清白、樂於清白,以清白廉潔而獲取應得之俸祿,政治公信力由此確立,社會整體風氣就能隨之好轉,規則意識以及守法意識才會真正形成。

法家上述主張,皆為當代中國之寫照。潛規則氾濫,人們媚權拜金的同時,各種權力尋租應運而生。不按既定規則辦事的社會氛圍,使得人們凡事皆寄希望於熟人關係。有求於人的過程,伴隨着大量人格扭曲及尊嚴盡失的現象。欲克服這種畸形社會狀態,唯有確立規則,鼓勵人們過簡單而有尊嚴的生活,並且制度也切實能夠滿足人們這種過簡單而有尊嚴生活的願望。如此,社會規則意識及"守法"傳統之形成不遠矣。

　　某種意義上說,規則信仰適合當代中國絕大多數人群。因為絕大多數中國人都希望我們的社會越來越公平、公正,都渴望過一種簡單而有尊嚴的生活。這種情感之深切及願望之熱烈,往往以負面的嘲諷甚至批評的形式在網絡上彌漫開來。這是規則信仰賴以產生的社會基礎及情感條件。規則信仰最終能否在社會層面形成,不在於人們是否選擇規則信仰,它必須以政治制度及社會氛圍之切實改良為前提,唯有形成制度主導下的良性社會氛圍,人們才會對規則、制度及法律產生親近感及認同感。也就是說,規則信仰之確立,需要滿足人們追求公平、正義的願望為前提。

　　國學可以為當代中國的信仰體系重建提供思想資源。但這並非唯一資源。未來中國的信仰體系,必然呈現多元化之特質。多元化信仰體系之建構,社會需要更加開放和包容的心態,彼此尊重各自信仰。不過,可以確定的一個事實是:國學在此過程中必然有所作為,並且其作用與功能日趨重要,這點並不會因少數堅持現代價值之反傳統鬥士之批判而有所改變。

　　當然,信仰必須自主選擇,只能引導,不能強制安排。因此,政治最好的選擇,就是為信仰創造良好的社會氛圍,而不必主導信仰。因為虔誠之信仰會存在一定缺陷,尤其當其與大規模的社會運動與政治實踐相結合時,負面因素更不可忽視。正如馬克斯·韋伯在闡述"信念倫理"(Gesinnungsethik)的特徵時曾指出的,恪守信念倫理的行為,並不必然會產生善的結果,有時甚至會導致罪惡的後果。此時,行為者往往會將罪責歸結為這個世界,歸結為人們的愚蠢,或者歸結為命運。"信念倫理的信徒所能意識到'責任',僅僅是去盯住信念之火,例如反對社會制度不公正的抗議之火,不要讓它熄滅。他的行動目標,從可能的後果看毫無理性可言,就是使火焰不停地燃燒。"由此,馬克斯·韋伯在社會治理層面更強調"責任倫理"(Verantwortungsetthik)的重要性①。一旦執政者確定某種政治信仰並加以強制推行,其後果不堪設想。殷鑒不遠,吾輩當謹記。

　　[作者簡介]宋洪兵(1975——　),男,四川犍為人。歷史學博士,現為中國人民大學國學院副教授。著有《韓非子政治思想再研究》《循法成德:韓非子真精神的當代詮釋》等,目前主要從事先秦諸子及其現代命運的研究。

---

① 馬克斯·韋伯《學術與政治》,第107～108頁。

"新子學"理論支持社會主義核心價值觀芻議

楊林水

内容提要 華東師範大學先秦諸子研究中心以批判性繼承、創造性研究、渴求真理的科學精神,經過對古往今來諸子學、經學和儒學研究成果的去偽存真、大浪淘沙,應用文史哲學科融合的科學研究方法,站在推動國學發展的高度,初步構建了一大系統學術理論——"新子學"。基於理論創新的"新子學"勢必推動國民教育理論特别是文史哲教學理論的改革創新,將主導新國學的發展,它理應成為當今倡導的主流思想——社會主義核心價值觀的基礎理論。"新子學"與社會主義核心價值觀在思想淵源上一脈相承,都以傳承和弘揚中華民族優秀思想文化為目的。"新子學"可以為倡導社會主義核心價值觀提供强大的理論支援。

關鍵詞 新子學 理論創新 核心價值觀 理論支持

中圖分類號 B2

引 言

近十年來,華東師範大學先秦諸子研究中心在探尋諸子學術思想歷史演變、創造性提煉兩千年思想文化精髓的過程中,善於長遠佈局謀劃、學科彙聚和技術集成,大量應用現代信息技術,文史哲"三管"齊下,倚重基礎研究又不糾結於一家之言一時之説,於紛繁複雜的諸子現象中探得"子學精神",學術研究由此達到了融會貫通、厚積薄發的境界。《莊子學史》以及《子藏》系列等學術研究成果相繼問世,《諸子學刊》和歷屆國際學術研討會業已成為子學復興、百家爭鳴的一大陣地。該中心在開闢學術界新氣象的同時,十年磨一劍,以"前無古人、後無來者"的英雄氣概舍身求真理,搶佔系統學術理論研究制高點,意圖科學概括兩千年思想文化演變之大"道",並將此大"道"與現實社會對接,順應真理的時代進化,使其引導現代意識形態發展,源於歷史、融通古今的"新子學"理論由此橫空出世。

"'新子學'是從子學傳統中提煉出來的整體性新理念。'新子學'的'子學精神'主張多元並立,在主導'國學'構建與發展時,將整合現有的各類學術文化。它給'國學'帶來的不是簡單的内容上的囊括,而是結構性的革新。多元、開放、創新、務實,本是諸子百家之學先天具有的精神特徵,是富於生命力的思想資源,經過整合提升轉化,必能為民族文化復興提供助力,成為'新國學'的主導!"華東師大先秦諸子研究中心主任方勇教授在《再論"新子學"》一文中如此論"道"。

"新子學"理論如同沙場戰旗獵獵,引領着思想文化的前進方向。近五年來,華東師範大學先秦諸子研究中心主辦的"先秦諸子暨《子藏》學術研討會"、"'新子學'國際學術研討會"、"諸子學現代轉型高端研討會"歡聲雷動,應者雲集。與會的國内外專家學者對於"構建'新子學'系統學術理論"和"全面復興諸子學"達成廣泛共識。《光明日報》先後刊發《"新子學"構想》《"新子學"大觀》《再論"新子學"》三篇重要文章,在理論和新聞的高度又為"新子學"呐喊助陣。2014年4月12日至13日由華東師大主辦的"諸子學現代轉型高端研討會暨《子藏》第二批圖書新聞發佈會"再次高舉"新子學"理論旗幟,又取得了理想的社會效應和學術研究成果,近百名專家學者向研討會遞交了近80篇學術論文。2015年4月17日至19日,華東師範大學舉辦第二屆"新子學"國際學術研討會,來自海内外120餘名諸子學專家學者圍繞"新子學"理念,就諸子學國家治理思想展開深入探討,並對其現代價值作出正面闡述。

一、國民教育理論創新滯後使
核心價值觀幾度迷失

"以'六經'為髓,儒學為骨,經、史、子、集為肌膚"是舊國學的理論依據,這種千年不變的基礎理論反映了統治階級泥古不變、專制獨裁的思想,雖然這種基礎理論在特定時代維護了政權穩固、思想統一,對漢賦、魏晉玄學、唐詩、宋詞、元曲、明清小説等文藝種類的形成與發展有過輔助作用,但它從根本上排斥社會進化的思想和人心思變的訴求,到了封建王朝的末期它最終成為一種腐朽、反動的國民教育理論。20世紀初,西學漸盛,一些近代學者試圖以西方的思維方式和學術理論來解釋重構國學,這種新瓶裝舊酒的做法依舊忽視最具生命力的子學現象與子學精神,沒有挖掘並豐富國學的深層内涵,也沒有推動國學系統學術理論的改革與重構。沒有與時俱進的舊國學理論,自然無法引導國民教育的重大變革,乃至出現了盲目灌輸西學理論、生搬硬抄洋學的現象,所以舊國學理論也無法支撐近代社會核心價值觀。新中國成立後,在極左的國民教育理論指導之下,思想文化上的"破舊立新"也可謂登峰造極,核心價值觀再次迷失方向。

改革開放初期開展的有關真理標準問題大討論,逐步確立了"以經濟建設為中心"等建設

有中國特色社會主義理論在國民教育中的主要地位，這些理論一度支撐了"把我國建設成為富強、民主、文明的社會主義國家"這一主流價值觀。近二十年來，我國的國民教育理論創新步伐明顯落後於經濟社會的快速發展。由於缺乏新理論支撐，學術研究的方式方法創新不足，思想文化求變亂變有餘，主流引導缺位，導致公民唯利是圖、個人至上意識氾濫，社會上拜金主義、權錢交易思想日盛，"四風"（形式主義、官僚主義、享樂主義和奢靡之風）久治不愈，兩種足以將整個國家民族摧毀的價值觀——拜金主義、權錢交易價值觀佔領了意識形態的許多陣地。

拜金主義、權錢交易這兩種價值觀必然導致這樣一個邏輯：有錢好辦事，甚至可以購買權力；有權更好，因為有權力者可以辦有錢人辦不到的事情，有權就等於有了一切。所以為了金錢，為了權力，可以不擇手段。這種自私自利思想通過潛移默化直接導致官場腐敗蔓延，商界違法行為層出不窮，社會公德、職業道德淪喪。這種西方發達國家曾經的社會"陣痛"不應在國內廣泛複製，應該通過"新子學"（新國學）理論等國民教育理論創新與應用，大張旗鼓地開展新文化運動，通過各種教學途徑讓國民廣泛吸收中外優秀思想文化的"營養"，以實際行動回應執政黨有關思想文化領域實施全面深化改革的號召，大力培育社會主義核心價值觀等主流思想，搶佔意識形態的絕大多數陣地，淘汰拜金主義、權錢交易等腐朽反動的價值觀。

二、"新子學"為社會主義核心價值觀提供理論支援

"新子學"的理論構建填補了 20 世紀以來國內原創性、可持續性國民教育理論尤其是文史哲教學理論的空缺，是對清華大學中國管理研究中心等單位提出的"國學體系"理論（以經學和儒學為主幹、以子學為枝脈的"國學之樹"體系）的最新一次糾正，是人文科學研究領域的一次重大理論創新。"新子學"是當今國民教育改革和倡導社會主義核心價值觀的最新理論依據，對於推進上層建築改革和社會進步具有深遠和重要的現實意義。

歷史上的幾次重大學術理論構建和應用，都大力支持了當時主流價值觀的形成與發展，引導了當時的思想文化變革和社會進步。唐宋盛行的"今文"（即駢文）張揚奢靡浮誇之風，脫離實際應用。韓愈、柳宗元倡導的"古文運動"，主張文章必須"載道"、"志道"、"明道"。在此新理論指導下創作的唐宋散文讓人耳目一新，名為清新樸實、更接近生活的"古文"，上承秦漢散文，一改六朝浮靡文風，實為文藝界一次務實創新的思想大解放，極大地釋放了當時社會文化生產力，在推動形成當時社會新思潮的同時，也在我國文學史上樹立了一大里程碑。14 世紀中葉在意大利興起的歐洲文藝復興運動，也是源於莎士比亞、但丁、達·芬奇等人提出的"以人為中心"的學術理論，否定"以神為中心"的理論，反對愚昧迷信的神學思想。他們通過文藝創作來宣傳人文精神，積極倡導個性解放和人身自由。"五·四"新文化運動，高舉"民主、科學"的理論旗幟，對"腐朽了的儒家文化"乃至舊國學進行了一次大革命，從思想、文化領

域激發了國民的愛國救國熱情,"反帝反封建"、"古為今用,洋為中用"等價值觀迅速成為主流思想,也為後續的政治層面的"五·四"運動奠定了思想基礎。

以華東師大先秦諸子研究中心方勇教授為代表的一大批專家學者,近十年來憑藉批判、求真的科學精神,運用辯證唯物主義、歷史唯物主義的觀點繼承和發展"諸子學",大力推動"諸子學"現代化轉型,實現合乎歷史發展規律的新進化。在實施基礎工程即做好有關先秦子書古籍的整理、讀懂子書的同時,又對子學思想展開深入研究,並概括提煉了子學精神即"多元、開放、創新、務實",以子學精神為核心的"新子學"理論應運而生。

方勇教授在《再論"新子學"》一文中提出:"'新子學'是對'子學現象'的正視,更是對'子學精神'的提煉。所謂'子學現象',就是指從晚周'諸子百家'到清末民初'新文化運動'時期,其間每有出現的多元性、整體性的學術文化發展現象。這種現象的生命力,主要表現為學者崇尚人格獨立、精神自由,學派之間平等對話、相互爭鳴。各家論說雖然不同,但都能直面現實以深究學理,不尚一統而貴多元共生,是謂'子學精神'。"

"新子學"從子學的實際出發把握民族的思維模式、認知途徑和表達方式,擺脱了對西學知識體系的依傍,建立了具有中華民族特點的概念、範疇,初步形成了一個理論體系。目前,相關專家學者正從現代社會的需要出發,重新闡釋子學思想,拋棄其過時的東西,發揚和發展其優良的思想,豐富"新子學"的科學內涵,完善符合當代社會所需要的"新子學"理論體系。

筆者認為,"新子學"在學術研究、國民教育和思想文化發展三個層次的理論主張形成了它的核心內容,即"多元、開放、創新、務實"的"子學精神",其理論框架由此而構成。在學術研究上,"新子學"主張多元、包容、開放,對於子學與經學、儒學的融合發展研究,對於國學與西學的相互促進研究,都應該遵循"多元並立、百家合鳴"的原則,相互吸收先賢研究之精髓,釐清國學發展脈絡;在國民教育上,"新子學"主張德教、創新、務實,倡議"成德之教"即重"術"之實用,更重"道"之教化;在思想文化發展上,"新子學"主張自由、多元、和諧,尊重"原創之見",倡導精神上的獨立與自由,倡導"和為貴",以天下安危為己任。

"新子學"是對兩千年來人文科學研究領域優秀成果的創造性提煉與高度概括,與當今倡導的新思想——社會主義核心價值觀在思想淵源上一脈相承,兩者都以傳承和弘揚中華民族優秀思想文化為目的。"新子學"既是系統學術理論,也是國民教育新理論,可以為倡導社會主義核心價值觀提供強大的理論支援。

核心價值觀在國家、社會和公民三個層面的思想主張(富强、民主、文明、和諧;自由、平等、公正、法治;愛國、敬業、誠信、友善),基本上採納了仁義禮智信、和為貴、法治、兼愛、非攻、五德等諸子思想的亮點與精華。

儒家以"禮樂仁義"、"德治仁政"為要義,主張以"仁"為本,積極入世,在現實世界中尋求理想,"朝聞道,夕死可矣";墨家的"兼愛非攻"主張友善,倡導節儉尚賢,刻苦自礪;道家認為"道存則國存,道亡則國亡",在堅守國家大"道"的同時,提倡精神自由,於紛繁世界之外"清虛自守"、"澡雪精神";法家的"小信成則大信立,故明主積於信。賞罰不信,則禁令不行"思想,主張法治與誠信、變法圖強。這些諸子思想主張，代表了諸子百家的主要思想，在過去它們曾不斷催生人們的新思維，鼓舞激勵著歷代仁人志士；在當代它們已經成為社會主義核心價值觀的思想"基石"。作為理論創新的"新子學"，以"子學精神"為綱，以諸子的主要思想主張融合歸納為目，綱舉目張，從而舉起思想文化復興的大旗，從基礎理論方面支持和引導國家的價值目標、社會的價值取向和公民的價值準則。

"新子學"提出的"多元、開放、創新、務實"這一核心理論，突破了舊國學的思想局限，提煉了孔子、孟子、董仲舒、朱熹等歷代先賢有關治學佈道、治國安邦的理論闡述，不僅有利於建設多元、包容、開放的學術生態，有利於國民教育改革趨向德教、創新、務實，也有助於發展自由、多元、和諧的思想文化，使中華主體思想文化朝著民主、自由、有序、統一的方向發展。一言以蔽之，"新子學"理論是護佑社會主義核心價值觀的理論基礎，可以為倡導"民主、文明、和諧、自由、平等、法治"等主流思想提供强大的理論支撐。

上海社會科學院林其錟研究員、韓國金白鉉教授主張當今東方人要繼承充滿原創性、多元性的"子學精神"，尤其是拯世救俗的求實精神，也是從"新子學"理論支持引導東方主流思想的歷史高度發出的一種呼喊。

小　　結

當今中國，猶如一頭睡醒的東方大獅。為了在重大歷史發展機遇中讓實現中華民族偉大復興的夢想照進現實，執政黨以史為鑒，在治國理政方面廣泛應用科學理論，吸收古代聖賢有關治國安邦的思想精髓包括先秦諸子的思想主張，以開展群衆路線教育實踐活動和全面深化改革為抓手，掀起了上層建築、經濟建設和社會發展的改革創新高潮，以百家爭鳴為代表的思想文化復興浪潮已然顯現。繼往開來的"新子學"理應擔當主導當代國學發展、推動國民教育理論改革、培育先進文化、支持社會主義核心價值觀的歷史重任，為實現"中國夢"作出重大理論貢獻！為此，完善"新子學"理論體系並豐富其科學內涵是一項相當重要和緊迫的工作，期待廣大人文科學工作者的積極參與，期待國家宣傳、文化、教育等部門的高度重視和大力支持。

[作者簡介] 楊林水(1967—　)，男，浙江浦江人。浙江大學新聞學專業畢業，現為中共浙江省嵊州市委宣傳部新聞"三審"員。從事新聞記者工作十五年期間，在浙江省和紹興市級主要媒體刊播 360 多部(篇)作品，獲獎 20 多篇，並有"新子學"研究論文發表。

構建"新子學"時代新的女性話語體系

張勇耀

内容提要 傳統子學研究基本以男性話語體系為主,這導致傳統子學研究中女性話語缺失。同時,在傳統子學研究中,對先秦諸子女性觀的認識也存在頗多偏差。那麼,從當代女性的視域出發,建構女性話語體系"新子學",這無論對子學學術層面的研究,還是對當代女性話語體系的傳播,都具有重要意義。

關鍵詞 當代女性　女性話語體系　傳統子學　新子學

中圖分類號 B2

方勇教授提出"新子學"的概念並將其進一步深化和推廣,這對於解決當代人的精神文化困境來説,是一劑良方。但我們也發現,傳統的"子學"研究中有着女性話語的天然缺失,如何構建女性話語體系"新子學",可以説至關重要。我想從以下三個方面來探討這個問題。

一、傳統"子學"研究中女性話語體系的缺失和對女性觀認識的偏差

傳統"子學"思想體系屬於男性話語體系,其"君子"話語體系就是一個明證。無論《論語》的"君子坦蕩蕩"、"君子固窮"、"君子喻於義",還是《荀子》的"君子執之心如結"、"君子敬其在己者,不慕其在天者",抑或《老子》的"君子有造命之學"、"君子之交淡如水",它的話語中心都指向男性。這一方面是因為特定的社會結構和文化背景,使女性的生活範圍更多局限於家庭和田間地頭;另一方面從堯舜禹開始,"修齊治平"的思想觀念更多是對男性提出的要求,因此男性著書立説,留下了很多珍貴的思想史料。而在當代的子學研究中,處於思想體系上層建築的,依然以男性居多。男性解讀下的"子學"價值體系,對於廣大女性的接受和領悟來説,無

疑存在隔膜。這就造成了兩個缺失：一是先秦話語體系中女性話語的缺失，二是子學研究中當代女性話語的缺失。

在傳統"子學"男性話語體系視域下，常會有人得出女性在古代不受重視甚至被歧視、壓迫的結論。如《論語》中"唯女子與小人為難養也"，把女子和小人放在一起，顯示孔子對女性的不尊重甚至歧視；到《孟子》，所謂"女子之嫁也，母命之，往送之門，戒之曰：'往之女家，必敬必戒，無違夫子！'以順為正者，妾婦之道也"，成為"三從四德"的理論依據，似乎毫無迴旋餘地。荀子不但說"夫婦有別"，而且提出"姚冶之容，鄭、衛之音，使人之心淫"，《荀子·解蔽》還認為："桀蔽於妹喜斯觀，而不知關龍逢，以惑其心而亂其行；紂蔽於妲己飛廉，而不知微子啓，以惑其心而亂其行……此其所以喪九牧之地而虛宗廟之國也。"此處所謂妹喜和妲己使夏商亡國，就是典型的紅顏禍水論。再到法家，韓非子大談"耽於女樂，不顧國政，則亡國之禍也"（《韓非子·十過》），"凡人臣之所道成奸者有八術：一曰在同床"，"女子用國，刑餘用事者，可亡也"。在韓非筆下，女子實比洪水猛獸更甚，既見識短淺又工於心計，既常懷妒忌又心狠手辣，實無一處可取。

以傳統"子學"男性話語體系解釋或研究"子學"，必然會把"子學"研究引向一個比較危險的方向，它們在某種程度上遮蔽了當代女性對於子學非常優秀的思想文化的價值認同，同時又會對不讀先秦諸子的普通女性產生一些不良影響，從而使先秦諸子思想的光芒無法滲透到當代女性的認知結構中去，而這對於激活、傳播先秦諸子精神的"新子學"課題的研究發展，至少是不全面的。

所以，對先秦子學中女性觀的研究亟需糾偏，要打破男性話語體系，從當代女性視域構建"新子學"女性話語體系。具體而言，一是要糾正一味聲討的態度，二是要糾正缺乏心理成熟度較高的優秀女性解讀的局面。由於性別的原因，女性天生偏於感性，偏於對現有生活方式的接受和習慣，偏於形象思維，對理性的文字有着天然的抵觸，對抽象思考有着先天的不足。

然而面對人類最初的思想文化珍寶——"子學"的發掘和研究中，如果缺失了女性的聲音以及女性話語體系，這樣的"子學"研究無疑是不全面的；在向大衆傳播的過程中，沒有經過女性生命意識的内化，沒有將這些人類共通的思想和情懷轉化為女性視域，沒有當代女性所參與的話語構建，也依然是不夠全面的。所以，以當代女性的視域，從女性話語體系研究解讀先秦諸子的思想要義，提煉其中的思想精華並傳播於當世與後世，這對"新子學"研究具有積極的意義和價值。

二、"新子學"女性話語體系構建及其意義

"新子學"的内涵中非常重要的一點，就是發掘那些被歷代研究者忽略的子學精神和價值體系。而重新梳理和認知先秦諸子話語體系中女性話語，從而構建"新子學"女性話語體系，

便是這一內涵中非常重要的一項。

我們可以回到歷史現場,對傳統"子學"女性話語體系做一個歷史分析。從歷史角度來看,"子學"女性話語體系是相對缺失的,缺失的原因在於男女學習內容和社會分工的不同。

先秦時期,雖然貴族女子和男子同樣享受教育,女子在八歲以後同樣在臨水而居的"辟雍"或"泮宮"中集體學習,但與男子所學的"六藝"不同,女子所學的大多是禮儀、桑麻等實用的生活技巧,偶有一些優秀的女子能通過家庭教育獲得一些文化知識和思想啓蒙,但總體上能夠獨成體系地提出某種可以在當世和後世都產生較大影響的著述,可以説非常之難。也就是説,當時以家庭為主要活動範圍、以勞動為主要生活內容的女性,其實並沒有參與到這些思想文化體系的話語構建中來,所以其中女性觀點、女性話語的缺失,就是必然的。而且,就算有過一些卓越女性,有過一些有價值的論述,在後世編訂者以一定理論框架所進行的反覆遴選中,也很難得以流傳。

另一方面,那些優秀的男性思想者著書立説,其中除了作者的自我勉勵,更多是對當時先學"小學",後學"大學"的有着"修齊治平"之志向並將成為國之棟樑的後學男性的勉勵和要求。他們所道出的大多是人類共通的哲理和情懷。

但"子學"女性話語體系則相對缺失,其實從歷史來看,先秦女性也有一定的話語體系,探賾發微,必然對"子學"話語體系產生一定的影響。

中國歷史上曾經出現過數不清的偉大女性。一條比較明確的線索是:學宮制度加上家學,使一些卓越的貴族女子在成長過程中吸收了較多優秀思想和人格的養分,她們一旦走入社會,少年時代曾經受過的教育就會如布袋中的錐子,漸漸露出屬於她們的鋒芒。而這些女子能夠顯露鋒芒的時候,常常是她們嫁為人婦,成為"夫人"的時候。由於貴族身份,她們所嫁之人也常常是與之門當戶對的仕宦之子。她們的才學智慧,就常常通過相夫教子來實現。西漢劉向的《列女傳》,便是這類優秀女性的事迹彙編,所記載的優秀女性基本都出自先秦。

一位有見識的夫人,常常會成為輔佐丈夫的重要力量,特別是在遇到特殊事件時更顯示出其重要作用。《左傳》莊公四年記載了一位名叫鄧曼的夫人,楚武王將伐隨,入告夫人鄧曼曰:"余心蕩。"臨出兵感覺心慌不安,是不吉的徵兆,這仗還要不要打?夫人鄧曼歎了口氣説:"王祿盡矣。盈而蕩,天之道也。先君其知之矣,故臨武事,將發大命,而蕩王心焉。若師徒無虧,王薨於行,國之福也。"聽了這番話,"王遂行,卒於樠木之下"。而帶來的結果是,隨國與楚國結盟,楚國不戰而屈人之兵。這樣一位深明大義的夫人,在歷史上留下了光彩照人的一頁。

到戰國後期,這類女性就更多。秦國的宣太后,齊國的君王后,趙國的趙威后,都是能夠參與政治大事的優秀女性的典型。秦國的宣太后是秦昭王的母親,昭王年幼即位,宣太后以太后之位主政。宣太后以母后之尊,犧牲色相與義渠王私通,然後設計將之殺害,一舉滅亡了秦國的西部大患義渠,使秦國可以一心東向,再無後顧之憂。趙威后是趙孝成王的母親,趙孝成王即位時尚年輕,國家大事便由母親趙威后代理。趙威后重視民生,體恤百姓,因而威信大增。《戰國策》記載:齊王建派遣使者問候趙威后,還沒有打開書信,趙威后問使者:"歲亦無恙耶？民亦無恙耶？王亦無恙耶？"使者有點不高興，説："臣奉使使威后，今不問王，而先問歲與民，豈先賤而後尊貴者乎？"趙威后回答説："不然。苟無歲，何以有民？苟無民，何以有君？故有舍本而問末者耶？"這些見識，即使在兩千多年後的今天，依然有着積極的意義。讓長安君入齊為質一事，則更表現了一位深明大義的母親如何在國家大計與愛子之情之間做出選擇。齊國的君王后是齊王田建的生母，史載其非常賢德，與秦國交往謹慎，與諸侯講求誠信，因此田建繼位四十多年齊國未經受戰争。

在王室的女性如此，作為大臣的"夫人"們，又當如何？齊湣王的侍臣王孫賈在跟隨齊湣王逃亡的時候，齊湣王被淖齒騙出去殺害了。王孫賈找不到國王，回到家卻劈頭挨了母親的一頓罵："汝朝出而晚來，則吾倚門而望；汝暮出而不還，則吾倚閭而望。汝今事王，王走，汝不知其處，汝尚何歸焉！"母親的憤怒，終於激起了侍臣王孫賈的鬥志。"王孫賈乃入市中呼曰：'淖齒亂齊國，殺湣王。欲與我誅之者袒右！'市人從者四百人，與攻淖齒，殺之。"這位戰國母親，生逢亂世，她的詞典裏便有着比別的時代的母親更加豐富的辭彙——除了"愛"，還有"忠"；除了"家"，還有"國"；除了"親情"，還有"道義"；除了"温暖"，還有"責任"。再比如趙國趙奢的夫人，趙括的母親，當趙王準備派趙括接替廉頗為將指揮長平之戰時，她説："括不可使將。"她還給趙王上了一封書，説趙括與父親心地有很大的不同，希望趙王不要派他領兵。王曰："母置之，吾已決矣。"阻止不成，趙括的母親表現了最後的智慧。她對趙王説："王終遣之，即有如不稱，妾得無隨坐乎？"您一定要派他領兵，如果他有不稱職的情況，我能不受株連嗎？"王許諾。"結局則被趙括的母親不幸言中了。

這些"夫人"們的智慧和見識，可以説歷經兩千年依然光彩照人。《左傳》《戰國策》雖為男性所寫，但他們在記述影響歷史的重大事件時，也並没有完全忽略和湮没女性的光輝，而是在其中表達了他們由衷的敬意。

這些優秀女性無疑增強了"子學"中的女性話語體系。誰説"君子終日乾乾"、"君子進德修業"、"君子以自强不息"、"君子坦蕩蕩"、"君子執之心如結"、"君子敬其在己者"、"君子有造命之學"這些話語只能是對男性説的，而不包括女性？誰説孔子的修身態度、治學方法、教育思想只是對男性産生影響，而不能被女性吸收和運用？誰説老子的"上善若水"、"天長地久"反映的不是天地人生的共通哲學思考而只是對男性的啓迪？

所以，"新子學"女性話語體系構建就是要發掘和提煉傳統諸子學説中積極的女性觀並得到廣泛傳播。

從當代女性視域來説，無論先秦典籍還是傳統的"子學"中，對女性表示尊重、愛護、同情的文字非常之多。

如先秦典籍《詩經》和《周易》中就有大量這樣的文字。《詩經》對女性的歌吟非常之多，無論是"摽有梅，其實七兮。求我庶士，迨其吉兮"的少女懷春，還是"女曰觀乎？士曰既且。且往觀乎"的天真可愛；無論是"髧彼兩髦，實維我儀。之死矢靡它"的信誓旦旦，還是"女曰雞鳴，士曰昧旦"的夫婦對話，都讓我們看到了女性生命深處的真實率性、自由美好。而其中的許多閨怨詩、棄婦詩,則表達了對於女性不幸命運的同情。許穆夫人的《載馳》,更多表達了對"大夫君子"的斥責。那首"誰謂雀無角?何以穿我屋?誰謂女無家?何以速我獄?雖速我獄,室家不足"的《行露》,則更是保留了民間女子的尊嚴和憤怒。這就是積極的女性觀,充滿了讚美、尊重、同情。《周易》中同樣有這樣的思想體現。天地、陰陽本即是自然規律,大地"厚德載物"的母性,本身就是對女性的讚美。在"女性觀"中,它雖然強調女子矜持柔順、內斂隱忍,但仍然給予女性特有的發展空間。比如"家人"卦的"利女貞",即倡導女性在家庭中要堅持德性,保有真正的德性。《易》還主張,特定情況尤其是不利處境下,女子要有主見,不屈於淫威。

在傳統"子學"中,諸子在當時的時代格局之下,並沒有對女性提出"修齊治平"的要求;而在諸子著作中,對於女性的論述其實非常之少。無論是《論語》還是《孟子》,在當時"乃生女子,載寢之地,載衣之裼,載弄之瓦。無非無儀,唯酒食是議,無父母詒罹"的社會環境下,不大規模地提出女性應該恪守的規範和道德體系,其實已經表明了這些先進的思想家們所要探討的是治國平天下的發展大計,而非兒女情長的人生小節。許多時候,忽略反而是出於保護和尊重。更何況,先秦諸子特別是儒家對於"孝"的提倡,本身就是對做了母親的女性地位的尊重。《孟子》中,"齊人有一妻一妾"的故事,也讓我們看到了女性生命意識的覺醒和對男性世界的女性觀照。

仔細閱讀《老子》,會發現道家的一貫主張是"陰陽並重"。老子讚美"柔",讚美"水",並使用"牝"、"雌"、"母"等陰性辭彙來喻"道",對女性的品格和精神抱有由衷的欣賞之情。諸如"道生一,一生二,二生三,三生萬物。萬物負陰而抱陽,沖氣以為和"這樣的句子,本身就包含着男女兩性的價值同等重要的意思。另外如"生而不有,為而不恃,長而不宰"等內容,更是歌頌了母親生而不有的博大寬容;而"天下之至柔,馳騁天下之至堅"等句,又表達了老子對女性柔韌品格的讚賞。

因此,構建"新子學"背景下先秦諸子研究的女性話語體系,不必糾結於偶見於字句中的"女性觀",而應積極提煉先秦思想中共通的哲學價值和人文思考。特別是當今時代的女性已非先秦兩漢的女性,更非宋元明清的女性,都有着獨立自主的思想意識和與男性同等的社會地位。應當以一種先進的歷史觀超越綁縛在女性身上的無形繩索,吸取中國最早也是最優秀的精神文化資源,在當代語境中重新構建屬於女性的話語體系,這無疑能夠讓當代女性更加智慧、更加理性地參與國家社會事務、文化思想發展,從而在"新子學"的研究和大眾傳播中起到積極的作用。

三、"新子學"女性話語體系傳播及對當代女性的影響

當代女性的生活狀況和思想狀況如何?僅就生活在城市的本科學歷以上的知識女性或職場女性而言,"無知無覺"者仍是大多數。這種"無知無覺",表現在個人生命意識的淡泊,對

時間流逝的殘酷和自我價值的實現沒有緊迫感。所以如何將"新子學"女性話語體系,特別是先秦諸子思想中積極的生命意識和價值觀,推廣到大衆女性當中,成為當代女性精神結構中的重要組成部分,可以說非常重要。

因為性別本身的原因,女性天生細膩、敏感,對同樣的語句可能會生發出男性想象不到的獨特理解,基於此,女性獨特的生命意識對先秦諸子思想也會有獨特體味。比如前幾年很火的于丹講述的《論語》,雖然其中的很多觀點都屬於讓專家學者不屑的"歪解",但她所做的大衆傳播的效果卻是極其成功的。于丹的成功之處,就在於她能够以一個女性的視角,把艱澀深奧的古典智慧,通過深入淺出的話語轉換,一變而為當代語境下的當代話語。比如她說:"《論語》終極傳遞的是一種態度,是一種樸素的、溫暖的生活態度。孔夫子正是以此來影響他的弟子。""樸素"、"溫暖"這樣的辭彙,就是典型的女性視角。且不談于丹解讀的學術含量,只這種女性參與解讀和傳播先秦典籍中的思想和智慧的勇氣,便是可嘉可敬的。從這個意義上來說,我們並不一定要急於指責于丹的專業水準過低,而是期望專業水準更高的更多"劉丹"、"王丹"出現;我們更希望出現一種女性對先秦典籍解讀的"百家爭鳴",或者女性構建當代思想體系的"百家爭鳴"局面,這於社會文化的繁榮,是有百利而無一害的。

當然在女性解讀和傳播子學精神的過程中,女性本身所擁有的知識水準、文化視野和思想高度,也是極其重要的。歷史上就有反面的案例,有兩位優秀的女性頗讓我們感覺糾結。一是班固的女兒班昭,一是唐代的宋若華。這兩位史傳其名且有思想著述的優秀女性,前者寫了《女誡》,後者寫了《女論語》。她們無疑都是子學精神的傳承者和傳播者,而且能够在以絶大多數男性創造思想經典的時代完成了自己的思想著述,的確非常不易,也非常令人可敬。然而從她們所著述的內容來看,她們顯然是在把先秦文化中拴在女性身上的繩索,梳理好頭緒並重重加固,力求使後世的女子都在這繩索中不越規矩。當然這也和儒家文化在當時的經學化有極大關係,並不全是她們自身的問題。《女誡》中說:"有善莫名,有惡莫辭,忍辱含垢,常若畏懼","侮夫不節,譴呵從之;忿怒不止,楚撻從之",特別是"婦德、婦言、婦功",更為宋明之際的"貞節觀"提供了理論依據。而《女論語》中的"行莫回頭,語莫掀唇。坐莫動膝,立莫搖裙。喜莫大笑,怒莫高聲",顯然更為具體。陳東原先生在《中國婦女生活史》中指出,班昭如此優秀,她的女兒就不會這麽優秀了,因為她的理論首先戕害的就是她自己的女兒。這也許就是後世女子再難出思想家的原因之一。

所以,當代女性解讀子學,如何從中提煉優秀的思想文化,益於當世也益於後世,既需要非常寬廣的視野,更需要非常謹慎的態度。只要有着廣博學識並有較高思想層面,且有着強大的歷史責任感的優秀女性,從當代女性視域出發,以女性話語體系參與到"子學"解讀和傳播中來,"新子學"就一定會生發出更為溫暖燦爛的光輝。相信這也是我們共同的期待。

[作者簡介] 張勇耀(1972——),女,山西吕梁人。畢業於山西師範大學中文系,現任《名作欣賞》上旬刊主編、總編助理。

"新子學"理論建構的現狀與反思

曾建華

内容摘要 "新子學"是當前學界正在建構的一種新的中國化的學術思想與方法體系。自 2012 年方勇先生提出"'新子學'構想"以來,"新子學"已經從最初的個人"構想"逐漸發展為一種廣為學界所知的學術理念,並初步形成了"新子學"的理論思想和方法體系。與此同時,由於"新子學"核心理論的缺席,這一學術遭遇了外界較多的質疑。因此,當前"新子學"理論建構的主要任務在於明確"新子學"理論的核心內容,確立"新子學"理論建構的主要目標,建構中國學術話語體系,實現中國學術理論的更新,重構當代知識分子的價值世界。

關鍵詞 新子學　理論建構　學術轉型

中圖分類號 B2

"新子學"是繼新儒學、新國學、新經學、新墨學、新道學等國學思潮之後的又一新學術思潮。如今,歷時半年的"新子學"已滲透到涵括文史哲等諸領域的整個學界。因此,對"新子學"當前階段的理論建構進行必要的梳理和總結,進一步探索"新子學"之發展趨勢,便顯得尤為重要。本文一者介紹"新子學"及其發展狀況,二者揭示"新子學"所面臨的困境並提出突圍的方法,以求拋磚引玉之功。

一、"新子學"理念的提出及其初步建構
(2012 年 10 月—2013 年 4 月)

2012 年 10 月 22 日,方勇先生在《光明日報》國學版發表《"新子學"構想》,明確提出了"新子學"理念。方先生在文中指出,"新子學"的提出,並非一時興起,而是長久思考醞釀的結果,是對"先秦諸子暨《子藏》學術研討會"中"全面復興先秦諸子"這一學術訴求所作的全景式觀照,是力圖在"新子學"視域下,全面回答諸如諸子之學的復興及其在中華文化全面復興這一

歷史使命中所應承擔的時代責任等問題的一次大膽"構想"。

方勇先生所謂的"新子學",是以傳統學術資源的現代詮釋為基本方法,不斷從元典中攝取創生性、開放性、多元性和對話性的學術思想,逐步破除被封閉、專制的經學思想所主導的舊國學理念,從而為"加快傳統思想資源的創造性轉化,實現民族文化的新變革、新發展",最終為中國之崛起提供思想資源的大型學術文化工程。

方勇先生的"構想"將子學從傳統的經、史、子、集的既定格局中解脫出來,更將子學研究拓展到學術史、思想史的高度,為今後的子學研究指明了新的方向。而"新子學"也勢將承載"國學"之真脈,實現新時代背景下的國學復興與文化建設。然方勇先生這一宏大的"構想"始終着重於子學文獻的搜集整理,未能深入到子學發生、演化及其文化創生的本質層面,因而難以從根本的知識層面超越傳統子學,也就無法全面建構"新子學"之合法性與必然性,更無法從本質上區分新舊子學之淵藪,確定"新子學"的本體使命。從這一層面上說,方先生以"構想"命篇,並不完全出於自謙,更是一種嚴謹的學術態度和精確的話語表達。《"新子學"構想》的真正魅力在於繼所謂新儒學、新國學、新經學等各種"新"現象之後,為中國學術再度開啟了一扇交互之門,也為學界志士仁人共同營建一個全新的學術理念找到了方向。

為促成"新子學"理論的建構,2012年10月27日,華東師範大學先秦諸子研究中心首次主辦"'新子學'學術研討會"。王鍾陵、徐志嘯、陳引馳、劉康德、郝雨、陳致等30多位學者參加會議並發表精彩演說。他們從不同的專業角度肯定了"新子學"的學術價值,豐富了"新子學"的理論內涵,極大地擴大了"新子學"的影響。

數日後,《文匯讀書周報》(2012年11月2日版)以"專版"刊載《"新子學"筆談》。卿希泰、譚家健、王鍾陵、鄧國光、陳引馳等學界名家圍繞"新子學"理論的具體建構及其未來發展,分別從當今時代的文化需求、"新子學"的定位與拓展、"新子學"的學術使命及其實現、"新子學"的普世價值及其學術史意義等方面聲援和發展了方勇先生的"'新子學'構想"。

四川大學宗教研究所所長卿希泰認為,子學誕生於時代的巨變,是時代轉型期的思想結晶,是各種社會矛盾與人生問題在意識層面的系統反映,因此各個轉型期出現的新思想都可以被納入到(新)子學的體系中來。這就從思想層面對"新子學"的外延做了一定的拓展。最後,卿先生給予"新子學"巨大的時代價值以肯定。

中國社科院文學所研究員譚家健則給"新子學"的構建提了三點雖不十分成熟但卻極具啟發性的建議。譚先生認為,"新子學"理論建設,首先要明確研究的範圍和對象,要在嚴格區分諸子學與方技的基礎之上,進一步明確"新子學"與自成體系的釋家、道家和小說家之關係;其次要處理好"新子學"與西學的關係,明確"新子學"具體的實現方式,而不僅僅是停留於"中體西用"的嫁接層面;再次,要正確界定"新子學"的國學地位,確定"新子學"是否有能力主導國學。總體上,譚先生對"新子學"的態度是既支持其發展,又堅持着一個學者對"未成熟"理論的質疑,這或許代表了當前學界許多學者對"新子學"所持有的普遍心態。

蘇州大學文學院教授王鍾陵認為,"新子學"要成其為"新"則必須建立起中國學術的核心價值。而要建立其核心價值,則必須通過四個方面的努力,其一,要對作為國學元典的先秦典籍有新的解讀方式和闡釋標準,用王先生的話説便是要"對着講"而不是"接着講",也就是説要以中西對話的方式去解讀先秦典籍;其二,要全面革新子學研究方法,在文本原意闡釋的基礎上作出合理的自我闡發;其三,要對經典形成正確的接受心態——即要敬畏經典,不能為了某種或商業或娱樂的功利目的隨意歪曲經典;其四,要充分發揮當代大衆傳媒的積極作用,盡量避免其消極影響。

澳門大學教授、澳門中國哲學會會長鄧國光從全球文化脈絡的宏觀、發展層面闡釋了"新子學"提出的合理性與必然性。鄧先生認為:在集部,有新文學;在經部,有新經學;在史部,有新史學。而作為中華思想文化中最具原創性與活躍性的子學自然應當應運而生,發出"新子學"的聲音。而"新子學"也當不辱使命,"過濾蕪雜的偽飾,醇化子學的本質,重建中國學術話語,激活思想,發憤人心,重振靈魂,積極解決新時代的深層次困擾,而期向未來生活世界的整體幸福",並最終調節世界文明格局,促進人類的和諧共處。

上海大學影視學院教授郝雨認為"新子學"反映了當今文化傳承的真正源頭與主體性,其構建不僅僅是古代文化研究者所需面對的課題,也是全部文化學科在全球化、新媒體時代的今天應當共同承擔的主題。因此,"作為一面新的文化旗幟,'新子學'必將在整個文化界更大規模地激起復興民族傳統文化的時代潮流",為整個現代文化研究者提供全新的學術基點、方向和方法。

復旦大學中文系教授陳引馳從當今多元、衝突的思想文化背景出發,肯定了"新子學"理念的合理性及其提出的時宜性。

華東師範大學圖書館古籍部主任、教授吳平提出"諸子禪"的概念,將禪宗納入到"新子學"的體系中來。這不僅拓展了"新子學"的内涵,更促進了禪學思想的當代詮釋。

同年12月,郝雨、王鴻生、葛紅兵、楊劍龍、劉緒源、李有亮等現代文化學者齊聚上海大學,參與了上海大學舉辦的"現代文化學者如何認識和評價'新子學'"的主題研討會,從現代學科的不同領域對"新子學"的文化内涵作了進一步的探討和闡發。

此外,郝雨先生《"新子學"對現代文化的意義》、陸永品先生(中國社科院文學研究所研究員)《〈"新子學"構想〉體現時代精神》、孫以昭先生(安徽大學文學院教授)《時代召唤"新子學"》以及刁生虎先生(中國傳媒大學文學院副教授)《"新子學"研究需做到四個統一》等文陸續發表,給予"新子學"理論建構以寶貴的建議和啓示。限於篇幅,兹不一一細述。

二、"新子學"理論的全面建構和初步形成
(2013年4—7月)

2013年4月12日至14日,由華東師範大學先秦諸子研究中心承辦的"'新子學'國際學

术研讨会"成功召开。来自中国大陆、港澳台地区以及新加坡、日本、韩国等国的130多位诸子学研究专家出席了会议。与会学者围绕"新子学"及相关古代文学前沿问题,从各自的研究领域分别对"新子学"之本质如何建构、何为"新子学"的当下使命、"新子学"如何面对"经"与"子"之关系、"新子学"能否主导国学、"新子学"所面临的困境以及"新子学"的未来图景等问题进行了深入探讨,形成近百篇论文,促使"新子学"从"构想"(或者说"口号")到"命题"再到"理念"的飞跃,初步实现了"新子学"理论的建构。

原中华书局总编、清华大学教授傅璇琮首先在大会中指出,"新子学"既要追本溯源、继承传统,全面完善子学研究体系,釐清"新子学"整体发生演化的轨迹,又要继往开来、创新学术,在扎根民族文化的同时放眼世界。北京大学中文系教授张雙棣认为"新子学"应在诸子学全面复兴的基础上,兼收并蓄,统合各家,为中华民族的复兴贡献力量和智慧。北京大学哲学系教授许抗生对方勇先生的"新子学"构想表示认同,提出"新子学"应以厚基础、重创见、开新貌的"三步走"策略,实现多元化的理论建构。三位先生,基本代表了老一辈学者扎实、厚重的学术风格,但也不可避免地暴露了当前古代文学研究缺乏创设性理论思想的痼疾。

与之相对的则是一些较为激进的青年学者的观点,华东师范大学中文系博士玄华的发言更将本次会议引向了高潮。他首先从整个学术史与文化史的广阔视域揭示了"新子学"的"新"内涵和本质属性,继而全面指出了经学思维主导下的传统哲学与子学思维主导下的"新子学"这两种学术生态截然不同的宇宙观、知识观、学术进化方式及其最终引发的学术文化伦理与社会影响的差异。玄华博士还首次将"新子学"理论置于后现代文化视域之中进行全方位观照,从而提出以"新子学"重新发现经学、重新发现子学、重新发现传统学术发展的客观面貌、重新整合当下学术资源、真正揭示学术进化的直接途径与最新方式,最终建构一个以他者存在为根本前提的新型社会文化伦理的全新"构想"。

玄华博士的发言引发了与会专家广泛的分歧和热议。中国人民大学国学院教授韩星就从经学与子学的关系层面首先提出"商榷"。韩先生认为造成中国几千年专制的因素中确有经学的成分,但是,经学对于中华民族精神品质的塑造之功也不容小觑。他进一步指出,我们今天的道德堕落和各种"乱象"不仅不是由于经学的影响,恰恰是经学的衰落及中心理念和思想的缺乏所致。就此层面而言,我们不但不能否定经学,反而应当重建经学的"权威"。随之,中国社科院文学研究所研究员陈静也提出了质疑和批评。她认为,此前的"新子学"口号多于行动,只有命题假设而没有实质性的理论内容,只有概念式的移植,缺少理念价值的建构,所以她对"新子学"的未来表示忧虑。

然而,韩国国立江陵原州大学校哲学科教授金白鉉却对"新子学"充满信心与热情,他盛赞玄华博士的"'新子学'哲学"是中国子学思想与当代后现代理论的适时融合,是反思于当代各种文化乱象后的一次系统的思想梳理,不仅能帮助我们重新探索被西方文明异化的东方,也可以帮助我们重新发现被儒教文化排斥、压抑的"基层文化"。因此,金先生认为"新子学"将开拓"新学问的视野",给当代中国学术发展带来广阔的空间和蓬勃的生机。

针对在场专家的质疑与肯定，玄华博士进一步重申了"新子学"的理论内涵，严格区分了作为"新哲学"出场的"新子学"与作为"学术文化工程"出场的"新子学"这两种学术形态，重点阐释了"新子学"消解中心、多元对话的学术思维与导向，具体阐明了"新子学"哲学介入学术文化发展的基本方式，以及在"新子学"视域下传统经学的转型等问题，初步实现了"新子学"理论框架的构建。

此外，本次会议还深入探讨了诸如："新子学"究竟是"新之子学"还是"新子之学"；"新子学"学科的建设与"新子学"精神的传播；"新子学"与传统士人精神的重建、"新子学"视域下具体文化现象的阐释等问题。有关会议的具体情况还可参阅崔志博《"新子学"大观——上海"'新子学'国际学术研讨会"侧记》（《光明日报》，2013年5月13日第15版）以及刁生虎、王晓萌二先生专文《弘扬子学精神，复兴文化传统——"新子学"国际学术研讨会综述》，故笔者在此不再一一赘述。

三、"新子学"理论建构的困境与突围

任何新事物的产生和成长都是需要经过冲破旧有的体制与观念，逐步实现自我建构，从而发生积极影响的较长过程。作为学术界新事物的"新子学"要获得自我的合法地位，就必须面对困境寻求突围。

（一）困　　境

从当前有关"新子学"的研究我们可以发现其理论建构面临着诸多困境，大致体现在以下三个方面：

1. 当前学界的认知误区

学界误区体现为两个方面，一方面是将"新"看成一种"时髦"的学术思潮，将"新子学"比附于当前所流行的新文学、新史学、新经学、新儒学、新法家（学）、新墨家（学）等时新产物，并试图以此为参照建构"新子学"的理论体系。事实上"新子学"应是建构于诸子思想之上，并赖以融通中西学术的新哲学和新学术理念。正如华北电力大学思想政治理论课教学部教授王威威在《"新子学"概念系统的建构》中指出的那样："新子学的建构在重视子学的多元性的同时也应重视子学作为一个整体的相互融合和统一的一面。"而我们的"新子学"是超越于任何单一学科或领域的系统文化工程，是指导学术转型，实现社会进步的全新思想。

学界另一方面的误区是将"新子学"的"新"与传统的"旧子学（诸子学）"相对，从而简单地理解"新子学"即是当代的"子学"，即"新之子学"，并由此推论，"诸子"从清末就开始"新"起来了。事实上"新子学"的"新"主要体现在学术思维、学术方法以及由此建构起来的全新的思想内质。这一点福建师范大学文学院教授欧明俊在《"新子学"界说之我见》中已有所认识，他提

出"新子學"在著作模式、著述體例上也要有新東西,要有語言上的創新;"新子學"不能只滿足於個人著述,應注重新創學派,開創學術新局面;"新子學"研究要有全球意識,追求國際大視野,大格局、大氣象、大境界。

總而言之,"新子學"不是對舊子學的單方面承繼抑或轉變,而是在舊子學已有研究的基礎上,順應學術開放對話的大趨勢,充分合理地利用當今世界各個領域的知識文化成果,實現中國當代學術的整合與重建。

2. "新子學"核心理論的缺席

自方勇先生《"新子學"構想》一文刊發以來,學界對"新子學"多報以欣賞的態度,其中不乏著文回應者。"'新子學'學術研討會"及"'新子學'國際學術研討會"的召開,更湧現出一系列具有啓示性的論文和學說。除傅璇琮、張雙棣等上文提及的學界前輩的重要發言以及高華平、玄華諸先生針對"新子學"理論的宏觀性論文外,尚有許多從各自研究領域出發且極具啓發性的專題性論文,比如韓星《新國學的內在結構探析——以新經學、新子學為主》、郭梨華《莊子學躍進"新子學"的變與不變》、謝清果《還原,重構與超越——"新子學"視域下的傳統文化傳播戰略思考》、張雷《新聞人要做"新子學"的推動者》以及筆者拙文《"新子學"的本質與使命——從子學與士之關係展開》等。當然還有部分學者從現實生活出發,各自提出了"新子學"的"暢想",如湯漳平《"新子學"與中華文化之重構》、李若暉《"新子學"與中華文明之未來》、楊林水《"新子學"應如何進一步走向全球》、吳勇《以諸子的精神面對現實——"新子學"的任務淺議》、鄭伯康《"子商"構想》等。

這些論文和發言無疑對"新子學"理論的建構具有不可或缺的作用,但是除了玄華博士、韓星教授及金白鉉教授等少數學者外,其餘學者多未能從理論層面超出方勇先生的"構想"框架,而且直接回避了何謂"新子學"理論以及如何建構"新子學"這一核心命題,導致了"新子學"核心理論的缺席。

3. "新子學"理論價值的"新"使命仍不明確

儘管與會學者大多提及了"新子學"的當代發展問題,卻很少對"新子學"之"新"使命做出明確闡釋。誠然,"新子學"的建構需對子學的發生、發展、成熟的完整過程進行必要的梳理,但是其更要分解和重構舊子學(諸子學)、全面融入當代世界的學術體系,從而建立一個融通開放的新學術體系,促進世界學術的整體建構和發展。

(二) 突　　圍

要突破"新子學"理論建構所遭遇的重重的困境,需從三方面着力。

首先必須建立中國學術的話語體系。我們應借助傳統學術資源的進一步整合充分吸收諸如天地、陰陽、道理、仁義、禮法、心性、虛静、情欲、理氣、無為、形名、名實、知行、有無、道器、體用、本末、法術、時勢等核心理念與西方哲學中的各種學術話語建構一套立足本土又融匯當代西方前沿理論的獨立學術話語體系。方勇先生在《"新子學"申論》一文中曾指出:"新子學"

是理解中國傳統學術的全新視角,其探索的是一個新的學術思想圖景,是用新的視野去審視古代傳統,重新定位子學之為學術主流,是要尋找經學籠罩下被遮蔽的東西;同時用批判的視角去看待現代的學科體系,重新劃定研究對象和研究思路,要補上學科框架下被剪裁掉的東西。"新子學"還要充實國學概念,賦予其實質的内涵,以發掘中國學術曲折多元的歷史真實,推進具有中國氣派的現代學術的生長。此即"新子學"之所以為"新子學"①。要融合西方首先要自我發現,充分去蔽。而要建構新的學術話語體系更重要的就是要吸收"異端"思想。縱觀整個中國學術史,每一類學術話語體系的新變和成熟都與新的思想文化質素的融入密切相關,比如佛學的廣泛傳播引發了魏晉南北朝學術思想的多元展開,開啓了隋唐以來以經學為主導的學術的新變,並作為"異端"成為宋明理學與心學得以開展的重要力量和構成元素。至於後來的西學東漸,則直接促成了傳統學術與現代學術的分野。因此,"新子學"理論的建構勢必在重新梳理國學典籍的基礎之上,不斷吸收外來思想,形成中西合流,直面當下之新學術。正如方勇先生所指出,"必須看到,西化是現代中國學術的命運,是不得不套上的魔咒。要進入到現代世界,就必須先要把這個魔咒捆在自己身上,直到最後解開它。所謂中國性的訴求,就是思考怎麼解開這個魔咒,也就是如何找到中國學術的問題和話語方式。"②

其次,必須真正實現學術理念的更新。方勇先生認為:"'新子學'希望開闊視野,深入研究,開掘中國學術表象後的真實。……'新子學'不同於過去子學的一點,在於其嚴格的學術意識,希冀在現代學術的標準下來整理學術歷史,發掘思想真意。"③方勇先生意識到現代學術的多元性、自覺性和獨立性即"新子學"所要尋求的現代"學術意識"。但是學術意識的生成有賴於學術理念的更新,因為學術理念才是學術創新的内在動力,只有實現理念的新變才能真正推動學術的發展。那麼如何才能實現當代學術理念的生成呢?無外乎兩個方面,一方面,我們要從傳統資源中獲得創生的動力,同時又必須擺脫傳統學術思想的束縛。比如四部之學尤其是經、子之學是中國學術得以發展的源泉與動力,但是我們決不能固守這一學術傳統,而應走向哲學、詩學、美學、科學等現代學術界域,以"新子學"擺脫對傳統知識材料的依賴,整合和重構古今學術思想,引領社會科學文化的發展。另一方面,我們還必須以獨立、開放的心態去直面不斷創生的外來知識,不斷超越現代主義與後現代主義思潮籠罩下的學術的固有局限,改變當下不合理的學術形態,最終通過學術的方式化解個體存在與技術理性之間的矛盾,創造一個以學術建構自我、刊定社會進程並影響整個世界的新時代。

再次,必須以當代知識分子的價值建構作為"新子學"理論的核心使命。

我們應通過對四部文人的個案比較和群體性分析,把握中國士人傳統宇宙觀的形成及其制約生命自由的根源,尋求中國士人精神建構、轉型與重構的歷史契機,再加以後現代哲學理

---

① 方勇《"新子學"申論》,《探索與爭鳴》2013 年 7 月,第 74 頁。
② 同上,第 77 頁。
③ 同上,第 75 頁。

論的觀照,從而既有效克服中國傳統學術思想的不利因素,又積極地避免後現代主義過度消解權威所帶來的精神疲敝,真正實現當代知識分子精神世界的價值重構。"新子學"所提煉出的"子學精神",是在揚棄經學一元思維和大力高揚子學多元思維的前提下,對世界和人的本質的重新理解,它是子學的真正覺醒和子學本質的全新呈現,將為未來學術文化的走向提供選項①。當代世界充斥着後現代理論所帶來的虛無主義,既有價值上的虛無所造成的痛苦,也有存在上的虛無所產生的絶望。與此同時,許多思想新鋭,敢於在思想之路上探尋的學者也都遭遇着學術上的虛無。學者的生存狀態令人堪憂,高校教育的現狀也使人憂心忡忡,博士生跳樓,教授自殺或過勞死等事件屢見報端,高校兇殺案件也時有發生,而近來的復旦投毒案更將高校教育的弊端推到了輿論的風口浪尖。儘管這一切都只是特例,卻足以暴露虛無主義侵蝕下,個人價值感的喪失,責任感的弱化以及道德感的衰退所造成的種種心理失衡現象。因此"新子學"必須直面當代思想的痼疾,提供解救的良方,重塑當代知識分子的價值世界,充分確立個體生命存在的合理性。

　　總之,經學主導下的學術思維,遵循的是一系列雜亂無章的現象排列,從而導致中國學術整體呈現出瑣碎、無序、僵化、割裂的形態,缺乏自我創生的活力。儘管當代學界"儒學一統"的局面早已不復存在,但是在古代文學研究領域,卻仍然固守着一種封閉而單一的"文學性"抑或"思想性"研究,以至於將許多優秀的作品淡出於"文學"的視域。與之相對,哲學、歷史又各執一端,將中國傳統學術人為地切割成了一個看似系統實則凌亂錯糾的學術構架中。"新子學"強調"學術的還原",提倡多元的視域和整體性的研究方法,並將學術與時代氣運、知識精神、個體價值等關聯起來,對當前先天不足,後天發育不良的困境中的中國學術無疑是一劑涵養滋潤的良藥。

　　縱觀數千年的中國學術史,除百家爭鳴外,中國極少出現類似於西方學術的巨大思潮和運動,更缺乏系統的原創性學術成果,而"中心論"與"專制主義"為核心的經學思維下的士人傳統,則造就了一種上行下效、君君臣臣、父父子子的閉合倫理模式,形成了一整套僵化保守、自私虛偽的民族人格精神,一種試圖通過自我克制而進入超越境界的道德訴求以及一門自私冷漠、忽視個體生命的處世哲學。因此,"新子學"正是要以直面問題的姿態,從複雜的學術現象研究中抽象出一套具有當代詮釋意義的理論體系,建構一個開放、延展、多元、互存的學術生態系統,實現對士人精神的重新發現,尋求以學術改變世界的全新方式。

結　　語

　　"新子學"是當前學界正在建構的一種新的中國化的學術思想與方法體系。自 2010 年方

---

① 方勇《再論"新子學"》,《光明日報》2013 年 9 月 9 日。

勇先生提出"新子學'構想'"以來,"新子學"已經從最初的個人"構想"逐漸發展為一種廣為學界所知的學術理念,並初步形成了"新子學"的理論思想和方法體系。與此同時,由於"新子學"核心理論的缺席,這一學術遭遇了外界較多的質疑。因此,當前"新子學"理論建構的主要任務在於明確"新子學"理論的核心內容,確立"新子學"理論建構的主要目標,建構中國學術話語體系,實現中國學術理論的更新,重構當代知識分子的價值世界。

[**作者簡介**] 曾建華(1983—)男,湖南邵陽人。現為北京師範大學古籍與傳統文化研究院博士研究生,主要研究方向為道教文獻與先秦兩漢神仙思想研究,已發表學術論文數篇。

後現代語境中的知識建構

——試論"新子學"的境遇與未來

三　莫

內容提要　"新子學"是針對知識守舊派主導的學術傳統與各種"新"學思潮並起的當代知識界提出的全新命題。它強調當代知識者的主體性,倡導建構一個產生於後現代語境的全新知識共同體。而未來的"新子學"將延續知識傳統的內在理路,在傳統學術的進路中,力圖將架空的學術回歸到倫常日用中來,將碎片化的專題性研究統合到時代問題的界域中來,將學術研究與當代生活創造性地結合起來。"新子學"將以系統知識的有效梳理和學術成果的全面傳播為宗旨,促使當代學術的後現代轉化。

關鍵詞　新子學　後現代語境　知識建構
中圖分類號　B2

引　言

自方勇先生提出"'新子學'構想"已近三年,在各種質疑與觀望的態度中,"新子學"已從最初的"構想"逐漸成長為一種具備全新理論内質的學術思想。"新子學"就是要"把握現代學術的自覺意識,以開放的心靈面對傳統,以沉潛的姿態面對現實,以複合多元的研究,尋找通貫古今的中國智慧",在一個複合多元的時代構建複合多元的學術,"不爭宗,不爭派,以求返歸(學術)自身"[①]。本文試圖圍繞後現代語境中的知識建構這一核心命題,全面分析"新子學"的境遇及未來。

一、當代知識界與"新子學"

世事人文,遭時代變,故一代有一代之問題,亦一代有一代之學術。自清末迄於今日,學術

---

① 方勇《"新子學"申論》,《探索與争鳴》,2013年第7期,第77頁。

凡三變,一為以西學改造中學的維新致用之學(鴉片戰爭至新中國成立),一為以馬、列、毛思想為指導的社會主義之學(改革開放前的新中國),一為理論界全面西化的人文主義之學(20世紀八九十年代迄今)。所謂人文主義之學,是指20世紀90年代以來知識界普遍盛行的一股西方人文主義精神。它迫切要求重新確立知識者的角色,建構知識者的精神家園,並在現實世界中尋找自己的位置。而與此同時,西方後現代虛無主義思潮不斷向學界滲透,促使正在尋求獨立、重返中心的中國知識界不得不轉向中國文化傳統尋求擺脱精神危機的能源。緣此種種,倡導國學的聲音甚囂塵上。一時間,上至大學教授、國家政要,下及販夫翁蕘、憤青"細民",莫不交口品議"國學"。於是易中天品《三國》,于丹講《論語》,王立群讀《史記》,各類"大師"也登上各種"大講堂"和"文化娱樂"節目,得到媒體和大衆的熱捧。然而這一現象並非偶然,正如枯竭的心靈急切渴望慰藉的湯藥,焦慮的時代同樣渴求知識的靈魂。它既是衆聲喧嘩的時代之音,也是知識者感應時代之變,尋求知識建構,實現知識價值的直接表達,是知識領域的分野、社會意識的多元與尚未成熟的知識訴求共同構成的特殊文化心理。在這一文化心理的作用下,知識界明顯呈現出兩種態勢,要麼堅守傳統,要麼鋭意標新。前者我們可稱之為知識"守舊"派,而後者則姑且名之為知識"標新"派。

(一) 知識"守舊"派主導下的學術傳統

知識"守舊"派的學術特徵具體表現為兩個方面:一是以經典文本作為知識材料,追求知識材料的"原始"性;二是注重對知識材料的進一步整理和完善,有意識地排斥宏觀、亿約的理論建構,以"知識貴族"的高傲姿態睥睨通俗的知識普及與傳播。這種保守態度由來已久,而以現代史料派為主流的古典學界尤其如此。傅斯年曾在《歷史語言研究所工作之旨要》(1928年)一文中明確提出"要把歷史學語言學建設得和生物學地質學等同樣"①,直到1943年,仍堅稱要"純就史料以探史實","史料有之,則可因勾稽有此知識,史料所無,則不敢臆測,亦不敢比附成式"(傅斯年《史料與史學》發刊詞)②。當時的傅斯年顯然受到方興未艾的歐美"新史學"思想的影響,而其主要目的是要用史料學的方法來統合"新史學",並借機批判以章炳麟為首的"國故"派權威對待新材料的冷漠、"守舊"態度。但"史料派"後學只知墨守祖師爺的成規,大多沒能繼承傅斯年先生科學史觀及方法論思想的精髓,最終只知道尋找材料,不懂得讀書思考,果真成了材料的"奴僕",因此也沒能逃脱遭遇當代國内"新史學"派批評的命運③。從

---

① 《中央研究院歷史語言研究所集刊》,第一本第一分,1928年10月。
② 傅斯年《歷史語言研究所工作之旨要》,歐陽哲生主編《傅斯年全集》第3卷,第12、335頁。
③ 桑兵對傅斯年學派有過較為深入的研究,也有公允的認識:"人們似乎也傾向於將理論與事實分離甚至對立,覺得事實不如雄辯有力,總希望用雄辯壓倒事實。而'史學只是史料學',在一定意義上也是所謂'理論',所以同樣遭遇總有部分道理: 其于徒子徒孫之手,便有了印版而已的尷尬。不過流弊畢竟不同于本意,批評前人,同時也是對自己見識功力的檢驗。"《傅斯年"史學只是史料學"再析》,《近代史研究》2007年第5期,第41頁。

求實的層面看,重視材料固然是學術應該葆有的精神,但是從知識的創生看,這種單純注重外緣材料的積累,而忽視時代精神和主體價值介入的學術範式,勢必令學者迷失知識建構的根本目的——構建真理價值的世界和情感想象的世界,最終變革當下的世界、指導未來的世界。知識本身便具有理性的激情和豐富的想象空間,故不能就事論事地屈服於知識的材料。即便是史學也不純粹是事實的收集,或在歷史現象中尋找規律。被譽為"近代史學之父"的德國著名史學家兰克也不得不承認,歷史的動力乃是"理念"(Ideas)或"精神實質"(spiritual substances),而在"理念"和"精神實質"之上還有"上帝"。每個時代的重要制度和偉大人物都應表現那個時代的"理念"和"精神",並使之客觀化為"積極的價值"(positive values)。正所謂"每一個時代都直接與上帝覿面",而"上帝"是不可能直接呈現於知識材料之中的,它依賴於理性、情感、觀念、體制等多元知識的複合共生。即便是知識本身也絕非單一的事象,而是蘊含着豐富的價值、意義和精神觀念形式。因此知識的世界便是觀念的世界,只要是觀念的世界,就必須遵從"理念"與"精神"的原則,而這一原則只有通過對"全部人生的透視"才能實現①。這正是司馬遷為何允許《史記》撰寫存在想象、夸張甚至虛構事實的根源所在。因為情感的真實與事件的真實並不違背,而是共同抵達真理的世界,那便是"究天人之際,通古今之變"所成的"一家之言"(司馬遷語)。這是知識者通過對天道、義理的傳承性闡釋逐漸建立起來,或是直接從人性中抽離出來對道義的執著,是文化基因或某種集體無意識共同作用而形成的知識傳統。它依賴於知識材料的積累,同時又必須超脫知識材料本身。但是,在相當長的歷史時期,知識體系的封閉性和知識接受的局限性造就了知識材料的權威性,從而使知識的傳播帶上了某種神聖屬性,遂令知識者成為某種知識材料的"附庸",從某種程度上,造成了整個學術傳統的封閉與自守,極大地損害了學術自我發展的可能性。

(二)知識標"新"派粉墨登場的當代學界

20世紀90年代末,中國進入所謂"後新時期",整個知識領域普遍出現了知識的市場化,審美的泛俗化和文化價值的多元化三大思潮。這意味着以西方為參照體系的現代性建構的破產,也宣告了以宏大敘事為憑藉的知識者的死亡②。知識標"新"派正是在這樣一個特殊的歷史轉點中群雄並起。

與恪守傳統的知識者截然不同,標"新"派無不以銳意求"新"為潮流,以至於各家各派皆

---

① 轉引自余英時《〈歷史與思想〉自序》,《厄言自紀》,北京大學出版社2012年版,第44頁。
② 分別見張頤武《現代性的終結:一個無法回避的課題》,北京《戰略與管理》,1994年第4期;陳曉明等《後現代:文化的擴張與錯位》,《上海文學》,1994年第3期;張法等《從"現代性"到"中華性"》,《文藝爭鳴》,1994年第2期。轉引自許紀霖《公共知識分子如何可能》,《中國知識分子十論》,復旦大學出版社2004年版,第45頁。

自命為"新"。如"新經學"①、"新道(教)學"②、"新墨學(家)"③等。在"新"思潮的推動下,各種"新"學思想和主張皆得到不同程度的宣揚,一度出現"新國學"④的熱潮。同樣,與持續將近百年的現代"新儒學(含現代新理學、現代新心學、現代新氣學)"⑤、"新法家(學)"⑥也截然不同,當代"新"學多呈現為一種口號式的宣揚和標榜,或多或少地顯露出某種渴望主導學術文化的理想和激情。而其所宣揚的"新"理念則大多流於對某些傳統經典的比附式"翻新"和概念式演繹,因此尚未在學界泛起波瀾便已歸於寂滅了,比如頻頻遭遇質疑的"新墨學"。誠然,提出一種新的觀念或一個新的概念,甚至推動一個新的思潮都非難事,但要形成一個新的知識界域或學術流派則絕非易事。明確的知識界域、可操作的知識方法、開拓性的知識結構以及由此形成的全新價值系統才是衡量新、舊知識的內在尺度,否則所謂的"復興"與"創新",充其量不過是對某一思想或材料的重新發現和進一步應用而已。作為當代新儒學最富影響力的學者,余英時先生曾在1990年8月的一次研討會上提出,要重建現代中國的價值系統必須具備兩個條件:第一是恢復民間社會的動力,在政治力量之外有比較獨立的社會力量;第二是知識者必須改變反傳統的極端態度,並修正實證主義的觀點,否則便不可能對傳統文化價值有同情的了解⑦。二十多年過去了,價值系統重建的工作仍在繼續,而價值世界的分裂傾向卻日益加劇。實踐再一次告訴我們,"新"的價值系統很難依靠某種人為的"重建"得以實現,

---

① 當代的"新經學"是以"辯證唯物主義和歷史唯物主義為指導思想",強調對經學文獻整理,對經學歷史進行研究,對舊經學觀的否定,對經學文獻價值進行辨析的一種學術思想(党躍武《新經學淺論》)。從某種程度上說,"新經學"還只是一個尚未形成概念的口號,目前也頗受詬病。
② "新道學",既不是流派,也不是理念和概念,準確說來只能說是一種復興道教與道家文化的理想而已。可參胡孚琛《新道學文化的綜合創新之道和普世價值》。
③ 1997年,學者張斌鋒、張曉芒發表《新墨學如何可能》一文,最先提出以文化"建本"和知識"創新"為核心的"新墨學"概念,倡導對傳統墨學作創造性的"新"詮釋。由於兩位學者"人微言輕",雖得到了少數學者撰文回應,卻未有實質性的"新"成果以支撐其"新墨學"理念,故一度遭遇質疑之聲,且很快淹沒在衆聲喧嘩的"新"口號裏。
④ 王富仁《"新國學"論綱》(上):"'新國學'不是一種學術研究的方法論,不是一個學術研究的指導方向,也不是一個新的學術流派和學術團體的旗幟和口號,而只是有關中國學術的觀念。它是在我們固有的'國學'這個學術概念的基礎上提出來的,是使它適應已經變化了的中國學術現狀而對之作出的新的定義。"王富仁所提倡的"新國學"觀念,旨在梳理和思考現當代學術文化,試圖打通古今學術之分野,促成學術文化的交融和發展。
⑤ 20世紀20年代產生的以接續儒家"道統"為己任,力圖用儒家學説融合、會通西學以謀求文化現代化的一個思想流派。為區別先秦儒學、宋明儒學,史稱"新儒學"或"現代新儒學"。其代表人物有梁漱溟、張君勱、馮友蘭、賀麟、熊十力等。
⑥ 所謂的"新法學",是自晚清至20世紀30年代中期出現的"新法家"所標舉的學術理念。其提倡重新審視先秦法家,要求以法家思想拯救中國之危局,運用當時世界的民主法制觀念重新審視法家的"法治"思想。
⑦ 余英時《中國思想傳統及其現代變遷》,廣西師範大學出版社2004年版,第39頁。

任何一家之學都不能解決多元世界所面臨的複雜問題。

（三）"新子學"的境遇

與各派"新"學截然相判的是，"新子學"竭力反對"一家獨尊"，倡導以多元對話的學術理念實現傳統文化的復興和學術範式的建構。"新子學"明確提出，以古今文化資源的全面整合和創造性詮釋為手段，以學術的"返本開新"和多元發展為基本模式，力求消除各家之學在觀念上的對立性和封閉性，促成學術的對話與互通，並以積極的姿態直面當代學術的種種問題：比如斷裂的知識傳統將如何接續？面對知識的分野，知識者將如何自處？如何在瑣碎、虛無的後現代文化廢墟上建構精神的家園？如何在紛繁複雜的時代焦慮中建構現代中國的價值系統？通過各界學者將近三年的探索，我們認為"新子學"理論的構建已經具備了相當的基礎。一方面，對經典文本的實證研究所取得的豐厚成果，足以為"新子學"由外緣轉向內核，由微觀轉向宏觀的理論建構奠定夯實的基礎。另一方面，人文學科知識在經歷了漫長的分野甚至分裂後，已各自進化出精密的學術系統，它們並非斷裂、孤立、單元的知識，而是圍繞政治—人生這一核心價值，共生於多元、延綿的現代知識結構中。因此，"新子學"足以在已有知識體系上建構起結構優化、理論多元和綜合開放的知識共同體。

二、當代知識者與"新子學"

如果説傳統士人是諸子學的構建者和踐行者，那麼當代知識者便是"新子學"的建構主體，並且直接預示着"新子學"的未來走向。但這並不是説，有什麼樣的知識者，就會產生什麼樣的"新子學"。正如傳統子學與士人之間具有相互塑造的作用一樣，當代知識者與"新子學"同樣具有彼此對話、詮釋和塑造的主體交互空間。因此，如何理解、確定當代知識者的價值歸屬，將是"新子學"理論建構的核心所在。

（一）當代知識者的身份歸屬與文化特征

中國當代知識者既承續着士人傳統，同時又吸收了全球化、現代化的知識內容，是全球現代化進程中逐漸形成的新型知識主體。從文化知識的角度，我們可以將其大致分為學院知識者與媒介知識者兩類。學院知識者主要是指以學術研究為職業，依附於知識體制而生存的一類技術型知識者，其身份屬性通常為專家、學者或大學教員。由於這一知識群體不僅擁有良好的教育背景和文化修養，同時還有着強烈的普世情懷與批判精神。他們與傳統士人既存在文化上的一貫性——即對道統的承傳性，又存在着體制上的斷裂性——即對政統的疏離性，因此他們理所當然地成為當代知識者的主流（本文討論的知識者主要指這一群體而言）。而處於知識體系邊緣的媒介知識者則正好相反，他們未必有專深的知識素養和道德情懷，而是依托媒體獲得聲望,並以此謀求個人利益和發展的知識群體,其身份屬性主要是記者、編輯、藝人、作家以及某些活躍於媒體的草根領袖、"民意代表"和政府官員①。

但是,隨着消費文化的盛行,學院知識者與媒介知識者的邊界日趨模糊,各類學術明星、專家學者也紛紛活躍在大衆媒體之上。於是知識者所應具有的獨立性和超越性進一步瓦解,日益呈現出既清高又世俗的矛盾性,不斷向福柯所批評的"有機知識分子"轉化。比如,在尚未觸及自身根本利益的前提下,他們通常都會表現出民粹主義的傾向,將底層民衆的道德感和正義感抽象地加以美化,但一談及具體的民衆,他們又表現出極端的鄙視和不信任,認爲他們無法表達自己、代表自己,而需要自己來爲民衆伸張正義,發出聲音。這一點在當代"民意代表"和草根領袖身上表現得尤其突出②。

更爲吊詭的是,當媒介知識者"自甘墮落",與作爲消費者的廣大民衆打成一片的同時,學院知識者卻不斷遭遇來自內心深處的困惑和虛無。廉思主編《工蜂:大學青年教師生存實錄》便以大量案例揭示了高校"青椒"們內心深處的種種矛盾與苦悶;而中國社會科學院文學所研究員蔣寅《走出報銷惡夢,再談科研經費》③以及湯明磊博士《博士:學術塔尖上的"懸浮族"》④等文章,則真切反映了身處不同階層的學院知識者心靈深處的無力與空乏。隨着有關知識者的討論在網上進一步展開,諸如"知識民工"、"知識搬運工"等流行詞彙的不斷出現,更讓自命清高的知識者陷入了自我消解的虛無境地。

總之,矛盾與虛無正在構成當代知識者重要的文化特徵。從歷史淵源看,這是自古至今知識者始終無法擺脫政治附庸命運所使然;而從現實層面看,則是知識者自我建構的主觀訴求與知識世界不斷消解的客觀現實之間的錯位所造成。換言之,這是"後學"思潮不斷消解知識權力的必然結果。

(二)"後學"思潮與知識權力的消解

筆者所謂"後學"思潮是指20世紀90年代以來深受西方後現代主義文化理論影響的當代學術思潮。至於"後現代主義",則是指20世紀五六十年代興起於西方社會的一種新型文化理論,是晚期資本主義和媒介資本主義、後工業化資本主義和多國化資本主義的產物⑤。從

---

① 在西方,媒介知識分子是一個頗受争議的群體,正如布迪厄所言:"他們要求電視爲他們揚名,而在過去,只有終身的,而且往往總是默默無名的研究和工作才能使他們獲得盛譽。……而這些人既無批判意識,也無專業才能和道德信念,卻愛在現時的一切問題上表態,因此幾乎總是與現存秩序合拍。"見[法]皮埃爾·布迪厄、[美]漢斯·哈克《自由交流》,桂裕芳譯,北京三聯書店1996年版,第51頁。
② 許紀霖《公共知識分子如何可能》,見《中國知識分子十論》,復旦大學出版社,2004年版,第60頁。
③ 《文匯報》2014年12月26日。
④ http://www.360doc.com/content/14/0116/10/175820_345651944.shtml
⑤ 參傑姆遜著、唐小兵譯《後現代主義與文化理論》,北京大學出版社,2005年版,第141~146頁。

某種程度上說，後現代主義是現代主義的延續和反叛，其本質特徵是從價值的建構走向價值的消解，具體表現為文化去魅、去邏各斯（理性和規則）、反中心、反本質、反一元論、反形而上學、反體制性和整體性等基本特徵①。而後現代文化乃是文化工業生產與文化商品消費產業化的結果，並由此構成了非延續性、多元性和解構性的後現代文化語境。在後現代文化語境中，一切的闡釋都不具有傳統意義上的權威性和真理性，知識表現為一種無法窮盡的意義循環。

　　隨着後現代思潮的不斷滲透，嚴肅的學者們深感不安，他們認為"後現代論者們正在將本已迷失方向的中國文化推上絕路。而他們要消解的，恰恰是中國根本匱乏而又迫切需要的東西"②。這種不安的出現並不難理解，因為隨着文化資本對知識領域的進一步滲透，作為人類精神文化媒介的"知識"也逐漸淪為一種有待消費的商品。這使以"傳道、授業、解惑"自居，以立心、立命、繼絕學、開太平自命的傳統知識者，遭遇了前所未有的危機和失落。他們不願看到幾代學人努力建構起來的"現代性"即將淪為遊蕩於前現代與後現代之間的"幽靈"。但是，後現代思潮並不會因為某些知識者的抗拒而停止，正如英國思想家鮑曼所認為的那樣，在現代社會中作為"立法者"的知識者掌握着一整套客觀、中立、有序的元話語陳述和規則，具有知識仲裁的權威性。但是隨着知識一體化的不斷解體和分化，這套整體性元話語體系也將喪失其普遍的有效性。整個社會不斷走向多元化，知識體系也日益分崩和斷裂，原本統一的知識場不復存在，取而代之的是一系列彼此孤立的知識共同體，它們各自規定自己的知識範式，宣示着自己的知識傳統，彼此之間甚至是不可通約的存在③。

　　因此，身處後現代知識語境中的知識者日益分化為兩大陣營：一邊代表着傳統知識理念，他們尚未自覺到角色的變更，也無視人文社科領域的日益邊緣和沒落，竭力扮演傳統意義上的知識仲裁者，不自覺地回避大眾知識傳播的現實意義。而另一陣營的知識者則欣然接受時代賦予的"新角色"，他們滿足於對已有知識的通俗化解讀和平面化傳播，對自身知識體系學理層面上的反思卻無多少興致。許多所謂"學術明星"現象都是當代知識領域值得深思的問題。對此，筆者更贊同一種公允理性的認識："知識分子雖不可能再奢望啟蒙時代的偶像地位，但面對于丹這樣必然且已然受到大眾熱捧與追隨的現象，他們也實在無須大嚷大罵，用娛樂的武器對抗娛樂文化。保持適當的緘默與冷靜的思考，盡可能地發表嚴謹的知識表述與價值判斷，或許仍是知識分子群體作為社會'文化平衡器'的存在意義。"④

（三）"新子學"視閾下的知識建構

　　如果我們對知識者的歷史境遇稍作回顧，便會發現，當代知識者所遭遇的後現代困境並

---

① 參張清華《認同或抗拒——關於後現代主義在中國的思考》，《文學評論》2005年第2期，第138～147頁。
② 陳曉明《後現代主義》，河南大學出版社2004年版，第2頁。
③ 轉引自許紀霖《知識分子死亡了嗎》，見《中國知識分子十論》，復旦大學出版社2004年版，第19頁。
④ 楊早《評價於丹：學術規範還是傳播法則》，《清華大學學報（哲學社會科學版）》，2008年第1期，第114頁。

非單純的後現代文化現象，而是一個普遍的歷史事實。在整個中國歷史的進程中，知識者的自我消解並不少見，比如，漢代便有"通人惡煩，羞學章句"①的批判之聲。作為東漢知識界的"反動派"王充乃將文章之儒視為"陸沉之士"②，學識淵博、以賦名家的揚雄也宣稱"雕蟲篆刻，壯夫不為"③，晉代葛洪稱儒生是"知古不知今"、見識淺陋且不辨邪正的"守道"的"凡夫"④，唐代詩人楊炯在詩中直言"寧為百夫長，勝作一書生"(《從軍行》)，清黃景仁更憤言"十有九人堪白眼，百無一用是書生"(《雜感》)。這種現象，用朱熹的話説乃是"道術分裂"的表現，實為"學者之大病"⑤，常出現於歷史變革期或文化轉型期。比如宋元代變之際，便普遍出現了"儒者皆隸役"⑥，"小夫賤隸，亦以儒者為嗤詆"⑦的現象；明清之際的陸王末流和顧、李學派都把知識看做毒藥。余英時先生將這種儒學的"異端"視作極端的德性論和功利論所引起的反智識主義(anti-intellectualism)⑧。事實上，當一種知識發展成熟後，便會自然而然走向其對立面，由此循環不已，曲折進化。

"新子學"遵循知識發展的客觀，否認知識之間的對立和斷裂，強調知識因為彼此的差異而實現相互的確立與共存。正如以胡適、傅斯年為代表的知識者便以西方的新自由主義思想⑨來實現傳統政治史學的建構；以張東蓀、張君勱為代表的知識者則多以具有古典自由主義色彩的社會民主主義思想⑩重估傳統儒家知識體系的價值；而杜威、羅素、拉斯基等西方思想家則借助中國近代知識者，實現了東西文化的深層對話，形成了延續至今的現代自由主義知識傳統⑪。在"新子學"的視閾下，一切知識都是彼此確立而非相互消解的平等存在。這就從根本上否定了知識者對自我知識傳統消解的可能性，取而代之的是固有知識傳統面對新的知

---

① 姚振宗《漢書藝文志拾補》卷一，民國《師石山房叢書》本。
② 王充《論衡·謝短》："夫知古不知今，謂之陸沉，然則儒生，所謂陸沉者也。"
③ 司馬光《法言集注·纂圖分門類題五臣注揚子法言》卷二，《文淵閣四庫全書》本，臺灣商務印書館1986年版。
④ 葛洪《抱朴子·審舉》："而凡夫淺識，不辯邪正，謂守道者為陸沉，以履徑者為知變。"
⑤ 宋朱熹《答項平父書》："近世學者務反求者，便已博觀為外馳；務博觀者又以內省謂隘狹。左右佩劍，各主一偏，而道術分裂，不可複合。此學者之大病也。"《朱文正公文集》卷五十四，《四部叢刊初編》縮本。
⑥ 《元史·高智耀傳》："皇子窩端鎮西涼，儒者皆隸役。"又謂："時淮、蜀士遭俘虜者，皆没為奴。"
⑦ 《青陽集·貢泰父文集序》，影印《文淵閣四庫全書》本。
⑧ 余英時認為：反智識主義又可分為兩個主要方面：一是反書本知識、反理論知識，或謂其無用，或謂其造成求"道"的障礙；另一個方面則是由於輕視或敵視知識遂而反知識者……這兩個方面的反智識主義今天都以嶄新的現代面貌支配着中國的知識界。(《中國思想傳統及其現代變遷》，廣西師範大學出版社2004年版)
⑨ 從英國的約翰·密爾、格林到羅爾斯為代表的一個自由主義傳統。
⑩ 主要是從休謨、亞當·斯密到麥迪森、哈耶克等為代表的古典自由主義傳統。
⑪ 許紀霖《中國知識分子十論自序》，第13頁。

識參照體系而主動發生的價值重構。

　　總之,知識的建構必以傳統知識體系的局部解構為前提,同時還需以外來知識作為全新的對話體系,重新發現傳統知識的豐富性和深刻性。因此,"新子學"既不誕生於傳統的經學或子學,也不依附於任何形式的西學,它是當代知識者直面後現代困境的一次全新實踐。正如玄華所言:"我們所面對的就是這樣一個特殊的'後現代中國',因此繼承於傳統的'新經學'、'新儒學'等不足以解決中國下半身——社會現實的後現代之憂,而純粹的西方後現代理念無法回應中國上半身——學術文化的前現代之困。唯有發掘於中國固有的'諸子學現象'、又面向世界的'新子學',才能整體性地予以治療。"①

三、"新子學"的確立與走向

(一) 傳統知識脈絡上的"新子學"

　　中國文化的原初思維特徵在於追求混融同一的本質性,自覺地將個體納諸天地宇宙之中,視其為整體世界的構成元素,彰顯宏觀的本原意識。《荀子》謂:"天地者,生之本也;先祖者,類之本也。"但凡知"本",便能找到一切問題的答案,故陸象山謂:"學苟知本,六經皆我註腳。"②一部中國學術史,可歸結為"辨章學術,考鏡源流"③八字。而一切傳統學問無外乎兩方面的訴求:為天理、為人事。為天理者,即闡明聖人旨意,大抵訓詁、義理之學,如戴震《題惠定宇先生授經圖》謂:"故訓明則古經明,古經明則賢人聖人之理義明。"④為人事者,即服務於時事民生,此人倫日用之學,所謂"道不在乎他,只在日用人倫事物之間。⑤"(《與陳正仲》)天理(道)、人事看似矛盾,實則互為表裏、相輔相成,合為聖人之學,其目的乃是要解決信仰和行為上的問題。因此"古人未嘗離事而言理"⑥,換言之,天理、人事儘管有道、器之別,卻統一於人的知識生活,皆是知識者實現價值建構的必然途徑。由此觀之,經學、理學、史學皆一學,皆知識之一學,都是知識者改造世界的法術。正如《隋書‧經籍志》所言:"夫仁義禮智,所以治國也,方技數術,所以治身也;諸子為經籍之鼓吹,文章乃政化之黼黻,皆為治之具也。"顧炎武提出"明道"、"救世"並用,希望通過知識者的自我改造,實現重建世界秩序的

---

① 玄華《關於"新子學"幾個基本問題的再思考》,《江淮論壇》,2013 年第 5 期,第 109 頁。
② 陸九淵《象山先生全集》卷三十四,《四部叢刊》景明嘉靖本。
③ 劉錦藻《清續文獻通考》卷二百五十九《經籍考三》,民國景《十通》本。
④ 戴震《戴東原集》卷十一,《四部叢刊》景經韻樓本。
⑤ 陳淳《北溪大全集》卷三十四,《文淵閣四庫全書》本。
⑥ 章學誠《文史通義‧內篇一》,民國嘉業堂《章氏遺書》本。

理想①。黃宗羲認為"教學者必先窮經","讀書不多無以證斯理之變化"②,則是要通過對知識材料内在脈絡的梳理以確立價值世界合理性的學術理想。

在"新子學"的視閾下,文化思想史上一切返本求新、探源開流式的復古、維新之學,皆屬建構於現實世界之上,又面向知識傳統的"新"學。開唐宋兩朝文化之盛的古文運動,促成文化現代化轉型的"五四"運動以及我們的"新子學"無不如此。然而,與古文運動、"五四"運動等"新"學不同的是,"新子學"既不因循傳統的知識體系,也不亦步亦趨於西學的腳步,而是在後現代文化語境中,重新發現傳統知識與當代知識的多元性與整體性、通約性與差異性、時代性與歷史性,進而推動全部知識的後現代轉化。

(二) 現代學術進路中的"新子學"

自漢武帝"獨尊儒術"以來,儒學幾乎佔據了整個知識世界,成為學者探尋一切問題的根本。而宋、明兩代儒者更將道問、德性之學做得極為細緻透闢,由"道本"所生的種種問題都得到了近乎極致的闡發。所謂"牛毛繭絲,無不辨析,真能發先儒之所未發。……其彌近理而亂真者終是指他不出。明儒於毫釐之際,使無遁影。"③以至於清代學者只能另闢蹊徑,專事樸學④。但儒學强調天、道的一貫性,因此在時代問題前往往顯得蒼白無力。身歷巨變的清末學者汪士鐸對此有過一番略顯尖刻的批評:

> 儒者得志者少,而不得志多,故宗孔子者多宗其言仁言禮,而略其經世之説……道德之不行於三代之季,猶富强之必當行於今。故敗孔子之道者,宋儒也;輔孔子之道者,申、韓、孫、吴也。⑤

隨着儒學的逐漸解體,一個多元、開放、延展的新的知識界域逐漸在儒學體系内孕育成形。如康有為《孔子改制考》所言:"雖極力推抱孔子,然既謂孔子之創學派與諸子創學派,同一動機,同一目的,同一手段,則已夷孔子於諸子之列。所謂'别黑白定一尊'之觀念全然解

---

① 《又稚圭先生畫像記王璲》:"君子之仕也,非以私市也。東坡蘇氏所謂苟可尊主庇民,則忘身為之是也。君子之有言,非以衒異也,亭林顧氏所謂以明道救世者是也。"閔爾昌《碑傳集補》卷三十八,民國十二年(1923)刊本。

② 《黃梨洲先生事略》:"先生謂明人講學,襲語録之糟粕,不以《六經》為根柢,教學者必先窮經而求事實於諸史。又謂,讀書不多無以證斯理之變化。多而不求諸心,則為俗學。"李元度《國朝先正事略》卷二十七,清同治刻本。

③ 黄宗羲《明儒學案凡例》,《文淵閣四庫全書》本。

④ 通常學界認為清代學者之所以重返訓詁、考證的老路,乃是思想上的限制,實則也是學術自身發展使然。

⑤ 《汪梅翁乙丙日記》卷二,文海書社影印本,第74頁。

放,導人以比較的研究。"①很明顯,康有為已經有意識地將孔子之學時代化、子學化。隨即,梁啟超揚其波瀾,以《清代學術概論》《中國近三百年學術史》等著作將中國學術引向全新的階段。隨着各界學人的紛紛加入,傳統儒學體系徹底瓦解,由此宣告了一個"新"學時代的到來。

然而,知識的衍化隨着政治、經濟體制的變革而不斷深化和複雜化,現代主義的"新"學不僅不能應對當代知識者所面臨的後現代困境,同時也無法擺脫以西學附會經典或以經典配擬外說的傳統"格義"之路。因此,"新子學"理念正是在這樣的學術進路中產生,其宗旨便是要構建現代主義學術與後現代主義現實之間的知識橋樑。

(三) 未來的"新子學"

"新子學"宗旨既已明確,需要進一步探討的就是其現實的操作性問題。由於傳統學界通常認為學術研究與意識形態存在着根本的區別(學術研究注重個案分析,注重對具體現象的深層透視和把握;而意識形態則更多是一種化約的、整體的認知),因此,有意無意地將意識形態排斥在學術研究之外。但事實上,兩者雖有區別卻並不對立,乃是知識進路中的不同階段。當某一傳統學科的個案研究足夠豐富時,其化約、整體的意識形態建構便有了現實的可操作性。換言之,學術研究和意識形態可以分別作為方法和目的,共存於知識的闡釋與傳播中。

這裏需要面對一個難題,那就是作為常識而存在的"元話語","只能在一個發展緩慢的(傳統)社會中發揮合法性功能……而當今世界變化之快……誰也不能擁有對常識的最終解釋權,一切只能取決於公共領域中公眾之間的理性討論……公眾的交往理性是比個人常識更可靠的東西。"②簡言之,當代社會並不缺乏知識,卻極度缺乏知識的有效傳播。人類學家 Philip Bagby 便指出:"今天散在無數種專門性刊物中的歷史論文,如果沒有人把它們的結論綜合起來,加以融會貫通,那麼這些論文便只能是歷史研究,而不配叫做史學。"③我們可以將這一觀點推而廣之,直到整個學界。因此,未來的"新子學"將盡量避免重複繁瑣的文獻整理、細枝末節的材料完善以及毫無結果的考索訓釋,而主張系統知識的全面梳理和學術成果的廣泛傳播。作為"新子學"建構主體的當代知識者,更應自覺從傳統的知識體系中解放出來,重新確立自己的角色,讓學術研究直面廣闊的社會憂患與時代危機,以學理的方式應對普遍存在的問題,以精深的學術思考取代浮躁的宣講與空洞的說教,在提升學術品質的同時,也極力避免將學術變成嘩眾取寵的工具。

總之,未來的"新子學"應力圖將架空現實的學術回歸到倫常日用中來,將碎片化的專題性研究統合到時代問題中來,將學術研究與當代生活創造性地結合起來。只有以切實的行道之學取代虛無的書齋之學,才能讓學術恢復生機;只有用典範性的當代經典充實傳統學術,才

---

① 梁啟超《清代學術概論》,臺北中華書局 1960 年版,第 58 頁。
② 許紀霖《公共知識分子如何可能》,見《中國知識分子十論》,第 57 頁。
③ 轉引自余英時《史學、史家與時代》,廣西師範大學出版社 2004 年版,第 90 頁。

能讓學術重塑威嚴、推陳出新；只有讓學術面對當下的真切存在，才能使學術避免僵化和空蹈的危機。

[**作者簡介**] 三　莫(1983—　)，本名曾建華，男，湖南邵陽人。現爲北京師範大學古籍與傳統文化研究院博士研究生，主要研究方向爲道教文獻與先秦兩漢神仙思想研究，已發表學術論文數篇。

現代學術視野下"新子學"的困境與出路[*]

何浙丹

内容提要 "新子學"作爲一個新興的概念,目前正處於困境與出路並存的狀態。從現有的情況來看,它應當明確自身的基本内涵與構成,進一步開拓研究方法論層面的創新,並及時調整部分理念以便更好地應對當前時代的諸多社會課題。

關鍵詞 新子學 傳統文化 現代學術 學術轉型 方法創新

中圖分類號 B2

"新子學"是近年來傳統學術界提出的一項新話題。在其概念產生之初,諸多現代文化研究者曾給予較多關注,並表示出對其銜接古今、打通中西的期待。但不久之後,來自相關領域的聲音稍有沉寂。這種先熱後冷的現象在一定程度上暴露出相關概念存在的問題,在某種意義上,也是其自身發展慣性中帶來的深層次學理問題。

應該説,作爲一個新興的概念,"新子學"目前正處於困境與出路並存的狀態。如果從現代學術的基本要求看,它可以進一步明確自身的内涵與構成,同時提升自身學術理念與方法論的創新,並及時調整部分理念以更好地應對當前的諸多社會課題。它在現階段所呈現出來的一些特點,雖然可能使其在此後的發展中陷入一定的困境,但同時也是其發展的契機,可以創生出新的生長點與可能性。

---

[*] 本文係教育部人文社科研究青年基金項目《先秦老學研究》(15YJCZH008)、上海市哲學社會科學規劃青年課題《先秦老學研究》(2015EWY001)、上海財經大學校立社科項目《先秦老學研究》(2014110882)、上海財經大學基本科研業務費項目之青年教師預研究項目《諸子學現代轉型研究》(2015110125)的階段性研究成果。

一、對自身認知的曖昧

　　總體上,"新子學"強調其自身是在繼承傳統子學的基礎上發展而來,但關鍵是目前對傳統子學的內涵界定尚未取得共識。

　　方勇先生在《"新子學"構想》中強調:"所謂子學之'子'並非傳統目録學'經、史、子、集'之'子',而應是思想史'諸子百家'之'子'。"①思想史上的"諸子百家"範疇一般與馮友蘭提出的"子學時代"相對應,馮友蘭在《中國哲學史》中將中國思想史分爲"子學時代"、"經學時代"等,前者從孔子至淮南子,後者自董仲舒到康有爲。方先生對該觀點是加以繼承的,《"新子學"構想》便稱引其"在中國哲學史各時期中,哲學家派別之衆,其所討論問題之多,範圍之廣,及其研究興趣之濃厚,氣象之蓬勃,皆以子學時代爲第一"的觀點。此後《再論"新子學"》又再次提及馮友蘭"子學時代"概念,指晚清爲"經學時代之結束",強調"經學時代重回到了子學時代"②。應該説,方先生對子學範疇的界定是在繼承馮友蘭觀點的基礎上又加以拓展,將兩漢時期的思想家都囊括在内。但對於兩漢之後的哲人是否爲"諸子"則不置可否。比如《"新子學"構想》中只是提到説:"魏晉以後,在詮釋、發揮和吸收經學文本與子學文本並自我解構的基礎上,……諸子學不斷汲取外來學説,又陸續産生了以何晏、王弼、周敦頤、二程、朱熹、陸九淵、王守仁等人學説爲代表的諸代子學(或準子學)著作。"這裏模糊地使用了"準子學"這個説法,但至於哪些屬於"準子學"著作,以及它和子學之間的區別和界限是什麽,均未明確。即使到《再論"新子學"》中,也只是表示:"'子學精神'即是大變革大轉型時代所孕育的精神,晚周三百年的思想冒險,充分展示了它典重與恣肆並舉的多面性。……'新子學'就是要繼承這一傳統,發揚多元並立的'子學精神',以面對時代的諸多課題。"相關論述也依然強調"晚周三百年",涉及魏晉及之後學術時,依然不置可否。對子學範疇界定的曖昧,牽涉到"新子學"之"子"的不明確。

　　當然,"新子學"作爲一個公共的學術課題,它也同時向所有學術研究者開放。因此,其他學者對其内涵的解構與建構,均是其内在的構成部分,本文也一併予以考察。

　　歐明俊先生在討論相關問題時曾對"子學"給出較爲直接的鑒定。他認爲:"凡著書立説自成一家之言者,除經學外,統稱子書,研究子書的學問稱爲'子學'或'諸子百家之學'或'諸子之學'或'諸子學'。"③在此基礎之上又對子學作出廣義與狹義的區分。自廣義説,其稱引章太炎《諸子學略説》"所謂諸子學者,非專限於周秦,後代諸家亦得列入,而必以周秦爲主"的看

---

① 方勇《"新子學"構想》,《光明日報》2012年10月22日14版。
② 方勇《再論"新子學"》,《光明日報》2013年9月9日15版。
③ 歐明俊《"新子學"界説之我見》,《諸子學刊》第九輯,上海古籍出版社2013年版,第9～16頁。

法,指兩漢以後思想家著作以及研究諸子著作者皆可歸入子學;自狹義而言,則稱引梁啓超"漢以後無子書"的觀點,指先秦諸子百家學術。但對"新子學"之"子"到底是採用廣義還是狹義之說,也未給出明確看法。不過,從《"新子學"界說之我見》一文的基本思路來看,歐先生也是倡導以所謂中華固有學術為前提,魏晉以後中國佛學、近代結合西方思想的中國新學術是不包含在他所討論的範疇中的。

相比較而言,玄華對"子學"觀念的界定更具有顛覆性①。他首先是繼承了李學勤先生等對馮友蘭"子學時代"、"經學時代"先後次序的質疑,強調"經學"先於"子學",並認為"經學"起源甚早,而"子學"是對它的否定與消解,且兩漢到晚清是兩者相爭的時代,最後"子學"不斷發展,"經學"日益消散;其次在内容構成上,他認為"子學"自身具有開放性,先秦諸子、魏晉玄學、宋明理學及其相關流派等皆是其組成部分。更為重要的是,他認為魏晉以後的中國佛學、晚清民國的中國"西學"(或稱"新說"),乃至"五四"以後馬克思主義中國化的新思想及相關流派等,皆是"子學"在各自時期將中國傳統學術與西學相結合發展出的新內容,均是"子學"的構成部分。

如果說玄華的看法打破了學界對"經"、"子"的常規認知,那麼高華平先生的"子"論則更為天馬行空。他認為"子學"就是獨立平等的思想創作研究之學:"當下我們'新子學'的'子',固然是以往中國思想史上的'為學'諸子,但更應該指當代具有獨立人格精神的知識分子。這裏強調的不是學科分類意義上的一種界定,即不管是從事文科、理科或自然科學的學者,都應該是'新子學'之一'子'。……在當代從事諸子學研究者固然是'新子學'之一'子',……從事政治、經濟、法律、文學、歷史、文化,乃至於科學哲學、科學史、科學倫理等屬於自然科學或部分屬於自然科學的學者,只要他們的研究與思想史有關,就也應該是'新子學'中之一'子',而且他們很可能是為數衆多和更為重要的'諸子'。"②

在高先生看來,"新子學"的"子"為獨立平等的思想者個體,他們所從事的能充分體現作者獨立平等的學術就是"新子學"。以此出發,它的內容不僅包含了傳統"子學",也包含了對"西學"的消化。高先生所謂"西學",包含東漢傳入的佛教、近代以及當下也在不斷傳入的西方學術。在此,"新子學"與它們的關係是:"我們構建的'新子學'不應該成為與'西學'相對應的關係,更不是相對立的關係。在某個'新諸子'之一'子'的學術思想中,'西學'可以與他堅守的'中學'觀點相對應甚至相對立;但在作為整體的'新子學'中,'西學'應該已經融匯於其中,並已成為它的一部分或它的血肉。從這個意義上講,'新子學'之'新',就在於它乃是一種不中不西、亦中亦西的學術。"③即"新子學"是當下"新諸子"消融傳統學術乃至西學的一種會通。

由上可知,在"子學"的構成問題上,以方勇為代表的,是將"子學"視作中華固有文化的產

---

① 玄華《"新子學":子學思維覺醒下的新哲學與系統性學術文化工程》,《諸子學刊》第九輯,第81~94頁。
② 高華平《"新子學"之我見》,《江淮論壇》2014年第1期,第54~58頁。
③ 同上。

物,它有着産生與完成的時代,這個時代的下限是先秦或兩漢;而歐明俊的廣義"子學"論,則將時間下限延伸至晚清;玄華則認為"子學"不存在一個所謂完成的時代,因為它本身從來就是一個未完成品;高華平則將"子學"理解為獨立平等的思想創造與研究。以此為基礎,對"新子學"基本構成的認知便各不相同。

總體而言,"新子學"之"新"本就内在地包含了重新定位"子學"這一本質訴求,"新"不在於一味地割裂過去繼而推出一個全新的事物,也不是僅僅將歷史滯留於過去而不再走入當下,而是帶着歷史的生命感融入當下,繼續存在。因而"新子學"並非僅僅立足於當下之學術,它同樣是帶着歷史的生命感走入當下,是歷史與當下互為一體之學問。以此來重新審視"新子學"的基本構成,就不至於使得傳統學術的發展進入歷史斷裂的困境。在此,"新子學"自身的構成需要考慮更加多維的關係,在古今、中西的相遇中獲得新的學術視野,甚至在一定程度上,"破壞性"的延伸是其自身發展的深層次需要。當然,這種延展也不應該是無底綫的擴容,以致取消了自身的邊界。

二、在徘徊中的方法論創新

方勇先生認為"子學"研究,乃至整個中國傳統學術研究都存在一個盲目崇拜西學並以之為金科玉律的大背景。無論是近代以來受西方"賽先生"的影響而倡導以"科學方法整理國故",還是受西學人文精神刺激而由"考據"走向"義理",中國傳統學術已經脱離它固有的格局,而照搬西方的學術理念,結果是逐漸喪失自身的理論自覺,淪為西學的"附庸"。"新子學"正是在這樣的背景之下發端,自覺認識到中國學術的特殊性,因而"從客觀歷史出發,在辯證之下對其進行繼承發展,以促進其更好地完成現代化轉型,實現合乎歷史發展規律的新進化"(《"新子學"構想》),即在強調扎根於中國文化土壤的同時又不排斥西學的影響,實現兩者的辯證,以促成其全球化背景下的現代轉型。

在具體的研究方法層面,《"新子學"構想》認為:"我們結合歷史經驗與當下新理念,加強諸子學資料的收集整理,將散落在序跋、目録、筆記、史籍、文集等不同地方的資料,辨別整合、聚沙成塔;同時,深入開展諸子文本的整理工作,包括對原有諸子校勘、注釋、輯佚、輯評等的進一步梳理;最終,則以這些豐富的歷史材料為基礎,綴合成完整的諸子學演進鏈條,清理出清晰的諸子學發展脈絡。"同時,"站在'新子學'的立場上來看,迷失在西學叢林裏難以自拔的自由主義既不可取,一味沉溺於'以中國解釋中國'的保守思維同樣不足為訓。……唯有擺脱二元對立、非此即彼的固定思維模式,才更為接近文化多元發展的立場。……中國學術既不必屈從於西學,亦不必視之為洪水猛獸,而應根植於中國歷史文化的豐厚沃土,坦然面對西學的紛繁景象。子學研究尤其需要本着這一精神,在深入開掘自身内涵的過程中,不忘取西學之所長,補自身之不足,將西學作為可以攻錯的他山之石。"

此後的《"新子學"申論》在涉及相關問題時,又繼承馮友蘭"照着講"與"接着講"的説法,"所謂照着講就是要真實的領會古人,探其精神,理清其脉絡,而不是隨意講解,任意切割。對於現代學術的研究成果積極借鑒,也要客觀分析,認真吸取。所謂接着講就是保持學術的時代性品質,認真觀察社會,思考未來,把學術研究真正問題化,着重討論根基性的問題,把中國古人的真實洞見引申出來"①。且在涉及對西學的態度時,認爲"'新子學'的研究者不拒絶西學,如果把其他的學問比作眼鏡,我們也嘗試戴戴不同的眼鏡。但是'新子學'不是提倡所謂中西融合的隨意性的研究,'新子學'希望以家族相似的原則處理傳統學術與其他學術體系的關係。所謂家族相似,就是在中國複合多元的學術中找到與其近似的資源,嘗試引入其視角,從而開闊自身的理解"②。

　　可見,方勇先生所提的"新子學"方法論,主要繼承傳統"子學"的研究方法,包括對子學資料進行收集、整理,然後加以校注、研究,最後闡發諸子精義,梳理出子學發展脉絡。其基本理念大致停留在"中學爲體,西學爲用"的傳統觀念上。

　　王鍾陵先生則在主張敬畏經典,尊重原意的前提下,對馮友蘭的"照着講"、"接着講"有所修正。他強調:"不是'接着講',而是'對着講'。中國思想文化的發展應該是在全球化中發揮自己的優長。那種僅僅接着在漫長的專制制度下形成的傳統話語所説的話,很可能産生繼續爲舊事物、舊現象服務的效果;並且,傳統文化也必須在與西方話語的對話中,在解決現實困境的作用中,來鑒別其價值。因此,我們需要'對着説',針對西方的話題,對照中西兩種話語,在對話中求深入、求新意。"③至於如何在"子學"研究實現"對着講",從而講出新意,王先生認爲需要建立一種新的詮釋學:"當代人研究子學,研究傳統學術,可以借鑒新理論方法,如用西方的闡釋學來重新解釋諸子思想,用傳播學來研究子學的傳播,用接受學來研究其接受,還可以借鑒其他學科的理論方法,努力理論方法上的'新'。"④

　　此外,劉韶軍先生也認爲"新子學"的一個重要理念就是"在忠實於'舊子學'留存文本的基礎上對其中的豐富内容做出科學的闡釋",同時稱引了美籍華人學者傅偉勳的"創造的詮釋學"方法,指"新子學"闡釋也應有五層次,即"實謂層次"、"意謂層次"、"藴謂層次"、"當謂層次"、"必謂層次"⑤。賴賢宗先生也對傅偉勳"創造的詮釋學"及其詮釋五層次加以論述,並對相近的勞思光"基源問題研究法"加以詳論,認爲這些詮釋學方法已在中國學術中被廣泛運用,"新子學"也應將其作爲自身的基本方法之一⑥。

---

① 方勇《"新子學"申論》,《探索與争鳴》2013年第7期,第73~77頁。
② 同上。
③ 王鍾陵《建立中國學術的核心價值》,見《"新子學"筆談》,《文匯讀書周報》2012年11月2日12版。
④ 同上。
⑤ 劉韶軍《論"新子學"的内涵、理念與構架》,《江淮論壇》2014年第1期,第59~64頁。
⑥ 賴賢宗《"新子學"的方法論之反思——基源問題研究法與創造的詮釋學的知識建構過程》,《諸子學刊》第九輯,第95~112頁。

除此之外,玄華則認為"新子學"研究方法上所要採用的最直接的方式是文本研究與生產(《"新子學":子學思維覺醒下的新哲學與系統性學術文化工程》)。他認為文本的生產與研究才是"子學"最基本的發展方式。比如"子學"的誕生就源於對"經學"文本的解構和自身"子學"文本的生產。唐宋以後以"古文運動"為標誌所形成的"文體革命",近代以"白話文運動"為標誌所形成的文本"語言變革",均是從文本變革的體裁與語言維度,進一步促進"子學"文本的改造與生產,從而直接促成近代"子學"轉型的發生。當下研究者若自覺意識到這個層面,就可以借助新環境,再次實現"子學"文本的全面解放,實現"新子學"大發展。

從總體上看,"新子學"目前所提倡的方法論,如被大多"新子學"論者視為基本方法的文獻整理、考據、訓詁、辭章、義理等皆是傳統"子學"乃至整個中國傳統學術固有的基本方法。"詮釋學"雖一直是"新子學"倡導者們最為熱衷的研究方法,但其基本理念仍大致停留在"中學為體,西學為用"的傳統觀念上,而實際上西學作為中國學術共生的參照系,若僅僅將其作為一種工具,以之去理解中國傳統學術,就只能是變相地遺忘或縮減它。因為傳統的學術不是我們以對象化的思維方式就能帶出它的全部。當下的我們,並非是要傲慢地以自身為中心對歷史傳統進行重寫,而是要重新去發現它,那就不能削足適履以之為對象,而只能將它完整地、客觀地從歷史帷幕後帶出。

三、面對時代課題的異聲

方勇先生《"新子學"構想》強調"新子學"所處的當下是一個多元並存的時代。隨着全球化的不斷深入,已經不是以西方文明為中心的時代。此後《"新子學"申論》又強調"當今世界已經不再是古典中國的'天下'",而"新子學"命題的提出則是順應時代多元性的產物。

玄華在強調時代多元格局的基礎上,認為當下中國社會正處於前現代、現代、後現代相雜合交錯的階段:"當我們學術界在面對傳統文化與當下文化的鴻溝而思維尚停留在現代性階段,意圖用經學的形而上思維與體系一統天下時,社會早已將我們拋在身後,大踏步地走入了後現代階段。也就是說,我們當下所面對的社會是,學術文化還停留在前現代階段、正努力着進入現代性階段,但最底層的物質基礎與社會構成已身在後現代世界中。"[1]

那麼"新子學"面對如此紛繁複雜的當下社會現實,又是如何應對的?方勇先生明確指出,"新子學"主張以返歸自身的方式來處理多元世界中不同學術與文化之間的張力,"面對現代學術中世界性與中國性的衝突,'新子學'的主要構想是以返歸自身為方向,借助釐清古代資源,追尋古人智慧,化解學術研究中的內在衝突。所謂返歸自身,就是要平心靜氣面對古

---

[1] 玄華《關於"新子學"幾個基本問題的再思考》,《江淮論壇》2013年第5期,第104~109頁。

人,回到古代複合多元的語境中,把眼光收回到對原始典籍的精深研究上,追尋中國學術的基本特質",與此同時,也認識到"今日我們已經完全置身於複雜多元的廣闊世界中,勢必要去理解與我們完全不同的異己者"(《再論"新子學"》)。這一求同存異的思維模式是中國傳統固有的觀念,本質上是從"己"出發,以己之同情去理解異己者,最終求同存異。這也為目前大多數"新子學"倡導者所接受。

對此,玄華則認為傳統的"求諸己"、"反歸自身"等方法無法實現真正的和諧共存。他說:"從表面上看,以自我反思為基本方法的倫理觀似乎足以為法,實則不然。其實質是一種潛藏的自我中心主義,……這種我與他人地位的內在不對等必然導致倫理上的帝國主義,最後淪落為他人即地獄的境地。……在他者被排斥在外之下所進行的追求完滿純粹的自我反思,必然是無根之水、無本之木,同時也是永遠飄浮在空中、無落足點的虛幻之羽。"(《"新子學":子學思維覺醒下的新哲學與系統性學術文化工程》)在此基礎上,他強調在"我"與"他者"之間,以"他者"為前提,才能真正確立"我"的存在。此後又將相關理念進一步發展為"自我否定"論:"對於每個個體而言,不存在脫離社會而純粹孤立的本質,是在面對他者中獲得自己的確立。同時,也以此進行着自我否定式的發展。它永遠在多元而豐富多彩的世界中,在永不停息的自我否定式發展中。"(《關於"新子學"幾個基本問題的再思考》)

從上可知,"新子學"在面對當下多元時代的諸多課題時,內部理念存在着一定的衝突。相比較而言,目前主流看法主張反歸自身,然後去理解異己者。但實際上,這種理念的有效性依然值得商榷。在玄華的論述中,它甚至作為"經學思維"的一種表象而被加以批判。同時"新子學"主張自身的基本內核是思想性學術,對於思想系統建構與研究之外的文化學術,則皆排斥其外。這種帶着"純粹主義"的思維,也與傳統諸子學的博雜相違背。若再以此純粹且近乎單薄的"己身"為中心與起點,再以相"近似"之法去尋求和理解當下如此多元複雜的文化學術和社會現實,難免顯得無力與被動。

更為重要的是,"新子學"作為歷史與當下互為一體之學術,立足於當下的現代性社會中,更需警惕對現代性邊界的重視。現代性又在何種意義上成就了"新子學"？作為生長在當下時代之中的"新子學"要審視它,首先必須獲得對現代性的溢出能力,因為"子學"的發展與歷史之間的關係已經不是簡單的鏡像與對應關係,而是相互的改變。由此"新子學"作為一項時代工程,才能更有效地應對當下的諸多課題。

小　　結

"新子學"作為一項時代課題,它是在當下特定的歷史語境中生成的,故其並非依賴某種傳統的或者西方的理念所能簡單處理。它與歷史之間的關係已變得更加多維,不再是簡單的傳統的延伸,或者是西學的折射,它們之間的關係是相互攝取影響和改變。或許當務之急不是如何去應對這些問題,而是看清問題到底在哪裏。正如法國哲學家梅洛·龐蒂曾説過:矛盾始終存在着,反思的目的不是消除矛盾,而是使之存在。那麽就"新子學"而言,以上的種種困境與尷尬是它自身生成過程中的裂隙,也是它自身發展過程中不可避免的學理問題。而我們的質疑與困惑並非否定它的存在,也並非能有效解決它的種種問題,而是使之更清晰地呈現出它内部的縫隙與矛盾,從而真正實現它的價值。

[**作者簡介**] 何浙丹(1985—),女,浙江紹興人,同濟大學人文學院博士研究生,研究領域為身體美學,已發表學術論文數篇。

"新子學"與跨學科多學科學術研究

孫以昭

內容提要 從子學的範圍逐漸擴大,新子學"新"在何處,以莊子其人其書舉例闡述"新子學"的跨學科、多學科研究等三個方面,論述了"新子學"進行跨學科、多學科研究的重要性,指出"新子學"不僅是回歸本原,更須進一步加以發展,要深入研究古代子學中的精義,以為解決現實社會的民生和思想、精神等重大問題,提供可信的參考係數。

關鍵詞 新子學 跨學科 多學科 莊子

中圖分類號 B2

一

最早介紹評論先秦各家學派思想的著作是《莊子·天下》,有"百家"之泛稱,至《漢書·藝文志》之《諸子略》以後,"諸子學"的內涵逐漸擴大,晉以後諸子學的研究對象又有所擴大、增益,包括了後代的著名思想家在內。《隋書·經籍志序》引南齊王儉《七志》"二曰《諸子志》,紀今古諸子",《隋書·經籍志》還把兵、天文、曆數、醫方等也列於子部,也就是將《漢書·藝文志》中之《諸子》《兵書》《數術》《方伎》之"略",合而敘之,《漢書·藝文志》中之九流十家,即儒、墨、道、陰陽、法、名、墨、縱橫、雜、農、小說,這九流十家,再加上兵、天文、曆數、醫方,共14種。這就是諸子百家即亦"舊子學"的範圍。清《四庫全書》的子部類目過於龐雜,連藝術、譜錄等也包含在內,尚須予以釐清。

由此而論,可知子學的範圍,已逐漸擴大,已較廣泛,已經涉及軍事、天文、曆數與醫學多種學科了。再加上古人於學無所不窺,見聞廣博之至,因而古代思想家的子學著作包蘊甚廣,其中論述的問題,涉及諸多學科,《莊子》和《墨子》尤為特出。《莊子》一書,不但是以文學寫哲學,而且它的很多哲學觀點是用養生學闡發的。由於它具有超前意識,其論述中又具有數學、物理學和生物學以及其他學科的成分。《墨子》中自然科學的成分更多更深,不但有力學、光學、數學,而且還有機械製造學。概言之,舊子學本身就是跨學科、多學科的作品。

二

那麽"新子學""新"在何處?民國時期有關著作能否稱爲"新子學"呢?

"新子學"的"新",應該是全方位的"新",而不是某一方面的"新"。就是説,要做到"三新一全":觀念新、視角新、方法新、資料全。觀念新主要是指不但在思想觀念上把子學視爲與經學、史學、文學同等重要,而且要充分認識到子學是我國傳統文化中,最具創造性、鮮活力,而又對自然、社會與人生最具深邃思辨和睿智應對的部分,它最具生命力和現實價值。視角新,是指諸子百家之作,本身就包容宏富,其内容涉及多種學科,而"新子學"則更應利用當前的思想高度與科技水準來進行觀察、剖析與研究。方法新,是指開展研究固然不能離開傳統的訓詁與義理兩個層面,使之盡量貼近文本原意,但同時還要加強理論探索與參照,面對西學,加以吸納比照,還要進行跨學科、多學科的綜合性大文化研究。不但要吸納與社會科學鄰近學科的學者,還要有自然科學相關學者參與,進行通力合作,才能真正弄清一些尚未弄清的問題。

理論方面主要是我國古代的文論,也還要參照馬列文論和吸納西方文論,這對深入探究"新子學",無疑具有重要的參照和借鑒意義。我國古代文論極爲豐富,《典論·論文》爲作家論,《文章流别論》爲文體論,《文心雕龍》爲文學理論,《詩品》爲詩歌理論以及聲律論,這些作品都出現於3世紀至6世紀的三百年間,這些豐富的文學理論遺產是同時期的西方所不能比擬的,其中《文心雕龍》尤爲重要。今人賈文昭等編有《古代文論類編》《近代文論類編》,搜集尚稱完備,亦頗便參考。史論主要有唐劉知幾的《史通》,清章學誠的《文史通義》,還有宋鄭樵《通志》中的"二十略"。《史通》中提出史學、史才、史識,《文史通義》以考索與義理並重,注重目的性,反對空談。《通志》雖爲上古至宋之通史,但其中《二十略》爲作者用力之作,雖亦有襲用《通典》之處,其中氏族、六書、七音、都邑、昆蟲草木五略,則係作者新創,爲舊史所無,有的具有理論價值。

馬列文論,主要有馬克思、恩格斯之《德意志意識形態》、恩格斯之《費爾巴哈與德國古典哲學的終結》《自然辯證法》《反杜林論》、高爾基《論文學》、盧森堡《論文學》、梅林《論文學》等。西方文論亦頗多,包括哲學、文學、藝術等方面,重要的有柏拉圖、亞里士多德、黑格爾、萊辛、歌德、伏爾泰、托爾斯泰、海德格爾等人及其有關論述,他們之中有些人如托爾斯泰、海德格爾等對中國的學問特别是《老子》甚感興趣,受有很大影響,並加以學習與借鑒。在理論參照方法運用方面,我們與西方亦各有所長。西方長期流行"天人二分"理論,而"天人合一"則是我國傳統文化中最有價值的思想理念之一。在避免大自然生態平衡慘遭破壞和人類橫遭"懲罰"與"報復"方面,"天人合一"説遠勝於"天人二分"説,但對於阻礙科學發展的神學目的論而言,"天人二分"説也自有其一定的進步性。在方法運用方面,我們不但有由來甚久的訓詁注釋與義理研究兩個層面,還有傳統的辯證思維,習慣於用變化論、矛盾論和中和論來分析事物和一切,而且也要吸納西方尤其是歐美的思維方法,即運用邏輯思維來分析事物和一切。這種思維方法也就是分析思維,即在思考問題時,不像辯證思維那樣追求折衷與和諧,而是從一個整體中把事物分離開來,對其本質特徵進行邏輯分析。這兩種思維方式各有特點,也有所偏頗,前者過於注重同一,後者過於注重差異,綜合而用,則臻於完善。

　　資料全是指不但要將子學著作和研究子學的著作搜羅殆盡,而且要將集部中的有關子學的著作與資料一併收錄,並要將鑲嵌與散落在史籍、類書、序跋、筆記、札記中的有關重要思想與資料,予以輯佚、輯評、校勘和注釋,而且還要有選擇地甄別收錄天文、曆數、醫方等門類的資料。因此"新子學"這項學術工程,至為浩繁艱巨,更為龐雜艱辛,喻為披沙揀金、聚金為丘,絕不過分。還須指出的是,既然稱為"新子學",就不僅要以上述"三新一全"之標準與要求寫出新的研究子學的著作,也應該寫出新的子學著作,主要用現代語體文寫,也可以用文言文寫。從而使得"新子學"既還原了往昔子學著作的思想風貌和語言風格,又展示了當代的思想認識水準、價值取向和文化風采,為社會提供有益的參考係數,而這些都必須進行跨學科和多學科的大文化研究。

　　至於民國時期的子學著作,竊以為不能稱為"新子學"。如前所述,"新子學"應有種種要求與標準,應該自成體系,決不能因其著作中有新意,即視為"新子學"。因為學術總是隨着時代而前進發展的,後之視前,今之比古,總會有新意展現,但是我們最多只能説某些子學著作已然具有了"新子學"的成分與因素,而不能認為它就是"新子學"了;否則現在提出"新子學",還有何意義? 眾多學者就"新子學"問題所發表的真知灼見,豈非無的放矢,徒勞無益?! 就此而論,我認為不僅晚清民國以來的不少子學著作具有"新子學"的成分與因素,如嚴復之《老子評點》聯繫到的西方的進化論,唐敬杲之《墨子》,説墨翟"最多科學實驗之精神",就是宋明著作中也不乏新解,如宋林希逸《莊子口義》的援儒入莊,兼容禪宗哲理;明清之際王夫之《老子衍》《莊子通》,由不贊成"強儒以合道,則誣儒;強道以合釋,則誣道",進而"乃廢諸家,以衍其意","以通吾心"、"以通君子之道"。而寫得有似今人著作的,則是20世紀30年代初出版的郎擎霄之《莊子學案》,他在"凡例"中即聲稱"以科學方法,就莊子學説為有系統之研究",其章節之名目幾乎與今人所著無異,如第八章莊子之經濟思想,分欲念、生產論、價值論、分配論、消費論五節;第九章莊子之心理學,分論身心之關係、論性、論精神、普通心理學、社會心理學、變態心理學、動物心理學九節,令人耳目一新。改革開放以來的不少子學研究著作,更是與方勇教授所提倡的"新子學"靠得很近,但是我們不能止步不前,還要更上一層樓,作進一步全新的研究。因為,時代與社會不斷進步,科學技術突飛猛進,思想觀念不斷更新,子學資料尚須全面搜集,深入開掘,有待形成繼承發展創新的子學新體系。因此,就總體而言,"新子學"將比《子藏》學術工程更加複雜、更為艱巨,必須得到整個學術界(包括自然科學界)的合作支持,才能深入開展,獲得成功。另外,寫出新的子學著作同樣極為重要,因為新的子學研究著作,可以展示當代學者學術水準,而新的子學著作,則可以顯露當代哲人的思想深度與藝術風采,也只有如此,才能使"新子學"成為完璧,從而垂範後世,鑒戒當今!

三

  基於以上所述,這裏試就莊子其人其書舉例闡述"新子學"的跨學科、多學科大文化研究。
  先從傳統的訓詁與義理兩個層面談起。語言文字是思想的載體,如果不把古人的語言文字弄懂,那又何從明白古人的思想真諦? 戴震早已批評過宋學(理學)那種空疏狂禪的學風,他於是主張從文字訓詁入手,提出了著名公式:"由字以通其詞,由詞以通其道。"(《戴東原集・與是仲明論學書》)莊子曾在《齊物論》中從怎樣消除彼此對立狀態的角度提出了"道樞"的範疇:"是亦彼也,彼亦是也,彼亦一是非,此亦一是非,果且有彼是乎哉? 果且無彼是乎哉? 彼是莫得其偶,謂之道樞。樞始得其環中,以應無窮。"然後又從為什麽要消除彼此對立狀態,提出了"天鈞"和"天倪"的範疇(文長不録)。什麽叫"道樞"? 唐成玄英在《南華真經注疏》中説:"偶,對;樞,要也。"於是將道樞釋為道的關鍵。那什麽叫"天鈞"? 什麽叫"天倪"呢? 歷來解莊者,多把"鈞"解為"均","倪"解為"分",即把"天鈞"解釋為"天然的平均",把"天倪"解釋為"天然的分際",這與上面解釋"道樞"相類似,意思雖無大錯,但令人費解,同樣未得莊子的真意。《説文解字》:"樞,户樞也。"清段玉裁注:"户所以轉運開閉之機也。""樞",即轉軸,是圓的,過去老式的門就靠它開閉。正因為如此,所以莊子用它喻道。陸德明《經典釋文・莊子音義》引崔譔《莊子注》,把"鈞"釋為"陶鈞",《史記・魯仲連鄒陽列傳》裴駰《集解》引《漢書音義》曰:"陶家名模下圓轉者為鈞。"那麽,"鈞"應釋為"輪","天鈞"也就是"天輪"之義。至於"天倪",《經典釋文・莊子音義》引班固説,即"天研"。《説文解字》:"研,䃺也。""䃺"乃"磨"之本字。那麽,"天倪"也就是"天磨"了①。這樣解釋才是莊子的本意所在,莊子具有極大的智慧,他善於深入細致地觀察一切事物,他看到輪子等圓形的物體在進行圓周運動不停地旋轉時,没有什麽起始和終點,於是把它上升到理論高度。莊子正是運用這些形象化的比喻來表達哲學範疇,把"道"比喻成圍繞中心旋轉的軸子、輪子或磨盤,進行着始終如圓環之運行,無法弄清它的起始和邊際的圓周運動;也只有立足於圓環的中心,取消了起點和終點的區別,才可以取消一切對立和差別,才可以應對一切關於是非、彼此、美醜、成毀的辯論,這也是《周易》"體圓用神"之義,從而極為高明地闡述了他的相對主義認識論。另外,莊子如此富於想象地表達哲學範疇,也使得範疇形象化,充分顯示了他高超的文學藝術水準。
  非但如此,《莊子・齊物論》中的相對主義認識論,與當代物理學中赫赫有名的相對論也

---

① 詳見拙文《莊子哲學的基本傾向及其積極因素》,載拙著《莊子散論》,安徽大學出版社1997年版。

有某些相通之處。愛因斯坦的相對論揭示了空間和時間的辯證關係,從而加深了人們對物質和運動的認識,概言之,其理論是建立在運動的相對性和光速的不變原理上,認為時間和空間都是在不斷地變化的,並隨着運動速度不同而改變着。莊子不但用不停旋轉的圓周運動來取消是非、美醜、成毁與久暫的區别,並且還把時間和空間説成是不斷地變化的,"無動而不變,無時而不移"(《秋水》);還把事物説成是不斷地變化的,並且是可以轉化的,"萬物皆種也,以不同形相禪",這就更加令人驚異和讚歎了①!

莊子哲學中有不少養生學的内容,這是由於就實質而言莊子哲學原本就是人生哲學的緣故。在寫法上除了運用文學手法而外,它的有關論述是用養生學闡發的。如《養生主》中的"緣督以為經","督"有中虚之義,它既是哲學範疇,指對外奉行中虚之道,又為醫學養生學名詞,"督"是指人體内順脊而上的中脈。王先謙《莊子集解》引李楨云:"人身唯脊居中,督脈並脊而上,故訓中。"王夫之《莊子解》對此闡釋得更加清楚:"身前之中脈曰任,身後之中脈曰督。督者,居静而不倚於左右,有脈之位而無形質者也。緣督者,以清微纖妙之氣,循虚而行,止於所不可行,而行自順,以適得其中。"顯然,這裏的"緣督",實際上即是後世養生家所講的"周天功"中的通"小周天",這是養生功、氣功中最基本的"通三關"功法。它能溝通"任"、"督",心腎相交,水火既濟,使精氣充實,對於袪病延年大有好處。據經絡理論,人身有正經十二條,奇經八條,先打通任、督二脈,其他六脈,乃至十二條正經都能隨之而通。可見,"督"本為醫學和養生學名詞,莊子已掌握了小周天功法;由於"督"有中、虚之義,又由於小周天是先行督脈而再行任脈,遂以"督"概指"督"、"任"兩脈,因此莊子加以應用,使其兼有醫學、養生學名詞和哲學範疇兩重意思,既指個人養生之術,也指對外應世之方,内外兩方面意思都有。"緣督以為經"的全部含義是:對内常行通"督"、"任"的小周天功法,以作為養生之術;對外奉行中虚之道,以作為應世之方,這就巧妙地將養生學和哲學結合起來了。

再如《大宗師》中的"坐忘",也是講修養的方法與步驟,所謂最後達到的"墮肢體,黜聰明,離形去知,同於大通",和大道混通為一,實際上是静功修煉中的最高境界,即無知無識,一切全無,渾渾噩噩之意;但又把它與"忘禮樂"、"忘仁義"聯繫起來,而且是在上面"意而子見許由"一節中論述把實行"仁義",明辨是非,看成是禁錮思想的桎梏,猶如受了"墨刑"、"劓刑"一樣之後,這就又把論述養生學與闡發哲學觀點、批評儒家思想結合了起來。這種有關哲學思想用養生學闡發,把哲學養生學化,形成亦哲學亦養生學的情況,從而使得莊子哲學具有更大的包容性和一定的實踐性,這應該説是莊子哲學的不朽價值所在②。

在先秦諸子中,莊子對於天人關係的認識與闡述最為全面與深刻,有以下幾段重要的話:其一是"知天之所為,知人之所為者至矣"、"畸人者,畸於人而侔於天"(《大宗師》),這是説人們洞察事理之極,是既要瞭解人,也要瞭解自然;即使不合乎世俗的"畸人",也要齊同應合於

---

① 詳見拙文《試論莊子的超前意識》,載《諸子學刊》第三輯,上海古籍出版社 2009 年版。
② 詳見拙作《莊子哲學與養生學》,載拙著《莊子散論》。

自然。其二是,"天而不人"(《列禦寇》),這是説要取法自然,而不要取法人事。這些都是講人要瞭解自然,因順自然。其三是,"天與人不相勝"(《大宗師》),"不以人入天"(《徐無鬼》),則是進一步指出人不要與自然争勝、對立,不要以人事干預自然,不要以人事毁滅自然。其四是,"以天爲師"(《則陽》),"法天貴真"(《漁父》),"以天爲宗"(《天下》),這裏强調歸結爲人要尊重自然、效法自然,以自然爲宗主。

再來看看恩格斯在《自然辯證法·勞動在從猿到人轉變過程中的作用》一文中所講的極爲深刻、發人深省的話,文長節引如下:

> 我們不要過於陶醉於我們對自然界的勝利。對於每一次這樣的勝利,自然界都報復了我們。……因此我們必須時時記住:我們統治自然界,決不像統治者統治異族一樣,決不像站在自然界以外的人一樣,相反地,我們連同我們的肉、血和頭腦都是屬於自然界,存在於自然界的;我們對於自然界的整個統治,是在於我們比其他動物强,能够認識和正確運用自然規律。

兩相對照,莊子在兩千多年前竟有如此深刻而正確的認識,具有如此非凡的超前意識,真是具有極大的智慧,真是太偉大,真是太不可思議了! 他的這種瞭解自然、因順自然,同自然和諧平衡的主張,不僅難能可貴,而且對於減少現時的危機和免除未來的災難,還頗有現實的價值取向。

我們必須充分認識到,人類是自然界長期歷史發展中的産物,它本身應該就是自然界的一部分。但是,人類卻未能真正認識到這二者之間的相關一體性,因而往往把自己處於與自然界對立的地位,以致使人類與自然界的關係不斷惡化。如過快地發展工業,過多地進行核試驗,過量地開採森林與地下水等,其結果是導致自然界生態平衡遭到嚴重破壞,北極上空臭氧層變薄,空洞加大,氣温反常,火山頻發等怪異現象。我國多年來出現土地荒漠化、水土流失、江河斷流、洪水泛濫、地面下陷等嚴重惡果,黄河長時間斷流和長江特大洪水同時出現,應該是出於同一原因。

爲了改善人類和自然界的關係,人類必須徹底改變自己的思維方法與活動方式,那就是對自然界不能一味索取,一味干擾,更不能採取掠奪甚而竭澤而漁的手段,而應重視自然界本身的固有規律,與自然界和諧相處,你奉獻自然界越多,就會受到自然界更大更多的贈予而不是"報復"與"懲罰"。近年來,我們也採取了不少有益的措施,如退耕還湖、退耕還林、大面積植樹造林和退牧還草等。數年前温家寶同志在一次講話中指出,人們的思想要從控制自然轉化爲管理自然,十八大李克强同志更是把"生態文明建設"納入全國的"五大建設"之中,這是國家領導人自覺運用科學發展觀實現中華民族偉大復興的典型範例,這一重大思想轉變,實在令人歡欣鼓舞,必將謀利於當今,造福於後世。這幾年,"霧霾"籠罩我國廣大地區,京津冀、珠三角、長三角地區空氣污染情況嚴重,而且呈連片發展態勢,去年更爲嚴重。當然這與工業發展過快,環境保護措施未能先行或跟上,以及家庭汽車過快發展和尾氣治理不力有關。最近,李克強同志又召開國務院常務會議做專題研究,以形成政府、企業和全民的合力,來整治大氣污染,提升全民的環保意識,使人們認識到空氣污染是最大的民生問題,以期能還我以藍天白雲的良好生態環境!

　　莊子的超前意識,還表現在《逍遙遊》中提出的關於"無極之外,復無極也"這一宇宙無限大的思想。今本《莊子·逍遙遊》中無此二句,此據聞一多先生《莊子校釋》補。今本《逍遙遊》中"湯之問棘也是已"下缺"湯問棘曰:'上下四方有極乎?'棘曰:'無極之外,復無極也'"二十一字。聞氏據唐僧神清《北山録》所引補,僧慧寶注曰:"語在《莊子》,與《列子》小異。"引文"棘"作"革",按"棘"、"革"二字古聲通用。《列子·湯問》正作"革"。《列子》所引,意思與《莊子》同,但文字遠不如《莊子》的乾浄利落。另外,今本《莊子》雜篇《則陽》中也有類似句意,可作旁證:"……君曰:'噫! 其虛言與?'(戴晉人)曰:'臣請為君實之。君以為四方上下有窮乎?'君曰:'無窮。'"應該説莊子這種宇宙無限大的思想,是很了不起的見解,是一大貢獻。它比同時代鄒衍大九州小九州的説法要高明得多,即使用現代科學去衡量,也是完全正確的。

　　另外,莊子在《應帝王》《天地》篇中提出的關於"渾沌"的理論,以及在《養生主》《人間世》《德充符》等篇中提出的關於體悟道體的直覺思維方式,也頗具開啓價值,在今天仍有其正確性,並與現代自然科學暗合。

　　現代哲學的發展表明,人們所重視的理性主義並未能真正窮盡對人類思維現象的研究,而被棄如敝屣的直覺思維卻具有廣闊的研究領域。哲學家柏爾尼就提出了在當今西方頗有影響的"意會認識論",初步揭示了沒有語言參與下的意會思維現象和意會思維特徵。而當代物理學中相對論的出現和基本粒子理論的形成,更表明了經驗科學時代盛行的實證主義思維方式已不能完全適應時代的需求,物理學大師愛因斯坦和海森伯都主張要以新的思維方式去取代實證主義,他們所提倡的新的思維方式都有整體、模糊和意會的特點,而與莊子的思維方法接近、相通和暗合。日本著名物理學家,1949 年度諾貝爾物理學獎獲得者湯川秀樹在其所著《創造力與直覺———一個物理學家對東西方的考察》[1]一書中則對莊子的"渾沌"説甚表驚異,予以充分肯定。湯川認為"他(按指莊子———引者)竟然有一些想法在一定意義上和今天像我這樣的人的想法相似,這也是有趣的和出人意料的",並進而認為:"渾沌"也與德國的海森伯教授所思考存在於基本粒子後面的東西叫做"Vrmateril"("原物")的差不多,它可能是化為一切種類的基本粒子背後的還未分化的某種東西[2]。這就通過對東西方文化的深入的對比研究,肯定了莊子上述理論的認識價值和開啓性。它充分説明莊子的這種完整的、系統的直覺思維方式,不僅對我國古代的哲學和藝術產生過重要影響,就是對現今的哲學和美學甚至

---

[1] 周林東譯《創造力與直覺———一個物理學家對東西方的考察》,復旦大學出版社 1987 年版。
[2] 同上書,第 48～51 頁。

科學也很有啟示意義①。

四

  總括以上所論,可以得出以下幾點看法:

  一、古代子學,博大精深,其内容涉及諸多方面、諸多學科。而其本身又是諸多不同學派的著作;今天的"新子學",則不僅是回歸本原,更須進一步發展,要深入研究古代子學中的精義,為解決現實社會的民生和思想、精神等重大問題,提供可信的參考係數,那麼,進行跨學科、多學科的綜合性大文化研究,當然勢在必行。另外,也還要寫出新的子學著作。

  二、從深層看,上古學術,正如莊子在《天下》篇中所說,本來就是一個"無乎不在"的整體,古人研究的最高學問,就是探討宇宙和人生本原的大問題。到了春秋戰國時期,"天下大亂,聖賢不明,道德不一",各種學術才從大道中分離出來,"道術將為天下裂",學術遂由"合"而"分",以後這種情況一直在延續。時至清末民初,又從西方引進了學術分類、分科的觀念,使得學術走向"專科化",並且越分越細。應該說,學術的分裂與學科的分細,也是一個應該肯定的很大的進步,否則也就不會使科技迅猛發展,在信息化、數字化、太空探測等方面獲得如此驚人的成就。但是學術和科學過於"專科化"、"細密化",隨之也帶來知識狹窄、觀念封閉、思維單一,於傳統文化茫然,文理難以融通等弊端。竊以為,現在學術已經到了由分而合和亦分亦合的階段,這決非簡單的回歸,而是在更高階段上的升華。當前的教育大計,應注意到固然要繼續培養高精尖的專門人才,也要培養文理兼通的通識之士,兩相配合互補,才能攀登更高的科學巔峰。

  三、"新子學"的提出,高瞻遠矚,有統領諸家學派、各門學術的氣勢。實際上多年來不斷湧現的"新儒家"、"新道家"、"新墨家"、"新法家"之類,也無不在其籠罩、涵蓋之下,在"新子學"的旗幟下,不但可以進一步進行某一子學流派的專門研究,也可進行整體子學的綜合性研究;既可進行單一學科的微觀探尋,也可進行跨學科和多學科的宏觀把握,從而逐步做到分合有序,小大並進,蔚為大觀,取得前所未有超越先賢的成就。當然,還有兩個條件也是非常需要和必備的,一是研究者必須具備獨立的人格和自由的精神,不受外界的任何干擾和影響;二是需要有關部門的支持、整合、貫通和協同,我相信在新的大好形勢下,也是完全可以做到的!

  [作者簡介] 孫以昭(1938—),男,安徽壽省縣人。1961年復旦大學歷史系畢業,現為安徽大學文學院教授,從事跨學科大文化研究,發表論文90餘篇,主要著作有《三合齋論叢》《莊子散論》《毛鄭詩考正校注》《小巻葹詩稿》等。

---

① 詳見拙文《試論莊子的超前意識》。

"新子學"與跨學科學術研究鳥瞰

[韓國] 凌　然

內容提要　"新子學"與跨學科學術研究是一種應對時代要求的學術趨勢,當前有關建構"新子學"學術思想體系的問題,已經奠定基礎,有了清晰的理念,接着要探討如何進行現代社會轉型的問題。從轉型到巔峰,必須經過一定的學術研究進程,把不同學科整合、貫通起來,以解除其間的相對局限性。為此,在"新子學"與跨學科學術研究上要有一種反思,才能正視存在的問題。關於"新子學"學術研究轉型進程的問題,應該可以從規範化、科學化、具體化、多元化、普及化等過程來思考,其中以多元化、普及化為重點,進行細節性的文學化與大眾化,應能達到預期的功效。進而還要從前人的學術成果中尋找一些相關範例,接受而後解構,建構進而發揮,從而全面深入地開展跨學科的"新子學"學術研究。"新子學"與跨學科學術研究是一個相涉互動的關係。正視時代趨勢的變化與要求,進行古今與東西對話、解構與建構工作,唯有學界與大眾相結合,才會實現跨學科的"新子學"學術研究。

關鍵詞　新子學　跨學科　多元化　普及化　學術研究　反思鳥瞰
中圖分類號　B2

緒　言

所謂"諸子學",亦簡稱為"子學"。近幾年來,華東師範大學多次舉辦"新子學"的學術活動,討論了一些建構學術體系的問題,接着要討論的是"新子學"轉型發展的問題。在古今、東西對話的前提下,論轉型發展應該顧及人員構成、對象結構等問題,劉韶軍在《論"新子學"的內涵、理念與構架》一文中說:"就'新子學'而言,前面已經說明了它的新在於學科體系新、時代觀念新、學術知識體系以及學術研究方法新,而所要面對的研究對象、所要涉及的文獻資料及其內容則是傳統的、舊的東西。以新對舊,這就決定了'新子學'的第一個理念是要以新的價值觀、方法等對舊的東西進行全新的解讀、闡釋。"①劉氏説得甚好,認爲隨着變化,以新代舊,其"新"就必須合乎跨時代的理念、範疇、方法等學術思想體系,才能體現"新子學"的内涵。而嘗試再造"新",必須有一明確的學術理念,然後進行闡揚,以其合理性而得到學者的接受與再發揮。而"新子學"與跨學科學術研究意味着轉型發展,轉型則必須借助跨學科學術研究,經過一段整合不同學科的道路。現在正是最佳時機,不得猶豫不決,應該小心翼翼地進行這項事業。

本論文以"'新子學'與跨學科學術研究"爲研究範圍,全力搜集相關資料,歸納重組,作一分析研究。論文大約分爲三部分:一是"新子學"與跨學科學術研究,二是關於"新子學"與跨學科學術研究的反思,三是"新子學"與跨學科學術研究鳥瞰等方面。希望透過三層次的探究過程,對該問題做出相對客觀、合理的論述,並有助解決若干問題。

一、"新子學"與跨學科學術研究舉隅

有關"新子學"面向跨學科學術研究的問題,若我們追尋其發展過程,就可以發現一連串包括從歷史淵源到跨學科際的接受,再到奠定基礎的情形。無疑地,我們應該先考察各代學術流變的趨勢,才能跟隨留下的腳印。

首先,是其跨學科學術研究的歷史淵源。依我所知,跨學科的"子學"研究恐是源於《韓非子》的《解老》《喻老》二篇,以法家觀點發揮闡釋老子之説,即《解老》以義釋《老》,《喻老》以事解《老》②。

接着,是宋代之前跨學科際的接受。這一階段應從先秦以後下及秦漢、魏晉南北朝、隋唐五代,即秦漢時代在《吕氏春秋》、劉安《淮南子》、董仲舒《春秋繁露》與賈誼的政論文,以及諸儒解《經》中引諸子學説用以説《經》;魏晉南北朝時代在嵇康《養生論》、阮籍《通老論》與《達莊論》、陶淵明《桃花源記》,以及葛洪《抱朴子》、劉勰《文心雕龍》中,持玄學風氣,吸取養分,援用發揮;隋唐五代在李白、杜甫、李賀等的詩作,以及韓愈《讀荀子》與《圬者王承福傳》、柳宗元《黔之驢》《捕蛇者説》《種樹郭橐駝傳》等文中,承佛、老或儒,思想的論駁,皆有可觀。而古文運動後,承其遺風,繼述古義,雜抄子書,牽引學術,卻斥諸子,流於雜學,相參異聞,相稱持論。

再接着,宋代是奠定基礎的時期。宋代以儒爲主,雜以道、佛,提升層次,擴展思維,營造一種跨學科學術研究的條件環境。關於這一條件環境,主要依靠提升(層次)擴展(思維)與思

---

① 見劉韶軍《論"新子學"的内涵、理念與構架》,原載於《"新子學國際學術研討會"會議論文集(一)》,華東師範大學先秦諸子研究中心 2013 年 4 月,第 48 頁。
② 羅焌在《諸子學術》第八章《歷代之諸子學》一文中説:"惟《韓非子》《解老》、《喻老》二篇,殆研究諸子之最初而最精者乎?"岳麓書社 1995 年版,第 81 頁。

想會通兩大方面的因素,並以此推動了跨學科學術研究的發展。宋人對諸子學思想的接受及發揮相當可觀。就提升(層次)擴展(思維)而言,由於先秦諸子學往往缺乏一完整的哲學體系,而因循該問題,後學一代代墨守地闡釋發揮其義理思想,至宋,有賴於好議論、重思辨、舉大義的新風氣,一時就出現了疑古改造的傾向。趁此時機,學者們開始嘗試建構其義理思想體系,即以儒家為中心,並與道家、佛家結合,建立一種新時代思想學術。為此,儒學逐漸地吸納了道家、佛學中的理論層次與思維方法,從而使宋學大力促進提升層次、擴展思維,體現了一代學術思想的特徵①。由思想會通而言,是與"提升擴展"一環扯得上關係,擬以儒解道、以道解儒、以佛解道等方式互相融合,推陳出新,相得益彰,乃呈現出了闡發各家義理思想的特徵。所以筆者在《跨學科的莊子學》一文中歸納出其意義,並説到了"宋代出現有別於傳統儒學的新儒學(理學或稱道學),它承襲孔孟儒家,還納入道家、佛家而融合,便顯示出'宋學'這一時代特色。新儒學為彌補傳統儒學缺少哲理意味之處,取以疑古議論、倫類思辨為門徑作一演繹推理,並為建構其體系吸取儒、道、佛三家的理論層次與思維方法,從而得到融合發展"②。如此,宋人大大緩和了各家學説之間抵觸衝擊的尖鋭矛盾,進而奠定了跨學科學術研究的基礎,使之形成像大有天地似的發揮空間,提供後學展翅飛翔發展的機會。此則筆者的《跨學科的莊子學》一文寫得甚為具體客觀,如:

> 宋人深受當時代學術趨勢的洗禮,經過好疑古、善思辨、舉大義,從"庖丁解牛"寓言演繹出一新跨時代意味的文章。他們援引其篇文該段,用來比喻求證的手法,發揮了多方學科的意義。即除了求證"牛以鼻聽"之事外,還有讚語、談技、改觀、處世、會通、批評、得意及比喻不當等方面。而其涉及到的學科有人文學、社會學、藝術學、中醫學、自然科學與機械工程學等領域,並以此可證實宋人發揮"庖丁解牛"寓言具有一些跨學科意義。③

然而,面向"新子學"跨學科學術研究還需要一些條件環境搭配,就承襲宋人示範的衆多成果,加上現代學術所要求科際整合的表現,即從文科、理科調和與抽象、具體兼顧,體現定量化、科學化、系統化等規範化的過程。至此要舉例的是,臺灣學者陳滿銘從《易經》《老子》與《文心雕龍》下及歷代文藝理論中總結出"辭章章法學",其理論體系用以"多↔二↔一(○)"螺旋結構、四大規律、四個章法族系來概括。該理論重在篇章内容的邏輯結構,顧及由字而句、由句而節、由節而段、由段而篇的内容組織,經由篇章結構的分析,掌握全篇之條例,理清其秩

---

① 此則可參考方勇《莊子學史》(第二册)《第一章宋元莊學概説》(人民出版社2008年版,第3～24頁)與姜聲調《宋人對〈莊子·養生主〉首段的探究》(《諸子學刊》第七輯,上海古籍出版社2012年版,第158頁)二文中的敘述。

② 見《中國語文論叢》第60輯,首爾中國語文研究會2013年12月,第158頁。

③ 同上書,第160頁。

序、變化、聯貫、統一的變化脈絡,而概括其内容與形式,體現篇章關係所表達的主要内涵①。當然,我們持着開放的心態去接納上述一些意義非凡、價值寶貴的研究成果,同時也要考慮到每一本子書是古人一生所累積的學識經驗與人格涵養的總和,其含義深刻奥妙,涉及多方,無所不包,較爲全面。後來的研究者可以不限於範圍去接受其著作,自然地發揮到多方面的學科領域,而對此,宋人給後人提供了重要的範例。

二、關於"新子學"與跨學科學術研究的反思

"新子學"走進跨學科研究的階段,必須經過規範化、科學化、具體化、多元化、普及化的過程,才會被學術界以及群眾接受。西學影響到目前,研究"新子學"的專家、學者們往往把其邏輯架構硬套籠罩於"子學"上來發揮,卻不從中土祖宗們曾試過的範例中尋求線索與答案,因而不能讓從業者都得到十分滿意的結果。當然,如今"子學"再起,號稱爲"新子學"之名,回顧過去研究過程及其成果,反復思慮,繼而進一步展望其未來發展的前程,才能使之開啓一新學術研究的門路。然則跨學科研究"新子學"如何規劃其發展進程,大約可歸納爲本段一開始列舉的五種方面,茲分述如下:

(一)"新子學"的規範化

有關"中國學"規範化的問題,學術界早已有一定的探論,1979 年臺灣黄俊傑在《思想史方法論的兩個側面》一文中説:"如何就吾國學問之傳統摶成一諦當可行之思想史方法論? 此實爲吾人今日所面臨之問題,亦爲吾人所應努力以赴之挑戰。"②筆者留臺期間撰寫碩士論文,其中初步嘗試建構了莊子思想體系,認爲"圍繞着真理的認知、思維的方法、真理的傳達、安命的歸結等四條血脈,逐漸以極深入的義理觀念開展其思想體系。這是……思想中首要釐清的問題,也是研究其思想體系的先決條件"③。同樣,方勇教授在《"新子學"構想》一文中提出整體性的看法,説:"當子學的歷史發展得以完整呈現後,其固有概念則自然而然地衝破以往陳見的束縛,重新確立起兼具歷史客觀性與現時創新性的概念。這本身也符合我國主要學術概念源於自身學術傳統的訴求。子學根植於中國文化土壤,其學術理念、思維方式等皆與民族文化精神、語文生態密切相關。對相關學術概念、範疇

---

① 陳滿銘在《篇章結構學》一文説:"經由篇章結構的分析,以掌握全篇之條例,理清其秩序、變化、聯貫、統一的脈絡,而概括其内容與形式,融合真、善、美爲一。"萬卷樓圖書股份有限公司 2005 年版,第 10~17 頁。又參考鄭頤壽《陳滿銘創建篇章辭章學·代序》一文,收入仇小屏等編《陳滿銘與辭章章法學·陳滿銘與辭章章法學術思想論集》,臺北文津出版社 2007 年版,第 6~8 頁。
② 引自韋政通編《中國思想史方法論文選集·代序》,臺北水牛出版社 1987 年版,第 1 頁。
③ 見姜聲調《莊子内七篇之宇宙觀研究》第四章《莊子宇宙思想之反省》,臺北東吴大學中文研究所碩士學位論文 1995 年,第 81~99 頁。

和體系的建構,本應從中國學術自身的發展的實踐中總結、概括、提煉而來。'新子學'即是此理念的實踐。"①這篇與相關"新子學"的若干篇論文收入《諸子學刊》第八輯"'新子學'論壇"專欄,如徐國源《關於"新子學"的幾點思考》、李似珍《"新子學"的學術針對性、時代意義思考》、李有亮《重返中國傳統文化最佳生態現場——對"新子學"的一點理解》、孫以昭《時代召喚"新子學"》、陸永品《"'新子學'構想"體現時代精神》、郝雨《"新子學"對現代文化的意義》、譚家健《對"'新子學'構想"的建議》、陳引馳《多元時代的文化傳承與選擇》等。之後,在2013年4月,華東師範大學先秦諸子研究中心舉辦"'新子學'國際學術研討會",數十位專家學者發表相關論文,並指出現階段倡導"新子學"發展的面面觀點,如傅璇琮《繼往開來,創新學術——在上海"新子學"國際學術研討會上的發言》、許抗生《談談關於建立當代"新子學"的幾點想法》、張永祥《反者道之動:從子學走向"新子學"》、玄華《"新子學":子學思維覺醒下的新哲學與系統性學術文化工程》、歐明俊《"新子學"解説之我見》、王威威《"新子學"概念系統的建構》、劉韶軍的《論"新子學"的内涵、理念與構架》、高華平《關於"新子學"之我見》、蔣門馬《關於弘揚"新子學"的建議》、李桂生《諸子形態的流變及諸子範圍的界定》、林其錟《略論先秦諸子傳統與"新子學"學科建設》、孫以昭《時代召喚"新子學"》、王鍾陵《建立中國學術的核心價值》、湯君《從"舊子學"看"新子學"》、金白鉉《21世紀新子學與新道學的研究課題》、吳勇《以諸子的精神面對現實——"新子學"的任務淺議》、王昀、謝清果《還原,重構與超越》等②。如此,衆家在論文中探討關於建立"新子學"的名義、範圍、理論、方法與發展方向等諸問題,謀求其方,探悉答案,可説是各有一定的參考價值與意義,論文俱在,茲不贅述。

(二)"新子學"的科學化

"子學"是人文學科的學術研究領域,原屬於累積的經驗知識。所謂"累積"一詞,就有一種過時陳舊之感。不過,"子學"與"新子學"不同,"新子學"指向"温故知新",非但要繼承"子學",仍要創新"子學"。而其創新非得與現代發展動因結合在一起,指的是科學知識。科學知識屬於非累積的發展知識,要把過去的抛棄,推陳出新,日新月異。無論舊有的、現有的,都要一律不變地放棄,舊的不要,要學新的,一而再,再而三,常以求新,没完没了。所以黄錦鋐師曾説:"大家都知道今天是知識爆發的時代,知識可以分為經驗的知識和發展的知識,經驗的知識是人文的知識,是累積的知識,但一累積在一般人看起來就有陳舊之感;而發展的知識是非累積的,科技的發展日新月異,……發展的知識是要把過去的揚棄,所以在科技上要學新的不要舊的,我們可以迎頭趕上;在人文上卻不能放棄舊有的,新詩要看,《詩經》也要讀,要從根救起,因此在人文上的負擔特别重,一般人看來乃有守舊的感覺。"③"子學"與"新子學"不能一

---

① 見方勇《"新子學"構想》,原載於2012年10月22日《光明日報》"國學"版,後收入《諸子學刊》第八輯,上海古籍出版社2013年版,第363頁。
② 諸篇原載於華東師範大學先秦諸子研究中心《"'新子學'國際學術研討會"會議論文集(一)》。
③ 見黃錦鋐師《科際整合下的文學發展》,《文化復興月刊》1979年第12卷第10期,第63頁。

概而論,其原因在此,故不得隨意並論之。"新子學"要走的路凹凸不平,曲折拐彎,艱辛遥遠,因而要有一系列的規劃理想藍圖、安排細節過程、着手從事研究,能使之迎接該學術的盛況,獨具一格地立足於學科領域。那麽,我們如何營造這一局面,對此張永祥在《反者道之動:從子學走向"新子學"》一文中説:"人文學科是一種務虚的學科,關注的不是純粹的知識,而是追求知識的意義,核心是人的問題,即關注人的生存及其意義、人的價值及其實現。……'新子學'大文化的理論訴求不但是針對人類陷入方向迷局中的一種反思,也是對確立文化發展新方向的一種努力和探索。大文化之大,首先是指文化之文早已不是《詩》《書》《禮》《樂》的單純内涵,而是涵蓋了大子學的全部内容;其次是調動一切人文社科與自然科學的研究手段,以子學研究為出發點,以不同文化間的交流與對話為參照,發揚子學精神,打破方向迷局,融東西方文化為一爐,開中國文化發展的生面。"①張氏説得很有道理,但未有舉例提示其具體的方法,總覺有憾。我們應該盡量利用已累積到目前的人類所獲得的科研成果,借助人文、社會、自然科學的知識來解决"新子學"學術研究的問題。譬如《老子》四十章"天下萬物生於有,有生於無"②兩句,是關於宇宙大自然之"道"創生一切事物之前,它從本體面轉變到作用面(即"無"專靠於質變現象轉化為"有"),"無"、"有"均是"道"的别名代稱。所謂"質變(Qualitative Change)",是指從一種質態向另一種質態的轉變,屬於物理學名詞。又如《莊子·至樂》"種有幾,……青寧生程,程生馬,馬生人,人又反入於機"一段,是關於生命的變化規律,"經過從'幾(即化機)'到各種事物再回到'機(化機)',就像這樣一連串的變化,可説是一種'突變'而'衍化'的生命變化現象。即由'幾'返回到'幾(機)'的循環。……實靠着介於自然界(抽象—質變)到現象界(具體—突變)轉生變化的道理。"③所謂"突變(Mutations)",是指細胞中的遺傳基因發生的改變,屬於生物學名詞。就此,我們從可行的範圍内選用科學知識去進行該學術研究,終究會做出一種客觀合理的發揮來。

(三)"新子學"的具體化

過去的"子學"研究往往有着一種抽象含糊的成分,並停留於不可轉變為具體一面的感覺,但是,有賴於科技發展的成果,我們將會把抽象成分變化為具體的,而揭露其神秘面紗。

---

① 見《"'新子學'國際學術研討會"會議論文集(一)》,第 17 頁。
② 見陳鼓應《老子注譯及評介》,北京中華書局 1993 年版,第 223 頁。
③ 見姜聲調《莊子思想中的特殊教育觀》(上),《國文天地》第 28 卷第 6 期,萬卷樓圖書股份有限公司 2012 年版,第 66~69 頁。"新子學"的科學化只是發掘文本而已,如黄錦鋐師《科際整合下的文學發展》:"文學要有感情,但感情太多會泛濫,因此也需要理智,……文學除了要感情與理智調和外還要有科學精神,就是要合乎邏輯,《莊子》裏有幾句話,我覺得非常好,他説:大鵬飛到幾萬里高空,'天之蒼蒼,其正色邪?其遠而無所至極邪?其視下也,亦若是則已矣'。我們説天是藍色的,但天的本色是藍的嗎?我們不知道,因太遠了我們看不到,只看到藍天,大鵬飛到幾萬里高空望下來也是一樣蒼蒼。這幾句話非常科學,是合乎邏輯的,這是科學的基礎。"《文化復興月刊》1979 年第 12 卷第 10 期,第 65 頁。

要不然,"子學"要脫胎換骨地追求轉型而走標榜"新子學"的路線,舊態依然,難免模糊,猶如虛幻,白費心血,並未能達到一定的預期目標。尤其人文學科過分地強調或憑藉抽象一面,就流於神秘,憑空而想,難以揣測(看不見、聽不聞、摸不着),究竟是不足以真相大白的。所以玄華在《"新子學":子學思維覺醒下的新哲學與系統性學術文化工程》一文中,認為:

> "新子學"主導下的學術理念以自覺思維與精神為核心,對萬物的思考已進入後現代主義階段。它摒棄人為對本質的先驗決定,強調對現象本身的還原與分析,對事物採用內在性、發生性的探索。一切本身都是多元的,事物間是一個互涉本身的關係,没有已死的過去本源,也没有僵化固定的未來終點。一切都是在不斷的解構與建構,又重新解構與建構中發生。……天然發展的子學與天然進化的人相互成就、互為實現,"發展的子學"的根本發展力量源於人及其一切,源於子學本身——來自於它們本身既歷史具體的,又變革開放的,無固定、不抽象的發展性。子學本身呈現出固有的開放性,始終是一個開放的形態,甚至不拘泥於子學本身。它没有固定的內容,甚至範式。而在具體層面,他把握了學術多中心、散鬚根的真實面貌和文本生命變革的具體進化形態,更近學術的實際面貌與文化學術的本性。①

而談到"具體化",還要思考一點,就是人文學科設有虛幻與真實的問題。過分地要求"具體化",實則意味着注重現象,讓人感知,看似真實,卻是虛幻的。人文學科常以伏筆在文字上埋設一些藏而不顯的意思,由此上當重視關注表面的意思,而輕視忽略背後的目的,乃造成虛幻代替真實的現象。好比黃錦鋐師曾說過一段淺顯易懂的道理:

> 《伊索寓言》中有個故事是說有隻狗咬了一根骨頭,過橋的時候看到水中也有一隻狗牙咬了一根骨頭,於是這隻狗就要去搶水中那隻狗的骨頭,牠嘴一張,咬在嘴裏的骨頭就丟了。這故事初看是告訴我們人不要貪心,如果再深一層去想——透過形象去認識文學的內涵,則我們知道水裏那隻狗的骨頭我們眼睛看得見,但嘴裏自己咬的骨頭看不見,看得見的東西是虛幻的,我們人生是迷惘的,只看得見"看得見"的東西,這"看得見"的東西是虛幻的,"看不見"的東西才是真實的;但我們卻去追求虛幻的,真實的東西都丟掉了,所以我們這樣去看文學覺得文學感動人,不僅只是說不要貪心而已。②

然而人文學科須走一"具體化"的路線,走險高坡,山重水復,還是要趕上當今時代的趨勢,應付學術研究的要求,因其立足於"新子學"的現況下更當如此。"新子學"追求"具體化",是應

---

① 見《"'新子學'國際學術研討會"會議論文集(一)》,第 24~25 頁。
② 見黃錦鋐師《科際整合下的文學發展》,《文化復興月刊》1979 年第 12 卷第 10 期,第 64 頁。

對"抽象化"的概念,而"具體化"包括辨別"虛幻"與"真實"現象,考慮到這一點才能推進一步其跨學科學術研究的問題。

(四)"新子學"的多元化

在"新子學"的跨學科學術研究上,"多元化"無疑是一種極其重要的關鍵,是因為它要走進跨學科的道路,所以亦需反映當今時代學術的發展趨向,否則就稱不上"新"、"跨"二字,就會讓人有名實不符、不切實際、不過如此的感覺。關於"新子學"的多元化,李有亮在《重返中國傳統文化最佳生態現場——對"新子學"的一點理解》一文中説:"對'新子學'的理解,第二個層面是從傳統文化的現代轉化意義上,談談對今天構建多元文化生態的一些擔憂。任何重返傳統的努力無一不是指向'此時此刻'的迫切需要的。回到中國傳統文化最佳生態現場,一方面是為了給今天多元化的精神需求提供更加豐富、開放的思想文化資源,使不同的價值取向在一個相對合理的限度内都能與傳統有序對接;另一方面,也是為了破解今人一切以'西'為尊、盲目沉迷於大衆消費文化的精神魔咒,建設一種在東西文化主題互動式的平等對話關係前提下,以及本土文化多元共生、各取所求基礎上的現代文化生態。"[①]他説到"新子學"要建構多元化的最佳生態,一方面是如何在相對合理性的範圍内進行古今對話,與傳統相接,另一方面則是如何在相對客觀性的條件下進行東西對話,與現代相應[②]。為實現"新子學"的多元化,必須與跨學科學術研究結合在一起,而確定其學科範圍的問題,所以方勇在《"新子學"構想》一文中説:"子學系統則代表了中華文化最具創造力的部分,是個體智慧創造性地吸收王

---

① 見李有亮《重返中國傳統文化最佳生態現場——對"新子學"的一點理解》,《諸子學刊》第八輯,第386～388頁。此則根據傳統文化多元的結構形為内部張力,他説:"一種良好文化生態的形成,取決於多元文化結構形態之間的内部張力。這種張力,就是一種思想價值取向上的對峙或緊張關係。這種對峙與緊張恰是文化生態充滿生機與活力的動力源。……孔子説:'君子和而不同,小人同而不和。'(《論語·子路》)而我們常常是把'和'與'同'相混淆了。有子也説過:'知和而和,不以禮節之,亦不可行也。'(《論語·學而》)而我們今天為了講'和',連基本的禮儀、規矩也都丢棄了。和諧是需要在正視矛盾、直面張力的前提下,從機制體制上進行改革創新才可能實現的,而非一味回避衝突、抹平差異、壓制矛盾、消除張力。……進一步講,多元文化之間的張力,是由於各種不同的文化思想的價值取向具有分化性、裂變性。這種思想上的分裂局面對於百家争鳴的良性文化生態的形成是至關重要的,因為在它的内部產生推動力的,是一個既處於不斷變化之中,又有着自動守衡機制的複合式張力結構。在這一張力結構中,有不同思想派別、不同主張之間的對立性或差異性,也有不同思想自身内部的矛盾性、悖理性,這就形成了文化思想的多元共存和交互影響的生態格局,對於一個時代、一種社會文明的創建提供了鮮活的精神質素。"(同上書,第385～386頁。)
② 徐國源在《關於"新子學"的幾點思考》一文中説:"當代'新子學'研究和傳播,應該注意四個問題:一是要'回歸原典'。……二是要'重估價值'。……三是要展開'創造轉化'。歷史都具有當代性,'新子學'之'新',其實也包括了當代學者重新認識和發掘先秦子學的'潛'意識、'正能量'。所謂'創造',就是要充分闡發子學原典中潛藏的當代價值,使優秀文化發揚光大;所謂'轉化',我以為必須借助'古今對話'、'中外對話'等途徑,使'經典'生發出現代意義,為目下社會文明、公共文明建設所用。"《諸子學刊》第八輯,第377頁。

官之學的思想精華後，對宇宙、社會、人生的深邃思考和睿智回答，是在哲學、美學、政治、經濟、軍事、教育、技術等諸多領域多維度、多層次的深入展開。"①固然他說中了"子學"是古人傳授其學識、經驗、修養的精華，涉及全面，深入内涵，所以將它接受發揮，其領域就像是開闊天空，不可限度的了。同時，方勇又說："'新子學'是子學自身發展的必然産物，也是我們在把握其發展的必然規律與時機後，對他所做的進一步開掘。在此階段，我們重新反思並明確子學的本質與其歷史面貌。所謂子學的'子'並非傳統目録學'經、史、子、集'的'子'，而應是思想史'諸子百家'之'子'。具體内容上，則應嚴格區分諸子與方技，前者側重思想，後者重在技巧，故天文演算、術數、藝術、譜録均不在子學之列。"②在奠定基礎上，他主張界定學科領域或範圍，自有一定的道理③，但是，他自己也肯定"子學"是多維度、多層次展開的，既要說範圍無限定，就要說無限定，不許出爾反爾，最好不可有區分排列。故李似珍在《"新子學"的學術針對性、時代意義思考》一文中批駁說："具體落實'新子學'，會遇到許多的問題，……方教授在文章中提出了有關天文、數學等自然科學部分，不進入子學範圍。我認爲從論著收集範圍的劃界角度講是應該這樣做的，但從思考範圍的涉及而言則不必限定得過於狹窄。其實西方人的學術裹面，哲學、宗教和科學是分不開的幾塊，他們講宇宙觀和本體論，認爲是與人分不開的方面。這種思想觀點值得我們重視。在中國歷史上，人們也曾有過這方面的關注，如戴震是清代重要的經學家、思想家，也是《四庫全書·子部·算學類》編撰的負責人，他經過了解，確定了中國傳統數學中的十本代表作（其中有《九章算術》《周髀算經》等）。在此基礎上，他自己還寫了一本相關的算學書，因爲他覺得通過閲讀這些著作，學到了有關的思維方法，所以據此而悟出了其中的道理。這裹就有子學原創的學術基礎方面的貢獻。同樣的啓示也可以追溯到天文學、醫學等方面。西方人講廣義的文化，包括了自然科學等内容，我們現在想深入地探討子學，可能還是要拓寬視野、打開思路。"④我也十分同意李氏的看法，"新子學"指向跨學科學術研究一定要將其領

---

① 見方勇《"新子學"構想》，《諸子學刊》第八輯，第362頁。
② 同上書，第363頁。
③ 對此，高華平在《關於"新子學"之我見》一文中說："依我理解，方勇先生是要在《漢志》劃分'諸子'與術數、方技等諸'略'界線的基礎上，進一步明確'子學'的學科範圍，將天文演算、術數方技、藝術譜録等排除在'子學'之外。因爲我們當下的社會已是一個社會分工越來越明確、學科劃分越來越清晰的時代，將側重於價值理性領域的人文科學與'側重'於工具理性領域的自然科學領域加以區分，清理出二者的邊界，這既是現代學術發展的必然結果，也是現代學術發展的現實需要，有其合理性。"《"'新子學'國際學術研討會"會議論文集（一）》，第70頁。
④ 見李似珍《"新子學"的學術針對性、時代意義思考》，《諸子學刊》第八輯，上海古籍出版社2013年版，第382～383頁。"諸子學"原來不分學科，就與李氏的看法相合，如李桂生《諸子形態的流變及諸子範圍的界定》一文說："'諸子'有廣義與狹義之分。廣義之'諸子'除了《漢志》所指'諸子'之外，還包括醫藥、術數、方技、房中、卜筮、曆法、占夢、神仙、佛家、雜藝術等。狹義之'諸子'，則基本指《漢志》和魏晉目録書所稱之'諸子'。"《"'新子學'國際學術研討會"會議論文集（一）》，第93頁。

域、範圍多元化,不宜界定狹窄,不限為度,大大開放,使其能充分發揮特色。

(五)"新子學"的普及化

從跨學科學術研究角度說,"新子學"的普及化可有文學化、大眾化(世俗化)兩種方面,所謂"文學化"是指"子學"有關學術思想轉化為文藝的學問,如宋人對《莊子》一書的文學化,以蘇軾為其代表人物[①];所謂"大眾化"是指"子學"簡樸無華地翻譯為樸實的學問,如今人對"子學"群書的簡明化,是針對兒童、大眾撰著的專家學者。嚴格說來,"新子學"的普及化專指大眾化(世俗化)方面。關於"新子學"的普及化,玄華在《"新子學":子學思維覺醒下的新哲學與系統性學術文化工程》中說:"學術普及化是學術文本不斷解放與社會化大生產的必然要求,不僅符合學術大眾、開放的本質,也符合其進化的本質。它不是簡單的翻譯和普及,而是意味着學術文本結構和再造發展。……學術開放、變革、大眾的本質已經從根本上決定了其進化方式必然是一種社會化大生產的方式。同時,學術變革的最直接途徑——文本變革,也是在大眾參與文本寫作中才能發揮其至大的效果。"[②]當然,最理想的普及化是身為核心當事者——大眾直接介入參與寫作,才得出適合接受者胃口的結果來,並能使之發揮極其有用的效果。玄華又說:"'新子學'則從諸子相對成立出發,獲得了與列維納斯'他者'理論相類似的新哲學理論:他者才是自我確立的根本所在,諸如儒家之所謂儒家,是相對于道家、法家等其他諸子而言,……也就是說他者才是自我的依據,只有為他者負責,才能最終確立自我的存在。……'新子學'則告知我們應在子學倫理下,面對他者。由此,我們將把自己落實在大眾之中,而不是在大眾之外。我們的天職在於服務大眾,而非教化大眾。當社會倫理由原來的經學引導、教化,轉變為對他者負責與服務時,我們固有的'士'自然而然地將轉型為現代公共的知識分子。同時,'新子學'也將為國家進一步和平發展提供更多理論支援。"[③]無論是"子學"也好,"新子學"也好,面向的是除了少數知識分子以外,還有社會大眾,因而能否再造讓他們樂意接受的土壤,可說是最重要的任務,也是能否普及化的關鍵。而從事研究者與大眾接連地互動共求"新子學"的普及化,即勸大眾從策劃、進行、收穫的過程主動地介入參與,並以其心得落實於"新子學"。進言之,"新子學"與大眾互連相接,合而為一,共同推行普及化的進程,自然而然地解決大眾與知識階層相背離的問題。然則彼此會心服口服地接受結果,心滿意足地分享成果,乃同心協力地導向成功的普及化發展。

[①] 此則參考姜聲調《蘇軾的莊子學》,臺北文津出版社1999年版,第2、224~228頁,與《跨學科的莊子學研究》,《中國語文論叢》,第135~136頁。

[②] 見玄華《"新子學":子學思維覺醒下的新哲學與系統性學術文化工程》,《"'新子學'國際學術研討會"會議論文集(一)》,第26頁。

[③] 同上書,第26~27頁。

如上所述,"新子學"與跨學科學術研究要有一定的進程,如規範化、科學化、具體化、多元化、普及化等。即規範化是指過去與現在相接互應地體現具有中國傳統的學術研究體系;科學化是指人文學知識借助於各種科學知識解決學術研究的問題;具體化是指抽象的學術思想成分轉變為具體並辨識"虚幻"與"真實";多元化是指相對客觀合理的範圍條件下將把古今與傳統相接、東西與現代相應;普及化是指研究者與大衆共同參與從事文學化、大衆化兩方面的事情,並以此落實於"新子學"而分享。

三、"新子學"與跨學科學術研究鳥瞰

所謂"新子學",是擬以古今與東西為背景相對合理客觀地進行一連不斷的對話,建構一完整的學術思想體系,一新面貌而轉型,展開一種不同於過去"子學"的研究活動。關於"新子學"問題,方勇在《"新子學"構想》一文中説:"在當今社會,我們倡導子學復興、諸子會通,主張'新子學',努力使之成為'國學'新的中堅力量,非為發思古之幽情,更不是要回到思想僵化、權威嚴厲的'經學時代',而是要繼承充滿原創性、多元性的'子學精神',以發展的眼光梳理過去與現在,從而更好地勾連起未來。產生於'軸心時代'的諸子之學後來都是當下之學,自會聚諸子思想的諸子文本誕生伊始,諸子學就意味着對當時社會現實的積極參與。而後人對諸子文本的不斷創作、詮釋、結構與重建,亦是為了積極應對每一具體歷史階段之現實。子學如同鮮活的生命體,不斷發展、演變,生成了一代又一代的新子學。我們創導'新子學',正是對諸子思想的重新解讀和揚棄,也是借重我們自身的智慧與認識對傳統思想的重新尋找和再創造。"[①]他認為"新子學"要繼承充滿"原創性"、"多元性"的"子學精神",肯定是一代代首要重視的。而其"多元性"將足以使"新子學"學術研究帶有生機,富有色彩的精神。基於此,才能"梳理過去與現在",匯合東學與西學,進而一路邁向未來。值得注意的是,"多元性"面貌,正適合於跨學科學術研究,可將"子學"接受發揮得淋漓盡致。再説,跨學科學術研究是要緊密地與"新子學"相配的重要一環,也是彼此結合在一起發揮其功效的關係。所以劉韶軍在《論"新子學"的內涵、理念與構架》一文中説:"現在研究'舊子學'存留文獻的學者都會出身於不同的學科,如哲學學科、歷史學科、文學學科、宗教學科、法學學科、外語學科、教育學或心理學學科,甚至是醫學、天文、數學學科等科技學科,因此學者們對於'新子學'的核心理念會有所不同。如果忽略了學科上的差別,而來尋求最有普遍意義的理念,那麼這個問題還是可以探討的。也許只有這樣來思考,才能形成能為不同學科的學者所共同理解和接受的關於'新子學'的某種普遍性理念。"[②]説的正是。"多元化"是在前提開放的意識形態下,各處於承認學科間差異

[①] 見方勇《"新子學"構想》,《諸子學刊》第八輯,第367頁。
[②] 見劉韶軍《論"新子學"的內涵、理念與構架》,《"'新子學'國際學術研討會"會議論文集(一)》,第47～48頁。

的立場,相讓互補,容納彼此,就不難跨越學科接受不同學科領域的知識。更何況,"子學"自有博大精深的含義,從不同學科、人員來自由活躍地接受發揮,真傳精神,發揚光大,便是符合"新子學"所求學科建立與學術研究的理念。對其理念,劉韶軍又説:"'新子學'的第二個理念,是在'新子學'的研究中,要把不同學科整合、貫通起來,盡量消除各個學科的相對局限性。……要把'新子學'規劃得符合科學而没有漏洞和弊端,就要在如何整合、貫通不同學科的問題上仔細思索,並形成一套行之有效的方案和方法,保證處於不同學科的研究者能够在一個協同的體系中共同研究,取長補短,互通資訊,隨時交流等。……'新子學'的第三個理念,是在忠實於'舊子學'留存文本的基礎上對其中的豐富內容做出科學的闡釋。"① 從劉氏看法説來,"多元化"是要考慮各學科的相對局限性問題,嘗試在不同學科間進行共同研究,科際整合,貫串爲一,加之科學知識能闡釋出"新子學"的豐富内涵。的確,但是他所謂"新子學",僅限於"多元化"問題上,仍未顧及"普及化"問題。"多元化"就自然地涉及"普及化",其成功必須歸結於"普及化",先行後隨,互補相成,是一種接連發展的進程。而"普及化"的進程是從專業研究者與大衆相連來主導,即前者專門從事"新子學",是服務於學術研究的,稱爲文學化;後者互動參與"新子學",是服務於樸實有用的,稱爲大衆化。"文學化"始於唐宋二代,是過分提倡"文以明道"、"文以載道"所造成的反效果,借助一種當時社會的大衆化趨勢,以及疑古改造、融會貫通的學術傾向,乃促使文人學者加入,經由詮釋與發揮而豐富其意涵。後經明清至近現代,文人雅士們把"子學"有意地改造援用,創出新意,都是明顯地受到唐宋"文學化"的影響。"文學化",其實也包括了當代學者重新認識與發掘"新子學"普及化的意識、能量。除此之外,專論"大衆化"就以學術大衆、一般大衆爲對象,從專業性、世俗性兩方面進行,不僅符合學術發展的本質,也符合學術開放的本質,能使之服務於學術界及社會大衆。特別面對一般社會大衆的"大衆化",一定要考慮調整人員結構的問題,鼓勵一般大衆積極地介入參與"大衆化"的過程,將學者與大衆相結合,並齊心協力地共創出大衆化文本來,才能實現顧名思義的"普及化"。值得注意的是,"多元化"、"普及化"是跨學科學術研究的基礎,並給它起了一定的作用。而且"新子學"在"多元化"、"普及化"的基礎上要進行跨學科學術研究,因而不得不重視這兩項的進程。另外,我們要到過去的學術成果中去發掘跨學科學術研究的成果,可惜至今很少有人去嘗試發掘一些相關證據,實在是不可思議。此則筆者在《跨學科的莊子學研究》一文中認爲:"宋人深受當時代學術趨勢的洗禮,經過好疑古、善思辨、舉大義,從'庖丁解牛'寓言演繹出一新跨時代意味的文章。他們援引其文,用來比喻求證的手法,發揮了多方學科的意義。即除了求證'牛以鼻聽'之事外,還有讚語、談技、改觀、處世、會通、批評、得意及比喻不當等方面。而其涉及的學科有人文學、社會學、藝術學、中醫學、自然科學與機械工程

---

① 見劉韶軍《論"新子學"的內涵、理念與構架》,《"'新子學'國際學術研討會"會議論文集(一)》,第48～49頁。

學等領域,並以此可證實宋人發揮'庖丁解牛'寓言具有一些跨學科意義"①。

綜觀以上所論,"新子學"與跨學科學術研究要從規範化、科學化、具體化、多元化、普及化等過程進行,其中以多元化、普及化為重點進行細節性的文學化與大衆化,才能達到預期的功效。此外,應從前人的學術成果中尋找一些相關範例,接受而解構,建構而發揮,才能全面深入地開展跨學科的"新子學"學術研究。

結　　語

"新子學"與跨學科學術研究是一種應對時代的要求,到現在我們已論到建構"新子學"學術思想體系的問題,奠定基礎,理念備至,接着要探討如何將它向現代社會轉型的問題。從其轉型到高端,須經一定的學術研究進程,把不同學科整合、貫通起來,並解除其間的相對局限性。為此,在"新子學"與跨學科學術研究上要有一種反思,才能正視存在的問題,不外是一些"新子學"學術研究轉型進程的問題,如有"新子學"的規範化、科學化、具體化、多元化、普及化等。而針對"新子學"與跨學科學術研究,應以多元化、普及化為重要進程,再把普及化分成文學化與大衆化,並形成一種行之有效的方案推行之。不止於此,我們從唐宋到近現代的前人所遺留學術成果中去發掘一些相關證據,並拿來當作跨學科學術研究的範例,加上進行一種解構與建構的文本工作,能使"新子學"進入跨學科學術研究行列中,使多方領域都能接受之。

總之,"新子學"與跨學科學術研究是一個相涉互動的關係,正視着時代趨勢的變化與要求,進行古今與東西對話、解構與建構工作,將把學界與大衆相結合,才會實現跨學科的"新子學"學術研究。

[作者簡介] 凌然(1966—   ),本名姜聲調,男,韓國全羅南道人。臺灣師範大學文學博士,現任職於韓國圓光大學校教育研究生院。致力於老子、莊子、蘇軾學術思想的研究,專著有《〈莊子〉内七篇之宇宙觀研究》《蘇軾的莊子學》《實用中國語語法》,並發表關於老莊、蘇軾的論文及注釋學論文等數十篇。

---

① 見姜聲調《跨學科的莊子學研究》,《中國語文論叢》第60輯,第160頁。舉類似看法為例,如孫以昭《時代召喚"新子學"》:"時代召喚着'新子學'的産生,對此孫氏有幾點膚淺芻議:一、要明確界定'新子學'的研究對象與範圍。……二、開展研究固然不能離開傳統的訓詁與義理兩個層面,使之盡量貼近文本原意,同時也要面對西學,加以比較吸納,還要進行多學科的綜合性大文化研究。子學博大精深,其思想及問題涉及諸多學科,尤其在莊學研究和墨學研究上更是如此。《墨子》中有力學、光學、幾何學和機器製造學,《莊子》中不但有大量的養生學,還有生物學、物理學和地理學,這些都需要我們吸納相關學科的專家、學者參加,進行通力合作,才能真正弄清一些問題。"《諸子學刊》第八輯,第391～392頁。

"新子學"學科定位與雜家精神

林其錟

內容提要 構建"新子學"學科既是因應時代的需要,也是歷史發展的必然。"新子學"學科建設關鍵要給予"新子學"學科明確的定位,亦即要釐清"新子學"的内涵、時代特徵、歷史使命、學科特點。在面臨"全球化"、"多元化"和中國在崛起、中華民族要復興的大背景下,構建"新子學"必須解放思想、大膽創新,即新視野、新使命、新内容、新方法、新構架。這就需要面對歷史、面向世界、立足中華優秀文化、舍短取長、博採百家,"綜核眾理,發於獨慮;獵集群語,成於一己"的雜家精神。

關鍵詞 新子學　學科定位　雜家精神

中圖分類號 B2

提出建構"新子學"學科,是因應時代的需要,也是子學歷史發展的必然。構建一門新學科,是一個複雜的系統工程,其中首要的就是學科的定位問題。提出"新子學"學科建設,首先得明確"新子學"學科的性質、研究對象、基本内容、基本任務、基本研究方法以及學科的基本構架。以上這些問題,在方勇教授《"新子學"構想》發表以後,不少學者已經發表了許多很好的見解,提出了不少好的建議,筆者不才,擬在大家討論基礎上,也貢獻一些淺見,以就教於同仁方家。

一、關於"新子學"學科定位問題

欲準確定位"新子學"學科,首先就得弄清"新子學"的内涵。何謂"子"？何謂"學"？又何謂"新"？乍一看似乎乃一般通識,不難理解;但一深入推敲,卻又覺得不那麼簡單。對其内涵如果不予以準確界定,就會直接影響到學科定位。

首先是"子"的内涵問題。"子"在漢語中是多義詞,其中涉及人事者,在古代除子嗣、封爵、嗣君、姓之外,主要是對男子的通稱、尊稱和美稱。南朝皇甫侃疏《論語·學而》"子曰"時就説：子是"有德之稱,古者稱師為子也。"《穀梁傳》宣公十年："其曰子,尊之也。"據此本義,有德之人,堪為人師者都可尊稱為"子",而他們撰寫的著作,或者他人為其編撰的言論、文集,即可以其姓名命書,這也就是"子書"了。如《老子》《孟子》《商君書》《韓非子》等。依此類推,在歷史發展的長河中,湧現出來的有德之人堪為人師而著書立説者多矣,那麼他們是否都可入"諸子"之列？他們的著作是否都可稱為"子書"而入"新子學"學科研究之列？當然不是。

其次是"學"的内涵問題。子學之"學"它的内涵應該如何界定？我們一般將其界定為"學術"。乍一看,似也不成問題。實際是："學"與"術"固然有聯繫,但嚴格地説是有區别的。嚴復在《原富·按語》中就説："蓋學與術異,學有考自然之理,立必然之例；術為據既知之理,求可成之功。學主知,術主行。"①就是説：只有"考自然之理,立必然之例"者才稱得上"學"。可是,在相當長的時間,由於片面强調理論聯繫實際,在重實際輕理論的思想指導下,"學"與"術"相混不分,統稱"學術",二者界限不清,往往輕"學"重"術",更有甚者乃以"術"代"學"。所以,釐清"學"與"術"的概念,對"新子學"研究對象、重點乃至文獻分類歸屬都有實際意義。

再次關於"新"的問題。"新"是相對"舊"而言,大家都是同意的。但是,作為"新子學"之"新"又該如何界定？"新"與"舊"的界限又在哪裏？這又涉及"新子學"學科建構的視野、學科的邊際以及研究方法與學科基本架構等諸多問題。所以也不能不細加考究。

以上三個方面的問題,歸納起來就是"新子學"的定義和"新子學"學科定位問題。

"諸子學"自春秋戰國百家蜂起、九流馳術,迄今已有2 500多年了,若以《莊子·天下》為子論開端,後來評論諸子的論述時有間出,如《荀子·非十二子》《尸子·廣澤》《吕氏春秋·要略》、司馬遷《史記》之孟、荀、老、莊、申、韓、管、晏諸《列傳》、班固《漢書·藝文志》、葛洪《抱朴子·百家》等皆是。但是,以上子論或評騭諸家得失,或考其流派,也只能説是"各照偶隙,鮮觀衢路；或臧否當時之才,或詮品前修之文,或泛舉雅俗之旨,或撮題篇章之意","並未能振葉以尋根,觀瀾而索源"(劉勰《文心雕龍·原道》)。對於什麼是"子"？什麼是"子書"？都未能給予明確的定義和深刻的闡述。

魏晋南北朝時期,是我國文化發展歷史上又一個轉折的時期。"漢末以降,中國政治混亂,國家衰頽。"有人稱："漢末至隋代之前為中國的'黑暗時代',同時也是中國的'啓蒙時代'。因為這一時期的精英之士如哲學家、詩人、藝術家基於逃避苦難之要求,在思想上勇於創新,在精神的自由解放中獲得了'人的發現',或人的自覺,從而使這一時期的思想獲得了深刻、鮮明的哲學意藴。因此,'漢魏之際,中國學術起甚大變化。'"②所以中國現代許多學科的萌芽可溯源於此時,子學也不例外。

南朝蕭梁時期的思想家兼文論家劉勰早年撰著的《文心雕龍·諸子》和晚年撰著的《劉子·九流》對先秦迄於秦漢的子評、子論作了總結,對"子"、"子書"給予了比較明確的定義,對

---

① 嚴復《原富·按語》,商務印書館1991年版,第348頁。
② 湯一介、孫尚揚《魏晋玄學論稿·導讀》,載湯用彤《魏晋玄學論稿》,上海古籍出版社2005年版,第3頁。

"子學"的性質、諸子流派特點、得失以及子史分期、子學內部結構體系都作了簡要概述,因而可視為諸子學學科的萌芽。

　　劉勰身處魏晉南北朝末期社會由分裂走向統一、學術思想由"析同為異"走向"合異為同"的歷史巨變時期,他出生在有濃厚天師道氛圍影響下的低級軍官家庭,早年父親戰死,家境貧寒,青年時期只得依附佛門在定林寺幫助抄寫、整理佛經生活。但他胸懷大志,抱負甚高。他充分利用佛寺大量藏書的條件,飽讀佛家經典、諸子百家、詩賦雜文。我們從《文心雕龍》對先秦到六朝六百多位各界人物、四百多種經典、文獻、作品進行深入研究並加以品評,從《劉子》"互引典文,旁取事據",徵引、承襲中古以前的古籍竟達百種以上的實際情況,可以看出他讀書用力之勤,知識涉獵之廣,學問造詣之深。但他志不在文,而在於政,追求的人生目標是"摛文必在緯軍國,負重必在任棟樑,窮則獨善以垂文,達則奉時以騁績"。所以正如子學家孫德謙所言:"彥和於論文之中兼衡諸子,雖所言不無弊短,而能識其源流得失,則此書以《雕龍》標目,可知彥和蓋竊比鄒奭,將以自名一子矣。"(孫德謙《諸子通考》卷二《文心雕龍・諸子》)他志不在文而在政,故不走儒生之路。而立之年,為救日趨虛無浮詭的社會不良文風的時弊,而撰《文心雕龍》;晚年仕途失意之時,又效法孔子"不得位而行道",以實現"獨善以垂文"的人生目標,通過立言,寫"入道見志"之書《劉子》。

　　劉勰著述的原則是"囿別區分,原始以表末,釋名以章義,選文以定篇,敷理以舉統"(《文心雕龍・原道》)。他給"子"、"子書"的定義是:

　　　　諸子者,入道見志之書。(《文心雕龍・諸子》)
　　　　博明萬事為子,適辨一理為論。(《文心雕龍・諸子》)
　　　　然繁辭雖積,而本體易總:述道言治,枝條五經。(《文心雕龍・諸子》)
　　　　九流之學……同其妙理,俱會治道。(《劉子・九流》)

綜合以上對"子"、"子書"、"子學"的"釋名章義",我們可以看到劉勰對"子"、"子書"、"子學"的內涵界定:首先要"博明萬事",亦即《諸子・贊》中所說的"辯雕萬物,智周宇宙",研究和闡發的是廣博天、地、人萬物之理,而不是一枝一節個別事物的學問,這是就研究的廣度涉及知識面的外延予以界定的。其次"入道"、"述道"、"妙理",這是從研究的深度定義。研究要深入事物的本質,闡釋的道理要達到深刻精微的程度,而不是膚淺、一般的知識傳遞和綜述。第三,"見志",就是要體現研究者、作者的獨立創意和獨到見解,"或敘經典,或明政術",都要有自己獨立的思想和主張,真正成一家之言。第四,"言治"、"治道",亦即諸子學問無論從哪個角度切入,都必須與治道相關,而不是無的放矢,歸根結底,是要為拯世救溺服務。所謂治道,自然包括天、地、人,亦即治國、治世與治心。按照劉勰對"子"、"子書"、"子學"內涵的界定,"子"的概念似與古之通儒、今之思想家相近;"子書"、"子學"則是闡述道義、表達意志,亦即研究治心、治國、治世重大課題,廣而深地闡釋事物原理,並有獨立見解和主張、成一家之言的著作和學問。章太炎曾說過:

"學説在開人心智,文辭在動人之感情。雖亦互有出入,而大致不能逾此。"(《論語言文字之學》)又説:"原理愜心,永遠不變;一支一節的,過了時就不中用。"(《論諸子的大概》)①

諸子的出現和諸子學的產生與形成,經歷了漫長的歷史過程。按照劉勰的看法,"子"的肇始可以追溯至上古,而"子書"的出現則在春秋戰國。他説"昔風后、力牧、伊尹,咸其流也。篇述者,蓋上古遺語,而戰代所記者也。至鬻熊知道,而文王諮詢,餘文遺事,録為《鬻子》,子目肇始,莫先於兹。"風后,黄帝臣;力牧,黄帝相;伊尹,商湯相;鬻熊,周文王時人。《漢書·藝文志》兵家有《風后》十三篇,《力牧》十五篇,又道家《力牧》二十二篇;《伊尹》五十一篇,又小説家《伊尹説》二十七篇,皆注云"依托也"。故劉勰云:"蓋上古遺語,而戰代所記者也。"即子在前而其書則後出,乃後人輯遺語成書而已。至於《鬻子》,《漢書·藝文志》有道家《鬻子》二十二篇,注"名熊,為周師,自文王以下問焉",劉勰也稱"至鬻熊知道,而文王諮詢,餘文遺事,録為《鬻子》,子目肇始,莫先於兹"(《文心雕龍·諸子》),説明鬻子其人在前,而其書也是後人所録輯而成。但是以"子"作為書名則是從《鬻子》開端的。至於子書著述最早的當屬老子:"及伯陽識禮,而仲尼訪問,爰序《道德》,以冠百氏。"(《文心雕龍·諸子》)"冠百氏"者,乃百家之首,極言老子李耳(字伯陽)《道德》之卓越也。劉勰還認為:在子書出現初期,是没有"經""子"之分的。他説:"鬻唯文友,李實孔師;聖、賢並世,而經、子異流矣。"(《文心雕龍·諸子》)聖、賢生活於同時代,後來經、子才分流。近人江瑔在其《讀子卮言》中也説:"是可見孔孟之學,雖遠過於諸子,而在當時(林按:指先秦時期)各鳴其所學,亦諸子之一也。況《六經》為古人教人之具而傳之於道家,非孔子之作。"②歷史事實也表明,"經"之提法雖始於《莊子·天運》:"丘治《詩》、《書》、《禮》、《樂》、《易》、《春秋》六經,自以為久矣。"這裏的"六經"即是江瑔所説的"古人教人之具"亦即史料,只是孔子"治"(整理、研究)的對象,並非儒家的著作。而將其作為儒家經典,是在漢武帝實行"罷黜百家,獨尊儒術"政策後,於元朔五年(前124)設太學、置五經博士時,才把《詩》《書》《禮》《易》《春秋》作為"五經"的。後來又不斷遞增,將輔翼五經的傳、記以及記載孔孟言行的《論語》《孟子》等都尊為"經";東漢時"六經"增加《論語》為"七經";唐初以《易》《書》《詩》《周禮》《儀禮》《禮記》《左傳》《孝經》《論語》為"九經";唐文宗時以《周易》《尚書》《毛詩》《三禮》及《論語》《孝經》《爾雅》刻石稱"十二經";宋紹熙年間又將《孟子》列入經部稱"十三經";宋時還有在"十三經"基礎上再增加《大戴記》為經稱"十四經"的。可見:"經"與"子"之分流,是來自外部因素,即儒學成了官學之後,才逐步加強的。所以就學術實質而言,"經"、"子"是没有必要分開的。由於經學居於官學特殊地位,子學環境受到壓抑,自然失去了先秦時期那種"六經泥蟠,百家飆駭"的自由争鳴態勢。但思想是不能壟斷、禁絶的,子學雖遭貶抑,甚至被視作"異端",卻仍隨社會前進而在不斷發展,不過其形態則有所變化。劉勰指出:"逮漢成留思,子政讎校,於是《七略》芬菲,九流鱗萃,殺青所編,百有八十餘家矣。迄至

---

① 均見《章太炎演講集》,上海人民出版社2011年版,第21、87頁。
② 《讀子卮言》卷一第六章,華東師範大學出版社2012年版,第39頁。

魏晉,作者間出,讕言兼存,璅語必錄,類聚而求,亦充箱照軫矣。"(《文心雕龍·諸子》)當然發展中純粹與踳駁並存,玉石與泥沙俱下。其形態大致可分四種:一是仍然自開戶牖,越世高談,這自然被視作異端,甚至慘遭迫害;二是"承流支附",以詮釋經典、元典的形式,用"六經注我"的方法,寄寓自己的思想和主張;三是"綜核衆理,獵集衆語"用古説今寄託新思想新主張;四是遁入民間,以宗教面目出現,創作經書表達自己的見解和主張。這種形態變異,諸如"南朝儒生採取《老》、《莊》,創造新經學"(范文瀾《中國經學史的演變》),宋、明儒者援佛入儒創造"理學"、"心學","其言頗雜禪理"(江藩《宋學淵源記》)。宗教家創造《太平經》,以及近現代吸收西學湧出新子家等都是;在表述方式上也由子向子、集合流方向轉變,子、集合流,"家家有制,人人有集"(《金樓子·立言》)成了普遍現象。因此,我們在規範"新子學"研究對象時,對這些變化是不能不考慮的。

那麼,區別於舊子學的"新子學"之"新",究竟又"新"在哪裏?概括地説,主要新在如下五個方面:

1. 新視野。構建"新子學"學科首先要解放思想,突破舊子學的思維模式;只有在思維模式上改革創新、與時俱進,子學才能長盛不衰。所謂新視野,就是要確立時代的時空觀,即立足21世紀面對"全球化"、"地球村"的中華民族和中華文化發展的整體,考察子學的歷史發展和承擔的使命,全面規劃構建"新子學"學科。文化是民族的凝聚劑、和合力,民族是文化的共同體。中華民族是以華夏族為骨幹,吸收、融合衆多民族,像滾雪球一樣,經過漫長的歷史發展而到今天包容了56個民族在內的多元一體的偉大民族。中華文化綿延數千年,獨立發展而不曾中斷過,這是在世界2 000多個民族中所僅有的。今天不僅在大陸有13億多人口,在港、澳、臺有3 000多萬人,而且還有超過5 000萬的華僑和華人遍佈世界五大洲。中華文化是中華民族以漢族為骨幹的所有成員共同創造的,諸子學(還經於子,包括儒學在內)是中華文化的理性積澱,也是中華文化的載體。所以既要考察它的歷史積累過程,又要立足當今中國,面向世界,以此作為規劃"新子學"學科的縱橫坐標,這樣方能準確把握"新子學"學科研究的對象、內容、任務、方法,乃至"新子學"學科構架。

2. 新使命。"述道言治",這是子學的本質,任何歷史時期湧現出來的"子"和"子書",都是當時的特達"英才",為因應當時社會的發展、歷史使命而產生的。所以孫德謙在《諸子通考·序》開篇就説:"夫諸子為專家之業,其人皆思以拯世,其言則無悖於經教,讀其書要在尚論其世,又貴乎所處之時,而求其用。"我們今天所在之世正是"全球化"、"地球村"之世,所處之時也正是中國在崛起,中華民族要復興之時,因此,民族要自覺,理論要自覺,文化也要自覺。"新子學"學科承負的歷史使命,就是要在研究、梳理諸子百家在歷史發展長河中,發現沉澱在河底的金子,或者如丹納在《藝術哲學》中所説的,作為民族文化"全部結構的支柱"的"太古時代的花崗石"[①],實現古今轉化,使民族精神命脈得以延續,並且改變近代以來由於特殊的

---

① 丹納著、傅雷譯《藝術哲學》,人民文學出版社1963年版,第351頁。

歷史際遇而造成的對西方文化體系的過分依傍,重新構建中華文化體系,培養和弘揚核心價值觀,使之融入社會生活,有效整合社會意識,推動社會體系正常運轉、社會秩序有效維持。

3. 新內容。"新子學"研究的對象和內容,其邊際何在? 傳統子學一般將其界限在"九流",所以子學也稱"九流之學",甚至還局限在先秦諸子。如果新時代時空觀能夠確立,就要突破"先秦九流"界限,縱向要貫穿古今,橫向要打破九流乃至漢族。前文已説過,子學發展,不同歷史時期表現形態是有變化的,但又是綿延不斷的。隨着中華民族的不斷壯大,中華文化不斷發展,先秦時期形成的"九流",雖然是中華文化的主幹,但不能包括全部,比如後起的道、佛,還有少數民族合乎"子"及"子書"標準的思想家典籍,是否也應該置於"新子學"視野之中? 像藏族創立了藏傳佛教格魯派即黄教的宗喀巴(法名羅桑札巴),他在 14 世紀初年撰著的《菩提道次第廣論》(寫於 1401 年),該書"揭示了宇宙萬有生滅的自然規律,以及芸芸衆生的生死、幸福、苦難、意識動因、精神體能,真善美、假醜惡的社會現象和哲學内涵","發前人所未發,論前人所未論"①。宗喀巴不僅有《菩提道次第廣論》《密宗道次第廣論》等著作,還創建了拉薩的甘丹寺。他的八大弟子中就有第一世班禪克珠傑、第一世達賴喇嘛根敦朱巴,以及創建了拉薩哲蚌寺的嘉央卻傑。像這樣的思想家、改革家,對中華民族(藏族是其重要成員)文化作出卓越貢獻並有重大影響的人物和著作是不應被排除在"新子學"之外的,雖然過去爲舊子學所漠視,我們對其也欠瞭解。舉一反三,諸如此類其他少數民族以及漢族"九流"之外的思想家,筆者以爲都應放在"新子學"視野之中。既然立足當代中國,立足中華民族,不能再像以往常那樣,以漢族取代中華民族,不自覺地蹈大漢族主義的舊轍。當然這是一個極爲艱巨的任務,但絕不能因爲我們的無知和困難而將其置之度外。所以"新子學"研究對象、內容邊際的定位也是新、舊子學區別的關鍵。

4. 新方法。諸子研究,前賢們(特別是清末民初)已經積累了很多經驗,我們應該加以繼承。但是,隨着任務的變化,技術的進步(比如電腦的廣泛使用),方法也需要更新。在 20 世紀 80 年代,學術界曾經出現"方法熱",著名學者王元化主張社會科學應該采取"綜合研究法",即打破文、史、哲、經隔閡,甚至也可以打通社會科學與自然科學的界限(即所謂"雜交"),進行綜合研究。筆者以爲: 這種"綜合研究法"比較切近子學的特點,不僅要打破西學分學科界限,也要打破"九流十家"的門户,要以人(子)爲本位(一人著作有可列爲數家的),從中華文化整體着眼,綜合考究潛藏於諸子中的民族文化類型特點,民族特有的思維、表述、行爲方式,以及價值體系中的核心價值理念,及其在歷史長河中的演變,重視古今轉化、中西比較,發掘民族文化的源頭活水,並將其與現實社會文化活水溝通,這樣方能完成"新子學"學科的使命。

5. 新構架。新視野、新使命、新内容、新方法,最終要體現在"新子學"學科的構架上。規劃學科構架是一個比較複雜的系統工程,既要繼承傳統符合子學特點,又需參考現代學科建

---

① 曲甘・完瑪多傑《"菩提之道,明心之道"——讀〈菩提道次第廣論〉》,載《菩提道次第廣論》,青海民族出版社 2007 年版,第 2～3 頁。

設經驗予以考慮,比如在學科架構裏設子論、子學、子史,再加諸子文獻學等。

二、雜家精神與"新子學"學科建設

在諸子百家中,雜家雖為"九流"之一,但由於古人囿於學派門户之見,特別是儒學成了官學,長期占主流意識形態的狀況下,雜家更被視為"往往雜取九流百家之説,引類援事,隨篇為證,皆會粹而成之,不能有所發明,不足預諸子立言之列"(宋·黃震《黃氏日鈔》)。《四庫全書》子部類目,將雜家置於術數、藝術、譜録之後,分為雜學、雜考、雜説、雜品、雜纂、雜編六類,實際上已經不把雜家作為九流之一與其他八家並列,而將其排出九流。所以究竟應該如何評價雜家、認識雜家、發現雜家的真正價值及其歷史作用,是需要我們細加考究的。

"雜"就其本義而言,實有二義:一是集聚、糅同。《玉篇》:"雜,糅也、同也、廁也、最也。"又:"雜"也同"襍"。《類篇》:"襍,集也。"《廣韻》:"集,就也,成也,聚也,同也。"所以江瑔説:"雜"之義為"集"、為"合"、為"聚"、為"會",雜家即集合諸家而不偏於一説,故以"雜"為名,此其義也。(《讀子卮言》第十五章)。二是雜碎。揚子《方言》:"雜,碎也。"《易·繫辭》:"其稱名也雜而不越。"《疏》:"辭理雜碎不相乖越。"雜家著作實有兩種,即劉勰在《劉子·九流》中所説:一是"觸類取與,不拘一緒";二是"蕪穢蔓衍,無所繫心"。所以不能一概而論。

20 世紀 40 年代,馮友蘭和張可為有《原雜家》之作。他們認為:雜家"是應秦漢統一局面之需要,以戰國末期'道術統一'為主要的理論根據,實際企圖綜合各家之一派思想,在秦漢時代成為主潮"。"他們以為求真理的最好的辦法,是從各家的學説,取其所'長',舍其所'短',取其所'見',去其所'蔽',折衷拼湊起來,集衆'偏'以成'全'。""他們主張道術是'一',應該'一',其'一'之並不是否定各家只餘其一,而是折衷各家使成為'一'。凡企圖把不同或相反的學説,折衷調和,而使之統一的,都是雜家的態度,都是雜家的精神。"由於中國學術一般都着重社會、人生實際問題,在先秦着重形而上的先是有道家,繼之有受道家影響的《易傳》。道家較各家較着重帶根本性的問題,"故雜家有許多地方都採取了道家的觀點",但是"雜家不是道家,也不是任何一家"。"道術統一"思想源於《莊子·天下》,道家主張"純一"、"無為","認為方術不能統一,又不想去統一它",而雜家則主張"舍短取長"、"熔天下方術於一爐",認為"欲天下之治者,必求方術之統一。統一方術的方法為'齊萬不同'"①。筆者以為馮、張二氏對雜家的評價是中肯的。如果我們客觀地考察歷史上雜家思潮產生和優秀雜家代表作產生的歷史條件,就會發現:它們都是在社會由分裂走向統一,學術思潮由"析同為異"到"合異為同"的轉折時出現的,雜家所起的特殊作用是其他各家所不能代替的。

綜觀中國歷史,可以看到社會大轉折、文化大融合的時期莫過於先秦、魏晉南北朝和近

---

① 所引均見馮友蘭《中國哲學史》附録《原雜家》,商務印書館 1976 年版,第 457～476 頁。

現代。

第一次：先秦時期春秋戰國時代。這一時期鐵器生產工具開始普及，生產關係發生大變動，原來的"井田制"出現了"民不肯盡力於公田"的現象。周邊東夷、南蠻、西戎、北狄等少數民族逐步融入華夏民族，特別是長江文明與黄河文明，亦即所謂"巫文化"與"史文化"的交流、碰撞，形成了"七國力政，俊乂蜂起"、"六經泥蟠，百家飆駭"(《文心雕龍》)的局面。經過三四百年的動盪、分化、遷徙、融合發展，特別在經濟上由於邗溝和鴻溝的開鑿，長江、淮河、黄河流域三大經濟區域連成一片，形成一體，相互聯繫和依賴加强了，因此社會出現了統一要求。與社會由分到合的客觀要求相適應，在文化上出現原道之心，兼儒墨、合名法，博綜諸家之長以為一、由"析同為異"到"合異為同"的形勢，"雜家精神"、"思想統一"思潮也隨之產生。其代表作就是《吕氏春秋》。它"上揆之天，下驗之地，中審之人"(《吕氏春秋·序意》)，"假人之長，以補其短"(《吕氏春秋·用衆》)，"齊萬不同，愚智工拙，皆盡力竭能，如出乎一穴"(《吕氏春秋·不二》)。繼之在漢初出現的《淮南鴻烈》也是一樣，也是為因應社會需要，"用老莊的天道觀去消除各家學説的界限和對立，將諸子的思想調和貫通起來，以達到'統天下，理萬物'的目的"①。由此可見：秦漢時期的雜家代表作《吕氏春秋》與《淮南鴻烈》，就是因應社會統一的客觀情勢而產生的，它們也的確對推進社會發展起了積極作用。

第二次：魏晉南北朝時期。東漢以後，貴族政治腐敗，經學僵化，社會分裂，魏、蜀、吴三國鼎立，西晉短期統一但隨着北方少數民族匈奴、鮮卑、羯、氐、羌等入主中原，形成南北對峙局面，漢武帝實行的"罷黜百家，獨尊儒術"逐步建立起來以正名、定分、三綱、五常為主要內容，作為維繫社會價值體系、精神支柱和管理制度神器的"名教"，發生了嚴重的危機。加之佛教東傳，佛經翻譯漸多，佛教社會影響擴大，發生了中外文化的交流與碰撞，因而社會又由合到分，學術也由同到異，儒、佛、道爭鳴激烈。為尋找新理論，重建社會新價值體系，調諧社會秩序，以名教與自然之辨為核心內容的玄學也就應運而起："魏之初霸，術兼名法，傅嘏、王粲，校練名理，迄至正始，務欲立文；何晏之徒，始盛玄論，聃周當路，與尼父爭途矣。"(《文心雕龍·論説》)玄學之興，始於以儒家"正名"和法家"循名責實"的名理學，由"名教"到"名法"，進一步上推到"無為"，所以玄學是脱變於名學與易學，既是源自老、莊，也是儒學之蜕變。社會經過近300年的動盪、分裂，由於大量中原人民南遷江南，南方經濟得以開拓發展，加之北方進入中原的少數民族逐漸漢化，社會又出現了要求統一的趨勢，與之相適應，學術思想再次湧現"析同為異"到"合異為同"的"雜家精神"，其特點是通過儒道會通、佛學玄化的途徑進行整合："洎於梁代，兹風(按：指玄學)復闡，《莊》《老》《周易》謂之三玄。武皇(按：指蕭衍)、簡文(按：指蕭綱)，躬身講論。"(《顔氏家訓·勉學》)"暨梁武之世，三教(按：指儒、佛、道)連衡，五乘(按：指佛家人乘、天乘、聲聞乘、緣覺乘、菩薩乘，也就是乘著五戒、十善、四諦、十二因緣、六度等五種教法而獲得善果)並駕。"(《廣弘明集·法琳〈對傅奕廢佛僧表〉》)梁武帝也撰《會

---

① 牟鍾鑒《〈吕氏春秋〉與〈淮南子〉思想研究》，齊魯出版社1987年版，第107頁。

三教詩》："窮源無二聖,測善非三英。"揭櫫三教同源說。說明此時儒道會通、佛學玄化已成社會風氣。《劉子》便是因應這一思潮而產生的雜家代表作。日本古代學者說:"《劉子》劉勰所作,取鎔《淮南》,自鑄其奇。"①此書曾被清代著名藏書家、校勘家黃丕烈贊為"魏晉子書第一",中國文心雕龍學會創會會長張光年(光未然)也認為:"《劉子》和《文心雕龍》,同是南北朝歷史巨變時代產生的有重大歷史價值、學術價值的奇書。"②《劉子》"綜核衆理,發於獨慮;獵集群語,成於一已"③。它泛論治國修身之要,雜以九流之說,是"總結了諸子的學術和思想,來用古說今"之書④。《劉子》產生的背景同《呂氏春秋》《淮南子》極其相似,所不同者是前二書皆權勢者"聚客而作",屬集體著述,所以體系龐大,"踳駁不一",內容龐雜;而後者則是個人私著,簡要精煉,全書僅 29 030 字,卻蘊含了豐富思想內容,如因時而變的社會歷史觀和與時竟馳的人生觀、從農本出發的富民經濟思想、從民本出發的清明政治思想、"知人"、"适才"、"均任"的人才管理思想、文質並重"各像勳德,應時之變"的文藝思想,以及清神防欲、惜時崇學、履信慎獨等積極向上、健康的道德修養理念等等。張光年特別肯定它的"因時制宜的變法論"和"獻賢受上賞,蔽賢蒙顯戮"的主張,"是站在時代潮流前面的勇士","都是有針對性的,是不避嫌疑、不計後果的,是勇士的語言。"⑤《劉子·九流》在繼承司馬談《論六家要指》和班固《漢書·藝文志·諸子略》思想的基礎上,比較客觀、精確地評價了道、儒、陰陽、名、法、墨、縱橫、雜、農九家的得失,而且著重點放在"皆同妙理,俱會治道,迹雖有殊,歸趣無異"的會通上,同時還在總體上概括了子學的基本構架:"道者玄化為本,儒者德教為宗,九流之中,二化為最。"正如美國華人學者杜維明所說:"這即肯定了中國文化的'九流'結構。"(見文化中國網)或者如趙吉惠教授所說:"就是對以儒、道為主體結構的中國多元文化的古典表達。"⑥這是劉勰對子學的歷史貢獻。此外,在《劉子·九流》中,"聖賢並世,諸子分流",表明古本無"經",後來才有"經"、"子"之分;中古以前子史分期並指明子書形態向子論,文集轉化等等,都是他的獨到創新見解,對子學建構都具有重要意義。

　　由於《劉子》一書比較充分地反映了當時社會發展的趨勢,適應了社會由分到合走向統一的歷史要求,因此在隋唐廣為傳播影響很大,上自唐太宗、武后,下至一般讀書人,乃至高僧大德都給予重視。唐太宗於貞觀二十二年,為教育太子李治(高宗)撰《帝範》"所以披鏡前蹤,博

---

① 播磨清絢《劉子序》,載林其錟《劉子集校合編》,華東師範大學出版社 2012 年版,第 833 頁。
② 張光年《關於〈劉子〉——在中國文心雕龍學會第二屆年會上的講話》,載《劉子集校合編》,同前引,第 1165 頁。
③ ［日］平安感願《劉子序》,載《劉子集校合編》,同前引,第 834 頁。
④ 王重民《中國目錄學史論叢》,中華書局 1964 年版,第 99 頁。
⑤ 張光年《關於〈劉子〉——在中國文心雕龍學會第二屆年會上的講話》,載《劉子集校合編》,同前引,第 1166~1167 頁。
⑥ 《論儒道互補的中國文化主體結構與格局》,載《陝西師範大學學報》哲學版,1994 年第 4 期。

覽史籍,聚其要言,以為近誡"(《帝範·序》),書中就多處承襲、徵引《劉子》,明顯抄襲的就達22處,甚至連一些章名,諸如《誡盈》《賞罰》《閱武》等也與《劉子》雷同。武則天涖位,為教育臣子,亦仿太宗"情隆撫字,心欲助成","撰修身之訓",乃"遊心策府","綴敘所聞以為《臣軌》一部","為事上之軌模,作臣下之繩準"。書中亦承襲、徵引《劉子》。其他如成書於隋的虞世南《北堂書鈔》、釋道宣《廣弘明集》、唐之釋湛然《輔行記》、釋道世《法苑珠林》也多數徵引。釋慧琳《一切經音義》還兩處明確著録《劉子》及其作者劉勰。《劉子》盛行於唐,成了當時社會上"有現實意義的著作"、"讀書人的一般理論讀物"(王重民語),並遠播邊陲、國外。從已發現的敦煌、西域隋、唐的寫本《劉子》殘卷就有九種,著録《劉子》的小類書寫本就有五種,唐時傳到日本的《劉子》版本就有三種之多,甚至在新疆和闐伊斯蘭貴族古墓中也發現有唐寫本《劉子》殘卷,足見《劉子》在唐代影響之大。《劉子》儒道互補,相容百家的思想,實際為盛唐的"崇道、尊儒、禮佛"、建構社會穩定和諧的指導思想提供了理論支持,也為"貞觀之治"的社會管理和道德理念提供了思想資源。由此也可見雜家精神在建構統一、穩定社會中的積極作用。

　　第三次:近現代。18世紀,隨着歐洲資本主義的發展,開始了征服世界的"全球化",列強以其堅船利炮在1840年打開了中國國門,中國逐漸淪為殖民地半殖民地社會,西方文化也隨着槍炮和商品洪流強勢湧入,中國社會又發生了分裂、動盪,中華民族遭遇了空前危機。由於落後而挨打,救亡壓倒一切,中國的精英也着力向西方尋找出路,"現代化等於西化"的理念為許多人所接受。中西文化大碰撞、各種思潮登臺爭鳴激烈,又有"衆又蜂起""百家飆駭"之勢。但這與先秦諸子"自開户牖"、"越世高談"迥異:一是在西方霸道文化強勢主導背景之下;二是大多作為外來思潮的二傳手出現。這一次異質文化的接觸、碰撞、交流、融合的規模是空前的,因此對中華文化的衝擊、更新、提升也是前所未有的。經過百多年的醖釀,中華文化汲取西學特別是科學技術,實現傳統的現代轉軌取得了巨大進步,但也出現賓主易位、過度依傍西方文化體系的問題,因而逐漸失去了民族文化的話語權。隨着國家的獨立、經濟的發展、社會的進步,又到了中國要崛起、中華民族復興的關頭了。2014年2月24日,習近平在主持政治局學習時強調:"培養和弘揚社會主義核心價值觀必須立足中華優秀傳統文化","博大精深的中華優秀傳統文化是我們在世界激蕩中站穩腳跟的根基,中華文化源遠流長,積澱着中華民族最深沉的精神追求,代表着中華民族獨特的精神標識,為中華民族生生不息、發展壯大提供了豐厚滋養","不忘本來才能開闢未來,善於繼承才能更好創新","要堅持古為今用、推陳出新,有鑒別地對待,有揚棄地繼承","要講清楚中華優秀傳統文化歷史淵源、發展脈絡、基本走向,要講清楚中華文化的獨特創造,價值理念、鮮明特色,增強文化自信和價值觀自信","要處理好繼承和創新性發展的關係,重點做好創造性轉化和創新性發展"(《文匯報》2014年2月26日頭版)。這一講話精神對建構"新子學"學科具有指導意義。子學是中華文化理性積澱的載體,建構"新子學"學科正處於全球化、多元化、中外文化空前規模的大交流、大碰撞、大融合的時代,如何立足中華優秀傳統文化,通過研究、弄清淵源,理清發展脈絡、基本走向,繼承精華,實現創造性轉化、創新發展,重構中華文化新體系,也需要雜家精神,即取鎔諸家之長、舍棄諸家之短（這裏的諸家自然也包括外來文化在内），這才能擔當和完成"新子學"的建構和歷史使命。

　　[**作者簡介**] 林其錟（1935—　），男，福建閩侯人。現為上海社會科學院研究員、五緣文化研究所所長、中國《文心雕龍》學會顧問。主要著作有《劉子集校》《敦煌遺書劉子殘卷集録》《劉子集校合編》《敦煌遺書文心雕龍殘卷集録》《元至正本文心雕龍匯校》《唐宋元文心雕龍集校合編》《增訂文心雕龍集校合編》《五緣文化概論》《中國古代大同思想研究》等。

"新子學"與雜家

張雙棣

内容提要 "新子學"即當今形勢下的諸子學,或者説即諸子學在新形勢下的發展。我們現在討論"新子學",應該充分借鑒雜家吸納百家的做法,本着積極的、公開的、寬容的態度,對待古今中外的各種思想學説,擇其善者而從之,其不善者而舍之。

關鍵詞 新子學 諸子學 雜家

中圖分類號 B2

昨天看了林其錟先生的文章,他在文章的最後呼吁大家,在繼承優良傳統,發掘中國文化資源,吸收世界先進文明,構建中華現代文化體系中,應該重視和發掘過去長期不被重視的雜家文化思想資源。對於他的這種看法,於我心有戚戚焉。去年會上,我談到先秦諸子與雜家的問題,所以想就這個問題再説幾句。

我們研究諸子學,大多比較關注儒、墨、道、法等,對於雜家,大家關注得比較少。我覺得,雜家在諸子各家中,更具有開放性和多元性以及服務於現實的特點,它批判性地兼採各家之長,兼收並蓄,融會貫通,形成相似於各家又有别於各家的獨特的思想體系。

春秋戰國時期,各家思想相互交鋒,相互辯難,形成百家爭鳴的局面。在交鋒與辯難的過程中,各家自有分化,儒分為八,墨離為三,各家之間又互有渗透。吸收他家以為己有,早見端倪,以後逐漸成為一種趨勢。雜家的形成,就是這種趨勢的必然結果。當然,也是社會變革的一種需要。

《漢書·藝文志》是這樣描述雜家的:"雜家者流,蓋出於議官,兼儒墨,合名法,知國體之有此,見王治之無不貫,此其所長也。"雜家的特點是,兼顧儒墨,融合名法,知道國家政體、王者政治必須將各家融會貫通。班固對雜家的論述是全面恰當的,絲毫没有貶損之意。治理國家,不能專守一家之説,而必須取各家之長,融會貫通,才能稱得起是王者之治。雜家政治家,正是符合這一標準的。

有人没有理解班固對雜家的説明,對雜家產生錯誤的理解,以為"雜"是雜湊的意思,以為雜家是雜湊各家思想拼合而成,没有自己獨立的體系。這種看法在學術界和思想界長期占據着主導地位,從而使雜家研究長期處於不被重視的境地。只在20世紀八九十年代以後,雜家研究才開始引起人們的注意,出現了一些研究專著,但是與其他各家的研究比較起來,仍然顯得薄弱。

我們以雜家的代表作《吕氏春秋》為例,看看雜家的特點和雜家研究的意義。

在《吕氏春秋》中,可以清楚地看到,他的思想體系是非常系統的,甚至是其他諸子著作所不能比擬的。漢代高誘極其推崇這部著作,曾為它作過注解。在《吕氏春秋序》中,他說此書"大出諸子之右"。這部書的思想雖大都取自各家,但不是簡單的抄取,而是有所取舍,並將所取融入自己的體系之中,有機地構築成自己的思想大廈。《吕氏春秋·用衆》有一個很好的比喻:"天下無粹白之狐,而有粹白之裘,取之衆白也。"正好説明雜家的由來和體制。

《吕氏春秋》是吸收各家思想之後所形成的自己的完整的思想體系。它吸收了老子、莊子的道家思想,也吸收了儒家子思、孟子、荀子的思想,還有墨子、孫子、韓非子、管子的思想。我在《吕氏春秋譯注》的前言中曾經説過,《吕氏春秋》是以道家思想為基礎、以儒家思想為主導並融合各家之長的一部自成體系的著作,是一套有綱領、有規劃、可實施的治國方略。

《吕氏春秋》吸收或融合各家思想是自覺的、公開的、批判性的、有所揚棄的,是緊密結合當時政治、軍事鬥争現實的。

《吕氏春秋》吸納道家的思想,並作為它的哲學基礎。漢代高誘《吕氏春秋序》説:"此書所尚,以道德為標的,以無為為綱紀。"《吕氏春秋》吸納了道家的"道",不過他認為道不是虚無,而是"一",即"太一",或即"精氣",這種精氣是構成天地萬物的最基本物質。《吕氏春秋》也吸納了老子的"無為"思想,並限定在君道方面,他提出君道無為、臣道有為的主張。君道無為是前提,只有君道無為,才能做到臣道有為。對於老子的某些思想,吕氏認為與時代發展相左的,則棄而不采。比如老子提倡小國寡民,這與當時秦帝國統一天下而形成的大帝國,完全不相適應。吕不韋是要為統一的大帝國製定治國方略,如何能夠採用小國寡民的思想? 所以他必然將其舍棄。吕不韋作為統一大帝國的宰相,大帝國的管理者,他的態度是積極的,向前看的,因此對於道家的某些帶有消極色彩的東西,他也只能棄而不取。

《吕氏春秋》大量吸納了儒家的思想。儒家的核心思想是仁,《吕氏春秋》也講到仁,《愛類》説:"仁也者,仁乎其類者也。"儒家把孝弟看作仁德根本,有子説:"孝弟也者,其為仁之本與。"《吕氏春秋》也很重視孝道,《孝行》説:"夫孝,三皇五帝之本務,而萬事之紀也。"《吕氏春秋》受孟子民本思想的影響很深,它強調民衆是國家安危存亡的根本和關鍵。它説:"主之本在於宗廟,宗廟之本在於民。"又説:"人主有能以民為務者,則天下歸之矣。"同時,《吕氏春秋》還吸納了儒家關於教育、音樂教化等思想,在《三夏紀》中突出闡述了教育和音樂對治國的重要作用。

《吕氏春秋》也很重視法家思想,法家思想在秦國一直處於獨尊的地位,吕不韋的門客中就有法家的代表人物李斯。但吕不韋對於法家思想多有改造或批判。法家強調法的重要,強調耕戰的意義,把它作為治國的根本,同時強調法、術、勢綜合運用。法家不重視德化,不重視賢人。《吕氏春秋》則强調德治爲本,賞罰只是輔助手段,同時特別强調用賢,認爲求賢用賢是實現君道無爲的重要條件。《吕氏春秋》也吸納了法家法後王的思想,主張與時俱進,隨時變法。

《吕氏春秋》吸收了墨家的節葬思想,主張薄葬,但否定了他的非攻思想,鮮明地提出自己的義兵説。這是根據當時秦國政治、軍事鬥争需要而採取的做法。主張節葬是爲國家積累財富;反對偃兵,是因爲秦國正在以軍事手段推進統一六國的鬥争。吕不韋認爲,秦國統一六國的戰争是拯救人民於水火之中,是義兵,是不能停止的。

《吕氏春秋》廣泛吸納各家有用的東西,即使是方技類的内容,也兼而採之。比如它有專講農業耕作種植技術的篇章。

《吕氏春秋》以後的雜家著作,都遵循包容、兼收並蓄、服務於現實的傳統。我們甚至看到,儒家獨尊以後,中國思想文化的發展,也都或多或少地體現出這種雜家風格。

"新子學",即當今形勢下的諸子學,或者説即諸子學在新形勢下的發展。我們現在討論"新子學",應該充分借鑒雜家吸納百家的做法,本着積極的、公開的、寬容的態度,對待古今中外的各種思想學説,擇其善者而從之,其不善者而舍之。

一、建立"新子學",首先要徹底瞭解傳統子學的内涵與真諦,釐清每一子產生和發展的歷史脈絡,從而爲"新子學"的建立奠定基礎。正如吕不韋召集天下各國智略之士,其中自然包括各個學派的人士,以是集思廣益,作爲完成《吕氏春秋》的第一步。

二、建立"新子學",要積極地研究當今世界各種思想文化,不管是西學還是東學,不能有畏縮感、自卑感,也不能有傲慢和輕視的態度,我們要建設的是强國思想文化的基礎建築,應該有這種不卑不亢的自信。正如吕不韋要規劃秦統一大帝國的治國方略,正是本着這種精神,去吸納各國各家的思想,去採擷各家成熟的成果,而爲己所用。

三、建立"新子學",要將傳統與現代、外域與本土有機地融合,傳統要爲現代服務,外域要爲本土服務,也就是説,要從傳統與外域的思想文化中吸取營養和智慧,爲當今社會的政治文化注入活力。正如吕不韋從前代和當代、從秦國和六國的思想文化中汲取可用的成分那樣。

四、建立"新子學",要特别着眼於創新,不能墨守成規。時代是發展的,社會是進步的,我們的思想文化建設不能只停留在一個層面上,必須與時俱進,有所創新。創新,是思想文化建設的生命,也是學術進步的生命。《吕氏春秋》政治思想體系的建立,就是吕不韋創新思想的產物。

我們説"新子學"的建立要借鑒雜家的做法,並不是因襲雜家。首先,還是諸子多元的、獨立的發展,在諸子獨立的發展過程中,借鑒雜家的寬容的、兼收並蓄的做法。諸子多元的發展應該是"新子學"首要工作。在諸子多元發展的基礎上,會產生統合的需求,這時會產生新的雜家。

[**作者簡介**] 張雙棣(1944—   ),男,北京人。現為北京大學中文系教授、博士生導師,主要著作有《淮南子校釋》《淮南子用韻考》《吕氏春秋辭彙研究》《吕氏春秋譯注》(合著)《吕氏春秋詞典》(合著)《王力古漢語字典》(參著)《古代漢語字典》(主編)等。

熔經鑄子：“新子學”的根與魂

李若暉

内容提要 漢唐以經為大道所在，諸子為六經之支與流裔。然至唐宋之際，經學已陵夷衰微，實不足以達道。於是文士蜂起，倡言"文以明道"。程頤則以經學與文章皆無與至道，義理之學方可進道。於義理之學中，又驅逐異端，獨以儒學為正統。於是宋明理學起，而經學、儒學離。至晚清，西學東漸，儒學拙於應物，學者乃以諸子對應西學，儒學正統遂傾。近代經學沉淪，子學復興，但復興後的子學棄經學而附哲學，於是中國傳統義理之學的固有格局與内在脈絡被打散。當代"新子學"的建立，必須與經學相結合，以中華文化的大本大源為根基，立足於中華文化自身，面對中華文化的根本問題，重鑄中華之魂，此即當代"新子學"之魂魄所歸。

關鍵詞 經學　諸子　大道　新子學

中圖分類號 B2

一

《四庫全書總目》卷一《經部總敘》開篇有云："經稟聖裁，垂型萬世。"①以經為中華傳統文明之核心。然斯義顯晦曲折，隨時俯仰，曷勝嘆哉。

檢《白虎通義·五經》："經所以有五何？ 經，常也。有五常之道，故曰五經。"②《文心雕龍·宗經》："經也者，恒久之至道，不刊之鴻教也。"③以經為大道之所在，此固漢唐經學之通義。

至於諸子之學，馮友蘭《中國哲學史》分中國哲學史為兩大階段，即子學時代與經學時代。

---

① 永瑢等《四庫全書總目》上册，中華書局1965年版，第1頁。
② 班固《白虎通義》下册，陳立疏證本，中華書局1994年版，第447頁。
③ 劉勰《文心雕龍》上册，范文瀾注本，人民文學出版社1958年版，第21頁。

"上古時代哲學之發達,由於當時思想言論之自由;而其思想言論之所以能自由,則因當時為一大解放時代,一大過渡時代也。"①反之,經學時代則始於"董仲舒之主張行,而子學時代終;董仲舒之學説立,而經學時代始。蓋陰陽五行家言之與儒家合,至董仲舒而得一有系統的表現。自此以後,孔子變而為神,儒家變而為儒教。"②其實,即便在先秦時期,諸子也與經學息息相關。王葆玹指出:"中國有一俗見長期流行,即以為五經純為儒家經書,經學為儒家所獨有。"實則"五經在秦代以前,乃是各家學派共同尊奉的典籍"。③ 章太炎《國故論衡》卷下《原儒》言"儒有三科:關達、類、私之名。"達名為儒,"是諸名籍,道、墨、刑法、陰陽、神仙之倫,旁有雜家所記,列傳所録,一謂之儒,明其皆公族"。後世所謂儒家,實後起之私名。"今獨以傳經為儒,以私名則異,以達名、類名則偏。要之題號由古今異,儒猶道矣。儒之名於古通為術士,於今專為師氏之守。道之名於古通為德行道藝,於今專為老聃之徒。道家之名不以題方技者,嫌與老氏捏也。傳經者復稱儒,即與私名之儒殽亂。"④經子關係,誠如《漢書》卷三十《藝文志》二《諸子略》序所言:"《易》曰,天下同歸而殊塗,一致而百慮。今異家者,各推所長,窮知究慮,以明其指。雖有弊端,合其要歸,亦六經之支與流裔。使其人遭明王聖主,得其所折中,亦股肱之材已。"⑤即便由子學著述的主要文體"論"來看,劉寧認為:"秦漢以下所形成的子學'論著',在體制上,受到《荀子》的深刻影響,形塑中國式思想'論著'之基本體式的,既非玄遠的形上之思,亦非複雜而深刻的邏輯思辨,而是經驗化的,以'述説'和'辨析'為主的荀子之文。這對於理解漢語思想的表達傳統,顯然是極值得思考的。"⑥"論"之一體與經密邇相關,《文心雕龍·論説》所謂"聖哲彝訓曰經,述經敘理曰論"⑦是也。

二

惜乎"經學自唐以至宋,已陵夷衰微矣"⑧,實不足以達道。於是文士蜂起,倡言"文以明道"。如柳宗元《柳河東集》卷三十四《答韋中立論師道書》:"始吾幼且少,為文章,以辭為工。

---

① 馮友蘭《中國哲學史》,載馮友蘭《三松堂全集》,第二卷,河南人民出版社2001年版,第268頁。
② 同上書,第269~270頁。
③ 王葆玹《今古文經學新論》增訂本,中國社會科學出版社2004年版,第11~14頁。
④ 章太炎《國故論衡》,龐俊、郭誠永疏證本,中華書局2008年版,第481~490頁。
⑤ 班固《漢書》第6冊,中華書局1962年版,第1746頁。
⑥ 劉寧《漢語思想的文體形式》,華東師範大學出版社2012年版,第37頁。
⑦ 劉勰《文心雕龍》上冊,范文瀾注本,第326頁。
⑧ 皮錫瑞《經學歷史》,周予同注釋本,中華書局2004年版,第156頁。

及長，乃知文者以明道，是故不苟為炳炳烺烺，務采色、夸聲音而以為能也。"①

原其初，文章與文集之起，即與子學相陵替。章學誠《文史通義·文集》曰："自治學分途，百家風起，周秦諸子之學，不勝紛紛，識者已病道術之裂矣。然專門傳家之業，未嘗欲以文名，苟足顯其業，而可以傳授於其徒，則其說亦遂止於是，而未嘗有參差龐雜之文也。兩漢文章漸富，為著作之始衰。然賈生奏議，編入《新書》；相如詞賦，但記篇目：皆成一家之言，與諸子未甚相遠，初未嘗有彙次諸體，裒焉而為文集者也。自東京已降，迄乎建安、黃初之間，文章繁矣。然范陳二史所次文士諸傳，識其文筆，皆云所著詩、賦、碑、箴、頌、誄若干篇，而不云文集若干卷，則文集之實已具，而文集之名猶未立也。自摯虞創為《文章流別》，學者便之，於是別聚古人之作，標為別集，則文集之名，實仿自晉代。而後世應酬牽率之作，決科俳優之文，亦泛濫橫裂，而爭附別集之名，是誠劉《略》所不能收，班《志》所無可附。而所為之文，亦矜情飾貌，矛盾參差，非復專門名家之語無旁出也。夫治學分而諸子出，公私之交也；言行殊而文集興，誠偽之判也。"②

然漢魏風氣，固以子勝於文。余嘉錫《古書通例》卷二《明體例》論"漢魏以後諸子"有云："周秦以及西漢初年諸子，……其平生隨時隨事所作之文詞，即是著述，未聞有自薄其文詞，以為無關學術，而別謀所以自傳之道者也。自漢武帝以後，惟六藝經傳得立博士，其著作之文儒，則弟子門徒，不見一人，身死之後，莫有紹傳。故其時諸家著述，有篇目可考者，如東方朔、徐樂、莊安等，乃全類後世在文集。然九流之學，尚未盡亡，朔等或出雜家，或出縱橫，考其文詞，可以知之，故猶得自成一子。自是以後，諸子百家，日以益衰。而儒家之徒，亦流而為章句記誦。其發而為文詞，乃獨出於沉思翰藻。而不復能為一家之言。一二魁儒碩學，乃薄文詞為不足為，而亟亟焉思以著述自見矣。……東漢以後，文章之士，恥其學術不逮古人，莫不篤志著述，欲以自成一家。流風所漸，魏晉尤甚。曹子建之在建安，一時獨步。然其《與楊德祖書》云：'吾雖德薄，位為藩侯，猶庶幾戮力上國，流惠下民，建永世之業，留金石之功。豈徒以翰墨為勳績，辭賦為君子哉？若吾志未果，吾道不行，則將采庶官之實錄，辯時俗之得失，定仁義之衷，成一家之言。雖未能藏之於名山，將以傳之於同好。非要之皓首，豈今日之論乎？'植年四十一而薨，竟不至於皓首，故其所志不就。然觀其言，知其不以能翰墨、工辭賦自滿也。魏文帝《與吳質書》云：'偉長著《中論》二十餘篇，成一家之言。辭義典雅，足傳於後，此子為不朽矣。'又《典論·論文》云：'融等已逝，唯幹著論，成一家言。'（此上所引並見《文選》）於建安七子中獨盛推徐幹者，以其辭賦之外，能自成著作也。此足見當時之重諸子而薄文章矣。又《與王朗書》云：'生有七尺在形，死惟一棺之土，惟立德揚名，可以不朽。其次莫如著篇籍，故論撰所著《典論》、詩賦，蓋百餘篇。'（《魏志·文帝紀》注引）以儲君之尊，擅詩賦之美，而猶自撰書論。至明帝乃詔三公，以為'先帝昔著《典論》，不朽之格言，其刊石立於廟門在外。'（亦見《魏志·文紀》注）然不聞並刊詩賦，其重視子書可知矣。……魏桓范《世要論·序作篇》曰：

---

① 柳宗元《柳河東集》下冊，上海人民出版社 1974 年版，第 542 頁。
② 章學誠《文史通義》上冊，葉瑛校注本，中華書局 1994 年版，第 296~297 頁。

'夫著作書論者,乃欲闡弘大道,述明聖教,推演事義,盡極情類,記事貶非,以為法式。當時可行,後世可修。且古者富貴而名賤,廢滅不可勝記。惟篇論俶儻之人為不朽耳。夫奮名於百代之前,而流譽於千載之後,以其覽之者有益,聞之者有覺故也。豈徒轉相放效,名作書論,浮辭談說,而無損益哉? 而世俗在人,不解作體,而務泛溢之言,不存有益之義,非也。故作者不尚其辭麗,而貴其存道也。不好其巧慧,而惡其傷義也。故夫小辯破道,狂簡之徒,斐然成文,皆聖人之所疾矣,觀范之持論,蓋謂著書者以明道為尚,不以能文為高。東漢以後,文詞漸趨華藻,雖所作諸子,亦皆辭麗巧慧,故范以為小辯破道。然而當時文士,其學本無專門傳受,強欲著書以圖不朽。談道初無異致,而行文正其所長。故雖欲於文章之外別作子書,而卒不免文勝其質,轉不如西漢人之即以文章為著作,尚去周秦不遠也。"①

唐人則將文章靡麗之風歸罪於齊梁浮豔,進而標舉漢魏風骨。如陳子昂《陳子昂集》卷一《修竹篇序》有云:"文章道弊,五百年矣! 漢魏風骨,晉宋莫傳,然而文獻有可徵者。僕嘗暇時觀齊梁間詩,彩麗競繁,而興寄都絕,每以永歎,思古人,常恐逶迤頹靡,風雅不作,以耿耿也。"②《新唐書》卷一〇七《陳子昂列傳》:"唐興,文章承徐庾餘風,天下祖尚,子昂始變雅正。"③齊梁文風的特徵即是講究形式,文體駢儷,流連抒情,而輕論道經邦。《周書》卷四一《庾信列傳》:"子山之文,發源於宋末,盛行於梁季。其體以淫放為本,其詞以輕險為宗。故能誇目侈於紅紫,蕩心逾於鄭衛。"④殷璠《河嶽英靈集》卷首《集論》亦曰:"孔聖刪詩,非代議所及。自漢魏至於晉宋,高唱者十有餘人,然觀其樂府,猶有小失。齊梁陳隋,下品實繁,專事拘忌,彌損厥道。"⑤於是文士慨然以弘道自任。韓柳之外,如《全唐文》卷三八八獨孤及《唐故殿中侍御史贈考功郎中蕭府君文章集錄序》:"君子修其詞,立其誠,生以比興宏道,歿以述作垂裕,此之謂不朽。"⑥《全唐文》卷五二二梁肅《祭獨孤常州文》又錄獨孤氏語曰:"文章可以假道,道德可以長保,華而不實,君子所醜。"⑦

三

考《河南程氏遺書》卷六《二程語錄》六:"今之學者,歧而為三: 能文者謂之文士,談經者

---

① 余嘉錫《古書通例》,上海古籍出版社1985年版,第67~73頁。
② 陳子昂《陳子昂集》,中華書局1960年版,第15頁。
③ 歐陽修、宋祁《新唐書》第13冊,中華書局1975年版,第4078頁。
④ 令狐德棻等《周書》第3冊,中華書局1971年版,第744頁。
⑤ 殷璠《河嶽英靈集》,王克讓注本,巴蜀書社2006年版,第4頁。
⑥ 董誥主編《全唐文》第4冊,中華書局1983年版,第3941頁。
⑦ 同上書第6冊,第5306頁。

泥為講師,惟知道者乃儒學也。"①又卷十八《伊川先生語》四:"古之學者一,今之學者三,異端不與焉。一曰文章之學,二曰訓詁之學,三曰儒者之學。欲趨道,舍儒者之學不可。"②同卷又曰:"今之學者有三弊:一溺於文章,二牽於訓詁,三惑於異端。苟無此三者,將何歸?必趨於道矣。"③所謂三學,亦即後世所謂考據、辭章、義理三學。其中"訓詁之學",即"牽於訓詁",對應於"談經者泥為講師",指漢唐經學而言,是經學考據,已不足以闡道。"文章之學",是"溺於文章",相應於"能文者謂之文士",乃唐宋古文之謂,則文學辭章,實無能於載道。義理之學,歧而為二,一為異端,近辟釋道二氏,遠拒諸子百家④;一為儒學,斯趨於道。

程子此語關係甚大。其以經學與文章皆無與至道,而謂義理之學方可進道。於義理之學中,又驅逐異端,舉凡二氏諸子,概加擯斥,獨以儒學為正統。於是宋明理學起,而經學儒學離。其最著者為《宋史》,既沿歷代正史體例,以經學傳授作《儒林列傳》,而獨以理學諸人為《道學列傳》,其序實隱括道統而成。

鵬翔無疆,恨氣之阻,殊不知其身輕靈獨恃翼之展,其翼則以氣流扇動獲力以托舉翱翔。儒學無經學固可逞智快意,其弊則所謂"情識而肆,玄虛而蕩"。劉宗周《證學雜解》二五曰:"嗣後辨說日繁,支離轉甚,浸流而為詞章訓詁。於是陽明子起而救之以良知,一時喚醒沉迷,如長夜之旦,則吾道之又一覺也。今天下爭言良知矣。及其弊也,猖狂者參之以情識,而一是皆良;超潔者蕩之以玄虛,而夷良於賊:亦用知者之过也。"⑤

四

明清之際,傅山倡言"經子平等",《霜紅龕集》卷三十八《雜記》三:"經子之爭亦末矣。只因儒者知六經之名,遂以為子不如經之尊,習見之鄙可見。"⑥開諸子與儒學並尊之始。至晚清,西學東漸,儒學拙於應物,學者乃以諸子對應西學。如鄧實所言:"嗚呼!西學入華,宿儒

---

① 程顥、程頤《河南程氏遺書》第1冊,載程顥、程頤《二程集》,中華書局1981年版,第95頁。
② 同上,第187頁。
③ 同上。
④ 熊賜履《學統》即以老子、莊子、楊子、墨子、告子、道家、釋氏為異統。且曰:"自開闢來,歷羲農以迄姬孔,宇宙間惟有儒爾。老氏出,而異學始作俑焉。楊朱、莊周、列禦寇之徒首先和之,不數傳而汙漫若洪水矣,不可以止塞矣!……其為説也,愈變愈弊,愈差愈遠,如為長生,為方藥,為陰謀,為刑名慘刻,為縱橫捭闔,為符咒幻術,為放蕩,為清譚,為禪宗寂滅。大率皆無之一言為之鵠而盪其波也。其於吾儒也,或竄入其中,或駕出其上,或峙為三教,或混為一家。而老氏遂為萬世異端之鼻祖矣!"熊賜履《學統》下冊,商務印書館1937年,第578~579頁。
⑤ 劉宗周《證學雜解》,載吳光主編《劉宗周全集》第2冊,浙江古籍出版社2007年版,第278頁。
⑥ 傅山《霜紅龕集》下冊,山西人民出版社1985年版,第1066頁。

瞠目，而考其實際，多與諸子相符。於是而周秦學派遂興，吹秦灰之已死，揚祖國之耿光，亞洲古學復興，非其時邪？……吾即《荀子》之《非十二子篇》觀之，則周末諸子之學，其與希臘諸賢，且若合符節。是故它囂、魏牟之縱情性、安恣睢，即希臘伊壁鳩魯之樂生學派也。陳仲、史鰌之忍情性、綦谿利跂，即希臘安得臣之倡什匿克學派也。墨翟、宋鈃之上功用、大儉約而僈差等，即希臘芝諾之倡斯多噶學派也。惠施、鄧析之好治怪說、玩琦辭，即希臘古初之有詭辯學派，其後亞里士多德以成其名學也。……夫以諸子之學而與西來之學其相因緣而並興者，是蓋有故焉。一則，諸子之書，其所含之義理，於西人心理、倫理、名學、社會、歷史、政法，一切聲光化電之學，無所不包。任舉其一端，而皆有冥合之處，互觀參考，而所得良多。"①當時陳黻宸即視諸子與西學為儒學兩大敵："況於今日，時勢所趨，而百家諸子之見排於漢初者，今日駸駸乎有中興之象，則皆與我經為敵者也。環海通道，學術之自彼方至者，新義迥出，雄視古今，則又皆我經所未道者也。"②兩敵聯手，儒學正統遂傾。至於經學，如周予同所言："經是可以讓國內最少數的學者去研究，好像醫學者檢查糞便，化學者化驗尿素一樣；但是絕不可以讓國內大多數的民眾，更其是青年的學生去崇拜。"③

五

近代經學沉淪，子學復興，但復興後的子學棄經學而附哲學，於是中國傳統義理之學的固有格局與內在脈絡被打散。

原其實，先秦至漢初之經說本與子學一體，也是活潑潑的自由思想。漢王朝以秦制律令體系，馴化經說，建構經學，再之以一統思想。④ 近年葉國良倡言："經學的生命力是否旺盛，端看是否有新體系出現，易言之，須有適用於我們這個時代的創新之作，才能維繫經學的生命力，這方面還是有待努力的。"⑤

如何回到自由經學，並以此為基礎重構子學？漢初司馬遷可以為我們提供參考。《漢書》卷六十二《司馬遷傳》贊："司馬遷據《左氏》、《國語》，采《世本》、《戰國策》，述《楚漢春秋》，接其後事，訖於天漢。其言秦漢，詳矣。至於采經摭傳，分散數家之事，甚多疏略，或有抵梧。亦其涉獵者廣博，貫穿經傳，馳騁古今，上下數千載間，斯以勤矣。又其是非頗繆於聖人，論大道則

---

① 鄧實《古學復興論》，載《景印國粹學報舊刊全集》第 3 冊，臺灣商務印書館 1974 年版，第 1008~1012 頁。
② 陳黻宸《經術大同說》，載陳德溥編《陳黻宸集》上冊，中華書局 1995 年版，第 539 頁。
③ 周予同《僵尸的出祟》，載朱維錚編《周予同經學史論著選集》，上海人民出版社 1983 年版，第 603 頁。
④ 參李若暉《燔詩書 明法令——略論秦制的經學影響》，載《當代儒學研究》第 15 期，2013 年 12 月，第 29~65 頁。
⑤ 葉國良《楊新勳〈經學蠡測〉序》，載楊新勳《經學蠡測》，鳳凰出版社 2012 年版，《序》，第 2 頁。

先黄老而後六經,序遊俠則退處士而進奸雄,述貨殖則崇勢力而羞貧賤,此其所蔽也。然自劉向、揚雄博極羣書,皆稱遷有良史之材,服其善序事理,辨而不華,質而不俚,其文直,其事核,不虛美,不隱惡,故謂之實錄。"①太史公正是熔經鑄子,才能"拾遺補藝,成一家之言,厥協六經異傳,整齊百家雜語"②。錢大昕《潛研堂文集》卷二十四《史記志疑序》論曰:"太史公修《史記》以繼《春秋》,成一家言。其述作依乎經,其議論兼乎子,班氏父子因其例而損益之,遂為史家之宗。"③

因此,當代"新子學"的建立,必須與經學相結合,以中華文化的大本大源為根基,立足於中華文化自身,面對中華文化的根本問題,重鑄中華之魂,此即當代"新子學"之魂魄所歸!

[作者簡介] 李若暉(1972—),男,湖南長沙人。現為復旦大學哲學學院教授、博士生導師、湖南大學嶽麓書院兼職研究員。主要研究方向為中國哲學、中國古典文獻學、中國德性政治。著有《郭店竹書老子論考》《語言文獻論衡》《思想與文獻》《春秋戰國思想史》等。

---

① 班固《漢書》第 9 册,第 2737~2738 頁。
② 司馬遷《史記》第 10 册,中華書局 1959 年,第 3319~3320 頁。
③ 錢大昕《潛研堂文集》第 9 册,載陳文和主編《嘉定錢大昕全集》,江蘇古籍出版社 1997 年版,第 380 頁。

"新子學"對國學的重構
——以重新審視經、子、儒性質與關係切入*

玄　華

內容提要　"新子學"對國學的重構,以重新審視經學、子學、儒學性質與關係為切入。經學是以其特有的精神和體制為核心的學術綜合體,其產生可遠溯五帝時期。此後歷代所奉經典雖有差異,但經學精神與體制一脈相承。子學是在春秋戰國時期發展出來的經學否定者。儒學在本質上具有子學性,是子學消解經學的重要力量之一,但同時也是經學異化子學的主要對象,具有一定特殊性。"新子學"當自覺此點,將儒學從經學的束縛中解放出來,並最終消解盤旋在傳統文化上空的經學陰魂。

關鍵詞　經學　子學　儒學　新經學　新子學
中圖分類號　B2

在國學研究領域,經學、子學、儒學三者性質與關係一直是關鍵性問題。班固《漢書・藝文志》認為,周有王官之學,其基本形式與核心內容為六藝之學,至漢代則發展為博士官體系下的六經之學;子學是王官之學的"蜂出並行",實質不出經學範疇,為"六經之支與流裔";在子學中,唯獨儒學"遊文於六經之中",最完整地繼承了經學,當為子學之首。民國時,胡適《諸子不出於王官論》則指子學與王官無涉,是諸子憂懼世亂而形成的救世之學,並以此倡導儒學與其他子學平等,乃至子學、經學平等。

此後學界仍多尊班固之說,少和胡適之論。即使在離經學、儒學獨尊甚遠的今日,傳統學術界仍存在經學為眾術核心、儒學為子學骨幹的觀念,即經、子無法平等。至於諸子內部,即使酌情考慮胡適之論,名義上可稱諸子平等,但就思想深度、題材內容、歷史地位而言,儒家均超出其他諸子,自然也不能分庭抗禮。

---

* 本文係教育部人文社科研究青年基金項目《先秦老學研究》(15YJCZH008)、上海市哲學社會科學規劃青年課題《先秦老學研究》(2015EWY001)、上海財經大學校立社科項目《先秦老學研究》(2014110882)、上海財經大學基本科研業務費項目之青年教師預研究項目《諸子學現代轉型研究》(2015110125)的階段性研究成果。

實則，班固之言不足取，他只是簡單地從經學、子學、儒學的思想內容出發，未觸及思想內容背後的學術生產方式，自然無法確切認知三者的實質與關係。胡適之論也存在同樣的問題，也落入了班固所言的預設陷阱，無法脱離舊有觀念的束縛，因此在舊説面前顯得綿軟無力，難以撼動之。

筆者認為"新子學"對傳統文化學術的重構，需從對傳統舊有觀念進行徹底清理開始，而對經、子、儒性質與關係的重新審視無疑是首要問題。在2013年"新子學"國際學術研討會上即提出了該看法，並對經學、子學、儒學性質與關係進行了初步梳理。但正如此後會議側記所反映的，因為相關觀點與以往學界對經、子關係的看法大相徑庭，與會學者多有異議①。因此本文試對相關問題做進一步探討。

一、經學是一種自圓的思維與文化學術體系，經學早於子學

三皇時期，時人穴藏，以原始采摘、狩獵為生。族群的存在與次序維繫皆依賴對有靈萬物和祖先的敬畏崇拜，但祭祀尚未形成統一的意識形態與等級制度。五帝時期，帝顓頊命重黎"絶天地通"，開始形成以血食為核心、以血緣關係為基準的祭祀等級制度，並在此基礎上建構出貴賤有等、長幼有差的禮制。《史記·五帝本紀》所謂"帝顓頊高陽者，……載時以象天，依鬼神以制義，治氣以教化，絜誠以祭祀"即此體現。帝顓頊也以此形成了最原始的王權、王道意識形態和統治制度。此後，帝高辛、三王以及夏商周皆承其制。

血食祭祀等級制度帶來王權觀念的同時，也形成了與之相配套的霸權觀念。在血食祭祀等級制度中，除存在主祭者權威外，主祭者的叔伯也有其地位。且在王天下格局中，當天子實力衰落時，就需要諸侯實行伯霸之道，以維護天子的權威。霸道的基本內涵就是在尊王之下，以天子名義平和諸侯、存亡繼絶。

王霸理念與制度在夏商時代應該已經存在，西周時則更為顯著，《詩經》部分篇章對此有所體現。它對東周社會的發展起到了非常重要的作用。可以説，春秋戰國的興起與發展，除因客觀的社會形勢發展外，也與王道、霸道觀念與體系的興衰存在直接關聯。

周平王東遷，歷史從西周進入東周，且開端為春秋。從西周發展為春秋，正是王權、王道衰落，伯權、霸道興起的結果。如果周天子依然擁有強有力的王權，王道意識形態與體系必然能成為天下的基本理念，就不會開始所謂的春秋時代。同樣，如果當時伯權不興，霸道意識形態沒有獲得普遍認同，則周天子也將不復存在，天下也就不會是東周，而將是另外一個新的王朝。因此，春秋時代是王道頹廢，尊王霸道仍被認同的結果。

---

① 崔志博《"新子學"大觀——上海"'新子學'國際學術研討會"側記》，《光明日報》2013年5月13日15版。

從王道到霸道的轉移來看，戰國的開啓當以霸道不行為標誌。戰國時代之所以區別於春秋時代，是因尊王霸道已不再是當時社會的主流意識形態，諸侯已開始尊奉其他政治理念。春秋末年，勾踐滅吳後，成為最後一個被周室承認為伯，並強有力踐行尊王霸道的霸主。勾踐去世後，天下霸主難覓，戰國時代從此正式開啓。

戰國前期天下已無強有力的尊王霸主，而社會觀念仍尊奉周天子為權威，在名義和形式上仍追求實現尊王之下的霸道。但從梁惠王、齊威王稱王開始，周天子權威盡失，尊王霸道理念蕩然無存，諸侯開始徹底走上一天下之路。隨後的秦、齊稱帝，則是更進一步的發展。王霸之道的興衰其實代表了社會形勢、意識形態、文化學術基本制度的轉變，它也深刻影響了先秦學術的變革，尤其是經、子之術的發展。

三皇時代為神靈治化之世，人們對世界的理解都在各種神靈觀念的支配之下。且最初並無文字，一切都只是在玄默的膜拜中盲從。即使後來伏羲氏開始創造契刻（八卦符號系統），對天地萬物加以模擬，但總體上還是處於對神諭啟示的渴求狀態中。當時的學術主體也只能是神學。黃帝時代，倉頡初創文字，開始對天地萬物進行大規模梳理，尤其在顓頊"絶天地通"後，人開始自我覺醒。聖人將天理高懸，強調遵道而行，其鬼不神，同時形成了最原初的王權、王道體系，於是經學出場。

正如筆者此前指出的，傳統觀念一般將經學視作儒家經典的研究發展之學，此説甚謬①。經學是一個具備形而上內涵和形而下具體內容的完整而相對封閉的系統性事物。其基本核心是"經"，呈現在思維和意識形態上就是認同"常"，並試圖追尋、呈現"常"。具體的，它認定並強調一個根本、唯一、永恒的先驗本源，並以一元生殖理念來演繹世界，梳理出一個疆界分明、等級儼然的宇宙次序，是所謂"理"。在此宇宙觀下，人所要做的就是對它的理解與服從，是所謂"德"。

對這些形而上的本質與次序進行認知、推演、論證與記述而呈現出的最基本的形而下內容單元就是經學文本。經學形而下系統又以經學文本為基礎，圍繞它的生產與傳播，形成一整套更為複雜的文化學術體制，集中體現為王權、王道之下的王官之學體制。

在王官之學體制下，王庭對經學文本的產生、傳播擁有絕對權，私人無權著書立説及進行教育與接受教育。且王庭擁有經學文本的絕對解讀權。經學文本原是一元論思維的產物，在其世界中存在宇內皆一之理與永恒不變的本義，其內涵不證自明，本不需要詮釋，即天然權威地具有不可詮釋性。即使退一步，也僅王庭具有解釋權。此即所謂禮樂自天子出，經學文本編修乃天子事，大衆僅需"循法則、度量、刑辟、圖籍，不知其義，謹守其數，慎不敢損益也"（《荀子·榮辱》），其無權思考與詮釋，只有接受、信仰與服從。

這種經學體系產生甚早，王權之下始有經學。在帝顓頊時，神學自我否定式的發展已進入質變期。人們開始分離人神，追求本質，並以此形成聖人、經典、經典壟斷性生產傳播等體

---

① 玄華《"新子學"：子學思維覺醒下的新哲學與系統性學術文化工程》，方勇主編《諸子學刊》第九輯，上海古籍出版社 2013 年版，第 81～94 頁。

系。即從五帝後期開始,神學隱退,經學出場。且自三王、夏商周,一直到西周,雖然歷代所奉經典存有差異,但經學精神與體制一脈相承。至於周代王官之學體制下的六藝之學,到漢代博士官制度下的經學也本是一脈相承,不可割裂。

應該說,經學是由神學的自我否定發展而來,是人實現自我的進一步發展,但經學本身有着不可剔除的頑疾。它在蠻荒、惶恐之中,為找到一個馴服陰晴不定神靈的主宰,從而走上了尋找世界本源與永恒之理的道路。它並沒有認清多元客觀實在的否定發展是其本身,而是錯誤地將自身固化,設置為高度抽象、永恒之物的投射。於是所謂學術也就成為對這個高度抽象不斷繼承、詮釋的東西而已。

更何況,這種學術自覺天然地是從少數者開端,是少數所謂先知先覺者帶領着衆人往這條路去行進,少數者有將它限定於少數者的本能。他們承襲神學的陋習,自詡為神之子、天之子或先知聖人,將自我對學術的覺識視作自己的神器,借此掌握龐大資源,將自己從群體中區分開來,視為別樣的存在,將群民視作牛羊一般的財物,為鞏固既得權勢,不斷強化文化私有與專制,形成經學專制體系。這種情況下,文化的傳播、創造與發展極其受限制,它所帶來的是人的專制。雖然它是人覺醒的開端,也使少數人開始實現"人",但這種實現不是徹底的、完全的人的實現。少數者在文化的覺醒——以此所作的人的實現中,其實現才剛開始,還沒有確立,就已經異化了,沒有真正的實現"人"。而多數者無法獲得文化及其益處,反而是加深了受壓迫與受剝削。從全局來看,無論是王侯,還是大衆,離"人"越來越遠,經學所導致的最終結果不是"人"的實現,而是"人"的全面異化。

二、子學是一種自主開放的思維與 學術,是經學的否定者

正如筆者此前在論述"新子學"世界觀問題時所指出的,自在多元是世界的自然狀態,萬物就是在這個多元的世界中面對着豐富的他者,以自我否定的形式發展着,並以這種連續而永無止境的發展來呈現自我、實現自我,學術發展也是如此[①]。

王權、王道體系是經學的強有力保障。在王權強有力時,經學必然鞏固其地位,而霸權、霸道也為王權、王道服務。雖然王權、王道衰,經學衰退,但在霸權、霸道仍存時,經學還是在一定程度上能維繫自己的統治。但在霸權、霸道也衰落後,經學則成為無皮之毛,其體系自然瓦解。當然,子學不是在霸權、經學徹底消失後才誕生,而是在它們衰落到一定程度後應響而來。

經學統治本身是一個封閉形態,隨着原來少數者團體的發展,其內部不斷壯大的同時,又

---

① 玄華《關於"新子學"幾個基本問題的再思考》,《江淮論壇》,2013年第5期,第104~109頁。

不可遏止地出現分裂。隨着分裂的發展，原有的中央集權式的文化專制開始瓦解。經學的瓦解是在文化逐步下移、文化權威逐步分散中開始的。恰如《論語·季氏》所言：禮樂征伐原自天子出，其後自諸侯出，又次自大夫出，終致陪臣執國命。經學權威起初在王庭，此後消解於諸侯國，最後消散於下層士。最終在文化與學術層面誕生了其對立面與否定力量——子學。

子學的誕生是經學自我否定發展的自然結果，且在歷史上也存在直接而具體的標誌性事件。周景王二十五年(西元前 520)，周庭在周景王死後，因王位繼承問題發生了王子朝之亂。四年後，王子朝奪位失敗，於是攜周庭石室守藏人員與圖文逃亡楚國。周敬王因此無法正常確立法統和行使王官之道，乃命老聃為徵藏史，下詔天下諸侯，徵六藝之書，以充石室。但當時公侯皆"肉食者鄙"，已不能通曉禮樂典章，便求助於已沒落在野的貴族才士。天下由此形成了第一波私人修編六經的浪潮，孔子也正是在此背景下修編《春秋》等。同時，六經修編權的開放也直接導致了著述壟斷的瓦解。當時下層士借徵書之名，希望自己的私人著述能見重於公侯、王庭，於是又形成了第一波的私家著書浪潮。兩股浪潮最終促使了子學的誕生及其不可逆的發展。

子學的正式誕生可以第一代子學原典的產生為標誌。正如上文所言，文本是意識形態發展的結果，也集中呈現着意識形態的變化。且對於子學而言，子學文本是具體載體，又是思想的結晶，更是繼續文化生產的產房。子學流派等也無不以文本傳承為存在依據。故無論作為思想的子學，還是作為流派的子學，都是在文本中獲得呈現與確立的。

第一部子學原典——《老子》的誕生即是子學誕生的正式宣告。圍繞該文本，我們可以確認它是一部私家著作。關於第一部私家著述，一直存有爭議。馮友蘭曾認為：孔子之前無私人著作，《論語》為第一部私家著述。但胡適、馬敘倫等對其有所批評[1]。應該說，老子本人述而不作，常修編古籍，不自我創造新書。他也只是論說道德，關尹子整理而成五千言。嚴格來說，並非老子親著五千言。且在歷史上，《老子》也不會是第一部私人著述。但從傳世文獻以及現在所知的著述來看，它是可以被確定的第一部私人著述。

《老子》的誕生是在經書之外著書立說的結果，它衝破了王庭對著作權的壟斷，直接動搖了經學文本的權威。從内容上看，其根本目的雖然還是供君王參閱，但直接目的卻是向大衆宣揚自己的學說。這種意圖的出現說明它已面對着大衆，且存在着一個聆聽其教誨的固定群體，即門徒，這表明老子已經開始私家講學。此可印證於史籍傳說：孔子、關尹等即曾聞其名而親往問禮、挽留求教。當然，其規模尚小，影響仍限於貴族或有識之士(多是沒落的貴族)。老子的子學踐行有其個人際遇的特殊原因，同時由老子及《老子》文本呈現的子學踐行也並非像子學成熟期那樣徹底，卻具有深刻的時代原因，且其作為一個新時代開啓的標誌意義是不

---

[1] 馮友蘭《中國哲學史》，《三松堂全集》第二卷，河南人民出版社 1986 年版，第 162 頁。胡適《與馮友蘭先生論〈老子〉問題書》，羅根澤編《古史辨》第 4 册，上海古籍出版社 1982 年版，第 417～420 頁。馬敘倫《辯〈老子〉非戰國後期之作品》，羅根澤編《古史辨》第 6 册，第 526～533 頁。

可估量的。

《論語》作為第二部子學原典的出現,則明確子學的誕生不是一枝獨秀,而是擁有社會基礎的群體性勃發。該文本是大規模、有組織、明目張膽的修編之物,已是公開挑戰經學專制。且已將供君王參閱的目的退卻,立足於師門徒學習。這標誌着歷史上第一個有思想、有組織、有傳承的子學流派——儒家的實際確立。有組織的以教育後學為目的文本修編直接體現了私人教育的公開化,且其教育已經是有教無類,徹底打破了貴族對文化的壟斷。此外,該文本部分内容直接體現了孔子删《詩》《書》、定《禮》《樂》、贊《周易》、修《春秋》。私人修編經學原典正是對經學原典的解構,且産生了第一代經學子學化文本。這是直接在經學内部對經學專制進行瓦解。以孔子為首的儒家三千弟子對經學專制的消解是全面、深入而系統的,標誌着子學在開創後已進入穩定發展狀態。

此後,《墨子》文本的産生則呈現出一個强大的墨家學派。墨家學派無論是在子學文本的創立,還是教育的普及化、學派的建構組織上,都已徹底從經學專制的陰影中走出,自信而獨立地走上了全方面發展的道路,標誌着子學誕生階段的完滿實現。

子學誕生後便進入了發展階段。且戰國以後,霸道也徹底衰落,形成了天下並爭之世,也為子學發展提供了有利的客觀條件。雖然當時子學的發展並不是在自覺狀態下進行,但其客觀的現實成果卻是驚人的。

在戰國時代,諸子繼承了開創者消解經學的精神,並展開了更系統、更深入的消解行動。如諸子對經學觀念中的核心要素,如天道、聖人等意識形態進行消解。儒家學派中的部分賢者對天道加以隱退。道家學派又對聖人加以貶斥,乃至戰國中後期稷下學宫的諸子,以追述、追論聖賢著述之名,從近及古,僞托、虚構了大量聖人之作,如管子書、太公書、周公書、伊尹書、鬻子書,乃至黄帝書等等。在追述、追論中,實實虚虚,使得聖人的權威盡失,動摇了經學的重要根基。且也對已有的經學文本進行更全面的解構,産生了《左傳》、易傳等第一代諸子學化經學詮釋本,並具有了一定的消解經學文本的理論自覺,形成了"春秋筆法"、"盡信書不如無書"、"以意逆志"等初始理論。

同時,也形成了子學原典研究。誕生的第一代子學原典詮釋本,如郭店楚簡中的各種子學原典重組本,以及韓非《解老》《喻老》等,皆是其典型呈現,而百家爭鳴中的相互詰難是子學原典自覺研究的高級表現。

最後,戰國時代的諸子在學習子學原典和消解經學文本的基礎上,創作了諸多第二代子學原典,如《孟子》《莊子》《荀子》《韓非子》,以及上文所提到的"黄帝書"等,初步完成了子學核心要素的建構。

總之,先秦學術在春秋末年經歷了一個重大的突變性發展。從五帝三王到西周時期,皆為王權、王道之下的王官經學專制時期,春秋末年誕生了新的學術與發展方式,即子學。子學並非簡單的是經學學術的下移與擴散,而是經學的否定者,在本質上迥異於經學。雖然子學因自身在歷史上一直處於不自覺狀態,在思想内容層面未能完全走出原有經學思想的範疇,但在學術生產方式上,它已經徹底打破了原有的經學范式,開啓了一個全新的學術。首先,子學打破了學術壟斷,將教育不斷普及化與大衆化。無論是老子隱居沛地,傳道四方,還是鄧析以襦爲酬,教民以訟,以及孔子有教無類,弟子三千,乃至墨子海聚販卒,横行天下,都是對教育進行普及化、大衆化的直接體現。子學文本的直接目的也是向大衆宣揚自己的學説。無論是第一代經學子學化文本,還是第一代子學原典,乃至第一代子學詮釋本,無不是在爲大衆閲讀,在大衆寫作中誕生。此後子學的每一次重要變革,也都是與大衆閲讀與寫作的不斷擴大、深入相爲一體;其次,子學對學術文本有着天然的解放性,子學的誕生始於對經學文本封閉僵化的打破,其發展也立足於對子學文本的不斷解構,唐宋以後,更是圍繞文本解放形成了諸如古文運動、白話文運動等多次文本革命浪潮;最後,子學發現並尊崇學術多元化本性,並以此形成自身的開放體系。先秦誕生了諸子百家,魏晉又以中國佛學文本的產生爲標誌誕生中國佛學流派,清末民初又新增以魏源、嚴復、梁啓超、胡適等爲代表的西學(或稱"新説")流派,"五四"後又有了馬克思主義中國化的新思想與新學派。子學以文本進化爲核心,勾連起了上至先秦的諸子百家,中及宋明的道學大師,下逮近代以來的傳統學術研究者以及融通中西的思想大哲及各種新流派,始終以開放的姿態,維護學術開放多元本性,促進其發展。

三、儒學是經學異化子學和子學消解經學的前沿陣地

自子學誕生後,中國學術核心部分的發展在很大程度上就是圍繞經學對子學的不斷異化和子學對經學的不斷消解展開,兩股力量角力的前沿陣地則是儒學。

經學在漢初時遵照自己原有思維與理念發展,繼續設立五經博士,並繼承原有經學的王庭統一採風、修編制度。同時,也開始積極吸納儒學,將經學專制理念滲透到其中,以獨尊形式異化儒學,使儒學成爲一種"亞經學"。

首先,經學對儒學的異化,莫過於將自我附身於儒術,使後人經儒不分。經學本身早於儒學,儒學是經學消解過程中產生的新事物。但經學將自身僞裝爲儒學的腹中子,從而使後人不得識見儒學真面目。同時,經學又以儒術獨尊的形式,割斷其與子學的聯繫,從而實現對儒學的獨占。漢代的儒術獨尊,以及此後的以五經、四書的科舉取士,皆是其具體體現。經學也正是以這樣的方式使儒學成爲自己的寄主與木偶。儒學也因此迷失了自我。

其次,經學不斷將自身的一元專制意識形態滲透到儒學之中,使之爲其所用。如在基本思維與觀念方面,不斷強化儒學在不自覺發展時期所具有的唯一本源思維與理念。經學的原始基礎是血食祭祀等級制度,這決定了它與其肉身共在式的具有非常頑固的一元及其生殖論思維觀念。經學本身認定追尋唯一、永恒的宇宙本源,並用一元生殖論來理解世界。該思維

與觀念從三王時代到夏商周,在漫長的上古歲月中一直占據統治地位,因此早已滲透到中原文明的骨髓之中。春秋戰國時代的諸子在一時之間,自然完全難以擺脱其影響。故諸子,尤其是儒家在最初時也是不自覺地以該思維理念爲主導。經學則抓住了早期儒家思維觀念的這一漏洞,不斷强化之。

經學也在一元生殖論思維的基礎上,通過不斷强化聖人與道統觀念來異化儒家,如歷代以來不斷建構聖人譜系,所謂的堯舜禹、湯文武、周孔孟、程朱陸王聖人譜系就是其結果;進而建構出更爲宏大而精深的道統體系。實則,聖人、道統本身是經學文化的另一種呈現。儒學本身在其内部是複雜多元的,如以往以經學思維與體系出發的所謂儒家異端,實際上正是儒學自身多元性、複雜性以及經學對此進行打擊、異化的直接體現。

最後,經學也深入到具體的學術研究層面異化儒學。如在經學文本體系方面,便以聖人和道統之名,不斷吸納儒學經典。西漢初期雖僅立五經博士,但東漢光武時又升格《孝經》《論語》,統稱"七經"。唐宋以來,各有增益,清人段玉裁更倡"二十一經"(《十經齋記》)。在經學文本含義詮釋發展方面,則採用儒者所論,將其詮釋性發揮到極致。如董仲舒謂"《春秋》無達辭",依據"春秋筆法",發揮能指,將《春秋》義變爲《公羊》義,終至董氏義。朱熹進而假借考據訓詁,以孔孟原句作一起頭,接着全然自發己意。陸九淵"六經注我,我注六經"、王陽明"得魚而忘筌,醪盡而糟粕棄之"對經學文本文字毫無依傍則更進一步。及今饒宗頤、李學勤等則提出"新經學"詮釋學。且經學也一直指出相關理念本爲其所固有。

經學正是通過以上方式,維繫着自身的權威統治,同時也以此形成了諸多經學流派。經學似乎在異化儒學的基礎上,已經成功建構一個以一元生殖思維觀念爲内核,包羅萬端的學術體系。具體而言,就是以五經爲核心,以後人對其内容的不斷閱讀理解和天才式的創新爲基礎,以内容繼承變化爲外在呈現的相對封閉的學術體系,並以此爲基礎,形成一個經學統攝萬端,視各種思想與流派爲其支裔,具有嚴密發展序列的學術大生態。

但實際上,經學在其誕生時便認定經典内涵明確,具有權威性,並不具備理念變革的動力,歷史上經學詮釋文本生生不息的動力來自子學——子學對經學文本的解放與發展。表現在經學與儒學關係上,不是經學吸納了儒學,而是儒學用子學精神、方法及其學術生産方式消解了經學:

首先,經學專制下的經學文本具有經的特性,私人無權修編,子學下的儒學將其視作一般文本,不斷消解其體系。孔子删六經便是私人對經學原典的首次全面解構。漢以後經學所奉五經也已非經學原典,經典體系又不斷擴容,元明以來四書等子學下儒學著作的經學地位更有後來居上之勢。

其次,經學原理中,經典擁有永恒不變的本義,但儒學依從子學精神將其不斷解構。《論語》諸多内容就體現了私人對經學文本的消解,而孔子直言"《書》不盡言,言不盡意"(《繫辭傳》)。孟子將之上升到"盡信《書》不如無《書》"、"以意逆志"等理論高度,實踐以"斷章取義"。至於董仲舒謂"《春秋》無達辭"、王弼"得象在忘言"、"得意在忘象",以及朱熹、陸九淵、王陽明等後學的文本詮釋理念,包括詮釋方法、思維與方向無不是繼承於子學。即使是李學勤等所謂"新經學"詮釋學也是在子學精神與方法的直接影響下,融合西方詮釋學理念的產物。

最後,儒學的發展使惑傳疑經思潮越演越烈。從唐劉知幾指《春秋》"五虛美"、"十二未諭",到康有為《新學偽經考》一以貫之。這些都是儒學依從子學本性,對經學進行全面消解的結果。也正是通過以上方式,使得經學即使在君主專制時期也日趨衰落,最終在近代西方文化的夾擊下,消散於子學之中,復歸學術本身。

因此,在認知儒學時,應注意其兩面性。以往在判斷儒學屬性及其著作歸屬時,總是左右為難。即使將它歸入子學,也只是依從傳統經、史、子、集四部劃分原則而言。但相關原則是以經學為核心確立的,其實質是經學體系原則。也正因此,即使依其劃分,儒學與經學的關係依然混而不清。通過上文的辨析,則可知儒學在經、子相爭中所扮演的具體角色,本質上是子學之一。

小　　結

"新子學"主張在探討"國學"基本構成——經學、子學、儒學等問題時,需要追本溯源,打破舊有觀念的束縛。經學自有其內涵與發展,傳統觀念割裂其歷史,將之定義為漢代以後儒家經典之學,未確切揭示其實質,並混淆了相關事物間的關係。近代以來的各種論見,無論是新儒家,還是新經學皆未出此藩籬,致使經學不成經學,子學不成子學,而儒學也一直未能自覺其子學性,一直束縛在經學的牢籠中,不能完整地呈現其自身。

簡而言之,經學是以其特有的精神和體制為核心的學術綜合體,子學則是經學的否定者,是一種全新的文化學術。根本層面上,它是人不斷自我實現的產物,是文化學術發展到一定階段的自我解放者,直接層面上,則是經學發展出來的自我否定者。自子學誕生後,中國學術的進化便主要圍繞子學對經學的不斷消解和經學對子學的不斷異化展開,儒學則是兩股力量互相角力的前沿陣地。雖然儒學因此具備一定特殊性,但本質上仍是子學的一部分。離開了子學,又豈能有儒學的存在與發展。同時,儒學也正是以子學精神與方式,共同參與對經學的消解。也正是在包括儒學在內——完整子學的全面消解下,經學終因其固有局限而消散於子學之中,復歸學術本身。在當今時代,我們應正本清源,不拘泥於舊見,從學理上打破糾纏在傳統學術身上的經學枷鎖,徹底解放其子學性,最終消解盤旋在傳統文化上空的經學陰魂,實現其重構與發展。

[作者簡介] 玄華(1986—　),本名陳成吒,男,浙江蒼南人。先秦文學博士,現為上海財經大學人文學院講師。已發表學術論文10多篇,目前主要從事老子學、諸子學研究以及"新子學"理論建構。

"新子學"的儒家*

陳成吒

内容提要 "新子學"主張更加全面地審視儒家文化及其發展。歷史上,儒學是子學消解"經學"和"經學"異化子學這兩股力量互相角力的前沿陣地,因此具備了其他子學所没有的特殊性與複雜性。對其進行重新梳理時,應對此有充分認知,從而辨正地審視其歷史。在此基礎上,則要正本清源,不拘泥於舊見,從學理上打破糾纏在它身上的"經學"枷鎖,徹底解放其子學性,實現其新發展。

關鍵詞 新子學 儒家 儒學 經學 諸子學

中圖分類號 B2

"新子學"自提出至今已兩年有餘,關於其内涵、定位的理解可能仍是衆家各有其見。不過,筆者始終認爲其内涵與定位應是多層次的,其中之一就是立足於當代中國社會現實,爲傳統學術文化現代轉型提供一個切實有效的通道與平臺。本文以"新子學"對儒家的新轉化爲例,説明它給後者所帶來的新認知、新定位與新發展。

"新子學"的基本理念之一是倡導全面復興諸子學,其中自然包括對儒家的傳承與發展。但在今天這樣一個新時代裏,提倡對它的傳承與發展,不是要回到那個舊時代的儒家懷抱中去。恰如國家主席習近平在2014年9月紀念孔子誕辰2565周年國際學術研討會暨國際儒學聯合會第五屆會員大會開幕式上的講話所指出的:儒家文化在形成和發展過程中,因當時人們認識水準、時代條件、社會制度的局限性制約和影響,必然會存在陳舊過時,甚至於今時已淪爲糟粕的東西,因此必須堅持有鑒別的對待、有揚棄的繼承,堅持創造性轉化、創新性發展。"新子學"對於儒家的處理就是要還原其在多元傳統文化中的本來面目,並推陳出新,重

---

* 本文係教育部人文社科研究青年基金項目《先秦老學研究》(15YJCZH008)、上海市哲學社會科學規劃青年課題《先秦老學研究》(2015EWY001)、上海財經大學校立社科項目《先秦老學研究》(2014110882)、上海財經大學基本科研業務費項目之青年教師預研究項目《諸子學現代轉型研究》(2015110125)的階段性研究成果。

構、創造出一個新時代的儒家。

在"新子學"看來,傳統文化一直處於一個多向多元的發展狀態。亦如習近平主席所言:"中國傳統文化,尤其是作為其核心的思想文化的形成和發展,大體經歷了中國先秦諸子百家爭鳴、兩漢經學興盛、魏晉南北朝玄學流行、隋唐儒釋道並立、宋明理學發展等幾個歷史時期。"這基本上也是目前學界的一種共識。諸子爭鳴奠基了傳統學術文化的基本氣象及其多元格局,也為其此後的發展注入了強大的生命力。中國歷史上每一次重大文化思潮的興起,無不有諸子的參與和造就,秦漢以降,如珠串聯。

也正是在這樣一種諸子百家學説既對立又統一,既競爭又相互借鑒的學術生態中,傳統文化包括儒家思想才實現了與時俱進的發展。也正是因為有傳統文化這樣一種整體性、多元性、多向性的發展,才形成和維護了中國這樣一個多民族國家的長期團結統一和穩定繁榮的發展,從而使中華文明跨越數千年,成為當今世界上碩果僅存的從未中斷而古今融通的文明。也正因此,中華文明在當今世界上牢牢占據着特殊而重要的地位。

"新子學"認為只有在全面、客觀地把握傳統文化多向性、多元性、整體性的基本特點之下,才能真正認清儒家的性質、歷史與作用。如果離開傳統文化這個整體性大生態,離開諸子百家,則儒家也就不能確立其自身,也無法實現其發展,更不必説促進傳統文化發展,支持中華民族偉大復興了。"新子學"也正是在這樣的視角下來看待"儒家"、"儒學"的歷史以及它接下來的發展。

一、過去的歷史

筆者此前在論述"新子學"世界觀問題時指出:自在多元是世界的自然狀態,萬物就是在這個多元的世界中面對着豐富的他者,以自我否定的形式發展着,並以這種連續而永無止境的發展本身來呈現自我、實現自我,學術發展也是如此[1]。其實,也只有以這樣的理念才能看見、看清中國學術發展歷史的完整面貌。

"新子學"也當以此對中華文化學術發展的歷史進行完整的觀照。筆者認為應以該理念對舊有的經學、子學觀念進行再審視,做出新的理解,並以此對中國學術發展的歷史分期實現新的認知,具體情況可參見筆者的幾篇拙文[2]。簡而言之,筆者認為早期中華文化學術發展存在"前子學時期"和"子學時代"。其中,"前子學時期"內部又可以分為"神學時代"和"經學時代"。

---

[1] 玄華《關於"新子學"幾個基本問題的再思考》,《江淮論壇》,2013年第5期,第104~109頁。
[2] 玄華《"新子學":子學思維覺醒下的新哲學與系統性學術文化工程》,《諸子學刊》第九輯(暨2013年4月"新子學"國際學術研討會論文集),上海古籍出版社2013年,第81~94頁。玄華《"新子學"對國學的重構——以重新審視"經"、子、儒性質與關係切入》,見2014年4月"諸子學現代轉型高端研討會"論文集。

"神學時代"是指從三皇到五帝初期。三皇時期，時人穴藏，茹毛飲血，以對神靈的敬畏為核心，生產文化，維繫族群社會。此時為神靈治化之世，人們對世界的理解都在各種神靈觀念的支配之下。"經學時代"則是從五帝到西周時期。五帝中後期，聖人覺醒，強調遵"道"而行，其鬼不神。開始形成血食祭祀以及相應的親疏、貴賤有等的禮制，從而產生了原始的王權、王道以及相配套的霸道觀念。而相關體系皆是要求天子治化天下，學術的生產、傳播皆出自王庭，這意味着原始"經學"的正式出場。

筆者始終強調在當今重構、新創中國文化學術體系時，應對"經學"觀念及其學術體系進行重新審視與建構。傳統觀念一般將"經學"視作儒家經典的整理、詮釋與研究發展之學，實是對"經學"現象的狹隘化和對其歷史的人為割裂。實則，"經學"是融合特定的思維精神、意識形態、學術生產傳播方式於一體的複雜的文化體系與現象。

從"經學"的自身特點來考察，它是一個具備形而上內涵和形而下具體內容的完整而相對封閉的系統性事物。形而上層面，就是在思維和意識形態上認定並強調一個根本、唯一、永恒的先驗本源，以一元生殖理念來演繹世界，梳理出一個疆界分明、等級儼然的宇宙次序，並強調人對它的理解與服從。形而下層面，就是將相關理念呈現為具體的"文本"，並以之為基礎，圍繞它的生產與傳播，形成一整套更為複雜的文化學術體制，集中體現為王權、王道之下的王官之學體制。即王庭對"經學"文本的生產、解讀、傳播擁有絕對權，大眾無權思考與詮釋，只有接受、信仰與服從。

這種"經學"體系形成於帝顓頊時代。且自三王、夏商周，一直到西周，雖然歷代所奉經典存有差異，但"經學"精神與體制一脈相承。至於周代王官之學體制下的六藝之學，到漢代博士官制度下的經學也本是一脈相承，不可割裂。

但春秋末期，中國社會劇變，學術也迎來了新的發展。當時，王權、王道體系以及與之相配套的霸權、霸道理念相繼衰落，"經學"因此成為無皮之毛，其體系逐漸瓦解。也正是在此情勢下，"經學"的自我否定發展進入了質變期，子學應響而來。

"子學"並非是"經學"學術的下移與擴散，而是"經學"的否定者，在本質上迥異於"經學"，雖然子學因自身在歷史上一直處於不自覺狀態，在思想內容層面未能完全走出原有"經學"思想的範疇，但在學術生產方式上已徹底打破原有的"經學"范式，開啓了一個全新的學術。在形而上層面，它是人的一次自我覺醒，是學術的一次自我解放。形而下層面，它打破了學術壟斷，將教育不斷普及化與大眾化。同時對學術文本有着天然的解放性，子學的誕生始於對"經學"文本封閉僵化的打破，其發展也立足於對子學文本的不斷解構。最後，它發現並尊崇學術多元化本性，並以此形成自身的開放體系，勾連起了上至先秦的諸子百家，中及宋明的道學大師，下逮近代以來的傳統學術研究者以及融通中西的思想大哲及各種新流派，始終以開放的姿態，維護學術開放多元本性，促進其發展。

子學的誕生是"經學"自我否定發展的自然結果，且在歷史上也存在直接而具體的標誌性事件，即周敬王四年(西元前 516 年)，周敬王因王子朝之亂，喪失石室圖文，命老聃為徵藏史，徵天下之書。天下由此形成了第一波私人修編六經以及私家著書的浪潮,最終促成了子學的誕生及其不可遏制的發展。

子學誕生後,"經學"並沒有退出歷史舞臺。中國學術核心部分的發展在很大程度上就是圍繞"經學"對子學的不斷異化和子學對"經學"的不斷消解展開,而"儒家"、"儒學"也是在這種背景下產生、異變與發展。

春秋晚期諸子爭鳴奠基了中國文化的多元基礎及其強大生命力。儒家也正是在子學思潮興起,並借助諸子各家學説的勃興,促成了自我的誕生和發展。孔子以其"學而不厭"的好學精神造就其"多能",為開宗儒家提供了扎實的思想基礎。孔子為此,轉益多師,《史記·仲尼弟子列傳》載:"孔子之所嚴事:於周則老子;於衛,蘧伯玉;於齊,晏平仲;於楚,老萊子;於鄭,子產;於魯,孟公綽。數稱臧文仲、柳下惠、銅鞮伯華、介山子然。"除此之外,又有周之萇弘、魯之師襄等等。在孔子的師法中,不乏道家、法家、隱士,甚至具有縱橫家特點的人物。如無百家,孔子焉學,儒家何能興?

同時,孔子借子學思潮删《詩》《書》、定《禮》《樂》、贊《周易》、修《春秋》,是私人修編、解構"經學"原典的典範。他的修編行為直接在"經學"内部對"經學"專制進行瓦解,本身也是對"經學"文本進行子學化的直接參與。同時也為儒家後學進一步生產"經學"子學化文本打下扎實的基礎。

更為重要的是,孔子也是在子學思潮中積極參與打破學術壟斷,自覺進行私人教育,而且將其規模化。這些也為儒家學派的最終形成與强勢發展提供了最為核心的思想家。

最後,孔子逝世不久,儒家便在子學思潮的作用下編寫了《論語》一書。《論語》是大規模、有組織、明目張膽的修編之物,是對"經學"專制的公開挑戰。且已將供君王參閲的目的退卻,立足於供門徒學習。這標誌着歷史上第一個有思想、有組織、有傳承的子學流派——儒家的實際形成與確立。

儒家在戰國時期發展也是如此:首先,儒家後學繼承了開創者消解"經學"的精神,並展開了更系統、更深入的消解行動。如對"經學"觀念中的核心要素,如天道意識形態進行消解,倡導"天道遠,人道邇",動摇了"經學"的重要根基。且也對已有的"經學"文本進行更全面的解構,產生了《左傳》《易》傳等第一代子學化"經學"詮釋本。並具有了一定的消解"經學"文本的理論自覺,形成了"春秋筆法"、"盡信書不如無書"、"以意逆志"等初始理論。同時,也形成了子學原典研究,誕生了第一代子學原典詮釋本,如郭店楚簡中子思派的各種子學原典重組本等便是典型體現,而儒家參與百家爭鳴的相互詰難更是高級呈現。最後,儒家諸子在學習子學原典和消解經學文本的基礎上,創作了諸多第二代子學原典,如《公孫尼子》《子思子》《孟子》《荀子》等,初步完成了儒家核心要素的建構。也就是説,儒家誕生於子學思潮興起之時,也是在子學思潮的發展中壯大。

至於此後儒家的每一次革新發展,如程朱理學、陸王心學,無不是來自大儒們出入百家之後的徹悟。歷史上,没有哪次儒家思想的變革發展是由儒家一門面壁枯想而成的。

从歷史教訓來看，當儒家謀求自我獨尊，唯吾一門乃聖乃神時，中國傳統文化就整體性地陷入困頓、迷失之中。如自漢代獨尊儒術開始，中華文化發展常常會出現"間歇式"的休克，且每個"間歇"時期總是相當的漫長。隨着中華文化的多元性、多向性受到壓制，儒家也開始自我異化，進一步陷入固步自封、視新思想為洪水猛獸的病態中。在百花齊放的學術生態喪失之後，在"萬馬齊暗究可哀"的沉悶氣候下，儒家自然無法實現自身的良性發展。而日漸腐朽的獨木怎能支撐擎天巨廈！如此孤寡的儒家自身難保，更不必說帶着整個國家向前發展。也正因此，在儒家獨尊達到頂峰的清代，中華文化失去了更新的原動力，以致最終在政治、經濟、科學等各方面全面地落後於時代，面對新世界的開啓，卻只能落得被動挨打、喪權辱國的境地。而儒家自身也因此自受其罪，受到國人的罪責乃至唾棄，斯文掃地。

在近代，中國傳統文化的再一次勃興以及儒家的自我救贖，又是始於何時呢？那就是"五四"新文化運動前後的諸子學驚覺。當傳統文化、中國社會陷入最危急時刻，諸子學又再度興盛，道家、名家、法家、墨家、陰陽家等研究著作層出不窮。在此期間，有關諸子學的考證、校釋、注譯、彙編、引得等著作有數百種之多，諸子學術的發展出現了一個小高潮。在這股思潮中，諸子學既承擔了對傳統文化的搶救工作，也肩負起了對接世界各類新知識、新文明的重任。傳統文化借此開始如海綿吸水一般吸收了當時世界上的其他文明，並極速地對其實現創造性的轉化。也正因此，挽救了近代中國社會的進一步撕裂，促成其獲得相對穩定的發展。也正是在這個時候，儒家思想受到了最強烈的衝擊，同時開始實現自我蛻變——"新儒家"便在此刻開始孕生。以此可知，只有在諸子百家並存的生態中，儒家才能實現自己的革故鼎新與發揮積極的作用。

二、當下的新路

通過對中國文化以及儒家發展歷史的分析可知，中國傳統文化只有作為多元性、多向性、整體性的存在時，才能實現良好的發展。也只有在諸子百家並存的生態中，儒家才能實現自己的革故鼎新與發揮積極的作用。而我們在今天這樣一個新時代裏，重新面對傳統文化、儒家思想，就要還原其本真面貌，正視其歷史，同時推陳出新，重構、創造出一個新時代的儒家。

那麼，如何完成這個時代任務呢？"新子學"即是一條可以嘗試的路徑。我們在今天倡導"新子學"，就是基於傳統文化固有的諸多特性而提出的一種對其進行繼承、重構、再創的新通道與平臺。我們也希望以此來完成與舊時代儒家的徹底告別，實現對新時代儒家的重構與創造。如以"新子學"來重構、新造儒家，則包含這樣幾個基本原則。

（一）就儒家自身而言，應知曉其由歷史原因所造成的兩面性。

在歷史上，儒家由於"經學"與"子學"的相互搏殺而處於特殊地位，因此存有兩面性，我們對此特殊性應有自覺的認知，否則只是盲目地尊崇或否定，必將導致勞而無功，甚至會產生負面作用。如民國初期，學界沒有很好地認知"儒家"的經學異化下的面貌，盲目推崇，以致有了以"儒家思想"為名，對袁世凱稱帝、張勳復辟的倡導與擁護，造成了極大的社會與文化認知混亂。同時，又由於只是簡單地看到了被"經學"異化下"儒家"的醜陋，而沒有看到子學下"儒家"的榮光與作用，以致有了"五四"文化運動，乃至"文化大革命"對"儒家"簡單、粗暴的否定。這也對中華文化和民族精神造成了極大的戕害，當今中華文化的認同危機也與之存在重要關聯。在當今社會必須對其兩面性進行全面、辯正的分析與理解，在子學的背景下，重新確立子學的儒家。

（二）在中國文化內部而言，必須是在諸子多元生態中重新審視、定位儒家。

中國文化不是簡單的傳統漢族文化，而是已交融着中國多民族傳統文化、西方文化的現實的當下中國的文化。且這個中國文化因中國社會百年來的劇變，目前正處於一種特殊的狀態中，筆者稱之為患有"前現代、現代、後現代交錯綜合症"：在當前社會的發展中，作為底層的物質基礎與社會構成已經開始進入後現代發展階段，大眾文化的多元性、娛樂性、碎片化發展就是該現實在文化層面的直接顯現。但在文化自覺的學術研究與基本理念層面，許多地方仍然停留在前現代階段而正試圖進入現代性建構階段。也就是說，在自覺的基本理念方面，許多地方還困守在前現代階段，現代文明的基本觀念都還沒有建立起來。

我們現在所面對的就是這樣一個特殊的社會發現階段。儒家文化所要面對的就是這樣一個現實，它本身也處在這樣的現實之中。因此，儒學必須從舊有"經學"異化下的"一元思維"、"生殖思維"中出離出來，不要再困守所謂的一根本元、包羅萬象的道統輻射體系，而應真正地擺好自己的位置，改造自己，更好地融入這個時代，並服務於它。

（三）在世界範圍內，必須在世界文化多樣性以及全球化的背景下來重構、發展儒家。

世界的多樣化發展已經超出了舊有儒學的基本想象與設定，不能再說"道不變，天亦不變"，不能再固守"道"生化萬物，器可變而"道"為一的癡人之見。世上本不存在唯一的"道"，每個"器"都有自我的生命，它們都一起建構着這個"世界"。我們必須承認這個多元、多樣的世界。

且我們應承認自己在諸多方面的落後，在此之下才能真正地平視中國傳統文化，同時批判、吸收其他現代文化，從而創造出屬於中國自身的新文化。這種新文化既能解決中國的問題，又能回應世界性的問題。儒學的改造與發展也須如此。

也就是說，儒家必須正視因歷史原因而形成的兩面性。同時只能在多元的生態中，才能重新找到自己應有的位置。在內部，它只是傳統文化，諸子百家中的一部分，不能搞自我封閉、唯我獨尊。而對外部，則要與中國其他傳統文化相並肩，一起面向世界。否則，難道在當今這樣一個中國，這樣一個世界中，我們還要用儒家來一統中國如此豐富多彩的文化，讓它來一統中國如此複雜的社會嗎？讓它獨自沖在前面，去面對當今既多元，又全球化的世界文化嗎？同時，又讓其傲慢地自足，從而孤立自身，而又期望以這樣的方式去解決中國的現實問題，乃至世界的現實問題嗎？我們即使讓儒家去這樣做，恐怕它也難以勝任，而真正的儒家也肯定有此認知。

小　　結

總之，"新子學"立足於中國文化的整體性大地上，在諸子學術多元性生態中，以歷史還原、多向多元、生態發展的方式來認識和處理儒家文化。在歷史上，儒學是子學消解"經學"和"經學"異化子學這兩種力量互相角力的前沿陣地。它雖然也因此具備了一定的特殊性，但本質上仍是子學的一部分。離開了子學，不會有儒學的存在與發展。同時，儒學也正是以子學精神與方式共同參與對"經學"的消解。也正是在包括儒學在內的完整子學的全面消解下，"經學"才最終因其固有局限而消散於子學之中，復歸學術本身。當今時代，我們應正本清源，不拘泥於舊見，從學理上打破糾纏在儒家文化身上的"經學"枷鎖，徹底解放其子學性，實現其在當下的全面的、創造性的新發展。從而使它能真正扎根、生長於這個社會現實，並參與對這個"世界"的建構，從而服務"以文化人"的時代任務，為中華民族面向世界，實現偉大復興，貢獻出更多應有的智慧與力量。

[作者簡介] 陳成吒（1986—　　），男，浙江蒼南人。現為上海財經大學人文學院講師。已發表學術論文 10 多篇，目前主要從事老子學、諸子學研究以及"新子學"理論建構。

儒家式與道家式："新子學"政治自由論的兩種構建路向*

——以康有為、嚴復為中心

莊 沙

内容提要 中國現代思想史可謂又一"軸心時代"的開啓,康有為、嚴復無疑屬於現代具有開闢意義的"新子",他們對古典諸子思想中的政治自由思想的詮釋構成了"新子學"的獨特内容。康有為主要從儒家的角度詮釋政治權利的古典根源,揭示了自主之權和先秦思想之間的内在聯繫,將權利理解為名分,又將之誤解為利益,大加撻伐。嚴復明確地從道家那裏發展現代政治自由思想,他將楊朱和莊周等同起來,為政治自由的展開奠定了個人主義的邏輯基礎,並將"在宥"解讀為自由,將老子詮釋為民主之道,成為道家自由主義的濫觴。康嚴兩位的詮釋顯示了"新子學"構建政治自由論的儒家式和道家式兩種路向。

關鍵詞 新子學　政治自由　權利　康有為　嚴復

中圖分類號 B2

"新子學"是方勇先生獨創的一個概念,引起了學界廣泛的反響①。筆者無意於對此概念作出全面的界定,而是想指出,本文所謂的"新子學",一方面是對中國現代具有創造性思想家的肯定,認為他們也是新的"軸心時代"的重要人物,是可以稱為現代諸子的,或者說"新子"。顯然,在中國現代思想開啓的早期,康有為和嚴復是兩大代表人物;另一方面,本文也不是全面地討論他們對政治自由的觀點。這種討論很有必要,但不是本文短短的篇幅所能夠承擔。

---

* 本文是國家社科基金青年項目"先秦諸子與中國現代自由研究"(批准號:10CZX029)、上海哲社一般課題"新世紀以來中國社會思潮跟蹤研究"(批准號:2015BZX003)、國家社科重點項目"社會主義核心價值觀的傳統文化根基研究"(批准號:14AZ005)、國家社科重大項目"馮契哲學文獻整理和思想研究"(批准號:15ZDB012)以及上海市高峰高原計劃資助的階段性成果。
① 參葉蓓卿編《"新子學"論集》,學苑出版社2014年版。

因此即便是爲了寫作的方便,本文所説的"新子學"還有第二層含義,這就是"新子"對於先秦諸子思想的解讀,在本文語境中,顯然是對先秦諸子的政治自由思想的解讀。

如果説康有爲更多地從儒家角度詮釋政治自由,那麽,嚴復主要從道家角度展開論述,可謂道家自由主義的濫觴。他們分别顯示了"新子學"構建現代政治自由的兩種典型路向:儒家式和道家式。

一、康有爲:儒家與現代政治權利論

在現代思想史語境中,政治自由往往首先表現爲權利,政治自由甚至就是政治自由權的簡稱。

在康有爲政治思想中,處於基礎地位的,首先是某種抽象的自主之權。他系統地揭示了自主之權和儒家思想之間的内在聯繫,表明一切古已有之;他還從儒家的角度將權利理解爲名分,又將之誤解爲利益;他還對各種具體的權利和儒家思想之間的關係作出了刻畫。

康有爲指出人人有自主之權是現代文明的標誌:"夫人人有自主之權一語,今日歐美諸國,無論其爲政治家,其爲哲學家,議會之所議,報章之所載,未有不重乎是者。""總之,人人有自主之權,爲地球之公理,文明之極點,無可訾議者也。"自主之含義即爲自由、平等:"自主云者,人人自由,人人平等。"①"人人有天授之體,即人人有天授自由之權。"②

康有爲認爲,先秦思想中已經具有豐富的主張自主之權的觀點。他説:"若夫人人有自主之權,此又孔、孟之義也。《論語》曰:我不欲人之加諸我也,吾亦欲無加諸人。言己有主權,又不侵人之主權也。孔子曰:匹夫不可奪志也。又曰:己欲立而立人,己欲達而達人。己有立達之權,又使人人有之也。孟子曰:天之生斯民也,使先知覺後知,使先覺覺後覺也。人人直接於天而有主權,又開人人自主之權也。其他天爵自尊,藐視大人,出處語默,進退屈伸,皆人自主之。《易》曰:確乎不拔,《禮》曰:强立不反,貴自主也。"③其中溝通現代和傳統的努力是顯而易見的,不過,同樣明顯的是,在此康有爲對自主之權的理解是廣義的,其中也包含了"志"等實際上屬於道德哲學領域的内容。這從一個角度表明,康有爲並未明確意識到權利本質上屬於政治哲學的範疇,不能和道德哲學相混淆。而從倫理道德的角度來理解問題,無疑又從一個角度凸顯了康有爲受到的傳統的影響。

同時,康有爲也試圖重新解釋《中庸》"忠恕違道不遠,施諸己而不願,亦勿施於人"一語,

---

① 《代上海國會及出洋學生復湖廣總督張之洞書》,《康有爲全集》第五集,中國人民大學出版社 2007 年版,第 328、329、331 頁。
② 《大同書》,《康有爲全集》第七集,第 58 頁。
③ 《駁張之洞勸戒文》,《康有爲全集》第五集,第 337 頁。

從中解讀出自主、平等的思想。他說："中心出之之謂忠,如心行之之謂恕。違,去也。道者,人所共行也。必與人同之而後可。物類雖多,而相對待者,不外人己,同為人類,不相遠也。人莫不愛己,己欲立而立人,己欲達而達人。己所不欲,勿施於人。張子所謂:以愛己之心愛人,則盡仁。孔子告子貢以一言行終身者'推己及人',乃孔子立教之本。與民同之,自主平等,乃孔子立治之本。故子思特揭之。"①

康有為還指出,孔子的"群龍無首"表達的就是自由平等的觀點。"《易》曰'大哉乾元,乃統天'……以元統天,則萬物資始,品物流行;以元德為政,則保合太和,各正性命。所謂乾元用九,見群龍無首,而天下治。行太平大同之政,人人在宥,萬物熙熙,自立自由,各自正其性命。"②從歷史上看,後來熊十力也以"群龍無首"來表達其政治自由觀,無疑顯示了他和康有為思想之間邏輯上的聯繫。

康有為不僅在儒家的經典文本中解讀出了自主自由權,而且,他也從儒家有爭議的文本中詮釋出了相關觀點。這主要體現在他對莊子的解讀中③。康有為認為,莊子是孔子的再傳弟子,其師為子貢之徒田子方。他說:"子貢不欲人之加諸我,自立自由也;無加諸人,不侵犯人之自立自由也。……子貢蓋聞孔子天道之傳,又深得仁恕之旨,自顏子而外,聞一知二,蓋傳孔子大同之道者也。傳之田子方,再傳為莊周,言'在宥天下',大發自由之旨。蓋孔子極深之學說也。但以未至其時,故多微言不發,至莊周乃盡發之。"④

然而,與對儒家的高度讚賞形成鮮明對比的是,康有為認為以老子為代表的道家以及法家的殘暴思想卻嚴重損害了自由。他說:"老子之學,分為二派:清虛一派,楊朱之徒也,弊猶淺;刻薄一派,申、韓之徒也,其與儒教異處,在仁與暴,私與公。儒教最仁,老教最暴。故儒教專言德,老教專言力。儒教最公,老教最私。儒教專言民,老教專言國。言力言國,故重刑法,而戰國之禍烈矣。清虛一派,盛行於晉,流於六朝,清談黃老,高說元妙。刻薄一派,即刑也,流毒至今日,重君權、薄民命,以法繩人,故泰西言中國最殘暴。"⑤顯然,中國要建設現代政治自由,必須批判老子的殘暴思想,繼承儒家思想。

不過,康有為指出,老子的無為而治的思想卻是適合於大同世界的。換而言之,無為而治可以賦予民衆政治自由。"夫一統之世。不憂虞外患,不與人競爭,但統大綱。以清靜治之,一切聽民之自由而無擾之,雖不期治而期於不亂,此中國秦漢二千年來之政術也。其政術如此。自蕭何立法,曹參隨之。曹參者,奉老子學者也,老子之治術,曰為者敗之,曰以無事治天下。故曰聞在宥天下,未聞治天下也。在宥之說,在一切聽民之自由而勿干涉之。此在地球

---

① 《中庸注》,《康有為全集》第五集,第374頁。
② 《論語注》,《康有為全集》第六集,第387頁。
③ 一般總將莊子劃入道家,但在康有為那裏,莊子屬於孔子再傳弟子,故為地地道道的儒家。
④ 《論語注》,《康有為全集》第六集,第411頁。
⑤ 《康南海先生講學記》,《康有為全集》第二集,第108頁。

一統之時，民智大開，民德大化，則誠可矣。"①

當然，康有爲同時指出，老子無爲而治思想中所包含的愚民主張需要摒棄，不適合競爭之世。他説："其術又曰爲治非以明民，將以愚之，使民安其居、樂其業、美其服，老死不相往來，如放鵝鴨於大澤中，聽其知鳥飲啄而已。若施於諸國並立之時，窮精角力，各視其團體之凝散與提絜之寬嚴以爲强弱之對取，如以一統之漫無提絜、團體散涣而與諸國之團體結凝、提絜精嚴比較，猶驅市人烏合之衆而當百煉節制之師也，鮮不敗矣。"②

然則何謂權利？以上論述也從某些側面揭示了康有爲心目中的權利的内涵，不過，還比不上他從名分的角度來理解權利來的直接。

康有爲從名分的角度來理解權利："所謂憲法權利，即《春秋》所謂名分也，蓋治也，而幾於道矣。"③值得注意的是，這是他在戊戌變法時期爲了引進現代權利觀念而做的解釋。這個觀念持續到後期。他指出："中國政教之原，皆出孔子之經義，孔子作《春秋》以定名分，君不曰全權，而民不爲無權，但稱其名而限其分，人人皆以名分所應得者而行之保之；君不奪民分，民不失身家之分，則自上而下，身安而國家治矣。憲法之義，即《春秋》名分之義也。中國數千年之能長治久安，實賴奉行經義，早有憲法之存。"④

戊戌變法失敗之後，在遊歷了西方各國，見識權利觀念在現實社會中所引起的後果，尤其是經歷了辛亥革命，權利觀念已經成爲中國人的某種基本的意識甚至是陳詞濫調之後，康有爲一方面繼續着權利名分觀，另一方面，卻又將權利和廣義的利益等同起來。

此時的康有爲對權利觀念深惡痛絶："總之權利二字一涉，即争盜並出，或陰或陽，其來無方，入其中者，必狡險辣毒與之相敵，然後可。"⑤之所以如此，和他將權利理解爲利益密切相關。他説："歐美之新説東來，後生販售，不善擇别，誤購權利之説挾以俱來。大浸稽天，無不破壞，而險詖悍鷙之姿，遂悍然争利，而一無所顧矣。……嗚呼！今而後知孟子口不言利之慮患深長也，今而後知孔子憂不講學之救世深切也。"⑥康有爲將對權利思想的批判和孔孟對利的警惕聯繫在一起。不過，很顯然，"權利"和"功利"（即便是廣義的、作爲某種效果的功利）是不同的，康有爲有所混淆。

這種混同便導致康有爲從利益的角度所展開的對權利思想的批評中包含着某種緊張。衆所周知，儒家也並非不講利，而是主張公利。因此，當康有爲一般性地反對利益，從而試圖批評權利思想時，他一定程度上也將公利也加入了反對的行列。問題在於，事實上康有爲害

---

① 《官制議》，《康有爲全集》第七集，第231頁。
② 同上。
③ 《日本書目志》，《康有爲全集》第三集，第357頁。
④ 《海外亞美歐非澳五洲二百埠中華憲政會僑民公上請願書》，《康有爲全集》第八集，第411頁。
⑤ 《與梁啟超書》，《康有爲全集》第九集，第128頁。
⑥ 《祭梁伯鳴文》，《康有爲全集》第九集，第142頁。

怕權利觀念會導致對國家公利的損害。他説："今舉國滔滔,皆争權利之夫,以此而能為國也,未之聞也。《孟子》開宗,《大學》末章,皆以利為大戒。使孔子、孟子而愚人也則可,使孔子、孟子而稍有知也,則是豈可不深長思也。鄙人至愚,亦知宫室飲食、衣服起居、親戚宴遊,無不待於財利焉,豈有異哉,但晝夜溺心,唯知利之是慕,則市怨寡恥,其反則悖人悖出為禍矣。……今吾國人唯權利之是慕,各競其私,各恤其家,而不知國;國既亡,身將為奴,而權利何有乎?"①

这段話給我們一個啓發:如果我們將權利理解為利益,康有為贊同的是國家層面上的權利,即國家公利。换而言之,由於權利本質上是政治自由權的簡稱,所以康有為更多的是在主張國家的自由。這又是和他一貫的救亡主張相一致的。當然,這並不妨礙康有為對具體的個人權利做出某種論述。只是説,和個人權利相比較而言,他更加傾向於國家權利。

那麽,從個人權利的角度看,康有為的認識又如何?他的解答也主要是儒家式的。

康有為早在戊戌變法時期就認識到了自由權利包含的豐富内容:"法之革命也,天賦人權之説,載於憲法。美之獨立也,權利自由之書,布之列邦。其他各國所有者,曰人民言論思想之自由權,曰出版之自由權,曰從教之自由權,曰立會之自由權,曰居住移轉之自由權,曰身體之自由權,曰住所之自由權,曰信書秘密之自由權,曰産業之自由權。載之憲法,布之通國,人人實享其利益。"②

以下對這些自由權利進行簡要討論。

康有為清楚認識到言論自由權是現代基本自由權之一:"言論自由一義,為文明之國所最重。"③而且,他也指出言論自由的一大表現就是輿論對於政府的批評,其間也包含着社會進步的契機:"而政府當權之人,既擔荷一國之責任,則一國人皆得監察而督責之。故報紙之攻擊政府、攻擊官吏,乃報紙應行之義務、應執之權利,非政府官吏所得而禁也。而國家之所以日進文明者,亦恒由是。苟欲禁之,是為侵犯自由權利。為報館者,例得抗拒之。若上能禁,而下不能抗拒,則其國政紊亂,國勢之杌隉,不問可知矣。"④

值得注意的是,康有為從兩個方面指出現代言論自由和先秦思想之間的聯繫。其一,他指出現代的言論自由是對古代鉗制言論做法的反駁:"中國古來無報館也,而暴君污吏有偶語棄市之刑。近年以來,官吏之仇報館甚矣,屢次禁印行、禁售賣、禁閲讀、捕主筆、捕館東,數見不一見。究之報館何嘗能禁絶?公論何嘗能泯没?毋亦枉作小人已乎?"⑤其二,康有為指出,先秦思想中其實也有强調言論自由的重要性的觀念:"古語曰:防民之口,甚於防川。"⑥同時

---

① 《中國顛危誤在全法歐美而盡棄國粹説》,《康有為全集》第十集,第138頁。
② 《代上海國會及出洋學生復湖廣總督張之洞書》,《康有為全集》第五集,第329頁。
③ 《劉、張二督致英沙侯電駁詞》,《康有為全集》第五集,第268頁。
④ 同上。
⑤ 同上。
⑥ 同上。

康有爲認爲避免自由言論之鋒芒所及,關鍵在於自身的道德修養。他認爲,古語所説"止謗莫如自修"就是這個意思①。

不過,康有爲也看到了言論自由權可能包含的消極成分,其所依據的是《書》中的觀點。他説:"臣有爲謹案:《書》稱無稽之言勿聽。泰西俗例,不得造無據之言,妄相是非,其罪極重。以謡言無據,最易惑人聽聞、顛倒是非、變亂黑白也。既惑聽聞,則能亂政,於用人行政關係極大,故尤惡之。"②雖然康有爲説這段話的背景是在鼓勵光緒皇帝以雷霆手腕一心一意變法,但其中包含的對於言論自由的觀念似乎也有某種一般性。

由上可知,康有爲一方面意識到了言論自由作爲現代政治自由權的重要性,另一方面也看到言論自由不能成爲誹謗的口實,而且兩方面都能在先秦思想之中找到相應的根據。那麽,言論自由的限度何在?這個問題似乎尚未得到康有爲深入思考。某種意義上,康有爲更多的是借助先秦的相關言論來表達具體的立場和觀點,而對於其中所包含的一般性的問題則似乎缺少反思。

除了言論自由權之外,信教自由無疑是現代政治自由的一項重要内容。康有爲認爲孔子有信教自由的觀點:"蓋孔子之道,敷教在寬,故能相容他教而無礙,不似他教必定一尊,不能不黨同伐異。故以他教爲國教,勢不能不嚴定信教自由之法。若中國以儒爲國教,二千年矣,聽佛、道、回並行其中,實行信教自由久矣。"③

二、嚴復:道家自由主義的濫觴

如果説康有爲主要是從儒家的角度詮釋現代政治自由,那麽,嚴復的特點尤在於從道家的角度構建現代政治自由,反而對儒家的重要觀念比如仁政有所批評。

話題要從現代政治自由的個人主義基礎説起。

從西方自由主義的發展來看,個人主義是其理論基礎。這點《西方自由主義的興衰》④的作者説得非常清楚。自由主義首先設定了原子式的個人,在原初狀態中,每一個人都有自己天賦的權利,爲了生存和發展,人與人之間勢必發生鬥争。長期的鬥争所導致的結果是每一個人不僅自身的發展不可能進行,而且,自身的生命也處於岌岌可危之中。爲此,人與人之間訂立了契約,組建了社會、政府、國家。也就是説,社會、政府、國家是爲了保護個人的權利而

---

① 《劉、張二督致英沙侯電駁詞》,《康有爲全集》第五集,第 268 頁。
② 《日本變政考》,《康有爲全集》第四集,第 116 頁。
③ 《中華救國論》,《康有爲全集》第九集,第 327 頁。
④ [英]阿巴拉斯特著、曹海軍譯《西方自由主義的興衰》,吉林人民出版社 2004 年版,第一篇之"自由個人主義的基礎"。

存在的，它們不得侵犯個人的自由權。這其實就是自由主義的基本理路。顯然，在自由主義的脈絡中，政治自由是以個人主義為基礎的。

嚴復對此有清晰的認識①。事實上他對原初狀態有自己的描繪："自繇者凡所欲為，理無不可，此如有人獨居世外，其自繇界域，豈有限制？為善為惡，一切皆自本身起義，誰復禁之？但自入群而後，我自繇者人亦自繇，使無限制約束，便入強權世界，而相衝突。"②"如有人獨居世外"這顯然是中國特有的説法，其實對應的就是西方的原初狀態。雖然嚴復在此説道"為善為惡"的問題，表明這段話還具有除了政治自由之外的其他含義，然而，毋庸置疑，個人主義在政治自由中的前提性地位得到了確認。另外，嚴復翻譯的密爾的《論自由》其基本思路就是從言論自由、思想自由的角度高揚個人主義。雖然現有的研究表明，嚴復在翻譯的過程中其實和翻譯《天演論》一樣，做出了一定程度的改譯，但是，嚴復還是深知個人自由的道理的，他並未完全以國家的自由壓倒、替代個人自由③。其實，無論嚴復的真實意圖是高揚個人自由，將之置於國家自由之前，還是因為當時中國特殊的生存境遇，而將國家自由的重要性置於個人自由之前，這樣的爭論終究顯示了一點：嚴復認識到了個人自由的重要性。事實上，他比自由主義還要更加激進：個人自由不僅僅是組建社會、國家的邏輯前提，而且，也是國家富强的根本原因和動力。

當然，這麼措辭很容易又引起嚴復研究中的另一個老生常談的話題：嚴復究竟是把個人自由當做價值本身，還是當做實現國家富强的手段，僅具有工具價值？然而，這種問法本身恐怕也是需要反思的。個人自由和國家富强並不是一個非此即彼的選擇，兩者本質上是相輔相成的。一方面，個人自由是國家富强的原因和動力；另一方面，富强的國家又擔保了個人自由更好地得以實踐。不錯，從其原始教義上看，自由主義也始終提防國家權力對個人自由權利的侵犯，可是，在更大的範圍内，自由主義還是以民族國家作為存在的區域。因此，富强的國家對於個人自由而言，雖然也可能是一個危險，但由於這種富和强無疑也具有對外的向度，從而保衛了内部個人的自由不受外族、外國的侵犯，所以，它對個人自由的保衛作用是不言而喻的④。

---

① 在《民約平議》中，嚴復近乎開天闢地地介紹了《社會契約論》的大意。
② 嚴復《〈群己權界論〉譯凡例》，《嚴復集》(1)，中華書局 1986 年版，第 132 頁。
③ 參黃克武《自由的所以然——嚴復對約翰彌爾自由主義思想的認識與批判》，上海書店出版社 2000 年版。
④ 參崔宜明《個人自由與國家富强》，《上海師範大學學報》(哲社版)2011 年第 3 期。另外，也有研究者指出了民族國家如何保障個人自由的機制，此即民主機構。英國當代政治哲學家 David Miller 揭示出民主和民族主義之間的内在聯繫：Although not all nationalists have been democrats, there is an implicit connection between the two ideas: Nations are the units within which democratic institutions should operate, and since each member of the nation has something to contribute to its cultural development, political democracy becomes the natural vehicle for national self-determination. (David Miller: Nationalism. *The Oxford Handbook Of Political Theory*. Edited by John S. Dryzek, Bonnie Honig & Anne Phillips. Oxford University Press. 2006. P532.)這些都為個人自由和民族國家之間的積極關係提供了論證。

我們正是在這樣的背景中來討論嚴復的個人主義的。衆所周知,嚴復喜讀《莊子》。晚年嚴復做了一個大膽的揣測,他從音韻學的角度論證先秦時代主張極端個人主義的楊朱其實就是莊周。他説:"頗疑莊與楊為疊韻,周與朱為雙聲,莊周即孟子七篇之楊朱。"①他明確説道:"莊周吾意即孟子所謂楊朱,其論道終極,皆為我而任物,此在今世政治哲學,謂之個人主義Individualism。"②照我們看來,嚴復將莊周詮釋成楊朱,其根本意圖不在於考證莊子和楊朱的關係問題,而是試圖在中國先秦思想中發現個人主義的思想,從而為其政治自由觀的建構提供邏輯基礎。

這種思路顯然是受到了密爾很大的影響。個人主義是政治自由的基礎,個人和個人之間的界限之所在是後起的問題。首先必須確定個人的本體論地位。回首中國古代,雖然儒家也講"為己之學",將自我(己)放到了崇高的地位;然而,深受傳統浸染的嚴復知道還有一個人物對個人的看法達到了前所未有的高度,即楊朱。楊朱"拔一毛以利天下,不為也",這句話可以作多重的解釋,既可以理解為對群體的漠視乃至否定,也可以理解為對個體自身的高度重視,甚至以一種極而言之的方式表達出這個觀點:哪怕是身上的一個毫毛,也不是可以隨便與人的,何況作為自身自由權利的各種規定?顯然,嚴復採取的是後面一種解釋路徑。

這裏需要再三強調的是,個人主義的楊朱,或者說莊周,不是道德上自私自利的楊朱或者莊周。因為嚴復這裏的個人主義不是倫理學意義上的,而是政治哲學意義上的,它指向的是對個人種種自由權利的肯定。從倫理學的角度看,嚴復從來對群體予以高度的重視。他所推崇的忠孝節義等傳統道德顯然包含了對群體的關懷③。這個證據從另一個角度否定了這樣一種猜測:嚴復稱讚楊朱或莊周的個人主義,看重他的為我主義,俗稱自私自利。

嚴復終於從莊周那裏發現了現代自由主義的邏輯基礎:個人主義。這個發現得益於其創造性的改編:楊朱居然就是莊周。我們也能體會嚴復的苦衷,這種近乎移花接木式的做法是不得已而為之。因為如果缺乏莊周飄逸的思想作為深厚的後盾,楊朱僅僅是一個不肯"拔一毛以利天下"的吝嗇鬼而已,不僅在道德上飽受譏評,而且,這種個人主義難以引發其他的邏輯後果。畢竟,楊朱的文本資料太少,而政治自由不是只有個人主義一層單調的含義。它的内涵十分豐富。而這正是嚴復接下來要闡釋的内容。

1. 自由就是在宥。

從消極的層面講,自由就是以他人的自由為界。但這並不意味着自由只是退守。事實上,嚴復所理解的自由之基本含義是個體主體性的發揮。值得考量的是,晚年的嚴復試圖在《莊子》文本中發現中國傳統文化對個體主體性的肯定。在詮釋《莊子·應帝王》時,嚴復説:"自夫物競之烈,各求自存以厚生。以鳥鼠之微,尚知高飛深穴,以避矰弋熏鑿之患。人類之

---

① 嚴復《〈莊子〉評語》,《嚴復集》(4),第1125頁。
② 同上文,第1126頁。
③ 嚴復《導揚中華民國立國精神議》,《嚴復集》(2),第343~344頁。

智,過鳥鼠也遠矣!豈可束縛馳驟於經式儀度之中,令其不得自由、自化?"①當然,嚴復此處所詮解的個體主體性顯然主要是一種生物本能,接受了進化論的嚴復進而將作為本能的主體性上升到了政治主體性的高度。

還是在《應帝王》的詮釋中,嚴復認為真正的帝王是主張"在宥",聽民自治的。他說:"郭注云,夫無心而任乎自化者,應為帝王也。此解與挽近歐西言治者所主張合。凡國無論其為君主,為民主,其主治行政者,即帝王也。為帝王者,其主治行政,凡可以聽民自為自由者,應一切聽其自為自由,而後國民得各盡其天職,各自奮於義務,而民生始有進化之可期。"②

在較早時候討論政黨的一篇論文中,嚴復指出主張個人主義的政黨的思想内容是"一切聽民自謀,不必政府干涉而已"③。值得注意的是,嚴復在此還運用了一個顯然來自《莊子》文本中的概念:"在宥。"他說:"再進亦不過操在宥勿治之學理,謂一切聽民自謀,不必政府干涉而已。"④也就是說,嚴復將自由主義的學理理解成了"在宥"。

結合以上論述,我們可以得出一個結論:嚴復認為,政治自由的内涵之一即"在宥"。"在宥"也即使得民衆自己發揮政治主體性。嚴復同時認為,能夠這麼做的帝王才是真正的帝王;或者說,真正的帝王是應該這麼對待民衆的。

2. 嚴批儒家的"仁政"思想。

如果我們從更廣的範圍内看,就會發現嚴復對民衆的政治主體性的肯定已經超越了帝王的苑圍。即,實際上他已經得出了否定帝王乃至否定仁政的結論⑤。這個結論也是推崇民衆的政治主體性必然的結果。嚴復說:"自由云者,不過云由我作主,為所欲為云爾。其字,與受管為反對,不與受虐為反對。虐政自有惡果,然但云破壞自由,實與美、法仁政無稍區別。虐政、仁政皆政也。吾既受政矣,則吾不得自由甚明,故自由與受管為反對。受管者,受政府之管也,故自由與政府為反對。"⑥無疑,當嚴復說"自由與受管為反對"時,他對自由的詮釋有點極端化,因為在以他人之自由為界的自由中,法律為自由做出了規定和劃界,但法律在廣義上也是一種管制。但讓我們暫時撇開這些問題。嚴復在此透露的一個意思值得高度重視:仁政之下個體很可能沒有自由。

嚴復以百年前的南美洲為例來說明這點。他說:"至政府號慈仁,而國民則不自由之證,請舉百年前之南美洲。當時西班牙新通其地未久,殖民之國,為耶穌會天主教士所管轄,此在

---

① 嚴復《〈莊子〉評語》,《嚴復集》(4),第1118頁。

② 同上。

③ 嚴復《說黨》,《嚴復集》(2),第240頁。

④ 同上。

⑤ 當然,嚴復的思想是複雜而矛盾的。有時他又肯定了帝王存在的必要性,有的學者比如蕭功秦甚至認為嚴復是一個新權威主義者。這點下文會分析。

⑥ 嚴復《政治講義》,《嚴復集》(5),第1287頁。

孟德斯鳩《法意》嘗論及之。其地名巴拉奎,其政府為政,無一不本於慈祥惠愛,真所謂民之父母矣。然其於民也,作君作師,取其身心而並束之,云為動作,無所往而許自由,即至日用常行,皆為立至纖至悉之法度。吾聞其國,雖男女飲食之事,他國所必任其民自主者,而教會政府,既自任以先覺先知之責,唯恐其民不慎容止,而陷於邪,乃為悉立章程,而有搖鈴撞鐘之號令,瑣細幽隱,一切整齊。夫政府之於民也,如保赤子如此,此以中國法家之言律之,可謂不溺天職者矣。顧使今有行其法於英、法、德、奧間者,其必為民之所深惡痛絕無疑也。且就令其政為民所容納,將其效果,徒使人民不得自奮天能,終為弱國。總之,若謂自由之義,乃與暴虐不仁反對,則巴拉奎政府,宜稱自由。脱其不然,則與前俄之蒙兀政府二者合而證之,知民之自由與否,與政府之仁暴,乃絕然兩事者矣。"①

　　這段的意藴十分豐富。這裏嚴復最終得出的結論是"民之自由與否,與政府之仁暴,乃絕然兩事者矣",然而,我們顯然也能看出仁政之下民衆的政治主體性受到戕害這一事實。同時,雖然南美洲的遭遇緣於其宗教的背景,似乎和中國傳統社會中宗教甚弱没有多大關聯;然而,嚴復已經認識到中國傳統社會中存在相似的因素,"如保赤子"的字眼便是來源於傳統;更加明確的是,嚴復指出,從中國法家的角度看,政府實行仁政的做法"可謂不溺天職者矣"。也就是説,嚴復在這段話中至少隱含了這樣一層意思:把民衆當孩童一樣管理的做法,即便是出於善意,也是一種對政治主體性的傷害。這個見識實在是深刻。

　　對於仁政可能包含的弊病,當代西方政治哲學思想家薩托利也有所認識。仁政的特色在於一方面剥奪民衆的政治權利,另一方面,對民衆的民生高度重視,並由此獲得政治合法性。薩托利指出,僅僅依靠民享(民生)並不能證明一個政府是民主政府。他説:在林肯關於民主的三個因素中,"只有第三個因素'government for the people'(民享)是不含糊的,'民享'明確地是指為了他們的好處、他們的利益、他們的福祉。但過去有許多政權從不自稱民主制度,卻宣佈自己是'民享'的政府。"②

　　內在地看,嚴復對仁政的批評與他道家自由主義的立場相關。其實當嚴復指出自由與否和仁政惡政無關時,從另一個角度看,也是在為惡政辯護,因為其言外之意可以是惡政之下也有自由。但此處就其對仁政的批評而言,矛頭最終所向往往涉及帝王,正是在這個意義上,我們認為嚴復對民衆政治主體性的強調包含了否定帝王的傾向。但同時要指出的是,這種傾向又被嚴復自己扼殺了。

　　3. 嚴復認為老子主張民主之道。至少具有兩個層次:

　　層次一:嚴復認為老子雌弱的哲學為民主提供了本體論的論證。《老子》説:"故貴以賤

---

① 嚴復《政治講義》,《嚴復集》(5),第 1283 頁。
② [美] 薩托利著、馮克利譯《民主新論》,東方出版社 1998 年版,第 38 頁。但是,薩托利隨後説:"今天,共產黨的專政制度自稱民主,也是基於同樣的理由。"顯然是錯誤的,懷有極大的偏見。

為本,高以下為基。"嚴復的詮釋是:"以賤為本,以下為基,亦民主之説。"①無疑,這是肯定了民衆在政治活動中的基礎地位。

層次二:嚴復認為老子的無為論展示了民主的真實内涵。衆所周知,老子主張無為,但所謂的無為不是毫無作為,而是指君王充分尊重民衆的主體性,不任意發號命令,這樣就能獲得巨大成就。此即"道常無為,而無不為。侯王若能守之,萬物將自化"(《老子》三十七章)。這種觀點,頗類於自由主義盡量縮減政府權力,而讓公民自身發揮自由權利。顯然,這又是和他對仁政説戕害民衆政治主體性的主張相一致的。

餘 論

總體來看,嚴復在詮釋政治自由的時候當然也離不開對儒家思想的觀照和反思,但其根本特點則在於從道家出發為政治自由作出前提性論證,並一定程度上展開其某些内涵。正是這點,使他與康有為有所不同。上文已述,康有為雖然也没有忽略莊子,並且也認為莊子主張"在宥",但他實際上視莊子為儒家。康、嚴從不同角度展示了先秦儒道二家與現代政治自由之間的内在關係,展現了"新子學"詮釋政治自由的兩種典型路向:儒家式和道家式。前者主要為現代新儒家繼承,後者為胡適、殷海光、陳鼓應以及當下若干中國自由主義者所發展②。他們在雙重意義上豐富了"新子學"的内涵:一方面他們本身構成了"新子";另一方面,他們的思想的闡發是以與古典諸子的對話為表現形式的。

[**作者簡介**] 莊沙(1978—),本名蔡志棟,上海人。中國哲學博士。上海師範大學中國傳統思想研究所暨哲學學院副教授。目前研究方向為中國近現代哲學史,已發表學術論文數十篇。

---

① 嚴復《〈老子〉評語》,《嚴復集》(4),第 1092 頁。
② 參拙作《論"道家自由主義"三相》,《華東師範大學學報》(哲社版)2013 年第 2 期。

固本培元　革故鼎新

——儒道學説與"新子學"的發展

張洪興

内容提要 在當下文化復興的大背景下,"新子學"的提出與發展無疑具有重大的理論與現實意義。先秦時儒、墨、道、法、陰陽等百家爭鳴,最終儒家、道家成為中國文化的骨幹,其原因包括學術背景與淵源、學術特徵與價值、政治與宗教因素等多個方面。儒家、道家學説雖各有千秋,但它們基本形成一種互補的格局,相輔相成,相生相融。我們當下弘揚"新子學",一方面要整理文獻,梳理文本,但更為重要的是培育以儒家、道家為骨幹的子學精神,固本培元,革故鼎新,發揮子學在當下文化建設中道德修養、温養人心、社會和諧等方面作用。

關鍵詞　新子學　文化復興　固本培元　革故鼎新
中圖分類號　B2

從 2012 年 10 月起,在方勇先生的倡導下,學界開始探討"新子學"的相關問題,取得了相當喜人的成果。毫無疑問,當下有關"新子學"的研究已經成為中國文化復興大潮中的一支生力軍,現在乃至將來必將取得更大的成績。我們知道,任何理論的發展、成熟都要經過反覆地討論,最終才能夠有所升華,"新子學"的發展亦然。現在,讓我們回到"新子學"的起點,重新審視"新子學"提出的任務與方法。"新子學"當然是相對於子學而言的。在百家爭鳴的時代,儒、墨、道、法等諸家張揚其事,蔚為大觀,奠定了中華文明的根基。我們的問題是,"新子學"在中國文化進程中該有怎樣的擔當? 我們又該如何弘揚"新子學"呢?

一

在倡導實現中華民族文化復興的大背景下,近半年多來,中國發生了一些有價值、有意思的文化事件,我們不妨先看幾條:

2013 年 9 月 4 日,秦暉、陳明等 28 位學者在牛津大學聯合簽名發表了《關於中國現狀與未來的若干共識》（又稱為"牛津共識"），倡導以民為本、公平正義、文化多元，內容簡短，僅就宣言基本內容而言，或者可稱為底線共識或基礎共識（陳明先生語）。但由於28位學者中不乏新儒家、自由派、新左派人物，在國內外還是產生了一些影響。

　　2013年11月26日，習近平總書記到曲阜孔府考察，特意要了《孔子家語通解》和《論語詮解》兩本書，說"要仔細看看"，並強調讓孔子和儒家思想"在新的時代條件下發揮積極作用"。習總書記作為中國共產黨的最高領導，他的言行是建國六十餘年乃至建黨九十餘年來從來沒有過的，引起了很多積極的解讀。

　　2014年2月23日，由大陸"新儒家"發起，包括中國大陸及臺灣、香港地區以及美國、新加坡、韓國、馬來西亞、墨西哥等國家在內的70位學者聯合簽名發表《優化孔廟文化功能，推動中華文化復興——關於孔廟使用和保護問題的建議書》。該建議書以優化孔廟功能為切入點，以點帶面，引起了較好的反響。

　　下面，我們來重點看一看北京大學湯一介先生論文集《矚望新軸心時代——在新世紀的哲學思考》①所透露出的觀點。2013年12月21日，北京大學哲學系和中央編譯出版社在北京大學聯合舉辦了"湯一介先生學術思想研討會暨《矚望新軸心時代》發佈會"，余敦康、成中英、牟鍾鑒、蒙培元等40餘位重量級學者出席，引發媒體廣泛關注。湯先生學貫中西，從國際學術的大視野，借用德國哲學家雅斯貝爾斯在《歷史的起源與目標》中提出的"軸心時代"觀點，提出了"新軸心時代"的概念，表達了湯老對當下中國學術乃至世界學術的良好願景。湯老在接受采訪時曾說："一個沒有自己文化的國家是沒有希望的，一個國家必須有自己的文化傳統，而且只有珍惜自己傳統的國家才是有希望的國家。"②對於中國的學術之路，湯老主張"返本開新"，並強調"我為什麼特別重視西方哲學文化對中國哲學文化的衝擊的積極意義？正是在這一衝擊下，我們才有了一個反思、自省其哲學傳統的契機，讓我們知道應該繼承什麼，揚棄什麼，吸收什麼，從而使中國哲學文化得以在現時代反本開新。反本才能開新；尤為重要的是，反本是為了開新"③。筆者服膺先生之言，但對"新軸心時代"的提法有些悲觀。在公元前500年前後，古希臘、以色列、印度和中國都在"原生態"的狀態下產生了偉大的思想家，他們的學說成為人類最重要的精神財富。但在當下，以美國為首的西文社會推行政治霸權、經濟霸權和軍事霸權，思想、學術也自然而然地形成話語霸權，中國的學者對西方的學術體系趨之若鶩，少有人堅持民族文化本位，要想形成新的軸心時代談何容易？更何況，中國文化百餘年來受政治戕害的程度無以復加，從"打倒孔家店"到"破四舊"（舊思想、舊文化、舊風俗、舊習慣），中國的文化成了"牛鬼蛇神"，即便是現在還有人把中國文化視為"眼中釘"，看成

---

① 湯一介《矚望新軸心時代》，中央編譯出版社2014年版。該書收集了湯先生新世紀以來的30餘篇論文、書序、演講以及訪談錄。
② 見《湯一介新作〈矚望新軸心時代〉出版》，《南方都市報》2013年12月29日。
③ 見《湯一介〈矚望新軸心時代〉》，《光明日報》2014年1月7日。

是中國落后的根源,哪有同西方文化平等對話的時機與條件?所以,單就當下中國而言,還是一個以西方為"中心"的而非中西平等對話的"軸心"時代。再就是湯老說的學術路徑問題,"返本開新"首先要知道什麼是"本",中國文化的"本"是什麼呢?湯老特別強調"西方哲學文化對中國哲學文化的衝擊的積極意義",是不是可以理解為中國文化的"本"有問題需要改造呢?是不是仍然在強調以西方文化為圭臬呢?中國文化經歷了屈辱的百年史,現在已經到了我們展現文化自信的時候了。其實,如果真的會有一個新的"軸心時代"來臨的話,我們應該盡全力實現中國哲學文化對西方哲學文化的衝擊,從而體現中國哲學文化的意義。

我這裏從湯老的觀點展開話題,對湯老絕沒有一絲一毫的不敬;而且我也不認為中國文化中沒有糟粕,不需要改造,我這裏強調的是中國文化"本"的問題。因為中國文化的"根本"受到了一些破壞,我們需要"固本培元";因為中國文化中有糟粕,我們需要借鑒西方文化的優秀成果來"革故鼎新"。所以,我把"新子學"在當下的任務概括為固本培元、革故鼎新八個字。唯有固本培元,才能堅持中國文化本位,才能真正做一個中國人;唯有革故鼎新,才能借鑒人類文明的成果,實現中國文化的偉大復興。

二

中國文化的根本是什麼?我們知道,一方水土養一方人,中國文化有三重根基,即黃河長江流域的地理環境、自給自足的農耕文明、尊老重親(嫡)的宗法制社會。西周建立後,尤其是周公旦製禮作樂之後,中國開始了文化整合的過程,開始形成以周文化為中心,楚文化、齊文化、魯文化等地域文化相互整合的中原文化。而西周末年,禮崩樂壞,諸子百家爭鳴,則是中國文化最終定型的催化劑、黏合劑、固化劑。

儒、墨、道、法、陰陽等百家爭鳴,為什麼最後只有儒家、道家學說成為了中國文化的骨架呢?在筆者看來,有三個方面的原因:

一是學術背景與淵源。任何思想、學術都不是無源之水、無本之木,從整體來看,儒家、道家思想脫胎於《周易》。儒家繼承了易之乾道的功能與特征,剛正自強,致力於世事功名;道家繼承了易之陰道的功能,陰柔自在,以清靜虛無自勵。老子、孔子以自己的聰明才智,概括、歸納、總結這些沉淀在中國文化中的東西,並最終使其升華為一種思想學說。所以,儒家、道家有其深厚的學術背景。再者,從人類最基本的心理層面而言,人生於世,每個人都面臨吃、穿、住、用的問題,吃什麼、如何吃,穿什麼、如何穿,住什麼、如何住,用什麼、如何用,這些都是人們日夜思考的問題,於是就形成了各種各樣的欲望,人的欲望是沒有止境的。在時機、條件具備的情況下,人們會去努力爭取,追求自己的功名利祿;在時機、條件不允許的情況下呢?就要學會控制自己的欲望,懂得放棄,學會舍得。這樣,人們總會在進與退、取與舍、有與無之間徘徊掙扎。上升到哲學層面,就有了崇有與貴無的不同。儒家崇有,道家貴無,儒家、道家學说其實是人類心理中最基本的兩個層面,它們契合人心、鼓舞人心而又安撫人心、温養人心,自然就會有强大的"地氣"。

二是學術特徵與價值。我們前面説到軸心時代,那個時代偉大的哲學家、思想家之所以具有强大的、持久的影響力,就在於他們回答了人類普遍的、重大的關切,孔子、孟子、老子、莊子亦然。人類最大的關切莫過於生與死的問題,儒家、道家學説立足於農耕文明與宗法社會,回答了中國人這方面的問題,這也是造成中國社會宗教觀念薄弱的直接原因;而墨家、農家、法家、陰陽家等學説,間或涉及生與死的問題,但都没有儒、道兩家説得全面、複雜和深刻。在筆者看來,儒家、道家學説在生與死的問題上學術路徑是迥然相反的,儒家是由生入死,道家則是由死入生①。具體説來,儒家重生,以仁義爲中心,講究人道,如孔子修禮尚中,孟子舍生取義,荀子隆禮重法,包括後來產生的仁、義、禮、知、信("五常")都是以生爲中心、以生爲目的的。儒家對死的問題則較爲回避,不語怪、力、亂、神,但儒家講究厚葬,强調慎終追遠,要求"祭如在,祭神如神在"(《論語·八佾》),把祖先神化,把人生神化,以生來事死,讓生人感悟死亡,或者説賦予死亡以意義。道家哲學的基點是無,他們的學説從無展開,又復歸於無。而生命的過程則是從無開始,而死(無)則是其母、其根,只有"復守其母"(《老子》五十二章)、"復歸其根"(《老子》十六章),才能達到"死而不亡者壽"(《老子》三十三章)、"没身不殆"(《老子》十六章)的境界,在這方面《莊子·至樂》"莊子妻死"的寓言表達得最爲明確:"然察其始而本無生;非徒無生也,而本無形;非徒無形也,而本無氣。雜乎芒芴之間,變而有氣,氣變而有形,形變而有生。今又變而之死。是相與春秋冬夏四時行也。"人們從出生到死亡,生而死,死而生,就如春夏秋冬四時交替一樣,自然而然。在儒道生死觀念的影響下,中國人能够正視死亡,不回避死亡,並賦予死亡以道德意義。生爲天,死亦爲天,此觀念並不低於宗教意義上的生死觀。

三是政治與宗教因素。毋庸諱言,漢武帝"罷黜百家,獨尊儒術"的政治方略,對儒家學説的發展、繁榮産生了極大的影響,這一點耳熟能詳,不再贅言。道家黄老之學在漢初也曾受到統治者的青睞,其影響也不容低估。漢以後,道家學術逐漸向民間沉澱,影響也越來越大。在宗教方面,漢代受讖緯之學的影響,孔子首先被神化、宗教化,如《春秋緯·演孔圖》中對孔子的描繪。後世儒家學説中既有宗教觀念,也有宗教形式、宗教情感,張榮明先生《中國的國教——從上古到東漢》、李申先生《中國儒教史》中的一些觀點筆者深以爲然;而道家學説被宗教化的特徵更爲明顯,中國的本土宗教即從道家學説中脱胎而來,老子成爲道教的教主,《道德經》則是其經典。儒家、道家學説被宗教化,這就進一步加大了它們對歷史文化的影響。

從上面的論述我們可以看出,儒家、道家學説雖各有千秋,但它們常常呈現出一種互補的狀態。儒道互補的觀點近些年來已引起較爲廣泛的關注,較有代表性的著作有牟鍾鑒《走近中國精神·論儒道互補》、吴重慶《儒道互補——中國人的心靈建構》、安繼民《秩序與自

---

① 筆者曾在《論中國古代道德生態的形成及其特點》(《學術論壇》2013年第2期)中論及,這裏簡而言之。

由——儒道互補初論》等。儒家、道家學說相輔相成,相生相融,形成一種互補的格局,譬如太極圖之陰陽魚,此消彼長,此長彼消,生生不息,並在此基礎上形成了中國文化的基本精神。當然,我們強調儒家、道家學說的作用,並不妨礙對其他子學的研究。如果把中國文化比喻為一棵參天大樹的話,儒家、道家學說是中國文化樹的主幹,其他諸家學說則是中國文化樹的枝葉。我們現在強調固本培元,首先需要培育中國文化精神,培育儒家、道家精神。

三

我們知道,文化有幾個層次,如器物層次、制度層次、行為層次、理念層次等,它的核心與靈魂是理念層面的東西。因為隨着世事推移、時局變遷,隨着科學技術的發展進步,器物層次、制度層次、行為層次等文化内容會不斷變化,但萬變不離其宗,理念層次的内容根深蒂固——對一個民族而言,如果把理念層次的内容完全異化,則標誌着該民族消亡。我們當下弘揚"新子學",一方面要整理文獻,梳理文本;但更為重要的是培育子學精神,發揮子學在當下文化建設中的作用。在筆者看來,這種作用主要體現在三個方面:

一是道德修養。中國古代被譽為道德的國度,先秦諸子皆以道德為務,"人人自以為道德矣,……皆自以為至極,而思以其道易天下者也"(章學誠《文史通義‧原道中》)。從中國社會歷史進程來看,重道不重技,以至於被現代人詬病,其實這仍是評價標準的問題。西方文明重視科技創新,在某種程度上說是一種技術文明,其特點就是發展無止境、創新無止境、超越無止境,目的是滿足人們不斷膨脹的物欲。西方文明模式發展到現在,其弊端也日益顯現,如環境污染、物種滅絶、能源危機、生態惡化等,使人類的生存面臨着危機。中國文化尤其是儒道學說是"治人心"的學問,如果沒有道德的約束,中國的道德狀況可能變得比西方還要糟糕,近年來相繼發生"毒奶粉"、"瘦肉精"、"地溝油"、"彩色饅頭"等事件,都讓人觸目驚心。我們現在需要重拾道德的大旗,在發展物質文明的同時(我們既然已無法摒棄西方發展模式),努力加強道德修養,提高精神境界。

二是溫养人心。在高速發展的現代社會,消費主義和享樂主義盛行,人們都在欣欣然享受着物質文明的成果。但一個不可否認的事實就是,在變化萬端、奢靡浮華的現代生活面前,人們的心靈變得越來越脆弱,有些時候甚至不堪一擊。據世界衛生組織調查,中國現已是世界上自殺人數最多的國家之一(約占全球四分之一),具有自殺傾向的人、患有抑鬱症(輕度或重度)的人數則更多,這是一個很可怕的事實,有什麼事情讓人想不開呢? 大多都是糾結於功名利祿,陷於其中不能自拔。在這方面,道家思想尤其是莊子思想絶對是一劑救世的良藥,他主張自事其心、遊方之外,主張逍遙齊物、貴生安命,這是很值得現代人借鉴的。與西方文化相比,中國文化從整體上都具有內轉、內省、內化的特點,重視修身養性,正如錢穆先生所說"心是中國文化之本。中國文化以人文為中心,以人心為本位,以人生問題及人與人、人與社會的關係為核心展開",其功能即是温養人心。

三是社會和諧。中國古代社會,在儒道互補格局的作用下,呈現出一種超穩定的社會結構,這也是中國民族歷經劫難,最終没有解體或者消亡的重要原因。在中國文化體系中,要求人們首先從自身做起,修身是齊家、治國、平天下的基礎,這是實現社會和諧的重要基礎。而現代人往往被金錢、物欲異化,人人都長着一雙"鬥雞眼",緊盯着别人,卻忘了自己,陷入争斗的焦慮之中,導致社會不穩定。如果人們都能夠從自身做起,反省自己,這種現象大概不會出現。再者,儒家所謂君君、臣臣、父父、子子,説法雖然過時,但這種觀點本身强調的是一種角色主義,它强調人人各安其分,各盡其力,這同樣對現代社會有借鑒意義。試想一下,如果現代社會中人人都能各安其分、各盡其才、各出其力,社會怎麽會不和諧呢?

當然,如何在新形勢下實現子學的現代化轉型,如何在現代社會中弘揚子學精神、發揮子學的作用、實現子學的功能,這都是"新子學"亟須研究的大課題,筆者才疏學淺,所論幼稚淺薄,唯求方家教之。

[作者簡介] 張洪興(1970—),男,山東沂源人。文學博士、博士後,現為東北師範大學文學院教授。多年來,致力於《莊子》及《莊子》學史的研究,出版專著《莊子"三言"研究》,發表相關論文30餘篇。

"新子學"與"狂"的現代意義

[韓國] 曹玟煥

內容提要 中國文化與哲學範疇中有許多和西方不同的部分。"狂者精神"是其中之一。本文關注的是朱熹規定的"志高而行不掩"中"志高"所具有的優點。在全球化時代,要求多元性、開放性思維的今天,我們要從儒家的經學中心主義、理性中心主義中擺脫出來。現在是一個需要通過"志高"和獨特思維去發展人類文明、具有創意性的人才的時代。因此有必要重新設定"新子學"中追求"志高"的狂者的地位。我認為,對於狂者的適應時代要求的肯定性重釋是"新子學"應當去追求的重要課題。

關鍵詞 狂　狂者精神　志高而行不掩　新子學　曾點

中圖分類號 B2

一

在中國宋代理學的形成過程中,需要關注的是關於孔子對曾點"浴沂詠歸"評價為"吾與點"的各種見解。宋代理學的學問傾向有兩種,一種是朱熹想要強調"戒慎恐懼"和慎獨,實現"存天理,遏人欲"的重視"敬畏"的思維①;另一種是追求與周敦頤的"光風霽月"②、邵雍的"逍遙安樂"、程顥的"吟風弄月"③相關的"灑落"境界的思維。至於如何理解敬畏和灑落的意義,

---

① 朱熹對《中庸》第一章"是故君子戒慎乎其所不睹,恐懼乎其所不聞。莫見乎隱,莫顯乎微。故君子慎其獨也"的注釋:"是以君子之心常存敬畏,雖不見聞,亦不敢忽,所以存天理之本然,而不使離於須臾之頃也……獨者,人所不知而己所獨知之地也。言幽暗之中,細微之事,迹雖未形而幾則已動,人雖不知而己獨知之,則是天下之事無有著見明顯而過於此者,是以君子既常戒懼,而於此尤加謹焉,所以遏人欲於將萌,而不使其滋長於隱微之中,以至離道之遠也。"

② 黃庭堅《豫章集·濂溪詩序》:"舂陵周茂叔,人品甚高,胸懷灑落,如光風霽月。"

③ 《宋史·周敦頤傳》:"敦頤每令尋孔顏樂處所樂何事。二程之學源流乎此矣。故顥之言曰,自再見周茂叔後,吟風弄月以歸,有'吾與點也'之意。"

每個學者的看法都是不同的。當過分强調敬畏和灑落中的某一個時，會出現問題。在這一點上要求敬畏與灑落的巧妙結合①。

宋代理學中，"灑落"境界的象徵性表現爲對曾點"浴沂詠歸"的見解。對曾點的"浴沂詠歸"，有肯定和否定兩種見解。其中朱熹的見解處於争論的中心。因爲説"浴沂詠歸"的曾點是儒家所批判的狂者形象，而且從儒學的觀點來看，"浴沂詠歸"在某種情况下可能會流入老莊。

本論文將通過曾經出現在中國思想史上的對"狂"的概括性理解，闡明符合當今要求多元性、開放性和創意性的"新子學"中"狂"的地位。

二

孔子在將"天下無道"改變爲"天下有道"的過程中，經歷了"固窮"等各種各樣的難關②。他在這種情况下，注意到了與自己共患難的弟子中的狂狷者：

> 子在陳曰：歸與，歸與。吾黨之小子狂簡，斐然成章，不知所以裁之。（《論語·公冶長》）

被稱爲"狂狷"的弟子們在節制性和實踐性上是有問題的③，但是孔子卻看到了這些狂狷之士不入俗流、知進取、守志操等值得肯定的方面。

> 子曰：不得中行而與之，必也狂狷乎，狂者進取，狷者有所不爲也。（《論語·子路》）

孔子的"必也"一語裏藴涵着超越不得已的選擇或單純的第二選擇的堅定意志。越是在艱難的情况下，狂者的行爲舉止和剛毅精神就越是光彩奪目④。孔子的所謂"狂"並不是醫學上所

---

① 陳來認爲："儒家的境界本來是包含有不同的向度或不同層面的……孔子既提倡克己復禮的嚴肅修養，又讚賞吾與點也的活潑境界……從宏觀上看儒家，受佛老影響較大的周邵的灑落境界，與近於康德意義的敬畏境界的程朱學派構成了一種互輔的平衡。"陳來《有無之境》，人民出版社1995年版，第239頁。
② 《孟子·盡心章下》："萬章問曰：孔子在陳曰：盍歸乎來，吾黨之小子狂簡，進取，不忘其初。孔子在陳，何思魯之狂士？孟子曰：孔子不得中道而與之，必也狂狷乎。狂者進取，狷者有所不爲也。孔子豈不欲中道哉？不可必得，故思其次也。"
③ 《論語·公冶長》："吾黨之小子狂簡，斐然成章，不知所以裁之。"
④ 參照《朱子語類》卷四三："問不得中行而與之一段，曰：謹厚者雖是好人，無益於事，故有取於狂狷（時舉）"，"人須是氣魄大，剛健有立底人，方做得事成（僩）。"

講的精神病的狂①。朱熹也説狂者的過於"剛"與孟子相似②。劉劭在《人物志·體別》中,提到並肯定了狂者的"厲直剛毅"③。錢穆指出,將中行與狂狷當作兩回事是錯誤的④。黄綰則認為,因為狂者沒有利欲之心,所以在進道上具有優勢⑤。本文關注的則是朱熹規定的"志高而行不掩"中"志高"所具有的優點。

孔子並沒有絕對排斥狂者。在他的弟子中,包括曾點在内有幾名狂者⑥。對於曾晳(曾點)的"浴沂詠歸",孔子評價為"吾與點"。這一評價引發了宋代理學家的許多爭論⑦。本文將通過朱熹對"吾與點"的評價來展開論點。宋代理學家對曾點的評價有肯定評價和否定評價,肯定評價認為"曾點之志"有"堯舜氣象",否定評價則關注於曾點的狂者行態。這一點主要體現在朱熹的見解中。朱熹雖然不否定"曾點之志",但也沒有全部肯定:

> 曾點一段,集注中所引諸先生説,已極詳明,蓋以其所見而言,則自源徂流,由本制末,堯舜事業,何難之有。若以事實言之,則既曰行有不掩,便是曾點實未做得又何疑哉。聖人與之,蓋取其所見之高,所存之廣耳。非謂學問之道,只到此處,便為至極而無以加也。然則學者觀此,要當反之於身,須是見得曾點之所見,存得曾點之所存,而日用克己復禮之功,卻以顔子為師,庶幾足目俱到,無所欠闕。横渠先生所謂心要弘放,要密察,亦謂此也。(《朱子文集》卷四三《答廖子晦》)

本文要關注的正是朱熹的這種兩面性。首先,朱熹對於曾點的行態流入老莊的可能性,説:"曾點意思與莊周相似。"朱熹把曾點比喻為莊子,説他雖然還沒達到莊子跌蕩的地步,但是可能會流入老莊⑧。特別是,朱熹認為曾點"近莊老"是狂者非禮無法的行態⑨。曾點在季武子

---

① 參照《論語·子路》"子曰:不得中行而與之,必也狂狷乎,狂者進取,狷者有所不為也"之朱熹注:"狂者,志極高而行不掩;狷者,知未及而守有餘。"
② 《朱子語類》卷四三:"且如孔門只一個顔子如此純粹,到曾子,便過於剛,與孟子相似。"
③ 劉劭《人物志·體別》:"夫拘抗違中,故善有所章,而理有所失,是故厲直剛毅,材在矯正,失在激訐。"
④ 錢穆《論語新解》:"中行之道退能不為,進能行道,兼有二者之長也。後人舍狂狷而别求所謂中道,則誤矣。"
⑤ 黄綰《明道編》卷六:"孔子取狂獧,以其無利欲之心,便可以進道,非謂狂獧足以盡道。"
⑥ 《孟子·盡心章下》:"敢問何如斯可謂狂矣? 曰:如琴張、曾皙、牧皮者,孔子之所謂狂矣。"
⑦ 關於曾點"浴沂詠歸"的詳細説明,請參照田智忠《朱子論曾點氣象研究》,巴蜀書社 2007 年版。
⑧ 《朱子語類》卷四〇:"曾點意思與莊周相似,只不至如此跌蕩"(潘時舉録),"只怕曾點有莊老意思……他也未到得便做莊老,只怕其流入於莊老"。(葉賀孫録)
⑨ 《朱子語類》卷四〇:"曾點言志,當時夫子只是見他説幾句索性話,令人快意,所以與之。其實細密工夫卻多欠闕,便似莊列。如季武子死,倚其門而歌,打曾參僕之,皆有些狂怪。"(萬人傑録)《朱子語類》卷四〇:"觀季武子死,曾點倚其門而歌,他雖未是好人,然人死而歌,是甚道理,此便有些莊老意思。"(輔廣録)

死後,曾經"倚其門而歌",從重視喪禮的儒家立場來看,其行為屬於不能容忍的狂的行態。在"下學而上達"的思維上,是説"其下學工夫實未至此"①。在"下學而上達"這一點上,説明邵雍與曾點的不同之處,就是説,如果不能理解天資高的邵雍的境界,"一向先求曾點見解",那麽没有不入佛老的②。而且通過"涵養未至"③對曾點的學問方法提出疑問。

從整體來看,朱熹要求對曾點的"浴沂詠歸"進行有條件的判斷。要想正確評價曾點,就要考察曾點的全部行為。不能僅僅通過"杏壇鼓瑟"時曾點所説的幾句話來評價曾點。而且朱熹説,和其他三個弟子(即子路、冉有、公西華)相比,曾點的話較為高明,所以孔子贊許他④。值得注意的是,朱熹認為可以接受一次"浴沂詠歸",但是如果不加以制裁,經常"浴沂詠歸"是有問題的⑤。

朱熹對"吾與點"下的最終結論是:"某平生便是不愛人説此語。"朱熹説:"易簀之前,悔不改浴沂注一章,留為後學病根。"⑥朱熹説曾點的"浴沂詠歸"時語氣這樣重,不是因為別的,只是因為"浴沂詠歸"會對"戒慎恐懼"和敬畏產生否定的影響。朱熹對曾點的有限思維中,包含着以儒家聖人心法"允執厥中"為基準的道統意識的確立與對異端的排斥。

此外,黄震則從曾點回答的"浴沂詠歸"究竟是不是正確答案入手。曾點是一個不關心行道救世的狂者,他的回答中有一種灑落之趣,但卻不是與孔子要求的行道救世相關的正確答案⑦。於是黄震説,有必要正確瞭解孔子所説的"吾與點"的本旨是什麽,並説:"浴沂詠歸之

---

① 《朱子文集》卷四三《答陳明仲·為長府與季氏聚斂事》:"曾點見道無疑,心不累事,其胸次灑落,有非言語所能形容者。故雖夫子有如或知爾之問,而其所對亦未嘗少出其位焉。蓋若將終身於此者,而其語言氣象,則固位天地育萬物之事也。但其下學工夫實未至此,故夫子雖喟然與之,而終以為狂也。"

② 《朱子文集》卷六一《答歐陽希遜所示卷子》:"人有天資高,自然見得此理真實流行運用之妙者,未必皆有學問之功,如康節、二程先生亦以為學則初無不知也。來喻皆已得之,大抵學者當循下學上達之序,庶幾不錯,若一向先求曾點見解,未有不入於佛老也。"

③ 《朱子文集》卷四二《答石子重從事於斯》:"門人詳記曾晳舍瑟之事,但欲見其從容不迫,灑落自在之意耳。若如此言,則流於莊列之道矣。且人之舉動,孰非天機之自動耶? 然亦只此便見曾晳狂處,蓋所見高而涵養未至也。"

④ 《朱子語類》卷四〇:"曾點之志,夫子當時見他高於三子,故與之。要之,觀夫子不知所以裁之之語,則夫子正欲共他理會在。"(楊道夫録)

⑤ 《朱子語類》卷四〇:"若是不裁,只管聽他恁地,今日也浴沂詠歸,明日也浴沂詠歸,卻做個甚麽合殺。"(黄義剛録)

⑥ 楊慎《升庵集》卷四五《夫子與點》:"朱子晚年有門人問與點之意,朱子曰某平生不喜人説此話,《論語》自《學而》至《堯曰》皆是工夫……又易簀之前悔不改浴沂注一章,留為後學病根,此可謂正論矣。"

⑦ 黄震《黄氏日抄》卷二:"四子侍坐,而夫子啓以如或知爾,則何以哉。蓋試言其用於世當何如也。三子皆言為國之事,皆答問之正也,曾晳孔門之狂者也,無意於世者也。故自言其灑灑之趣,此非答問之正也。"

樂,吟風弄月之趣也,自適其適者也。"①把儒家的"適人之適"與莊子式的"自適其適"區分了開來②。當然莊子所追求的理想境界是"忘適其適"③。這種理解是對"吾與點"有條件的、受限制的理解。

孔子對狂者的接受與肯定評價拓寬了儒學思維的廣度和人生的選擇。對曾點"浴沂詠歸"的肯定評價使人們能夠不被敬畏所束縛,去追求灑落。可是像朱熹那樣強調敬畏,會拘束人的自由心靈。朱熹曾經說過:"要看他狂之好處是如何。"④但是這句話在朱熹整體思想系統中所佔的比重並不大,因為朱熹以戒慎恐懼的敬畏和禮法為基準,對曾點的"浴沂詠歸"採取了有限的選擇。想要嚴格區分正統和異端的朱熹,是經學中心主義的化身。

三

孔子對狂者的接受和肯定評價在王守仁的思想中更為具體化。如果說朱熹對"吾與點"表現出肯定和否定的兩面性,那麼說"由狂入聖"的"聖狂"與"狂者胸次"的王守仁的理解則是肯定的。在如何評價曾點的狂者氣質上產生這種區別點,王守仁堅持:"聖人與天地民物同體,儒佛老莊皆吾之用,是之謂大道。"(《傳習錄·拾遺》)擺脫經學中心主義,包容儒佛老莊的王守仁對狂者也是肯定的。

王守仁說得到了"狂者胸次"⑤,從"一克念即聖人"的觀點出發提出自己對狂的見解:

> 狂者志存古人,一切紛囂俗染,舉不足以累其心,真有鳳凰翔於千仞之意,一克念即聖人。(《王陽明全集(下)》)

---

① 黃震《黃氏日抄》卷二:"今此四子侍坐而告以如或知爾則何以哉,此傳指出仕之事,而非泛使之言志也。老安少懷之志,天覆地載之心也,適人之適者也。浴沂詠歸之樂,吟風弄月之趣也,自適其適者也。"
② 《莊子·大宗師》:"若狐不偕,務光,伯夷,叔齊,箕子,胥餘,紀他,申徒狄,是役人之役,適人之適,而不自適其適者也。"又《駢拇》篇:"夫不自見而見彼,不自得而得彼者,是得人之得而不自得其得者也,適人之適而不自適其適者也。"可參照。
③ 《莊子·達生》:"忘足,履之適也。忘腰,帶之適也。知忘是非,心之適也。不內變,不外從,事會之適也。始乎適而未嘗不適者,忘適之適也。"
④ 《朱子語類》卷四〇:"恭甫問:曾點詠而歸,意思如何?曰:曾點見處極高,只是工夫疏略。他狂之病處易見,卻要看他狂之好處是如何。緣他日用之間,見得天理流行。故他意思常恁地好。只如莫春浴沂數句,也只是略略地說將過。"(潘時舉錄)
⑤ 《傳習錄》(下)卷七:"諸友請問,先生曰:我在南都已前,尚有些子鄉愿的意思在。我今信得這良知真是真非,信手行去,更不著些覆藏。我今才做得個狂者的胸次,使天下之人都說我行不掩言也罷。尚謙出,曰:信得此處,方是聖人的真血脈。"

王守仁高度評價孔子包容曾點的狂態與狂言,根據每個人物的才氣實行不同的教育①。王守仁説灑落不是"曠蕩放逸",並提出敬畏之心和灑落的合一②。王守仁對灑落的這種理解表現爲對曾點"浴沂詠歸"的肯定性理解。王守仁對狂者的肯定性理解中包含着脱離經學中心主義、與子學共存的可能性。

王守仁對狂者的這種肯定性理解,又被陽明左派所積極接受。這正是李贄的狂者觀。李贄在情與勢的觀點上解釋爲什麽狂者只能"行之不掩",表明自己對狂的見解。歸根結底,"愛狂"的李贄③認爲狂者的特徵是"不蹈故襲,不踐往迹,見識高"④。李贄的這種狂者的根基其實是來自《莊子》,尤其與"識見高"相關的"志高"更是如此。

在《莊子·逍遥遊》中,肩吾把接輿説的話理解爲狂。接輿的話很好地再現了狂者的"志高"境界:

> 肩吾問於連叔曰:吾聞言於接輿,大而無當,往而不反。吾驚怖其言,猶河漢而無極也,大有徑庭不近人情焉。連叔曰:其言謂何哉?曰:藐姑射之山,有神人居焉。肌膚若冰雪,淖約若處子。不食五穀,吸風飲露,乘雲氣,御飛龍,而遊乎四海之外。其神凝,使物不疵癘,而年穀熟。吾以是狂而不信也。(《莊子·逍遥遊》)

肩吾所説的"人情"象徵着現實世界中"井底之蛙"的小知。肩吾認爲接輿有關神人所説的話是"狂而不信"是當然的。因爲狂者接輿的描述是肩吾無法想象的"志高"的境界、大知的境界。莊子則認爲"有真人而後有真知"(《莊子·大宗師》)。莊子批判儒家通過"擇善固執"思維建立一個基準,並且按照這個基準裁斷世間的事情,認爲裁斷出的結果物是真理,這是一種

---

① 《傳習録》(下):"汝仲曰:觀仲尼與曾點言志一章略見。先生曰:然。以此章觀之,聖人何等寬洪包含氣象。且爲師者問志於群弟子,三子皆整頓以對,至於曾點,飄飄然不看那三子在眼,自去鼓起琴來,何等狂態。及至言志,又不對師之問目,都是狂言。設在伊川,或斥罵起來了。聖人乃復稱許他,何等氣象。聖人教人,不是束縛他通做一般,只如狂者便從狂處成就他。"

② 《傳習録·拾遺》:"君子之所謂灑落者,非曠蕩放逸之謂也。乃其心體不累於欲,無入而不自得之謂耳。夫心之本體,即天理也。天理之昭明靈覺,所謂良知也。君子戒懼之功,無時或間,則天理常存,而其昭明靈覺之本體,自無所昏蔽,自無所牽擾,自無所歉餒愧怍。動容週旋而中禮,從心所欲而不逾,斯乃所謂真灑落矣。是灑落生於天理之常存,天理常存生於戒慎恐懼之無間,孰謂敬畏之心,反爲灑落累耶。"

③ 李贄《焚書》卷二:"蓋狂者下視古人,高視一身,以爲古人雖高,其迹往矣,何必踐彼迹爲也。是謂志大。以故放言高論,凡其身之所不能爲,與其所不敢爲者,亦率意妄言之,是謂大言。固宜其行之不掩耳,何也?其情其勢自不能以相掩故也。……又愛其狂,思其狂,稱之爲善人,望之以中行,則其狂可以成章,可以入室,僕之所謂夫子之愛狂者此也。"

④ 李贄《焚書》卷一《與耿司寇告别》:"狂者不蹈故襲,不踐往迹,見識高矣。所謂如鳳凰翔於千仞之上,誰能當之,而不信凡鳥之平常,與己均同於物類。是以見雖高而不實,不實則不中行矣。"

小知。莊子要求把人的精神擴張到無限的宇宙,通過大知去理解世界,於是説:"獨與天地精神相往來,而不傲倪於萬物。"(《莊子·天下》)這樣的莊子是"志高"的象徵。章學誠在《文史通義·質性》中,把莊子的"獨與天地精神相往來,而不傲倪於萬物"視為"進取之狂"①。

歷來對狂者有多種理解。那是因為狂者包含着肯定的方面。吳從先在《小窗清記》中説明君子之狂和小人之狂時,對"出於神"的君子之狂是肯定的②。屠隆在《辨狂》中對"心狂而形不狂"的善狂者和"形狂而心不狂"的不善狂者加以區分。在儒家立場中也有從肯定的角度接受實踐"非禮不動"的善狂者③的部分。縱觀中國歷史,這一點在包括陶淵明在内的許多追求儒道互補生活的隱逸人物身上都有所體現。儒學者們反而推崇這些人物。

根據某種觀點去理解狂者,會有肯定性理解和否定性理解。問題是以儒家的中和中心主義和理性中心主義為基準去評價狂者,這時,在人類文明發展史上狂者所追求的"志高"境界的肯定方面就會被稀釋掉。而且,即使站在儒家立場上看,思維的廣度和深度也會受到限制。所以無條件地批判和排斥狂者,並不是儒家所希望的。在這種情況下,特别是莊子所追求的"不近人情"的大知和"志高"境界、"獨與天地精神往來"的自由心靈在今天更能發揮作用。

四

中國文化與哲學範疇中有許多和西方不同的部分。"狂者精神"是其中之一,我想説的是我們有必要關注狂者的"志高"境界所包含的肯定方面。在全球化時代,要求多元性、開放性思維的今天,我們要從儒家的經學中心主義、理性中心主義、敬畏中心主義中擺脱出來。現在是一個需要通過"志高"和獨特思維去發展人類文明、具有創意性的人才的時代。因此有必要重新設定"新子學"中追求"志高"的狂者的地位。方勇教授在《再論"新子學"》一文中,對於今天為什麽需要"新子學"這樣説:

---

① 章學誠《文史通義·質性》:"孔子曰:不得中行而與之,必也狂狷乎。狂者進取,狷者有所不為。莊周、屈原,其著述之狂狷乎?屈原不能以身之察察,受物之汶汶,不屑不潔之狷也;莊周獨與天地精神相往來,而不傲倪於萬物,進取之狂也。"
② 吳從先《小窗清記》:"君子之狂,出於神;小人之狂,縱於態。神則共遊而不覺,態則觸目而生厭。故箕子之披髪,灌夫之罵座,禍福不同,皆狂所致。"
③ 屠隆《辨狂》:"善狂者,心狂而形不狂;不善狂者,形狂而心不狂。何以明之,寄情於寥廓之上,放意於萬物之外,揮斥八極,傲睨侯王,是心狂也。内存宏偉,外示清沖,氣和貌莊,非禮不動,是形不狂也。毁滅禮法,脱去繩檢,呼壚轟飲以為達,散髪箕踞以為高,是形狂也。迹類玄超,中嬰塵務,遇利欲則氣昏,遭禍變則神怖,是心不狂也。"

我倡導,"新子學"不僅意在呼吁革新傳統諸子學的研究方式,更主張從子學現象中提煉出多元、開放、關注現實的子學精神,並以這種精神為導引,系統整合古今文化精華,構建出符合時代發展的開放性、多元化學術,推動中華民族文化的健康發展。換言之……"新子學"承認多元世界的自在狀態,敢於直面紛繁複雜的現實社會,積極主動地去改變主張經學一元的思維模式和思維原則,使經學重新回歸學術本身。①

曾建華在《"新子學"的本質與使命》中説:"新子學將繼續秉承子學的反叛精神,全面而自覺之解消經學思維所帶來的思維專制與思維局限。"②作為一個既能充足對符合時代的新思想的要求,又能打破經學中心主義的思維專制和思維局限的問題點的思維,我想提出象徵"叛奴精神"的狂。

韓非子把狂與"人之所不能"聯繫起來加以理解③。當我們關注人類歷史,可以認識到狂者精神的持有者們都克服了被韓非子認為是"人之所不能"的界限,使人類文明向前發展了一步。關於這一點,讓我們來看 1997 年重返蘋果擔任 CEO 的乔布斯推出的著名廣告《Apple Think Different》:

這是一群瘋子,他們不合時宜,乖戾無常,他們桀驁不馴,反叛忤逆,他們麻煩不斷,從不安分守己,他們與世界格格不入,他們用自己的眼光去看待這個世界,他們從不循規蹈矩,更不安於現狀,你可以讚美他們,反對他們,引證他們,質疑他們,崇拜他們或者詆毀他們,但是你卻無法忽略他們,因為他們改變了這個世界。他們勤於發明,他們敏於想象,他們樂於救助,他們勇於探索,他們敢於創造,他們擅於激勵,他們推動了人類文明的進步,也許他們只能成為瘋子,而當別人視他們為瘋子,我們則認為他們是天才。正是那些瘋狂到,認為他們可以改變這個世界的人改變了這個世界。④

---

① 方勇《再論"新子學"》,《諸子學刊》第九輯,上海古籍出版社 2013 年版,第 3 頁。
② 曾建華《"新子學"的本質與使命》,《諸子學刊》第九輯,第 125 頁。
③ 《韓非子·顯學》:"今或謂人曰:使子必智而壽,則世必以為狂。夫智,性也。壽,命也。性命者,非所學於人也,而以人之所不能為説人,此世之所以謂之為狂也。谓之不能然,則是諭也。"
④ *Apple Think Different*: Here's to the crazy ones. The misfits. The rebels. The troublemakers. The round pegs in the square holes. The ones who see things differently. They're not fond of rules. And they have no respect for the status quo. You can praise them, disagree with them, quote them, disbelieve them, glorify or vilify them. But the only thing you can't do is ignore them. Because they change things. They invent. They imagine. They heal. They explore. They create. They inspire. They push the human race forward. Maybe they have to be crazy. While some see them as the crazy ones, we see genius. Because the people who are crazy enough to think they can change the world, are the ones who do.

將喬布斯(Steve Jobs)這段話的核心與中國思想史進行對比,可以找到許多和莊子、李贄説的狂者所追求的"志高"及形態相通的部分。即,狂者所追求的"志高"境界是喬布斯所説的"think different"的另一種形態。

　　儒家經由"擇善固執"的中和中心主義是有優點的。中節的理性人在教育方面,或者要求利他生活的倫理方面都具有優點。但是如果以中和中心主義爲基準,將其適用於所有領域,就會引發諸多問題。比如,要求人的獨特性和創意性的科學或藝術領域①。創意性的提高與獨特性的追求可以通過對狂者"志高"境界的肯定性理解得到解決。

　　今天我們有必要對狂者追求脱離人類常識性世界和實情,將自己的思維擴張到無限宇宙的"志高"境界、通過超群的思維打破常規的創意性、不屈不撓的剛毅精神、積極的進取性、大膽性、開放性、批判性等進行重新解釋。我認爲,對於狂者的適應時代要求的肯定性重釋是"新子學"應當去追求的重要課題。

　　[作者簡介]曹玟焕(1957—　　),男,韓國人。韓國成均館大學哲學博士,現爲韓國成均館大學東亞學科教授、韓國道家道教學會會長。已出版專著《儒學者之老莊哲學》,主要學術方向爲東洋美學及韓國道家哲學。

---

① 懷素的狂草具有的傑出的藝術性就是一個例子。

從"為學"與"為道"來試談
21世紀新東道西器論

［韓國］金白鉉

內容提要 1840年的鴉片戰爭不只是中國與英國之間的衝突,而且是西方基督教世界與東方儒教世界的衝突。戰爭的結果,西方基督教世界成為了世界中心,而東方儒教世界變成了世界的邊緣。所以東方人學了西方的現代工業文明文化,就是學西方的現代主義①。這就是西化、現代化。19世紀東亞三國學西方現代工業文明文化的時候,韓國(朝鮮朝)提倡的口號是"東道西器論",中國主張的口號是"中體西用論",日本提出的口號是"和魂洋才論"。吾人認為,這都可算是東西文化與哲學的會通方法②。因此,吾人先以"中體西用論"為中心簡單地反思東亞三國的現代化過程,然後檢討"為學"與"為道"的21世紀意義,由此,試談21世紀"新東道西器論"。

關鍵詞 東道西器論 為學 為道 新道學

中圖分類號 B2

一、反思"東道西器論"

吾人先簡單地反思中國的"中體西用論"如下:

一般所說的19世紀"中體西用論"中,對於"中體"的各種表述,或曰倫常名教,或曰四書五經,或曰堯舜禹湯文武周公之道,或曰四書五經中國史事政書地圖。推而及於中國舊有的文化皆屬之,其核心則為倫常名教,且這個核心是不可動搖的。

"中體西用論"的不同歷史作用可劃分為前後兩個時期。第一個時期,從19世紀60年代

---

① 金白鉉《神明文化序說》,《神明文化研究》2009年第1輯,第10頁。
② 吾人認為,佛學喜歡說"融合",儒學喜歡說"會通",道學喜歡說"妙合"。

到80年代中法戰争以前,"中體西用"思想沖破頑固保守思想的禁錮,提倡向西學學習思想,起到瞭解西方思想的進步作用。第二個時期,1884年中法戰争後,特別是1894年中日戰争以後,"中體西用論"逐漸喪失了歷史的進步意義,成爲中國社會經濟繼續近代化的思想障礙。維新派的代表人物嚴復强調指出:"中學有中學之體用,西學有西學之體用,分之則並立,合之則兩亡。"因此,當維新派將其由理論宣傳發展成爲1898年的維新政治運動時,"中體西用論"便完全成爲了對封建君主制度進行改革的思想障礙。此後,在政治變革的浪潮中,中國封建社會政治體制的保守性日益顯露。然而,當中國的統治者在政治上固守"中體西用"的防線,拒絶近代的民主主義精華之時,知識分子在思想上日益傾慕西洋文化,以至於後來出現了全盤西化的思潮①。

衆所周知,在全盤西化的思潮中展開了"五四"運動,其口號就是民主與科學,由此,發生了"科玄論戰"。"'中體西用'與'科玄論戰',這兩場文化論戰有深刻的關聯。'中體西用'以'用'的名義論證了西學傳入的合理性與合法性,促進科學在近代中國由'功利主義'過渡到了'文化啓蒙',爲'科玄論戰'的爆發埋下了誘因;而'科玄論戰'後,科學社會功能的全面擴張則破除以'體用'來會通東西的樊籬,在很大程度上結束了'中體西用'的歷史,在新的時代背景下實現科學基礎上的文化整合。"②吾人認爲此處的科學,乃指稱之爲古典物理學爲中心的近代性意義的科學。

日本明治維新提出的"和魂洋才"口號,與"中体西用"并没有本質的區别,而它們所産生的實際效果卻大異。"首先,二者都是在遭到西方文化的强烈衝擊下,作爲一種回應方式而産生的。其次,二者都試圖調和與融合東西方文化,並期以西方文化之長補自身文化之短。再次,二者都强調自身文化在這種融合中的主體性,試圖以自身文化之'魂'或'体'去主西方文化之'才'或'用'。另外,二者的原始含義基本相同:'和魂'與'中体'都主要指的是東方的倫理道德,而'洋才'與'西用'則均指西方以科學技術爲中心的'富强之術'。二者都是把東方倫理道德和西方科學技術對舉組合的。也就是説,'和魂洋才'與'中体西用'的出發點原本是相同的,而其不同是由此後的實踐過程中逐漸漸顯露的。一般説,'和魂洋才'論者在吸收西方文化時掌握的尺度較寬,'洋才'不僅限於西方科學技術,甚至西方的某些制度和思想也被視爲'洋才'而加以接受。相反,'中体西用'論者在吸收西方文化時掌握的尺度較嚴,'西用'一般局限於西方科技,西方的制度(尤其政治制度)和思想被視爲'中体'的異端和對立物而加以排斥。"③吾人認爲,日本看似成功現代化了,但它學的是現代工業文明文化具有的殖民帝國主義,因此,它挑起了第二次世界大戰。吾人認爲,"和魂洋才"的實際結果是巨大的失敗了。

近代19世紀後半期朝鮮朝(韓國)隨着西方殖民勢力的入侵,朝鮮朝國内針對如何維護

---

① 熊吕茂、建紅英《近代中體西用思想的藴涵及其演變》,《文史博覽》2005年,第22頁。
② 李麗《"中體西用"到"科玄論戰"的文化動因》,《自然辯證法通訊》,Vol. 36, No. 6, 2014年12月。
③ 武安隆《"和魂漢才"到"和魂洋才"》,《日本研究》1995年第1期。

朝鮮朝的獨立,增強朝鮮朝的實力,保障朝鮮朝的安全,在統治階層內部展開了開化派和斥邪派的思想較量。伴隨着思想上的鬥爭,在政治上,開化派和保守派也經歷了幾次較量。然而,在日本的入侵下,在當時國際政治形勢下,開化派雖然提倡"東道西器論",但是國家獨立、改革強國的願望落空了。

東亞三國學西方的現代工業文明的道路有所不同:中國的道路是,封建王朝体制→國家社會主義体制→多種經濟並存体制;韓國的道路是,封建王朝体制→殖民地资本主義体制→外圍资本主義体制;日本的道路是,封建幕府体制→帝國主義资本主義体制→中心资本主義体制①。

西方現代工業文明之下,產生了资本主義與社會主義,因此,吾人認爲,资本主義也好,社會主義也好,都是西方現代工業文明的兒子。有人說,资本主義的本來名字就是清教徒资本主義,由此,在美國的華人儒學者主張儒教资本主義。吾人認爲,這就是 20 世紀"新中體西用論"的復活,儒教资本主義者所說的"中體"當然不是綱常倫理,就是"道德理性"。如此,以"道德理性"來建立 20 世紀"新中體西用論",這就是 20 世紀現代新儒家的成果與貢獻。

到了 21 世紀,西方尤其美國喪失了清教徒精神而走了霸權主義之路,日本政治人士正在作夢軍國主義的復活。那麼東亞三國學西方現代工業文明的目的是不是爲了富國強兵? 不但東亞三國,而且世界人類面臨的社會與必須解決的問題都是大同小異而已。因爲現代工業文明在 20 世紀的確經歷了深刻的危機,暴露出自身的一些嚴重的弊端,並且延續到了 21 世紀生態信息化社會。

二、爲學與爲道

老子云:"爲學日益,爲道日損;損之又損,以至於無爲;無爲而無不爲。"

河上公注云:"學謂政教,禮樂之學也;日益者,情欲文飾,日以益多。道謂自然之道也;日損者,情欲文飾,日以消損。"王弼注云:"務欲進其所能,益其所習。務欲反虛無也。"蔣錫昌說:"爲學者日益,言俗主爲有爲之學者,以情欲日益爲目的;情欲日益天下所以生事多擾也。"朝鮮朝儒學者徐命膺(1716—1787)從以儒解老的角度說:"廣知識,故日益,此儒家博文之事也。守謙虛,故日損,此儒家反約之事也。"如上,爲學是指政教禮樂之學,爲道是指自然之道。

陳鼓應說:"爲學是指探求外物的知識活動。這裏的爲學,範圍較狹,僅指對於仁義聖智禮法的追求。這些學問是能增加人的知見與智巧的。爲道是通過冥想或體驗以領悟事物未分化狀態的道。這裏的道是指自然之道,無爲之道。"陳鼓應又把老子所說的"絕學無憂"(二

---

① 申光榮《當代韓國》2005 年第 1 期,第 12~18 頁。

十章或十九章)解釋爲"棄絕仁義聖智之學"。任繼愈説:"老子承認求學問,天天積累知識,越積累,知識越豐富。至於要認識宇宙變化的總規律或是認識宇宙最後的根源,就不能靠積累知識,而要靠玄覽靜觀。他注重理性思維這一點是對的,指出認識總規律和認識個别的東西的方法應有所不同,也是對的。老子的錯誤在於把理性思維絕對化,使他倒向了唯心主義,甚至陷於排斥感性知識的錯誤。"

老子提出工夫論的兩個方向,就是"爲學"方向與"爲道"方向。"爲學"的目的是在獲得經驗知識以及觀念知識,故一天多一天,每天皆有所增益。此將陷於無窮的追逐而無止境。而莊子亦云:"吾生也有涯,而知也無涯。以有涯隨無涯,殆已。"(《莊子·養生主》)此根本是無與於道的。"爲道"的目的是在反身自證自明以求灑然自適,所謂"自然"。故"爲道"的方向是與"爲學"相反的。"爲學"是向外取,向前追,而"爲道"則是向内歸,向後反①。爲學用頭腦,爲道用心靈。有人認爲老莊是反知論者,就是説老莊反對"爲學"。吾人認爲老莊不是反知論者,也不是反對"爲學",只是老莊清楚地瞭解"爲學"的局限,希望超越"爲學"的局限,所以不提"爲學"方向的工夫論而已。

莊子云:"天下之治方術者多矣,皆以其有爲不可矣,古之所謂道術者,果惡乎在?曰:無乎不在。曰:神何由降?明何由出?聖有所生,王有所成,皆原於一。"(《莊子·天下》)

林雲銘説:"神者明之藏。明者神之發。言道術之極也。"唐君毅説:"以神明言靈臺、靈府之心,尤莊子之所擅長。神與明之異,唯在神乃自其爲心所直發而説,明則要在自其能照物而説,故明亦在神中。"②王邦雄説:"道術是有道有術,有體有用,道有内在的神體,也有外發之明用。提問:'神何由降,明何由出?'自答:'聖有所生,王有所成。'何由就是術,術是引道通路。道術是道體即體起用,當體流行,上之神降由下之聖,上之明出爲下之王,神體明用,神降爲聖,明出爲王,形上之道,其運無乎不在,神體内在爲人間之聖,明用下照爲人間之王。從上下直貫而言,神明是上,聖王是下,從内外橫通而言,神聖是内,明王是外。神明是聖王的超越根據,神聖是明王的内在根源,是既超越又内在之全體大用的終極原理。此上下内外是一,上之神明,降爲下之聖王,内之神聖,出爲外之明王,上下直貫内外橫通統合爲一,道術其運無乎不在,上下内外整體是一,故爲'皆原於一'。"③

莊子又云:"天下之人,各爲其所欲焉,以自爲方,悲夫!百家往而不反,必不合

---

① 牟宗三《智的直覺與中國哲學》,臺灣商務印書館1971年版,第203頁。
② 陳鼓應注譯《莊子今注今譯》,中華書局1983年版,第856頁。
③ 王邦雄《儒道之間》,臺北漢光文化事業公司1989年版,第106頁。

矣。後世之學者不幸,不見天地之純,古人之大體,道術將為天下裂。"(《莊子·天下》)

方術就是"為學",因此,"方術之學"這個名稱可以成立。道術可分為分裂的道術與原於一的道術。莊子云:"古之人,其知有所至矣,惡乎至?有以為未始有物者,至矣,盡矣,不可以加矣。其次,以為有物矣,而未始有封也。其次,以為有封焉,而未始有是非也。是非之彰也,道之所以虧也。道之所以虧,愛之所以成。"(《莊子·齊物論》)吾人認為分裂的道術是已經變成日益外物的,就是成為日益觀念物的道術之學,也是可道之道,也是莊子所說的"以物觀之"的心態。原於一的道術才是"有以為未始有物,至矣,盡矣,不可以加矣"的道術,也是不可道之常道,也是莊子所說的"以道觀之"的境界。就是可分為如下:

為學:方術之學+分裂的道術之學─可道的道─理論性,思辨性─以物觀之。
為道:原於一的道─不可道的常道─實踐性,直覺性─以道觀之。
莊子云:"顏回曰:回益矣。仲尼曰:何謂也。曰:回忘仁義矣。曰:可矣,猶未也。它日復見曰:回益矣。曰:何謂也。曰:回忘禮樂矣。曰:可矣,猶未也。它日復見曰:回益矣。曰:何謂也。曰:回坐忘矣。仲尼蹴然曰:何謂坐忘?顏回曰:墮肢體,黜聰明,離形去知,同於大通,此謂坐忘。仲尼曰:同則無好也,化則無常也,而果其賢乎!丘也請從而後也。"(《莊子·大宗師》)

上面的文章可分析為,第一步是仁義價值觀念,第二步是禮樂文化,第三步才到坐忘階段。第一步的仁義價值觀念與第二步的禮樂文化可以算是為學日益而成的。一般的人容易瞭解第二步的禮樂文化可以算是為學日益而成的東西,但比較不容易瞭解第一步的仁義也可以算是為學日益而成的觀念物,尤其是儒家主張仁義之心就是天地之心,所以仁義決不是觀念物。但是莊子認為儒家把仁義用語言來規定而說仁義是如何如何,如此,仁義成為觀念物,這就是經書(四書五經)的內容。在此,吾人可以問,那麼把握經書內容的儒家的心是否相同於天地之心?吾人認為,把握經書內容的,不是用心靈的,而是用頭腦的。

眾所周知,佛教的工夫論可分為教宗式與禪宗式,儒學的工夫論可分為"居敬"與"窮理"或"導問學"與"尊德性"。"窮理"、"導問學"可以算是向外為學日益而成的為學工夫論,"居敬"、"尊德性"可以算是儒家式的向內為道工夫論。朱熹雖然提出"豁然貫通"(在此,吾人不問豁然貫通的真實意義),就是向外為學日益而成的"窮理"、"導問學"的為學工夫累積起來的話,有時,可以豁然貫通,但是朱熹的道德哲學為主知主義道德形上學。由此可知,朱熹雖然主張"居敬",但是朱熹所說的天理—天倫可算是向外為學日益而成的"窮理"、"導問學"的為學工夫來達到的。就是說,19世紀"中體西用論"所說的"綱常名教"不過是一種觀念物,就是一種意識形態而已。

老子所説的"學不學,復衆人之所過"。(六十四章)王弼注云:"不學而能者,自然也。"但孟子云:"人之所不學而能者,其良能也。"那可以瞭解,道家所説的不學而能者就是"自然",由虚静工夫而達到的境界。儒家所説的不學而能者就是"良能",就是陽明所説的"良知"。就是由"居敬"、"尊德性""致良知"工夫而達到的境界。總言之,儒家式的向内爲道工夫可稱之謂敬工夫—致良知工夫或誠工夫,道家式的向内爲道工夫可稱之謂虚静工夫,佛教式的向内爲道工夫可稱之謂禪工夫。由此可以説,道儒佛三家通過向内爲道工夫才達到天人合一的境界。

莊子云:"氣也者,虚而待物者也。唯道集虚。虚者,心齋也。"(《莊子・人間世》)吾人認爲,莊子所説的"虚而待物之氣"也是與孟子的"浩然之氣"一樣通過工夫而達到的精神境界,因此莊子所説的"虚而待物之氣"與孟子所説的"浩然之氣"都是主客合一的氣,也都是天人合一的氣。就是説,莊子所説的"虚而待物之氣"與孟子所説的"浩然之氣",如果從宇宙論的層面講,都是"塞於天地之間"的氣、"遊乎天地之一氣"、"通天下一氣"(《莊子・知北遊》),如果從工夫論的層面講,都是内在於體内的精神境界上的氣。但是孟子所説的天是仁義道德之天,莊子所説的天是無爲自然之天,如此,孟子所説的天與莊子所説的天的含意不同,因而孟子的"浩然之氣"是配義與道而展現仁義道德,莊子的"虚而待物之氣"是自然生命之氣而展現逍遥齊物之道。

虚工夫不但是道家工夫,而且是儒家工夫與佛教工夫都必須的工夫,就是説,道儒佛的工夫都非通過虚工夫不可。吾人認爲,道儒佛三家共通的向内爲道工夫可稱之謂虚工夫。甚至於真正的基督教徒也須要虚工夫。如果没經過虚工夫而表現出來的孟子所説的"浩然之氣"或基督教所説的"聖靈充滿"的話,這不是真正的浩然之氣或聖靈充滿,而是頑固的意識形態而已。

總言之,老莊體會到了向外爲學日益工夫的局限,因此,他們爲了超越爲學工夫的局限,提出向内爲道的虚静工夫,由此,體認了無爲自然之道,就是體會了自然而然的虚靈之道。

三、試談 21 世紀新東道西器論

吾人認爲,重視向外爲學日益而成的"窮理""導問學"的儒學與重視理論理性的西方近代哲學之間有相似的地方,由此,20 世紀學西方的時候,儒學有貢獻,現代新儒家也有成果。現代新儒家可分爲比較重視"窮理"的新理學與比較重視"居敬"的新心學。

前文已經提到,朱熹雖然主張"居敬",但是他所説的天理—天倫可算是向外爲學日益而成的"窮理"、"導問學"的爲學工夫來達到的。就是説,19 世紀"中體西用論"所説的"綱常名教"不過是一種觀念物,就是一種意識形態而已。如此看,西方的新實在論爲中心主張新理學的馮友蘭的哲學也重視向外爲學日益而成的"窮理"、"導問學"的爲學工夫。

從"爲道"層次看,比較重視"窮理"的新理學不如比較重視"居敬"的新心學。所以,吾人在此,探討一位新心學的學者——唐君毅。有的中國學者説:"唐君毅人文精神論所提供的人文精神,是不容忽視的。其一,中國文化有着前後相繼的一以貫之的思想傳統,在未來的文化建設中,不能割斷傳統,不能進行無'本'之創造,必須弘揚中國傳統文化的根本精神;其二,要超越'全盤西化論'與'中體西用論',真正立足於中國文化的本根,使中西文化融會貫通,如此才能開創出新的文化;其三,在吸收西方文化的過程中,必須對西方文化的精神價值、特點與長短處,有整全的理解,以便合理吸收。"①吾人大部分同意以上意見,那麽先看唐君毅所説的"心靈九境"的大綱②:

(1) 客觀境界:(A) 萬物散殊境——觀個體界;(B) 依類成化境——觀類界;(C) 功能序運境——觀因果界——目的手段界。

(2) 主觀境界:(A) 感覺互攝境——觀心身關係與時空界;(B) 觀照凌虛境——觀意義界;(C) 道德實踐境——觀德行界。

(3) 超主觀客觀境:(A) 歸向一神境——觀神界;(B) 我法二空境——衆生普度境——觀一真法;(C) 天德流行境——盡性立命境——觀性命界。

如上,唐君毅的"心靈九境",可算是包羅了東方與西方的所有哲學,然後定位各個哲學,並以儒家哲學為最高境界。他對儒學傳統似乎抱有一種宗教信仰的情緒。因此,吾人還要商榷如下意見,就是唐君毅説:"道德理性具有永恒的對治人的物化、異化的價值,文化的分殊展開形式如政治、經濟、教育、科學、宗教、藝術、文學等,都離不開道德理性的指引和激勵。"他又説:"道德的主體與認識的主體的融合,所體現的是'內在而超越'精神與'超越而外在'精神的融合,'圓而神'與'方以智'的融合,'無對'與'有對'、'無執'與'有執'的辯證;所追求的是仁智雙彰,是對中西文化的雙重超越。"③

如此可知,唐君毅已經克服了以"綱常名教"為"中體"的説法,他提出道德理性或道德主體,所以唐君毅所説的道德理性或道德主體可算是"中體"。就是説現代新儒家以"天德流行境"、"盡性立命境"、"觀性命界"為"中體"。因此,現代新儒家喜歡説"踐仁知天"與"盡心知性知天"。在此,再探討孟子云:"人之所不學而能者,其良能也。"不學而能者是指稱先天性,換言之,就是累積文化傳統而遺傳下來的文化基因。因此,吾人認為儒家所説的"天命"、"天理"、"天倫"都不是絕對性的,也不是獨一無二的"內在而超越"精神或"圓而神"、"無對"、"無執"的精神境界。

衆所周知,新儒家的理論有其合理的成分,但也存在着許多不足之處,一般所説的比較突出的缺點如下:

---

① 單波《心通九境》,人民出版社 2001 年版,第 235 頁。
② 唐君毅《生命存在與心靈境界》,臺灣學生書局 1977 年版。下面,由此書來探討現代新儒家的"20 世紀新中體西用論"。
③ 單波《心通九境》,第 205 頁。

1. 把多原的多民族不同時空條件下,中國傳統簡單歸結為儒家文化,這是不符合中國歷史的事實的。

2. 對傳統儒家文化造成中國歷史和現實的巨大負面影响,不是低估就是視而不見,即使有一點批判也往往是輕描淡寫的。

3. 過分強調道德的作用,沒有找出從"内聖"開出"新外王"的可行性途徑,他們的理論大多帶有一廂情愿的純理論的色彩,尤其是集中於闡發了儒家的"内聖"心性之學,具有明顯的唯心論傾向。

吾人認為唐君毅所說的"道德的主體與認識的主體的融合"也好,牟宗三所說的"一心開二門"也好,都偏重於"内聖"心性之學。由此,非問不可,是否可能"仁智雙彰"? 吾人認為自然而然虛靈的道德主體與自然而然虛靈的認識主體之間才有妙合之可能性。因為妙合之可能性不在別的地方,就在於自然而然虛靈之道。吾人認為自然而然虛靈之道就是具有內在性和超越性的"神",在此,再引用《莊子》:

天下之治方術者多矣,皆以其有為不可矣,古之所謂道術者,果惡乎在?曰:無乎不在。曰:神何由降?明何由出?聖有所生,王有所成,皆原於一。(《天下》)

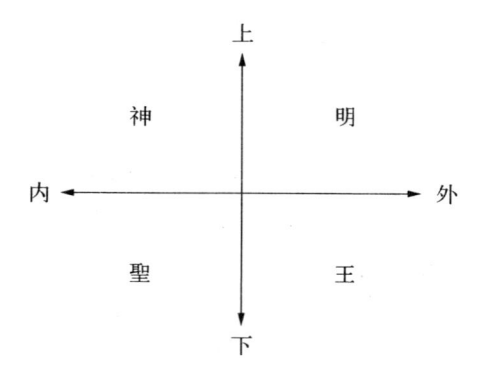

《易·繫辭傳》曰:"易無思也,無為也,寂然不動,感而遂通,天下之故。非天下之至神,其孰能與於此。"又說:"神無方,易無體。"老子云:"萬物生於有,有生於無。"因此,"無"——"無思""無為""無方""無體"——就是具有自然而然的虛靈性,由此,"神"可算是自然而然的虛靈之道。

"神"具有超越性而内在性的自然而然的虛靈之道,"明"具有超越性而外在性的形而上的目的(思辨性等)理性,"聖"具有内在性和具體性的實踐(道德性等)感性主體,"王"具有外在性和具體性的工具理性主體。由此看,重視内在性的東方文化以及哲學比較偏重於"神"與"聖",重視外在性的西方文化以及哲學比較偏重於"明"與"王"。並且可以說,儒家所說的內聖外王之學就是內在性的道德感性主體與外在性的認識理性主體的會通之學,又如此的學缺乏真正自然而然虛靈的超越性。由此,明確瞭解沒有真正超越性的內神外明之內聖外王之學具有其局限,而沒法內在性的實踐(道德)感性主體與外在性的認識(工具)理性主體之間的真正會通。

"神"是具有內在性和超越性的自然而然的虛靈之道,"明"是外在性和超越性的目的理性,因此,具有超越性的"內神"與"外明"才可以通而為一,所以"聖"與"王"是通過具有超越性的"神明"而可以妙合。換言之,內在性的"聖"與外在性的"王"是通過具有超越性的自然而然虛靈之"神"與具有超越性的目的理性主體之"明"才可以妙合而成為"原於一"的道術。

這是莊子"庖丁解牛"寓言當中"神遇"、"神欲行"之類的渾然一體性的天人合一。總言之，如下：

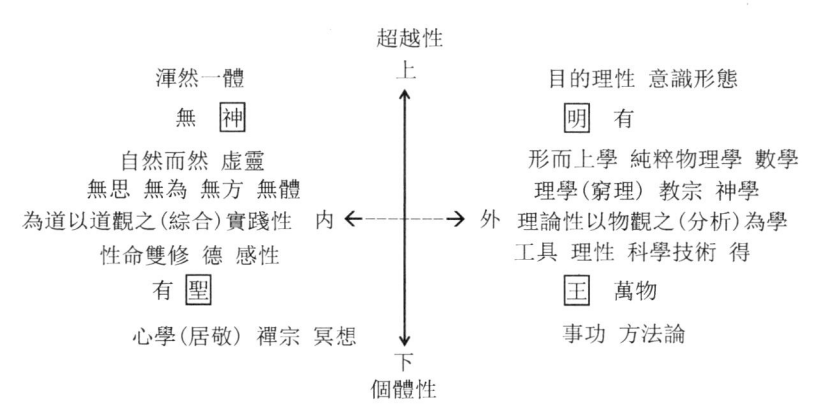

```
                        超越性
                         上
      渾然一體              │           目的理性 意識形態
        無 [神]             │              [明] 有
                           │
      自然而然 虛靈          │          形而上學 純粹物理學 數學
    無思 無為 無方 無體      │          理學(窮理) 教宗 神學
  為道以道觀之(綜合)實踐性    內 ←───→ 外   理論性以物觀之(分析)為學
    性命雙修 德 感性          │          工具 理性 科學技術 得
        有 [聖]              │              [王] 萬物
                            │
    心學(居敬) 禪宗 冥想      │           事功 方法論
                         下
                        個體性
```

由此比較東方哲學與西方哲學，東方哲學的長處就在於實踐性的向內為道日損的"神聖"之路，西方哲學的長處就在於理論性的向外為學日益的"明王"之路。吾人認為，東方哲學的長處與西方哲學的長處的妙合就是 21 世紀東方哲學與西方哲學妙合的方向，也是 21 世紀新"東道西器論"的方向。

結　　語

有的中國學者説："20 世紀以來的中國學術範式基本上是近代以來西方文化傳入中國後'全盤西化'文化價值觀作用下'西體中用'文化價值觀的產物，無論是西方古典近代學術範式、馬克思主義紅色意識形態學術模式還是當代西方哲學思潮派生的學術範式，都已經在百年實踐中一邊影響中國學術、一邊顯露出自身與中國本土學術的齟齬不合之處。飽受三段西方學術範式灌輸的中國學術，已經嚴重消化不良，亟待重新定位，找回本體，再度重生。這一範式應當在 21 世紀盡快結束，並且應當用'中體西用'的文化價值觀重建中國體系的學術範式。"[①]

有的中國學者説："西方近代哲學的主客二分式的主體性——普遍性與確定性給西方人帶來的好處是科學發達、物質文明昌盛以及反封建壓迫的民主，但隨之而來的，一方面是物統治了人，一方面是形而上的普遍性的確定性把人的本質加以抽象化、絶對化，從而壓制了人的具體性，壓制了有血有肉有意志有感情欲望的個體性。這樣，西方近代人雖有科學和民主，但並不自由，而且這種不自由——受物統治的不自由與受形而上的普遍性確定性壓抑的不自

[①] 寧稼雨《重建"中體西用"中國體系學術研究範式》，《學習與探索》2013 年第 6 期（總第 215 期）。

由——是人人普遍感到的一種不自由。"①

有的中國學者說："隨着現代化進程的加快，以科技為主導的經濟世界日益暴露出其弊端；一方面是現代化的深入，另一方面是包括精神在內的宇宙秩序的紊亂。特別是中國，除受此二難之外還受到來自西方的經濟、文化霸權的威脅。為此，對中國傳統文化進行梳理，建立一種'中體西用'的文化結構是民族自尊心、自信心的有力保障。'中體'之中，道家文化的自然主義和天人合一的人生理想契合了時代的精神呼喚，也是中國文化的根底和淵源。"②

吾人認為，真正的原於一的道術必須具有自然而然虛靈的"神"才可以完整地發揮，就是說，缺乏自然而然虛靈之"神"的"明王(上明下王)"或"聖王(內聖外王)"不過是分裂的道術或方術而已。所以為了發揮真正的原於一的道術就要向內為道日損而達到自然而然虛靈之道的道家工夫。但是在建立 21 世紀新道學的時候，向內為道日損的道家工夫也不過是必需條件，不能成為充足條件。建立 21 世紀新道學必須要通過東西哲學文化的妙合才可以。

東西哲學文化比較之下，可以瞭解東方哲學文化的長處就在於實踐性的向內為道日損的"神聖"方面，西方哲學文化的長處就在於理論性的向外為學日益的"明王"方面。所以吾人在此從建立 21 世紀新道學真正發揮原於一的道術的一個方向來試談"21 世紀新東道西器論"。

[作者簡介] 金白鉉(1952—)，男，韓國人。歷任韓國道家哲學會會長及中國學研究會會長，現為韓國國立江陵原州大學校哲學科教授、社團法人神明文化研究院院長，研究方向為 21 世紀新道學。著作有《中國哲學思想史》《道家哲學研究》等。

---

① 張世英《中國傳統哲學與西方後現代主義哲學》，《文化的衝突與融合》，北京大學出版社 1997 年版，第 343 頁。
② 向達《道教文化及其現代意義——一種新的"中體西用"的文化構想》，中共濟南市委黨校學報 2008 年第 1 期。

在韓國如何推廣"新子學"

［韓國］姜聲調

内容提要　"新子學"進一步的規劃可以考慮在科際整合下走向轉型高端之路。本論文擬探討跨國推廣"新子學"研究的問題。為了這一題目，優先從韓國"諸子學"研究的概貌説道一些根源性、當面性問題，而後以韓國"新子學"研究的定位、發展趨勢為論點簡單扼要地説明相關問題。據此，對於韓國的"新子學"研究找出一些推廣方案，即初步的有效方案可更積極地引進"新子學"學術體系，與韓國學界多分享"新子學"研究成果，使"新子學"研究陣營與韓國學術界緊密聯繫，尋找合適的韓國學者加入"新子學"研究陣營。實際的操作方案則可有"新子學"研究與韓國學術界的活動結合在一起發展、影響、指引韓國相關學術界研究的新方向，以及與相關韓國學界合作進行研究討論活動，使"新子學"落實於韓國學術大衆間等。按照這些方案，在韓國推廣"新子學"研究的事宜，可落實於當地學術生態環境，使之受到韓國相關學術大衆的歡迎。
關鍵詞　新子學　韓國　變化轉型　推廣方案　定位　發展趨勢
中圖分類號　B2

緒　　言

所謂"新子學"，又稱"新諸子學"，常與"舊子學"、"諸子學"、"諸子百家學"相對稱名，指的是與古今、東西結合，結構重構，以新代舊，以完成研究規範化的新學術體系。雖然其研究規範化的歷史並不長，可是已經利用最短的時間，集中投入衆多人員與對象，提早完成一種奠定基礎的任務了。"新子學"研究在方勇教授的推動下已有一定的進展，走上軌道，進一步的規劃可以考慮在跨學科整合下走向高端轉型之路。去年方勇教授來韓國參加國際研討會時，我陪同方教授與一些與會人士參觀成均館，那時他順便問我韓國"新子學"研究的情況，並當場給我提示了一項作業：在韓國如何推廣"新子學"研究。我認為這個題目的撰寫，一可有助於推廣韓國的"新子學"研究，二可引導韓國"新子學"及其相關研究，三可為韓國的"人文學"研究提供理論方法,四可提供給韓國的"人文學"研究自我調整的機會。由此,我欣然接受這一論題的撰寫工作。

本論文以"在韓國如何推廣'新子學'研究"為主題,探討了韓國"諸子學"研究舉隅、"新子學"研究在韓國的定位、"新子學"研究在韓國的發展趨勢以及在韓國推廣"新子學"研究的方案等四個方面。希望透過這些探討過程,使相關問題能得到相對客觀合理的回應。

一、韓國"諸子學"研究舉隅

關於諸子學的研究,在韓國學術界大體上是偏重於儒、道二家學術思想展開的,從傳韓到高麗時代再到近現代為斷代的大環節,就其發展可從傳韓來源、開展變化、轉型面貌等大方向來作一概括總結。其中,所謂轉型面貌一環正是屬於近現代的。而時至現代,諸子學以古今或東西為重點轉型面貌,其始賴於西學建立學術體系,以方法論為主進行研究,一研究就一個多世紀,從中產生了重大問題,造成了忽略文本的陋習風潮。再説,過於講究方法論,就研究成果而言類型多樣,卻難免有偏離文本精神的矛盾。這是韓國學術界面臨的根本性問題,也是比任何問題都迫切需要提前解決的。若有解決了斷,則趕緊要面對次要的問題。

就此,對韓國諸子學的研究情形作一客觀的瞭解與評估,實則為下述二點:一則為回顧韓國諸子學研究的情形,一則為展望將來韓國諸子學研究的發展。這二點是必不可缺的過程,有助於探討其轉型面貌。這一情形,筆者曾在《韓國"莊學研究"之簡介》一文中對其回顧與展望寫得甚為清楚:"前者包括其成果、反省。所謂成果,是指斷代分期以新面貌、研究領域(範圍、主題)逐漸擴大、研究人員日益增加等趨勢而言;所謂反省,是指研究題目及其內容的重複、研究能力的劣勢、研究品質的偏低、研究交流的不足等問題而言。而後者則針對回顧中所提之反省問題,即對於研究成果不客觀的四種原因,盡一切努力來面對改進,再接再厲,促使它走上研究的正常軌道。進而我們一定要做到研究資料完備、研究能力加強、研究角度調整、研究視野擴大、研究交流常例化等工作,這些都是研究的基本條件,也是推動其穩固發展的動力。"①雖然這一引文限於韓國莊子學所言,可是其情形代表着目前韓國諸子學的現況,大同小異,別無差異。為改善這些情形,學術界不僅要知其然,而且要知其所以然,檢討得失,反省深思,並積極地想盡辦法、採取行動去改善局面,促使它走進研究的正常化階段。還有一點,為諸子學研究趕得上時代的變化趨勢,必須採取非常手段。所謂非常手段,不外是一種研究成果信息化及其跨國交流。韓國諸子學的研究進入一新變化的階段,專靠於實現成果信息化的跨國交流。剛好筆者曾對這一點提過意見,説道:"研究成果的交流是只靠早期留臺、留日的學者,或藉着一些學術交流活動所進行的,所以其成果帶來一種不客觀的地方。稱得起

---

① 姜聲調《韓國"莊學研究"之簡介》,《書目季刊》第四十三卷第一期,臺北學生書局 2007 年 6 月,第 90 頁。

研究成果的交流也許是等待韓中建交後,多數韓籍留學生已有上網跨國下載學術資料的可能,以及國際間頻繁地進行學術交流的活動,給它帶來空前未有的生機。"①的確,研究成果及其跨國交流對諸子學研究有一定的作用,並能以此順利推動,轉型發展,邁向未來。

如上所述,韓國諸子學的研究有着悠久發展的歷史,其重點可以從傳韓來源、開展變化、轉型面貌等三項來作一概括總結。時至今日,韓國諸子學研究走進一條墨守方法論之路,偏離文本,華而不實,已到自我檢討反省的時候了。

二、"新子學"在韓國的定位

2012年4月,在中國上海召開的由華東師範大學先秦諸子研究中心舉辦的"先秦諸子暨《子藏》學術研討會"上,主辦單位的方勇教授宣言,説:"我們提出了'全面復興諸子學'的口號。然而諸子學如何全面復興,及其在中華民族文化偉大復興中應承擔什麽樣的責任,仍值得探究。在此,我想以'新子學'來概括對這些問題的思考。'新子學'概念的提出,根植於我們正在運作的《子藏》項目,是其轉向子學義理研究領域合乎邏輯的自然延伸,更是建立在我們深觀中西文化發展演變消息之後,對子學研究未來發展方向的慎重選擇和前瞻性思考。"②就此,方勇教授提出了"新子學"概念。同年10月22日,他在《光明日報》國學版發表了《"新子學"構想》一文,從中論述了有關"新子學"的整體性看法:"當子學的歷史發展得以完整呈現後,其固有概念則自然而然地衝破以往陳見的束縛,重新確立起兼具歷史客觀性與現時創新性的概念。這本身也符合我國主要學術概念源於自身學術傳統的訴求。子學根植於中國文化土壤,其學術理念、思維方式等皆與民族文化精神、語文生態密切相關。對相關學術概念、範疇和體系的建構,本應從中國學術自身的發展的實踐中總結、概括、提煉而來。'新子學'即是此理念的實踐。"③之後,他於2013、2014年兩度舉辦與"新子學"相關的學術研討會,先後討論了如何建構其學術體系及諸子學轉型的問題。所謂"新子學",等於"新諸子學",是剛建構出來的新學術體系。它基於"諸子學",並承載吸收中國學(即以"經、史、子、集"為主題的中國傳統學術文化)真脈、養分,進行古今與東西對話,科際整合,多元創新,將成為中國學術文化的主體。所以方勇教授在《"新子學"構想》中"'新子學'將承載'國學'真脈,促進傳統思想資源的創造性轉化"小題下説:"隨着近代學術的日益發展,子學實際上已逐漸成為'國學'的主導,……清末以來,子學更是參與到社會變革的激流中,化身為傳統文化轉型的主力軍。尤其是他通過'五四'以來與'西學'之間起承轉合的發展早已經使自身成為'國學'發展的主導力

---

① 姜聲調《韓國"莊學研究"之簡介》,《書目季刊》第四十三卷第一期,臺北學生書局2007年6月,第87頁。
② 方勇主編《諸子學刊》第八輯,上海古籍出版社2013年版,第361頁。
③ 同上書,第363頁。

量。如今,'新子學'對其進行全面繼承與發展,亦將應勢成為'國學'的新主體。"①

韓國學者參加"新子學"學術活動,應該始於2013年4月接受華東師範大學先秦諸子研究中心的邀請,在"'新子學'國際學術研討會"上發表了相關論文。如韓國江陵大學金白鉉以《21世紀新子學與新道學的研究課題》為題目探討了"新子學"的課題,說:"20世紀研究東方哲學的人也大體說用西方哲學,尤其是用現代主義哲學的方法與範疇來研究東方哲學,因而大部分人遺漏或歪曲了東方哲學的精髓。……吾人認為找到21世紀新儒學的出路是比較困難的。方勇教授也說:'整個經學的學術思維根本上深受權威主義影響,不免具有封閉和固化的特徵,這就使經學在一定程度上具有了形式僵化、思想創新不足、理念轉展相對乏力的病症。'(《"新子學"構想》)因此,當今東方人要繼承充滿原創性、多元性的'子學精神'。"②他認為東方學者墨守西方哲學(即現代主義哲學)體系,漏掉或歪曲了東方哲學的精髓,故"當今東方人要繼承充滿原創性、多元性的'子學精神'",以避免這一問題。韓國圓光大學姜聲調以《跨學科的莊子學研究》為題目提出"跨學科研究"的問題,說:"《莊子·養生主》篇'庖丁解牛'寓言以文本義理思想為其重點,標示着多重專項意思的内容,如基於現代學科概念可歸納為人文學、社會學、藝術學、中醫學、自然科學與機械工程學等科間領域。宋人趁着學術思想一新轉變的好機會敢於疑古意、舉大義,對該寓言嘗試作一些空前未有過的發揮,跨學科際整合盡及於多方領域間,為後人提供了不少援引發揮的範例,大顯身手,意義深遠,價值連城。"③此則不僅限於《莊子》一書,還涉及諸子群書。宋人常以疑古、思辨、議論、分析作一演繹,並大大發揮諸子群書中的多層含義,充分顯示出其時代的學術文化特色。其結果奠定了學科間學術整合發展的基礎,使之形成像大有天地似的發揮空間,將能提供"新子學"走進跨學科學術研究的機會。

2014年4月,韓國學者又受邀參加"'諸子學'現代轉型高端研討會"並發表論文,如圓光大學姜聲調以《"新子學"與跨學科學術研究鳥瞰》為題,提出"關於'新子學'學術研究轉型進程的問題,應該可以從規範化、科學化、具體化、多元化、普及化等過程來思考,其中以多元化、普及化為重點進行細節性的文學化與大衆化,期能達到預期的功效。進而還要從前人的學術成果中尋找一些相關範例,接受而後解構,建構進而發揮,從而全面深入地開展跨學科的'新子學'學術研究"④的看法。"諸子學"轉型為"新子學",必須經過一段科際整合的進程,進而借助於跨學科學術研究,才能面貌一新地追求現代性的發展到高端。為此,"新子學"應以規範化、科學化、具體化、多元化、普及化為過程,並以有關前人的學術成果為範例,才能進行並實現恰如其名的學術研究。

---

① 方勇主編《諸子學刊》第八輯,上海古籍出版社2013年版,第366頁。
② 方勇主編《諸子學刊》第九輯,上海古籍出版社2013年版,第258~259頁。
③ 《中國語文論叢》第六十輯,首爾中國語文研究會,第159~160頁。
④ 《中國學報》第七十輯,首爾韓國中國學會,第422頁。

以上可見,韓國一些學者已走進研究"新子學"之路,但"新子學"對整個韓國學界來說還不是熱門科研論題,其學術體系可說尚處於接受起步的階段。

三、"新子學"研究在韓國的發展趨勢

　　韓國學者參加華東師範大學先秦諸子研究中心所舉辦的"'新子學'國際學術研討會"發表的論文轉載於韓國國内學術刊物上,已有若干篇。而為"新子學"學術體系介紹給韓國學界,有的是中方學者在中國發表的相關論文收入於韓國國内學術刊物上,有的是邀請中方學者來韓參加國際學術研討會發表的相關論文刊登於國内學術刊物上。前者有金白鉉的《21世紀新子學與新道學的研究課題》①與姜聲調的《跨學科的莊子學研究》②《"新子學"與跨學科學術研究鳥瞰》③等論文;後者有方勇的《"新子學"構想》④《再論"新子學"》⑤《"新子學"申論》⑥與湯漳平的《"新子學"與中華文化之重構》⑦、高衛華的《中國"新子學"研究的現狀與問題》⑧等五篇論文,均收入《神明文化研究》第三輯⑨,還有方勇的《21世紀"新子學"與〈子藏〉》一文在"第二次神明文化國際學術大會"上發表了,茲將刊登於《神明文化研究》。以上諸篇,是現階段在韓國問世的"新子學"相關論文,從這些論文可以略知其學術體系、理論重點、發展方向、轉型高端的進程。影響所及,最近在韓國中國學界對"新子學"逐漸産生一種超過好奇心的關心,並日益增加,推展順利,這一新體系已經渗透到中國文學界、思想界。雖然,當前只有少數從事研究者去接受並發揮該學術思想體系,並將把它推行到相關學科領域,務求擴散其研究熱氣到韓國學術界,如中國學界、漢文學界、韓國學界等。筆者與金白鉉教授務求把中國學術界參會發表過的論文再拿到國内學界發表或著名學術刊物上登載,為的是讓更多的國内學界有關學術大衆引起共鳴,同時也使"新子學"影響到更廣大的範圍。"新子學"研究熱氣,

---

① 原載於華東師範大學先秦諸子研究中心編《"新子學"國際學術研討會會議論文集》,2013年4月,後轉載於《神明文化研究》第三輯。
② 原載於華東師範大學先秦諸子研究中心編《"新子學"國際學術研討會會議論文集》,2013年4月,後轉載於《中國語文論叢》第六十輯。
③ 原載於華東師範大學先秦諸子研究中心編《諸子學現代轉型高端研討會會議論文集》,2014年4月,後轉載於《中國學報》第七十輯。
④ 《光明日報》2012年10月22日國學版。
⑤ 《光明日報》2013年9月9日國學版。
⑥ 《探索與争鳴》2013年第7期。
⑦ 華東師範大學先秦諸子研究中心編《"新子學"國際學術研討會會議論文集》,2013年4月。
⑧ 《新疆經濟報》第6版,2013年4月17日。
⑨ 金白鉉等編《神明文化研究》第三輯,首爾神明文化研究所2014年7月。

是帶動韓國國內相關學術思想界迎接轉向變化的好機會,同時也會促使該研究本身穩固地立足於韓國文化生態之中。

回顧當前韓國學術界,隨着時代潮流要盲目地趕上注重速度與效率的趨勢,力求科研成果的增加,不顧內容,亂寫成篇,計數為最,難免流於相對忽略品質的學術風氣。遺憾的是,這樣的學術風氣對於研究者產生不良的影響:不能徹底掌握原材料、無法正本清源,進而營造一些以研究方法論為法門的學術風潮,能使之利用處理到順手成章罷了。久而久之,這一風潮導致了一種不良的學術氛圍與趨勢,不少從事研究者不理智地迷惑沉醉於其中,惡習重演,真的是一件悲哀的事情。其惡劣的程度,難以形容,讓人擔憂。因此韓國中國學界要有反省與檢討。危機就是良機,趁這一機會找出一套解決之道,一掃重形式的風潮,改善輕學術的氛圍,將使韓國國內相關學術界得到良性發展。另外,最近韓國大力提倡復興"人文學",其熱氣已擴散到大半個範圍、階層(即包括學術界、教育界、產業界與一般大衆間),擬以注重靈活地應付時代要求的交叉應用。目前學界缺乏跨學科去創新的動力,仍然停留於為了人文學而人文學的階段。對前述問題要有克服方案,主要是靠着内部的自覺努力與外部的推動影響做到的,内外並重,互補成全,能使之走向一種更為成熟的學術階段。由此,韓國國內相關學界應該借助於"新子學"研究成果,把其成果做為有效的方法之一,試作面對,努力改進,這可說是一種具有參考性價值的選擇。最近在韓國學界出現了一種學術效果,情形有所好轉,即重視文本,及時提出"回歸原典"的主張,實則為服務於該古典研究及其教育所需。而韓國學界認為正確地掌握原始資料才是中國學研究及其教育的第一步,這無疑是對幾十年來偏重於研究方法論之後果的反思結果。

如上所述,在韓國的"新子學"研究活動不虛此行,接受發揮,漸趨得勢,以此扎根於學術大衆的心中,才能規劃確定其未來的研究環境與發展方向。

四、在韓國推廣"新子學"研究的方案

在韓如何推廣"新子學"研究,這一問題是現階段必須進一步思考的學術方向,除了盡全力思考一些推廣方案之外,也應該對該學術體系要有一定的回應。為此,有必要探論在韓國如何去推廣"新子學",一則為初步找出有效方案,一則為實際提出操作方法。

(一)初步的有效方案

在韓國推廣"新子學"研究,需要合乎本土學術環境的方案,應該逐漸地展開,才能得到一定的功效。其初步的有效方案,大約可以有更積極地引進"新子學"學術體系、與國內相關學界多分享"新子學"研究成果、促進"新子學"研究陣營與國內學術界緊密聯繫、再找適當人選的國內學者加入"新子學"研究陣營等四種,分述則如下:

其一，更積極地引進"新子學"學術體系。近幾年來，"新子學"剛剛成立，它是一種重新建構的學術體系，也是一種學術發展的新方向。自2013年至今，中國學界已數次討論了建構該學術體系及其研究規範化的問題，接着有必要討論轉型發展到高端的問題。截至目前，除了中國之外，"新子學"學術體系仍未有廣泛地流傳到外國學界作進一步研究和討論。而最近韓國一些學者加入到"新子學"研究陣營，參加研討會並發表論文，同時也把其研討會的成果(即包括韓國及中國學者的論文)帶到韓國學界予以介紹了。在這一基礎上，我們要積極地引進"新子學"學術體系，使它根植於學界之餘，帶給相關學術脫胎換骨的機會，激發引路，推陳出新，總是會有助於相互發展。

其二，與相關韓國學界多分享"新子學"研究成果。雖然"新子學"研究的時間有限，可是其成果比想象中更為豐碩。在建構過程中，"新子學"對其名義、範圍、概念、理論、方法等體系做出一套客觀化的工作來，因而其研究的規範化與發展方向有一定的名目，並賴於這些工作奠定了轉型到高端的基礎。然則韓國學界去搜集也好，或者中國學界來提供也好，要想盡辦法接納其成果，經過一段研究分析與翻譯過程，提供給相關學術大眾參考之。如此，就能把"新子學"的學術成果分享到學界，一邊提供認識的機會，一邊獲得推廣的機會，一舉兩得，收穫加倍。

其三，促進"新子學"研究陣營與韓國學術界緊密聯繫。聯繫本身是起始點，可以成為推廣"新子學"研究的紐帶。無論"新子學"研究陣營是屬於中國籍或韓國籍學者，必須先與韓國國內學術界緊密地聯繫合作，加大對其研究的推廣，才能達到一定程度的預期效果。而其聯繫以"新子學"研究為媒介，將把兩國學術界結合在一起，並進行人員、對象信息的交流。透過聯繫，雙方可以把握相關的研究方向、趨勢，進一步規劃"新子學"研究的事宜。我認為聯繫範圍不可限於韓國中國學界，還應擴大到漢文學界、韓國學界等領域，顧及客觀合理的現實狀況，有一定的實質性意義。

其四，再找適當人選的韓國學者加入"新子學"研究陣營。"新子學"號剛起航時，韓國召集四位學者，加上臺灣推薦一位學者，一共五位韓籍學者前往上海華東師範大學參加了學術活動，並加入了該學術研究陣營。而只有筆者與金白玄教授二人在"新子學"議題上發了一些論文，寥寥無幾，影響有限，這是不得不承認的事實。因此，"新子學"會議的主辦單位一定要花心費力地再找適當人選的韓國學者投身於"新子學"研究行列，與此同時主動地提供一切相關學術研究信息。不止於此，邀請適當人選去參加"新子學"學術活動，要讓他們感受到自己是"新子學"研究陣營的一分子。這樣，"新子學"研究才容易落實於韓國學術界，其推廣事宜也自然會順利地進行。

以上觀之，在韓推廣"新子學"研究一定照着初步的有效方案進行事宜，然後進一步地考慮其後續的操作方案，循序前行，踏實穩當，就會獲得事半功倍的成功。

(二) 實際的操作方案

邁出第一步，第二步開始就會越走越順利、實際一點。在韓國推廣"新子學"研究剛好按這樣程序進行,步步前進,耕耘播種,總有結實收穫的一天。其實際的操作方案,大約可以有與韓國學術界的活動結合在一起發展、影響指引相關學術界研究的新方向、與相關學界合作進行研究討論的活動、"新子學"落實於學術大眾間等四種,分述則如下:

其一,與韓國學術界的活動結合在一起發展。為在韓推廣"新子學"研究,其研究陣營與學術界的活動結合在一起,適應環境,追求發展,是不可缺少的過程。藉用中國一句話,就叫"入境問俗"。想與異國文化打交道,提前瞭解其文化生態,是一定要做到的事前準備事宜。關於"新子學"研究,要知道韓國有哪些研究單位、學術大會、開會頻次等情形,進而想辦法一步步地推廣其學術體系及研究。有時積極地參與學術發表的活動,有時消極地分得平臺借題發揮。兩條路都是主動與對頭的學術界活動結合在一起進行的,這顯然對"新子學"研究的推廣工作有積極的作用。

其二,影響指引韓國相關學術界研究的新方向。從古以來,韓國一直置身於中國文化圈域中,長期受到大量的影響,涉及面廣,無所不及,當然諸子學也包括在內。而經過這些影響過程,韓國文化又自行發展,獨樹一格,一路往下發展到近現代。所謂近現代,是屬於過渡期。然而這一時期面臨着過去傳統與現代科技的承接問題,就大體上依賴於西方學術體系,墨守成規地追求變化而發展,沒想到了一定進程時發覺自身遭遇的問題。正是如此,面貌一新的"新子學"將影響指引相關學術界研究的新方向,接受咨詢,導向變化,促使發展,扮演出"走山上路問過來人"的角色來。

其三,與相關韓國學界合作進行研究討論的活動。"新子學"研討會的主辦單位應採取主動,與韓國相關學界緊密聯繫,互相結合,共同規劃,推動合作研究的事宜。該活動的參與大約可有"新子學"研究陣營來參加韓國研討會、韓國相關學界去參加"新子學"研討會兩種方式,互訪為則,定期交流,會使其研究的推廣獲得有效性結果。另外,雙方策劃一種"新子學"演講會,一問一答,發表提問,足以提供進一步認識的機會。相信這些方式是有意義的"新子學"研究推廣活動。

其四,使"新子學"落實於韓國學術大眾間。推廣"新子學",其歸結是始於教育方面兼及研究方面,要把相關學術體系分享到韓國國內學術大眾的範圍。從教育方面說,韓國教育界基於新界定的諸子學、《子藏》所收資料、新詮釋的意思安排相關教育課程,進行一種符合時代趨勢要求的教育。從研究方面說,韓國教育界基於規範化的"新子學"體系,進行一種重視"文本"、解構重構、以新代舊、溫故知新的研究。"新子學"研究陣營參考前述看法,做出整體規劃,以規劃周到的安排,落實於韓國國內學術大眾間。還有一點,該學術體系與這幾年在韓國熱門的"人文學"研究結合在一起進行推廣工作,會獲得一種相對客觀滿意的成績。若這樣,該學術體系分享到學術大眾間,才算是圓滿的推廣成功。

如此,"新子學"研究陣營可以在韓國相關學術界提前瞭解研究所需的當地生態環境,營造推廣的初步方案,接着採取實際的操作方案,其推廣事宜會達到成功告終的地步。

結　　語

　　在韓國如何推廣"新子學"研究,是一項頗有挑戰性的課題。為了探論這一課題,本文首先從韓國"諸子學"研究的概貌説到了一些根源性、當面性問題,而後以韓國"新子學"研究的定位、發展趨勢為論點簡單扼要地介紹了一些相關問題。據此,對於韓國的"新子學"研究找出一些推廣方案,應該是從初步的有效方案、實際的操作方案兩個層次進行的。即初步的有效方案可以更積極地引進"新子學"學術體系、與相關韓國學界多分享"新子學"研究成果、"新子學"研究陣營與學術界緊密聯繫、再找適當人選加入"新子學"研究陣營等;實際的操作方案則可有"新子學"研究與韓國學術界的活動結合在一起發展、影響指引相關學術界研究的新方向、與相關學界合作進行研究討論的活動、"新子學"落實於學術大衆間等。按照這些方案,在韓推廣"新子學"研究的事宜,個人認為它無礙地適應於當地學術生態環境,一定會受到韓國相關學術大衆的歡迎。

　　總之,在韓推廣"新子學"研究一事要避免過於急躁的心態,規劃過程,按步驟進行,若能如此將可獲得一定的成果,走出一條成功之路。正處於跨國交流時代的"新子學"研究,在韓國能否順利地推廣到學術大衆間,其關鍵在於"不去强攻而智取"的心態與策略。

　　[作者簡介] 姜聲調(1966—　),男,韓國全羅南道人。臺灣師範大學文學博士,現任職於韓國圓光大學校教育大學院。致力於老子、莊子、蘇軾學術思想的研究。專著有《〈莊子〉内七篇之宇宙觀研究》《蘇軾的莊子學》《實用中國語語法》,並發表關於老莊、蘇軾的論文及注釋學論文等數十篇。

"新子學"研究的當代
指向與方法尋繹*

——兼論劉笑敢《老子古今》的"人文自然"概念

賈學鴻

內容提要 思想史意義上的子學涉及起於戰國、訖於漢魏六朝的原創性諸子著作,以及歷代學人對這些典籍的整理、注釋和研究成果。它通過個體智慧的創造,汲取王官之學的精華,把對宇宙、社會和人生的深刻思索融入其中。"新子學"要兼顧歷史與現實的雙重立場,重新挖掘傳統子學的思想價值,為解決當下諸多問題提供參考。因此,要以思想開掘為導向、以服務大眾為宗旨,突破學科界限的束縛,尋求人類的共性價值。方法上,要辯證對待子學資源,不虛美、不隱惡,恰當取捨;要結合古人的思維模式,淡化舊有概念的釐析,重視文本結構義;傳統考據要以闡釋思想為旨歸;借鑒西方理論,要辯證吸收其中適合子學研究的合理性元素;努力創造涵容終極關切的新概念,以應對國學的普適走向。

關鍵詞 新子學　普適走向　古今立場　辯證態度

中圖分類號 B2

2010 年曾有一本《零距離美國課堂》流行於世。在該書題為《石為何物,何以攻玉——與〈零距離美國課堂〉探討》的序文中,作者批評中國的傳統教育是"不打不成材"的"棍棒政策",並引用《說文》對"教"的解釋,就中國教育在社會發展中所扮演的角色提出質疑。與之相對,文章談到美國的"進步主義學校",摘引了美國實用主義哲學家、教育家約翰·杜威(John·Dewey)的一段話,讓人感慨頗多。文中寫道:

"進步主義學校在美國的興起,是人們對傳統教育不滿的產物。"傳統教育強調"順從、服從……和灌輸知識。書本,特別是教材,它們都是過去的知識和過去的智

---

* 本文是"揚州大學新世紀人才資助項目"的階段性成果。

慧的主要代表。"事實的學習和知識的獲取是傳統學習和靜態社會的主要特徵,而這是和進步主義學習相對立的。進步主義學習和民主社會相對應,是通過解決問題來進行學習,以探索和實驗為特徵的。①

杜威關於"進步主義學習"的觀點確鑿無疑是正確的,作者對中國傳統教育的批評也不無道理。然而,對書本知識的看法,並非是美國學者杜威的"專利"。早在兩千三百多年前,中國的亞聖孟子就提出了這一主張。《孟子·盡心下》記載:

　　孟子曰:"盡信書,則不如無書。吾於武成,取二三策而已矣。仁人無敵於天下,以至仁伐至不仁,而何其血之流杵也?"②

孟子所説的"書"指《尚書》,《武成》是其中的一篇,記載了武王伐紂的事件。在中國思想史上,儒家思想的邏輯起點就是周公實施的禮樂制度。《論語》中,孔子一再強調"周公之美",渴望夢到周公。而武王伐紂這一事件,便是周公"製禮作樂"的前提。由於商紂王的殘暴,武王伐紂這一流血事件便被冠上"以至仁伐至不仁"的正義美名。然而,在倡導仁政的孟子看來,一切戰爭都是非正義的。武王伐紂造成死亡無數、血流漂杵,從重生愛民角度來説,便是極不仁道的體現。因此,孟子認為閱讀《尚書》也需要甄別取舍、辯證接受。孟子的話雖然出於維護自己的仁政立場,但他對存世典籍的態度,已經表現出清醒的、科學的認識。與公元前 300 前後的孟子相比,杜威生活在 1859—1952 年,要晚二千二百多年。遺憾的是,中國這位先哲的箴言早已被後人淡忘,不僅他的觀點沒有在後世教育中發揚光大,就連對違背這一理念的教育模式的批判,都要從西方學者那裏尋求給養了,這不能不説是中國國學的悲哀!

　　然而,令人扼腕之際,便迎來使人振奮之時。華東師範大學先秦諸子研究中心以重振國學和發展傳統文化為目標,倡導"新子學",宛如潤物之甘露,化生之春風。借此平臺,本文略抒淺見,以待方家指正。

一、"新子學"之概念界定及其思想開掘的困境

　　作為傳統國學,除了指代表精英文化的經學之外,還應包括體現個體智慧性創造的子學

---

① 王文《零距離美國課堂·序》,中國輕工業出版社 2010 年版。
② 關於《尚書·武成》,依《尚書正義》引鄭玄説,到東漢光武帝時已經亡佚,今日《尚書·武成》是偽古文,敍"血流漂杵"為商紂士兵倒戈自相殘殺所致,與孟子原意不合。見楊伯峻《孟子譯注》,中華書局 1960 年版,第 325 頁。

系統。子學發端於春秋時代的私學,興盛於戰國期間的諸子百家。它汲取了王官之學的精華,又大大超出王官政治智慧的狹義束縛,把對宇宙、社會和人生的深刻思索融入其中,蘊涵着哲學、美學、宗教、文學、經濟、軍事、教育、科技等人類全方位的思想和知識。因此,子學是思想史意義上的概念,具體對象是指起於戰國、訖於六朝的原創性諸子著作,以及歷代學人對這些典籍的整理、注釋和研究成果①。

  研究子學,不僅要梳理傳統主流意義上的思想認識,更要注重挖掘基於生命個體和普通百姓心理的價值取向、生活觀念,如天文、曆算、術數、方技、藝術、譜錄等知識。只有不拘於"官學",而是面向媒體時代的普通大衆的學術定位,才是應時而起的"新子學"的真正價值所在。"五四"運動時期的知識大衆化是近代中國史上的一次思想解放,把普通大衆納入"新子學"的受衆範圍,可以稱為媒體時代的又一次思想解放,即學術的大衆化。學術大衆化不是要降低研究的水準,更不是片面迎合普通世人的口味,而是要通過規範學術標準,使參與學習者形成問題意識、分析性思維和解決問題的能力,從而實現知識共用,達成思想共識,進而實現引領價值、移風易俗的目的。同時,學術只是高居"象牙塔"之上,受衆日益減少的清冷局面,或能有所改善。

  然而,研究中國古代的學問,傳播傳統文化,古今中外的關係問題是不容回避的學術前提,特別是古今問題。現代人解讀古代經典,必然會面臨兩種定向,即立足文本的歷史還原和面對現實的觀察與思考。這兩種定向既矛盾衝突又不可分割。德國當代哲學家、美學家迦達默爾(Hans-Georg Grdamer,1900—2002,又譯為高達美)就此提出"視域融合"理論,即任何對經典的解讀,都是詮釋者的視域與經典文本之視域的融合②。迦達默爾這種基於本體論的詮釋學,招來不少批評。道家研究學者劉笑敢先生在其著作《老子古今·導論》中,認為"視域融合"理論只是從終極意義上講出了詮釋學的本質共性,是人的存在與理解活動的同一性。然而從動機和心理活動角度上講,這一理論強調了融合,卻淡化或掩蓋了"回歸文本"與"面對現實"之間的衝突。再從詮釋成品的角度來說,"視域融合"理論也忽視了最初結果對兩種定位與定向的取捨。有鑒於此,劉先生結合《老子》的"自然"觀,努力探尋兩種定向之間銜接與轉化的內在機制,並以此為出發點,推出一個自己創設的概念——"人文自然"。

二、由明晰概念的追索到結構意涵的剖析

  "自然"在《老子》中共出現五次。劉笑敢先生根據五種《老子》版本,即河上公本、王弼本、傅奕本、郭店楚墓竹簡本、馬王堆漢墓帛書本,對這五處原文作了逐一對照,從語境和語法角

---

① 參見方勇《"新子學"構想》,《諸子學刊》第八輯,上海古籍出版社2013年版,第361~367頁。
② 伽達默爾《真理與方法·序言》,上海譯文出版社1999年版。

度辨析該詞的豐富含義,細緻程度令人嘆服。他認為,《老子》的"'自然'不是一般的敘述性辭彙,而是與道、與聖人、與萬物密切相關的普遍性概念和價值,具有最高價值的地位",是具有普遍意義和名詞屬性的固定語言形式,是"被用作判斷的主詞和賓詞"的哲學概念①。由於"自然"的意思太寬泛,人們對其產生很多誤解,或曰"大自然",或曰"原始狀態",或曰"隔絕狀態",甚至解為霍布斯(Thomas Hobbes,1588—1679)的"自然狀態"。於是,劉先生推出了"人文自然"一詞。劉先生強調,"人文自然"概念的提出,一方面為清理各種誤解,另一方面也是一種新的詮釋。從本質上,它揭示和強調了《老子》的最基本精神,同時,也為《老子》哲學在現代社會的應用和發展開闢出一條可能的途徑②。那麼,"人文自然"到底有怎樣的意含(meaning)與意義(significance)呢? 劉先生説道:

> 現代漢語所講的"自然",往往相當於西方的 nature 或自然界,不包括人類社會文明及人的文化活動,這一意義不是中文"自然"二字的古代意義,而是近代經由日文翻譯過來的。……今日所説的自然災害,保護自然,自然生態,自然演化,自然而然,清新自然,自然流暢,其意義各不相同。……在很難創造準確的新詞語來表達老子的思想而又不至於造成新的誤解,用人文自然的概念是目前所能想到的最好方案。
>
> ……
>
> 人文自然就不是天地自然,不是物理自然,不是生物自然,不是野蠻狀態,不是原始階段,不是反文化、反文明的概念。一言以蔽之,老子之自然不是任何負面的狀態或概念。
>
> ……
>
> 老子之自然首先是一種最高價值,是一種蒂利希(Paul Tillich,1886—1965,或譯為田立克)所説的終極關切的表現。③

由以上表述不難看出,劉先生對"人文自然"的解釋,是由聲清概念入手所作的解析,進而創造一個新概念,並賦予它特定的含義,這是一種基於西方理性思維的邏輯思路。西方的學術研究,自 17 世紀法國哲學家笛卡爾在其著作《方法談》中確立求真求實的科學標準以來,一直沿着追求概念明晰、材料準確、邏輯嚴密這一理路發展。西方語言中的"nature",包含與"文化"、"約定"、"技術"、"精神"相對的意義。而《老子》中的"自然",並没有這種對立意義。因此,在概念的内涵與外延上,與"nature"相對應的中文詞語"自然",不能涵蓋《老子》"自然"觀念的全

---

① 劉笑敢《老子古今》,中國社會科學出版社 2006 年版,第 235、302 頁。
② 同上書,第 73 頁。
③ 同上書,第 74~76 頁。

部信息,二者不能劃等號。而"人文自然"一語,由於加入了"人文"内容的限定,便補足了《老子》所説的"自然"的含義。由此可知,由於中西方思維方式的差異,在把傳統子學推向海外的傳播過程中,中國學者進行了怎樣的努力!

《老子》乃至很多中國古代的典籍,都不是以概念的明晰性為指向,而往往是尋求一種表述的模糊性,強調思想的朦朧與含蓄,即所謂"道可道,非常道"。《老子》所講的"自然",與"道"具有同一性,有時可作為"道"的替代語,如第二十五章的"道法自然",概念本身就有歧義特徵。有時它指自然界、自然萬物,如第六十四章的"以輔萬物之自然而不敢為"。有時它又指自然而然,不加人為干預,即使涉及人的行為,也要做出一種"無為"的姿態,如第十七章"百姓皆謂我自然"、第五十一章"夫莫之命而常自然"。《老子》中"自然"的豐富蘊涵,很難以一語蔽之。因此,基於西方以概念明確性為基礎的文本解讀,對於傳統思想的境外傳播儘管很有意義,但對中國本土的文獻來說,或多或少有些隔靴搔癢之感。

實際上,通過詳細的文獻對讀、文意辨析,劉先生對《老子》的"自然"已經作出了正確的解釋:"自然"即自己如此,它不排斥可以從容接受的外力,而是排斥外在的強力和直接的干預。它強調質變的漸變特點,是對發展軌迹平穩性的一種内在描述,同時也是對事物"自己如此"或動因内在性的限定和補充,與儒家的"無加諸人"可以相通①。然而,這種寬泛的意涵,是通過語句表達的,不必一定要轉化成一個概念。或許,"人文自然"的提出,是劉先生為應對常年在國外任教而選擇的一種適合西方思維模式的傳播手段吧。

中國傳統學術,重審美、重體悟,特別強調"言外之意"的表達。明確的概念、嚴密的邏輯,有利於思想的闡述、傳播與接受,但由於缺少直觀的形象色彩和含蓄風格,便損失了美感和藝術韻味,反而又會弱化傳播的效果。基於這種重形象、輕概念的思維特徵,中國古代諸子之書常常通過比喻、意象、寓言等手法,借象明意。解讀者也就形成緣象求意、得意忘象的傳統。因此,象與象之間的關聯,即文本的結構模式,便成為傳達"言外之意"的手法之一。拙作《〈莊子〉結構藝術研究》一書,通過文本結構剖析,對《莊子》的深層意蘊進行了全面系統的開掘,如"經傳結構"透視出戰國時代的言經、傳經方式,寓言故事的連類相次與《周易》的卦爻結構有某種關聯,回環否定、重章復沓等局部文本結構形態,直接關聯着"反者道之動"、"周而復始"等"道"的本質屬性②。從結構入手,是一種先入乎其内、再出乎其外的閱讀方法。入内,深入解析文本;出外,跳出文本,從宏觀上對典籍的思想與表達進行綜合。《莊子·天下》曾批評惠施"往而不返",結構研究,就是用"往而知返"的方法把握經典。其實,中國古代關於文章結構的研究,到南朝時期就已經漸成體系,特別是明清時期的八股取士制度,使文章結構幾乎成為文人玩味的藝術形式,以至於章法結構脱離了文章的功用,成為束縛思想表達的桎梏。隨着近代八股文的廢止,篇章結構也一併被拋到了故紙堆中。與中國典籍不重視概念的明晰性正

---

① 劉笑敢《老子古今》,第 235~236、306 頁。
② 賈學鴻《〈莊子〉結構藝術研究》,學苑出版社 2013 年版。

相反,在中國歷史發展的漫漫長河中,很多具體行動和措施又常常顯得過於"明確",缺少辯證性。就像八股文與文章結構一樣,一榮俱榮,一損俱損的現象十分普遍,今人實在應當加以反思!

三、辯證思維在學術研究中的運用

任何事物都是對立統一的,兼顧積極的一面和消極的一面是認識事物的辯證態度。在學術研究中,無論是對待所選擇的研究對象,還是運用具體的研究方法,都應該採取這種辯證思維。事實上,很多子書由於受到時代和作者個人觀點的限制,並非完美無缺,往往具有局限性。就拿《莊子》來說,它視順道為最高原則,對待萬事萬物主張"齊是非",這就消解了人類與生俱來的價值判斷能力。沒有明確的是非標準,便會導致善惡不分的混亂。因此宋代實用主義學者葉適曾為《莊子》作出總結:"好文者資其辭,求道者意其妙,汩俗者遭其累,奸邪者濟其欲。"[1]葉適對《莊子》有清醒的認識,"道"具有包容萬事萬物的屬性,但同時也會魚目混珠、善惡雜糅,讀者則要以意去取。

然而,多數學者對自己所選擇的研究對象,往往溢美過多,客觀批判較少,就連新一代儒學大師牟宗三先生也概莫能外。牟先生對先秦道家的詮釋,從實踐性說起,把老莊文獻中具有客觀實在意味的"道"徹底扭轉為一主觀的境界,並由此判定道家為"純粹的境界形態"、"徹底的境界形態"的形上學[2]。在牟先生看來,道家言道所具有的客觀實在意味純為一種姿態,而"境界形態的形上學"實質上提升了"道"的價值意義,而"道"所包含的"偽"的因素,也即葉適所謂的"奸邪者濟其欲"的一面,被上升到心境修養,從而突出了道家虛一而靜的修養境界。牟先生的這一觀點,是基於與儒家對比提出的。學術要服務於社會,是儒家學者的立學之本,對道家理念進行提升改造,便是這一原則的體現。或許,這也是牟先生辯證認識道家思想體系之後所做的態度決擇。

現代"新子學"在研究方法上常常借鑒西方,然而,對產生於西方世界的諸種理論與方法,同樣要進行辯證取捨,以適合本土文本的具體特徵。關於借用西方概念來闡釋中國哲學的"反向格義"之法的弊病,劉笑敢先生進行了全面深入的探討,一再強調"西方笛卡爾以來的dichotomy(對立二分)式的概念結構與中國哲學思想中的概念系統不合"[3]。拙作《〈莊子〉結構藝術研究》一書,同樣借鑒了英國形式主義美學家克萊夫·貝爾"有意味的形式"理論。貝爾的理論是針對視覺藝術形式提出的美學假說,與《莊子》文本的語言形式並不相同,但其對

---

[1] 葉適《水心別集》卷六,同治九年(1870)李春和刊本,見《叢書集成續編·永嘉叢書》第105冊。
[2] 牟宗三《中國哲學十九講》,臺北學生書局1983年版,第103、104頁。
[3] 劉笑敢《老子古今》,第93~111頁。

視覺形式深層韻味的叩問,與探求《莊子》之道的"言外之意"具有相似性。因此,書中只是由貝爾的"有意味的形式"引出文本形式同樣具有韻味,而探尋其意味的具體方式,則結合了中國南朝梁代文論家劉勰《文心雕龍·原道》的觀點,即"辭之所以能鼓天下者,乃道之文也"①。也就是說,參考西方的理論與方法,不能全盤照搬,而是要辯證取棄,借鑒其中的某些合理因素,以此為突破口,再經過本土化轉換,作為闡釋本土典籍的方法思路。

四、挖掘子學思想普適性的重要意義

諸子之學的興起,緣自先秦時期日益加劇的社會危機。禮崩樂壞,官學解體,文化重心由王官轉移到士人群體。士人是居於君王貴族與百姓庶人之間的知識一族,他們承繼了王官的社會責任,為尋找社會病因,療救世人創痛,紛紛著書立說,所論問題之多、探索範圍之廣、思想爭鳴之活躍、研究氛圍之濃厚,空前絕後。然而,諸子承官學而來,思路均是自下而上,以幫助國君治理天下、出謀劃策為最高鵠的。也就是說,諸子之學的出發點,常常是君王,而不是普通百姓。即使是強調道德修養的儒家之學,其對象是讀書人自身,最終目標還是"學而優則仕"。時光荏苒,在 21 世紀的今天,社會發生了天翻地覆的變化,科技進步、知識普及、信息爆炸、經濟騰飛、環境污染、資源將竭、人性危機……面對時代的種種挑戰,"新子學"不能僅僅盯着"上層",而是要把注意力轉向普通大眾,甚至不同區域、不同民族的文化。因此,關注人性的共同訴求、解決人類的共同問題,是"新子學"的使命。沉睡的傳統子學典籍,早已在那裏靜靜等候被時代的繩索牽引得精疲力盡的人們。

如上所述,牟宗三先生的"境界狀態的形上學"理論,雖然淡化了對道家認識的全面性,卻突出了老子哲學的實踐特徵與道的價值意義,實質上提升了道家哲學的品格。與此相類,劉笑敢先生的"人文自然"概念,同樣挖掘出道家普適性的功能。他將老子之"自然"與蒂利希的終極價值相聯繫,認為老子之"自然"表達了對人與宇宙關係的終極關切、對人類各種群體關係及生存狀態的希望與期待、對人類各種生存個體存在和發展的關注。同時指出,"人文自然"彰顯了兩個原則,一是實現人文自然的理想就意味着承認自然的秩序高於強制的秩序;二是人文自然的原則高於正義、正確、神聖的原則。劉先生關於道家"自然"觀念的終極思考,實質上是通過概念的界定,實現了迦達默爾所謂的回歸歷史與面對現實的"視域融合"。而從中國的思維傳統看,這一概念與"天人合一"的命題異曲同工。"天人合一"本身就是一種自然狀態,也是人類最理想的生存狀態,它以群體和諧為理想,彌補了儒家"親親"原則的不足,站在宇宙、人生的總體維度來審視世界。正如劉先生總結的:"遵循人文自然的原則,人類社會就多一個價值標準和精神資源,比較容易進入一個新的文明階段。這個新階段的特點應該是人

---

① 賈學鴻《〈莊子〉結構藝術研究》,第 5 頁。

們不僅能在親朋好友中間感到無盡的温馨情誼,而且面對無數陌生的面孔也會感到自在、自然、放心、安心。"①

　　牟、劉兩位先生的研究方法,或許有不完美之處,但為"新子學"的研究提供了參照,就是既要立足歷史文本,又要面對社會現實,進行個性化和符合時代特徵的解讀。這要求學者既要有傳統國學的功力,又要有面向世界的眼光,既要透徹領悟古代典籍的思想意涵,又要超越文本,進行具體視域下的意藴闡釋。這是時代的要求,是使傳統子學煥發活力的需要。中西方乃至其他諸多民族,把握世界的思維模式差異很大,無論是體悟還是認知,無論是直覺還是分析,無論是還原還是升發,通過學術研究與交流,形成理解,實現溝通,是當代"新子學"的任務。因為,世界是複雜的,"道"是動態的,宇宙也是不確定的,強調自然,倡導多元和諧,或許正是"天人合一"這一古老理念的精髓。

[作者簡介] 貫學鴻(1969—　　),女,河北涿州人。東北師範大學碩士、華東師範大學博士、復旦大學博士後,研究方向為先秦兩漢文學、道家文學、傳統文化傳播。現為揚州大學新聞與傳媒學院副教授、碩士生導師。出版專著有《〈莊子〉結構藝術研究》。

---

① 劉笑敢《老子古今》,第88頁。

子學到"新子學"的內在
理路轉換過程研究

——以明清莊子學為例

（臺灣）錢奕華

內容提要 明清莊子學是一個面對時代巨大轉變,如何去運轉與改變或接受、或創發的最佳的轉換過程典範,由子學的式微到"新子學"尚未建構,其中有四個重要的內在理路現象,是值得被注意與學習的。由宋明理學至明清莊子學,銜接將來的清代樸學,很明顯地有四個面向:一是知識建構莊子論:為歷史語言之接受,語音、音韻、語義的詮釋;或由評點、八股文式知識建構莊子論;二是歷史接受莊子論,省思莊子詮解之歷史思維,承接老子思想為正統,玄學解讀為方法,此歷史接受莊子論;三是實證融合莊子論,由實證出發,由心學、理學、三教合一、或與易學交會融合詮釋,而重新再建構新的莊子;四是自我實踐莊子論,變化重構與道體含攝,終至完成船山一家之言的巨匠系統論,承接內聖外王之學而自立一宗,是自我實踐莊子論。從明清莊子學的內在理路轉換過程研究中,對"新子學"的建構上,可以取法其舊經驗,結合現代新觀點,而開創新世代、新格局的"新子學"時代。

關鍵詞 內在理路 知識建構 歷史接受 實證 自我實踐

中圖分類號 B2

前　　言

时代變革與生存空間遽然變化的明清時期,有着恢弘繁華的文化盛世,中國的文物傳諸歐洲的文化交流,在明清時代學界與政界交互影響着,繁華的外相是無法撫平中國人內在根深的觀念——宗法與禮樂制度,畢竟夷狄非我族類,很多傳統儒者,在宋明理學、陽明心學興盛下,卻成為亡國之果,造成有的人唾棄心學、子學,欲在新的樸學中全力以赴,當然,在子學中尋找答案者,也不遑多讓。

回顧莊子學史,是不斷在時空變化中,立足不敗之地,從魏晉郭象注莊以來,《莊子》一書,始終是人心的一片時空之門，人人可透由謬悠之説、荒唐之言、無端崖之辭，找到自我心靈的樂土，思想的活水，原本自我的困境，在不斷的莊子交互接觸、互相對話之後，人的生命力，注入時代的激盪，人人探其玄珠，用語言知識、歷史接受、實證融合、自我實踐過程中，開展心胸，啓開全新的子學風貌。

本文以明清莊子學爲例，學者如何透由傳統子學的反思，而建立"新子學"之多樣氣象，對其中内在理路的轉换、過程與演變，做一分析研究。

一、面對新的世代，如何找到轉换之路

一個朝代更迭遽變的大時代，中西文明已有接觸，中國傳統思維中的學者，自我的定位與社會地位已全然變革，他們如何與世界取得聯繫？ 如何找到平衡點？

僅以讀者的角度看待莊子學在明清的詮釋現象，則發覺《莊子》的魅力無所不在: 一個開放、多元的文本，讀者可通過批評、注解，與作品對話；學者在往復迴旋《莊子》之中，而得其環中，且和以天倪以應無窮；批注者更可與歷代讀者、批注者，在視域融合的角度下，共同經營出多重的思想内涵與不朽的精神價值。

在明清莊學這些儒釋道的大師學者專家身上，吾人見到: 既然不能如朱舜水般乘桴浮於海，至日本傳播陽明心學，也就深刻思考，如何由儒者轉化，在接受時代與命運的安排下，由儒轉道，在《莊子》文本中尋找答案。

《莊子解》《莊子因》《莊子本義》等書名，不難看出學者在莊子身上汲取一種寧静的智慧，轉化爲一種由自我生命的坎陷，轉化成文字，藉由文學、心學、理學、内聖外王之學，如同藏密中曼陀羅圖騰的譬喻，轉智成識，建構與創化自我的新世界。

曼陀羅，原由梵語而來，讀作 Mandala，其簡義爲聚集諸佛、菩薩、聖者所居處之地，其中涵蓋佛教的精神與思想内容以圖像的方式表達出來；曼陀羅思考，即源自於此，也是將知識轉變成實際可用的"智慧"的思考法。曼陀羅網羅宇宙萬象，包括十界聖凡、兼收並蓄、顯密圓融，爲宇宙法界之縮影，其義廣大淵博，隱涵諸佛、菩薩甚深智慧與微妙法門。

臺灣大學心理系黄光國教授提出"自我的曼陀羅模型"(圖 1)，是用曼陀羅的概念，表達普世性的人我觀，並展現於世界取向的反思(World-Oriented Reflection)、行動取向的反思(Action-Oriented Reflection)及主體取向的反思(Agency-Oriented Reflection)中，具體説明社會生活各式各樣的知識(智慧)與行動(實踐)的模式。

《自我的曼陀羅模型》是一個基礎[①]，是一個普世性的觀點，提出以"自我"(self)爲中心，

[①] 以黄光國所建構的"含攝儒家文化的理論"，結合德國文化心理學者 Eckensberger (2012)的行動理論，提出一項儒家倫理療癒理論，以説明正念(正向思考)訓練可能發生的作用，以説明先秦儒家倫理的核心理念是"盡己"及"推己及人"。見黄光國《社會科學的理路》，臺北心理出版社 2001 年版，第 449 頁。

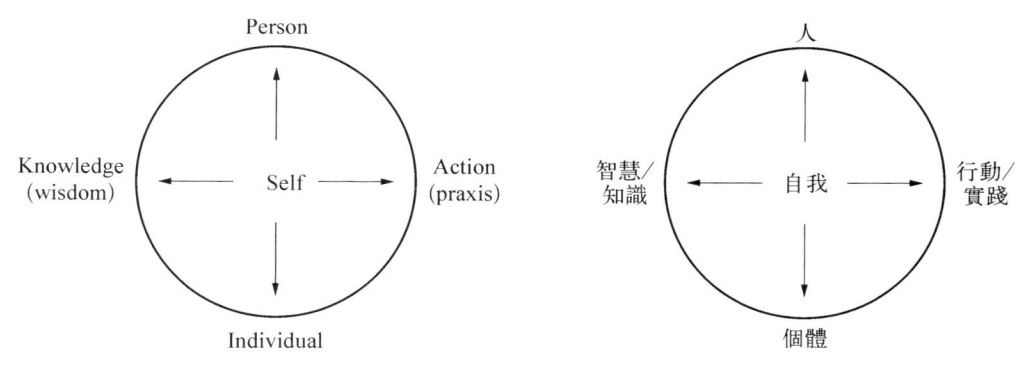

圖 1　自我曼陀羅模型①

　　横向雙箭頭的一端指向"行動"（action）或"實踐"（praxis），另一端則指向"知識"（knowledge）或"智慧"（wisdom）；縱向雙箭頭向上的一端指向"人"（person），向下的一端指向"個體"（individual）。（圖1）

　　以文化心理學的角度來看，這五個概念都有特殊的含義，都必須作進一步的説明："人"、"自我"和"個體"三個概念意義②不同。"自我"（self）是一種心理學層次（psychologistic）的概念。概念架構中，"自我"是經驗彙聚的中樞（locus of experience），他在各種不同的情境脈絡中，能夠作出不同的行動，並可能對自己的行動進行反思。

　　下方的"個體"（individual）是一種生物學層次（biologistic）的概念，是把人（human being）當作是人類中的一個個體，和宇宙中許多有生命的個體並没有兩樣。

　　上方的"人"（person）是一種社會學層次（sociologistic）或文化層次的概念，這是把人看作是"社會中的施爲者"（agent-in-society），他在社會秩序中會採取一定的立場，並策劃一系列的行動，以達成某種特定的目標。每一個文化，對於個體該怎麽做才算扮演好各種不同的角色，都會作出不同的界定，並賦予一定的意義和價值，藉由各種社會化管道，傳遞給個人。

　　向左走的知識建構論或向右走的智慧或行動實證論，都代表不同的理念，展開不同的面相。若以此曼陀羅模型，來看待明清時期的莊學詮釋者，可以發現，由"自我"的心理層次，學者根據不同時代，不同個體特色，已經產生不同的行動，並對此相互學習。

　　以明清莊子學而論，若是自我指向"知識"（knowledge）或"智慧"（wisdom），則是在文學、文章、評點上，或在章法、文氣脈絡上，是莊子知識建構論；若是向下走向底層，是道家"個體"（individual）層次，是煉丹練氣的道家身體觀的一種生物學層次（biologistic）概念，也是把人（human being）當作是人類中的一個個體，和宇宙中許多有生命的個體並没有兩樣，如郭象以

---

① 黄光國《"道"與"君子"：儒家的自我修養論》，華中師範大學學報（人文社會科學版）2014年第3期，第166～176頁。
② "人"、"自我"和"個體"的區分，是人類學者Harris（1989）所提出來的。他指出，在西方的學術傳統裏，個體、自我和人這三個概念有截然不同。見黄光國《社會科學的理路》，第428～431頁。

玄學解莊,做為歷史傳承的"個體"思維,是莊子的歷史接受論。

明清莊子學者,若是他的"自我"走向横向雙箭頭的一端指向"行動"(action)或"實踐"(praxis),則是在道家《莊子》的系統中,結合心學、理學、儒家、《易經》或是佛教的觀點,強調《莊子》的形而上的道體實踐《人間世》的莊子實證創新論;若是向上進一步結合到"人"(person),就是更高境界的"全人"或"大我",是一種社會學層次(sociologistic)或文化層次的概念,把人看作是"社會中的施為者"(agent-in-society),在社會秩序中,會採取一定的立場,並策劃一系列的行動,以達成某種特定"全人"的崇高目標。這裏可以王船山詮釋《莊子解》為例,更賦予《莊子》一定的意義和價值,是內聖外王與天地道統純一合體,藉由解釋莊子,進而傳遞個人與社會文化合一的大我觀,是莊子自我實踐論。

"自我的曼陀羅模式"可以解析轉識成智的不同內在理路,也可以在明清莊學詮釋中,看到學者遇到困境時,如何反思採用種種不同的歷程與方法,將所體驗化成"新子學",也供給後世之人一條線索,學習其內在理路與轉換過程之研究,如何由已知的語言、文學、評點的前理解,進入融合視域式的再創造,將《莊子》本身的意義,從文句、章法、傳統義理而不斷擴大,從"自我"的展開,到全新的變化,重新思考現狀,提升人的精神層次,進一步至於有效的詮釋至當代的環境,而文本得以歷久不衰。

二、是語言表層的轉變? 是歷史哲學的接受?

明清莊子學詮釋中,詮釋者有以下幾種策略現象,首先是語言表層的接受歷史現象,其次是莊子由老學而來,或是由玄學解釋的歷史接受論,其討論內容如下[1]:

一是明清時代在《莊子》詮釋中,語言接受歷史現象的討論,明清文學在語言文化的傳承是文學批評、評點與小學、文學、章法、音韻等知識(Knowledge)與經驗的影響者(The Influencer),學者可以務實地對《莊子》文本做批評、分析解構,這是一群集體創作的文人,他們試圖在《莊子》無端崖之言論下,提出種種"草蛇灰線"或是"鏡花水月"的語言文字規範與原則。

他們"以時文之法評之"、"循文衍義"等方式評論《莊子》,有文學性的思維、評點式的論述,討論議題如辨析莊子思想的源流與篇章的真偽的考辨,也都是承襲前人而大加發揮。

從宋代開始,文人用文理的觀念解莊者,如宋代林希逸《南華真經口義》是從文章血脈角度解莊子,接着以評點的方式評莊者,如南宋劉辰翁《莊子南華真經點校》,將個人讀莊的感受,以及文章的呼應處,寫在眉批上,此"以文評莊"時期是語言接受現象之始,莊學的詮釋,開始以文學觀點讀莊、解莊,闡述《莊子》文學特點、為文之法、文章結構。

---

[1] 錢奕華《明清莊子學接受歷史之研究》,廈門大學中國古代史專業博士論文,2013年11月,第49～54頁。

延續至明人接踵進行,不斷地在《莊子》散文藝術特色上作發揮,但純就"評"的角度,已經不能滿足學者,於是由個人評,如孫鑛《莊子南華真經評》轉而到歸有光《莊子南華經》集合眾人之評,"以文評莊"的方式與內容,開始有所轉變。雖然《四庫全書總目提要》中對以時文之法解莊,語多評驚,如林希逸《莊子口義》"所見頗陋,殊不自量,以循文衍義,不務為艱深之語",並言《口義》只是"差勝後來林雲銘輩以八比法詁莊子者",又評論明代朱得之《莊子通義》為:"議論陳因,殊無可采,至於評論文格,動至連篇累牘,尤冗蔓無謂矣!"(《四庫全書總目提要》卷一百四十七。見《文淵閣四庫全書》)但是用時文解莊,語言、文字、文學的影響,無疑的已經是明代注《莊》的重要現象。

宋人讀書之風氣非常認真,圈點成為一時風潮,從朱熹曾提出自己運用點抹法來讀書的經驗,進而揭示為文之技巧,批評文章之優劣,文學批評之風氣開始建立,到擴及評點的範疇,文評、史評、經義的評論日益興盛。

影響至學者闡釋《莊子》,以評點方式,文學性語言,博採各家之方式解莊,又有八股與古文評點的結合,如歸有光以評點方式寫《南華真經評注》十二卷(公元 1605)以郭象注本為底本,此書亦以評點方式,標出"。"、",書的天頭和地腳都有眉批,每篇篇末又有總評,計總評者有三十七人,眉詮者七十三人,音釋者七人,文學與義理性的闡發,皆有論述。

明代以文學語句評經典,不限於莊,而蓬勃發展,幾乎無書不可以運用,以對章法的講求來閱讀經典,而且也因為習慣於這樣的文學閱讀方式,所以批選圈點又幾乎成中國人讀書的基本方式。以不同顏色、大小的圈點標示行文之氣脈、要緊之妙處、遣詞造句之巧思。貶黜者甚為譏諷,稱之"狼圈密點,不堪卒讀",而姚鼐之桐城派則視為學文之秘傳。甚至說:"於學文最為有益,圈點啟發人意,有愈於解說者矣。"藉由八股墨卷,圈點批注,討論破題、章法、段落、文氣,遣辭用字等,則是從經疏釋義的評點角度,做文章的分析中而來。

如此評點之風,影響到文士,無書不評,無頁不點,因此在批注《莊子》上,也產生了幾項變化。其發展有以評點為主者,是以圈點、批評或集解為主,形式上有眉批、夾注或旁注,如歸有光《南華真經評注》、孫鑛《莊子南華真經評》。另外除批注外,再加文脈評莊者,是加強文章脈絡、章義、段意、字句、文格照應說明、修辭境界、前後有評論(總評、文評、亂辭)及讀法說明為主,以文脈評莊,諸如潘基慶《南華經集解》、陶望齡《解莊》、陳懿典《南華經精解》、徐曉《南華日抄》、韓敬《莊子狐白》、陸可教、李廷機《莊子玄言評苑》等。

由語言的接受到知識的集成,進而意圖以文評莊建構文章方法論,由學者重視閱讀方法,重視讀者學習方法的省思,解讀文本除縱向的豐富,橫向的廣闊,並加上提綱切要的方法切入,如明代唐順之[①]所說:"漢以前之文,未嘗無法,而未嘗有法,法寓於無法之中,故其為法也,

---

[①] 唐順之(1507.11.9—1560.4.25),字應德,一字義修,號荊川,謚襄文。明朝南直隸武進(今屬江蘇常州)人,官終右僉都御史。唐宋派文學家,嘉靖八才子之一,與歸有光、王慎中兩人合稱嘉靖三大家。順之亦善武,通兵法,曉武術。

密而不可窺;唐與近代之文,不能無法,而能毫厘而不失乎法,以有法爲法,故其爲法也,嚴而不可犯。"文有法式已是古文的討論重心之一。

加上宋明學者由評點閱讀,進而揭示爲文之技巧,批評文章之優劣,文學批評之風的建立,擴及古文章法,討論範圍由詩文、小説、傳注而成爲一種思潮。因此從閱讀方法到爲文技巧,成爲自覺性的讀書方式,興於宋,盛於明,影響至清。

當時提出"義法"以建構閱讀知識論,要標出一個能够涵蓋反諷、寓意、結構、章法安排等小説文體的文學特性的總概念,以"法"作爲批評者細閱原文後,示人心得的方式,且此法之應用無窮,故深究其文章,精細化地試圖從文脈語氣、句子組織、遣詞造句等細枝末節處推求普遍意義的"法";在創作技法、叙事視角、表現技巧上有"轉"與"波瀾"、"繁簡"、"結構"、"照應"、"針線"、"橋道"、"結穴"、"餘趣"等評語的出現,體現了文章章法的趣味。

評論《莊子》時,一旦建立了上述"時文手眼",就具有"義法"的論點與素養,在文章章法結構、修辭技巧、文脈節奏等,亦有法度可求。如能"言之有物"掌握綱領,即是文有體、文有法,但是更重要的是,在形式之上,要有所謂視域融合後之洞見,提出自己能"直指本心"或"以意逆志"的方法,由技巧、方法、形式上的論述,進而能由技入道,即得其文心之道,指文章具有思想與内容。如庖丁解牛般無視乎全牛,而批大郤、導大窾,進入道境,故得作者之"文心"。能發現與挖掘叙事文理的複雜章法,這種探討由詩文理論中對"法"的闡釋講求,對小説文本細部"肌理組織"的探幽發微一層層論述,一直到探求修辭上之筆墨意趣,盡情發展美學鑒賞,其探討之創見也益加豐碩。

因此莊學批注上的評點方式,也大量産生。葉秉敬《莊子膏肓》、陳深《莊子品節》、楊起元《南華經品節》、黄洪憲《莊子南華文髓》等都足以代表。加上字義考證之方法興起,明代後期出現不少重視實際技能之學的學者,如徐霞客、宋應星、徐光啓、李之藻、朱載堉、李時珍等,都是重視實學精神的學者。這種實學精神,在學術上影響後來的經世致用之學,求實求真的精神也在莊學注疏中呈現,諸如焦竑《莊子翼》、黄正位《莊子南華真經校訂》、楊慎《莊子闕誤》、沈津《莊子類纂》等都對難字音義開始注意。

對《莊子》文本的字義考證,是歷代注家都不可缺的重點,但以前的學者都没有把這種考證作爲專門的學問來做,只有清代考證學興盛之後,才有這種研究成果出現,如在王念孫的《讀書雜誌》、俞樾的《諸子平議》、陳澧的《東塾讀書記》、孫詒讓《莊子札迻》中,都有專門考證《莊子》的部分。王念孫《讀書雜誌餘編》中考證《莊子》有三十五條,近人郎擎霄《莊子學案》謂俞樾的《平議》:"時能得其訓詁,又後出於王書,故足補王書之所未備者甚衆。"而孫詒讓的《札迻》,則"校訂《莊子》頗精審,足補王、俞兩書所不逮也"。這種專門性的考證之作,是清代莊學的重要特點,其内容雖然不涉及很多的義理,但在具體字的考證中,也能幫助人們理解《莊子》文本的意義,也不可忽視。

清代考證學大興,其方法必須遵循一定的次序與步驟,從小學至經學,再從經學到史學,如顧炎武就説:"愚以爲讀九經自考文始,考文自知音始。"(《日知録》卷七)王念孫説:"訓詁聲音明而小學明,小學明而經學明。"(《音學五書·答李子德書》)學術要從最基礎的地方開始,然後其學才有根基。這種治學方法論,導至清代中期考證學的興盛。

清代學者於經典文本的文字、音韻、訓詁、版本、校勘、輯佚等方面的研究都非常深入,這樣的學術研究中可以具備實證精神,在莊學方面有江有誥《莊子韻讀》、吳汝綸《莊子點勘》、俞樾《莊子平議》、盧文弨《莊子音義考證》、俞樾《莊子人名考》、孫詒讓《莊子札迻》、王念孫《莊子雜誌》、黃奭《司馬彪莊子注》、黃奭《逸莊子》等。其中集合考證之注釋成為大家者當推郭慶藩《莊子集釋》,以此基礎,企圖建構莊子章法者如馬騋《莊子之學》、姚鼐《莊子章義》,以擷取文章方式、提出章法學習為主者如徐廷槐《南華簡鈔》、馬魯《南華瀝》。

一是明清時代在《莊子》詮釋中,歷史哲學接受現象的討論,身受國破家亡經歷的學者,在不斷自我內省(The Introspector)與觀察中,回歸魏晉玄學,強調自我內省者(Indival),回到學者以玄視莊的《莊子玄言評苑》《郭子翼莊》。《莊子玄言評苑》①其篇末跋曰"世評莊子書以氣勝博士"、"取其氣可以神充詞藻",因此本書作者提出:"莊子理至矣!精矣!難一二闡繹矣!"因此希望由《玄言評苑》,闡發其精粹之至理之氣。他認為"且莊子之學本於老氏,列子與莊子同師,俱出老氏之門",故認為"老氏為文字之祖,莊子為百家之魁,列子則相肖似,相出入亦綿邈清遒,去塵埃而返冥極也,是為之編次焉"。因此,藉此書明其老子為宗,入其幽渺之境,此為編書之目的所在。內容則相容支道林、郭象、李士表、呂南甫、褚伯秀、陳碧虛、陸西星等各家之言,用圈點明其要義,篇名下夾注二行小字説要旨,篇末再於句末論,由文中引魏晉唐至明以來的評注而知,以"玄言評苑"説明莊子之旨意,希綜覽各家注解解其理,而非以詞氣論莊。

又如《郭子翼莊》②其書有李調元的序,説明其書印行原因云:

> 晉郭象注莊子,人言郭注得莊妙處,果然若文如海之疏,尹吉甫、王元澤之注,遠不逮矣,而世又謂向秀所為,象竊取之,或未必然,然要足以羽翼莊子,故高允叔擇其元之又元者,為八十一章,名曰《翼莊》,惜世無善本,因力為讎校以付梓焉。

回歸《莊子》的歷史詮釋,是學者詮釋個別化的方式。依此現象,學者以語言、思想解説傳承等接受現象,提出對《莊子》不同層次多元的討論,都可以回到曼陀羅模式中,因"自我"在新時代中,建立於一是有效的解釋莊子、援用莊子、經世致用莊子知識建構論,以建構章法,一是回歸老子道統、郭象以玄解莊,作為莊子歷史接受論的兩個方向中。

---

① 《莊子玄言評苑》四卷,明代陸可教撰,李廷機訂,明刊本。
② 高昇《郭子翼莊》一卷,作者高昇字允叔,本書由綿州李調元校,明嘉靖天一閣刊本。

三、是實證融合行動的完成？
是建構自我道統的實踐？

在國家政權輪替，個人際遇困頓與自我經歷的逆境中，生命陷落期間，必須與逆境共處時，在孤獨中面對時代際遇的丕變，因而學者們紛紛產生出不同行動，有人出家棄世逃禪，如宣穎曾至寺廟清修完成《南華經解》，如方以智等尋聲向覺浪道盛大師共修，行動是非習慣的機械條件反射，來化約"衝動"，來成知覺與完成，這種有意義的意識①行為，像方以智就以《藥地炮莊》，為自己"在世存有"②做有意義的連結。

對時代深思後，以批注莊子為行動者，其意識先經由投向某一特定目的，如《炮莊》以求其《莊子》一書"實踐的可能"③，當詮釋莊子者，向原來的社會資源索取時，如儒家科考的地位、學術資源的訊息、生活資產的金錢來源、或生活的服務等④，發現明清時代，外在世界是障礙與困頓的，他勢必要改變原有的認知模式，另外採取其他行動取向⑤，藉由他自己熟悉的方式，或以儒解，或以佛

---

① 在1920年代，行為主義"操作性條件反射"（operant conditioning），是所有行為的基礎。"習慣"（habits）是機械性地重復以往成功的動作，習慣卻只佔人類行為的一小部分。真正的"行動"（act）分為衝動（impulse）、知覺（perception）、操作（manipulation）和完成（consummation），"意義意識"是促使個人採取行動的第一步驟。當個人面對一問題情境而產生行動的衝動之後，他會主動知覺當下情境中各種刺激的意義，以之與過去經驗中關於類似刺激的記憶互作比較，並思考可能的後果，再思考採取何種操作性的行動。見黃光國《社會科學的理路》，第468～488頁。
② Eckensberger的行動理論言：動手使某一件事發生，這是行動；故意不動手，而讓事情不發生；任何人的生命經驗都是"在世存有"（being-in-the-world），他總是以某種方式與世界關聯，而不可能遺世孤立，當他開始有自我意識並發現自我的時候，他已經跟自己所存在的"物理世界"和"社會世界"產生着各式各樣的關聯。見黃光國《社會科學的理路》，第335～337頁。
③ 市川弘（Ichikawa Hiroshi）認為：個人的意識投向某一特定目的，稱為"意向的結構"（intentional structure）；儲存由個人生活經驗學得的各種"習性"，它提供給個人各種"實踐的可能性"（possibility of practice），稱為"取向的結構"（orientation structure）。見黃光國《社會科學的理路》，第468～488頁。
④ 見圖2。
⑤ 當他發現：他從文化中習得的知識，不足以克服外在世界中的障礙時，他就必須進一步作"行動取向"（action-oriented）的反思，思考採取什麼樣的行動，可以恢復行動主體和外在世間之間的平衡。當他自我認同於某種社會角色時，他一方面必須思考：自我應當如何行動，才配稱是一個社會性的"人"；一方面又因為自己同時是生物性的"個體"，而受到各種欲望的拉扯。見黃光國《社會科學的理路》，第371～377頁。

解,在詮釋《莊子》以求解惑之特定目標下,而在心理場域中形成解莊的"意圖結構"①,如圖2。

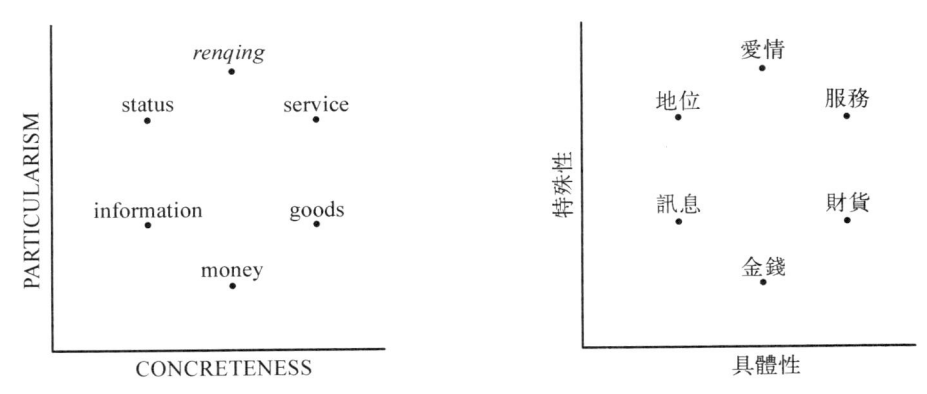

社會交易之資源在特殊性及具體性二向度上之位
資料來源:Foa & Foa(1974,1976,1980)

圖 2　社會交易之資源圖②

這些詮解莊子的行動者,他擁有不同的資源,如以儒解莊、以佛解莊、以禪解莊③,以自己的認知基本模式與行動能力,做世界取向的反思,以表達他個人對此社會文化的個人關懷④。

此時無論儒釋道三教合一,或以易經解莊,都成為他對當代的一種深層且創造性的行動

---

① 行動主體經由文化學得的某些信念、道德或法律,會成為其"規範性的認知基圖"(normative schemata),而成為其規約系統(regulatory system),引導其反思的方向。"賽場"或"場域",一方面可以用物理空間的概念來加以理解:人們可以在這個物理空間中從事各種不同形式的鬥爭,以爭取某些特定的社會資源;另一方面它同時是指一種"心理場"(psychological field)(Lewin,1951):行動者是因為想要獲至某些可欲的特定目標,心理場中所存在的各個不同成分,才會組成某種型態"意圖結構"。見黃光國《社會科學的理路》,第468~488頁。

② 見黃光國《儒家關係主義——文化反思與典範重建》,臺北臺大出版社2005年版,第15頁。

③ 就行動者所要遂行的社會實踐而言,心理場中的位置和距離不能用尺寸之類的物理概念來加以描述,而必須用諸如角色和關係的概念來加以理解(Orum,1979)。Bourdieu(1986)認為個人擁有的資源稱之為資本(capital)。他將人們在場域裏面所擁有的資本分為三種:文化的、經濟的、社會的。行動者意圖要獲取某種特定的資源,而必須承認場域內各種資源分配的合法性,其心理場內所意識到的個人或群體所佔據的社會位置,因而形成了一種結構化的體系。見黃光國《社會科學的理路》,第468~488頁。

④ 用《自我的曼陀羅模型》來看,個人在成長的過程中,會針對自己所處的外在世界,學到各種不同的"知識"內容,它包含邏輯性、技術性以及工具性的認知基圖(schemata)及行動能力(action competence),也包含社會行動的能力(social competence)。行動主體在其生活世界中,作"世界取向的反思"(world-oriented self reflection)時,可以基於其個人的偏好,從其知識庫(stock of knowledge)中,選取他認為合宜的目標與方法,並付諸行動。其最後決定因素,為其"社會認知"中的"個人關懷"(personal concerns in social cognition)(Eckensberger,2012)的結構。

脈絡,形成他個人或是與這類型共同的"規範"系統①。

這群詮釋者,他們面對時代的艱困而採取不同的行動,有人默默無聞,有人成就卓越,揚名於世。在比較這些歷史上默默詮釋的超凡人物特徵下,如覺浪道盛、方以智、王船山、宣穎、林雲銘等,可以歸納出三種共同經驗,一是認真反省,二是找出自己力量,三是勇於接受挑戰,化危機為轉機②。明清時代的莊學詮釋者,就是如此對時代的認真反思,藉由自己所擅長之處,找出詮釋莊子的策略,提出自己在當時的學術定位與自我對生命定位的療愈。

宣穎《南華經解》以經視莊,以儒解莊,以孟子心學等來解莊,明代孫應鰲《莊義要刪·序》云:

> 故齊桓輪扁之喻、老聃迹履之喻,正示人當自信自證,勿徒附會緣飾於是書也。故泥六經以讀莊,則莊無稽;執六經以讀莊,則莊無用;外六經以讀莊,則莊無據;融六經以讀莊,則莊無忤。

以五經看莊,又如林雲銘以文字、文學、八股的角度視野解莊,都證明他們在《莊子》中,推敲出自己要的答案,王船山在危機中歸隱山林,參萬歲而純一的精神來推究追溯道術為天下一,自我應完成實踐到達純一之宗。

由於每個人內在都有超凡心智,在轉化的過程中,他們這些詮釋的學者,就各自有了不同的風貌(圖 3),在明清時代《莊子》詮釋中,在受鉗制的壓抑與本身道教或佛教的熏陶下,宗教與哲學融合接受現象的學者討論現象是一群宗教哲學的開創者(The Maker),以行動、思維實證(Action)莊子可以融合詮釋,由三教合一或與易學交會而重新產出;企圖結合宋明理學、心性之學、三教合一等,在注解莊子中處處呈現。如方以智《藥地炮莊》曾言:"莊是易之變。"覺

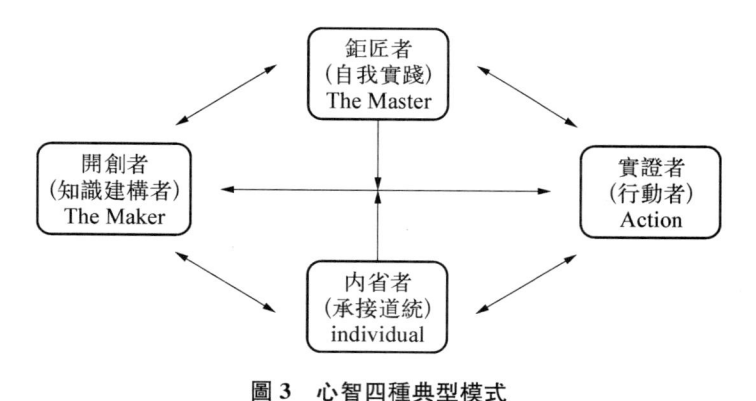

圖 3　心智四種典型模式

---

① 在"世界取向"的行動中,個人會以直覺對外在世界中的障礙作客觀解釋。在"行動取向"的反思中,個人會在自己"行動的脈絡"中(action context)反思障礙的意義,並尋思:用何種方式來克服障礙較為合適。這時候,行動主體經由文化而得的某些信念、道德或法律,會成為其"規範性的認知基圖"(normative schemata),而成為其規約系統(regulatory system),引導其反思的方向。見黃光國《社會科學的理路》,第 468~488 頁。
② [美] Howard Gardner 賈德納著、蕭富元譯《超凡心智——大師如何成為大師》,臺北天下遠見出版 2000 年版。

浪道盛認為莊子:"實儒者之宗門,猶教外之別傳也。"《莊子提正·序》心性與道的體現與應用,常常在明代莊學注疏中提出討論。陳治安《南華真經本義》《則陽》卷首就言:"莊子每篇多一意為終始,獨此自則陽幹進,至靈公得謚,天人性命、刑罰兵爭、小大精粗、無所不有。"就以天人性命,說明莊子內文有呈顯心性之學。

為求繼承中國文化道統,將莊子的思想源流與儒家經典結合,是大多明清莊子學者所關注的重要問題。人們往往把老莊並稱,以莊子為道家學派的創始人,但明時的莊學家對此多有自己的看法。有認為莊以老為源頭的,如明代釋性通認為莊子之書是對老子《道德經》的闡釋,《莊子》內七篇只是"發揮道之一字",外篇的十五篇則只是"發揮德之一字"。更特別的是,強調莊子來源於孔門,"莊子為孔門別傳之孤,故神其迹托孤於老子耳"(方以智《象環寤記》)。於是,莊與儒、釋、道的討論,受到宋明理學的影響,常在莊學內容中加以思辨而論證。宋明心性之學在清代"莊學"詮釋中,時時見到以心性佛老解莊,儒釋道三教合一,如錢澄之《莊子詁》在解"成心"時言:"成心即《大易》所謂成性也,本來現成,不假擬議,一涉擬議,便非本心,即為未成乎心。"心性之學,宋明理學甚為重視,此處《莊子》之"成心",就以《易·說卦》:"昔者聖人之作《易》也,將以順性命之理。"以順其理者為成其性、成其心,是本然不假修飾造作的本心,"成心"也就與"成性"相通,心性的完成,是《易》的窮理盡性。

又如宣穎認為莊子處世以心即化,莊子非佛非仙,莊子應是總結宋明心學者,以莊子為醇然真儒,借由孔子的毋意、毋必、毋固、毋我,顏子簞食瓢飲心不違仁,孟子浩然正養、存養赤子之心,與莊子逍遙無己之意結合,在孔門心學中體見莊子之意。

關於莊子的思想源流,由老莊並稱,進而如清代屈複的解釋莊子是"以孔孟程朱之理通之",他認為《齊物論》的"春秋經世,先王之志,聖人議而不辨"之說,就來源於孔孟。《大宗師》中的南伯子葵與女偶的問答,他認為與《中庸》的思想相合。此外郭階《莊子識小》、胡方《莊子辨正》、陳壽昌《莊子正義》等都有對莊子思想源流的討論,各家的討論有新的創見。

如此重義理,自宋代褚伯秀《南華真經義海纂微》"主義理不主音訓"即開始,以義理解莊者,如以佛或以禪解莊者如:明代陸西星《南華經副墨》"欲合老釋為一家"、明代方以智《藥地炮莊》"詮以佛理,借洸洋恣肆之談"、明代釋德清《觀老莊影響論》"其書多引佛經以證老莊,大都欲援道入釋"、清代張世犖《南華摸象記》"其學以禪為宗,因以禪解莊子"。附之以儒家解莊,如清代吳世尚《莊子解》則謂其"附之儒家,且發撥文字之妙觀"。這些可以看出莊學多元詮釋以開創新義的莊學觀的時代已經來臨。

明王朝崩解後,許多文人士大夫做了遺民,對遺民派而言,他們對時代失望,產生障礙,於是以托孤論做儒家文化的衍生關係,建立莊學仍為正統儒學的分支。民國初孫靜庵所編《明遺民錄》四十八卷,上面說"所載雖八百餘人,而其所遺漏者,尚汗漫而不可紀極也。"(卷首《民史氏與諸同志書》)

逃禪者是不得已的,歸莊說:"二十餘年來,天下奇偉磊落之才,節義感慨之士,往往托於空門,亦有居家而髡緇者,豈真樂從異教哉,不得已也!"(《送笻在禪師之餘姚序》)雖然他們選擇宗教，但在内心深處，則時時没有忘卻這"天崩地解"、"王綱解紐"的痛楚，也一刻也没有忘懷故君故國。

即使是覺浪道盛禪師，也因目睹國勢日益衰頹，便於崇禎間到麻城、金陵等地，登壇為國説法，以期鼓舞民心士氣。亡國後，他還先後接納了不少遺民作為弟子，儼然成了一位重要的遺民領袖人物。在理論上，他更是通過撰寫《莊子提正》一書，以文化道統的衍生論點，用心地提出了"莊為堯孔真孤"之説，從而委婉地表達了他的愛國思想。他的説法受到弟子的普遍贊同，並在方以智《藥地炮莊》的闡揚後，產生廣泛而深遠的影響。

以上人物以原有心學、理學、易學、佛學等經驗實證，轉换《莊子》意涵，是所謂莊子實證融合論，在明清莊學詮釋中，這一系統最多，也最具特色。

明清時代在《莊子》詮釋中，創發承先與啓後的聖王接受歷史現象的討論（The Master）巨匠型人物，以"全人"（Person）的觀點，變化重構内聖外王之學而自立一宗者，應屬王夫之，是為自我實踐莊子論者。

每一個時代，每一位解莊者，在面對時代的痛楚時，他總有一生命的經驗，在内在心靈中反復思索，最後所欲説明與表現，試圖讓人在其文字中理解《莊子》，其實吾人所見的詮釋，就是詮釋者的理解，我們可以將這種理解，當做為普遍把握者的心，也就是我們的鏡式的本質，在經院學者他們以"理智的靈魂"稱呼，也就是英國培根所説的"人之心"，借助心的靈魂去理解，詮釋者所述的，遠遠看來，已經不是一面明淨平匀的鏡子，吾人可以在其中事物的光線，按其實際的入射角來反射，還原成原來的樣貌。

19世紀有位哲學家和文學史家威爾海姆·狄爾泰（Wilhelm Dithey）（1833—1911）認為詮釋的公式是由"經驗"至"表現"再到"理解"，我們從莊學詮釋的現象，可以看出：莊學詮釋其真實顯現的，是詮釋者的内心與創見的新思想，我們無論在憨山的以佛解莊，方以智的以《易》解莊，我們都可以看到每一個時代的人，在不斷地面對時代的問題與心中的困頓中，他在詮釋中看見了什麽，他做了些什麽，更重要的是他如何做的，後人在如鏡中月的虚擬鏡像的環境中，就可以看見了真實的内在，這是莊學詮釋中内在意義所在。

王夫之於1681年完成《莊子通》之後，即開始解説《莊子》，他自述説："時為先開訂《相宗[絡索]》①，並與諸子論莊。"《莊子解》自立一宗，他以《莊子》在先秦典籍中獨樹一幟，既不依附於儒道觀點，亦不以老子為宗，與老子之學、儒家之學的迥異，以呈現莊子思想在儒、道二家之外的獨特性，有自己之獨見獨聞，以其特殊之言，呈現"自立一宗"，因此王夫之《莊子解》中申言：

> 莊子之學，初亦沿於老子，而"朝徹"、"見獨"以後，寂寞變化，皆通於一，而兩行無礙。其妙可懷也，而不可與衆論論是非也；畢羅萬物，而無不可逍遥；故又自立一宗，而與老子有異焉。

---

① 《相宗絡索》乃船山晚年六十三歲時之作。

莊子之超高獨見,乃是假若以莊子自己之口道出,自然説服力較弱,因此借寓言以譬喻,借重言以為代言,避開自己特立獨行、自立一宗的突兀,也是莊子運用寓言之最高境界,所以夫之《寓言》解語:

> 夫見獨者古今無耦,而不能以喻人。乃我所言者,亦重述古人,而非已知自立一宗,則雖不喻者,無可相謔矣。

如此解讀《莊子》,可以説是王夫之在學問遍及各經典之後,自己學養的呈現所提出公允客觀的論證。吾人在解讀經典時,亦可學習其匯通之法,以不偏費一家之言的客觀入手,讀出《莊子》與其他文類互相融攝之處,也應讀出《莊子》展現其內涵的特殊性,亦能尊重原典的獨立性。

王夫之看待自我與世界,是還原《天下》篇中"道體將為天下裂"那至純唯一的"道",是絕對純一的,"若夫參萬歲而一成純者,大常而不可執,豈言論之所能及哉?"既不可執,那麼以真知忘言、忘知,回歸聖人所蘊。夫之在《莊子解·齊物》中,特地提出"參萬歲而一成純",足為佐證其內聖外王道體的實踐性:

> 然則古之所賤,今之所貴;今之所是,後之所非。厲風變其南北,而籟亦異響。若夫參萬歲而一成純者,大常而不可執,豈言論之所能及哉? 忘言、忘知,以天為府,則真知之所徹,蘊之而已,無可以示人者。聖人之愚芚,恰與萬歲之滑湣相為吻合,而物論奚為足以存!①

自立一宗不僅言莊子,更是王夫之的朝徹見獨的真知卓見,他在《莊子解》中,有意義地實踐聖人參萬歲的道,成為巨匠的大師(The Master),以"全人"(Person),更精確説是"聖人"的觀點,以自我實踐,變化重構內聖外王之學而自立一宗,是為自我實踐莊子論者。

結語與反思

本文藉由"曼陀羅自我模式"內在理論的建構,開展討論明清莊子學者,在面對新世代的巨變時,自我如何找到轉換之路,怎樣的超凡心智,讓他們在遇見困境後,如何思維,重新詮釋與轉識成智;他們如何在艱困與孤獨中,與逆境共處,打破生命的坎陷,面對與接受,轉識成智。

---

① 王夫之《莊子解》,據清同治四年(1865)金陵節署湘鄉曾氏刊《船山遺書》本卷二。

社會環境的刺激,正是造就與成就超凡卓越的基本元素,猶如明清莊子學的變化現象,足以提供學者更深層的反思,由接受時代的變化而轉求出路,由轉化而建立多重詮釋,進一步創發與自立一格,除了做為自我療愈外,更是成為全人類提升與轉化的典範,除了將典範轉移外,在詮釋的方法上,由文學評點、心學、理學、佛學、易學融合創發,他們採取了幾種轉換的策略,藉不同路徑的切入與視角的轉換,讓"大師成為大師"。

　　以上藉由莊子學是語言表層的轉變,還是歷史哲學的接受？是實證融合行動的完成,抑或是建構自我道統的實踐？經由歷時與共時的討論,最終是觀照與呼應今日"新子學"的建構,從中可習得者,除內在理路的變化外,還有行動建構的完成,更是在自我療愈過程中,有經驗法則的傳承,以激勵後學自我學習與改變。

[作者簡介] 錢奕華(1959—　),女,生於臺灣,祖籍山東歷城。中國文學博士、中國古代史專業歷史博士,現為臺灣聯合大學華語文學系副教授。主要研究方向為明清莊學詮釋、儒道思想研究、華語文與漢字教學。代表著作有《宣穎〈南華經解〉之研究》《林雲銘莊子因"以文解莊"研究》《莊子學接受歷史之研究——明清之部》。

關於"新子學"構建的芹獻芻議

——《〈莊子〉結構藝術研究》讀後漫筆

李炳海

內容提要 建立"新子學"體系,需要走出疑古思潮的陰影,細緻整理傳世諸子著作,重新發掘它們的當代價值。"新子學"研究要有開放的國際視野和圓融的思想境界,對西學重視的理念,要善於挖掘其在傳統國學中的發展流脈。"結構"是中國古典文學研究的重要範疇,也是西方結構主義的重要概念,釐清二者的差異,並將結構分析法運用於諸子文章的研究中,是"新子學"創立期的有益嘗試。中國古代文學理論要完成現代轉換和與西方文藝思想的對接,也要從如何認識早期文獻的文本入手。《莊子結構藝術研究》一書作為"新子學"的成果,通過分析文本的結構特徵,不僅深入揭示了《莊子》文章的內涵,也發掘出結構本身所蘊含的哲學和美學理念,可以推動諸子研究的進一步深入。

關鍵詞 新子學 文本結構 文獻整理 現代視角

中圖分類號 B2

由方勇教授主編的《諸子研究叢書》,是他主持的《子藏》工程的一部分,已經陸續推出一系列諸子學研究著作。最近,由賈學鴻著、學苑出版社出版的《〈莊子〉結構藝術研究》一書,稱得上是迄今研究《莊子》結構最系統、最全面的著作,同時也提出了許多與"新子學"的構建密切相關的學術議題。

一

由"結構"一詞,人們很容易聯想到西方的結構主義以及現代和後現代派的建構和解構之争,似乎這是借鑒西方理論而確定的選題。其實,對作品結構的關注,是中國古代文學的重要傳統,並且歷史悠久,淵源極深。只是由於科舉取士制度的廢止和八股文的衰落,遂使對文學作品結構的研究在相當長一段時期處於冷清狀態,以至於今天一提起結構研究,仿佛是在推銷舶來品。類似情況在學術研究的其他領域也經常可以見到。例如,青年男女交往以鮮花相贈，《詩經·鄭風·溱洧》就有"贈之以芍藥"之語，毛傳曰："士與女往觀，因相戲謔，行夫婦之事。其別，則送女以芍藥，結恩情也。"①這是青年男女以鮮花相贈最有力的證明。可是，隨着時代的推移，這種風俗逐漸淡化，只在少數地區流行，很大程度上被人們遺忘。以至於到了今天，當人們的交往以鮮花相贈，再加上用於贈送的鮮花品種有的來自域外，於是，許多人便認爲贈花之禮是由域外傳入的習俗，實在是一種誤解。古代文學作品結構研究在當下的處境，與贈花習俗的歷史遭遇有相似之處，也往往受到誤解。因此，有必要對結構研究加以正名，用以消除這個領域的數祖忘典現象。

　　結構是作品的基本組成要素，也是區別中國古代文體的重要尺度之一。散文與駢文、古詩與新體詩，它們之間最重要的區別就體現在結構方式上。正因爲如此，從作品結構切入去研究中國古代文學，具有很強的可操作性，並且尚有廣闊的學術空間可供開拓。近些年來，文體研究成爲中國古代文學的一個學術熱點，是當代學術的新進展。文體之間的差異，主要體現在作品的結構方面。文體研究離開作品結構，是不可思議的。即以先秦《楚辭》及戰國諸子爲例，許多爭論不休的學術公案，如果能從作品結構方面加以審視，學術難題就比較容易破解。《天問》是一篇千古奇文，作品前一部分按照問天、問地、問人的順序加以追問；而在問人段落，又按照夏、商、周的時間順序依次展開，脈絡比較清晰。可是，"天命反側，何罰何佑"至"易之以百兩，卒無祿"一段，又錯雜多個時段的歷史故實，還有與前面重復的內容。鑒於這種情況，有些學者就認爲這段文字屬於錯簡，於是就進行重新編排。如果從作品結構的角度加以考量，就會發現所謂的錯簡段落，其實是一個相對獨立的板塊，是圍繞"天命反側，何罰何佑"的追問，聯綴相關的歷史事實，帶有總結前文的性質。再如《荀子·成相》，各章雜用三言、四言、七言句，各類句子的數量有着基本的遵循。可是，也有個別章出現例外，如"請成相，道聖王"章没有四言句，總句數較之絕大多數章少一句。對此，王念孫斷定"有脱文"②，對於"願陳辭"一章，王念孫稱"脱一三字句"③。王念孫的說法在後代得到普遍認可，近現代的《荀子》注解基本沿襲王氏的說法。可是，如果從《成相》全篇的結構板塊加以觀照，很容易就會發現，凡是句數不合常規的章，均是各板塊的首章，起着引領後文的作用。顯然，個別章的句數不足，並非是脱文造成，而是荀子有意爲之，是要把各板塊的首章與後面的章節加以區別，以突出它的特殊地位。再如《荀子·賦》所載的《佹詩》，前面主體部分結束之後，緊接着是《少歌》，共計二十句。楊倞注："此下一章，即其反辭，故謂之《少歌》，總論前意也。"④《佹詩》前面一個板塊，結尾兩句是"與愚以疑，願聞反辭"，故楊倞把《少歌》稱爲反辭，又認爲《少歌》相當於楚辭的"亂曰"。楊倞的分析不無道理，他是從結構模式的角度看待《佹詩》和《少歌》。但是，由

---

① 王先謙《詩三家義集疏》，中華書局 2009 年版，第 372～373 頁。
② 王先謙《荀子集解》，中華書局 1988 年版，第 462 頁。
③ 同上書，第 463 頁。
④ 同上書，第 482 頁。

於他對《少歌》這個術語把握得不夠准確,所得出的結論還須進一步加以補充修正。先秦官職中,大與小經常對舉,大指正職,少指副職。由此看來,《少歌》指的是副歌,前面的主體部分是正歌。荀子是把樂章結構納入作品,使作品的兩個板塊有正副之分。

　　上述案例表明,把結構分析的方法運用於諸子文章的研究,是一條切實可行的路徑,有時可以收到事半功倍的效果。《莊子》一書歷來是學術熱點,尤其是 20 世紀 80 年代以來,各種研究論著接連推出,鋪天蓋地。可是,通過檢索可以發現,專門從結構切入的論著卻是數量有限,是這個領域的薄弱環節。把《莊子》結構研究定為研究題目,並最終推出這部學術含量很高的專著,不僅是《莊》學研究的創獲,而且選題本身就富有啓示意義,可以推動諸子研究的進一步深入,也可視為"新子學"創立期的一次嘗試。

　　方勇教授倡導"新子學",顧名思義,它區別於傳統的子學,與舊子學有明顯不同。但是,從總體的學術格局來看,它又是當下復興國學大潮的一個組成部分。章太炎先生的《國故論衡》把國學劃分為小學、文學、諸子學三個板塊,子學在國學中居於重要地位。子學的門類歸屬,決定了它的研究對象必然要到古代去尋找,"新子學"當然也不例外。文章層次研究是被遺落和淡忘的子學課題,把它重新找回很有必要。類似情況在子學領域還有很多,"新子學"的一個重要使命,就是把那些失落或被人忘卻的子學遺產重新找回,並且發掘它在當下的價值。對於這個問題的處理,可用《莊子·天地》中如下寓言作比喻:

　　　　黃帝遊乎赤水之北,登乎昆侖之丘而南望。還歸,遺其玄珠。使知索之而不得,使離朱索之而不得,使喫詬索之而不得也。乃使象罔,象罔得之。①

黃帝在疏忽中遺失玄珠,先後派出多批使者前去尋找。在這個寓言中,黃帝發現自己遺失玄珠,並且知道遺失的場所。而在當下的中國,許多人對於子學遺產的遺失則渾然不覺;有的雖然意識到遺失,但是不知道從何處找回;還有的雖然能夠指出遺失的對象,以及遺失的原因,卻沒有找到它的能力和辦法。"新子學"所要擔當的重要歷史使命之一,就是重新挖掘已經失落的子學遺產,並使它進一步發揚光大。試以賈誼為例對此作簡要說明。賈誼是漢初重要的思想家,他所著的《新書》是漢代子書經典之一。他在《陳政事疏》中提出砥礪臣節的主張,希望天子尊重大臣:"故主上遇其大臣如遇犬馬,彼將犬馬自為也;如遇官徒,彼將官徒自為也。"②這裏提出的是尊重人格,保持人的尊嚴的問題。對於犯罪的大臣,他列舉一系列人性化的處置方式。賈誼的上述建議,體現的是人文關懷,是文明社會所需要的因素。可是,以往對賈誼的研究,或是評論他在仕途上是幸運還是懷才不遇,他的思想屬於儒家還是法家,而他的學說中最珍貴的重視人的尊嚴的主張,無論是在記憶層面還是在現實層面,很大程度上已經

---

① 郭慶藩《莊子集釋》,中華書局 2004 年版,第 414 頁。
② 班固撰、顏師古注《漢書》,中華書局 2009 年版,第 2256 頁。

被遺忘,以至於今天一提到人權、人的尊嚴,仿佛是來自域外的思想庫存。這只是一個典型的例子,在其他各個領域,子書寶貴遺産丢失的情況大量存在,通過"新子學"研究,使它重放光芒。當然,這一任務涉及繁多、具體的操作性工作,絶非易事。然而,最重要是有追尋的自覺意識,並善於發現值得追尋的對象。

二

《〈莊子〉結構藝術研究》是以傳世的《莊子》文本爲依據,這必然涉及《莊子》的成書過程,會遇到有關《莊子》文章本然狀態的追問。這部著作没有回避這個問題,而是作出了積極的正面回應。這就又涉及"新子學"的一個重要問題:對於像《莊子》這類由幾代學者陸續編撰,經歷漫長歷史時段最後寫定的諸子著作,是把主要精力投放在原書的作者考證、文本形態演變方面,還是對這些傳世經典的價值進行發掘,兩種選擇反映不同的治學理路,也是存在爭議的問題。

漢代及其以後的子學著作,其作者、文本形態的認定和先秦時期的同類著作相比,難度較小,通常可以還原歷史的本來面目,因爲有足够的文獻作支撑。比如桓譚的《新論》,《後漢書》本傳中明確記載:"《琴道》一篇未成,肅宗使班固續成之。"①據此,可以把《新論》的著作權明確地認定爲桓譚和班固二人,屬於班固的只有《琴道》篇,其餘則均是桓譚所作。可是,對於多數先秦諸子著作而言,其作者究竟是一人還是多人? 如果是多人,每個人的具體擔當如何? 這些問題基本都是學術懸案,至今真正落到實處的並不是很多。學鴻這部著作設專節論述《莊子》文本結構的形成過程及特點,反復援引前代學者章學誠《文史通義》、余嘉錫《古書通例》中的相關論述,承認《莊子》文本所經歷的歷史演變過程,以及該書出自多人之手,在此基礎上從現代接受學視角,進行文本結構研究,從而把這部書與後世出自一人之手的著作區别開來,這種做法是可取的。

《莊子》作者和篇目考證,是難以澄清的問題。造成這種情況主要有兩個原因:一是章學誠和余嘉錫兩位先賢都談到的,先秦時期還没有明確的著作權觀念,還處於以言爲公的時代,未曾出現抄襲剽竊之類的糾紛。學人著書相互附益,在那個時代屬於正常現象;二是那個時代的許多文獻屬於公共資源,也可稱爲學人進行著述的公共素材,大家都可以利用,而不存在所謂的專有權。由以上兩個方面的原因所決定,先秦諸子著作出現彼此重複、自相矛盾等現象,也就不難理解了。對於著作權觀念尚未自覺確立時期的諸子著作,要對各篇的作者逐一加以考證,這樣做本身就不合乎邏輯。對生成於文獻、素材共享時期的諸子著作,非要對作品的文獻按學派進行嚴格劃分,這種做法同樣不合情理,是違背歷史實際的。當下學界流行歷

---

① 范曄撰、李賢等注《後漢書》,中華書局2006年版,第961頁。

史還原之說,體現出對歷史的尊重和求實精神。但是,諸子研究的對象,有些問題可以最大限度地進行歷史還原,力求得出的結論盡量符合歷史實際。同時,有些問題無法進行歷史還原,只能作為懸案暫時擱置。

因為《莊子》的作者及篇目無法考證清楚,據此而否認對它進行結構研究的合理性,這種看法實際上是受了疑古思潮的影響。要建立"新子學"體系,一個需要認真解決的問題,就是如何走出疑古思潮的陰影,對於傳世諸子著作進行整理,重新發掘它們的當代價值。疑古思潮對諸子研究所產生的負面效應,隨着出土文獻的陸續面世,已經顯露得越來越清楚。馬王堆漢墓帛書《老子》出土之前,許多人懷疑《老子》文本的真實性,對它的文字大加改動。帛書《老子》的面世,證明此前許多懷疑屬於主觀臆測。河北定州西漢中山懷王墓的《文子》出土前,不少人認為《文子》抄襲了《淮南子》。這批竹簡的面世,同樣使這一懷疑不攻自破。當然,也有的諸子著作目前還未能如此幸運,繼續被視為偽書。如有人提出《列子》摻入張湛的論述,致使這部書至今還遭受冷處理的待遇,未能引起足夠的重視。也許某一天地下出土張湛所處時段之前的《列子》,這部書才有正名的機會。"新子學"的建立,不能把希望過多地寄托在考古發掘,而應該重視傳世文本的整理和研究。近些年來,隨着出土文獻的陸續面世,疑古思潮又以新的形式再度湧動,那就是重出土文獻而輕傳世文獻,甚至用出土文獻否定傳世文獻的真實性,這種做法同樣毫無道理,不足為法。出土文獻和傳世文獻可以相互印證,但是,就同一部書而言,出土文獻未必優於傳世文獻,二者之間往往是不同版本系統之間的關係,而不能簡單地以優劣論之。如果就文獻的實際效應和價值而言,有的出土文獻在地下沉睡千年以上,它對後代所產生的影響,根本無法與傳世文獻相比。出土文獻從入土之日起,它的文本樣態就已經凝固,未再發生變化。它對文獻古本原貌的考證確實有重要價值。傳世文獻往往經過多次校勘、翻印,文本形態與開始階段難免存在差異,但是,傳世文獻的流傳在文本形態上也是一個歷史的篩選過程,總的趨勢是優勝劣汰,由粗到精。由此看來,把《莊子》的傳世文本作為結構藝術研究的依據,實際是對歷史積澱的認可,是把它作為既定的歷史遺產加以繼承、開掘和利用。同樣,對於其他早期諸子著作,也不能無限度地陷入作者和篇目的考證,而要把主要精力投放到傳世文本的整理和開發利用。即以《孟子》一書而言,趙岐《題辭解》稱:"此書孟子之所作也,故總謂之《孟子》。"孫奭則寫道:

> 唐林慎思續《孟子》書二卷,以為《孟子》七篇,非軻自著,乃弟子共記其言。韓愈亦云:孟軻之書,非軻自著。軻既沒,其徒萬章、公孫丑,相與記軻所言焉。[①]

林慎思、韓愈的說法無疑是正確的。但是,如果據此去考評哪些篇目是孟子自作,哪些出自弟子之手,或者弟子所記錄的篇目,萬章、公孫丑又具體有何擔當,顯然,這種考證無法得出確切

---

① 趙岐注、孫奭疏《孟子注疏》,中華書局 2008 年影印《十三經注疏》本,第 2661 頁。

的結論。反之,即使不作這種考證,只是以師徒共撰為背景,並不會妨礙對《孟子》一書的研究。事實上,從古到今對《孟子》研究所取得的有價值的成果,並不是作者、篇目的考證,而在於對傳世《孟子》一書思想及文學等方面的研究。

"新子學"體系的建立要以諸子傳世文本為基本依據,還須遵循一個原則,就是不對傳世文本輕易改動,尊重它的歷史存在。對於那些懷疑傳世文本真實性的説法,必須慎重地加以斟酌,而不能盲從。即以《淮南子》各篇的標題為例,姚范稱:

> 疑"訓"字高誘自名其注解,非《淮南》篇名所有,即誘《序》中所云"深思先師之訓"也,《要略》無"訓"字。①

《淮南子》共計二十一篇,除末篇《要略》外,其餘各篇題目均綴以"訓"字。姚范認為各個篇題的"訓"字是高誘後加,而不是原文所有。姚范的説法在當代得到普遍的認可,誰如果再對篇題以三個字稱之,就會被視為孤陋寡聞,受到嘲諷。從實際情況考察,姚氏的看法並非確乎不拔的定論。《淮南子》一書末篇《要略》,相當於全書的序言,為了與其他篇目相區別,故篇題不綴以"訓"字。該書其餘各篇題目,有的去掉"訓"字可以作為標題,如《原道》《俶真》等,有的去掉"訓"字就成為《天文》《地形》,可在那個時代還見不到這樣的篇題。由此看來,不能因為篇題有"訓"字,就斷定是注釋者所加。傳世的《逸周書》,各篇標題均綴以"解"字,如《度訓解》《命訓解》,但是,並沒有人懷疑"解"字是作注者所加。從著述體例考察,《淮南子》前二十篇的題目,或原本就綴以"訓"字。如果《淮南子》的篇題是高誘所增益,那麼他注《吕氏春秋》也應照此辦理,實際情況並非如此。這個案例再次表明,對於傳世的諸子文本,不應該輕易地懷疑,更不能妄加改動。

三

近年來,中國古代文學理論的研究者提出兩個明確的口號,一是實現中國古代文論的現代轉換,二是實現與西方文藝思想的無縫對接。這兩個口號帶有理想色彩,但也是學術研究的大勢所趨。無論是古代文論的現代轉換,還是對西方文藝思想的借鑒,"新子學"都可以大有作為,並且是必須確定的目標,否則,"新子學"體系就無法真正建立起來。《〈莊子〉結構藝術研究》這部著作在以上兩個方面均作了有益的嘗試,並且卓有成效。

研究《莊子》是古代的顯學,尤其是宋代起步的評點派,對於研究《莊子》的結構藝術更具有借鑒價值。如何有效地繼承這筆歷史遺產,發揮它對當下研究的推動作用,《〈莊子〉結構藝

---

① 劉文典《淮南鴻烈集解》,中華書局1997年版,第1頁。

術研究》採取的處理方式頗為可取。

第一是取長補短。古人從文章學角度評論《莊子》，往往是感悟式的，所用的評語富有形象性。這些評語與古代以詩論詩有異曲同工之妙，給人以美的享受。當下是散文氣息彌漫的時代，文本閱讀已經無法產生出那些詩性的評語。對《莊子》所作點評充滿詩意，成為古人所長，把這些評語移植過來，是以古人之長，補今人之短。但是，這些充滿詩意的評點，往往恍惚矇矓、撲朔迷離，顯得不夠確切和嚴密。遇到這種情況，就需要用現代的理念、範疇加以界定，作出清晰的闡述，這便是以今人之長，補古人之短。因此，所謂的取長補短是雙向的，而不是單向的。《〈莊子〉結構藝術研究》一書的有些標題，明顯是取自古人的評點。如對結構藝術類型劃分所用"登峰觀頂"、"撥雲露月"、"草蛇灰線"等詞語，就是屬於這種情況。這些富有詩意的評語源自古人，同時，書中對它們又有具體的說明，實現了古代文學命題的現代轉換。

第二是精挑細選，擇取合宜。古人對《莊子》文章所作的評點，往往連續使用多個富有詩意的評語，類似於獨立的短文，讀起來令人目不暇接，乃至於眼花繚亂。明代陸西星評論《逍遙遊》，連續運用"纊中引線，草裏蛇眠，雲破月映，藕斷絲連"①，共計四個形象的比喻。這段評語確實很優美，然而，它們是否完全合乎《逍遙遊》的文本實際，則另當別論。如何對古人的評語作出取捨，使得所選擇的評語與所評論的對象相契合，確實需要謹慎地斟酌，有時甚至要忍痛割愛。儘管評語詩意盎然，但是針對性不強，或是與所評論的對象存在隔膜，還是不能作為立論的依據而加以援引。學鴻在著作中，將陸氏評價《逍遙遊》篇章結構的用語"草裏蛇眠"作了改造之後，應用到《齊物論》和《天地》篇的結構分析當中，體現出甄別的細緻入微。

第三是綜合考量，評價適中。古人對《莊子》文章所作的評語，有時還出現溢美失實的情況，所作的評價過高，已經超出《莊子》文本的實際水平。這種傾向在劉鳳苞《南華雪心編》體現得尤為明顯。而當下的子學研究，也往往出現類似情況，出於對研究對象的偏愛，自覺或不自覺地對它作出過高的評價，甚至作出理想化的處理。學鴻這部著作對此有清醒的認識，在"《莊子》結構研究的缺憾"一節，明確指出評點派所存在的形式化和主觀化的偏向。對於古人評語的援引，能從《莊子》文本的實際出發綜合考量，所作的評價公允適中。

實現中國古代文學和西方理論的會通，這部書也有所嘗試。主要採用了兩種方式：一種是借鑒西方理論，用以闡釋《莊子》的結構藝術，其中反覆提到英國形式主義美學家克萊夫·貝爾關於"有意味的形式"這個著名命題。《莊子》是言道之書，道又無法直接加以顯現，而必須採用特殊的方式對它進行描述。所以，把"有意味的形式"作為研究《莊子》結構藝術的理論支撐，可謂恰如其分，切中肯綮。在運用這個命題的過程中，指出它最初是針對視覺藝術而言，因此，把它用於《莊子》的結構分析，又經歷了由視覺到語言轉換的環節，而不是直接與《莊子》掛鉤。這種會通是以他山之石而攻己之玉，收效明顯。第二種是援引西方學者有關中國古代文化的論述，如德國漢學家卜德的《中國哲學的和諧與衝突》一文，是用海外漢學家的論

---

① 陸西星《南華真經副墨》卷一，上海愛古書店 1933 年石印本。

述印證自己的看法,也做得恰到好處。不過,閱讀全書之後會發現,對於域外學者相關論述所作的借鑒,遠遠少於中國古代的評點及相關闡述,這固然受到書的作者學術視域制約,同時也表明,"新子學"體系的建立,主要應該依傍中國古代傳統文化,而西方的理論只能起參照作用。

對現代及域外相關理論的借鑒,有利於"新子學"成為一個開放的系統,而不是把自身封閉起來。不過,這種借鑒必須謹慎進行,要對借鑒對象加以甄別推敲,而不能原封不動地套用。學鴻在著作中多次援引臺灣學者陳滿銘有關作品中章法結構的論述,其中有如下一段:

> 縱向的結構,由內容義旨,也就是情、理、景、事等組成;而橫向的結構,則是內容之形式,也就是篇章邏輯,亦即各種章法,如今昔、遠近、大小、本末、賓主、正反、虛實、凡目、因果、抑揚、平側……等組成。因此,舍縱向而取橫向,或舍橫向而取縱向,是無法分析好文章的篇章結構的。①

這裏將文章結構劃分語義和形式兩大類,確實有可取之處。這種處理方式既避免了將結構類型劃分過於繁瑣、寬泛的弊病,同時,又能防止對結構類型的關注僅限於形式而忽略內容。至於把語義系統稱為縱向結構,把形式系統稱為橫向結構,則有違於作品結構的實際情況。語義結構、形式結構都是有縱有橫。比較複雜的作品,不但兩種結構縱橫交錯,就是同一系統的結構布局也是有橫有縱,而並非單向延伸。陳氏對兩種結構所作的縱橫劃分,並不完全符合它們在文章中的實在狀態,很大程度上是他本人對這兩種結構的觀照視角,是從縱向去看語義結構,從橫向去審視形式結構。如果真地按照這種縱橫之分去研究文章的結構,勢必會遇到許多難以逾越的障礙,無法自圓其說。用批判的眼光看待所要借鑒的對象,"新子學"所建立的開放系統才有可能堅牢而圓通。

四

子學是中國古代的思想寶庫,"新子學"體系的建立,必須注重思想方面的研究,對此,章太炎先生已經開風氣之先。他的《國故論衡》下卷《諸子學九篇》,題目有原儒、原道、原名、明見、辨性②。從這些題目可以看出,先生所說的子學,指的是古代思想方面的學問。中國近現代的子學,基本是在這條道路上向前推進的,可以說是子學的正路。對於"新子學"而言,還必

---

① 賈學鴻《〈莊子〉結構藝術研究》,學苑出版社2013年版,第328頁。
② 章太炎《國故論衡》,上海古籍出版社2003年版,第101~147頁。

須繼續沿着這條路前行，並且有所創新。具體而言，就是對先哲思想的研究要有新思維、新角度、新方法。

學鴻這部以《莊子》的結構藝術為研究對象的著作，難能可貴的是，沒有停留在對結構方式、類型的排列，以及對作品功能、效應的陳述，而是通過對文章結構的分析，發掘其中所蘊含的思想、觀念。該書的"結語"部分，以"大道理念蘊藏於結構之中"為題，具體總結了書中所涉及的一系列理念①。其中包括哲學理念、美學理念，涉及許多經典的命題。結構藝術的分析與思想觀念的開掘有機地結合在一起，從結構形式切入，探索它的思想承載，是把《莊》書的結構作為有意味的形式進行處理。

子書的思想是成體系的，雖然流派繁多，但是許多思想各個學派都予以關注，並且是被認可的理念，可以稱為子學的核心理念。如果能對這些理念進行系統的梳理，劃分為衆多系列，那麼，中國古代思想的精華，它所具有的普適性也就基本得以揭示。即以該書中提到的同類相從命題為例，文中列舉的材料出自《周易·乾·文言》《禮記·樂記》，還提到東方朔的《七諫·謬諫》。如果進一步加以搜索，會發現這是衆多子書反復申訴的理念。董仲舒的《春秋繁露》專設《同類相動》欄目，蘇興的義疏援引《荀子·大略》《吕氏春秋·有始覽》《新論·類感篇》的相關論述加以解説②。這種帶有普遍意義的命題，在子書中數量衆多，"新子學"應該成為研究這類命題的數據庫和學術平臺。

《〈莊子〉結構藝術研究》通過文章結構分析所發掘出的主要是哲學和美學理念，這是該書有較大理論深度和較高學術價值的重要原因之一。按照傳統的學科分類，美學是哲學的分支。按照傳統的説法，哲學是人文社會科學和自然科學的概括和總結，居於各類學科的頂端。沒有哲學思辨的民族是思想貧乏的民族，同樣，沒有哲學作為支撐的中國古代文學研究，是流於表面的浮淺學問，不可能有巨大的深度。"新子學"是受新儒學的啓發而來，綜觀新儒學幾代學者的研究，他們的著述之所以產生深遠的影響，很大程度上得益於他們良好的哲學素養，得益於他們對中西哲學的會通。他們的主要特點，是運用西方理論對中國儒家學説加以闡釋。"新子學"要形成自己的體系，同樣必須以哲學思辨為支撐，否則，面對許多子書會無所措手足，很難有效地進行發掘和利用。但是，"新子學"又不能步新儒學的後塵，而必須在強化哲學支撐方面走出自己的路數。章太炎先生在論述諸子研究時指出："四裔誠可效，然不足一切頯畫以自輕鄙。何者？飴豉灕酪，其味不同，而皆可於口。今中國之不可委心遠西，猶遠西之不可委心中國也。"③這段論述至今仍有參考價值和指導意義，也是"新子學"應遵循的基本原則。"新子學"強化哲學支撐，首先應該立足本土，堅持民族本位，而不過分依賴他山之石。中國古代哲學思想是極其豐富的，而且主要見於子書。先秦時期的陰陽五行學説、精氣説、魏晉

---

① 賈學鴻《〈莊子〉結構藝術研究》，第 383~389 頁。
② 蘇興《春秋繁露義疏》，中華書局 2010 年版，第 358 頁。
③ 章太炎《國故論衡》，第 103 頁。

玄學、宋明理學，都有寶貴的哲學思想資源有待繼續發掘。以這些哲學思想為支撐所形成的"新子學"體系，既能體現鮮明的民族特色，又能反映歷史的邏輯，從而展現出與新儒學不同的風貌和走勢，更易於植根於中華大地，並以獨特的樣態走向世界。"新子學"強化哲學支撐的另一翼，是盡量吸收自然科學的成果，對子書中的哲學思想加以提升，顯示它的當下價值。《老子》四十五章提出一系列哲學命題，其中包括"大直若屈"。王弼注："隨物而直，直不在一，故若屈也。"①王弼是從處世的角度解釋這個哲學命題，認為它指的是隨世推移，與物婉轉。如果從現代科學的角度加以審視，老子的這個命題能夠成立。在地平面所畫的直線如果不斷延伸，就會圍繞地球一周而成為曲線，正是大直若屈。《老子》四十一章也提出多個哲學命題，其中包括"大方無隅"。河上公注："大方正之人，無委曲廉隅。"②這是從立身的角度解釋"大方無隅"，着眼人的行為方式。如果從古人直觀的思維方式考察，這個命題同樣具有合理性。先民認為天圓地方，稱天為大圓，地為大方，具體記載見於《管子·心術下》。從現代科學角度來看，地球是圓形的，整體上可以說是沒有邊角。古人以樸素的直觀面對世界，他們雖然在想象中稱地為大方，實際上他們也無法見到大地邊緣的角。再如《莊子·逍遙遊》中說："天之蒼蒼，其正色邪？其遠而無所至極邪？其視下也亦若是則已矣。"這是由大鵬搏扶搖而上九萬里所產生的想象和推測，認為人在地面仰視上天其色蒼蒼，大鵬在高空俯視地面所見到的也是這種顏色。莊子為什麽會有這種想象和推測？是否有道理？對此，近人劉武的解釋最為具體：

> 然天之高不易寫也，特寫輕虛而居上層者，狀如野馬之雲氣也；其下，則浮空之塵埃也；又下，則生物相吹之息也。……三者原無色，厚則在色，如水原無色，深則有色，色亦蒼蒼然也。③

這是從空間厚度方面解釋"天之蒼蒼"色彩感的由來，已經接觸到光學原理，但是，對於莊子的猜測是否合理並沒有作出解答。隨着現代宇宙飛船的升天，莊子的猜測得到了證實。從太空俯視地球，確實"其色蒼蒼"，是和藍天相似的色彩。用現代光學理論來解釋這種現象是比較容易的，由此可以看出莊子猜想的合理性。子書中的這類案例還有許多，如果"新子學"能夠自覺地借助自然科學的相關知識和研究成果，那麽，它一定會有不同於新儒學的鮮明特色，並且與當下所處的時代、與子學受衆的聯繫更加緊密，使古老的學說重新煥發生機和活力。當然，這就關涉到"新子學"的跨學科研究，學科隊伍的結構問題。需要以學科整合的方式，形成一支有別於傳統子學的研究隊伍。

---

① 樓宇烈《老子道德經注校釋》，中華書局 2010 年版，第 123 頁。
② 王卡《老子道德經河上公章句》，中華書局 2009 年版，第 165 頁。
③ 劉武《莊子集解內篇補正》，中華書局 2008 年《莊子集解·莊子集解內篇補正》合刊本，第 5 頁。

五

　　《〈莊子〉結構藝術研究》所征引的文獻包括著作和論文兩類，其中著作 140 部，論文 30 篇。與當下的博士論文及相關學術著作相比，所列出的文獻數量不是很多。但是，作者列出的是徵引文獻，也就是説，所列文獻均是書中具體引用的對象，而不只是過目瀏覽的參考文獻而已。《莊子》一書共 33 篇，出現在該著作目録中的篇目計 31 篇，只有《説劍》篇和《盜跖》篇未被列入。從目録中可以看出，在閱讀《莊子》原典方面投入精力頗多。由此聯想到"新子學"構建與解讀原典的關聯，如何通過對原典的深入解讀，推出一批標誌性成果，是"新子學"構建的當務之急，也是長遠的任務。

　　在當今網絡時代，文獻資料的搜集已經是很容易的事情，一部計算機就相當於一個頗具規模的圖書館、數據庫。但是，任何事情都有兩面性，對於古籍的整理和研究而言，網絡也是一把雙刃劍。一方面，它使人提高效率，節省時間和精力；另一方面，它又導致人的惰性，助長浮泛空疏的學風。"新子學"應該擔當起匡正時弊、引領風氣的責任，通過推出系列有學術品位的成果，牢固立足於當代學術之林。而要實現這一目標，就要組織一批以學術為人生歸宿的志願者、應召者，在子學著作的整理、出版方面開創新局面。舊版《諸子集成》惠及幾代學人，至今還在不斷重印。可是，這套書所收的著作畢竟數量有限，無法滿足社會的需求。有鑒於此，幾家有遠見的出版社都以不同的方式，擴大子書出版的種類和數量，並且已經取得良好的效果，但仍有繼續拓展的空間。中華書局擬定的"新編諸子集成"書目，收錄著作四十一種，其中有些與舊版《諸子集成》重複，但相對於數千種子書而言，仍是極其有限的，用《莊子·秋水》的話加以形容，猶如"小石小木之在大山"、"礨空之在大澤"、"稊米之在大倉"。當然，這個系列的書目是精品，都有很高的學術價值。由四川大學古籍整理研究所編輯、四川人民出版社 1997 年刊印的《諸子集成補編》共十册，在一定程度上彌補了舊版《諸子集成》收録書目偏少的缺憾，把許多比較罕見的子書分門別類地集中在一起，省去學人許多翻閱之勞，亦是功不可没。不過，這套書採用的是原版影印方式，雖然每部書前面有提要，但沒有對原文重新加以點校，加之影印效果欠佳，許多地方字迹不清，造成閱讀障礙。上海古籍出版社推出的"諸子譯注叢書"頗具特色，其《前言》對各書有全面系統的敘述，注釋簡明扼要，譯文亦准確暢達，更便於廣大學人研讀，預計會有良好的市場效應和社會效應。

　　上述三個子書系列的刊行，為"新子學"提供了可供參照的對象，有的做法可以借鑒，有的模式則需要加以修改完善，在此基礎上可形成"新子學"自己的品牌。根據《子藏》的編纂計劃，在出版方面是三套馬車並駕齊驅，有資料、有論文、有專著。介於資料與專著之間，似乎還應該增加子書原典注釋一個類别。從當前流行的子書來看，真正經得起推敲的注本，多出自古人及前輩學者之手，當代人的注本所占比例較低。而當前學術界、知識界迫切需要的，則是既有學術品位，又能雅俗共賞的注本。"新子學"在這方面可以大有作為，應該在子書傳播、與現實接軌方面作出自己的貢獻。到目前為止，許多重要的子書尚缺少較大讀者覆蓋面的合適注本。近些來看，雖然許多研究生的學位論文以子書為研究對象，但是，由於注釋類著作在許多專業不能作為學位論文提交，因此，由這批青年學人完成的子書注釋比較罕見，在這方面留下許多空白。就是已經出版的三個系列的子書，在子書原典中所占的份額也很小，還有廣闊的選擇餘地，而不會與它們相重複。

"新子學"的子書原典注釋，應該形成自己的特色。除了注釋和翻譯之外，還可以設立導讀及考辨欄目，這兩個欄目的文字必須簡明扼要，便於理解，而避免長篇大論和繁瑣考證。所選的子書原典，應是具有代表性的著作，在歷史上有較大影響，並且與現實比較切近。子書原典的注釋是一項艱苦細緻的工作，實際操作者要有相應的資質，以深厚的學養為支撐，尤其是在語言文字方面要有較深的造詣。這類工作只能採取一人一書的承包方式，而不能層層轉包，或是多人合注一本書。這類書目的選定應該經過嚴密論證，開始階段數量不宜過多，採取穩步推進的方式，逐漸形成子書注釋系列。如果能在三、五年之內推出十部左右，也是頗為可觀的成就。總之，這個系列的工作如果能够付諸實施，那麼"新子學"的創立就有了更加堅實的基礎。

《周易·屯·彖》稱："天造草昧，宜建侯而不寧。"當下正處於學術昌盛的時代，"新子學"是在這種形勢下應運而生。它的創立具有合理性、必然性，也可視為學界的建侯之舉。"新子學"處於初創階段，面臨艱巨的任務，有許多重要的事情要在預定的時間內完成。令人欣慰的是，"新子學"的創立經過了充分論證、長期醞釀，形成了清晰的理路，並且具有很強的可操作性。以上所述，是閱讀學鴻博士的新著之後的零散感思，很不成熟，也不成系統，屬於獻芹之舉。學鴻這部著作主體部分的結尾提到卡爾·雅斯貝斯的"大全"理論，提到《莊子》美學的圓通韻味。"新子學"的創立，體現的正是學術上追求大全、圓通的理想。而這種理想的實現，需要無數個圓環扣合，需要從局部做起。《老子》二十二章稱："曲則全，枉則直，窪則盈。"這大概就是"新子學"實現大全、圓融的途徑。

[作者簡介] 李炳海（1946— ），男，吉林龍井人。東北師範大學文學博士，現為中國人民大學文學院教授，著有《周代文藝思想概觀》《部族文化與先秦文學》《道家與道家文學》等著作。

淺談"新子學"建設的歷史脈絡
——從傅山到章太炎

周　鵬　賈泉林

內容摘要　明末清初的傅山、清末民初的章太炎，二人均以推重子學著稱，他們的子學思想隔代傳承，給後輩學者留下了豐富的創新資源。我們今天建設"新子學"，如能充分發掘二位先賢的思想精華，在更廣大的範圍裏尋找更多的"子學本位論"者，那麼這條"新子學"之路，必能越發寬廣明亮地展現在我們面前。

關鍵詞　傅山　章太炎　新子學　諸子　子學本位

中圖分類號　B2

方勇教授曾在《"新子學"申論》中指出："'新子學'要努力以新的視野去審視古代傳統，重新定位子學之為學術主流，去尋覓經學觀念籠罩下被遮蔽的東西；……'新子學'還要充實'國學'概念，賦予其更新、更切實的內涵，以發掘中國學術文化曲折多元的歷史真實，推進具有中國氣派的現代學術的生長。"又云："就學術與思想的時代性和創造性而言，子學反而更能反映歷史真實。"又云："經學傳統在中國歷史上並非不重要，但在純粹的學術與思想的標準下，歷代子學才是主流，而且經學恰恰是在子學的滋養下發展的，是子學滲入經學體系之後再政治化的產物。"從這些論述可以看出，如果我們換一副眼鏡，以一種不同於經學的"子學視角"，重新審視我國的古代文化史，眼前便有可能呈現出一幅完全不同的思想圖卷來。做是想者，代有其人，遠有傅山，近有章太炎。

一、傅山的子學觀

傅山是明末山西大學者。在傅山的遺作中，研究子學的著作占着很大的比例。他在概括子學的特點時曾說："子書不無奇鷟可喜，但五六種以上，徑欲重複明志，見道取節而已。"①傅

---

① 《霜紅龕集》卷二十四《書剳·與戴楓仲》。本文凡引《霜紅龕集》，皆據傅山著、丁寶銓刊、陳鑒先批校《陳批霜紅龕集》，山西古籍出版社2007年版。

山認爲，子書給人可喜的"奇"與"鷟"，只要讀五六種以上，就可以重新明白自己的志向，看清自己的道路，找到立身爲人之大節。可見，傅山研究子學，從一開始就是很自覺地在尋找一種與傳統經學不同的思維模式。

傅山對子書的研究，主要採用了"批注"、"評注"、"校改"的形式，他在這方面有自己的原則標準和方法論，概括起來有三點，即"經子平等"、"自居異端"及"餐采"①。

（一）經 子 平 等

傅山的子學思想最爲人所知的便是"經子平等"。自從漢代"罷黜百家，獨尊儒術"之後，諸子百家之學便被視爲異端邪説，除老莊外，其精義一直没有被認真研究。劉勰在《文心雕龍》中曾説："諸子者，入道見志之書。……夫自六國以前，去聖未遠，故能越世高談，自開户牖。兩漢以後，體勢漫弱，雖明乎坦途，而類多依采，此遠近之漸變也。"傅山對此評論道："心鷟氣堅，眼偏手辣，似無忌憚，而非無忌憚。以其言，濟其事，不華不腐，不周不漏，中古之風也。難難。"②顯然，他是把《文心雕龍》也看成了子書，才會給予這麼高的評價。不過，他並不像劉勰一樣"宗經"，他説："經子之争亦末矣。只因儒者知六經之名，遂以爲子不如經之尊，習見之鄙可見。"③傅山認爲揚經貶子、經尊子卑不是學術史的真實狀況。他應用訓詁的方法論述道：

即以字求之，經本"巠"字："一"即天，"巛"則川。《説文》："巠"水脈也，而加"工"焉，又分"二"爲天地，"丨"以貫之。"子"則"一""了"而已。古"子"字作㜽。巠、子皆從"巛"者，何也？巛即川者，水也。巛則無不流行之理。訓詁者以㜽上之巛爲髮形，亦淺矣！人，水也，子之從巛者，正謂得巛之一，而爲人也。與巠之從巛者同文。④

通過對巠、子的字源學分析，説明二者同屬於巛，巛即川，水也；巛之一是人，人亦水也。"經""子"既然同源於水，故没有高低貴賤之分。傅山還説："即不然，從孩稚之語，故喃喃孔子、孟子，不稱孔經孟經，而必曰孔子孟子者，可見有子而後有作經者也。豈不皆發一笑。"⑤即是以經學來説，也是先有子即孔子、孟子，而後始有經書，從没有聽説過什麼孔經、孟經的。由此可見，傅山欲讓"經子平等"的思想是多麼强烈！

---

① 依魏宗禹《傅山評傳》説，南京大學出版社2011年版。
② 《雜著録》手稿，山西省文物局藏。
③ 《霜紅龕集》卷三十八《雜記三》。
④ 同上。
⑤ 同上。

（二）自居異端

其實，漢以後對子學的研究並没有斷絕，歷代都有子學論著問世，但這些學者或以爲諸子可與經學合觀，或主張儒釋道以及百家之説皆得道之一理，或明言九經可與諸子同讀而不能高下軒輊，或倡言諸子在某些論點特具卓見而有益世道，他們雖然重視諸子學，但每每還受着正統偏見的束縛，在潛意識裹以儒學爲宗。即以明清之際而論，李贄對先秦諸子都有涉獵，並有《老子解》《莊子解》《孫子參同》《墨子批選》等專著，方以智有《諸子燔痏》《藥地炮莊》等子學著作，王夫之亦寫有《老子衍》《莊子通》《莊子解》等書；黄宗羲則"九流百家之教無不精研"（《清史稿·列傳二百六十七》）。但是在這樣開通的學術風氣下，學術界並没有擺脱正統思想的束縛，那層尊經的窗户紙，始終没有人去戳破。而敢於恢復諸子與儒家本來平等之地位，並在諸子學研究中作出更多成績的，應推傅山。他説："異端辭不得，真諦共誰詮。自把孤舟舵，相將寶筏牽。灶甗垂畏避，薪膽待因緣。吐鳳聊庭這，雕蟲愧祖先。"①

傅山與李贄一樣以異端自命，且一往獨深，對先秦子書作了大量的批注、評注、校改、訓詁。現存有他對《老子》《莊子》《管子》《墨子·大取》《公孫龍子》《荀子》等批注性的專著，還有他對先秦諸子所做的大量的讀書零條劄記。從這些遺作看，數量之多，内容之泛，思想之精，中國學術史上可謂空前絶後。比如：

> 知不知，上。不知知，病。夫惟病之，是以不病，不病即不殆也。夫之將知，正是知不知耶！②

> 古人之愛人也，非今之愛人也。何也？古公而今私也。如以臧獲二種論之，臧主耕，獲主織；獲，人也，臧，人也。③

> 所謂離者，乃其藏也。得見白其白，得見堅其堅，見其白則不見其堅矣。所見之白，所不見之堅，實相附離也。所不見之堅，離在一偏，即當與所見之一争盈矣。而卒不相盈，故能相附離，能相附離，自然藏於中，猶言石能藏堅白也。④

> 《荀子》三十二篇，不全儒家者言。而習稱爲儒者，不細讀其書也。有儒之一端焉，是其辭之復而嗶者也。但其精摯處，則即與儒遠，而近於法家，近於刑名家。非墨而又有近於墨家者言。⑤

---

① 《霜紅龕集》卷十一《覽岩經詩即事》。
② 《霜紅龕集》卷二十二《讀子一·老子》。
③ 《霜紅龕集》卷三十五《讀子四》。
④ 《霜紅龕集》卷三十四《讀子三·公孫龍堅白論》。
⑤ 《荀子評注·後記》手稿，藏山西省文物局。

評老子,拈出"知不知",評墨子之兼愛,謂之"古公而今私",論公孫龍之"離堅白",認爲堅白"實相附離",論荀子,看出其精摯處實乃法家與刑名家,這些均可謂打中諸子要害之論,而傅山以一人之識力爲之,真可謂能爲往聖剖心之人。

(三)"餐采"

傅山自居異端的主張,並非感情用事,亦非絶對排斥儒學。他説"古學"不可廢,尤重《左傳》,對孟子之學還多所讚揚,對孔子弟子如子遊、子思等,尊稱爲"先君子"。他尖鋭批判的是那些"雕蟲愧祖先"的"後儒",這些人奴性十足,執經傳注,在故紙堆中討生活。他認爲欲要"執古之道,御今之有",必須全面研究子學。因此,他提出一個"餐采"的觀點:

> 失心之士,毫無餐采,致使如來本迹大明中天而不見,諸子著述雲雷鼓震而不聞,蓋其迷也久矣。雖有欲抉昏蒙之目、拔滯溺之身者,亦將如之何哉!①
> 申商管韓之書,細讀之,誠洗東漢、唐、宋以後之粘,一條好皂角也。②
> 吾以《管子》《莊子》《列子》《楞嚴》《唯識》《毗婆》諸論,約略參同,益知所謂儒者之不濟事也。③

治學如同就餐,不可偏食,如果僅讀一家之書,聽一家之言,必然耳目昏蒙,思維停滯。學者應該運用"餐采"的方法廣泛涉獵,重新形成一個"雲雷鼓震"的百家爭鳴的局面。傅山還認爲"餐采"之法可以"解粘",像申不害、商鞅、管仲、韓非、莊子、列子,以致佛家諸經論皆是洗儒者之粘的"皂角"(皂樹所結之莢,含堿,古代用以洗滌衣物的油塵和污穢,即今之肥皂)。只有對各家"約略參同",才可以"解去粘縛",而諸子書中收"解去粘縛"之效最速者,則爲老莊。

(四)"老夫學老莊者也"

傅山是一位自覺地、公開地把老莊學説作爲其治學底藴的學者,他不止一次地表達過自己對老莊尤其是莊子的欽慕,如"老夫學老莊者也"④、"吾師莊先生"⑤、"吾漆園家學"⑥。而正因爲傅山自覺地以老莊爲本構建學術體系,他便跳出了宋明以來以儒解莊的藩籬,講過許多大膽的話,比如:"讀過《逍遥遊》的人,自然是以大鵬自勉,斷斷不屑作蜩與鶯鳩爲榆枋間快

---

① 《霜紅龕集》卷十六《重刻釋迦成道記敍》。
② 《霜紅龕集》卷二十五《家訓》。
③ 《霜紅龕集》卷三十四《讀子三》。
④ 《霜紅龕集》卷十七《書張維遇志狀後》。
⑤ 《霜紅龕集》卷二十八《雜著二·傅史》。
⑥ 《霜紅龕集》卷十六《王二彌先生遺稿序》。

活矣。一切世間榮華富貴,那能看到眼裏。所以説金屑雖貴,着之眼中,何異砂土? 奴俗齷齪意見,不知不覺打掃乾淨,莫説看今人不上眼,即看古人,上得眼者有幾個?"①他又説:"釋氏説斷滅處,敢説過不斷滅。若儒家似專專斷滅處做工夫,卻實實不能斷滅。'世路莫如人欲險,幾人到此誤平生!'如此指摘,何等嚴毅。學者概因一個'怕'字,要遠他,所以士大夫不無手鬆腳脱時。若但能平常淡淡看去,鬼不向人不怕處作祟也。"②明朝滅亡的慘痛教訓,讓傅山深深感到宋明理學禁欲主義的弊端。傅山從佛學的角度指出,這樣做其實是"斷滅法","人欲"實際上是不可能"斷滅"的。他又從經理的角度對儒學展開更猛烈的批判:"後世之奴儒,生而擁皋比以自尊,死而圖從祀以盜名,其所謂聞見,毫無聞見也,安有所覺也。不見而覺幾之微,固難語諸腐奴也。若見而覺,尚知痛癢者也,見而不覺,則風痺死屍也。"③在傅山看來,所謂儒者,只會希圖功名富貴而已,即便是有些聞見,大都也不過是一些不知痛癢的行屍走肉罷了。由此可見,傅山以老莊思想為後盾,徑直把儒家當成了自己的對立面,把司馬遷所謂莊子"詆訿孔子之徒"的論斷給坐實了。

從以上論述我們可以看出,明清之際的子學研究,已越出了學術研究範圍,帶有民主啟蒙的因素,所以明末清初的最高統治者,不約而同地應用政治權力扼殺研究子學之風。康熙皇帝一道上諭即説:

> 朕披閲載籍,研究義理,凡厥指歸,務期於正。諸子百家,泛濫奇詭,有乖經術。今搜方藏書善本,惟以經學史乘,實有關係修齊治平助成德化者,方為有用。其他異種説,根不准録。④

這條記載雖記於傅山辭世一年以後,但其晚年便已施行,可見康熙帝對諸子的嚴厲態度。其實,早在明末,朝廷即對諸子之書"數申詭異險僻之禁",在清初則是"止許刊行理學政治有益文業諸書",對包括子學著作在内的其他書籍"通令嚴禁,違者從重究治"。雖然晚明以來研究子學之風很烈,但經學獨尊之勢依然如故。傅山研究子學,深感壓力巨大,共鳴者很少,所謂"自把孤舟舵,相將寶筏牽。灶觚垂畏避,薪膽待因緣"(《覽岩經詩即事》)即是此意。這種狀況在黄宗羲、王夫之那裏均有同樣的表露。黄宗羲説:"鋒鏑囚牢取次過,依然不廢我弦歌。"⑤王夫之説:"思芳春兮迢遥,誰與娛兮今朝。"⑥他們都寄希望於將來,在艱辛的生命旅程中,自

---

① 《霜紅龕集》卷二十七《雜著一》。
② 《霜紅龕集》卷三十四《讀子三》。
③ 《霜紅龕集》卷三十一《讀經史·學解》。
④ 《東華録》卷十三,中華書局1980年版。
⑤ 《南雷詩曆》卷一《山居雜詠》,清乾隆鄭大節刻本。
⑥ 《薑齋詩文集》卷八《袯襫賦》,《四部叢刊》影印《船山遺書》本。

居異端,自持船舵,精神百倍地去迎接"芳春"。於是直到兩百年後的近代,中華終於又聽到了這樣的聲音:

> 非儒學派的恢復是絶對需要的,因為在這些學派中可望找到移植西方哲學和科學最佳成果的合適土壤。①

與傅山"經子平等"的觀點不同,胡適把子學作為與西方近代科學文化的結合點,這體現了某種近代的需求。而真正恢復子學在國學中之獨立地位的,則是章太炎。

二、章太炎的諸子學

章太炎的諸子學建構開始於19世紀末維新變法時期,歷經《訄書》時期、1906年日本講學時期,而1910年《國故論衡》與《齊物論釋》的完成,標誌着章氏諸子學建構的成型。

(一)《訄書》時期

《訄書》寫作於章氏在政治上追隨康有為轉而走向革命的時期。他將《尊荀》列為該書第一篇,其次《儒墨》《儒道》《儒法》《儒俠》《儒兵》,代表了諸子在章氏心目中的價值次第。《尊荀》曰:"漢因於秦,唐因於周,隋、宋因於周,因之曰以其法為金錫,而已形範之,或益而宜,或損而宜。損益曰變,因之曰不變。仲尼、荀卿之於周法,視此矣。其僾古也,禔以便新也。"在章氏看來,社會政治變革既不能像康有為那樣完全虛化、割斷傳統去創新,也不能泥古不化,而是在因循古制的基礎上根據現實需要予以損益,而這正是孔、荀的精義所在。章氏還對歷史上一直遭受打壓的墨家給以較高的評價,認為墨家備受歷代攻擊的"兼愛"與"短喪"實是針對"奔命世"提出的合理主張,正是師法禹的真意。章氏還對莊子消極遁世的言行抱有同情:"夫莊周憤世湛濁,已不勝其怨,而托卮言以自解,因以彌論萬物之聚散。其於治亂也何庸?"在章氏看來,莊周恰恰是因為無法濟世才憤懣,為求一己之解脱不得不提倡遁世之説,其負面效果並不如歷代要求"廢莊"者所宣揚得那麽嚴重的。

不過,章氏《訄書》初刻本論諸子學部分稱不上系統與深入,創獲性的觀點也不多,其意義在於表現出平視儒學與諸子學的氣度。在1901—1904年删訂的《訄書》複刻本,章氏已經與康有為決裂,學術思想也得到了解放。《訂孔第二》是《訄書》複刻本最大的變化,開篇不久即説道:

---

① 《胡適學術文集·中國哲學史·先秦名學史》,中華書局1991年版,第766頁。

> 凡說人事，固不當以祿胙應塞。惟孔氏聞望之過情有故。曰六藝者，道、墨所周聞。……異時老、墨諸公，不降志於刪定六藝，而孔氏擅其威。遭焚散復出，則關軸自持於孔氏，諸子卻走，職矣。

這是對康有為"六經皆孔子所作"觀點的批駁，章氏認為六經本是周室"太史中秘書"，道家、墨家等諸子皆通六經。後來秦始皇焚書，只有孔子刪定的六經流傳下來，因此孔子的威望驟然提高，先秦其他諸子，不能與其爭鋒。緊接着，章氏抬高孟子與荀子，並認為二者"蹙絕"孔氏："夫孟、荀道術皆蹙絕孔氏，惟才美弗能與等比，故終身無魯相之政，三千之化。"認為荀、孟時運不濟，沒有建立功業，"而流俗多視是崇墮之"。然後章氏又立論："雖然，孔氏，古良史也……孔子死，名實足以伉者，漢之劉歆。"孔子由古代最偉大的思想家成為一名"良史"，經學等同於史學，孔學於是成為考據之學，地位嚴重降低。《訂孔》一文在思想界影響極大，正是此文啓發了一些傾向革命的學者、留學生從傳統文化的束縛中解放出來，質疑儒家學說的正當性與有效性，先秦諸子也代替儒家成為重塑中國文化傳統的重要資源。

（二）日本講學時期

1906 年 9 月，章氏在日本演講《論諸子學》①，這是章氏第一篇系統論述諸子學的文章。在該文中，章氏對諸子學做出定義："所謂諸子學者，非專限於周秦，後代諸家，亦得列入，而必以周秦為主。"章氏這一定義與今天的"新子學"範圍相近，不再僅限於先秦諸子，而是將歷史上所有在思想上有所創獲的學者文士都涵蓋在內。章氏認為，先秦諸子仍具有後世諸子無法達到的高度："惟周秦諸子，推迹古初，承受師法，各為獨立，無援引攀附之事，雖同在一家者，猶且矜己自貴，不相通融。"先秦諸子的特點在於其學說的獨立性與有所師承。章氏亦對經學與諸子學做出區別：

> 説經之學，所謂疏證，惟是考其典章制度與其事迹而已，其是非且勿論也。……若諸子則不然。彼所學者，主觀之學，要在尋求義理，不在考迹異同。

經學與子學一為客觀之學，一為主觀之學。經學在清代淪為考據之學，無法提供一套價值體系，與之相比，諸子學可提供豐富的思想資源以應對西學的挑戰。

這一時期，章太炎對諸子分別展開了論述。關於儒家，他延續《訂孔》的意見，指斥"儒家之病，在以富貴利祿為心"，得出儒家之士道德不高的判斷。與之相比，章氏對道家有很高的評價："道家老子，本是史官，知成敗禍福之事，悉在人謀，故能排斥鬼神，為儒家之先導。"他將儒家不講鬼神的傳統追溯到老子，認為孔子只是剽竊了老子的部分學說：

---

① 章念馳編《章太炎演講集》，上海人民出版社 2011 年版，第 36～49 頁。

老子以其權術授之孔子，而徵藏故書，亦悉為孔子詐取。孔子之權術，乃有過於老子者。孔學本出於老，以儒道之形式有異，不欲尊奉以為本師，而懼老子發其覆，……老子膽怯，……於是西出函谷，知秦地之無儒，而孔氏之無如我何，則始著《道德經》以發其覆。

孔子的"詐偽"之性在他與老子的關係中被章氏鮮明地刻畫出來。在《訄書》時期，章氏更為看重荀子與墨家，而這一時期，道家的地位得到明顯抬高。

至於墨家，章氏認為其敬鬼神之論與現代精神不符之處："墨家者，古宗教家，與孔、老絕殊者也。儒家公孟言'無鬼神'，道家老子言'以道蒞天下，其鬼不神'，是故儒、道皆無宗教。"而墨家勝過儒、道的地方在於不言天命，而尊信鬼神與無命說恰為相反相成之一體：

不知墨子之非命，正以成立宗教。彼之尊天佑鬼者，謂其能福善禍淫耳。若言有命，則天鬼為無權矣。卒之盜跖壽終，伯夷餓夭，墨子之說，其不應者甚多，此其宗教所以不能傳久也。……墨子之學，誠有不逮孔、老者，其道德則非孔、老敢窺視也。

雖然墨家言鬼神不符合現代人的精神，但墨者具備很高的道德，這是其他諸子所無法比擬的，亦是章氏一直對墨家心存好感之處。陰陽家與墨家同屬宗教，但二者有所不同："蓋墨家言宗教，以善惡為禍福之標準，陰陽家言宗教，以趨避為禍福之標準。此其所以異也。"

至於法家，章氏沿用韓非之說將法家分為兩派："其一為'術'，其二為'法'。……然為術者，則與道家相近；為法者，則與道家相反。"韓非則是"兼任法術者"。漢武帝時期，儒家融合法家，共同奠定了之後歷代封建王朝的統治模式。章氏認為法家對解決現實問題十分有效："然儒家、法家、縱橫家，皆以仕宦榮利為心，惟法家執守稍嚴，臨事有效。"故而對法家評價較高。

章氏對素來以邏輯學著稱的名家思想評價不甚高，對荀子、墨子的邏輯思想倒十分重視。在討論名的產生時，章氏用佛學解釋荀子的"緣天官"之說：

中土書籍少言緣者，故當徵之佛書。大凡一念所起，必有四緣：一曰因緣，識種是也；二曰所緣緣，塵境是也；三曰增上緣，助伴是也；四曰等無間緣，前念是也。

他認為，心與五官創制"名"，也即四緣之間互相合作的過程。他用《墨經》與佛家因明論互證，將墨子邏輯論中的"故"等同於因明之因，小故、大故，類似於今天所說的必要條件與充分必要條件，接着又將歐洲三段論與兩者做了簡單對比並認為，因明論立論最為精密。章氏對邏輯學的研究並不深入，他以此證明先秦諸子學中也有不輸於西方的名學，恢復了學人對中國傳統學術的信心。

（三）《國故論衡》與《齊物論釋》[①]

《國故論衡》下卷諸子學九篇是在《論諸子學》基礎上又一次系統而深入的總結。篇目分別為《原學》《原儒》《原道》上中下、《原名》《明見》《辨性》上下。《原儒》的特色在於從考證"儒"的所指出發，提出"儒有三科，關達、類、私之名"。章氏對三者分別予以定義："達名為儒，儒者，術士也。"只要是通一項學問或技藝，在九流十家中，都可稱為儒。"類名為儒，儒者，知禮樂射御書數。"精通古之六藝者皆為"儒"。"私名為儒"指的是從政以輔佐君王之徒。後世所尊的"五經家"不屬三科之内。在《原道》篇中，章氏反對"談者多以老聃為任權數"的觀點，認為老子使世人皆知權術正是要使權術失效："老聃所以言術，將以擇前王之隱匿，取之玉版，布之短書，使人人户知其術則術敗。"老子的"絶聖去智"只是摒除先入為主的"前識"，以及"尚賢"之風帶來的"流譽"，使有才能的人能夠得其位。在《原名》一文中，章氏對"名"的產生過程有了更明晰的描述："名之成，始於受，中於想，終於思。領納之謂受，受非愛憎不著。取像之謂想，想非呼召不征。造作之謂思，思非動變不形。"人體五官接於外界曰"受"，通過五官之受傳於心曰徵知，也就是"想"；五官所接之物已逝，"無待於天官"，心仍可"識籠其象"而活動謂之"思"。這些看法顯然有《荀子》的痕跡。

《明見》篇與《齊物論釋》一書皆是用佛學來解釋莊子的思想，這是章氏諸子學的最大突破。《齊物論釋》開宗明義道：

> 齊物者，一往平等之談，詳其實義，非獨等視有情，無所優劣，蓋離言說相，離名字相，離心緣相，畢竟平等，乃合《齊物》之義。

在章氏看來，莊子《齊物論》的真意與佛家的真如哲學一致，佛家將世界萬物看作由八識即阿賴耶識、末那識與眼、耳、鼻、舌、身、意六識生成，只有阿賴耶識也即真如才是真實，末那識執著阿賴耶識為我，生成人我法我，意識與眼、耳、鼻、舌、身互為增上緣生成我執、法執，從而變現世界。章氏認為世界萬物起源於真如，最終又會殊途同歸於真如，這一過程便是莊子的"齊物"，世界萬物雖然在形態上千差萬別，但本質上都是真如平等變現，不平等是由於幻我、心識造成的，所以，"先說喪我，爾後名相可空。"章氏一再強調莊子"吹萬不同，而使其自己也，咸其自取，怒者其誰邪"的"天籟"觀，意在強調萬物生命形態的多樣性，不存在一個主宰或標準統攝一切。這一觀點有很強的現實意義：

> 原夫《齊物》之用，將以内存寂照，外利有情，世情不齊，文野異尚，亦各安其貫

[①] 章太炎《國故論衡》，上海古籍出版社 2006 年版。章太炎《齊物論釋》，《章太炎全集》，上海人民出版社 2014 年版。

利,無所慕往,……然志存兼併者,外辭蠶食之名,而方寄言高義,若云使彼野人,獲與文化,斯則文野不齊之見,為桀、跖之嚆矢明矣。

章氏的《齊物論釋》戳破了西方列強打着傳播文明的幌子,卻行掠奪之實的惡行,為民族獨立與民族文化的合法性提供了理論依據。

章氏不同時期對諸子學的闡釋,是分別通過與儒學、佛學的互證來實現的。章太炎始終對民族文化抱有信心,他的諸子學思想,為當時亟需傳統思想資源以應對西方文化衝擊的知識分子提供了一套新的價值體系。諸子學的地位空前提高,正式成為儒學之外另一套獨具中國文化傳統色彩的精神資源。

三、傅、章子學思想的隔代傳承

上文概述傅、章二人的子學思想。之所以在漫漫的學術史上將二人拈出,是由於他們都是比較典型的"子學本位論者"。我們今天建設"新子學",需要在歷史的長河中尋找這樣的典型。那麼,經過近三百年的時空隧道,傅、章二人的子學思想又有着怎樣的隔代傳承呢?

(一) 以諸子學應對民族危機

傅山處在山崩地裂的明末清初,本來百花齊放的文化氛圍被這一場民族浩劫硬生生地掐斷,思想界很快又進入了萬馬齊喑的狀態。在這個時候,傅山以諸子學為陣地,"自把孤舟舵,相將寶筏牽。灶觚垂畏避,薪膽待因緣"(《覽岩經詩即事》),因此,他的諸子學不得不染上了一層遺民的黯淡。而鴉片戰爭以後,清政府在抵抗列強侵略的戰爭中一敗再敗,作為價值體系的儒學未能提供一套可以迅速改變挨打現狀、實現民族復興的有效資源,這導致一批先進士大夫將目光轉向了儒家之外的傳統資源,諸子學應運而興,章太炎正是這一過程的關鍵人物。由於章太炎遇上的是比晚明"亡天下"更可怕的"亡種"的危局,他的諸子學,便帶有了傅山所沒有的民族主義的色彩。"今中國之不可委心遠西,猶遠西之不可委心中國也。校術誠有詘,要之短長足以相覆。"[1]與梁啓超、嚴復那些大力吹捧西學的學者相比,章太炎始終堅持民族文化的自性。

(二) 重訂諸子與經學儒學的關係

早在明末,傅山第一個喊出"經子平等"的口號;而到了晚清民國,這個口號再一次被章太炎等學人重新提起。在《論諸子學》一文中,章氏釐清了諸子學與經學的最大差別在於經學主

---

[1] 《國故論衡・原學》,第86頁。

要是考證之學,而諸子則更注重義理,如果從應對西方思潮衝擊的角度而言,諸子學無疑更有文化上的兼容性。而在《國故論衡》中,章氏將國學分為小學、文學、諸子學三種,諸子學在他看來就等同於西方的哲學,他想以諸子學為根柢,整合整個西哲。如果說,傅山的平視經子主要是從經子關係本身的歷史演進出發的話,那麼章太炎抬高諸子地位,則更多了一層諸子學現代化的考量,正是他對諸子學的挖掘、闡釋、表彰,使諸子學比儒學更早地具備了現代性面貌。

(三) 對"子學精神"的推重

晚明是一個思想極其解放的時代,陽明心學的獨盛,本身就可以說是"子學精神"的產物。傅山的價值在於,他徑直斬斷了晚明學術囿於政治原因而不願割捨的經學臍帶,使諸子學成為真正獨立的思想,雖然這種行為被視為"異端",並很快淹沒在滿清入關的鐵蹄聲浪中,但穿過歲月的封塵,卻在三百年後的西潮衝擊下,在章太炎那裏復活。章太炎的"子學精神"並不完全等同於西式的個性解放,它更體現了中華先賢對於宇宙生命的深邃思考。"今是天籟之論,遠西執理之學弗能為也。遺世之行,遠西務外之德弗能為也。十二律之管,吹之,搗衣舂米皆效情,遠西履弦之技弗能為也。"①就應對現代性而言,諸子學可以比儒學表現出更強的生命力與包容性,所以一大批近代知識分子選擇諸子學來解決中國的現代危機。但是,如果更進一步,論及為現代性注入傳統的深度,近代學者中,只有章太炎一人所思及此。可以說,章太炎是近代歷史上第一位兼具現代性與傳統深度,亦即第一位具有"新子學精神"的學者。

(四) 視道家學說為本源

傅、章二人還有一個共同的癖好是,他們都是道家學說的擁躉。傅山公開以老莊門徒自居,老莊的著作是伴隨他一生的常備之物。"三日不讀《老子》,不覺舌本軟。"②"癸巳之冬,自汾州移寓土堂,行李只有《南華經》,時時在目。"③在他心裏,《老子》《莊子》才是真正的"經書"。而自視極高的章太炎雖說筆下支使諸子猶如用兵,但其《原道》篇卻云:"老聃據人事嬗變,議不逾方,莊周者,旁羅死生之變、神明之運,是以巨細有校。儒、法者流,削小老氏以為省,終之其殊在量非在質也",又云"儒家法家皆出於道,道則非出於儒也"。可見在章太炎看來,道、法、儒本是同質的思想,而道家最是諸子之本源。章太炎還在莊子《齊物論》的啟發下,形成了他獨特的"新齊物論"哲學,他想以此為基礎建構一個宏大的哲學體系,這個體系不僅有中國思想,還兼采西方 20 世紀以前的哲學思想,包括柏拉圖、亞里士多德、笛卡爾、康德、黑格爾等。章氏這一體系不但為中國,也為世界不同思想的衝突提供了答案。這些都是今天"新子

---

① 《國故論衡·原學》,第 86 頁。
② 《霜紅龕集》卷四十《雜記》五。
③ 《霜紅龕墨寶》,山西書局 1936 年影印本。

學"發展的珍貴的歷史資源。

綜上所述,我們發現,確立子學之爲本位,是晚明以來一直就存在的思想暗潮,但歷史在前清打了一個大大的盤旋,推遲了這股暗潮浮出水面的時間。傅山第一個發現了這股暗潮,他從義理脈絡上,以藝術家的妙語連珠捕捉到了時代新思潮的星星點點。而三百年後的章太炎,經過了樸學的訓練、西學的洗禮,返回頭再治子學,則使得子學有了更堅實的基礎和更廣闊的視野。今天治"新子學"者,如能充分發掘二位先賢的思想精華,再以二位先賢爲導引,在更廣大的歷史時空裏找尋與之相類的同儕,那麽這條"新子學"之路,必能越發寬廣明亮地展現在我們面前,涅槃重生的諸子學,必將實現與現實的完美對接。

[作者簡介] 周鵬(1985—),安徽淮南人。華東師範大學中文系先秦文學博士研究生,主要從事老莊哲學及諸子學研究。

賈泉林(1987—),山東泰安人。復旦大學中文系現代文學博士研究生,主要從事章太炎及近現代思想史研究。均已發表學術論文數篇。

告別路徑依賴　構建大乘墨學
——"新子學"視野下的墨學發展進路

（香港）黄蕉風

內容提要　"大乘墨學"借用佛教"大乘"之概念，以跨界跨文化的視域建構一種區別於過往、主要集中於校注訓詁義理詮釋的"小乘墨學"之舊理路的當代新墨學，為墨學研究者提供能夠介入諸如全球倫理、宗教對話、憲政民主和國學復興等更宏大的社會性議題的新材料和新資源，以資在當代中國思想浪潮中立住新墨學的身位。

關鍵詞　新墨家　大乘墨學　全球倫理　宗教對話
中圖分類號　B2

相較大陸新儒學因應國學熱而呈"一陽來復"的盛況，張斌峰、張曉芒先生所倡導的"現代新墨學"似乎還處於潛伏的狀態[①]。在學術範式上，墨學研究仍難突破傳統訓詁考據校勘、"十論"義理詮釋的"舊學"範疇；在介入當下如民族主義、憲政民主、宗教對話等社會議題

[①] 1997年張斌峰、張曉芒在《哲學動態》當年第12期發表《新墨學如何可能》，這篇以康德式發問為題的文章可視為"現代新墨家"的文化宣言，它在本土思想學派的建制成型上，第一次提出了"新墨學如何可能"以及"新墨學有無必要"的關鍵命題。文章闡述了現代新墨家在"建本"層次（文化的全觀與深層透視）、"創新"層次（對墨學的創造性詮釋）上所能做的工作，亦提出墨學現代化詮釋的方法論更新，即對"作者意"、"文字意"、"精神意"的貫通。2004年彭永捷先生在《現代哲學》當年第2期發表《"現代新墨家"的文化解讀》，在肯定"現代新墨家"發揚新墨學的同時，也提出了一些切實中肯的意見，比如論到新墨學和西學的"會通"，究竟是"援西入墨"還是"援墨入西"；"草創而未明"的新墨學如何與當代文化中的各家顯學互動；新墨學是否會淪為應付萬事且應之無窮的"萬金油"等。自《新墨學如何可能》發表至今已有18年，自彭永捷先生文章發表至今也逾10年，在這段時間裏，國內外墨學研究者貢獻了許多重要的學術成果，一些問題如墨子里籍、墨學中絕等得到一定程度的澄清，墨學的現代價值逐漸得到人們的重視，學者的努力推動了新墨學在當今時代的發展。參張斌峰、張曉芒《新墨學如何可能》，《哲學動態》1997年第12期；彭永捷《現代新墨家的文化解讀》，《現代哲學》2004年第2期；劉邦凡、張曉光《略論新墨學的形成》，燕山大學學報（哲學社會科學版），2005年8月第六卷增刊。

上,墨學似乎又缺乏明顯的回應資源。相比大陸新儒家在近十年開出了截然迥異於港臺新儒家"心性儒學"的"政治儒學",並在儒家憲政、公民宗教、王道政治、漢服運動、讀經運動、新康有爲主義等更廣闊的文化層面,不斷提供儒家式的政治哲學/法學新理路,"現代新墨家"在墨學之外的公共領域所能發出的聲音着實少得可憐。至於墨學價值在當代社會的"重光",則仍處於諸如"墨學的現代價值"、"墨學的現代意義"、"墨家的法律觀"、"墨家的尚賢觀"、"墨家的管理思維"、"墨家節用和節約型社會"等淺層次。誠如彭永捷先生所言:"新墨家應該明白,不能總是停留在不斷應付當前熱點題目的皮相化水準上,而應該朝深度研究與轉生的方向上去努力。"(《現代新墨家的文化解讀》)也就是説,當代新墨學的新生轉進,必須告别過往墨學研究的路徑依賴,轉向更深層次的義理新闡發,使墨學"大乘化",從而"現代化"。

　　方勇先生首倡的"子學轉型",無疑爲新墨學的發展,即墨學"大乘化"帶來重大契機①。根據方先生的"新子學"理路,當今墨學的義理研究成果大致可分爲三類:還原性研究、旁觀性研究、現代性研究。還原性研究有如雷一東先生的《墨經校解》,旁觀性研究有如楊義先生的《墨子還原》,現代性研究有陳克守先生的《墨學與當代社會》,分别居處"以墨還墨"、"以我評墨"、"以時論墨"的層次。這三種墨學義理的闡發,是逐步遞進的關係,有各自不同的價值,亦從"我注墨子"進展到"墨子注我"。還原性研究是墨學研究的基石,是一切墨學研究賴以自存的前提;旁觀性研究提供了多元的視野,有利於糾正墨學義理之偏,具有重要參考價值;現代性研究可以彰顯墨學的生命力,既有爲時所用的實用價值,也有文化傳承的意義。但這三種研究也各有不足,比如還原性研究強調以墨學原義爲中心,容易自我設限,處理不當可能走向食古不化;旁觀性研究強調以研究者本人的立場爲中心,可能會歪曲墨學原義,淹没墨學真精神;現代性研究強調以時代意識爲中心,若是過分實用主義,則墨學不免被工具化,既助長隨意比附之學風,亦對墨學本身的健康發展不利②。

　　比照大陸新儒家、港臺新儒家與過往舊儒家治學路徑、言説方法的不同,新墨學和舊墨

---

① 方勇先生近幾年的工作給予筆者建構大乘墨學很大的啓發,方先生於2012年10月22日和2013年9月9日,在光明日報上分别發表了《"新子學"構想》《再論"新子學"》兩篇文章,提到"諸子資料的收集和文本的整理迎來了一個前所未有的高峰,也意味着以文獻整理爲主要工作的傳統子學將走向終結,子學轉型已勢在必行"、"西方的人文主義精神刺激了諸子學由'考據'到'義理'的轉變,子學文本從考據的材料變成了研究對象,思想研究逐步深入"、"傳統子學視子學文本爲考據的材料,以文獻整理爲主要工作;而新子學則視子學爲研究對象,以子學義理研究爲主要工作。從傳統子學到'新子學'的轉向,實際上就是諸子學由'考據'到'義理'的轉變。"
② 黄蕉風、顧如、南方在野《該中國墨學登場了(2)——對大陸新儒家重建中國學術範式的評價》,見共識網:http://www.21ccom.net/articles/thought/bianyan/20150205120619.html。

學、舊墨家和現代新墨家的區分應該體現在對生命體認態度的差異以及言説傳統的不同上：過往墨學研究者，乃將墨學視為"他者"，是遥遠陌生的死體，研究者與墨家思想的對話是活體與死體的對話，文本只能"聽我説話"；而後進展到視墨子思想、墨學文本為"你"，是值得尊重的活體，"我"與墨子之間的對話，是你我之間生命與生命的對話，這是方勇先生等"新子學"學者正在做的新義理研究的階段。而今新墨學的發展則應在此基礎上更進一步，將墨子思想視為"我"，也就是説墨子就是我的生命，我就是"他"的活體，他的精神與我同行。由"他—你—我"關係的進展，是從材料到義理到生命的躍進，即由"文本化"，進展到"經學化"，從而"現代化"，乃一種新型模式的"通經致用"、"經世致用"。現在義理研究存在的問題是"他者"太多，"你者"不够，"我者"不足。本來"他者"也是好事，多元的視野有助於墨學乃至諸子學義理的還原化，但由於歷史上一教獨尊的情况長期存在，就使得"他者"變成了過度的妖魔化評述，又由於除了孔孟之道之外，其他先秦哲學存在"活體的缺位"，墨家作為異質"他者"長期以來遭到了孟子"辟楊墨，閑先賢之道"遺傳的缺席審判，進一步導致了對墨學義理的深度歪曲①。

因此筆者傾向於以"Already but not yet"，也就是"既濟"然而又"未濟"，來為當代新墨學的現實和未來劃定一個狀態欄間。也就是説經過方勇、張斌峰、張曉芒等諸多學者的努力，新墨學"如何可能以及有無必要"的問題，顯然已經得到明確解答。至於當代新墨家思想學派的建制成型，則有賴於學人對墨學自身文化當量是否足以和普世諸宗教文明對話的信心到達何種地步。筆者在年初與兩位民間墨學推廣者顧如、南方在野的對談《該中國墨學登場了》中已經提出墨學介入當下更廣闊公共議題的可能性及限度，並開始以"當代新墨家"自居。我們均認為，凸顯"當代新墨家"之"我者身位"的"在場"和"開顯"，乃是由訓詁考據向義理新詮的學術轉向之後的"再度躍進"，即前文所述的建築墨學生命體認，開拓墨家言説傳統。只有當"當代新墨家"(或者"現代新墨家")由"研究者"成為"被研究者"，一如港臺新儒家、大陸新儒家從儒學自身資源開發出獨屬於其思想學派的"主體性"和歷史敘事、言説傳統，我們才能説"該中國墨學登場了"。

人能弘道，非道弘人，自晚清民初孫詒讓、梁啓超等前賢開出近代墨學復興浪潮至今已逾百年，墨學在文獻校勘、白話今譯、分類闡釋、墨辯邏輯學、十論義理詮釋上已經進展到足够充實的程度(此即為 already—既濟)，但在公共領域的墨學話語建構還未成型(此即為 not yet—未濟)。下一步的工作乃是將墨學推進至能够與普世諸宗教文明——基督教、新儒家、馬克思主義、自由主義同等並提的地步，從而建構一種截然不同於大陸新儒學的、既具中國文化特色又不排斥普世價值、根植於原典墨學經義又能與諸宗教文明對話的"大乘墨學"

---

① 黄蕉風、顧如、南方在野《該中國墨學登場了(2)——對大陸新儒家重建中國學術範式的評價》，見共識網：http://www.21ccom.net/articles/thought/bianyan/20150205120619.html.

(從未濟再邁向既濟)①。這種"大乘墨學"甚至應該主動介入當下意識形態之爭,在不斷地與諸學派思想的辯難中建立自身,這是當代新墨家突破"未濟"走向"既濟"的必由之路——套用丹麥神學家克爾凱郭爾的說法,有賴於當代新墨家"信心的一躍"②——其題中之義,就是提出墨學中具備何種資源能夠回應普世文化的宏大命題,並給出回應方案和解決策略,論證其可能性、可行性及限度,以彰顯獨屬當代新墨家的"墨家身位"和"墨家立場"。

當代新墨家之所以對"墨學大乘化"有信心,建基於以下觀察:

第一,墨學能夠對接全球倫理③。過往關於墨學的倫理學探討大多局限在中學範疇,無法像儒學或者基督教神學一樣提供一種普世性的、全球性的倫理學維度。如此限制了墨學在全

---

① 大乘乃是相對於小乘而言。大乘墨學乃是筆者展望未來新墨學前景,希望從事於新墨學研究的學者能夠將墨學由墨學領域之内(小乘)進展到墨學領域之外(大乘),兼收並蓄中國本土學術思想如儒學、諸子學、諸宗教文明如基督教/佛教/希臘哲學、西方哲學政治學法學如自由主義、馬克思主義、存在主義等等,挺立墨學自身價值,提高墨學自身地位。

② 丹麥神學家、存在主義之父克爾凱郭爾在其神學著作《致死的疾病》中指出人在不同存在層次也就有不同的絶望。感性的人為世俗物事而絶望,理性的人也就為拒絶自我或選擇視絶望為最終真理而絶望。信仰是脱離絶望的唯一方式,選擇信仰也就是實現自我的唯一法門。"信心的跳躍"即是從理性進展到信仰的跳躍過程。筆者在此使用"信心的一躍",是指當代新墨家應該對墨學自身的文化當量懷抱信心,墨學具備足夠的資源和普世諸宗教文明進行對話、並舉,而不須依附於大國家陳述或者儒家言説傳統,僅僅止於墨學或者墨家是傳統文化主流核心價值的偏統、支流、補充這樣的地位。

③ 90 年代以來,因意識形態鬥爭而展開的東西方冷戰已告完結,然而全球範圍內因宗教衝突、種族歧視、階級矛盾而發生的局部"熱戰"卻更趨激烈。全球一體化的進程並未給人類帶來愛與和平,反而進一步促成了對抗資本主義生活方式的宗教原教旨主義的崛起和"一超多强"新格局下在政治經濟文化領域全方位角力的新霸權主義的更生。世界的局勢動盪不安,人民的生命財產受到威脅。伴隨冷戰結束後傳統東方意識形態陣營的崩潰以及地緣政治的急速變化,一種新的處理全球關係的全球倫理呼之欲出。1993 年在美國芝加哥召開的世界宗教議會大會上,由天主教神學家孔漢思(Hans Kung)起草並由大會通過的《走向全球倫理宣言》裏,明確提出了"全球倫理"之於人類作為整全形體(或至少針對幾個主要文明形態),在倫理道德上存在某些相同或相近的普世性的共識(Consensus),包括:具約束力的價值(Binding Values)、千古不易的準則(Irrevocable Standard)以及個人基本的道德態度(Fundamental Moral Attitudes)。"全球倫理"在承認當代不同文化"多元共在"的既成事實下,對後現代主義"去中心化"、"反元敘事"的倫理形態做出了全新的定義和詮釋,亦即在"第二軸心時代",如何重建神聖和崇高的價值觀。而今有關"全球倫理"已經成為介入跨文化倫理、宗教對話的重要進路,其原則囊括建立憲政民主、公民社會、宗教和解、生態環保等國際間事務的最大公約數,對構建全球性"普世價值"(Universal Value)的一環具有重要意義。因之在考量諸文明戰爭倫理與和平主義思想上,"全球倫理"有助於給當下提供一種全新視角來觀照。參[瑞士]孔漢思著,鄧建華、廖恒譯,楊煦生校《世界倫理手册》,生活·讀書·新知三聯書店 2012 年版,第 130~147 頁。

球學術體系中的地位,亦將墨學中千古不易的真理下降為僅僅是地域性的倫理。在"全球倫理"的"元問題"——也就是"黃金律"上①,漢語學界常規上將孔子的"己所不欲,勿施於人"(儒家金律)與耶穌的"(如果)你們願意別人怎樣待你們,你們也要怎樣待別人"(基督教金律)相提並論,皆被作為具有世界級文化重量、放之四海而皆準的底線共義和普世通則,前者是"消極而肯定式的",後者是"積極而否定式"②。然而筆者認為,墨家的"兼愛、非攻、交利"似乎更充要地包含了儒家金律的"消極無傷害原則"又規避了基督教金律的"潛隱地強加於人",能夠為全球倫理黃金律提出儒耶之外的第三種進路③。比如墨家"兼愛"應用到當下處理社會關係

---

① "全球倫理"提出"兩個基本原則"(Two Fundamental Principle)和"四項不可更改的要求"(Four Irrevocable Directives)。前者包括:每一個人都應該得到人道的對待;你希望別人怎樣待你,你也要怎樣待別人(So in everything, do to others what you would have them do to you)。後者包括:提倡非暴力、尊重生命的文化(Commitment to a culture of non-violence and respect for life);提倡休戚相關、實現公正經濟秩序的文化(Commitment to a culture of solidarity and a just economic order);提倡寬容、誠實生活的文化(Commitment to a culture of tolerance and a life of truthfulness);提倡男女之間權利平等、合作互助的文化(Commitment to a culture of equal rights and partnership between men and women)。在《全球倫理宣言》的文獻中,"兩個基本原則"包括了第一義的人性原則和第二義的推己及人原則——在中文語境下一般被表述為《論語·衛靈公》中孔子同子貢談論的"恕道":己所不欲,勿施於人。在此基礎上提煉而得到的處理群己關係、利他主義的"全球倫理黃金律"(Golden Rule),一直為國際社會所稱道。參[瑞士]孔漢思著,鄧建華、廖恒譯,楊煦生校《世界倫理手冊》,第130～147頁。

② "黃金律"在"全球倫理"的文本表述上,常規分為"肯定式"和"否定式"兩種。"肯定式"為《聖經·新約·馬太福音》第七章第十二節和《聖經·新約·路加福音》第六章第三十一節的"(如果)你們願意別人怎樣待你們,你們也要怎樣待別人"(基督教金律);"否定式"為孔子的"己所不欲,勿施於人"(儒家金律)。伴隨中國經濟實力的崛起、主流意識形態崩潰的危機以及文化軟實力輸出的要求,90年代初傳統文化呈現出強勁的復興態勢。中國在參與塑造21世紀世界政治經濟秩序的過程中亟待獲取能够代表自身精神文明底色的文化符號,以儒家思想為精神底色的傳統文化似乎具備了某種參與辯識和推銷有中國特色的"全球倫理"和"普世價值"的資格,比如孔子的"己所不欲,勿施於人"中強調"消極無傷害原則"的"恕道",就可以被儒家學者解讀為帶有"同情心"、"同理心"的普遍主義王道理想在層層外推、化成天下的過程中所彰顯的和平崛起的理想。在"宗教對話"、"比較哲學"等相關議題上,亦主要以儒家作為中國傳統文化的代表,來與西方的基督教思想進行比較。

③ 對儒家持批判態度的當代學者劉清平,提出了"去忠孝,取仁義"的"後儒家"理論,並以"不可坑人害人,而要利人助人"作為普世價值的底線倫理。根據他的提法,筆者認為:"不可坑人害人",屬於"消極的無傷害原則";"而要利人助人",乃不忽視"能動有為的利他主義"。劉清平先生的提法充要地含納了儒耶金律的要求,給了筆者很大的啓發。事實上這個原則,在去今2 000多年的先秦墨家的"兼愛、交利、非攻"中已經得到充分展現,若能得到更好的發掘,或可作為"全球倫理黃金律"在耶儒之外的第三種表述,從而達到普遍主義和特殊主義的對立統一。參劉清平《忠孝與仁義——儒家倫理批判》,復旦大學出版社2012年版,第5～7頁。

和人際關係上，可以有幾個非常積極的面向：(1)"兼愛"是本質的愛，作為一種道德要求，它鼓勵人愛人利人；同時"兼愛"考量人性，預設"自愛"和愛親族，只是要求愛利他們的時候不損害別人；(2)"兼愛"視人能力的不同，分工合作，各展所長；建立於社會的共同規則（底線共義）上，處在流動的關係變化中，使得處境的問題處境解決；(3)兼愛是一種能動有為的利他主義，是走出自己走向別異的行動；既講求主觀善念，也重視實踐果效（義利重一，志功為辯）——墨家的"兼愛"具備超越一己血親走向超血親倫理的維度，在群己施受（對自己）、血親情理（對家人）、利他主義（對陌生他者）三個倫理維次所展示的從文本到倫理的普遍適用性，均可為"全球倫理"在構建人倫維度之底線共義上擴展充分的可能性與限度①。這些全部體現了"全球倫理黃金律"的要求。

第二，墨學能夠參與宗教對話。漢語學界相關"宗教比較"的議題，歷來多以"儒耶對話"、"儒佛對話"、"儒回對話"為主；論到外方宗教如基督教與中國文化的對話與融通，也多以儒家為主，很少涉及墨家、墨學。儒家在近代雖然經過"五四"運動文化激進主義和"文化大革命"的衝擊已經式微，但作為一個文化上的"活體"還是足以代表中華文明的，而墨家自漢代中絕之後只是"死掉的文本"——《墨子》，而沒有"活的傳統"，因之被人們認為根本沒有資格介入普世諸宗教文明的對話，並能對其有所貢獻。事實上民國以來，教會內外知識分子致力於從中國傳統文化中找到能夠與西方"民主與科學"或者基督教精神若合符節的資源，他們發現墨家無論從建制上、思想上、義理上和科技成就上，都與西學最接近，故又發展出"西學墨源說"②

---

① "兼愛"之"兼"，在《經上》篇解釋為"(同)不外於兼，體同也"，"(異)不連屬，不體也"，"不外於兼"乃是"不相連屬"的反義，也就是説"兼愛"之"兼"充分含納相互聯繫的關係。"兼愛"，正是把所有人看作是相互聯繫、屬同類的愛，因之在施愛的同時，"不分貴賤，不別親疏，當下肯定對方的存在，極容易形成平等概念"。參顏炳罡、彭戰果著《孔孟哲學之比較研究》，人民出版社 2012 年版，第 284 頁。

② 一大批儒家士君子根據"經世致用"的精神演繹出"中學為體，西學為用"，這個思潮橫貫了從洋務運動、戊戌變法、立憲運動的晚清最後幾十年。"西學中源説"就是在這個時代背景下被提出來，即西學是源自中國古代的器物之學，如"格致"，只是後來在中國衰微了，傳入西方之後才得以繼續存在。而隨着儒家思想在中國社會的衰弱，知識分子開始尋找傳統文化內部能夠和西學對接的其他元素。例如張自牧在《蠡測卮言》中論到耶墨二家在宗教建制和利他主義上或可通約，"耶穌其教以煦煦為仁，頗得墨氏之道。耶穌二大誡，一曰靈魂愛主爾主神，即明鬼之旨也；二曰愛爾鄰如己，即兼愛之旨也"；陳澧在《東塾讀書記》轉引《墨子》關於人施愛要層層上同於天的論説後認為"特夫以為此即西人天主之説"；郭嵩燾認為基督教教人愛人如己，是"墨氏兼愛之旨"；黎庶昌在《拙尊園叢稿·讀墨子》中談到基督教的思想大多源自中國墨家學説，"今泰西各國耶穌天主教盛行尊天、明鬼、兼愛、尚同，其術槁然本諸墨子"；譚嗣同激賞"耶教墨源説"，認為基督教的博愛和西學的善巧得益於中國墨學，景教十字架實際上也是墨家的圓規尺矩："其俗工巧善製器，製器不離規矩。景教之十字架，矩也，墨道也，運之則規也。故其教出於墨。"(《仁學》)轉引自鄭傑文、王繼學等《墨學對中國社會發展的影響》，山東人民出版社 2011 年版，第 431~434 頁。

以及"墨教耶源說"①,形成了"耶墨比較"的風潮。以"耶墨比較"為例,墨家以鬼神有明,善惡必賞,則神觀上必然是"人格"的而不是"人文"的了;其又以天志為綱,奉行兼愛,則比之儒家"推恩"式的泛愛,更接近基督教突破五倫的博愛了。比之儒家,墨家思想無論從哪個層面都與基督教有更多可比性,似更適宜作為代表參與諸宗教文明之間的對話。我們可以反思,基督教與墨家血親倫理的比較,是否可以進一步反思兩者"人論"的不同?基督教的止戰與墨家"非攻"比較,可否助力和平主義的反思?基督教的三一神論與墨家的"天志"、"鬼神"觀的比較,是否能夠幫助釐清普遍恩典以及自力他力的迷思?《聖經》中《申命記》史派到《約伯記》作者,《墨子·明鬼》到上博簡戰國楚竹書《鬼神之明》中酬報神學衍變,是否有利於探索基督教神學以及普世宗教文化中的神義論轉型?這是近似於比較神學的進路,強調的是一種"歷程"而非結果效能,故未來"耶墨比較"之議題,或許有望在借用此方法論的基礎上,實現對比較哲學之平行比較方法論上的"更新轉進",從而進一步提高漢語學界"宗教對話"的科研視域。

第三,墨學能貢獻於憲政民主。這十年來崛起的本土思想學派大陸新儒家,其代表人物及其學說,比如蔣慶的"儒家議會三院制"、"儒式虛君共和",姚仲秋的"一個文教,多種宗教",陳明的"儒教公民宗教說"、劉海波的"馬克思諸子化"、余樟法的"化馬歸儒"等,興趣不在心性哲學的"内聖",而在建制成型的"外王"。可以說他們的治學路徑和言說方法已經溢出了儒學領域的範疇,為政治哲學和法學提供了新的角度。筆者認為相比大陸新儒家提倡的這種大陸新儒學,墨學能夠提供更多切近當下普世價值又能守住中國文化本位的資源。比如"儒家憲政"倡導者秋風聲稱能夠推己及人就能為天下人立法,從與天地準、與天地相參的儒家學派中去找保守主義和哈耶克的自發秩序、共同體自治,以筆者的角度來看,就顯得不可思議。在明顯帶有理性建構色彩的學派裏面,怎麼可能找到保守主義?只能找到哈耶克說的"致命的自負"。可以說西方啟蒙主義理性盛行的無知論傳統、案例法、知識的自由流通、自由市場、經驗主義、消極自由、馬克思·韋伯講的責任倫理、托克維爾講的對變革的謹慎和面臨變革應該採取的態度以及否定性正義、三權分立制衡原理、非強制原則透明政權、社群自治,統統能從墨學中找到對應。甚至選舉的標準——"先萬民之身,後為其身";差額選舉——"兩而進之",

---

① 晚清以來,中國社會的上層建築幾經變遷,洋務派的器物改革和維新派的制度改革均告失敗。一些開明分子開始關注文化層面革新的可能性與限度,基督教對西方文化的巨大影響於是乎受到重視。"耶教墨源說"就是這個時候被提出來,本質上與"西學墨源"說、"西學中源"說一脈相承。不過無論是"中體西用"、"西學中源"、"西學墨源"還是"耶教墨源",晚清知識分子更加強調的是以中國傳統文化為主體,旁參基督教和西學的本位主義思想,所以他們在處理耶墨比較的議題上,更加注重的是墨家兼愛非攻之於基督教和平主義、墨家天志明鬼之於基督教天堂地獄等問題,並不特別措意於耶穌、墨翟的人格精神。在比較範式上大抵延續的是明末利瑪竇、羅明堅等耶穌會士來華傳教以來,傳教士與儒生關於世界觀、價值觀的形而上辯難,未完全落實到道德踐履的實在界層面。"耶教墨源說"的比較範式是"中 A 等於西 B"——"西方有的我們中國早有";亦即在本位主義的影響下,認為中國文明高於西方文明,道高於器,具有排他性。

"設以爲二君";執政者的道德要求——"言必信,行必果,使言行之合,猶合符節也,無言而不行也";選舉的主體——"皆天臣",擇"兼君";以及政法分立、法高於權、以法治官、依法儀行義政的"依法治國"論。諸如此類的"普世價值",也能直接從墨學傳統中開出來,不假外求①。

第四,墨學能夠充實國學體系。中國傳統文化,自先秦至漢初,即有儒、墨、道、法、名、兵、陰陽;及至之後,則有儒釋道三家合流。近代以來,在文化層面上蘇俄的馬恩列及西方的自由主義相繼傳入中國,已經融入並成了中國文化性格的一部分;在宗教層面,耶、回、猶太、天主等外方宗教今天也擁有廣大的信衆,亦極大改變了中國長期以來以佛道和民間信仰爲主的宗教版圖。以上這些都是"合匯"於"國學"傳統的重要組成部分,是故"國學"不該局限於"中國之學",更應該是"普世之學"。由於文化慣性,國學在當代大部可"化約"爲儒學。是故國學復興的最大得益者,依然是新儒家。在這種條件下,諸如當代新墨家等"新子學"學派及其思想的建制成型,恐怕還須經歷相當長的一段時間。最關鍵的問題,恐怕還是要考慮在脱離了儒家言説傳統的情況下,如何構建屬於自己學派的價值觀和民間實體。筆者心目中的大乘墨學,正是起到一個"中保"的作用,爲國人橋接一條還原國學真脈的道路。當代新墨家應當充當國人回歸古之道術的施洗約翰,是那在前頭預備道路的。新墨學在倫理觀、宗教觀和政治哲學等多個維度的全面復活和重新闡釋,其重要性我比之爲馬丁·路德、加爾文的"新教革命",乃是在國學領域全面復興新諸子學、離經還子、脱離儒家言説傳統的一次重新"啓蒙"運動。

這裏還涉及治新墨學及"新子學"的學者對於儒家言説傳統的態度。筆者以《聖經·舊約》的一首詩篇作爲比喻:"我往哪裏去,躲避你的靈?我往哪裏逃,躲避你的面?我若升到天上,你在那裏;我若在陰間下榻,你也在那裏。"儒家言説傳統,就是中國當代學術要"更新轉進"必須面對的一個"無可逃避的靈"。因爲無論是先秦至清末,還是民國以降,中國哪一派的知識分子在探討文化的"更新與轉進"上,都脱離不了儒家的言説傳統。也就是説,無論是儒家的擁護者還是儒家的反對派,無論是文化傳統內部的墨、法、道、名還是文化傳統外部的耶、回、佛、馬,都必須依傍於以儒家思想爲中心主軸的歷史敘事主體,儒家之外的諸子百家或者外方宗教,似乎都沒有能力依靠自己的學説來建立一整套的道統經緯。這種情況必然指向三個完全不同的歷史命運,即"儒化"、"膠着"和"消亡",對應物分別爲佛教、基督教和墨家。當然,自"五四"運動以來到"文革",出現了"打倒孔家店"、"崇法抑儒"、"批林批孔"等文化激進主義,自由主義知識分子和馬列政黨分別期望以文化解構和行政手段等方式,徹底"取消"或者"滅絶"儒家文化。清末藉廢除科舉制度斷絶了儒家的千年學統;"五四"新文化運動藉"民主與科學"罷黜了孔子"聖人"、"素王"的權威;"文化大革命"藉摧毁宗族共同體而清除了儒家價值觀在民間賴以生存的土壤;"儒學復興"又是官方借儒家思想來填補主流意識形態淡弱後

---

① 黄蕉風、顧如、南方在野《該中國墨學登場了(1)——當代新墨家對大陸新儒家的看法》,見共識網:http://www.21ccom.net/articles/thought/bianyan/20150205120619.html。

的國民精神空缺。要麼"契合"、"會通"、"融貫",要麼"拒斥"、"批判"、"打壓",總而言之,以儒家的言說傳統為參照系的"新子學"學派的崛起或者所謂"儒耶對話"、"儒馬合流",都脫離不了以儒家思想為中心主軸的歷史敘事主體的範式轉移。所以當代新墨家要在"古之道術"的基礎上重新收復思想界、知識界的失地,甚至構建一種相關當代性的本土思想學派,就不能不直面儒家言說傳統。新墨家也好、新法家也好、中特派也好(中國特色社會主義),在和新儒學爭奪當代中國文明價值的現代詮釋話語權時,經常忘記了如果沒有"儒家"作為其比較和參照的對應物,自身就很難開出獨立的特屬的政治哲學話語和傳統。尤其是像當代新墨家這樣從"古之道術"開出來的子學學派與新儒學的爭奪角力,應該是中國文化内部的互相批判,而不是相咬相吞。就墨學和子學而言,先秦雖曰百家,然諸子共用的"公共文本",卻也不出《詩經》《尚書》《易經》等範圍。故就文化傳統内部而言,以儒家言說傳統為主要模式的近兩千年的中國文化形態,已經差不多將諸子百家的異質性化合為以儒家言說傳統為主的同一性。其表現不但在周初諸子百家對公共文本的詮釋上,更表現在"獨尊儒術"之後諸子學處理公共文本的方法論上。但這不意味着就新諸子學(新墨學)必須完全化合於儒學之下,因為當代新墨學之"新",正是要摒除依附儒家言說傳統和以儒解墨之路徑依賴的"舊墨學"。筆者認為儒家只是歷史不是傳統,中華道統在古之道術而非儒家,墨學歸真必要非儒,墨學復興絕不僅做儒學回潮之補充和注腳。兩千年蒙塵,絕學墨道法;十數載開新,諸子百家言。該中國墨學登場了,此其時也。

綜上所述,筆者認為墨學的"大乘化"或曰"大乘墨學",從學術方法論和學術範式上考量,可目為一種類似"比較神學"(Comparative Theology)而非止於"比較哲學"(Comparative Philosophy)的"思想實驗",例如以墨學義理來介入宗教對話、全球倫理——即墨學的"大乘化";在回應社會熱點和當下議題上,大乘墨學則有自信進入憲政民主、普世價值等公共場域,建構一套脱離儒家言說傳統的墨家敘事方法——即墨學的"現代化"。在訪談《該中國墨學登場了》中我們已經從諸個角度提出當代新墨家所能應對的思路,這也是近年來筆者和墨學同仁試圖從舊墨學之小乘領域跳脫從而介入公共議題之大乘領域的一點粗淺嘗試。

[作者簡介] 黃蕉風(1988—),男,福建廈門人。現為香港墨教協會主席、香港浸會大學饒宗頤國學院博士生。著有《3的N次方》《墨家基督徒》等。

"子商"再思考

鄭伯康

內容提要 "子商"商道文化是"新子學"思想在商業管理領域的自然延伸,是相對於"儒商"商道文化而提出的,是試圖將"由子入商"和"以商通子"兩條線相結合,把諸子思想精義與現代企業文化進行對接和融合,把經濟、管理、文化三方面糅合在一起,形成具有東方智慧和新時代競爭力的商道文化。

關鍵詞 新子學 子商 商道文化

中圖分類號 B2

2014年,我受方勇教授《"新子學"構想》的啟發,提出了"子商"這個概念,是從自己所從事的商業與企業家視角,經過思考後提出的。學術研究並非我的特長,但有益的探索必定能夠促人進步。"子商"這個新概念需要"新子學"作支撐,而"新子學"反過來也需要許多像新"子商"這樣的新概念來組成。就像孔子、老子、孫子對於諸子學一樣,"子商"是"新子學"思想文化在商業管理領域的自然延伸,是"新子學"精神內涵的一部分。

就概念而言,"子商"這名稱是相對於"儒商"而提出的。我認為:"儒商"的提法是基於儒學和經學作為主流思想背景下的產物,以儒統商未必妥當。在當今多元化、開放性的時代,以諸子思想精神統商倒不失為一種上策。由"子商"來代表商道文化,比"儒商"更全面、更響亮、更貼切。

"子商"是在"新子學"精神的指導下,一方面全面吸收子學的思想精華,"由子入商",把子學文化精神與現代經濟、管理進行對接,把隱藏在子學裏面的管理智慧激發出來,形成一門具有中國特色的經濟管理顯學。另一方面也可以遵循多元化、開放性的"子學精神",立足於現代經濟管理理論,反過來"以商通子",用現代經濟管理理念與諸子思想文化進行貫通,從現世哲學和商業實用價值的角度來理解"子學精神"。

本文試圖遵循方勇教授的《再論"新子學"》一文的學術脈絡來作進一步闡述。

一、"子商"商道文化的深層內涵

商道文化不能困囿於儒學一家的思想,而是包含儒學在內,涵蓋諸子各家各派人文智慧,並化生為管理之道,為現實的經濟社會輸送正能量,實現企業的可持續發展。

《漢書·藝文志》曰:"九家之術,蜂出並作,各引一端,崇其所善,以此馳説。"諸子思想各有特長和精要。儘管"儒商"中也有很多的文化精華,但"子商"終究要跳出"儒商"那些道德倫理觀、義利觀、修己安人觀的圈圈,來構建更為廣闊、多元共生、符合"子學精神"的商道文化。晉商有晉商的特點、徽商有徽商的特性、而浙商又有浙商的優勢,這些商幫文化都"各引一端,崇其所善",很難以一個"儒"字再加一個"商"來涵蓋。而"子商"既要吸收多元化、開放性的子學精神,又要發揮經濟人實用性的特點,相容並蓄,不斷發展。

"子商"是商道文化的集成,包含諸子的"精義之理",用於經邦濟民,從本質上講不算創造。"子商"只是以中國傳統的語境把"子學"中的道理闡明出來,再轉化為中國特色的、融經濟、管理和文化於一體的商道文化。

這種商道文化有利於提升中國企業在全球化的競爭能力,來實現我國經濟社會的可持續發展。如果按照現代經濟學、博弈論或政治哲學再結合諸子特點來劃分,儒家的倫理經濟學、法家的獎懲經濟學、兵家的戰略經濟學、道家的自然經濟學、雜家的實用經濟學、墨家的理想經濟學等,都具有一定的現實操作意義。每個企業的不同發展階段,以及發展過程中隨着政策、環境、實力、市場競爭程度的各要素變化,都需要有不同特點的管理思路和管理方式。其中形勢判斷、戰略決策和實施力度,過程中"度"的拿捏和把握,都要求不同的技戰術和管理智慧。企業家光以儒學精神來應對,往往做不到得心應手。

"子商"之所以堅持緊跟着"新子學"學説的發展而發展,是基於"新子學"不僅最為徹底地繼承了"子學精神"那種多元、鮮活、靈動的思想形態。同時,又注意吸收西方文化理論和當下先進的發展理念,顯示出極具時代氣息的生命力和特有的文化張力。

"子商"正需要方勇教授所説的:"不被主流文化信條所束縛,意在呼吁傳統諸子學的研究方向,主張從'子學現象'中提煉出多元、開放、關注現實的'子學精神',並以這種精神為引導,系統整合古今文化精華,構建符合時代發展的開放性、多元化學術,推動中華民族文化的健康發展"的"新子學"精神作統領,來構建具有現代中國特質的經濟管理思想和商道文化體系。

將子學精義與西方現代經濟學中五花八門概念作直接比較是十分困難的。其含義邊界、語境、表達方式、文化精神都存在着巨大的差異。總的説來,諸子精義是"一化萬象"的智慧,是對自然世界本質的闡明,邏輯思維性較強。而西方各種經濟學説是把自然世界割裂開來後用各自的概念,一是將大量抽象的概念比如消費者的需求等用數量化來研究,二是在研究方法上,以提出設想,建立假設,進行試驗,得出結論的邏輯順序來進行,產生了一個反向運行卻不能回到原來設想的誤區(因為假設太多,太理想化,太經驗主義),所以才會有繁雜性和不切實際的層面。這些所謂的理論難免是碎片化的、複雜化的、隨機性的。當今世界經濟矛盾的交集、困難重重,其自食惡果的原因就在於此。

但是,我們一百多年來習慣性地向西看、向西學的結果是表達方式、語言環境、思維模式發生了改變。如果不用一些西方經濟和理論概念來套用又難以說明問題,說教者難以表達,聽者難以理解。許多時候貌似理解,實際還是張冠李戴了。譬如,中醫上說的"上火",西醫就沒有相對應的知識,勉強用"炎症、發燒、免疫力"來解析,其結果既似是而非又十分勉強。中醫再把"上火"細化到虛火、實火、寒熱、燥濕、胃火、心火、肝火、腎火以及各種各樣表症現象,那就更加複雜了。所以,子商的商道文化要形成具有東方管理特色的經濟管理和文化思想體系,並且被廣泛接受和推廣,注定是艱難的,長期的。

二、"子商"商道文化多重思考

當下的中國,正處於重要的政治改革、社會轉型和經濟崛起階段。大規模的社會實踐在不停地發展,空前的文化交融和碰撞在全球範圍展開。而互聯網和移動互聯網的普及,又打開了人類全新的生存空間和生活方式,也快速地改變着人們的文化結構和文化需求。知識的儲備不像以前那麼重要了,輕點鍵盤可以解決,但有效信息的搜索力、判斷力和知識的整合力卻提出更高的要求。近幾年,網購的橫空出世,迅速地改變了許多商業業態和相互之間的結構,傳統的商業形態受到了嚴峻的挑戰,阿里巴巴淘寶網"雙十一"一天創造571億元的業績不再是神話。

世界性的人才和資本流動,在快速地進行財富轉換,同時也加劇了競爭的程度和寬度。運輸成本的降低,信息系統的發達以及金融衍生品市場的繁榮,導致原先商品的區域差價、季節差價幾乎都不復存在,新的商業模式和業態不斷地呈現。國際之間的物資流動不僅僅是傳統的進出口貿易,也可以在期貨虛盤中去操作完成,而期貨金融杠杆的運用可以放大十倍資金去運行,帶來的是巨大的不確定性,財富的積累和消耗都有可能瞬間衍變成生死兩界的企業命運。

在企業界看來,如今的世界時時處處呈現着危機與機遇並存、競爭與合作同在的格局,這樣的企業生態與競爭法則,企業如果還是守殘抱缺那一成不變的老觀念,就無異於自殺。企業家必須適應現代新的形勢,兼收並蓄各種技能和智慧,同時具備系統性思想、多元化技能、開放性思維和與時俱進的觀念,真正把經濟、管理和文化融合在一起的管理思想體系。

從大的文化背景看,目前潛在的社會危機和大變革並列的時代,絕不亞於先秦哲學家們當時的處境,子學文化在這樣的環境下顯得尤其寶貴。子學文化的接軌和借鑒就成為現實最經濟、最便捷的捷徑。

方勇教授認為"先秦子學繼承了三代以來的思想文化傳統,同時又關注現實,深究學理,對諸如世界圖景的想象、基本的政治形態、人的道德禀賦的來源,以及如何理解歷史、如何進行有效的國家管理等問題都做了精深獨到的思考"。我國先哲們的這些思想和智慧正是"子商"取之不盡用之不竭的源泉,不管用之於競爭,還是用之於合作,或者戰略、戰術的運用,都可以整體提高企業的競爭力和市場議價的主動權。如今政治體制的深化改革、經濟結構的調整、產業運營的升級、資源環境的平衡發展以及法制建設、核心價值觀的推廣、大國關係處理、國民文化素養的提高等,都可以在傳統子學思想中去獲取營養。

"子商"商道文化與子學系統的接軌和融合也不是簡單的拼接,而是精神內涵的整體運用;不是一家獨尊,而是複歸子學整體的活力;不是以西方經濟學來作子學的解析,而是以子學的思想文化在現代經濟領域中的活學活用。以諸子學活化了的思想靈魂來轉變成我們的經濟之道、治企之法和生財之術。

君子愛財,取之有道,但如何取"道"卻有很深的學問,如果"道"學過於籠統和宏觀,對於微觀中從事商場運營管理的企業家個體來説,往往不知所云。"子商"就是要有所指向的解決這個問題,"子商"包含的商道文化必須要把子學精華理出來,轉化成為較為具體的道、法、術的一整套應對體系。比如説儒家角度來看的取之有道自然就是仁義之道,可是仁義之道並不是適合每個人的,而子商其實是一種更辯證更理性的商道,為什麽這麽説,因為他的包容和廣闊展現了對世界最本質的多元性的深刻認識,如果社會上都是仁者當先的儒商,外敵前來時又如何堅守陣地? 如果所有商人學者都是同一風格,所有公司協會都是一般的格局,那又何談創新,又何談在競爭中求發展呢?

傳統經典不再是高山流水的曲目而落個曲高和寡的局面,而是要形成"高僧只説平常話"的通用性文化理念,使企業家們不管面對如何複雜的環境,都能夠找出大小咸宜的因對策略,大有大的道理,小有小的辦法,做到先秦諸子那種吾道一以貫之、吾法一以守之、吾術一以固之的有利的競爭態勢。

陳鼓應先生在《"新子學"論集》序中提出:"自古至今,人類就不停地面臨三大衝突,人與自然的衝突,人與人的衝突,人與自己內心的衝突。環顧今天的世界,這些衝突不但沒有減緩,反而在一些霸權意識下愈演愈烈。在這種情況下,子學中藴含的人文精神與對話、和諧的精神,就具有非常現實的意義。"社會既然存在着衝突,自然會就有和諧的要求。大凡符合和諧要求的管理思想,就是可持續的管理之道。

企業的管理更是如此,大抵也逃不出這三大衝突,與經邦濟國、經國濟民的道理一樣,企業與邦國,只是層面不一樣,節點不一樣,企業的價值生成必定是其內部資源與外部市場存在的更多的"和諧"。以子學中藴含的人文精神與對話、和諧的精神指導具體的商業行為,必然能夠產生無窮的能量。在霧霾猖獗、資源耗盡的今天,治污、治氣、新能源的環保企業和資源再生利用的企業,必然會有更大的發展空間;致力於世界和平、緩和世界衝突的國家,必然會被世界人民所尊重;財富的增長永遠趕不上欲望膨脹的速度,這時候內心的平静,顯得尤其重要。

如今的信息化時代,已經進入了移動互聯網、大資料、雲計算、物聯網的高級階段,每天產生的信息流量不計其數,物物之間、物我之間的交換速度和變化形態瞬息萬變。如何去偽存真、去粗存精,解讀並整理出自己所需要的有效信息,考驗着每個經濟人的認知能力和知識整合能力。而認知能力和知識整合能力的提高,必須依托"新子學"這種文化特質和精神特性至上的智慧,才能泰然若定地作出預判,在競爭中成為制勝的法寶。

三、"子商"商道文化的致力點

在我看來,學術文化如果脫離了當下時代,就如同脫離了生命之源。"新子學"的最主要特徵就是既抓住了子學精神,又與當下進行緊密結合,同時對時代問題進行了回饋和交融。"子商"作為"新子學"新文化在經濟領域延伸出來的子系統,就更要關注當下商業時代的應用價值,將傳統文化抽象層面的精神智慧與企業家日常經營管理行為進行會通,使之成為當下之學、應用之學。如果把"新子學"作為文化之魂,那麼"子商"可以看成商業文化之體,最後形成了有魂有體、有血有肉、有精神有生命的結合體。

我們知道,企業間的競爭歸根結底是文化的競爭,人是文化的載體,而每個人在情感方面、精神層面、在功能和秉性方面,都有很大的差異性。企業管理者不僅要知人善用,還要教育引導好團隊整體的企業文化。這種企業文化要具備提高企業內部的凝聚力、外部的競爭力和可持續發展能力。這三股力,是相互影響、互為支撐的,就像方勇教授所說,子學系統的"諸子皆敘道言治,自開户牖,他們或內聖、或外王、或循天道、或析物理","只有敢於正視多元共存的'子學現象'本身,方能在彼此對立、交融的關係中確立自身","子商"商道文化也要遵循這樣的思想體系,吸取諸子之長,為企業所用,才能構建強大的企業文化。企業文化建設,盡可能多的吸取諸子思想智慧,來發展壯大自己的東方管理特色。

吸收儒家"仁愛"思想優勢,以情義、信義、仁義來構建企業倫理文化的管理特色,推進"論語加算盤"的管理之道。儒家道統幾千年,必然有其強大的生命力和深層次存在的理由,"儒商"的概念被企業家廣泛接受和推崇,自有其道理。

吸收道家"無為"的學術思想優勢,汲取自然法則為企業所借鑒。以無為來實現有為的企業文化,往往會給人以舉重若輕、遊刃有餘的感覺,藉以構建曲直隨行的無模式、無邊界的無極管理之道。道家那份坦然和出世精神,對於成功企業家來說尤為尊貴,人類面臨的三大衝突,多半需要"無為"思想去調和。

吸收法家"法、術、勢"的學術思想優勢,以"法為天下之程式"的管理方法來構建"制度面前人人平等"的企業文化,推行獎罰分明為特色的現代企業管理之道。在法治社會背景下,制度的設定是規範化管理最基本的法則,也是大企業管理文化最直接的體現。

吸收兵家重視攻守謀略的學術思想優勢，以"道、天、地、法、將"五大法寶的思想精髓，來構建企業的核心戰略和主要對策，推行審時度勢、知己知彼、狠抓執行力的企業管理之道。企業間的競爭與搏擊往往是非常殘酷的，絕對離不開兵家那些具體的謀略和手段，在信息化的時代裏，以變應變的管理思路往往是企業不變的定律。

吸收墨家"尚同、兼愛"的思想精華，把企業價值觀滲透到每一個團隊成員的執行力上，構築互愛平等的人際氛圍，強調尚賢的用人標準和增收節支的企業管理之道。對於企業家來說，保持浪漫主義情懷和個人節儉的生活風格，也是企業長青的法寶之一。

吸收陰陽家"一陰一陽謂之道"和"木火土金水"的陰陽五行學術精華，以萬事萬物相生相剋的思想來確立企業的管理思想，以事物的正反兩面性來構建對立統一的管理思維，從而把複雜的問題歸納成簡單的道理。在企業裏無論是部門的設置，人事的安排，崗位的分工還是業務的構成，都無不契合着陰陽對立統一的哲學道理。

吸收縱橫家順勢應時、量權知變、縱橫捭闔的權謀光芒，為企業的經營管理所用。企業為了在叢林法則中爭取自己生存權，無論是向政府要政策，與對方談合同，問市場要資源，都要發揮能人智慧和團隊優勢，藉以構建以變應變的企業管理之道。

吸收名家端正"名"與"實"相輔相成的思想智慧，跳出語言的束縛，以更高層次、更抽象化的思維來思考適合自己企業的管理之道。中國歷來有名不正則言不順、言不順則事不成的說法，可謂深諳企業生存之道。

而"兼儒墨，合名法"的雜家，更是"以為備天地萬物之事"協調各家所長，為企業管理所借鑒，藉以構建全攻全守型的治企方略。其實，企業也好，世間萬事萬物也罷，在發展過程中都不存在一成不變的東西，更不存在一招鮮吃遍天的真理。尤其是企業，不同的人才組合，不同的發展階段，不同的生產環境，不同的市場規則，需要不同的應對智慧，更需要多重智慧的集成。

總之，中華民族在以自己的智慧和汗水托起"中國夢"之時，文化人和學術界也要遵循"空談誤國，實業興邦"的擔當精神，避免在空乏的概念和邏輯的材料上打轉轉，而應實實在在地把經濟、管理和文化融合在一起，形成以"新子學"為代表的子學精神，發揮經邦濟民、致用於企的效應，來助推企業更加健康的發展。企業家也要主動承接"新子學"為代表的傳統子學精神，在人生哲學、國學和文化素養方面來提高自己，為壯大企業不斷輸送正能量，這就是"子商"所創導的文化精神所在。

[作者簡介] 鄭伯康(1964—　)，男，浙江浦江人。曾任中國再生資源回收利用協會副會長、浙江省再生資源集團公司副董事長，"子商"商道文化創導者，現為集團資深顧問、浙江線上再生資源公司董事長，已發表有關"子商"學術論文數篇。

"新子學"推動文化復興

——《子藏》第二批成果發佈會暨諸子學現代轉型高端研討會舉行

潘 圳

諸子百家之學是中國文化的源頭,諸子典籍承載着古聖先賢的思想與智慧。華東師範大學大型古籍文獻整理工程《子藏》第二批成果近日隆重發佈。這項重大的學術文化工程項目是對中國傳統文化和國家重要古籍文獻的一次大規模整理。第二批成果包括《鶡子》《關尹子》《文子》《鶡冠子》《子華子》《亢倉子》《列子》《商君書》《韓非子》等12個系列,共收入先秦至民國時期有關子學著作672種。《子藏》匯輯影印海內外所存的先秦漢魏六朝諸子白文本和歷代諸子注釋、研究專著等,並為每種著述撰寫提要,考述著者生平事跡,揭示著作內容,探究版本流變情況。其收錄的下限原則上截止到1949年,適量收入今人所輯出土文獻資料。

《子藏》工程的全面推進,為新時期子學的研究與復興奠定了堅實厚重的基礎,為傳承和弘揚中華傳統文化提供了有力的支撐。本次成果的發佈引起了國內外學術界的高度關注,來自中國大陸、港澳臺地區及韓國、日本、新加坡、馬來西亞等120多位學者齊聚申城,圍繞《子藏》並以"新子學"及諸子學現代轉型為主要議題,展開了深入的交流與研討。

諸子學多元發展重在創新

新子學,當今形勢下的諸子學,即諸子學在新形勢下的發展。在當前多元複雜的文化背景之下討論新子學,面對古今中外的各種思想學説,應"擇其善者而從之,其不善者而舍之"。新子學到底"新"在何處?安徽大學中文系孫以昭教授解釋到,新子學的"新"是全方位的"新",要做到"三新一全",即觀念新、視角新、方法新、資料全。今天的新子學不僅是回歸本原,更須進一步發展,要深入研究古代子學的精義,以解決現實社會的大問題。廈門大學新聞傳播學院謝清果副教授認為,新子學之"新"在於它能繼承子學對"禮崩樂壞"時代問題的回應意識,既回應了在當代中國社會治理現代化進程中提升文化自信的需要,又回應了中國向世界貢獻建構和諧世界思想資源的使命。天下觀是中國從古至今力圖構建的世界文明秩序。北京大學中文系張雙棣教授指出,建立新子學要特別着眼於創新,不能墨守成規。我們的思想文化建設不能只停留在一個層面上,必須與時俱進,創新是學術進步的生命。在諸子多元、獨立的發展過程中,要借鑒雜家寬容、兼收並蓄的做法。諸子多元的發展應該是新子學的首要工作。

在思考諸子學轉型的現實途徑的問題時,必須明確何謂轉型。一般而言,所謂諸子轉型,是對諸子學研究定式、評價標準、研究方法等相關觀念的根本性轉變,是一個創新的實踐過程。東南大學哲學系許建良教授認為,儒家僅僅是諸子百家中的一個因素,偏重儒家的現實,迫使我們不得不聯繫同受思想影響的海外地區和國家而進行實質的思考,如日本在借鑒儒家思想中巧妙地避免了利益與道德對立和重視孝而不認可仁的實際。我們必須儘快轉型,這不是形式的轉變,而是思想認識的革命。中國人民大學國學院宋洪兵副教授表示,國學可以為當代中國的信仰體系的重建提供思想資源,未來中國的信仰體系必然呈多元化之特質。社會需要更加開放和包容的心態,彼此尊重各自的信仰。國學在此過程中必然有所作為,並且其作用與功能日趨重要,這並不會因少數堅持現代價值的反傳統鬥士的批判而有所改變。

百家爭鳴成就學術與思想自由

諸子學的創新研究要在"舊傳統"的基礎上,建立一個適應歷史發展和社會需求的"新傳統"。這就需要破除諸子思想中已經不適應現代社會的消極成分,找到諸子思想與現代學術的結合點。南洋理工大學國立教育學院嚴壽澂教授提出,中華文化有一重大缺陷,即太過實用,以致妨礙了純科學的發展。他列舉了章太炎、陳寅恪等有識之士的觀點,"依自不依他,求是致用相資,乃中華文化復興必由之道"。今日提倡新子學,當於此取法。上海社會科學院、五緣文化研究所所長林其錟研究員談到,"新子學"學科的建立既是因應時代的需要,也是歷史發展的必然。"新子學"要發揚舍短取長、博采百家的精神,解放思想、大膽創新,從而創建立足歷史、面向世界,具有新視野、新使命、新內容、新方法、新架構的"新子學"。

僅就思想史、哲學史而言,"子學"就是諸多思想家、哲學家的學問。武漢大學哲學學院院長吳根友教授指出,中國傳統文化當然有自己的主流,但並不因此而能過多地奢談"正統",爭搶所謂的"正宗"。思想與文化的發展恰恰要在諸子百家爭鳴的狀態下才能健康地向前推進。中國傳統文化很少有西方思想界的"自由主義"傳統,但諸子百家的爭鳴在實質上就反映了學術自由與思想自由。華東師範大學先秦諸子研究中心方勇教授表示,新子學主導國學的發展,學界應適應時代要求,發掘"學者崇尚人格獨立、精神自由,學派之間平等對話、互相爭鳴,直面現實以深究學理,不尚一統而貴多元共生"的子學精神,突破學科限制,凝聚研究力量,在夯實"新子學"的基礎上,探索諸子學研究的新範式。中國社會科學院文學研究所黨委書記、《文學遺產》主編劉躍進研究員認為,"新子學"的提出具有推進中國傳統文化現代化進程的重要意義。"新子學"要批判地吸收諸子精神,取其精華、去其糟粕,使其為當代文化建設服務。"新子學"研究要為社會主義核心價值體系和思想道德建設提供精神支援,為探索建立中國特色文化建設的理論經驗提供借鑒,為實現"中國夢"和建設具有"中國風"、"中國氣派"的文化大國做出貢獻。

(原載於《社會科學報》2014 年 4 月 24 日)

"新子學"穩步推進

——"諸子學現代轉型高端研討會"紀實

方 達 崔志博

自方勇教授於2012年10月提出"新子學"構想以來，關於"新子學"的國際、國內學術研討會接踵而至，學界持續熱烈討論這一嶄新的學術理念，形成了一股強勁的"新子學"思潮。2014年4月12日—13日，"諸子學現代轉型高端研討會"在上海召開。這次研討會又是一次深入探討"新子學"的學術盛會。來自中國大陸、港澳臺地區以及新加坡、韓國、馬來西亞等國家的一百三十多位諸子學專家、學者彙聚一堂，為"新子學"建言獻策，扎實推進了"新子學"建設與發展的進程。

本次研討會開幕之前，舉行了《子藏》第二批成果發佈會。與會學者一致認為：《子藏》為"新子學"提供了厚重的基礎，"新子學"將進一步推動《子藏》等新時代古籍整理工程的繁榮發展。在研討會開幕式上，上海圖書館歷史文獻中心主任黃顯功基於《子藏》第二批成果的推出，對"新子學"提出了殷切的期望。他認為，"新子學"是《子藏》編纂過程中的重要理論結晶，具有重大的學術意義，未來隨着"新子學"理論的更加豐富和完善，勢必為建構當代新學術作出積極探索，同時也為中國日後大規模開展的古籍整理工作提供了理論創新的榜樣，有助於共同繁榮中華學術。北京大學哲學系教授許抗生也談到："我們在積極倡導的'新子學'，就是為了發展子學傳統，使子學精神薪火相傳，歷久彌新，並使'新子學'這一理念與傳統子學文獻整理交相輝映，更好地為我們當前時代服務。"從兩位學者的言談中不難看出，"新子學"理念已逐漸得到深度認知和普遍認可。在這次大會討論中，參會學者各抒己見，對"新子學"的發展歷程、"新子學"理念內涵的界定、"新子學"未來發展前景的展望、"新子學"與社會價值的相互關係等議題展開了深入的研討。

"新子學"發展歷程梳理

回首"新子學"構想的首次提出到如今的蓬勃發展，我們不難發現，一方面參與討論"新子學"的隊伍愈見壯大，另一方面"新子學"的發展脈絡也愈加清晰。本次研討會上，不少學者對

"新子學"的發展歷程予以了回顧與梳理,力求為當前"新子學"的構建與進一步發展提供借鑒。

三亞學院人文學院曾建華先生在發言中對"新子學"的發展歷程進行了全面的回顧總結。他將"新子學"的發展過程分為"'新子學'理念的提出及其初步建構(2012年10月—2013年4月)"和"'新子學'理論的全面建構和初步形成(2013年4月—2013年7月)"兩個階段。曾建華認為,經過"新子學"構想首次於《光明日報》提出、首次"'新子學'學術研討會"於華東師範大學召開、首次書面大討論《"新子學"筆談》刊於《文匯讀書周報》、"現代文化學者如何認識和評價'新子學'"的主題研討會於上海大學舉辦等過程後,"新子學"第一階段完成,其理念已初步形成。2013年召開的"'新子學'國際學術研討會"後,經傅璇琮等參會學者的深入研討,"新子學"第二階段完成,其理論體系得以全面建構。曾建華認為,"新子學"概念從無到有,並很快地滲透到文史哲等諸多領域,這不僅體現了方勇教授個人學術理念的前瞻性,更體現了學界同仁對子學未來發展方向的共同思考。"新子學"是學術界諸位前輩、專家共襄盛舉的成果,對當前"新子學"的發展歷程及理論建構進行必要的梳理和總結,必將進一步推動其發展。

北京大學中文系教授張雙棣對方勇教授提出"新子學"構想以來"新子學"的發展情況進行了重溫,他強調"新子學"的建立一定不能停留在某一層面上,必須與時俱進,並借鑒雜家思想中多元發展、相容並收的做法。廈門大學新聞傳播學院副教授謝清果、中國人民大學國學院副教授宋洪兵等也從不同角度對"新子學"的發展歷程及時代任務予以了說明。

與會學者對"新子學"發展歷程的回顧,較為清晰地梳理出了"新子學"的發展脈絡,有助於形成對"新子學"歷史與現狀的準確認知,為日後參與"新子學"研究和建設的學界同仁提供了借鑒,並為全面深入建構"新子學"學術體系奠定了堅實的基礎。

"新子學"內涵界定

自"新子學"提出以來,其內涵問題,一直是學界熱議的焦點。任何一種新學術的誕生,必定要對之前學界已成共識的舊理論框架進行解構、批判繼承和再創造。"新子學"的內涵界定,是"新子學"發展需要解決的首要任務。只有理性回歸到其理論本身,方能達到夯實理論基礎以致千里的理想效果。

上海社會科學院、五緣文化研究所所長林其錟研究員提出,"新子學"的內涵實際上就是"新子學學科"的建設。林先生認為,在全球化、多元化和中國正在崛起、民族正在復興的大背景下,構建"新子學學科"必須解放思想、大膽創新,做到新視野、新使命、新內容、新方法、新構架。而要完成這一目標,就需要面對歷史、面對世界、博采百家,吸納"綜核眾禮,發於獨慮;獵集群語,成於一己"的雜家精神。林先生通過對《文心雕龍》和《劉子》文本的細緻分析,從側面強化了對傳統子學本質屬性的理解,其中特別是對《劉子》一書中有關諸子各家的分析,豐富了我們對魏晉時代學者關於諸子學認識的瞭解，為"新子學"理論的自我界定提供了一個重要的參照系。

"新子學"理論的内在突破對象是傳統子學研究，因此學術介面對的最主要問題是如何重新審視先秦諸子學原有形態和後世學術發展研究對於這種形態的異化和僵化，即如何重新認識、梳理傳統意識中的"經"、"子"關係。復旦大學哲學系教授李若暉着眼於經學和子學在早期歷史中的複雜關係，提出經學和子學都是活潑潑的自由思想，在文體上也具有一致性，這就打破了長期以來認為"經"、"子"對立和截然二分的觀念，具有重要的參考價值。在討論中提到回歸古典文本的脈絡的方式方法問題時，李若暉表示，要堅決警惕不經意間現代觀念的入侵和擺脱流行框架，回到思想的源發處的基本路徑。李若暉教授以德性政治學為例，對以上觀點進行了獨到的闡釋，給在場學者留下了深刻印象。新加坡南洋理工大學國立教育學院教授嚴壽澂通過對"中國學術淵源與經子之別"的分析，提出先秦時期的儒家經學與其他諸子之學並無本質上的不同，皆為"就現象加以研求，發明公理者"的觀點，並進而認為今日倡導"新子學"者，宜祛除諸子與經學矛戟相向的謬見。李先生與嚴先生的觀點是對之前有關學者認為"新子學"的本質就是以"子學"消解"經學"理論的再次思考和重新解讀。顯然，斷然認為"經學"本質從伊始就是體制化和認定"子學"是對"經學"否定的觀點有待進一步商榷。

除卻對於"新子學"内涵中需要對早期經、子關係再認識的思想傾向外，還有學者對"新子學"回歸"子學時代多元化"的認識提出了自身看法。東南大學哲學系教授許建良認為，儒家僅是諸子百家中的一支，我們當前最應該轉變的是對於偏重儒家現實的認同，掀起自我認識的革命。中國人民大學國學院教授韓星通過對漢初諸子復興思潮與整合歷史過程的論述，類比了現在所面臨的學術、思想革新局面的相似性。韓星認為，國家、政體的一統、強大是形成學術、思想大融合的前提，各門各類的學術流派應該在服務政治教化需求基礎上，形成一個一統多元的格局，從而達到"建久安之勢，成長治之業"（《漢書·賈誼傳》）。東北師範大學文學院古籍所講師劉思禾則認為，將"子學時代"冠以"多元化"的特性是不準確的，與起源於西方的、意味着觀念和制度上保障差異性主體的合法共存的"多元"概念不同，子學如同經學一樣，在其發生的時代都具備自我的強烈正統、異端意識，並不具備現代意義上的多元精神。這就使得我們對於百家爭鳴時代的整體性不得不做出更進一步的全面思考。

"經學"與"子學"的概念是西漢初年對於戰國時代思想、政治、文化形態的一種總結。這種總結一方面最為貼近春秋戰國時代的原始面貌並為後世確立了主流的意識中樞；但另一方面，其本身就是基於當時官方權威的政治意識指導之下的產物，具有一定自我的立場。因此，在全新的世界性思想背景下，在近代興起的科學方法的幫助下和多種人文學科的共同作用下，我們能否在思想傳統中盡可能真實地還原先秦諸子學的原始形態面貌就顯得尤為重要。因此，如何確定早期經學的性質，以及早期經、子關係，是釐清子學傳統概念的關鍵所在，更是界定"新子學"如何對照"舊傳統"創新的關鍵所在，而上述諸位學者的深見無疑給"新子學"和當代學界提供了寶貴、獨到的方法。

"新子學"發展路徑與展望

"新子學"概念是在批判繼承傳統子學的基礎上提出的,它的面世不僅宣告了當代諸子學已處於轉型發展時期的歷史現實,同時也對未來學術範式的整體走向產生了深遠的影響。"新子學"未來將如何發展,這面文化的大旗將引領當今學術走向何方,是與會學者討論的又一熱點。

方勇教授在大會開幕致辭中提出,"新子學"要打破舊體制,實現跨學科發展。他認為,打破學科局限,凝聚研究力量是諸子學研究完成自我突破的重要方法,以往的研究受制於學科體系差異,學者之間來往不多,研究方法相對單一,對諸子學的自身發展十分不利,而"新子學"的重要內容之一,就是要在彙聚多學科學者的方向上下工夫。安徽大學中文系教授孫以昭提出,"新子學"的發展要做到"三新一全",即觀念新、視角新、方法新、資料全。孫以昭特別強調,傳統子學本身就是跨學科、多學科的作品,只不過在後世學者的專項研究下失去了原本的全面性。蘇州大學文學院教授王鍾陵對這種強調"大文化"、"大學術"研究的重要性及目前諸子學研究環境所起到的積極作用表示贊同,他也認為多學科、多角度的歸納、分析,可以發現前人有所忽略的學術問題,由此才能實現對前人成果的有益補充。韓國圓光大學校教育大學院姜聲調教授同樣強調了這一問題,他將跨學科研究作為"新子學"發展的關鍵點所在,並作了細緻思考,認為應該把跨學科的理念從現代分科體系延伸到整個傳統學術脈絡中去,這一想法與孫以昭教授對諸子學原生形態的強調頗為相似。但究竟怎樣定義跨學科研究,跨學科研究是某位學者的研究方法? 還是諸子學整體的研究格局? 這是未來需要進一步討論的話題。

針對"新子學"未來的發展,中國社會科學院文學研究所副研究員孫少華從創造學術新傳統的高度提出建議。他認為,建立學術新傳統在歷史上是一個長新的課題,在近代尤為如此。雖然"新子學"本身具有高度的理論創新自覺,但若想真正實現在現代學術轉型語境中的匯通古今、辨析經子,則具有極大的理論難度。若能實現,必然是對以往傳統學術的重大突破。處理這一課題,首先要著眼大局,在新與舊、破與立、學與用三個問題上融會貫通。在具體方法上,要注重傳統選題的深化和突破、傳統方法的改善和突破、傳統觀念的更新與突破。孫先生的建議與方勇教授在大會發言中講道的"新子學"就是創造一種諸子學研究的新格局、新範式,具有異曲同工之效。

關於"新子學"如何引領文化發展方向,與會學者也提出了各自的看法。南京大學哲學系教授李承貴認為,"新子學"想要引導國學發展方向的願望是美好的,但必須切實解決面對西方文化時的困惑和海納百川時的局限這兩個重要課題,盡量避免自我本位意識,找到一個科學的立場和真正開放的學術形式。武漢大學哲學學院院長吳根友教授則指出,傳統文化當然有自己的主流,但並不因此過多地奢談"正統",爭搶所謂"正宗"。思想與文化的發展,恰恰要在諸子百家爭鳴的狀態下,才能健康地向前推進。正是因為中國傳統文化中沒有西方思想界的"自由主義"傳統,所以我們才要回到先秦諸子百家爭鳴的時代,真正做到學術自由、思想自由。

正如方勇教授所言,"新子學"是一個新課題,現在還僅僅是破題階段,"新子學"的未來最終還是要依靠諸子學界乃至整個人文學界同仁的共同努力,在研究的實踐中加以交流、發展、開拓,逐步積累經驗。

"新子學"的社會價值

諸子之學,向來是當下之學。新時期的"新子學",也理應對當今社會產生作用。若無現實意義,就喪失了其存在的價值。"新子學"不僅是要提供未來學術範式走向,更要助力解決當今社會的現實問題。因此,"新子學"的社會價值問題是與會學者重點討論的問題之一。

中國社會科學院文學研究所研究員劉躍進從現實角度出發,認為"新子學"要批判地吸收諸子精神,為當代文化建設服務,為社會主義核心價值體系和思想道德建設提供精神支援,為實現"中國夢"和建設具有"中國風"、"中國氣派"的文化大國做出貢獻。

上海大學影視學院教授郝雨在全體大會發言上作了《"新子學"的深化與二十一世紀中國文藝復興》的報告,他提到,中國當代文化發展必須打破舊的束縛,要在文藝復興的高度理解新子學的新發展,這是對研究"新子學"現實意義的高度重視。

浙江科技學院中文系教授張湼在提交的論文中提到"新子學"的發展要與政治體制的改革同步。他認為,"新子學"的研究方向除了有關現實的政治人生,還應特別考慮民族文化的思維形式和形而上思想體系的建設問題。就這一問題,山西省社會科學院文學研究所副所長耿振東也表達了同樣的關注。他從歷史的角度出發,分析了子學和現實的緊密聯繫,指出學術與現實治道之間相互促進、相互服務的關係。與會學者就此展開對學術和政治的關係如何處理、二者如何既保持緊密聯繫又能做到相互獨立做了深入討論。這不僅有助於當代學者處理在社會政治際遇中碰到的實際問題,也有利於對諸子政治理論等重要問題的深刻理解。

本次會議共收到論文近八十篇,除以上集中討論"新子學"自身問題的篇目外,尚有許多對傳統諸子學研究貢獻頗深的論文。孟子說:"充實之謂美,充實而有光輝謂之大。""新子學"在不斷地探討中充實、壯大,扎實推進。相信在子學界同仁的共同努力下,"新子學"必將為諸子學界開拓新局面,同時也勢必會在實現中華民族偉大復興、推動社會主義文化大發展大繁榮、提高國家文化軟實力的道路上貢獻自己的力量。

(原載於《文匯讀書周報》2014年5月9日)

新子學：幾種可能的路向

——國內外學者暢談"新子學"發展

劉思禾　整理

光明日報編者按　自2012年10月華東師範大學方勇教授於本刊發表專文，提出"新子學"理念以來，學界相關的討論一直在持續進行。於日前在上海召開的"諸子學現代轉型高端研討會"上，國內外學者就"新子學"進一步發展提出各種看法，其中不乏真知灼見。與會學者在"新子學"理論建構之外，更關注"新子學"發展的路向問題，這表明"新子學"正穩步走向實踐階段。本刊擷取部分學者的發言，以饗讀者，以期進一步促進"新子學"之發展。

參與世界範圍的"百家爭鳴"

武漢大學哲學學院教授　吳根友

方勇教授提出"新子學"，我是欣賞的。有時候需要有勇氣有氣魄的人提出口號，豎立旗幟，把學者召集在一起。就我個人而言，更願意講諸子學在當代的新展開。面對傳統的子學，當代學者應該有一個回應：今天子學要做什麼。這是"新子學"要回答的。

中國文化是多元並進的，在儒學內部也是如此。傳統文化當然有自己的主流，但並不因此而能過多地奢談"正統"，爭搶所謂的"正宗"。思想與文化的發展恰恰要在諸子百家爭鳴的狀態下，才能健康地向前推進。我們不贊成道統說，贊成子學多元的傳統。僅就思想史、哲學史而言，"子學"其實是研究諸多思想家、哲學家的學問。中國傳統文化很少有西方思想界的"自由主義"傳統，但諸子百家的爭鳴在實質上就反映了學術自由與思想自由的實質。

我認為，當代中國哲學研究與諸子學研究，可以從蕭萐父先生的子學思想中吸取思想的啓示，活化熊十力先生"以平等心究觀百家"學術平等精神，平視西方哲學各流派的思想，並要有批判的眼光對待西方哲學中的諸觀點與方法，做到為我所用，而不是亦步亦趨。

晚年的蕭先生，在發表的文章與私下的談話中，多次提到要敢於參與世界範圍內的"百家爭鳴"，將中國傳統的"子學"概念加以泛化，用以描述當今世界範圍的諸子百家爭鳴的現象。

在《世紀橋頭的一些浮想》一文中，蕭先生要求我們把"'全球意識'與'尋根意識'結合起來，通過'兩化'實現中國文化的新陳代謝、解構、重構，作出新的綜合和理論創造，從而有充分準備去參與'百家爭鳴'"。很顯然，蕭先生將當今世界範圍內的各家各派的學術爭論，視爲當年發生在中國先秦的諸子百家的爭鳴。這種帶有比喻性質的説法，體現了蕭先生深邃的學術洞察力與以平等的眼光對待西方以及其他各民族的思想的學術態度。

　　蕭萐父先生的子學思想，對於重新認識中國傳統學術中的自由精神，對於新世紀的中國哲學與文化的發展，對於子學在當代的新展開，都將會給予有益的思想啓迪。尤其是他將"子學"作一泛化的處理，要求我們參與世界範圍的諸子百家爭鳴的説法，特別具有啓發意義。而非常有意思的是，他的這一想法與他生前的好友——華東師大教授馮契先生的觀點頗爲一致。馮先生説："我們現在面臨的是一個世界性的百家爭鳴局面。對傳統文化、對西方文化以及諸文化怎樣彼此結合或衝突，將會有怎樣的前途，大家見仁見智，會提出許多不同意見。只有通過百家爭鳴來自由地討論解決。"這就表明，參與世界範圍內的諸子百家爭鳴，是當代"子學"發展的一個新方向。

　　僅就中國文化的發展趨勢而言，蕭先生雖然贊同百家爭鳴，並且要參與到世界範圍內的百家爭鳴的行列中，但他對中國文化的發展方向及其前景的預測，不同於《莊子·天下》篇所悲歎的"百家往而不返"的結局，而是趨向於"同"，只是這種"同"是以"異"爲基礎的"同"。如王船山所説，"雜統於純"，"異以貞同"，而當中國文化在過去經歷了一段必要的分殊發展之後，"在未來必將進入一個兼綜並育的整合期"。而這一"兼綜並育"的新文化，即是在中西、古今的交會中形成中國傳統文化的現代性轉化。這時的中國文化將是一個"矛盾、雜多的統一"的"和"的文化狀態，而不是單向度的純之又純的新文化。

依自不依他，求是致用相資

新加坡南洋理工大學國立教育學院教授　嚴壽澂

　　理解和發展"新子學"，首先要釐清經學和子學的關係。一般理解的經學、子學完全對立，這是不符合事實的。章太炎先生曰："老聃、仲尼而上，學皆在官。老聃、仲尼而下，學皆在家人。"可謂一語道破中國學術演進的關鍵。東周以降，此貴族封建之制逐漸崩壞，官學亦因而衰替。孔子創辦私家學校，將古代王官之學傳授於任何願學者，民間私學於是代興。百家言興起，原有的王官學並未歇絕，如錢賓四所指出，戰國時期，王官學與百家言並立於學官，一掌於史官，一掌於博士官。至於所謂經，孔子之時，"猶不名經"；迨至孔門弟子，始有"六經之名"。以王官學之六藝爲常道，自孔門始。六藝之學與孔門的關係，如吕誠之先生所謂，"孔子所傳之義，不必盡與古義合，而不能謂其物不本之於古。其物雖本之於古，而孔子自別有其義。儒家所重者，孔子之義，非自古相傳之義也。此兩義各不相妨"，蒙文通亦持類似見解，此最為通達之論。

一般來講，儒家之經學與其他諸子之學，並無本質上的不同，皆為"就現象加以研求，發明公理者"。然而"經之與子，亦自有其不同之處"。章太炎云："經多陳事實，諸子多明義理……故賈、馬不能理諸子，而郭象、張湛不能治經。"實為的論。因而經學和子學有同有異，不能截然二分。

"新子學"的典範是基於"後設於哲學"之立場的章太炎。近代學者中，章太炎氾濫衆流，出入百家，同時又堅持本民族地位。太炎心目中的中華文化復興，在思想方面是發揚先秦諸子之學。太炎以為："孔氏而前，或有尊天敬鬼之説。孔氏而後，儒、道、名、法，變易萬端，原其根極，唯依自不依他一語。"今日欲復興中華學術與文化，必須上接先秦，重開百家爭鳴之新局。

依鄙見，其要點有二項，一是依自不依他，二是求是致用相資。所謂依自不依他，其含義有兩個層次。一是立足於本民族的歷史文化，切忌將鑿枘不入的外來思想學說視為無上正等正法，加諸本國文化之上。太炎先生去世前三年，昭告其弟子曰："夫國於天地，必有與立，所不與他國同者，歷史也，語言文字也。二者國之特性，不可失墜者也。……尊信國史，保全中國語言文字，此余之志也。"這段話正是"依自不依他"第一個層次的極好概括。"依自不依他"的第二層次則是自力道德，不以鬼神為依歸，與耶、回等一神教大異其趣。此乃二三千年歷史使然。諸教諸神各有其功能，百姓各取所需，彼此相安無事，是為宗教寬容和諧之極致。

所謂求是致用相資，中華文化有一重大缺陷，即太過實用，以致妨礙了純科學的發展。有識之士，如章太炎、陳寅恪，皆對此有深切認識。以見求是之學，本不以致用為鵠的，若因此而有大用，則是不期之遇，非其本意。純科學研究之真諦，可謂盡於此數語中了。因而要注意純粹認知的意義，以與傳統相匯通。

總之，依自不依他，求是致用相資，乃中華文化復興必由之道；而太炎先生者，實為前驅。今日提倡"新子學"，當於此取法。

"新子學"必須與經學相結合

復旦大學哲學學院教授　李若暉

"新子學"發展，應該立足自由經學和子學傳統相互促進上。傳統上，以經為中華傳統文明之核心，如《四庫全書總目》卷一《經部總敘》開篇有云："經稟聖裁，垂型萬世。"以經為大道之所在，此固漢唐經學之通義，但是其在歷史上的具體表現另有曲折。

至於諸子之學，一般認為是經學的附庸和補助。而馮友蘭《中國哲學史》分中國哲學史為兩大階段，即子學時代與經學時代。"上古時代哲學之發達，由於當時思想言論之自由；而其思想言論之所以能自由，則因當時為一大解放時代，一大過渡時代也。"其實即便在先秦時期，诸子也與經學息息相關。王葆玹指出：中國有一俗見長期流行，即以為五經純為儒家經書，經學為儒家所獨有。實則五經在秦代以前，乃是各家學派共同尊奉的典籍。先秦至漢初之經說本與子學一體，也是活潑潑的自由思想。經子關係，誠如《漢書·藝文志·諸子略》序所言："《易》曰，天下同歸而殊塗，一致而百慮。今異家者，各推所長，窮知究慮，以明其指。雖有蔽短，合其要歸，亦六經之支與流裔。使其人遭明王聖主，得其所折中，皆股肱之材已。"

近代經學沉淪，子學復興，但復興後的子學棄經學而附哲學，於是中國傳統義理之學的固有格局與內在脈絡被打散。這在經學領域表現最為明顯。漢王朝以秦制律令體系，馴化經說，建構經學，再以之一統思想，對於這個傳統需要現代學者加以疏通。近年葉國良倡言："經學的生命力是否旺盛，端看是否有新體系出現，易言之，須有適用於我們這個時代的創新之作，才能維繫經學的生命力，這方面還是有待努力的。"

我們認為，經學的根本性地位還是要承認，中國文化還是無法徹底離開經學，同時需要發掘經學的自由傳統，允許自由辯論、自由質疑。經學時代之前的經說就是自由的傳統。因而，如何回到自由經學，並以此為基礎重構子學？這是當代"新子學"建構的要點。

如何重構子學？漢初司馬遷可以為我們提供參考。錢大昕《潛研堂文集·史記志疑序》論曰："太史公修《史記》以繼《春秋》，成一家言。其述作依乎經，其議論兼乎子，班氏父子因其例而損益之，遂為史家之宗。"太史公正是熔經鑄子，才能"拾遺補藝，成一家之言，厥協六經異傳，整齊百家雜語"。

因此，當代"新子學"的建立，必須與經學相結合，以中華文化的大本大源為根基，立足於中華文化自身，面對中華文化的根本問題，重鑄中華之魂，此即當代"新子學"之魂魄所歸。

"新子學"要走進跨學科研究

韓國圓光大學校教育大學院助教授　姜聲調

"新子學"是以古今與東西為背景相對合理客觀地進行一連不斷的對話，建構一完整的學術思想體系，展開一種不同於過去"子學"的研究活動。這裏的關鍵是建立一種跨學科學術研究，需要說明的是這裏的學科不僅僅是現代學科，也有不同學術範式的意味。

諸子的跨學科研究在歷史上就有先例，最早恐源於《韓非子》的《解老》《喻老》二篇，以法家觀點發揮闡釋老子之說，即《解老》以義釋《老》，《喻老》以事解《老》。宋代是跨學科學術研究奠定基礎的時期。宋代學術以儒為主，雜以道、佛，學者們提升層次，擴展思維，營造一種跨學科學術研究的條件環境。

在今天，"新子學"走進跨學科研究的階段，必須經過規範化、科學化、具體化、多元化、普及化的過程，才會被學術界以及群衆接受。規範化是指過去與現在相接互應地體現具有中國傳統的學術研究體系；科學化是指人文學知識借助於各種科學知識解決學術研究的問題；具體化是指抽象的學術思想成分轉變為具體並辨識"虛幻"與"真實";多元化是指相對客觀合理的範圍條件下把古今與傳統相接、東西與現代相應;普及化是指研究者與大眾共同參與從事文學化、大眾化兩方面的事情,並以此落實於"新子學"而分享。

下面重點說明多元化和普及化兩個問題。方勇教授在《"新子學"構想》一文中認為,"新子學"要繼承充滿"原創性""多元性"的"子學精神",這是每一代都要重視的。值得注意的是"多元性"面貌,就適合於跨學科學術研究。"多元化"是在前提開放的意識形態下,承認學科間差異的立場,各學科的相對局限性問題,互讓互補,容納彼此,以跨越學科,接受不同學科領域的知識。"子學"自有博大精深的含義,需要不同學科人員自由活躍地接受發揮,科際整合,貫串為一,這便符合"新子學"學科建立與學術研究的理念。

同時,"多元化"就自然地涉及"普及化",其成功必須歸結於"普及化",先行後隨,互補相成,是一種接連發展的進程。而"普及化"的進程是從專業研究者與大眾相連來主導,即前者專門從事"新子學",是服務於學術研究的,稱為文學化;後者互動參與"新子學",是服務於樸實有用的,稱為大眾化。除此之外,專論"大眾化"就以學術大眾、一般大眾為對象,從專業性、世俗性兩方面進行,不僅符合學術發展的本質,也符合學術開放的本質,能使之服務於學術界及社會大眾。特別是面對一般社會大眾的"大眾化",一定要考慮調整人員結構的問題,鼓勵一般大眾積極地介入參與"大眾化"的過程,將學者與大眾相結合,並協助齊心協力地共創出大眾化文本來,才能實現顧名思義的"普及化"。

"多元化""普及化"是跨學科學術研究的基礎。"新子學"在"多元化""普及化"的基礎上要進行跨學科學術研究,必須重視這兩項工作。

要創建一種新的研究範式與學術傳統

中國社會科學院文學研究所副研究員　孫少華

直到目前,文獻整理與哲學思想研究,一直是研究諸子的兩大工具。對諸子較為深入綜合的文史研究,尤其是能將諸子研究轉換為現代成果、服務於現實社會的成果,還較為缺乏。

根據新世紀學術發展的形勢與要求,我們有必要創建一種新的研究範式與學術傳統。就子學的思想淵源與發展流變來說,"新傳統"的建立可能相對容易開展。結合西方最新研究成果與海外漢學的成就,我們完全有可能創建一種既能體現子學研究的固有傳統,又能有所創新,既能融貫中西,同時又具有中國特色、符合現代社會要求與思想實際的"新傳統"。

古、今學術之辯證關係與平衡,是一個直至今天仍然爭論不休的話題。在"新"與"舊"關係的處理上,漢代學者如陸賈之流,思考較為清醒。他們認為,正確處理"舊"與"新"的關係,盡量保持"舊學"與"新知"的平衡,對社會政治至關重要。陸賈《新語》說:"善言古者合之於今,能述遠者考之於近。"單純地強調厚今薄古,是片面的;但"道近不必出於久遠,取其致要而有成",盲目的厚古薄今也是不正確的。古與今,遠與近,永遠是一對矛盾統一體。也就是説,一種新體系的建立與研究,需要認真對待舊與新、古與今、遠與近的關係。這是歷代學者都會遇到的問題。子學研究提出"新子學"概念,符合中國的歷史傳統,符合古代諸子思想的文化傳統。從思想淵源上説,"新子學"研究具有一定的可行性。諸子學的創新研究,不可能完全抛棄"舊傳統"的一切研究體系自立門户或重起爐灶,而應在繼承"舊傳統"優秀成果基礎上,取其精華,去其糟粕,為我所用。

　　子學研究的"創新",是"繼承"基礎上的超越,也就是要在"舊傳統"基礎上,建立一個適應歷史發展和社會需求的"新傳統"。這就需要破除諸子思想中已經不適合現代社會的消極成分,找到諸子思想與現代學術的結合點。也就是説,我們承認,傳統的諸子學是進一步開展"新子學"研究的寶貴遺産,但這並不意味着只能固守前賢遺留下來的研究思想與方法。子學要在新時代焕發新生命,必須要有新突破。傳統選題的深化與突破,傳統方法的改善與突破,傳統觀念的更新與突破。如何將子書中具有普遍性價值的思想挖掘出來,成為指導人們建立正確人生觀、世界觀的有益工具,是我們思考與研究的方向。

　　從當下思想實際看,人文社會科學的價值不能忽視,古代學者包括諸子百家的精神遺産不能抛棄。"新子學"的提出,是一個適應時代發展的新命題。"新傳統"的建立,任重道遠,意味着更多的挑戰和責任。在這個方面,我們需要加强與海外漢學的溝通、交流與學習,需要積極輸送外語好的青年學者外出短期學習與工作,考察國外子學研究的現狀、成績與經驗,以保障"新子學"研究長期、穩定的發展,為"新子學"研究更上一層樓奠定基礎。

　　總之,"新子學"順應時代要求,提出了新的子學研究理念與方法,為開拓子學研究新局面提供了新思路。在未來的子學研究中,"新子學"完全可以承擔更多責任,為創造新世紀中國"新子學"研究的"新傳統",甚至創造中國古代學術研究的"新傳統",樹立一個新典範。

一種充滿生命力的新學説

南京大學哲學系教授　李承貴

　　在中國當下非常物質化的社會中,有"新子學"這樣的精神追求,方勇先生及其團體把學術作為自己的事業,我覺得非常好。我主要講四個觀點:

　　第一,"新子學"是一種可以充滿生命力的新學説。改革開放以來,國學有很多紛争,大家做的工作也很多,但是有勇氣提出一個旗幟,一個學説,卻不多,因此對"新子學"我非常肯定。"新子學"剛剛提出來,一種新的學説還需要積累力量,它的主題,研究方法,研究範疇,還有它的使命,這些都需要進一步釐清。對照新儒家、新道家、新佛學,現在"新子學"還没有一個明確的説法,這個需要加强。"新子學"應該有一篇長文,系統論述自己的主張。當然,"新子學"剛剛提出,需要一個發展的過程。我相信"新子學"通過方勇先生和他的團隊努力十年,五十年,包括其他關心"新子學"朋友的參與,"新子學"會有一個大致的輪廓。

第二,"新子學"和西學的關係。我們都很清楚,近十年來,中國哲學界反思一百多年來,西方文化哲學進入中國後,有一個強烈的反彈,大家在討論中國哲學合法性問題。相當一部分學者認為,因為引用西方思想作為媒介、坐標、鏡子,來看我們中國傳統的學說,發現西方哲學解構了傳統學術,中國學術的真精神喪失掉了,由此推出建立中國本位的學術與方法的主張。我贊同這一主張,不過我們應該看到,現在是一個地球村時代,王國維先生講過,現在學術已經沒有中西之分。要以更高的眼光看待西方學術,不要因為過去的解構,完全排除西方哲學,這是做不到的。牟宗三先生、馮友蘭先生學術中西方的東西去得掉嗎?去不掉的。這是中國哲學生生不息的一個部分。因此,"新子學"面對西方也要有一個比較科學的立場,學術思想要開放,不要本位主義。

第三,任何學說都無法胸納百川。一般講的胸納百川的學說,在中國學術歷史上是不存在的,學術的黨派之爭是實際存在的。宋明新儒學是三教合一,但問題是合了什麼,合在什麼地方,合的程度怎麼樣。朱子、陽明也是有選擇的,其選擇也是有條件的。"新子學"要胸納百川,如何可能?

第四,關於引領國學發展方向。我贊同這一氣概,"新子學"要引領當下國學發展方向,但是能不能領導是另一個問題。我認為應該有一個指導,一種純粹的公正的學術精神的指導。現在國學看起來是繁榮的,兒童讀經,各種培訓,報導、民間團體非常多,好像傳統離我們很近,但是事實上泥沙俱下,儒道釋的真精神沒有來到身邊。

(原載於《光明日報》2014年5月13日"國學"版)

新媒體時代民族文化探源與經典傳播

——"子學精神"傳承與傳播研討會綜述

毛冬冬 劉 凱

　　隨着各類新媒體的不斷湧現，人類信息、知識、文化的傳播方式與媒介使用習慣正在經歷前所未有的重大變遷。身處這樣的時代變局之中，如何有效地實現民族文化的傳承與傳播已經成為中國知識界、文化界無法回避的問題。如何在傳統文化式微的背景下探尋中華民族文化之淵源，並對傳統文化中的經典作品與思想精髓進行有效傳播和大力弘揚，也已成為當下人文社會科學領域的重要課題。

　　2014年11月9日，由上海大學影視學院教授郝雨籌劃並發起的，以"'新子學'與現代文化：融入與對接——新媒體時代'子學精神'傳承與傳播"為主題的研討會在上海大學樂乎樓隆重舉行。此次研討會為期一天，先後以主題演講和討論的形式開展了四場專題研討活動，來自清華大學、復旦大學、中國傳媒大學、同濟大學等多所高校的專家學者從自身的研究領域出發，發表了各具特色的主題演講，並就共同關注的問題展開了深入討論。

一、探諸子思想精髓　促民族文化傳承
——助力文化探源與理論建構

　　上海大學影視學院院長鄭涵教授首先代表會議的主辦方之一簡要闡述了對此次會議意涵及要旨的認知與期待。在其看來，"新子學"的提出在學術界已經獲得了越來越多的關注與越來越大的反響，而本次會議更是具備了跨學科的視野，把文史哲與新聞傳播學的學者彙聚在一起，以"新子學"為切入點，深入討論新媒體時代民族文化傳承與傳播的問題，這對於當今中國的學術研究工作是具有重大意義的。不同學科就這一問題相互啟發、相互碰撞，對於這一問題能向更高層次推進，向更大範圍推廣，都會大有裨益，對於解決當今時代我國文化建設、文化傳播過程中面臨的諸多問題與挑戰也將具有借鑒意義。隨後，鄭涵教授對出席會議

的各位專家、學者以及參會的同學表示感謝,並預祝會議取得圓滿成功。

華東師範大學先秦諸子研究中心主任方勇教授首先對"新子學"概念醖釀與正式發表的艱難歷程進行了回顧,而對於"新子學"能夠突破古代文學先秦諸子研究的範疇,獲得其他學科、其他領域的廣泛關注,方勇教授在表達欣喜與感激之餘,對更多專家學者能夠參與到這一研究進程中也表示殷切期待。同時,他期望這一概念能夠在各個學科不同的研究視角下得到拓展、豐富,從而為民族文化的傳承與傳播發揮更大的作用。

子學產生於文明勃興的"軸心時代",是以老子、孔子等為代表的諸子百家汲取王官之學精華,結合時代新因素創造出來的新學術。自誕生以來,子學便如同鮮活的生命體,在與社會現實的不斷交互中自我發展。當下,它正再一次與社會現實強力交融,呈現出全新的生命形態——"新子學"。2012 年 4 月,在上海召開的由華東師範大學先秦諸子研究中心舉辦的"先秦諸子暨《子藏》學術研討會"上,方勇教授率先提出"全面復興諸子學"的口號,"新子學"的概念應運而生。在方勇教授看來,"新子學"追求的不僅僅是在傳統子學研究的基礎上推陳出新,其深層理念更在於破除思想上的禁錮。傳統經學的思維方式至今仍然滲透在國人的思想觀念當中,儒家思想一家獨大的經學理念仍遠未破除,整個中國文化在走向真正多元化的道路上需要一次深刻的轉向,而對於"新子學"的研究便將致力於此。

作為會議主辦方之一,《探索與争鳴》雜誌社的代表葉祝第先生對方勇教授的觀點深表贊同。他認為,中國正處於一個面臨重大轉折的時代,而這往往意味着新的文化類型和新的時代精神誕生的可能。近 30 年來《探索與争鳴》雜誌發表了很多關於中國傳統文化的文章,他們所做的就是迎接這樣一種新的文化的誕生,提供一個"探索與争鳴"的平臺,彙聚專家學者的前沿思考,發出文化界最真實的聲音,為推動中國傳統文化的傳承與傳播貢獻一份力量。葉祝第先生認為,以互聯網為代表的新媒體,雖"泥沙俱下",卻也生機勃勃。互聯網的開放平臺、協作分享讓自由表達成為可能,與方勇教授所說的"直面現實意義、深究學理,不尚一統而貴多元共商"的子學精神不謀而合。我們有理由相信,前現代和後現代的結合一定會綻放出最美麗的花朵。

復旦大學教授郜元寶將其對方勇教授提出的"新子學"三個層面意義的理解進行了深入闡釋。在他看來,第一層面的所謂"新的子學"是無可非議的,然而這一層面很容易演變成一種學術的操作,成為學者之間討論的事情,很難波及整個社會,無法對大衆及社會文化造成廣泛而深刻的影響,難以促成更大文化目標的實現。而作為第二層面的"新子之學"似乎還無從談起。事實上,對於當代中華民族文化的傳承與傳播最具現實意義的是"新子學"的第三個層面,也即"新的子學時代的精神",而這恰恰是最值得思考與珍視的。

上海大學教授葛紅兵認為中國現代文化與"子學源頭"的對接還有漫長的路要走。總的來說,利用中國傳統文化內生性的現代性資源去做民族文化新的現代性改造,在國內還沒有成功的經驗,在整個東亞範圍內也沒有完整的、國家性的、民族性的經驗可供借鑒。迄今為止,學術界對此還缺乏理論上的梳理,而這也將成為下一階段工作的重點。而在談及傳統文化經典如何在現代社會廣泛傳播的問題時,葛紅兵教授強調,對經典文獻的整理和解讀仍然是一項工程量十分浩大的基礎性工作,而對傳統文化經典作品中思想"原點"的闡釋無疑將成為重中之重。也只有先做好這些基礎性的工作,才能扎實地推進傳統文化中思想精髓的現代化進程,從而使得民族文化傳承與傳播的工作能夠順利、高效地開展。

逢增玉教授談到其所任職的中國傳媒大學正在開展的國際漢學傳播項目。在他看來,"新子學"所提倡的對諸子百家思想的繼承、發揚以及結合時代特點促成其與現代文化對接的諸多舉措,對傳統文化傳承與傳播具有至關重要的作用。如何重建諸子時代的多元並包的文化心理結構,並使之促進大眾的精神生活、思想價值的建設應該是重點關注的問題。此外,逢教授對"'五·四'(新文化運動)斷裂了傳統文化"的觀點並不認可。他以魯迅的歷史小説中對子學精神的肯定與繼承為例,提出新文化運動中真正"斷裂"的是儒學,而子學在這個時期是有所傳承的,這一段歷史值得當代學者進行更為深入的發掘。

同濟大學教授張生從在當代學者中較為普遍的文化自卑感入手,強調現如今的中國社會在某種程度上已經"全盤西化"了,而中國文化在新文化運動 100 年來所經歷的各種"折騰"和碰撞,非常鮮明地表現在幾代國人,特別是知識分子身上。在張生教授看來,很多知識分子就像追求時尚的女性一樣,"一會兒流行魯迅了,我們就都'魯迅'了,一會兒流行耶穌了,我們就都'耶穌'了,一會兒流行儒家了,我們就都'儒家'了"。他進而反對知識分子中時常出現的將自身所研究的學術內容意識形態化的取向,並認為當今知識分子最應該擺脱的是傳統的學以致用、經世報國的思想。他認為,現代知識分子應該盡可能少一點家國思想,少一點經世致用的思想,把該作為學術內容的還給學術,把該在生活中解決掉的問題還給生活,沒必要把自身研究的內容提到國學的地位。他坦言,因為現代社會的日常生活本來就是一種"隨波逐流"的狀態,可能這樣的學術態度更符合當代生活的處境。

《文學報》主編陳歆耕從媒體人與普通寫作者的角度提出了兩點思考。第一,傳統文化的傳承與傳播在從學術層面展開的同時,也要立足於解決當代中國人的精神困境,更要注重其社會意義的建構。只有獲得廣泛的社會認同,才能獲得更加豐富的精神活力,否則影響的範圍很難拓展到社會公眾之中。挖掘先秦諸子以來的民族文化精神之源務必要着眼於現實社會,這樣才有可能彙聚成一種新的學術思潮,對社會價值觀的重建做出相應的貢獻。第二,子學產生於學術多元、百家爭鳴的土壤,而"新子學"的建構也應承襲這一傳統和精神氣質,應該是開放的、多元的,不應該拒絕其他學派,當然也包括西方思想文化中的優秀成果。在吸收中外優秀成果中要力求讓自己更豐富、更包容、更有生命力。陳歆耕主編坦言,他不希望"新子學"成為一種豐碑式的顯學,像尊崇儒學那樣形成自我封閉的傳統。

《名作欣賞》副主編張勇耀則強調了女性視角在先秦諸子思想的精神萃取與價值傳承方面的重要性。她認為,雖然相對於男性而言,女性的理性思維較弱,但憑藉其獨有的女性視角,艱澀古奧的諸子言論更易被內化為更溫暖、通俗的大眾話語,這無疑將助力於諸子思想的大眾化傳播。基於此,張勇耀女士對"新子學"研究百家爭鳴局面中的女性角色參與表示了期待。

　　上海金譽阿拉丁投資管理有限公司總經理孫興武致力於在上海建設開發一座中華民族的復興主題公園,他認為理論上的探討固然重要,但提升中國傳統文化的影響力終歸是一個實踐操作的問題。如何贏得社會資源、政府資源的支持,也是值得在接下來的研究中重點關注的問題。他從自身的經驗出發,認為傳統文化需要發揮更加實際的效用,這樣才能引起社會各界更為廣泛的關注。

二、回歸原點　專注現實
——聚焦新媒體時代傳統文化傳播之道

　　當今新媒體時代的知識形態表現出許多新的特點。吉林師範大學新聞學院院長夏維波認為這主要表現在以下幾個方面:其一,知識愈來愈信息化,人與知識的關係變成了簡單的刺激反應關係;其二,媒體擬態知識體系的影響力的日益增長促成兩套知識體系並存的局面;其三,知識分子不但對於知識壟斷權消失,"知行合一"式的知識傳承者的神聖地位也在消失;其四,新媒體時代,未必是百家爭鳴的時代,傳媒技術為自由提供平臺,也為控制創造前提。最後,夏維波教授將新媒體時代子學精神的傳承問題表述為"三個民間"的見解。"第一民間"強調"子學下鄉",這一過程伴隨着崇高化與世俗化兩種看似對立的傾向;"第二民間"強調中國知識分子所具有的"中間型"空間性的特徵,即知識分子既是王官之學的維護者,又是民間之學的傳播者,認為"新子學"應有明確的自我定位;"第三民間"則強調民間之學的異質性和多元性應得到保障,以維持民族的文化反省能力。文化反省需要思維工具,一種文化是否先進,應看其有無文化反省的工具,而中國的知識譜系有這樣的工具,儒釋道一體文化譜系具有一種發展的自洽性。夏維波教授認為,以上三點都是符合新媒體時代媒介發展特徵的。

　　河北大學宣傳部部長劉焱認為,學術研究很多時候是在自說自話的氛圍中做的,這樣很不好,文化自信的建構首先是在深層次地解決人們魂歸何處的問題,在這個層面展開文化建設工程是很重要的。前年到德國考察時,發現他們的中小學開設有人文精神教育課,倫理道德推理課,其課程體系也是很完整的,在他們看來,不管信奉什麼教,最重要的是敬畏生命。所以他提倡在"新子學"的研究中應該注重人們精神出路的尋找,要着眼於解決人們精神匱乏的問題,使人們在心態上變得陽光、積極,使"新子學"的研究在人際關係建構上發揮正面作用。而回到大學中來,培養具有鮮活生命力的大學生也是很重要的,使他們更明白生命是怎麼回事,文化究竟應該走向何處。

　　吉林工程技術師範學院傳媒學院院長陳少志首先談及中央電視臺關於尋找最美鄉村教師、最美村官、最美少年的"三尋找"節目,進而提出將"新子學"的理論基點與現代傳媒中的典型人物報導相關聯,捋順"新子學"中着力弘揚的子學精神與現代傳媒典型人物報導的關係,探索二者得以順利"對接"的"接點"。這樣才能在增加主流媒體社會公信力的同時,同步提升人們對傳統文化中最具價值的觀念的認同。

天津師範大學王豔玲教授從新媒體時代信息碎片化的問題談起,認為文化經典作品應該放下身段,借助新媒體的多元路徑,在內容和形式上適應現代文化的旨趣,在一定程度上順應當前公衆獲取信息與知識的習慣。王豔玲教授引述中國人民大學教授喻國明的觀點,認為碎片化會導致兩個結果:一個是話語權威和傳播效能不斷降低,另一個就是海量信息的堆積和表達意見的多元。由此,她提出碎片化閱讀是當今社會飛速發展的必然結果。大衆閱讀的碎片化形勢是不可逆轉的,甚至可能成為一種主流。碎片化閱讀可能會成為經典導讀的一種有效途徑。王教授列舉了"國學堂"網站上的"一張圖讓你看懂什麼是國學"、"老子道德經的白話全解"、百科全書網站的"48 張圖讓你瞭解 48 種主義"、古典新風尚網站的"一篇短文瞭解諸子百家"。這些都對傳統文化經典起到了導讀作用。雖然我們不可能通過一張圖瞭解國學,通過一篇文章瞭解諸子百家,但是其在朋友圈的分享鏈接使得摘要的精華知識部分起到刺激人們閱讀經典的作用,這對經典作品的普及、影響力的提升是一種不可忽略甚至是不可估量的貢獻。

集美大學教授景國勁認為,在中國傳統文化傳承與傳播的過程中,價值選擇是一個非常重要的問題,對其進行的研究也將波及很多領域。他認為,從某種意義上講,這是一個文化訴求與價值訴求的問題。我們可以借助生態哲學和美學的一個概念——"有機整體性"——把整個中國文化作為有機整體,強調包涵、多元與平等。他認為三種精神是在新媒體時代的傳統文化傳播最需要具備的:一是創新精神;二是參與精神;三是對話、平等、多元的思想。

此外,上海體育學院新聞學院院長杜友君強調了文化傳承與傳播的重要性。他認為,推動社會進步理論與知識的大衆化與普及化,使之能夠為更多人所理解,是每一位人文社會科學工作者的職責。蘇州大學曾一果則認為,在新媒體時代,包括"新子學"在內的傳統文化經典的傳播既不能過分娛樂化,也不該過度崇高化,而是應該探尋一種相對中和的方式。

三、新管道　新視角
—— 青年視野中的經典傳播策略性建議

《申江服務導報》記者孔亮列舉了許多源自網絡論壇、微博、微信朋友圈等社交媒體平臺的涉及傳統文化的極具趣味性的案例,並認為許多傳統文化中的經典作品其實都是古人一種生活狀態的體現,之所以能夠廣泛傳播並且世代傳承除了其本身具備的審美價值以外,更重要的還在於它們符合大衆的審美趣味,獲得了更廣泛群體的審美認同,這也是一個傳播學的問題。在新媒體時代,全民娛樂的因素很强,傳統意義上"説教式"或者説"傳教式"的傳播方式很難起到實際的作用,因此,文化經典也不能固步自封、固守成規,必須在傳播形式上做出重大調整,這樣才能在新媒體時代的文化舞臺上占據一席之地。孔亮進而認爲,傳統文化的研究者和傳播者應該主動擁抱新的技術,並掌握當今時代的傳播規律,利用熱點焦點事件,並借助資本市場的力量和管道,將文化經典作品"借勢"傳播出去。他以"今日頭條"的 APP 爲例,認爲其中推薦的古詩和文章恰恰是在座的專家學者最擅長的,這些内容也並非得不到年輕受衆的認可。事實上,正是由於它做到了以上幾點,才創造了涉及數千萬受衆的廣泛影響力和估值 5 億美元的巨大價值。

安徽省社科院研究員王飛重點就"新子學"如何適應時代的需求和新媒體環境下"新子學"如何接地氣的問題闡述了自己的觀點。在他看來,任何一個學術概念乃至學科的發展,都離不開現實環境,而在新媒體環境下,"新子學"如何"接地氣"的問題值得傳統文化的研究者和傳播者思考。王飛談到圖書館中大量子學經典及各代學者所做的"集注"對於普通讀者而言太過艱深晦澀,而且人們對於這樣大部頭的作品是會產生閲讀心理障礙的。在新媒體環境下,如何把傳統文化中的經典作品以讓人們喜聞樂見的形式表現出來,讓大家更容易去接受,這就是一個"接地氣"的問題。從歷史上來看,越簡單的學問越容易爲人們所接受。他舉了佛教在中國傳播發展的例子,認爲在佛教諸多宗派中,净土宗之所以能够廣泛流行就是因爲净土宗專修往生阿彌陀佛净土法門,教義簡單,修行方法簡便,人人都能做到,故自中唐以後廣泛流行,而當今文化經典的傳播也應該對此有所借鑒。

寳雞文理學院的王小寧提出對以子學爲代表的傳統文化的研究應該在研究方法與研究視角上尋求突破,並建議從中西比較的立場上去重新介入傳統文化的研究。她認爲,在當今時代,唯有在不同民族的對話中才能激發出中國傳統文化思想價值的活力。

臺灣學者陶奕駿提出,應該從文化傳播的角度對傳統文化予以更多的思考和關注。傳統文化不能僅僅通過專家的紙筆和文字來傳播,而應該成爲全民文化的一部分。特別是青年一代,需要對這方面有更多的瞭解和認識。包括推出一些講壇,或者更進一步地推出影視、動漫作品或者借助各種新媒體傳播都是更爲有效的傳播途徑。此外,陶奕駿認爲更加注重中小學教材的編寫和大學階段通識課程的開設,才能使傳統文化的傳播具備更加廣泛的社會根基。

清華大學博士後孫平從其自身從事紀錄片創作的視角出發,認爲以子學爲代表的傳統文化在其傳播過程中,可以充分利用 BBC、美國國家地理的商業化運作模式來拍攝一部大衆化的文化紀錄片。在她看來,通過這樣的模式,既講了文化,大家又喜歡看,才能真正實現文化傳承與傳播的目標。她試圖尋求拍攝這樣一部文化紀錄片的可能性,並希望能爲本次會議做一些後續性的貢獻。

在會議接近尾聲之際,同濟大學教授王鴻生的一番言論頗能引起所有與會者的共鳴。他認為這次會議的主題特別具有當下感。在這樣一個極度擴張的、以技術為支撐的互聯網世界中,中國傳統文化的活力如何被釋放,如何進一步和西方文化對話,將是人類另一段漫長的精神交往史。在這一段精神交往史中,西方怎麼做,中國怎麼做,對人類未來的命運意義非常重大。這也將成為今後很長一段時期內,所有關注民族文化傳承與傳播的人士需要關注和思考的問題。

(作者單位:上海大學影視學院)

發掘諸子治國理念

——第二屆"新子學"國際學術研討會綜述

劉思禾

光明日報編者按 近年來,本刊對"新子學"給予了持續性的關注,形成了一個漸進的學術系列。2012年10月22日,本報刊發了華東師範大學方勇教授的《"新子學"構想》,該文正式提出建構"新子學"。2013年9月,又刊發了方勇教授的《再論"新子學"》。該文對"子學精神"等問題做了詳細闡述,是"新子學"在理論上的推進。"新子學"理念引發了學術界持續關注,不同領域的學者就此議題展開多次熱烈討論。本刊先後以《新子學大觀》和《新子學:幾種可能的路向》為題刊發新子學研究綜述。本期綜述的,是不久前在上海召開的第二屆"新子學"學術研討會。歡迎關注。

陽春時節,萬象更新,中國傳統文化研究呈現出勃勃生機。2015年4月17日至19日,由華東師範大學先秦諸子研究中心、中國諸子學會主辦的第二屆"新子學"國際學術研討會在上海召開,來自海內外的120餘名諸子學專家學者齊聚申城,圍繞"新子學"理念,就諸子國家治理思想展開深入探討,並對其現代價值做出正面闡述。

"新子學"範式的深度拓展

北京大學人文講席教授陳鼓應先生在開幕式發言中指出,在繼承中華文化傳統過程中,方勇教授所倡導的"新子學"立足於諸子學的當代發展,是一個重要的理論視角。先秦諸子對人世的深切關懷和對理想世界的構想,是中國哲學區別於其他文明的獨特之處。"新子學"繼承傳統,立足當代,具有巨大的發展潛力。作為頗具影響的道家思想研究專家,陳先生還提到儒道之間要相互補充。他認為,儒家和道家在很多方面有着相近的觀點,道家也具有人文精神,提倡人文的自然、境界的自然。在倫理問題上,儒家講的尊尊親親自有其合理處,長輩談起小輩油然而生愛護之情,小輩見到長輩油然而生敬重之情,這都非常寶貴。老莊並非不講倫理,老子講忠信,莊子對孔子孝的思想也有繼承和發展,講道"以敬孝易,以愛孝難;以愛孝易,以忘親難;忘親易,使親忘我難",這是莊子式的世界主義情懷。陳先生認為,在當代的世界格局下,民族情感和民族意識具有重要意義,要更重視家庭倫理和民族文化傳統。

本次大會深入討論了"新子學"的哲學原理和發展機制,閩南師範大學湯漳平教授在《再論"新子學"與中華文化之重構》中指出,子學復興是時代的選擇,在提升國家軟實力上具有重要意義。"新子學"的構想,適時地提供了重構中華文化的新思路。河北工業大學李洪衛研究員認為,儒學在禮崩樂壞時代是社會的一服良藥,有大用。不過,儒學如果不能調低自己的節奏和堅持學在民間,則必然會在獲得權力之後走向僵化與宰制,這是中國歷史經驗和世界不同民族宗教學説的共同教訓。儒學的一陽來復之日也是它的多元分化之時,這種分化本身須要諸子學的滲透乃至洗滌。由此,"新子學"乃是一種必要的均衡性和疏解性的力量。上海財經大學玄華講師在《新子學的儒家》一文中討論了"新子學"視域中的儒家定位問題,這是對"新子學"内涵中關鍵問題的深入探討,他指出要把握傳統文化多向性、多元性和整體性的特點,儒家不要陷入歷史上反復出現的自我獨尊、一門獨大的心態,而要在當代世界文化中超出舊有設定,承認多元多樣的思想世界和生存世界。北京師範大學曾建華博士在《"新子學"的當代境遇與未來使命》一文中指出,"新子學"的宗旨在於以學術的"返本開新"和多元發展為基本模式,以開放、合作的姿態,直面時代問題,共同建構一個產生於中國文化之中,又保持着開放形態的知識體系。這一要求對於當代知識者的身份歸屬、話語權、價值重構都形成巨大挑戰,進而要求一種道不畏雜、不斥異端、多元開放的建構之路。

在"新子學"的發展問題上,韓國圓光大學校姜聲調助教授在《在韓國如何推廣"新子學"》為題的發言中介紹了"新子學"在韓國的影響。他指出,韓國學者已開始研究"新子學",新的學術體系已經起步。他還就"新子學"的推廣方法提出建議。臺灣屏東教育大學簡光明教授在《在臺灣推動"新子學"研究的策略》為題的發言中介紹了"新子學"在中國臺灣地區的影響,討論了經學與子學的關係、研究人力與研究風氣等問題。兩位學者着重討論了如何進一步推進"新子學"在海外的發展,這是當代諸子學發展的一個重要方面,值得深入探索。

諸子國家治理思想的現代轉化

"新子學"的發展不僅是理念的提出,也體現在研究領域的實際推進上。本次大會的一個亮點是諸子國家治理思想的討論,共有16位學者撰寫了諸子政治思想的論文,形成了諸子學在政治治理領域的一個突破。復旦大學白彤東教授就政治儒學的定位展開討論。他在《子學還是經學——對政治儒學復興之路的一些思考》為題的發言中,論述了儒學作為普遍價值的意義,指出其在發展路徑上,走今文經學的路是有問題的,應該調整到子學路徑。所謂子學路徑不是無立場的多元的子學,而是站在儒家立場上的諸子競爭。其論證的方式不是"因為你們不是儒家、不遵經,所以錯了",而是"因為好,所以要接受"。當代是一個放大的諸子時代,我們應該採取一種更開放、從而也是更強的、更"正統"的子學方法,走一條經學與"史學"之間的中道。浙江省社會科學院徐儒宗研究員在《儒家的民本思想與民主意識》一文中討論了先秦儒家民本思想與蘊含其中的民主觀念,他就民為邦本的仁學價值本體論、儒家倡導人格平等和人格獨立、民貴君輕與立君為民、君權合法取決於民心、君民平等與君尊民卑相統一,分別作了細緻分析,指出儒家雖然沒有創建一套民主制度,但是儒家有民主思想的某些因素。儒家也希望通過政治實踐把這種民主精神表現出來。他還就儒家民本思想在近代民主進程中的作用作了討論,如革命思想,天下為公的觀念,自由民權學說借助儒家思想中的進步學說逐漸傳播開來。

　　華東師範大學劉思禾博士後在《政治倫理抑或國家倫理——儒家倫理思想現代轉型的一個理論探索》一文中,討論了儒家思想在現代語境中轉化為一種精英政治倫理的可能性。他認為儒家思想本質上是一種精英政治倫理,主要是規範政治精英的政治行為和國家運作的。我們可以在現代修正的前提下,給予儒家倫理一個新的形態。由此,他提出儒家政治倫理六條原則:政治系統運作要符合倫理準則、政治精英要承擔政治責任、對政治精英要有嚴格的倫理約束、政府責任與國家信用、政治目的的實現在於民眾認同、國際間責任。復旦大學李若暉教授在《老學與中國德性政治史論綱》一文中,從政治哲學的高度和歷史發展的維度分析道家政治思想。他認為,政治與道德的結合為德性政治。德性政治包含四個層次,哲學思想、倫理道德、政治制度、社會形態。政治制度設計的哲學導向,構成了一定人群的基本行為模式,並最終指向德性之養成。中國德性政治以老子為始,老子以血緣之親來重建社會,回歸人的自然性,其後有黃老——法家德性政治,其與儒學德性政治最終合流為玄學德性政治,為外王提供了心性修養之內聖。後期則有理學德性政治之成熟,其仍有賴於老學為之提供術德,理學德性政治才得以具備行動能力。李教授最後論及重建中華德性政治的必要性。

　　香港浸會大學黃蕉風博士在《告別路徑依賴,建構大乘墨學》一文中集中討論了墨學在當代發展的可能性,認為墨學發展是"新子學"的重要部分,墨學智慧需要擺脫舊有思路,向更深層次的義理轉進,其目的就是建構公共場域內公共議題的現代化墨學。黃博士認為墨學大乘化有其自身的優勢,具備內在資源以回應普世文化的宏大命題,並給出回應方案和解決策略。表現在其能夠對接全球倫理,能夠參與宗教對話,能夠充實國學體系。他認為,墨學的"大乘化"或曰"大乘墨學"可視為一種類似"比較神學",大乘墨學有自信進入公共場域,建構一套脫離儒家言說傳統的墨家敘事方法。溫州大學程水龍教授則着眼於諸子家訓文獻的整理,他在《諸子"家訓類"文獻與和諧的法治社會》一文中指出家訓類文獻在當代的現實意義。他認為,家訓為維護封建社會家族的穩定、團結發揮過重要作用,對家風、世風的良性發展影響很大,具有相當的誡勉功效。家訓中所蘊藏的理性道德價值觀,與社會主義核心價值觀有諸多吻合之處。這些研究充分顯示了諸子國家治理思想的現實意義。

諸子治國思想的學理脈絡

　　與會學者還深入諸子思想的學術譜系,發掘其治國理念的歷史脈絡。華東師範大學陳衛平教授在《儒學培育踐行核心價值觀的歷史經驗》一文中,分別就儒學核心價值觀的結構與制度化問題展開討論,認為在漢代以後儒家是主導的意識形態,其核心價值觀由此就成了傳統社會的核心價值觀,而儒家核心價值觀就是至今人們還在説的"五常"即仁義禮智信,實際上是區分爲國家、社會、個人三個層面。華僑大學楊少涵副教授就儒家政治哲學在古代的發展展開討論,其在《從中庸"政猶蒲盧"鄭朱注之歧義看儒家政治哲學的兩種路向》一文中,通過精緻的文本分析,指出《中庸》"政猶蒲盧"一語中"蒲盧"的解釋,鄭玄持蜾蠃説,引申爲萬民需要教化而成爲己民,而朱子則持蒲葦説,引申爲立政治民如土壤中種樹,成長自然迅速。在這二者背後存在對政治的不同認識,鄭玄强調政治的根本是師法與禮義教化,而朱子强調政治的根本是依據仁的内在善良德性成德成善,這分别代表了儒家政治哲學的外在進路和内在進路。臺灣政治大學詹康副教授在《從韓非的臣道論君權穩定》一文中就韓非的君臣關係展開討論,指出韓非思想内部的矛盾。一般認爲韓非是維護君權獨尊的,但是作者從一些未受重視的材料來分析,指出韓非並不主於維護君主,從大臣的角度來看,君主能輔佐則輔佐,不能輔佐則取而代之。詹教授細緻分析了後稷、皋陶、伊尹、太公望、周公旦、百里奚、郭偃、華登、范蠡、吴起、商鞅諸人的出處進退,指出他們欠缺忠君觀念,其佼佼者能够覆滅王朝、推翻或者罷黜君主,韓非對這些人並不否定,而是認爲如果缺乏明君在上,這些人輔助另外的明主取而代之是可取的。這對我們理解法家有非常大的啓示。

　　上海師範大學蔡志棟副教授在《儒家式和道家式:"新子學"政治自由論的兩種建構路向——以康有爲和嚴復爲中心》一文中,梳理了近代儒家道家兩個面相上的政治思路,他認爲康有爲從儒家的角度詮釋政治權利的古典根源,揭示了自主之權和先秦思想之間的内在聯繫,將權利理解爲"名分",又將之誤解爲利益,大加撻伐。而嚴復則將楊朱和莊周等同起來,將"在宥"解讀爲自由,將老子詮釋爲民主之道,成爲了道家自由主義的濫觴。康、嚴從不同角度展示了"新子學"詮釋政治自由的儒家式和道家式兩種典型路向。蔡教授還就當代道家發展與定位問題和陳鼓應先生展開積極對話。總的來看,此次會議在諸子政治學方面打開局面,初步顯示了諸子政治研究的重要性,爲今後的諸子學研究開闢了一個新方向,可以説是"新子學"在研究領域的一個實際推進,是本次大會重要的成果。

諸子學深層價值的當代闡釋

　　本次會議深入討論諸子學深層學理和現實價值,就諸子學與現代生活之間的聯繫展開研討。韓國國立江陵原州大學校金白鉉教授在《從"為學"與"為道"來試談"21世紀新東道西器論"》一文中，分析了近代以來東亞三國面對西方文化入侵的策略及其歷史命運，指出中國近代中體西用説所論的綱常名教是一種觀念物，一種意識形態，新儒家如唐君毅所提出的道德理性或道德主體則為一種新中體，而21世紀新東道西器觀就是要道德主體與認識主體的妙合，這樣的資源以先秦道家最豐富，表現為自然而然的虛靈之道的"神"。東南大學許建良教授在《新諸子學視域下的傳統"襲常"美德考》一文中，發掘道家襲常觀念的意義，指出老子和莊子都是非宇宙論的和宇宙關係論的，他們説的因自然就是對整體聯繫性的因襲，而表現為萬物這一觀念上，並可以拓展為人類與宇宙萬物和諧共存，這顯然不同於西方主流的人類中心主義思路，對於今天激活中華傳統美德極為關鍵。

中國社會科學院羅檢秋研究員在《清代思想史上的諸子學》一文中，從清代學術內部嬗變的視角分析了諸子學的邏輯演進，指出清代中期諸子學偏重校勘訓釋，嘉、道之後則借助經世之學漸入復興，晚清則成為西學東漸的橋樑，由附庸而蔚為大觀，成為近代新思想的重要資源。重視這一歷程對於諸子學融入現代社會具有現實意義。遼寧大學涂光社教授在《古代子學綜論管窺——儒、道互補的理論基石，務"雜"求"新"的拓展途徑》一文中，博引《莊子》《史記》、漢唐史籍和《劉子》論子學的材料，分析各家述評諸子的思想傾向，指出子學構成漢魏六朝隋唐政治和學術思想傳承的主流，道家之學與儒學在取向上確有內外和本末的互補關係。中國人民大學宋洪兵副教授在《先秦儒家與法家的三種成德路徑》一文中，認為先秦時代有三種成德路徑。一種是孟子的性善論由內而外的思路，強調"德"的內在根源。一種是由外而內的思路，以荀子循禮成德與韓非子循法成德的思想為典型代表，主張以外在的規矩來約束個體的道德行為，進而形成一種風俗和習慣。先秦諸家對於倫理問題的討論對於今天的道德建設仍然具有啓發意義。

北京師範大學李山教授在《孟子性善論的突破》和華南師範大學周熾成教授在《性樸論：〈荀子〉與〈莊子〉之比較》中分別討論了孟子和荀子的人性主張，老問題有新觀點，承前啓後，發人深思。李教授認為，先秦時儒家人性論分新舊兩派。新派以孟子"道性善"為巨擘，舊派則以主"性惡"之荀子為代表。兩派之説，都可以從《論語》找到根據。縷析兩者理路之流變，可知孟子"性善"為創造型闡釋，而荀子"性惡"則系出於強辯的飾説，理論上並無新意。兩者的分別，直接影響到後來文化史的發展。周教授認為，《荀子·性惡》應該是荀子後學的作品，在劉向編輯的版本中夾在《子道》和《法行》之間，而這兩篇已被公認為荀子後學作品。荀子本人持性樸論，其典型論述是《禮論》的"性者，本始材樸"。《荀子》中的《勸學》《榮辱》《儒效》等都顯示了性樸思想。而《莊子》也主張性樸論，《馬蹄》明確説："素樸而民性得矣。"在反對性惡論這一點上，《荀子》的性樸論和《莊子》的性樸論是一致的。不過，《莊子》認為樸之天性絕對完美，故其性樸論實際上是一種性善論，而《荀子》認為樸之性有善的潛質，但還不夠完美，需要人為的努力來完善。華僑大學黃海德教授討論了先秦學術史問題，就《莊子·天下》和《漢書·藝文志》的學術分野展開討論。他認為，從學術的維度來考察，晚周學術實無百家，僅有諸子，而在歷史上影響深遠的九流百家説是經學影響下的漢代產物。因而《莊子·天下》和《漢書·藝文志》是先秦與漢代學術的分野。此文對諸子學的基本問題做了深入探索，極富理論價值。韓國國立慶尚大學金炯錫教授在《咸錫憲之老莊觀》討論了近代韓國學者咸錫憲的老莊研究。華東師範大學德安博博士後在《執大象之道——〈道德經〉的意象分析》一文中，從海外漢學的方法論視角出發，討論了如何就意向理論分析老子，很有啓發性。

推動諸子學研究新格局

　　華東師範大學先秦諸子研究中心主任方勇教授在大會閉幕式上指出，繼承和發展多元的民族文化是"新子學"的基本觀點，我們這個時代尤其要尊重民族文化。古人講亡國不可怕，亡天下是最可怕的，因為歷史和文化都滅掉了。"新子學"反對任何形態的新經學化，認為經學化下的多元不是真正的多元，"新子學"就是要提倡真正的多元精神。在"新子學"的發展問題上，方勇認為，把諸子學作為一個獨立的研究領域，作為中國思想的內在脈絡來把握，這就要求研究者突破學科限制，拓展研究領域，強化研究深度。諸子治國思想是一個有益的嘗試，需要繼續探索下去。諸子學是應世而發的學問，當代的諸子學研究要深入開掘中國早期的國家治理思想，不能無病呻吟，也不能坐而論道。他認為，不同的研究方向構成諸子學研究的良好佈局，全面呈現了諸子學的面貌。不同領域研究者之間要良性溝通，人員構成需要合理化，從而形成一個成熟穩定的研究團體。方勇還指出，"新子學"要抓住時代脈搏，在當代社會生活中發揮更大作用。諸子學的發展，要適應時代，也要努力影響和引導時代。在這一過程中，諸子學界的學者和出版界、新聞界的同仁有責任把傳統文化經典中的內涵講清楚，傳播開來，從而在傳統和現代之間搭建橋樑，真正讓諸子學走進時代。

（原載於《光明日報》2015年6月8日"國學"版）

編　後　語

　　2012年10月22日《光明日報》"國學"版刊發方勇教授《"新子學"構想》一文後,迅即引發了社會各界的關注和討論,並波及了大陸以外的學術界。2012年10月27日華東師範大學召開"'新子學'學術研討會",12月1日上海大學、寧夏銀川市文聯《黄河文學》雜誌社聯合主辦"新媒體時代民族文化傳承——現代文化學者視野中的'新子學'"研討會,2013年4月12日—14日華東師範大學主辦"'新子學'國際學術研討會",這三次學術會議所收論文(部分發言經整理後成為文字),連同此間發表的其他討論"新子學"的文章,分別被編入《諸子學刊》第八輯"'新子學'論壇"欄目和《諸子學刊》第九輯("'新子學'專號")、《"新子學"論集》(學苑出版社2014年2月版),已廣為讀者所知曉。

　　本輯為《諸子學刊》"'新子學'專號之二",共收文章48篇,主要遴選了2014年和2015年間三次"新子學"學術研討會的相關論文,作者包括中國大陸和香港、臺灣地區的學者以及韓國、新加坡的諸子學專家。從這些文章可以看出,"新子學"理念正在持續推進,並已在海内外產生了越來越大的影響。

　　2014年4月12日—13日,華東師範大學先秦諸子研究中心舉辦"諸子學現代轉型高端研討會"。這又是一次深入探討"新子學"的學術盛會,來自中國大陸、港澳臺地區以及新加坡、韓國、馬來西亞等國家的一百三十多位諸子學專家學者匯聚一堂,並就"新子學"内涵界定、"新子學"的社會價值,尤其對"新子學"發展的路向問題等進行了深入討論,為扎實推進"新子學"發展、大力推動文化復興積極建言獻策。其較詳細的情況,可參見本輯所收《"新子學"穩步推進——"諸子學現代轉型高端研討會"紀實》《新子學:幾種可能的路向——國内外學者暢談"新子學"發展》《"新子學"推動文化復興——〈子藏〉第二批成果發佈會暨諸子學現代轉型高端研討會舉行》三篇文章。2014年11月9日,上海大學影視學院舉辦"'新子學'與現代文化:融入與對接——新媒體時代'子學精神'傳承與傳播"學術研討會,來自清華大學、復旦大學、中國傳媒大學、同濟大學等多所高校的專家學者從自身的研究領域出發,對"新子學"理念進行了認真討論,發表了各具特色的主題演講,為推動"新子學"理念與新媒體的結合起到了有力的推動作用。其較詳細的情況可參見本輯所收《新媒體時代民族文化探源與經典傳播——"子學精神"傳承與傳播研討會綜述》一文。2015年4月17日—19日,華東師範大學先秦諸子研究中心主辦"第二屆'新子學'國際學術研討會",來自海内外120餘名諸子學專家學者圍繞"新子學"理念,主要就諸子國家治理思想展開深入探討,並對其現代價值做出正面闡述,顯示了"新子學"發展的強勁勢頭。其較詳的情況,可參見本輯所收《發掘諸子治國理念——第二屆"新子學"國際學術研討會綜述》一文。

"新子學"理念問世三年以來,早已突破單純學術範圍内的討論,並引發了社會各界的關注和討論。"新子學"意在破除經學思想的禁錮,為中國文化帶來重要的改變。而新觀念的蔓延,往往未必頓現於一朝一夕,可能經過數十載乃至更長的歲月,其影響仍將延展與振作。

《諸子學刊》編委會

圖書在版編目(CIP)數據

諸子學刊. 第 13 輯 / 方勇主編;《諸子學刊》編委會編; 華東師範大學先秦諸子研究中心主辦. —上海: 上海古籍出版社, 2016.6
ISBN 978-7-5325-7941-9

Ⅰ.①諸… Ⅱ.①方… ②諸… ③華… Ⅲ.①先秦哲學—研究—叢刊 Ⅳ.①B220.5-55

中國版本圖書館 CIP 數據核字(2016)第 017966 號

諸子學刊(第十三輯)
《諸子學刊》編委會　編
方　勇　主編
華東師範大學先秦諸子研究中心　主辦
上海世紀出版股份有限公司
上　海　古　籍　出　版　社　出版
(上海瑞金二路 272 號　郵政編碼 200020)
(1) 網址: www.guji.com.cn
(2) E-mail: guji1@guji.com.cn
(3) 易文網網址: www.ewen.co
上海世紀出版股份有限公司發行中心發行經銷
啓東人民印刷廠印刷
開本 787×1092　1/16　印張 29　插頁 2　字數 617,000
2016 年 6 月第 1 版　2016 年 6 月第 1 次印刷
印數: 1—800
ISBN 978-7-5325-7941-9
B·932　定價: 98.00 元
如發生質量問題, 讀者可向工廠調換